〔宋〕馬端臨 著
上海師範大學古籍研究所
華東師範大學古籍研究所 點校

文獻通考

第十三册

物異 輿地

中華書局

卷三百四　物異考十

恒暘

春秋僖公二十一年「夏，大旱」。董仲舒、劉向以爲齊桓既死，諸侯從楚，僖尤得楚心。外倚强楚，炕陽失衆，又作南門，勞民興役。諸雩旱不雨，略皆同説。宣公七年「秋，大旱」。是夏，宣與齊侯伐萊。襄公五年「秋，大雩」。先是，楚伐宋，取彭城；鄭畔中國附楚，襄與諸侯共圍彭城，城鄭虎牢以禦楚。有炕陽動衆之應。八年「九月，大雩」。時作三軍，季氏盛。二十八年「八月，大雩」。先是，比年晉使荀吴、齊使慶封來聘，是夏邾子來朝。襄有炕陽自大之應。昭公三年「八月，大雩」。劉歆以爲昭公居喪不哀，炕陽失衆。六年「九月，大雩」。時魯、莒連兵，有炕陽動衆之應。十六年「九月，大雩」。先是，昭公母夫人歸氏薨，昭不感。與三年同占。二十四年「八月，大雩」。時魯襲邾師，邾愬於晉，晉執我行人叔孫婼。二十五年「七月上辛大雩，季辛又雩」，旱甚也。劉歆以爲時后氏與季氏有隙，公信讒伐季氏，爲所敗，出奔齊。定公七年「九月，大雩〔一〕」。時公侵鄭，城中城，圍鄆。莊公三十一年「冬，不雨」。是歲，一年而三築臺，奢侈不恤民。僖公二年「冬十月，不雨〔二〕」。三年「春正月，不雨，夏四月，不雨」，「六月，雨」。時南敗邾，東敗莒，有炕陽之應。文公二年，「自十有二月不雨〔三〕，至於秋七月」。文公即位，天子使叔服會葬，毛伯賜命。又會晉侯於戚。公子遂如齊納幣。又與諸侯盟。上得天子，外得諸侯，沛然自大。躋僖公主。大夫始顓事。謂季孫行父也。十年，「自正月不雨，至於秋七月」。先是，公子遂會四國而救鄭，楚使越椒來聘，秦人歸禭。有炕陽之應。十三年，「自正月不雨，至於秋七月」。先是，曹伯、杞伯、滕子來朝，郕伯來奔，秦伯使遂來聘，季孫行父城諸及鄆。二年之間，五國趨之，内城二邑。炕陽失衆。一曰，不雨而五穀皆熟，異也。文公時，大夫始專盟會，公孫敖會晉侯，又會諸侯盟於垂隴。故不雨而生者，陰不出氣而私自行，以象施不由上出，臣下作福而私自成。一曰，不雨近常陰之罰，君弱也。

秦始皇十二年，天下大旱，六月至八月乃雨。

漢惠帝五年夏，大旱，江河水少，谿谷絶。先是，發民男女十四萬六千人城長安，是歲城乃成。文帝三年秋，天下旱。是歲夏〔四〕，匈奴寇邊，發兵擊之出塞。其秋，濟北王興居反，討平之。後六年，天下大旱。時匈奴大入上郡、雲中，烽火通長安，遣三將軍屯邊，又三將軍屯京師。九年春〔五〕，大旱。景帝中三年秋，大旱。後二年秋，大旱。武帝建元四年六月，旱。元光六年夏，大旱。是歲，四將軍征匈奴。元朔五年春，大旱。是歲，六將軍衆十餘萬征匈奴。元狩三年夏，大旱。是歲，發天下故吏伐棘上林，穿昆明池。元封六年秋，大旱。天漢元年夏，大旱；其三年夏，大旱。先是，貳師將軍征大宛還，三將軍征匈奴〔六〕，李陵没不還。征和元年夏，大旱。是歲，始治巫蠱。明年，衛皇后、太子敗。昭帝始元六年，大旱。先是，大鴻臚田廣明征益州，暴師連年。元鳳五年夏，大旱。

宣帝本始三年夏〔七〕，大旱，東西數千里〔八〕。先是，五將軍衆二十萬征匈奴。　神爵元年秋，大旱。是歲，後將軍趙充國征西羌。　元帝建昭二年，大旱〔九〕。　成帝永始三年、四年夏，大旱。　哀帝建平四年春〔一〇〕，大旱。

後漢世祖建武三年七月，洛陽大旱。　五年夏，旱。　京房易傳曰：「欲德不用，茲謂張，厥災荒，其旱陰雲不雨，變而赤因四陰。衆出過時，茲謂廣，其旱不生。上下皆蔽，茲謂隔，其旱天赤三月，時有雹殺飛禽。上緣求妃，茲謂僭，其旱三月大温亡雲。君高臺府，茲謂犯，陰侵陽，其旱萬物根死，有火災。庶位踰節，茲謂僭，其旱澤物枯，爲火所傷。」春秋考異郵曰：「國大旱，冤獄結。旱者，陽氣移，精不施，君上失制，奢淫僭差，氣亂感天〔一一〕，則旱徵見。」又云：「陰厭陽移，君淫民惡，陰精不舒，陽偏不施。」又云：「陽偏，民怨徵也。在所以感之者，上奢則求多，求多則下竭，下竭則潰，君不仁。」管子曰：「春不收枯骨伐枯木而起去之，則夏旱。」方儲對策曰：「百姓苦，士卒煩碎，責租税失中，暴師外營，經歷三時，内有怨女，外有曠夫。王者熟惟其祥〔一二〕，揆合於天，圖之事情，旱災可除。夫旱者過日，天王無意於百姓，恩德不行，萬民煩擾，故天應以無澤。」是時天下僭逆者未盡誅，軍多過時。古今注曰：「建武六年六月，九年春，十二年五月，二十一年六月，明帝永平元年五月，八年冬，十一年八月，十五年八月〔一三〕，十八年三月，並旱。」　章帝章和二年夏，旱。時章帝崩後，竇太后兄弟用事奢僭。古今注曰：「建初二年夏，雒陽旱。四年夏，元和元年春，並旱。」按楊終傳，建初元年大旱，穀貴，終以爲廣陵、楚、淮陽、濟南之獄徙者數萬人，吏民怨曠，上疏云久旱。孔藂曰：「建初元年大旱，天子憂之，侍御史孔豐上疏曰〔一四〕：『臣聞爲不善而災報，得其應也，爲善而災至，遭時運也。陛下即位日淺，視民如傷，而不幸耗旱，時運之會耳，非政教所致也。昔成湯遭旱，因自責，省畋散積，減御損食，而大有年。意者陛下未爲成湯之事焉。』天子納其言而從之，三日雨即降。轉拜黄門郎，典東觀事。」　和帝永元六年秋，京師旱。時雒陽有冤囚，和帝幸雒陽寺，録囚徒，理冤囚，收令下獄抵罪。行未還宮，澍雨降。古今注曰：「永元二年，郡國十四旱。十五年，雒陽郡國二十二並旱〔一五〕，或傷稼。」安帝古今注曰〔一六〕：「永初元年，郡國八旱，分遣議郎請雨。」按本紀二年五月，旱，皇太后幸雒陽寺，録囚徒，即日雨。六月，京師郡國四十大水。雖得水，無救爲災。永初六年夏，旱。古今注曰：「三年，郡國八，四年、五年夏，並旱。」七年夏，旱。元初元年夏，旱。二年夏，旱。三年夏，旱。時西羌寇亂，軍屯相繼，連十餘年。六年夏，旱。古今注曰：「建光元年，郡國四旱。延光元年，郡國五並旱，傷稼。」順帝永建三年夏，旱。五年夏，旱。陽嘉二年夏，旱。時李固對策，以爲奢僭所致也。臣昭按：本紀元年二月，京師旱。郎顗傳：「人君恩澤不施於民，禄去公室，臣下專權所致也。」又周舉傳：「三年，河南、三輔大旱，五穀傷災，天子親自露坐德陽殿東廂請雨。」冲帝永嘉元年夏，旱。時冲帝幼崩，太尉李固勸太后及兄梁冀立嗣帝〔一七〕，擇年長有德者，天下賴之，則功名不朽。年幼未可知，如後不善，悔無所及。時太后及冀貪立年幼，欲久自專，遂立質帝，八歲。此不用德。古今注曰：「本初元年二月，京師旱。」桓帝元嘉元年夏，旱。是時梁冀秉政，妻子並受封，寵踰節。延熹元年六月，旱。京房占曰：「人君無施澤惠利於下，則致旱也。不救，必蝗蟲害穀；其救也，貰讁罰〔一八〕，行寬大，惠兆民，勞功吏，賜鰥寡，稟不足。」按陳蕃上疏：「宮女多聚不御，憂悲之感，以致水旱之困也。」靈帝熹平五年夏，旱。蔡邕作伯夷叔齊碑曰「熹平五年，天下大旱，禱請名山，求獲答應。時處士平陽蘇騰，字玄成，夢陟首陽，有神馬之使在道。明覺而思之，以其夢陟狀上聞。天子開三府請雨使者，與郡縣户曹掾吏登山升祠。手書要曰：『君況我聖主以洪澤之福。』天尋興雲，即降甘雨」也。六年夏，旱。光和五年夏，旱。六年夏，旱。是時常侍、黄門僭作威福。獻帝興平元年秋，長安旱。是時李傕、郭汜專權縱肆。獻帝起居注曰：「建安十九年夏四月，旱。」

魏明帝太和二年五月，大旱。元年已來，崇廣宮府之應也。又，是春宣帝擒孟達，張郃破諸葛亮，斃馬謖。亢陽自大，又其應也。太和五年三月，自去冬十月至此月不雨。辛巳，大雩。齊王正始元年二月，自去冬十二月至此月不雨。去歲，曹爽白帝，轉宣帝爲太傅，外示尊崇，內實欲令事先由己[19]。時宣帝功蓋魏朝，欲德不用之應也。高貴鄉公甘露三年正月，自去秋至此月旱。時文帝圍諸葛誕，衆出過時之應也。初，壽春秋夏常雨淹城，而此旱踰年，城陷，乃大雨，咸以誕爲天亡。

吳孫權嘉禾五年[20]，自十月不雨，至於夏。孫亮五鳳二年，大旱，百姓饑。是年征役煩興，軍士怨叛。此亢陽自大，勞役失衆之罰也。其役彌歲，故旱亦竟年。孫晧寶鼎元年春夏，旱。時晧遷都武昌，勞役動衆之應。

晉武帝泰始七年五月閏月，旱，大雩。八年五月，旱。是時帝納荀勖邪說，留賈充不復西鎮，而任愷漸疏，上下皆蔽之應也。及李憙[21]、魯芝、李胤等並在散職，近厥德不用之謂也。九年，自正月旱，至於六月，祈宗廟社稷山川，癸未，雨。十年四月，旱。去年秋冬，採擇卿校諸葛冲等女[22]，是春，五十餘人入殿簡選。又取小將吏女數十人[23]，母子號哭於宮中，聲聞於外，行人悲酸。是殆積陰生陽，上緣求妃之應也。咸寧二年五月，旱，大雩，至六月乃澍之戍反。又音樹。雨。太康二年，旱，自去冬至此春[24]。三年四月，旱。乙酉，詔司空齊王攸與尚書、廷尉、河南尹録訊繫囚，事從蠲宥。五年六月，旱。此年正月，天陰，解而復合。劉毅上疏曰：「必有阿黨之臣，姦以事君者，當誅而不赦也。」帝不答。是時荀勖、馮紞僭作威福，亂朝尤甚。六年三月[25]，青、梁、幽、冀郡國旱[26]。六月，濟陰、武陵旱，傷麥。　七年夏，郡國十三大旱。　八年四月，冀州旱。　九年夏，郡國三十三旱。　扶風、始平、京兆、安定旱，傷麥。　十年二月，旱。　太熙元年二月〔二七〕，旱。　自太康後，雖正人滿朝，不被親仗，而賈充、荀勖、楊駿、馮紞等迭居要重。　所以無年不旱者，欲德不用，上下皆蔽，庶位踰節之罰也。　惠帝元康七年七月，秦、雍二州大旱，疾疫，關中饑，米斛萬錢。　因此氐、羌反叛，雍州刺史解系敗績。　而饑疫荐與洊同，在見反〔二八〕。臻，戎晉並困，朝廷不能振，詔聽相賣鬻。　其九月，郡國五旱。　永寧元年，自夏及秋，青、徐、幽、并四州旱。　十二月，又郡國十二旱。　是年春，三王討趙王倫，六旬之中，數十戰，死者十餘萬人。　懷帝永嘉三年五月，大旱。　襄平縣梁水淡池竭〔二九〕，河、洛、江、漢皆可涉。　是年三月，司馬越歸京都，遣兵入宮，收中書令繆播等九人殺之。　皆僭踰之罰也。　又四方諸侯多懷無君之心，劉元海、石勒、王彌、李雄之徒，賊害百姓，流血成泥，又其應也。　五年，自去冬旱至此春。　去歲十一月，司馬越以行臺自隨，斥黜宮衛，無君臣之節。　愍帝建興元年六月〔三〇〕，揚州旱。　去年十二月，淳于伯冤死之應。　元帝太興元年六月，又旱。　干寶曰「殺淳于伯之後旱三年」是也。　刑罰妄加，群陰不附，則陽氣勝之罰也。　元帝太興四年五月，旱。　是時王敦陵僭已著。　永昌元年夏，大旱。　是年三月，王敦有石頭之變，二宮陵辱，大臣誅死，僭踰無上，故旱尤甚也。　其閏十一月，京都大旱，川谷並竭。　明帝太寧三年，自春不雨，至於六月。　成帝咸和元年夏秋，旱。　是時庾太后臨朝稱制，言不從而僭踰之罰也。　二年夏，旱。　五年五月，大旱。　六年四月，大旱。　八年秋七月，旱。　九年，自四月不雨，至於八月。　咸康元年六月，旱。　是時成帝冲弱，未親萬機，內外之政，決之將相。　此僭踰之罰，連歲旱也。至四年，王導固讓太傅，復子明辟，是後不旱，殆其應也。時天下普旱，會稽、餘姚特甚，米斗直五百，人有相鬻者。　二年三月，旱。　三年六月，旱。時王導以天下新定，務在遵養，不任刑罰，遂盜賊公行，頻五年亢旱，亦舒緩之應也。　康帝建元元年五月，旱。　穆帝永和元年五月，旱。是時帝在繦褓，褚太后臨朝如明穆太后故事。　五年七月，不雨，至於十月。　六年夏，旱。　八年夏，旱。　九年春，旱。　升平三年冬，大旱。　四年冬，大旱。　哀帝隆和元年夏，旱。是時桓溫彊恣，權制朝廷，踰僭之罰也。　海西公太和元年夏，旱。　四年冬，旱。涼州春旱至夏。　簡文帝咸安二年十月，大旱，饑。自永和至是，嗣主幼冲，桓溫陵僭，用兵征伐，百姓怨苦。　孝武帝寧康元年五月〔三一〕，旱。是時桓溫入覲高平陵，闔朝致拜，踰僭之應也。　三年冬，旱。　太元四年夏，大旱。　八年六月，旱。　十年七月，旱，饑。初，八年破苻堅，九年諸將略地，有事徐、豫，楊亮、趙統攻討巴、沔。是年正月，謝安又出鎮廣陵，使子琰進次彭城，頻有軍役。　十三年六月，旱。去歲北府遣戍胡陸，荆州經略河南。是年夏，郭銓置戍野王，又遣軍破黄淮。　十五年七月，旱。　十七年秋，旱，至冬。是時烈宗仁恕，信任會稽王道子，政事舒緩。又茹千秋爲驃騎諮議，竊弄主相威福。又比丘尼乳母親黨及婢僕之子階緣近習〔三二〕，臨部領衆。又所在多上春禁囚〔三三〕，不以其辜，建康獄吏，枉暴既甚。此又僭踰不從，冤濫之罰。　安帝隆安二年冬，旱，寒甚。　四年五月，旱。　五年夏秋，大旱。十二月，不雨。時孫恩作亂，桓玄疑貳，迫殺殷仲堪，而朝廷即授以荆州之任，司馬元顯又諷百僚悉使敬己，內外騷動，兵甲煩興。此皆陵僭憂愁之應也。　元興元年七月，大饑。　九月、十月不雨，泉水涸。　二年六月，不雨。冬，又旱。時桓玄奢僭，十二月遂篡位。　三年八月，不雨。　義熙四年冬，不雨。　六年九月，不雨。　八年十月，不雨。　九年秋冬，不雨。　十年九月，旱。　十二月，又旱，井瀆多竭。是時軍役煩興。

宋文帝元嘉八年夏六月〔三四〕，旱，大雩。　二十八年三月〔三五〕，大旱。　孝武大明七年、八年〔三六〕，東諸郡大旱〔三七〕，甚者米一斗數百〔三八〕，都下亦至百餘錢，餓死者十六七。

梁武帝天監元年，大旱，米斗五千，人多餓死。洪範五行傳曰：「君持亢陽之節，興師動衆，勞人過度，故旱災應。」初，帝起兵襄陽，破張沖，敗陳伯之，及平建康，前後連戰，百姓勞敝，及即位後，復與魏交兵不止之應也。　簡文帝大寶元年夏，大旱，人相食，都下尤甚。

陳宣帝太建十二年春，不雨，至四月。先是，周師掠淮北，始興王叔陵等諸軍敗績，淮北地皆没於周，是其應也。

後魏孝文太和十五年，自正月不雨，至於四月。　宣武景明四年，旱。　正始元年，旱。　永平二年，旱。　三年，冀、定二州旱。　延昌元年，自二月不雨，至五月。　孝明神龜元年，自正月不雨，至六月。　正光二年〔三九〕，旱。　孝静帝天平二年，大旱。

東魏天平四年，并、肆、汾、建、晉、絳、秦、陝等諸州大旱，人多流散。是歲，齊神武與西魏戰於沙苑，敗績，死者數萬。　武定二年冬春，旱。先是，西魏師入洛陽，神武親帥軍大戰於邙山，死者數萬。

後齊天保九年夏，大旱。先是，大發卒築長城四百餘里，勞役之應也。　乾明元年春，旱。先是，發卒數十萬築金鳳、聖應、崇光三臺，窮極侈麗，不恤百姓，亢陽之應也。　河清二年四月，并、晉已西五州旱。是歲，發卒築軹關，突厥二十萬衆毁長城，寇恒州。　後主天統二年春，旱。是時，大發卒起大明宫。

隋開皇四年已後，京師頻旱。時遷都龍首，建立宫室，百姓勞敝，亢陽之應也。　大業四年，燕、代緣邊諸郡旱。時發卒百餘萬築長城，帝親巡塞表，百姓失業，道殣相望。　八年，天下旱，百姓流亡。時發四海兵，帝親征高麗，六軍凍餒，死者十八九。　十三年，天下大旱。時郡縣鄉邑，悉遣築城，發男女，無少長，皆就役。

唐武德三年夏，旱，至於八月乃雨。　四年，自春不雨，至於七月。雨，少陰之氣，其氣毁則不雨。少陰者，金也，金爲刑、爲兵，刑不辜，兵不戢，則金氣毁，故常爲旱。火爲盛陽，陽氣强悍，故聖人制禮以節之。禮失則僭而驕亢，以導盛陽，火勝則金衰，故亦旱。於五行，土實制水，土功興則水氣壅閼，又常爲旱。天官有東井，主水事，天漢、天江，亦水祥也。水與火仇，而受制於土，土火譎見，若日蝕過分而未至，與七曜循中道之南，皆旱祥也。　七年秋，關内、河東旱。　貞觀元年夏，山東大旱。　二年春，旱。　三年春夏，旱。　四年春，旱。　自太上皇傳位至此，而比年水旱。　九年秋，劍南、關東州二十四，旱。　十二年，吴、楚、巴、蜀州二十六，旱；冬，不雨，至於明年五月。　十七年春夏，旱。　二十一年秋，陝、絳、蒲、夔等州旱。　二十二年秋，開、萬等州旱；冬，不雨，至於明年三月。　永徽元年，京畿雍、同、絳等州十，旱。　二年九月，不雨，至於明年二月。　四年夏秋，旱，光、婺、滁、潁等州尤甚。　顯慶五年春，河北州二十二，旱。　總章元年，京師及山東、江淮大旱。　二年七月，劍南州十九，旱；

冬，無雪。　咸亨元年春，旱；秋，復大旱。　儀鳳二年夏，河南、河北旱。　三年四月，旱。　永隆二年，關中旱，霜，大饑。　永淳元年，關中大旱，饑。　二年夏，河南、河北旱。　永昌元年三月，旱。神功元年，黄、隨等州旱。　久視元年夏，關内、河東旱。　長安二年春，不雨，至於六月。　三年冬，無雪，至於明年二月。　神龍二年冬，不雨，至於明年五月。　京師、山東、河北、河南旱，饑。　太極元年春，旱；七月，復旱。　開元二年春，大旱。　十二年七月，河東、河北旱，帝親禱雨宫中，設壇席，暴立三日。　九月，蒲、同等州旱。　十四年秋，諸道州十五，旱。　十五年，諸道州十七，旱。　十六年，東都、河南、宋亳等州旱。　二十四年夏，旱。　永泰元年春夏，旱。　二年，關内大旱，自三月不雨，至於六月。　大曆六年春，旱，至於八月。　建中三年，自五月不雨，至於七月。　興元元年冬，大旱。　貞元元年春，旱，無麥苗，至於八月，旱甚，灞、滻將竭，井皆無水。　六年春，關輔大旱，無麥苗；夏，淮南、浙西、福建等道大旱，井泉竭，人暍且疫，死者甚衆。　七年，揚、楚、滁、壽、澧等州旱。　十四年春，旱，無麥。　十五年夏，旱。　十八年夏，申、光、蔡州旱。　十九年正月，不雨，至七月甲戌乃雨。　永貞元年秋，江、浙、淮南、荆南、湖南、鄂岳陳許等州二十六，旱。　元和三年，淮南、江南、江西、湖南、廣南、山南東西皆旱。　四年春夏，大旱；秋，淮南、浙西、江西、江東旱。　七年夏，揚、潤等州旱。　八年夏，同、華二州旱。　十五年夏，旱。　寶曆元年秋，荆南、淮南、浙西、江西、湖南及宣、襄、鄂等州旱。　太和元年夏，京畿、河中、同州旱。　六年，河東、河南、關輔旱。　七年秋，大旱。　八年夏，江淮及陝、華等州旱。　九年秋，京兆、河南、河中、陝華同等州旱。　開成二年春夏，旱。　四年夏，旱，浙東尤甚。　會昌五年春，旱。　六年春，不雨；冬，又不雨，至明年二月。　大中四年，大旱。　咸通二年秋，淮南、河南不雨，至於明年六月。　九年，江淮旱。　十年夏，旱。　十一年夏，旱。　廣明元年春夏，大旱。　中和四年，江南大旱，饑，人相食。　景福二年秋，大旱。　光化三年冬，京師旱，至於四年春。

宋建隆二年，京師夏旱，冬又旱。　三年，京師春夏旱。河北大旱，霸州苗皆焦仆。又河南河中府、孟澤濮鄆齊濟澶滑延隰宿等州，並春夏不雨。　四年，京師夏秋旱，又懷州旱。　乾德元年冬，京師旱。　二年正月，京師旱；夏，不雨；冬，無雪。是歲，河南府、陝虢麟博靈州旱，河中府旱甚。　四年春至夏，京師不雨。江陵府、華州、漣水軍旱。　五年正月，京師旱；秋，復旱；冬，無雪。　開寶元年冬，京師無雪。　二年夏至七月，京師不雨。　三年春夏，京師旱；冬，無雪。邠州夏旱。　五年春，京師旱；冬，又旱。　六年冬，京師旱。　七年，京師春夏旱；冬，又旱。河南府、晉解州夏旱。　滑州秋旱。　八年春，京師旱。是歲，關西饑旱甚。　太平興國二年正月，京師旱。　三年春夏，京師旱。四年冬，京師旱。　七年春，京師旱。孟、虢、絳、密〔四〇〕、瀛、衛、曹、淄州旱。　九年夏，京師旱；秋，江南大旱。　雍熙二年冬，京師旱。　三年冬，京師旱。　四年冬，京師旱。　端拱二年五月，京師旱。秋七月至十一月，旱。上憂形於色，蔬食致禱。是歲，河南、登萊深冀旱甚，民多饑死，詔發倉粟貸之，人五斗。　淳化元年正月至四月，不雨，京師民饑，上蔬食祈雨。河南鳳翔大名京兆府、許滄單汝乾鄭同州旱。　二年春，京師大旱，蝗；冬，復大旱。　是歲，河南北、河東、陝西及亳建淮陽等三十六州軍旱。　三年夏，京師不雨，河南府、許汝亳滑商州旱。　五年六月，京師旱，疫，遣太醫和藥救之。　至道元年，京師春旱；冬，無雪。　二年春夏，京師旱；冬，無雪。　咸平元年春夏，京畿旱。　又江、浙、淮南、荆湖四十六州軍旱。　二年春，京師旱甚。　又廣南西路、江、浙、荆湖及曹單嵐州、淮陽軍旱。　三年春，京師旱。　江南頻年旱歉，多疾疫。　四年，京畿正月至四月不雨。　景德元年，京師夏旱，人多暍死。　三年夏，京師旱。　大中祥符二年春夏，京師旱。　河南府及陝西路、潭邢州旱。　三年夏，京師、江南路及宿、潤州旱。　八年春，京師旱。　九年秋，京師旱。　又大名府、澶相州旱。　天禧元年，京師春旱；秋，又旱。　夏，陝西旱。　四年春，利州路旱。　夏，京師旱。　五年冬，京師旱。　天聖二年春，不雨。　八月辛未〔四一〕，開封府言，陽武等一十三縣大旱傷苗。　六年四月，不雨。　明道元年，畿縣久旱傷苗。　明道二年〔四二〕，南方大旱，種餉皆絶，人多流亡，因饑成疫，死者十二三，官作粥糜以飼之，得食輒死。　寶元元年，益州路自夏至秋不雨，兩蜀大旱。　慶曆三年，京師自春至夏不雨。　四年春，京師及諸路久不雨。　七年正月，京師不雨。　皇祐三年，恩、冀諸州旱。　嘉祐五年，梓州路夏秋不雨。　七年春，旱。　治平元年春，京師踰時不雨。　鄭滑蔡汝潁亳曹濮洺磁晉耀登等州、河中府、慶成軍旱。　二年春，不雨。　熙寧二年三月，旱甚。　三年，畿内及諸路旱。　八月，衛州旱。　五年五月，北京自春至夏不雨。　七年，自春至夏，河北、河東、陝西、京東西、淮南諸路久旱。　九月，諸路復旱。　時新復洮河亦旱，羌户多殍死。　八年四月，真定府旱〔四三〕。　八月，淮南、兩浙、江南、荆湖等路旱。　九年八月，河北、京東西、河東、陝西旱。　十年春，諸路旱。　元豐二年春，河北、陝西、京東西諸路旱。三年春，西北諸路旱。五年春，旱。六年夏，畿内旱。八年，旱。元祐二年春，旱。三年秋，諸路旱，京西、陝西尤甚。四年春，京師及東北旱。五年，旱。八年秋，旱。紹聖元年春，旱。三年，江東大旱，溪河涸竭。四年夏，兩浙旱。元符元年，東南旱。二年春，京畿旱。建中靖國元年，衢、信州旱。大觀三年，淮南、江東西諸路大旱，六月不雨，至於十月。政和元年，淮南旱。三年，江東旱，疫。宣和元年，淮南秋旱。四年，東平府旱。五年夏，秦鳳路旱。是歲，燕山府路旱。建炎二年夏，旱。紹興二年，常州大旱。三年四月，旱，至於七月。五年五月，浙東、西旱五十餘日。六月，江東、湖南旱。秋，四川郡縣旱甚。六年，夔、潼、成都郡縣及湖南衡州皆旱。七年春，旱七十餘日。六月，又旱。八年冬，不雨。九年六月，旱六十餘日。十一年七月，旱。十二年三月，旱六十餘日。秋，京西、淮東旱。十八年，浙東、西旱。二十九年二月，旱七十餘日。秋，江、浙郡國旱。三十年春，階、成、鳳、西和州旱。秋，江、浙郡邑旱，浙東尤甚。隆興元年，江、浙郡縣旱，京西大旱。二年〔四四〕，台州春旱。興化軍、漳福州大旱，首種不入，自春至於八月。乾道三年春，四川郡縣旱，至於秋七月，綿劍漢州、石泉軍尤甚。四年六月，旱。襄陽、隆興、建寧俱旱。五年夏秋，淮東旱，盱眙、淮陰爲甚。六年夏，浙東、福建路旱，温、台、福、漳、建爲甚。七年春，江東西、湖南北、淮南、浙婺秀州皆旱，至於夏秋，江洪筠潭饒、南康興國臨江尤甚，首種不入。冬，不雨。九年，浙東婺處温台州、江西吉贛臨江南安、湖北江陵府皆久旱，無麥苗。淳熙元年，浙東、湖南郡縣旱，台、處、郴、桂爲甚。蜀關外四州旱。二年秋，江、浙、淮皆旱，紹興鎮江寧國建康、常和滁真揚、盱眙廣德爲甚。　三年夏，浙西〔四五〕、常昭復隨郢金洋州、江陵德安興元、荆門漢陽皆旱。　四年春，襄陽旱，首種不入。　五年，浙西鎮江常州、蜀綿州及淮南、江東西旱。　六年，衡永楚、高郵旱。　七年，湖南旱，諸道自四月不雨，行都自七月不雨，皆至九月。　越台婺常潤秀、隆興、興國臨江、江筠撫吉饒信徽池、建康、南康、舒蘄黄和、無爲、潭衡永、江陵皆大旱。　八年正月甲戌，積旱始雨。　七月，不雨，至於十一月。　越婺衢嚴湖常、臨安鎮江、江陰、建康、饒信徽、南康廣德興國、江陵德安、鄂復、漢陽信陽荆門、昌、長寧、京西、淮郡皆旱，徽、楚、嚴、越尤甚。　九年五月，不雨，至於七月。潤婺處温洪吉撫筠袁、臨江建昌、江陵德安、潭鄂復、漢陽荆門信陽、恭合昌普資渠利閬忠涪萬、梁山南平廣安、襄陽皆旱。　十年六月，旱，至於七月。　江淮、建康、和、興國、恭涪瀘合金、南平旱。　十一年四月，不雨，至於八月。　吉贛、建昌、福泉汀漳潮梅循邕賓象、興元、金洋西和皆旱，吉、興元尤甚。　冬，不雨，至明年二月。　十四年五月，旱。　臨安鎮江、嚴常湖秀、紹興、衢婺處明台饒信、隆興、江吉撫筠袁、臨江興國建昌皆旱。　十五年，舒州旱。　紹熙元年，重慶、蘄州、池州旱。　二年五月，真揚通泰楚滁和、高郵盱眙及蜀普隆涪渝遂、富順監皆旱，簡、資、榮州大旱。　三年夏，郢、揚、和三州大旱。　秋，簡資普榮叙隆、富順監復大旱。　四年，綿州大旱，亡麥。　簡資普渠合州、廣安軍旱。　江、浙自六月不雨，至於八月，婺台信、鎮江江陵、江西淮東旱。　五年，浙東、西自去冬不雨，至於夏秋。　常秀、鎮江、江陰大旱。　淮東西旱，廬和濠楚爲甚。　江西七郡秋旱。　慶元三年，潼、利、夔路十五郡旱，自四月至於九月，金、蓬、普州大旱。　六年四月，旱。　常州、鎮江府大旱，水竭，淮郡自春無雨，首種不入，及京、襄皆旱。

嘉泰元年夏五月，旱。浙西郡縣及蜀郡十五皆大旱。二年春，旱，至於夏秋。浙西、湖南、江東旱，常秀潭永、鎮江建康爲甚。四年五月，不雨，至七月。浙東西〔四六〕、江西旱。開禧元年夏，浙東、西不雨百餘日，衢、婺、嚴、越大旱，澧、忠、涪亦大旱。二年，南康軍、江西、湖南北旱。三年二月，不雨。嘉定元年夏，旱，至七月乃雨。二年四月，旱，首種不入，至七月乃雨。浙西大旱，常、潤爲甚。淮東西、江東、湖北皆旱。四年，資、昌、普、合州旱。六年五月，不雨，至七月，江陵德安、漢陽旱。八年春，旱，首種不入，至八月乃雨。江、浙、淮、閩皆旱，衢婺温台明徽池真太平、建康、寧國、廣德興國南康盱眙安豐爲甚。十年七月，不雨。十一年秋，不雨，至於冬。淮郡及常州、鎮江建康、江陰廣德旱，蔬麥皆枯。十四年，浙、閩、廣旱，明、台、衢、婺、温、福爲甚。江西旱，贛吉、建昌爲甚。十五年五月，不雨，至七月，贛州大旱。十六年五月，不雨，岳州旱。

恒燠

春秋桓公十五年「春，亡冰」。劉向以爲周春，今冬也。成公元年「二月，無冰」。襄公二十八年「春，無冰」。説曰：水旱之災，寒暑之變，天下皆同，故曰「無冰」，天下異也。桓公殺兄弑君，外成宋亂，與鄭易邑，背叛周室。成公時，楚横行中國，王札子殺召伯、毛伯，晉敗天子之師於貿戎，天子皆不能討。襄公時，天下諸侯之大夫皆執國權，君不能制。漸將日甚，善惡不明，賞罰不行〔四七〕。周失之舒，秦失之急，故周衰亡寒歲，秦滅亡燠年。

漢武帝元狩六年冬，亡冰。先是，比年遣大將軍衛青、霍去病攻祁連，絕大幕，窮追單于，斬首十餘萬級〔四八〕，還，大行慶賞。乃閔海内勤勞，遣博士褚大等六人持節巡行天下，存賜鰥寡，假予困乏，舉遺逸獨行君子〔四九〕。郡國有以便宜者上丞相〔五〇〕、御史以聞。天下咸喜。　昭帝始元二年冬，亡冰。是時上年九歲，大將軍霍光秉政，始行寬緩，欲以說下。

後齊天保八年三月，大熱，人或暍死。劉向五行傳曰：「視不明，用近習，賢者不進，不肖不退，百職廢壞，庶事不從，其過在政教舒緩。」時帝狂躁荒淫無度之應。

唐天寶元年冬，無冰。爲陰失節也〔五一〕。又曰：「知罪不誅，其罰燠，夏則暑殺人，冬則物華實。」蓋當寒反燠，象宜刑而賞之也。　貞元十四年夏，大燠。　元和九年六月，大燠。　長慶二年冬，少雪，水不冰凍〔五二〕，草木萌荑，如正二月〔五三〕。　廣明元年十一月，煖如仲春。

宋淳化二年冬，京師無冰。　大中祥符二年，京師冬温，無冰。　天聖五年，夏秋大暑，毒氣中人。占者曰，此洪範所謂「恒燠」也。　嘉祐六年冬，京師無冰。　治平四年冬，無雪。　元豐八年冬，無雪。　元祐元年冬，無雪。　四年冬，無雪。　五年冬，無冰雪。　紹興五年五月，大燠四十餘日，草木焦槁，山石可灼人，死於暑者甚衆。　三十一年冬，無雪。　乾道三年，冬温，少雪無冰。　五年，冬温，亡雪。　六年，冬復温，無雪無冰。　紹熙三年，潼川路不雨，氣燠如仲夏，日月皆赤，榮州尤甚。　慶元元年冬，無雪。　四年冬，無雪。　越歲，春燠而雷。　六年，冬燠無雪，桃李華，蟄蟲不藏。　管子曰：「臣乘君威，則陰侵陽，盛冬不冰。」時韓侂胄擅朝，陰脅陽之象。　開禧三年冬，少雪。　嘉定元年，春燠如夏。六年，冬燠，無冰有雷，昆蟲不蟄。八年夏五月，大燠，草木枯槁，百泉皆竭，行都斛水百錢，江、淮盃水數十錢，暍死者甚衆。九年冬，無雪。十三年冬，無冰，臘無雪。越歲，春暴燠，土燥泉竭。

校勘記

〔一〕定公七年九月大雩　「七」原作「十」，據漢書卷二七中之上五行志中之上、春秋定公七年改。

〔二〕僖公二年冬十月不雨　「二」下原衍一「十」字，據漢書卷二七中之上五行志中之上、春秋僖公二年删。

〔三〕自十有二月不雨　「有」字原脱，據漢書卷二七中之上五行志中之上、春秋文公二年補。

〔四〕是歲夏　「歲」字原脱，據漢書卷二七中之上五行志中之上補。「夏」原作「秋」，據漢書卷二七中之上五行志中之上、漢書卷四文帝紀改。

〔五〕九年春　按漢書卷四文帝紀，「九年」指文帝前九年，上條後六年爲後元六年，故依例當列於上條之前。

〔六〕三將軍征匈奴　按漢書卷二七中之上五行志中之上，「三」上有「二年夏」三字，漢書卷六武帝紀，三將軍征匈奴事正在天漢二年夏五月。

〔七〕宣帝本始三年夏　「三」原作「元」，據漢書卷二七中之上五行志中之上、漢書卷八宣帝紀改。

〔八〕東西數千里　「西」原作「南」，據漢書卷二七中之上五行志中之上改。

〔九〕元帝建昭二年大旱　按漢書卷二七中之上五行志中之上、漢書卷九元帝紀俱不載建昭二年大旱事，漢書卷十成帝紀載建始二年夏大旱事，疑有誤。

〔一〇〕哀帝建平四年春　「哀帝」原作「平帝」，平帝無建平年號，覈漢書卷一一哀帝紀，有建平四年春大旱事，故改。

〔一一〕氣亂感天　「感」原作「惑」，據後漢書五行志一注改。

〔一二〕王者熟惟其祥　「惟」原作「推」，據元本、慎本、馮本及後漢書五行志一改。

〔一三〕十五年八月　「五」原作「三」，據後漢書五行志一注、通志卷七四改。

〔一四〕侍御史孔豐上疏曰　「孔豐」，元本、慎本、馮本及後漢書五行志一注俱作「孔子豐」。按豐字子豐。

〔一五〕雒陽郡國二十二並旱　「雒陽」原作「丹陽」，據後漢書五行志一注引古今注改。

〔一六〕古今注曰　「古」字上原衍「安帝」二字，又自「古」至「無救爲災」共五十六字小字注文，原舛入上條注文下，據後漢書五行志一删乙。

〔一七〕太尉李固勸太后及兄梁冀立嗣帝　按後漢校補謂「太后及兄」不成文，且固時不能親言於太后，固傳亦無固勸太后立長君事，當作「太后兄」，去「及」字。覈後漢書卷六順冲質帝紀，冲帝於建康元年八月庚午即帝位，丁丑李固爲太尉，則校補謂「固時不能親言於太后」云云，或爲推論，且下文又言「時太后及冀貪立年幼」，則前「及」字或不爲衍。

〔一八〕貰讁罰　「罰」原作「罪」，據後漢書五行志一改。

〔一九〕内實欲令事先由己　「欲」原作「厥」，據元本、慎本、馮本及晉書卷二八五行志中、宋書卷三一五行志二改。

〔二〇〕吴孫權嘉禾五年　「五」原作「四」，據三國志卷四七吴主傳改。

〔二一〕及李憙　「李憙」原作「李熹」，據元本、慎本、馮本及宋書卷三一五行志二改。

〔二二〕採擇卿校諸葛冲等女　「卿」原作「鄉」，據晉書卷二八五行志中、晉書卷三一后妃傳、晉書卷四五何攀傳、宋書卷三一五行志二改。

〔二三〕又取小將吏女數十人　「十」原作「千」，據晉書卷二八五行志中、宋書卷三一五行志二改。

〔二四〕自去冬至此春　按晉書卷二八五行志中、宋書卷三一五行志二，「冬」下有一「旱」字。

〔二五〕六年三月　「三月」，晉書卷二八五行志中、宋書卷三一五行志二同，晉書卷三武帝紀作「四月」。

〔二六〕青梁幽冀郡國旱　「梁」，晉書卷二八五行志中、通志卷七四同，宋書卷三一五行志二作「涼」。

〔二七〕太熙元年二月　「二」原作「三」，據晉書卷二八五行志中，宋書卷三一五行志二改。

〔二八〕在見反　「反」原作「及」，據元本、慎本、馮本改。

〔二九〕襄平縣梁水淡池竭　「池」，晉書卷二八五行志中、通志卷七四同，宋書卷三一五行志二作「淵」。

〔三〇〕愍帝建興元年六月　「建興」，元本、慎本、馮本及晉書卷二八五行志中、宋書卷三一五行志二俱作「建武」。按「建武」係元帝年號，屬之愍帝顯誤，搜神記卷七正作「元帝建武元年」，疑是。

〔三一〕孝武帝寧康元年五月　「五」原作「三」，據晉書卷九孝武帝紀、通志卷七四改。

〔三二〕又比丘尼乳母親黨及婢僕之子階緣近習　「比」字原脱，據晉書卷二八五行志中補。

〔三三〕又所在多上春禁囚　「禁」，晉書卷二八五行志中、宋書卷三一五行志二作「竟」。

〔三四〕宋文帝元嘉八年夏六月　「六月」，南史卷二宋本紀中同，宋書卷五文帝紀作「閏六月」，宋書卷三一五行志二作「五月」。

〔三五〕二十八年三月　按宋書卷三一五行志二，「二」上有「二十七年八月不雨至」九字。
〔三六〕孝武大明七年八年　「七年」二字原脱，據宋書卷三一五行志二、宋書卷六孝武帝紀、宋書卷七前廢帝紀補。
〔三七〕東諸郡大旱　「東諸郡」，宋書卷三一五行志二、宋書卷六孝武帝紀、宋書卷七前廢帝紀、南史卷二宋本紀中同，元本、慎本、馮本無「東」字。
〔三八〕甚者米一斗數百　「一斗」，南史卷二宋本紀中同，宋書卷七前廢帝紀作「一升」。
〔三九〕正光二年　「正光」原作「正元」，據元本、慎本、馮本及魏書卷九肅宗紀、北史卷四魏本紀改。
〔四〇〕孟號絳密　「密」原作「蜜」，據宋史卷六六五行志四、宋史卷八五地理志一改。
〔四一〕八月辛未　「月」原作「年」，據元本、慎本、馮本改。
〔四二〕明道二年　按上文記明道元年事，依例此處「明道」不當重出。
〔四三〕真定府旱　「旱」，長編卷二六三熙寧八年閏四月甲寅條作「旱甚」，宋史卷六六五行志四作「大旱」。
〔四四〕二年　「二」原作「三」，據元本、慎本、馮本及宋史卷六六五行志四改。
〔四五〕三年夏浙西　按宋史卷六六五行志四無「浙西」二字，疑是。
〔四六〕浙東西　「西」字原脱，據宋史卷六六五行志四、宋史卷三八寧宗紀二補。
〔四七〕賞罰不行　「賞」，漢書卷二七中之下五行志中之下作「誅」。
〔四八〕斬首十餘萬級　「十餘萬」原作「數十萬」，據漢書卷二七中之下五行志中之下、漢書卷六武帝紀改。
〔四九〕舉遺逸獨行君子　按漢書卷二七中之下五行志中之下，「子」下有「詣行在所」四字。
〔五〇〕郡國有以便宜者上丞相　「者上」二字原倒，據漢書卷二七中之下五行志中之下乙正。

〔五一〕無冰爲陰失節也　「無冰爲」三字原闕，據新唐書卷三四五行志一補。又新唐書卷三四五行志一，「爲」上有「先儒以」三字。

〔五二〕水不冰凍　「水」字原脱，據舊唐書卷三七五行志、舊唐書卷一六穆宗紀、新唐書卷三四五行志一、唐會要卷四四雜災變補。

〔五三〕如正二月　「二」字原脱，據舊唐書卷三七五行志、舊唐書卷一六穆宗紀、唐會要卷四四雜災變補。

卷三百五　物異考十一

恒寒

春秋桓公八年「十月，雨雪」。周十月，今八月也，未可以雪，劉向以爲時夫人有淫齊之行，而桓有妒媢之心，師古曰：「媢謂夫妒婦也。音莫報反。」夫人將殺，其象見也。師古曰：「謂欲殺桓公。」桓不覺寤，後與夫人俱如齊而殺死。凡雨，陰也，雪又雨之陰也，出非其時，迫近象也。董仲舒以爲象夫人專恣，陰氣盛也。定公元年「十月，隕霜殺菽」。菽，大豆。劉向以爲周十月，今八月也，陰氣未至君位而殺〔一〕，誅罰不由君出，在臣下之象。是時季氏逐昭公，公死於外，定公立，故天見災。僖公二年「十月，隕霜不殺草」，爲嗣君微，失秉事之象也。其後卒在臣下，則災爲之生矣。異故言草，災故言菽，重殺穀。以其重於殺草也。一曰菽，草之難殺者也，言殺菽，知草皆死也；言不殺草，知菽亦不死也。董仲舒以爲菽，草之强者，天戒若曰，加誅於强臣。言菽，以微見季氏之罰也。考王六年六月，秦雨雪。威烈王四年四月，晉大雨雪。

秦始皇初即位尚幼，委政太后。太后淫於呂不韋及嫪毐，嫪郎到反。毐烏改反。封毐爲長信侯，以太原郡爲毐國，宮室苑囿自恣，政事斷焉。故天冬雷，以見陽不禁閉，以涉危害，舒奥迫近之應也。始皇既冠，毐懼誅作亂，始皇誅之，斬首數百級，大臣二十人，皆車裂以徇，夷滅其宗，遷四千餘家於房陵。是歲四月，寒，民有凍死者。數年之間，緩急如此，寒燠輒應，此其效也。劉歆以爲大雨雪，及未當雨雪而雨雪，及大雨雹，隕霜殺菽草〔二〕，皆常寒之罰也。京房易傳曰：「有德遭險，兹謂逆命，厥異寒。誅過深，當燠而寒，盡六日，亦爲雹。害正不誅，兹謂養賊，寒七十二日，殺蜚禽。道人始去有道之人去。兹謂傷，其寒物無霜而死，涌水出。戰不量敵，兹謂辱命，其寒雖雨物不茂。聞善不予，厥咎聾。」

漢文帝四年六月，大雨雪。後三年，淮南王長謀反，發覺，遷，道死。師古曰：「遷於蜀，未至而死於雍，故曰道死。」京房易傳曰：「夏雨雪，戒臣爲亂。」景帝中六年三月，雨雪。其六月，匈奴入上郡取苑馬，吏卒戰死者二千餘人。明年，條侯周亞夫下獄死。武帝元光四年四月，隕霜殺草木。先是二年，遣五將軍三十萬衆伏馬邑下〔三〕，欲襲單于，單于覺之而去。自是始征伐四夷，師出三十餘年，天下户口減半。京房易傳曰：「興兵妄誅，兹謂亡法，厥災霜，夏殺五穀，冬殺麥。誅不原情，兹謂不仁，其霜，夏先大雷風，冬先雨，乃隕霜，有芒角。賢聖遭害，其霜附木不下地。佞人依刑，兹謂私賊，其霜在草根土隙間。不教而誅兹謂虐，其霜反在草下。」元狩元年十二月，大雨雪，民多凍死。是歲，淮南、衡山王謀反，發覺，皆自殺。使者行郡國，治黨與，師古曰：「行音下更反。」坐死者數萬人。元鼎二年三月，雪，平地厚五尺。是歲，御史大夫張湯有罪自殺，丞相嚴青翟坐與三長史謀陷湯，師古曰：「謂朱買臣爲丞相長史，王朝及邊通皆守丞相長史也。」青翟自殺，三長史皆棄市。元鼎三年三月水冰，四月雨雪，關東十餘郡人相食。是歲，民不占緡錢有告者，以半畀之。言政急刻也。元帝永光元年三月，雨雪，隕霜殺桑〔四〕。九月二日，隕霜殺稼，天下大饑。時中書令石顯用事專權，與春秋定公時隕霜同應。建昭二年十一月〔五〕，齊楚地大雪，深五尺。是歲京房、張博爲石顯所譖死。　四年三月，雨雪，燕多死。是日，皇后親蠶，疾風自西北，大寒雨雪，壞敗其功。　成帝陽朔四年四月，雨雪，燕雀死。後十六年，許皇后自殺。

王莽天鳳元年四月，隕霜殺草木。　三年二月，大雨雪，關東尤甚，深者一丈，竹柏皆枯。　四年八月，大寒，百官人馬有凍死者。　地皇二年秋，隕霜殺菽。

後漢靈帝光和六年冬，大寒，北海、東萊、琅邪井中冰厚尺餘。袁山松書曰：「時群賊起，天下始亂。讖曰：『寒者，小人暴虐，專權居位，無道有位，適罰無法，又殺無罪，其寒必暴殺。』」　獻帝初平四年六月，寒風如冬時。時帝流遷失政〔六〕。右扶風雹如斗。袁山松書曰：「雹殺人，前後雨雹，此最爲大，時天下潰亂。」

吴孫權嘉禾三年九月朔，隕霜傷穀。按劉向説，「誅罰不由君出，在臣下之象也。」時校事吕壹專作威福，與漢元帝時石顯用事隕霜同應。　四年七月，雨雹，又隕霜。　赤烏四年正月，大雪，平地深三尺，鳥獸死者大半。是年夏，全琮等四將軍攻略淮南、襄陽，戰死者千餘人。其後權以讒邪，數責讓陸議，議憤恚致卒〔七〕。與漢景、武大雪同事。

晉武帝泰始九年四月，隕霜。時賈充親黨比周用事，與魯定公、漢元帝時隕霜同應。　咸寧三年八月，平原、安平、上黨、泰山四郡霜，害三豆。是月，河間暴風寒冰，郡國五隕霜傷穀。是後征吴及討凉州賊。　五年六月〔八〕，汲郡、廣平、陳留、滎陽雨雹，隕霜，傷秋麥千三百餘頃。　太康元年三月，河東、高平霜雹，傷桑麥。　二年三月，河東隕霜害桑。　五年九月，南安大雪，折木。　六年三月，齊郡臨淄等四縣，樂安等八縣，琅邪等八縣，河間等六縣，高陽等四縣，隕霜，傷桑麥。　八年四月，齊國、天水二郡隕霜。九年四月，隴西隕霜。十年四月，郡國八隕霜。惠帝元康六年三月，東海雨雪〔九〕，殺桑麥。七年七月，秦、雍二州隕霜殺稼。九年三月，河南、滎陽、潁川隕霜傷禾。光熙元年閏八月，霰雪。劉向曰：「盛陽雨水湯熱，陰氣脅之，則轉而爲雹。盛陰雨雪凝滯，陽氣薄之，則散而爲霰。今雪非其時，此聽不聰之應。」是年帝崩。明帝太寧三年三月丁丑，雨雪〔一〇〕；癸巳，隕霜。成帝咸和九年八月，成都大雪。是歲李雄死。康帝建元元年八月，大雪。時政在將相，陰氣盛也。劉向曰：「凡雨陰也，雪又雨之陰也。出非其時，迫近象也。」穆帝永和三年八月〔一一〕，冀方大雪，人馬多凍死。十年五月，涼州雪。明年，張祚護軍張瓘廢祚，更立玄靚。京房易傳曰：「夏雨雪〔一二〕，戒臣爲亂。」十一年四月，霜〔一三〕。安帝義熙五年三月己亥，雪，深數尺。

梁武帝天監三年三月，六年三月，並隕霜殺草。京房易傳曰：「興兵妄誅，謂亡法，厥罰霜。」是時，大發卒，拒魏兵於鍾離，連兵數歲。普通二年三月〔一四〕，大雪，平地三尺。雨，陰也；雪，又陰畜積甚盛也〔一五〕。妾不妾，臣不臣之應。時義州刺史文僧朗以州叛於魏，臣不臣之應也。大同三年六月，朐山隕霜。七月，青州雪，害苗稼。時交州刺史李賁舉兵反，僭號〔一六〕，擊之不克。十年十二月，大雪，平地三尺〔一七〕。時邵陵王綸、湘東王繹、武陵王紀並權侔人主，頗爲驕恣，皇太子甚惡之，帝不能抑損。及侯景之亂，諸王擁强兵不勤王，委棄君父，自相屠滅，國竟以亡。

陳宣帝太建十年八月，隕霜，殺稻菽。時大興師衆，與周師相拒於吕梁。

東魏静帝興和二年五月，大雪。時神武作宰，發卒十餘萬築鄴城，百姓怨思。武定四年二月，大雪，人畜凍死，相望於道。時步落稽舉兵反，寇亂數州，人多死亡。又爾朱文暢等謀害神武事泄，伏誅，黨與多濫死。

北齊武成河清元年，歲大寒。讖曰：「殺無罪，其寒必異。」時帝淫於文宣李后，又殺其子，冤酷之應。二年十二月〔一八〕，大雪連月，南北千餘里，平地數尺，繁霜晝下。時突厥可汗與周師入并州，殺掠吏人，不可勝紀。後主天統二年，大雪。三年正月，大雪，平地二尺。武平三年正月，又大雪。時馮淑妃、陸令萱内制朝政，陰氣積盛，故天變屢見。

唐太宗貞觀元年秋，霜殺稼。京房易傳曰：「人君刑罰妄行，則天應之以隕霜。」三年，北邊霜殺稼。高宗永徽二年，綏、延等州霜殺稼。顯慶四年二月壬子，大雨雪。方春，少陽用事，而寒氣脅之，古占以爲人君刑法暴濫之象。近常寒也。咸亨元年十月癸酉，大雪，平地三尺，人多凍死。儀鳳三年五月丙寅，高宗在九成宫，霖雨，大寒，兵衛有凍死者。調露元年八月，邠、慶、寧、涇、原五州霜。開耀元年冬，大寒。武后證聖元年六月，睦州隕霜殺草。吴越地燠而盛夏隕霜，昔所未有。四年四月〔一九〕，延州霜殺草。四月純陽用事，象人君當布惠於天下，而反隕霜，是無陽也。久視元年三月，大雪。中宗神龍元年三月乙酉，睦州暴寒且冰。玄宗開元十二年八月，潞、綏等州霜殺稼。十五年，天下州十七霜殺稼。二十九年九月丁卯，大雨雪，大木偃折。代宗大曆四年六月伏日，寒。德宗貞元元年正月戊戌，大風雪〔二〇〕，寒；丙午，又大風雪，寒，民饑，多凍死者。十二年十二月，大雪，甚寒，竹柏柿樹多死。占曰：「有德遭險，厥災暴寒。」十九年三月，大雪。二十年二月庚戌，始雷，大雨雹，震電，大雨雪。既雷則不當雪，陰脅陽也，如魯隱公之九年。憲宗元和二年七月，邠、寧等州霜殺稼。六年十二月，大寒。八年十月，東都大寒，霜厚數寸，雀鼠多死。九年三月丁卯，隕霜殺桑。十二年九月己丑，雨雪，人有凍死者。十四年四月，淄、青隕霜，殺惡草及荆棘，而不害嘉穀。十五年八月己卯，同州雨雪，害稼。穆宗長慶元年二月，海州海水冰，南北二百里，東望無際。敬宗寶曆元年八月，邠州霜殺稼。文宗太和三年秋，京畿奉先等八縣旱霜，殺稼。六年正月，雨雪踰月，寒甚。九年十二月，京師苦寒。武宗會昌三年，春寒，大雪，江左尤甚，民有凍死者。宣宗大中三年春，隕霜殺桑。懿宗咸通五年冬，隰、石、汾等州大雨雪，平地深五尺。僖宗中和元年春，霜。秋，河東早霜，殺稼。昭宗景福二年二月辛巳，曹州大雪，平地二尺。天復二年三月，浙西大雪，平地三尺餘，其氣如烟，其味苦。十二月，又大雪，江海冰。天祐元年九月壬戌朔，大風，寒如仲冬。是冬〔二〕，浙東、浙西大雪。吳、越地氣常燠而積雪，近常寒也。

宋太祖建隆三年春，延、寧二州雪盈尺，溝洫復冰，草木不華。丹州雪二尺許。棣州厭次縣隕霜殺桑，民不蠶。太宗太平興國七年三月，宣州霜雪，害桑稼。雍熙二年冬〔三〕，南康軍大雨雪，江水冰，勝重載。端拱元年閏五月，鄆州風雪傷麥。淳化三年三月，商州霜，花木皆死〔三〕。九月，京兆府大雪，殺苗稼。四年二月，商州大雪，民多凍死。真宗咸平四年三月丁丑，京師及近畿諸州風雪損桑。景德四年七月，渭州瓦亭寨早霜，傷稼。大中祥符九年十一月，大名府、澶州、相州並霜害稼。天禧元年十二月，京師大雪，苦寒，人多凍死，路有僵尸，遣中使埋之四郊。二年正月，永州大雪，六晝夜方止，江溪魚皆凍死。仁宗至和元年正月，京師大雪，貧弱之民，凍死者甚衆。二年，河東自春至夏隕霜，殺桑。嘉祐四年正月，自冬雨雪，泥塗盡冰，都民饑寒，死於道路者甚衆。哲宗元祐二年冬，京師大雪連月，至春不止。久陰常寒，罷上元節游幸，降德音諸道。八年十一月，京師大雪，多流民。元符二年正月甲辰朔，御大慶殿受朝賀，以雪罷。徽宗政和三年十一月，大雨雪，連十餘日不止，平地八尺餘。冰滑，人馬不能行，詔許百官乘轎入朝。飛鳥多死。七年十二月，大雪。詔收養内外乞丐老幼。二年正月丁酉，大雪，天寒甚，地冰如鏡，行者不能定立。是月乙卯，車駕在青城，雪絲長數寸墮地。欽宗靖康元年閏十一月，大雪，盈三尺不止。天地晦冥，或雪未下時，陰雲中有大雪數尺，人多凍死〔二四〕。高宗建炎三年六月，久陰，霖雨而寒。京房謂「害正不誅，兹謂養賊」。後連誅叛將。紹興元年二月寒食日，雪。七年二月，霜殺桑稼。十三年三月，雪〔二五〕。二十八年三月，雨雪。三十一年正月戊子，大雨雪，至己亥，逾旬不止，禁旅壘舍有壓者。時久雪寒甚。孝宗乾道元年三月，暴寒，苗稼多凍死。二年春，大雨，寒，至於三月，損蠶麥。京房以爲「聞善不予，其寒雖雨物不茂」。六年夏五月，大風雨，寒，稼多腐敗。淳熙十二年，淮水冰，斷流。與唐志長慶海冰同占。十二月，大雪，至明年正月，或雪，或霰，或雹，或雨冰，冰冱尺餘〔二六〕，連日不解。台州雪深丈餘，民凍死者甚衆〔二七〕。十六年四月戊子，成州天水縣大雨雪，麥皆凍死。七月，階、成、鳳、西和四州霜，殺稼盡〔二八〕。與漢永光夏霜同占。光宗紹熙元年三月，留寒至立夏不退。二年正月，行都大雪積冱，河冰厚尺餘，寒甚。是春，雷雪相繼，凍雨彌月。三年九月丁未，和州隕霜連三日，殺稼。是月，淮西郡國稼皆肅於霜，民大饑。　寧宗慶元六年五月，亡暑，氣凜如秋〔二九〕。　嘉定六年六月，亡暑，夜寒。與京房「當燠而寒」同占。

雹

劉向以木冰爲木不曲直，唐志以冰花爲華孽，愚按木不曲直與華孽者，皆花木失其常性而爲妖者也。若木冰，乃寒脅木而成冰，則妖不在木也；冰花，乃冰有異而結花，則妖不在花也。故以與雹同類，而附恒寒之後云。

春秋成公十六年「正月，雨，木冰」。劉歆以爲上陽施不下通，下陰施不上達，故雨，而木爲之冰，雰音紛。氣寒，木不曲直也。劉向以爲冰者陰之盛而水滯者也〔三〇〕，木者少陽，貴臣卿大夫之象也。此人將有害，則陰氣脅木，木先寒，故得雨而冰也。時叔孫僑如出奔，公子偃誅死。僑如淫，謀作亂，出奔。偃預僑如之謀，故見誅〔三一〕。　一曰，時晉執季孫行父，又執公，此執辱之異。晉信僑如之譖，故執公及季孫。　或曰，今之長老名木冰爲「木介」。介者，甲。甲，兵象也。是歲晉有隝陵之戰，楚王傷目而敗。屬常雨也。　僖公二十九年「秋，大雨雹」。劉向以爲盛陽雨水，溫煖而湯熱，陰氣脅之不相入，則轉而爲雹；盛陰雨雪，凝滯而冰寒，陽氣薄之不相入，則散而爲霰。師古曰：「霰，雨雪雜下，音先見反。」故沸湯之在閉器，而湛於寒泉，則爲冰，孟康曰：「投湯器中，以沈寒泉而成也。」師古曰：「湛讀曰沈。」及雪之銷，亦冰解而散，此其驗也。故雹者陰脅陽也，春秋不書霰者〔三二〕，猶月食也。僖公末年信用公子遂，遂專權自恣，將至於殺君，故陰脅陽之象也〔三三〕。

僖公不寤，遂終專權，後二年殺子赤，立宣公。師古曰：「公子遂，東門襄仲也。赤，文公太子，即惡也。」左氏傳曰：「聖人在上無雹，雖有不爲災。」説曰：凡物不爲災不書，書大，言爲災也。凡雹，皆冬之愆陽，夏之伏陰也。師古曰：「愆，過也。過陽，冬温也。伏陰，夏寒也。」昭公三年，「大雨雹」。是時季氏專權，脅君之象見。昭公不寤，後季氏卒逐昭公。

漢武帝元鼎三年夏四月，大雨雹〔三四〕。元封三年十二月，雷雨雹，大如馬頭。宣帝地節四年五月，山陽濟陰雨雹如鷄子，深二尺五寸，殺二十餘人〔三五〕，蜚鳥皆死。其十月，大司馬霍禹宗族謀反，誅〔三六〕，霍皇后廢。

王莽天鳳元年七月，雨雹，殺牛羊。

後漢和帝永元五年六月，郡國三雨雹，大如鷄子。春秋考異郵曰：「陰氣之專精凝合生雹。雹之爲言合也。以妾爲妻，大尊重，九女之妃闕而不御〔三七〕，坐不離前，無由相去之心，同輿參驅〔三八〕，房衽之内〔三九〕，歡欣之樂，專政夫人，施而不博，陰精凝而見成〔四〇〕。」易讖曰：「凡雹者，過由人君惡聞其過，抑賢不揚，内與邪人通，取財利，蔽賢，施之，並當雨不雨，故反雹下也。」是時和帝用酷吏周紆爲司隸校尉，刑誅深刻。古今注曰：「光武建武十年十月戊辰，樂浪、上谷雨雹，傷稼。十二年，河南平陽雨雹，大如杯，壞敗吏民屋舍。十五年十二月乙卯，鉅鹿雨雹，傷稼。永平三年八月，郡國十二雨雹，傷稼。十年，郡國十八或雨雹，蝗。」易緯曰：「夏雹者，治道煩苛，繇役急促，教令數變，無有常法。不救爲兵，强臣謀逆，蝗蟲傷穀。救之，舉賢良，爵有功，務寬大，無誅罰，則災除。」安帝永初元年，雨雹。二年，雨雹，大如鷄子。三年，雨雹，大如雁子，傷稼。劉向以爲雹，陰脅陽也。是時鄧太后以陰專陽政。元初四年六月戊辰，郡國三雨雹，大如杅杯及鷄子，殺六畜。古今注曰：「樂安雹如杅，殺人。」京房占曰：「夏雨雹，天下兵大作。」延光元年四月，郡國二十一雨雹，大如鷄子，傷稼。是時安帝信讒，無辜死者多。臣昭按尹敏傳，是歲河西大雨雹，如斗。安帝見孔季彥，問其故，對曰「此皆陰乘陽之徵也。今貴臣擅權，母后黨盛，陛下宜修聖德，慮此二者」也。　三年，雨雹，大如鷄子。古今注曰：「順帝永建五年，郡國十二雨雹。六年，郡國十二雨雹，傷秋稼。」　桓帝延熹四年五月己卯，京都雨雹，大如鷄子。是時桓帝誅殺過差，又寵小人。　七年五月己丑，京都雨雹。是時皇后鄧氏僭侈，驕恣專幸。明年廢，以憂死，其家皆誅。　靈帝建寧二年四月，雨雹。　四年五月，河東雨雹。　光和四年六月，雨雹，大如鷄子。是時常侍、黄門用權。　中平二年四月庚戌，雨雹，傷稼。

孫權嘉禾四年七月，雨雹，又隕霜。按劉向説〔四一〕，「雹者，陰脅陽也」。時呂壹作威用事，詆毁重臣。自太子登以下，咸患毒之。與春秋公子遂專任，雨雹同應也。　赤烏十一年四月，雨雹。時權聽讒〔四二〕，將危太子，誅罰過深之應也。

晉武帝咸寧五年五月丁亥，鉅鹿、魏郡雨雹，傷禾麥；辛卯，雁門雨雹，傷秋稼。六月庚戌，汲郡、廣平、陳留、滎陽雨雹；丙辰〔四三〕，又雨雹、隕霜，傷秋麥千三百餘頃，壞屋百三十餘間；癸亥，安定雨雹。七月丙申〔四四〕，魏又雨雹。閏月壬子，新興又雨雹。八月庚子，河南、河東、弘農又雨雹，兼傷秋稼三豆。　太康元年三月，河東、高平霜雹，傷桑麥。四月，河南、河内、河東、魏郡、弘農雨雹，傷麥豆。是月庚午，畿内縣二及東平范縣雨雹；癸酉，畿内縣五又雨雹。五月，東平、平陽、上黨、雁門、濟南雨雹，傷禾麥三豆。是時王濬有大功，而權戚互加陷抑，帝從容不斷，陰脅陽之應也。　二年二月辛酉，隕霜於濟南、琅邪，傷麥；壬申，琅邪雨雹，傷麥。三月甲午，河東隕霜，害桑。五月丙戌，城陽、章武、琅邪雨雹，傷麥；庚寅，河東、樂安、東平、濟陰、弘農、濮陽、齊國、頓丘、魏郡、河內、汲郡、上黨雨雹，傷禾稼。六月，郡國十七雨雹〔四五〕。七月，上黨雨雹。　三年十二月，大雪。　五年七月乙卯，中山、東平雨雹，傷秋稼；甲辰，中山雨雹。　六年六月，滎陽、汲郡、雁門雨雹。　九年正月，京都大風雨雹，發屋拔木。　惠帝元康二年八月，沛及蕩陰雨雹。　三年四月，滎陽雨雹。　六月，弘農湖〔四六〕、華陰又雨雹，深三尺。時賈后凶淫專恣，與春秋魯桓公夫人同事，陰氣盛也。　五年六月，東海雨雹，深五寸。十二月，丹陽建業雨雹。　七年五月，魯國雨雹。　九年五月，雨雹。　永寧元年七月，襄城、河南雨雹。十月，襄城、河南、高平、平陽又風雹〔四七〕，折木傷稼。　元帝太興二年三月丁未，成都風雹，殺人。　三年三月，海鹽雨雹。時王敦陵上。　明帝太寧二年四月，京都大雨雹，燕雀死。　三年四月，大雨雹。是年，帝崩，尋有蘇峻之亂。　成帝咸和六年三月，雨雹。時帝幼弱，政在臣下。　咸康二年正月丁巳〔四八〕，皇后見於太廟，其夕雨雹。　穆帝永和五年六月，臨漳暴風震電，雨雹，大如升。　海西太和三年四月，雨雹，折木〔四九〕。　孝武太元二年四月，雨雹。　十二年四月己丑，雨雹。　二十年五月，上虞雨雹。　二十一年四月，雨雹。是歲，帝暴崩。　安帝隆安二年三月，雨雹〔五〇〕。　元興三年四月〔五一〕，江陵雨雹。是時，安帝蒙塵。　義熙元年四月，雨雹。　五年五月，溧陽雨雹。　九月，廣陵雨雹。　六年五月，雨雹。　八年四月、六月，皆雨雹。　十年四月，雨雹。

石勒時，雹起西河介山〔五二〕，大如鷄子，平地三尺，洿哀都反。下丈餘，行人、禽獸死者萬數，歷太原、樂平、武鄉、趙郡、廣平、鉅鹿千餘里，樹木摧折，禾稼蕩然。勒正服東堂，以問徐光曰：「歷代以來，有斯災幾也？」光對曰：「周、漢、魏、晉皆有之，雖天地之常事，然明主未始不爲變，所以敬天之怒也。去年禁寒食，介推，帝鄉之神也，歷代所尊，或者以爲未宜替也。一人吁嗟，王道尚爲之虧，況群神怨憾而不怒動上帝乎！縱不能令天下同爾，介山左右，晉文之所封也，宜任百姓奉之。」勒下書曰：「寒食既并州之舊風，朕生其俗，不能異也。前者外議以子推諸侯之臣，王者不應爲忌，故從其議，倘或由之而致斯災乎！子推雖朕鄉之神，非法食者亦不得亂也，尚書其促檢舊典定議以聞。」有司奏以子推歷代攸尊，請普復寒食，更爲植嘉樹，立祠堂，給户奉祀。勒黄門郎韋謏駁曰：「按春秋，藏冰失道，陰氣發泄爲雹。自子推已前，雹者復何所致？此自陰陽乖錯所爲耳。且子推賢者，曷爲暴害如此！求之冥趣，必不然矣。今雖有冰室〔五三〕，懼所藏之冰不在固陰沍寒之地，多皆川池之側〔五四〕，氣泄爲雹也。以子推忠賢，令綿、介之間奉之爲允，於天下則不通矣。」勒從之。於是遷冰室於重陰凝寒之所，并州復寒食如初。

宋文帝元嘉十八年三月，雨雹。

梁武帝中大通元年四月，大雨雹。洪範五行傳曰：「雹，陰脅陽之象。」時帝數捨身爲奴，拘信佛法，爲沙門所制。

陳宣帝太建二年六月，大雨雹。十年四月，又大雨雹。十三年九月，大雨雹。時始興王叔陵驕恣，帝又寵遇之，後卒爲亂。

唐太宗貞觀四年秋，丹、延、北永等州雹。　高宗顯慶二年五月，滄州大雨雹，中人有死者。　咸亨元年四月庚午，雍州大雨雹。　二年四月戊子，大雨雹，震電，大風折木，落則天門鴟尾三。　先儒以爲「雹者，陰脅陽也」。又曰：「人君惡聞其過，抑賢用邪，則雹與雨俱。　信讒殺無罪，則雹下毁瓦、破車、殺牛馬。」　永淳元年五月壬寅，定州大雨雹，害麥禾及桑。　武后天授二年六月庚戌，許州大雨雹。　證聖元年二月癸卯，滑州大雨雹，殺燕雀。　神功元年，嬀、綏二州雹。　聖曆元年六月甲午，曹州大雨雹。　久視元年六月丁亥，曹州大雨雹。　長安三年八月，京師大雨雹，人畜有凍死者。　中宗神龍元年四月壬子，雍州同官縣大雨雹，殺鳥獸。　景龍元年四月己巳，曹州大雨雹。　二年正月己卯，滄州雨雹如鷄子。　玄宗開元八年十二月丁未，滑州大雨雹。　二十二年五月戊辰，京畿渭南等六縣大風雹，傷麥。　代宗大曆七年五月乙酉，雨雹。　德宗貞元二年六月丙子，大雨雹。　十七年二月丁酉，雨雹；己亥，霜；戊申夜，震霆，雨雹；庚戌，大雨雪而雹。　五月戊寅，好畤縣風雹，害麥。　十八年七月癸酉，大雨雹。　憲宗元和元年，鄜、坊等州雹。　十年秋，鄜、坊等州風雹，害稼。　十二年夏，河南雨雹，中人有死者。　十五年三月，京畿興平、醴泉等縣雹，傷麥。　穆宗長慶四年六月庚寅，京師雨雹如彈丸。　文宗太和四年〔五五〕，鄜、坊等州雹。　五年夏，京畿奉先、渭南等縣雨雹。　開成二年秋，河南雹，害稼。　四年七月，鄭、滑等州風雹。　五年六月，濮州雨雹如拳，殺人三十六，牛馬甚衆。　武宗會昌元年秋，登州雨雹，文登尤甚，破瓦害稼。　四年夏，雨雹如彈丸。　僖宗乾符六年五月丁酉，宣授宰臣豆盧瑑、崔沆制，殿庭氛霧四塞，及百官班賀於政事堂，雨雹如鳧卵，大風雷雨拔木。　廣明元年四月甲申朔，汝州大風雨，拔街衢樹十二三。東都有雲起西北，大風隨之，長夏門内表道古槐樹自拔者十五六，宫殿鴟尾皆落，雨雹大如杯，鳥獸殪於川澤。

宋太祖建隆元年十月，大名府臨清縣雨雹，傷稼。二年七月，丹州義川、雲巖二縣大雨雹。三年七月，潞州武鄉等四縣雨雹。四年七月，海州風雹。乾德二年四月，開封府陽武縣雨雹。宋州寧陵縣風雨雹，傷民田。六月，潞州風雹。七月，同州郃陽縣雨雹，並害稼。八月，延州膚施縣風雹，隕霜〔五六〕。三年四月，開封府尉氏、扶溝二縣風雹，害民田，桑棗十損七八。六月，曹州濟陰、冤句二縣風雹，損田。六年八月，河南府河清縣雨雹。開寶三年夏，同州、滑州大風雨雹，害稼。四年八月，鄆州須城等三縣風雹。八年五月，邢、磁州風雹，害桑麥。太宗太平興國二年六月，瀛州景城縣雨雹。七月，相州永定縣大風雹，害稼。五年四月，大名府冠氏縣、壽州安豐縣風雹。七年五月，太平州蕪湖縣雨雹，傷稼。八年五月，相州風雹，傷民田。端拱元年五月〔五七〕，霸州大雨雹，殺麥苗。閏五月，鄆州雨雹〔五八〕，傷麥。淳化元年六月，許州大風雹，壞軍營、民舍千一百五十六區。單州魚臺縣風雹，害稼。至道二年十一月，代州風雹，傷田稼。真宗咸平元年九月，定州北平等縣風雹，傷稼。三年四月丁巳，京師雨雹，飛禽有隕者〔五九〕。六年四月甲申，京師暴風雨雹，如彈丸。大中祥符三年八月丙辰，京師雨雹。五年八月丙辰，京師雨雹。天禧元年九月，鎮戎軍彭城寨風雹，害民田八百餘畝。仁宗天聖八年五月丙辰，大雨雹。慶曆二年七月壬午〔六〇〕、六年五月甲申〔六一〕，大雨雹。嘉祐四年四月，大震電〔六二〕，雨雹。神宗熙寧元年秋，鄜州雨雹。三年七月，七年四月、五月，京師雨雹。　八年夏，鄜州、涇州雨雹。　九年二月，京師雨雹。　十年夏，鄜州雨雹。秦州大雨雹。　哲宗紹聖三年十月辛未〔六三〕，西南方有雷聲，次大雨雹。　四年閏二月癸卯〔六四〕，京師雨雹，自辰初至申。　徽宗建中靖國元年二月丙申，京師雨雹。　五月辛酉，京師又大雨雹。　崇寧三年十月辛丑，大觀元年十月己巳、三年五月戊申，京師大雨雹。　政和七年六月，京師大雨雹，如拳，或如升器，幾兩時止。　宣和四年二月癸卯，京師雨雹。　欽宗靖康元年十二月己卯、庚辰，京師雨雹。　高宗建炎三年八月甲戌，大雨雹。　劉向以爲盛陽雨水，陰氣脅之不相入，則轉而爲雹，故雹者陰脅陽也。　一曰人君惡聞其過，朋邪爲利，蔽賢施之，則雹與雨俱；信讒殺無罪則雹下毁瓦、破車、殺牛馬。　紹興元年二月壬辰，上在越州，雨雹，震雷〔六五〕。　二年二月丙子，上在臨安，大雨雹。　三年正月辛未，雨雹震雷。陰氣之專精，凝合生雹，陽不禁閉，則非時雷出，陰脅陽象也。　四年三月己未〔六六〕，雨雹，傷稼。　五年閏二月乙巳朔，雨雹，雪。　十月丁未，秀州華亭風雷，雨雹激射，疾於箭彈，壞舟覆屋。　十二月戊辰，又雹。　七年二月癸卯，先一夕雷，後一日雪；癸丑，又雹。　按晉書，雷以二月出，陽出發洩，明日便大雪，皆失節之異。　又春秋以陰脅陽爲臣專權，時秦檜始大用，是其應也。　八年六月丙辰，大雨雹。　九年二月甲戌，雹，傷麥。　十二月辛未，又雹。　十年二月辛亥，大雨雹。　十二月庚辰，又雹。　十一年正月辛酉，雨雹。　十三年二月甲子，雨雹，傷麥。　五月戊午夜，雹。　七月壬申，雹，害稼。　十一月己未，又雹。　十七年正月庚辰，雨雹。　五月乙丑，又雹。　二十一年三月己卯，雹，傷禾麥。　二十八年四月辛亥，雨雹。　二十九年二月戊戌，雹，損麥。　孝宗隆興元年三月丙申夜，雨雹。　二年二月丁丑，雹與霰俱。劉向以爲雹，陰脅陽；霰，陽薄陰也。四月庚午，雹。七月丁未，雨雹。十二月己亥，雨雪而雹。乾道元年二月庚寅夜，雹。二年十月辛卯，雨雹。三年二月壬午，雪；癸未，雹。四年正月癸未夜，雹，有霰。二月丁酉，又雹；乙卯，又雹而雪。五年二月丙午，雹，損麥。六年二月壬午，雹，亦損麥。八年七月壬辰，雨雹。淳熙三年四月丁亥，雨雹；癸巳，天台、臨海二縣大風雹，傷麥。四年正月丙寅，雨雹。六年正月丁丑，雹，傷麥。三月壬申夜，大雨雹，如彈丸。八年十二月甲寅，雨雹。十二年二月辛酉夜，有雹。十三年閏七月丙午，雨雹。十五年二月丁亥，雨雪而雹。六月丁卯，又雹。十六年二月己卯，雹與雨俱。光宗紹熙元年二月丙申，雪；丁酉，雹。二年正月戊寅，大雹，震雷電以雨。二月庚辰，大雪連數日。雷，陽也；雪，陰也。既雷則不當雪，皆失節之應。乙酉，宰臣留正奏：「土木繁興，傷和之應。」上亟命停皇后家廟之役，詔群臣言闕政。二月庚寅朔〔六七〕，建寧府大風雨雹，仆屋殺人〔六八〕。三月癸酉，又大風雨雹，大如桃李實，平地盈尺，壞城郭民舍七百餘家，鄉落四千三百餘家，禾苗不殖，桑麻種麥蔬果皆損。温州瑞安縣亦如之，壞屋殺人尤衆。皆令各郡振之。秋，西和州祐川縣大風雹，壞粟麥種稑。寧宗慶元三年二月戊辰，雪；己巳，雹。四月乙丑，雨雹，大如杯，破瓦，殺燕雀。嘉泰元年三月丙寅、丁卯、戊辰，連雨雹。五月丁丑，又雹。七月癸亥，大雨而雹。二年四月庚寅，雨雹，傷稼。六月庚子，大風雹而寒。陰脅陽，又常寒也。四年正月壬辰，雪與雹俱。開禧二年正月己酉，雨雹而雷。嘉定元年閏四月壬申，雨雹，害稼。二年三月乙未，雨雹。六年夏，江、浙郡國多雨雹，害稼。十五年九月癸丑，大震雨雹。陽不閉，陰脅陽，皆君道弱、臣道彊之象。十六年秋，又雹。

木冰

魏文帝黄初六年正月，雨木冰。是年六月，利成郡兵蔡方等殺太守徐質，據部反。太守，古諸侯，貴臣有害之應也。一説，木介甲兵之象。是歲既討蔡方，又帝自將舟師征吴，戍卒十餘萬，連旌數百里，臨江觀兵，是其應也。

晉元帝太興三年二月辛未，雨木冰。後二年，周顗等遇害。是陽施不下通也。穆帝永和八年正月乙巳，雨木冰。是年，殷浩北伐，明年，軍敗，十年，廢黜。孝武太元十四年十二月乙巳〔六九〕，雨木冰。明年，王恭、庾楷、殷仲堪居外藩〔七〇〕，與王國寶等構怨，終同夷滅。

東魏孝静武定四年冬，天雨木冰。時司徒侯景專制河南，及神武薨〔七一〕，景舉兵反，慕容紹宗討平之。

北齊後主天保元年〔七二〕，雨木冰三日。時清河王岳爲高歸彦所譖，憂死〔七三〕。武平元年冬，雨木冰。明年二月，又雨木冰。時録尚書事和士開專政，琅邪王儼矯詔殺之，儼尋遇害。六年、七年〔七四〕，頻歲雨木冰〔七五〕。其年周師入晉陽。

唐高宗永徽二年十一月甲申，陰霧凝凍封樹木，數日不解。劉向以爲木少陽，貴臣象。此人將有害，則陰氣脅木先寒，故得雨而冰。亦謂之樹介，兵象〔七六〕。麟德元年十二月癸酉，氛霧終日不解；甲戌，雨木冰。　儀鳳三年十一月，亦如之。　武后延載元年十月癸酉，白霧，木冰。　中宗景龍四年三月，雨木冰。　玄宗開元二十九年十一月，雨木冰，寒甚，數日不解。　代宗永泰元年三月，雨木冰〔七七〕。　大曆二年十一月，氛霧如雪，草木冰。　德宗貞元元年十二月，雨木冰。　二十年冬，雨木冰。　穆宗長慶三年十一月，雨木冰。　敬宗寶曆元年十一月，雨木冰。　文宗太和七年十二月，夜霧，木冰。　開成四年九月，雨雪，木冰。　武宗會昌元年十二月，雨木冰。　四年正月，木冰〔七八〕。

後漢高祖天福十二年十一月二日旦〔七九〕，天大昏霧，木有冰。至十一日，霜露着草木皆爲冰。時魏府杜重威叛，討降之。至來年正月二十七日，高祖崩。

後周太祖廣順三年十一月，雨木冰。

宋真宗咸平六年十一月庚戌〔八〇〕，雨木冰。　大中祥符五年正月戊寅，京師雨木冰。　仁宗慶曆三年十二月，大雨雪，木冰。占曰：「兵象。」　英宗治平二年十月乙巳，雨木冰。　神宗熙寧三年十月、八年正月，京師雨木冰。　哲宗元祐八年二月，京師大寒，霰、雪，雨木冰。　徽宗宣和五年十月乙酉，雨木冰。　欽宗靖康元年十月乙卯，雨木冰。　二年正月丁酉，雨木冰。

冰花

唐昭宗景福中，滄州城塹中冰有文，如畫大樹華葉芬敷者，時人以爲其地當有兵難〔八一〕。近華孽也。

後晉出帝開運二年正月，東京封丘門外壕内冰上有文，若大樹華葉芬敷之狀〔八三〕，相連數十株，宛如圖畫。

宋真宗景德元年二月，保順軍城壕冰，隱起文爲桃李華、雜人物之狀〔八三〕。大中祥符九年正月，霸州渠冰，有文如花葩狀。高宗紹興七年十二月，中書門下省檢正官張宗元出撫淮西軍，寓家建康府，盆冰有文如畫，佳卉茂木，華葉芬敷，日易以水，變趣奇出，盡春暄乃止。近華孽也。説曰「其地當有兵難」。孝宗淳熙初，秀州吕氏家冰瓦有文，樓觀、車馬、人物、並蔕芙蓉、重荻牡丹、長春萱草、藤蘿，經日不釋。亦華孽類也。

中興以來，長老所記，或雨而木冰，或霜而木冰者甚多，不曰異，郡國不以聞。蓋日官失之，故木冰無録者。

校勘記

〔一〕陰氣未至君位而殺　按漢書卷二七中之下五行志中之下，「陰」上有「消卦爲觀」四字。

〔二〕隕霜殺菽草　「草」字原脱，據漢書卷二七中之下五行志中之下補。

〔三〕遣五將軍三十萬衆伏馬邑下　「三」原作「二」，據元本、慎本、馮本及漢書卷六武帝紀、漢書卷二七中之下五行志中之下改。

〔四〕隕霜殺桑　「桑」，漢書卷二七中之下五行志中之下同，漢書卷九元帝紀作「麥稼」。
〔五〕建昭二年十一月　「十一」原作「十二」，據漢書卷二七中之下五行志中之下、漢書卷九元帝紀改。
〔六〕時帝流遷失政　「時」字原脱，據後漢書五行志三注引袁山松書補。
〔七〕議憤恚致卒　「憤」字原脱，據晉書卷二九五行志下、宋書卷三三五行志四補。
〔八〕五年六月　「五年」二字原脱，據晉書卷二九五行志下、宋書卷三三五行志四補。
〔九〕東海雨雪　「雨雪」，晉書卷二九五行志下作「隕雪」，晉書卷四惠帝紀、宋書卷三三五行志四俱作「隕霜」。
〔一〇〕雨雪　「雪」，晉書卷二九五行志下同，宋書卷三三五行志四作「雹」。
〔一一〕穆帝永和三年八月　「三年」，宋書卷三三五行志四同，晉書卷二九五行志下作「二年」。
〔一二〕夏雨雪　「雨」字原脱，據漢書卷二七中之下五行志中之下補。
〔一三〕霜　晉書卷二九五行志下、晉書卷八穆帝紀俱同，宋書卷三三五行志四作「雪」。
〔一四〕普通二年三月　「二年」原作「三年」，據梁書卷三武帝紀、隋書卷二二五行志上改。
〔一五〕又陰畜積甚盛也　「畜積甚盛也」五字原脱，據隋書卷二二五行志上補。
〔一六〕僭號　按隋書卷二二五行志上，「僭」下有一「尊」字，「號」下有「置百官」三字。
〔一七〕平地三尺　「三」原作「二」，據梁書卷三武帝紀、隋書卷二二五行志上改。
〔一八〕二年十二月　「十」字原脱，隋書卷二二五行志上同。按北齊書卷七武成帝紀、周書卷五武帝紀、北史卷一〇周本紀下，突厥與周師入并州事在十二月，大雪亦在十二月，故據補。
〔一九〕四年四月　新唐書卷三六五行志三同。按舊唐書卷六則天皇后紀、新唐書卷四則天皇后紀，武后頻頻改元，證聖僅一年，是年秋九月即改元爲天册萬歲，此處疑有脱誤。

〔二〇〕大風雪　「雪」原作「雨」，據舊唐書卷一二德宗紀上、新唐書卷三六五行志三改。

〔二一〕是冬　「是冬」二字原脱，據新唐書卷三六五行志三補。

〔二二〕雍熙二年冬　「二」原作「四」，據宋史卷六二五行志一下、宋史卷五太宗紀二改。

〔二三〕花木皆死　按宋史卷六二五行志一下無「木」字。

〔二四〕人多凍死　「凍」字原脱，據宋史卷六二五行志一下補。

〔二五〕十三年三月雪　按宋史卷六二五行志一下，「雪」上有一「雨」字。

〔二六〕冰沍尺餘　「冰」上原衍一「或」字，據宋史卷六二五行志一下删。

〔二七〕民凍死者甚衆　「者甚衆」三字原脱，據宋史卷六二五行志一下補。

〔二八〕殺稼盡　按宋史卷六二五行志一下，「稼」下有一「幾」字。

〔二九〕氣凛如秋　「凛如」二字原倒，據宋史卷六二五行志一下乙正。

〔三〇〕劉向以爲冰者陰之盛而水滯者也　下「者」字原脱，據漢書卷二七上五行志上補。

〔三一〕故見誅　「見」字原脱，據漢書卷二七上五行志上師古注補。

〔三二〕春秋不書霰者　按漢書卷二七中之下五行志中之下，「春」上有「霰者陽脅陰也」六字。

〔三三〕故陰脅陽之象也　「也」，漢書卷二七中之下五行志中之下作「見」。

〔三四〕大雨雹　按漢書卷六武帝紀無「大」字。

〔三五〕殺二十餘人　按漢書卷二七中之下五行志中之下無「餘」字。

〔三六〕誅　「誅」字原脱，據漢書卷二七中之下五行志中之下補。按漢書卷八宣帝紀，霍禹謀反伏誅事在地節四年秋七月，霍皇后廢於八月，此處皆屬之十月，疑誤。

〔三七〕九女之妃闕而不御　「闕」，後漢書五行志三注作「闕」。

〔三八〕同輿參駟　「同」原作「司」，據後漢書五行志三注改。

〔三九〕房衽之内　「衽」原作「任」，據後漢書五行志三注改。

〔四〇〕陰精凝而見成　「成」原作「滅」，據後漢書五行志三注改。

〔四一〕按劉向説　「按」字原脱，據晉書卷二九五行志下、宋書卷三三五行志四補。

〔四二〕時權聽讒　「權」下原衍一「臣」字，據晉書卷二九五行志下、宋書卷三三五行志四删。

〔四三〕丙辰　「丙」原作「庚」，據晉書卷二九五行志下、宋書卷三三五行志四改。

〔四四〕七月丙申　「丙申」，晉書卷二九五行志下、宋書卷三三五行志四俱同，按百衲本宋書作「庚申」。是月壬戌朔，無丙申、庚申日，干支當有誤。

〔四五〕郡國十七雨雹　「十七」，晉書卷二九五行志下同，宋書卷三三五行志四、晉書卷三武帝紀三作「十六」。

〔四六〕弘農湖　「湖」下原衍一「城」字，據宋書卷三三五行志四删。

〔四七〕平陽又風雹　「風」原作「雨」，據元本、慎本、馮本及晉書卷二九五行志下、宋書卷三三五行志四改。

〔四八〕咸康二年正月丁巳　「丁巳」二字原脱，據晉書卷二九五行志下、宋書卷三三五行志四補。

〔四九〕折木　晉書卷二九五行志下同，晉書卷八海西公紀「折」上有「大風」二字。

〔五〇〕雨雹　「雨」字原脱，據晉書卷二九五行志下、宋書卷三三五行志四補。

〔五一〕元興三年四月　「元興」二字原脱，據晉書卷二九五行志下、宋書卷三三五行志四補。

〔五二〕雹起西河介山　「介山」原作「界山」，據晉書卷一〇五石勒載記下及下文改。

〔五三〕今雖有冰室　「有」，晉書卷一〇五石勒載記下作「爲」。

〔五四〕多皆川池之側　「川池」，晉書卷一〇五石勒載記下作「山川」。

〔五五〕文宗太和四年　按新唐書卷三六五行志三，「年」下有一「秋」字。

〔五六〕隕霜　按宋史卷六二五行志一下，「霜」下有「害民田」三字。

〔五七〕端拱元年五月　「五」，宋史卷六二五行志一下作「三」。

〔五八〕鄆州雨雹　「鄆州」，宋史卷六二五行志一下作「潤州」。

〔五九〕飛禽有隕者　「隕」原作「損」，據宋史卷六二五行志一下改。

〔六〇〕慶曆二年七月壬午　「二年」原作「元年」，據宋史卷一一仁宗紀三改。又「壬午」，仁宗紀作「戊午」。按二十史朔閏表，二年七月壬寅朔，戊午爲十七日，是月無壬午日，疑誤。

〔六一〕六年五月甲申　「五」原作「四」，「申」原作「辰」，據宋史卷一一仁宗紀三、長編卷一五八慶曆六年五月甲申條改。

〔六二〕大震雹　「雹」，宋史卷一八哲宗紀二同，宋史卷六二五行志一下作「雷」。

〔六三〕哲宗紹聖三年十月辛未　「三年」，宋史卷一八哲宗紀二同，宋史卷六二五行志一下作「二年」。

〔六四〕四年閏二月癸卯　「閏」字原脱，據宋史卷六二五行志一下、宋史卷一八哲宗紀二補。

〔六五〕震雷　「震」字原脱，據元本、慎本、馮本及宋史卷六二五行志一下補。

〔六六〕四年三月己未　「四年」二字原脱，據宋史卷六二五行志一下、宋史卷二七高宗紀四、建炎以來繫年要録卷七四補。

〔六七〕二月庚寅朔　「庚寅朔」，宋史卷六二五行志一下同。按宋史卷三六光宗紀、二十史朔閏表，紹熙二年二月俱作「庚辰朔」，然上文已載二月庚辰大雪連日事，宋志、宋紀俱同，此又復載朔日事，於例相悖。又建寧府大風雨雹事，宋史卷三六光宗紀繫於三月癸酉日，疑此處有誤。

〔六八〕仆屋殺人　「仆」原作「什」，據宋史卷六二五行志一下改。

〔六九〕孝武太元十四年十二月乙巳　「四」上「十」原脱，據晉書卷二七五行志上、晉書卷九孝武帝紀、宋書卷三〇五行志一補。

〔七〇〕明年王恭庾楷殷仲堪居外藩　按晉書卷二七五行志上、晉書卷九孝武帝紀、宋書卷三〇五行志一，殷仲堪爲荆州刺史事在太元十七年十一月癸酉，此云「明年」，即太元十五年，不確。

〔七一〕及神武薨　「及」字原脱，據隋書卷二二五行志上補。

〔七二〕北齊後主天保元年　「後主天保元年」，隋書卷二二五行志上作「後齊天保二年」。按北齊書卷八後主紀，後主無天保年號，有天統年號，天保爲文宣帝年號。北齊書卷四文宣帝紀，天保元年、二年，北齊書卷八後主紀，天統元年、二年，俱未見雨木冰事，疑誤。

〔七三〕時清河王岳爲高歸彦所譖憂死　按北齊書卷四文宣帝紀，高岳封清河王事在天保元年六月辛巳，卒於天保六年十一月己亥，此稱「時」有誤。

〔七四〕七年　「年」原作「月」，據隋書卷二二五行志上改。

〔七五〕頻歲雨木冰　「雨」，隋書卷二三五行志上作「春冬」二字。

〔七六〕兵象　按新唐書卷三四五行志一，「兵」上有一「介」字。

〔七七〕雨木冰　「雨」，新唐書卷六代宗紀同，舊唐書卷三七五行志、舊唐書卷一一代宗紀、新唐書卷三四五行志一作「霜」。

〔七八〕木冰　按新唐書卷三四五行志一，「木」上有一「雨」字。

〔七九〕後漢高祖天福十二年十一月二日旦　「後漢」原作「後晉」，按舊五代史卷九九漢高祖紀上、新五代史卷一〇漢高祖紀，漢高祖劉知遠於開運四年二月辛未即皇帝位，改開運四年爲天福十二年。天福本晉高祖年號，止八年改元開運，漢立國初，捨開運而追續天福爲十二年。五代會要卷一一亦作「漢天福」，故改。又「二日旦」，「二」字原脱，「日旦」二字原倒，據五代會要卷一一補乙。

〔八〇〕宋真宗咸平六年十一月庚戌　「六」原作「元」，據宋史卷六五五行志三、宋史卷七真宗紀二改。

〔八一〕時人以爲其地當有兵難　「其」字原脱，據新唐書卷三五五行志二補。

〔八二〕若大樹華葉芬敷之狀　「葉」字原脱，據舊五代史卷一四一五行志、五代會要卷一一補。

〔八三〕雜人物之狀　按宋史卷六七五行志五，「雜」下有一「樹」字。

卷三百六　物異考十二

恒風

春秋僖公十六年「正月，六鷁退蜚，過宋都」。師古曰：「鷁音五狄反。」左氏傳曰「風也」。劉歆以爲風發於他所，至宋而高，鷁高蜚而逢之，則退。經以見者爲文，故記退蜚；傳以實應著，言風，常風之罰也。象宋襄公區霿自用，不容臣下，逆司馬子魚之諫，而與彊楚爭盟，師古曰：「子魚，公子目夷也，桓公之子，而爲司馬。爭盟，謂爲鹿上之盟，以求諸侯於楚。子魚諫曰：『小國爭盟，禍也。』公不聽之。」後六年爲楚所執，師古曰：「僖二十一年，楚執宋公以伐宋，距六鷁退飛凡六年。」應六鷁之數云。京房易傳曰：「潛龍勿用，師古曰：「乾初九爻辭。」衆逆同志，至德迺潛，厥異風。其風也，行不解物，不長，師古曰：「不解物，謂物逢之而不解散也。不長，所起者近也。」雨小而傷。政悖德隱茲謂亂，厥風先風不雨，大風暴起，發屋折木。守義不進茲謂耄，厥風雲俱起，折五穀莖。臣易上政，茲謂不順，厥風大焱發屋。師古曰：「焱，疾風也，音必遥反。」賦斂不理茲謂禍，厥風絶經緯，如淳曰：「有所破壞，絶匹帛之屬也。」晉灼曰：「南北爲經，東西爲緯，絲因風暴，亂不端理也。」止即温，温即蟲。侯專封茲謂不統，厥風疾，而樹不摇，穀不成。辟不思道利，茲謂無澤，師古曰：「道讀曰導〔一〕，不思導示於下而安利之。」厥風不摇木，旱無雲，傷禾。公常於利茲謂亂，師古曰：「公，上爵也。常於利，謂心常求利也。」厥風微而温，生蟲蝗，害五穀。棄正作淫茲謂惑，厥風温，螟蟲起，害有益人之物。侯不朝兹謂叛，厥風無恒，地變赤而殺人。」

漢文帝二年六月，淮南王都壽春大風毀民室，殺人。時淮南王破南越，後遂謀逆，帝赦之，遷蜀，道死。五年，吴暴風雨，壞城官府民室。時吴王濞謀爲逆亂，後卒誅滅。五年十月，楚王都彭城大風從東南來，毁市門，殺人。時王戊初嗣位，後坐淫削國，與吴王謀反，誅。武帝元光五年秋七月，大風拔木。征和二年夏四月，大風發屋折木。昭帝元鳳元年，燕王都薊大風雨，拔宫中樹七圍以上十六株，壞城樓。後燕王旦謀反，發覺，誅。成帝建始元年十二月，大風，拔甘泉畤中大木十圍以上。

王莽天鳳元年七月，大風拔木，飛北闕直城門屋瓦〔二〕。地皇元年七月，大風毁王路堂。

後漢光武於更始元年六月中破王尋、王邑兵于昆陽，大雷風，屋瓦皆飛。和帝永元五年五月戊寅，南陽大風，拔樹木。安帝永初元年，大風拔樹。是時鄧太后攝政，以清河王子年少，號精耳，故立之，是爲安帝。不立皇太子勝，以爲安帝賢，必當德鄧氏也。後安帝親讒，廢免鄧氏，令郡縣迫切，死者八九人，家至破壞。此爲瞽霧也，是後西羌亦大亂凉州十有餘年。二年六月，京師及郡國四十大風拔木。三年五月癸酉，京都大風，拔南郊道梓樹九十六株。七年八月丙寅，京都大風拔樹。元初二年二月癸亥，京都大風拔樹。六年夏四月，沛國、勃海大風，拔樹三萬餘株。延光二年三月丙申〔三〕，河東、潁川大風拔樹〔四〕。六月壬午，郡國十一大風拔樹。是時安帝親讒，曲直不分。三年，京都及郡國三十六大風拔樹。靈帝建寧二年四月癸巳，京都大風雨雹，拔郊道樹十圍已上百餘株〔五〕。其後晨迎氣東郊〔六〕，道於雒水西橋，逢暴風雨，鹵簿車或發蓋〔七〕，百官霑濡，還不至郊，使有司行禮。迎氣西郊，亦壹如此。　中平五年六月丙寅，大風拔樹。　獻帝初平四年六月，右扶風大風，發屋拔木。

魏齊王正始九年十一月，大風數十日，發屋折樹。　十二月戊午晦，尤甚，動太極東閣。　嘉平元年正月壬辰朔〔八〕，西北大風，發屋折樹木，昏塵蔽天，按管輅説，此爲時刑，大風〔九〕，執政之憂也。　是時曹爽區霿自專，驕僭過度，此思心不睿，恒風之罰也。　後踰旬而爽誅滅。

吴孫權太元元年八月朔，大風，江海涌溢，平地水深八尺，拔高陵樹二千株〔一〇〕，石碑蹉動，吴城兩門飛落〔一一〕。　按華覈對，役繁賦重，區霿不容之罰也。　明年，權薨。　孫亮建興元年十二月丙申〔一二〕，大風震電。　是歲，魏遣大衆三道來攻，諸葛恪破其東興軍，二軍亦退。　明年，恪又攻新城，喪衆大半，還，伏誅。　孫休永安元年十一月甲午，風四轉五，復蒙霧連日。　是時孫綝一門五侯，權逼吴主〔一三〕，風霧之災，與漢五侯、丁、傅同應也。　十二月丁卯夜，有大風〔一四〕，發木揚沙。　明日，綝誅。

晉武帝泰始五年五月辛卯朔，廣平大風折木。　咸寧元年五月，下邳、廣陵大風，壞千餘家，折樹木。　其月甲申，廣陵、司吾、下邳大風折木〔一五〕。　三年八月〔一六〕，河間大風折木。　太康二年五月，濟南暴風，折木傷麥。　六月，高平大風折木，發壞邸閣四十四區。　七月，上黨又大風，傷秋稼。　八年六月，郡國八大風。　九年正月，京都風雹，發屋拔樹。　後二年，宮車晏駕。　惠帝元康四年六月，大風雨拔樹。　五年四月庚寅夜，暴風，城東渠波浪殺人。　七月，下邳大風，壞廬舍。　九月，雁門、新興、太原、上黨災風傷稼。　明年，氐、羌反叛，大兵西討。　九年六月，飈風吹賈謐朝服飛數百丈。　明年，謐誅。　十一月甲子朔，京都連大風，發屋折木。　十二月，愍懷太子廢，幽於許昌。　永康元年二月，大風拔木。　三月，愍懷被害；己卯，喪柩發許昌還洛。是日，又大風雷電，幃蓋飛裂。四月，張華第舍飈風起，折木飛繒，折軸六七。是月，華遇害。十一月戊午朔，大風從西北來，折木飛沙石，六日止。明年正月，趙王倫篡位。　永寧元年八月，郡國三大風。　永興元年正月乙丑，西北大風。　趙王倫建始元年正月癸酉，趙王倫祠太廟，災風暴起，塵四合。其年四月，倫伏辜。　元帝永昌元年七月丙寅，大風拔木，屋瓦皆飛。八月，暴風壞屋，拔御道柳樹百餘株。其風縱横無常，若風自八方來者。是時，王敦專權，害尚書令刁協、僕射周顗等，故風縱横若非一處也。此臣易上政，諸侯不朝之罰也。十一月，宮車晏駕。　成帝咸康四年三月壬辰，成都大風，發屋折木。四月，李壽襲殺李期，自立。　康帝建元元年七月庚申〔一七〕，晉陵、吴郡災風。　穆帝升平元年八月丁未，册立皇后何氏。是日疾風。後桓玄篡位，乃降后爲零陵縣君，不睿之罰也。　五年正月戊戌朔〔一八〕，大風。　海西公太和六年二月，大風迅急，是年被廢。　孝武帝寧康元年三月，京都大風，火大起。是時，桓温入朝，志在陵上，帝又幼小，人懷憂恐，斯不睿之徵也。　三年三月戊申朔，暴風迅起，從丑上來，須臾逆轉，從子上來，飛沙揚礫。　太元二年二月乙丑朔，暴風折木。　閏三月甲子朔，暴風疾雨俱至，發屋折木。　三年六月，長安大風，拔苻堅宮中樹。其後，堅再南伐，遂有淝水之敗，身戮國亡。　四年八月乙未〔一九〕，暴風揚沙石。　十二年正月壬子夜〔二〇〕，暴風。　七月甲辰，大風折木。　十三年十二月乙未〔二一〕，大風，晝晦。其後帝崩而諸侯違命，權奪於元顯，禍成於桓玄，是其應也。　十七年六月乙卯〔二二〕，大風折木。　安帝元興二年二月甲辰夜〔二三〕，大風雨，大航門屋瓦飛落。明年，桓玄篡位，由此門入。　三年正月，桓玄出遊大航南，風飄其䡙輗上匹計反，下五計反。蓋，經三月而玄敗，歸江陵。五月，江陵又大風折木。是月桓玄敗於峥嵘洲，身亦屠裂。十一月丁酉，大風，江陵人多死者。　義熙四年十一月辛卯朔，西北方疾風起。　五年閏十月丁亥〔二四〕，大風發屋。明年，盧循至蔡洲〔二五〕。　六年五月壬申，大風拔北郊樹，樹蓋幾百年也。并吹琅邪、揚州二射堂俱倒壞。是日，盧循大艦漂没。甲戌，又風，發屋折木。是歲冬，王師南討。　九年正月，大風，白馬寺浮圖刹初轄反。柱折壞。　十年四月己丑朔，大風拔木。六月辛亥，又大風拔木。七月，淮北又大風，壞屋舍。皆爲明年西討司馬休之應也。

宋文帝元嘉二十九年三月壬午，大風拔木。

齊武帝永明四年二月丙寅，大風，吴興偏甚，樹葉皆赤。　八年六月乙酉，都下大風發屋。

梁武帝天監六年八月戊戌，大風折木。京房易飛候曰：「角日疾風，天下昏。不出三月中，兵必起。」是歲，魏軍入鍾離。　元帝承聖三年十一月癸未，帝閲武於南城，北風大急，普天昏闇。洪範五行傳曰：「人君瞀亂之應。」時帝既平侯景，公卿咸勸帝反丹陽，帝不從。又多猜忌，有瞀亂之行，故天變應之以風。是歲爲西魏滅。

陳文帝天嘉六年七月癸未，大風起西南，吹倒靈臺候樓。洪範五行傳以爲大臣專恣之咎。時太子冲幼，安成王頊專政，帝不時抑損。明年崩，皇太子嗣位，頊遂廢之。　宣帝太建十二年六月壬戌，大風吹壞皋門中闥。九月，夜又風，發屋拔樹。始興王叔陵專恣之應。　後主至德中，大風吹倒朱雀門。禎明三年六月丁巳，大風自西北激濤水入石頭、淮。是時，後主任司馬申，誅戮忠諫。沈客卿、施文慶專行邪僻，江總、孔範等崇長淫縱。杜塞聰明，昏亂之咎。

北齊武成河清二年，大風，三旬乃止。時帝委政佞臣和士開，專恣日甚。後主天統三年五月，大風，晝晦，發屋拔木。明年，帝崩。七年三月，大風起西北，發屋拔木，五日乃止。時高阿那瓌、駱提婆等專恣之應。

隋文帝開皇二十年十一月，京師大風，發屋拔木，秦、隴壓死者千餘人〔二六〕。仁壽二年，西河有胡人乘騾在道，忽爲迴風所飄，并一車上千餘尺乃墜，皆碎焉。京房易傳曰：「衆逆同志，至德乃潛，厥異風。」後二載，漢王諒在并州，潛謀逆亂，車及騾騎之象也。升空而墜，顛殞之應也。

唐高祖武德二年十二月壬子〔二七〕，大風〔二八〕。易巽爲風，「重巽以申命」。其及物也，象人君誥命，其鼓動於天地間，有時飛沙揚塵，怒也。發屋拔木者，怒甚也。其占：「大臣專恣而氣盛，衆逆同志，君行蒙暗，施於事則皆傷害，故常風。」又「飄風入宮闕，一日再三，若風聲如雷觸地而起，爲兵將興」。太宗貞觀十四年六月乙酉，大風拔木。高宗咸亨四年八月己酉，大風落太廟鴟尾。永隆二年七月，雍州大風害稼。弘道元年十二月壬午晦，宋州大風拔木。中宗嗣聖元年四月丁巳，寧州大風拔木。武后垂拱四年十月辛亥，大風拔木。永昌二年五月丁亥，大風拔木。中宗神龍元年三月乙酉，睦州大風拔木。崔玄暐封博陵郡王也，大風折其輅蓋。二年六月乙亥，滑州大風拔木。景龍元年七月，郴州大風，發屋拔木。八月，宋州大風拔木，壞屋舍。二年十月辛亥，滑州暴風發屋。三年三月辛未，曹州大風拔木。玄宗開元二年六月，京師大風發屋，大木拔者十七八。四年六月辛未，京師、陝、華大風拔木。　九年七月丙辰，揚州、潤州暴風雨，發屋拔木。　十四年六月戊午，大風拔木發屋，端門鴟尾盡落。端門，號令所從出也。　十九年六月乙酉，大風拔木。　二十二年五月戊子，大風拔木。　天寶十一載五月甲子，東京大風拔木。　十三載三月辛酉，大風拔木。　代宗永泰元年三月辛亥，大風拔木。　大曆七年五月乙酉，大風拔木。　十年五月甲寅，大風拔木。　德宗貞元元年七月庚子，大風拔木。　六年四月甲申，大風雨。　八年五月己未，暴風發太廟屋瓦，毀門闕、官署、屋舍不可勝紀。　十年六月辛未，大風拔木。　十四年八月癸未，廣州大風，壞屋覆舟。　憲宗元和元年六月丙申，大風拔木。　三年四月壬申，大風毀含元殿欄檻二十七間。占爲兵起。　四年十月壬午，天有氣如烟，臭如燔皮，日昳大風而止。　五年三月丙子，大風毀崇陵上宮衙殿鴟尾及神門戟竿六，壞行垣四十間。　八年六月庚寅，京師大風雨，毀屋飄瓦，人多壓死者。　丙申，富平大風，拔棗木千餘株。　十二年春，青州一夕暴風自西北，天地晦冥，空中有若旌旗狀，屋瓦上如蹂躒聲。　有日者占之曰：「不及五年，此地當大殺戮。」　穆宗長慶二年正月己酉，大風霾。　十月，夏州大風，飛沙爲堆，高及城堞。　三年正月丁巳朔，大風，昏霾終日。　四年六月庚寅，大風毀延喜門及景風門。　文宗太和八年六月癸未，暴風壞長安縣署及經行寺塔。　九年四月辛丑，大風拔木萬株，墮含元殿四鴟尾，拔殿庭樹三，壞金吾仗舍，發城門樓觀内外三十餘所，光化門西城十數雉壞。　開成三年正月戊辰，大風拔木。　五年四月甲子，大風拔木；五月壬寅，亦如之；七月戊寅，亦如之。　武宗會昌元年三月，黔南大風飄瓦。　懿宗咸通六年正月，絳州大風拔木，有十圍者。　十一月己卯晦，潼關夜中大風，山如吼雷，河噴石鳴，群鳥亂飛，重關傾側。　十二月，大風拔木。　僖宗乾符五年五月丁酉，大風拔木。　廣明元年四月甲申，京師及東都、汝州雨雹，大風拔木。　四年六月乙巳〔二九〕，太原大風雨，拔木千株，害稼百里。　昭宗光化三年七月乙丑，洺州大風，發屋拔木。　天復二年，昇州大風，發屋飛大木。

後漢隱帝乾祐三年閏五月癸巳，京師西北風暴雨〔三〇〕，至戴婁門外，壞營舍瓦木，吹鄭門門扉起十餘步落，拔大樹數十，震死者六七人，平地水深尺餘。　其年十一月，隱帝遇害。

宋太祖乾德二年五月，揚州暴風，壞軍營舍僅百區。　三年六月，揚州暴風，壞軍營舍及城上敵棚〔三一〕。　開寶二年三月，車駕駐太原城下，大風一夕而止。　八年十月，廣州颶風起，一晝夜雨水二丈餘，海爲之漲，飄失舟楫〔三二〕。　九年四月，宋州大風，壞甲仗庫、城樓、軍營、民舍凡四千五百九十六區。　太宗太平興國二年六月，曹州大風，壞濟陰縣廨及軍營。　四年八月，泗州大風，浮梁竹笮、鐵索斷，華表石柱折。　六年九月，高州大風〔三三〕，壞廨宇、民舍五百區。　七年八月，瓊州颶風，壞城門、州署、民舍殆盡。　八年九月，太平軍颶風拔木，壞廨宇、民舍千八十七區。　十月，雷州颶風，壞廩庫、民舍七百區。　九年八月，白州颶風，壞州廨、民舍。　端拱二年，京師暴風起東北，塵沙曀日，人不相辨。　淳化二年五月，通利軍大風害稼。　三年六月丁丑，黑風自西北起，天地晦暝，雷震，有頃乃止。先是，都下大熱，疫死者衆，及此風至，疾疫遂止。　至道二年八月，潮州颶風，壞州廨、營寨，漂刀魚舟。　真宗咸平元年八月，涪州大風，壞城舍。　四年八月丙子，京師暴風。　景德二年六月甲午，大風吹沙折木。　八月，福州海上有颶風，壞屋舍。　三年七月丙寅，京師大風。　四年三月甲寅夕，京師大風，黄塵蔽日，自大名府歷京畿，害桑稼，唐州尤甚。　大中祥符二年四月乙未，大風起京師西北，連日不止。　九月，無爲軍城北暴風雨，晝晦不可辨，拔木，壞城門、營壘、民舍，壓死千餘人〔三四〕。遣内侍張景宣馳驛恤視，壞屋者無出來年夏租，壓死者家賜米一斛，無主者官瘞之。　五年八月，京師大風。　七年二月戊辰，京師大風，揚沙礫。　是日，百官習儀恭謝壇，有隨仆者。　八年六月辛亥〔三五〕，京師大風起巳位，吹沙揚塵。　天禧二年正月，永州大風，發屋拔木，數日止。　三年五月，徐州利國監大風起西南，壞廬舍二百餘區，壓死十二人。　四年四月丁亥，大風起西北，飛沙折木，晝晦，數刻止。　五月乙卯，大風起西北有聲，折木吹沙〔三六〕，黄塵蔽天。　按占，並主陰謀姦邪。　是秋，内侍周懷政坐妖亂伏誅。

仁宗天聖六年二月庚辰，大風，晝暝。　九年十二月辛酉，大風三日〔三七〕。　景祐元年九月甲寅夜漏上，風自丑起有聲，擺木鳴條。　二年六月戊寅平明，風自未來。　占者以爲百穀豐衍之候。　康定元年，大風，晝暝，經刻乃復。　皇祐四年七月丁巳，大風拔木。　神宗熙寧四年二月辛巳，京東自濮州至河北旁邊，大風異常，百姓驚恐。　四月癸亥，京師大風霾。　六年四月，北京館陶縣黑風。　九年十一月，潮州海陽、潮陽二縣颶風，海潮害民居田稼〔三八〕。　十年六月，恩州武城縣大風，壞縣廨，知縣李愈妻、主簿寇宗奭妻之母壓死。　七月，温州大風雨，漂城樓、官舍。　元豐四年六月，邕州颶風，壞城樓、官私廬舍。　七月甲午夜，泰州海風作，繼以大雨，浸州城，壞公私廬舍數千間。　又通州静海縣大風雨，毁官私廬舍二千七百六十三楹。　潤州丹陽縣大風雨，溺居民，毁廬舍。　丹徒縣大風潮，飄蕩沿江廬舍，損田稼。　五年八月，朱崖軍颶風，毁廬舍。　哲宗元祐八年二月末，京師風霾，大寒。　是歲，福建、兩浙海風駕潮，害民田。　紹聖元年秋，蘇、湖、秀等州海風害民田。　欽宗靖康元年正月望夜，大風起西北有聲，吹沙走石，盡明日乃止。　二月戊申，大風起東北，揚塵翳空。　三月己巳夜五更，大風乍慢乍急，聲如叫怒。　十一月丁亥，大風發屋折木。　閏十一月甲寅，大風起北方，雪繼作，積數尺，連夜不停。　二年正月己亥，天氣昏曀，狂風迅發，竟日夜，西北陰雲中如有火光，長二丈餘〔三九〕，闊數尺，時時見；庚戌，大風雨。　二月乙酉，大風折木，晚尤甚。　三月丁酉，風霾；己亥，大風。　四月庚申朔，大風吹石折木；辛酉，北風益甚，苦寒。　高宗建炎元年二月乙酉，大風拔木。　紹興二十八年七月壬戌，平江府大風雨駕潮，漂溺數百里，壞田廬。　三十二年七月戊申，大風拔木。　溫州大風，壞屋覆舟。　孝宗隆興元年，浙東、西郡國風水傷稼。　二年八月，大風雨，飄蕩田廬。　乾道二年八月丁亥，溫州大風雨駕海潮，殺人覆舟，壞廬舍。　五年十月，台州大風水，壞田廬。　八年六月丙辰，惠州颶風，壞海艦三十餘。　時樞密院調廣東經略司水軍，四艦覆其三，死者百三十餘人。　淳熙三年六月，大風連日。　四年九月，明州大風駕海潮〔四〇〕，壞定海、鄞縣海岸七千六百餘丈及田廬、軍壘。　六月乙巳夜，福州福清縣、興化軍大風雨，壞官舍、民居、倉庫及海口鎮，人多死者。　六年十一月，鄂州大風覆舟，溺人甚衆。　七年二月，江陵府大風，焚溺岸舟，死者尤衆。　十年八月辛酉，雷州颶風大作，駕海潮飄溢殺人，林木田禾皆折。

光宗紹熙二年三月癸酉〔四一〕，溫州瑞安縣大風，仆屋拔木殺人。　四年七月，興化軍海風害稼。　五年七月乙亥，行都大風拔木，壞舟甚衆；紹興府、秀州大風駕海潮，害稼。　秋，明州颶風駕海潮，害稼。　十月甲戌，行都大風拔木。　寧宗慶元二年六月壬申，台州暴風雨駕海潮，壞田屋。　六年夏，常風，當夏而寒。　嘉定二年七月壬辰，台州大風雨駕海潮，壞屋殺人。　三年八月癸酉〔四二〕，大風連日，大木皆拔，折禾穗，墮果實。上露禱，至於丙子乃息。後御史朝陵於紹興府，歸奏風壞陵殿宮牆六十餘所、折陵木二千餘株。　六年十二月，餘姚縣風潮壞海堤，亘八鄉。　七年正月庚辰，江州燈夕，黑雲暴風暮作〔四三〕，郡治游人相踐，死於門者二十餘人。　十一年二月甲寅〔四四〕，大風。　十六年秋，大風拔木害稼。　十七年秋，福州颶風大作，壞田損稼。　冬，鄂州暴風，壞戰艦二百餘；壽昌軍壞戰艦六十餘；江州、興國軍亦如之。

恒陰

漢昭帝元平元年四月崩，亡嗣，立昌邑王賀，賀即位，天陰，晝夜不見日月。賀欲出，光祿大夫夏侯勝當車諫曰：「天久陰而不雨，臣下有謀上者，陛下欲何之？」賀怒，縛勝以屬吏，師古曰：「屬，委也，音之欲反。」吏白大將軍霍光。光時與車騎將軍張安世謀欲廢賀。光讓安世，以爲泄語，安世實不泄，召問勝。勝上洪範五行傳曰：「『皇之不極，厥罰常陰，時則有下人伐上。』不敢察察言，臣瓚曰：「不敢察察明言之。」故云臣下有謀。」光、安世讀之，大驚，以此益重經術士。後數日卒共廢賀，此常陰之明效也。京房易傳曰：「有蜺、蒙、霧。霧，上下合也。蒙如塵雲。蜺，日旁氣也。其占曰：「后妃有專，蜺再重，赤而專，至衡旱。孟康曰：「專，員也。若五月再重，赤而員，至十一月旱也。」妻不壹順，黑蜺四背，又白蜺雙出日中。妻以貴高夫，茲謂擅陽，蜺四方，日光不陽，解而温。服虔曰：「蒙氣解而温。」內取茲謂禽，服虔曰：「人君內淫於骨肉也。」臣瓚曰：「人君取於國中也。」師古曰：「取，如禮記聚麀之聚。瓚說非。」蜺如禽，在日旁。以尊降妃，茲謂薄嗣，蜺直而塞，六辰廼除，夜星見而赤。韋昭曰：「六辰，謂從卯至申。」女不變始，茲謂乘夫，孟康曰：「始貴高於夫〔四五〕，終行此不變也。」蜺白在日側，黑蜺果之，氣正直。師古曰：「果謂干之也。」妻不順正，茲謂擅陽，蜺中窺貫而外專。夫妻不嚴茲謂媟，韋昭曰：「媟言媟慢也。」師古曰：「音先列反。」蜺與日會。婦人擅國茲謂頃，師古曰：「頃讀曰傾〔四六〕。」蜺白貫日中，赤蜺四背。服虔曰：「蜺背日。」適不答茲謂不次，服虔曰：「言適妻不見答也。」臣瓚曰：「夫不接妻爲不答。」師古曰：「適讀曰嫡。答，報也。言妻有承順之心，不見報答也。一曰，答，對也，言不以恩意接對之。」蜺直在左，蜺交在右。取於不專，茲謂危嗣，蜺抱日兩未及。君淫外茲謂亡，蜺氣左日交於外。取不達茲謂不知，蜺白奪明而大温，温而雨。師古曰：「取讀曰娶。」尊卑不別茲謂媟，蜺三出三已，三辰除，韋昭曰：「若從寅至辰也。蜺旦見西，晏則雨。」除則日出且雨。臣私祿及親，茲謂罔辟，韋昭曰：「辟，君也。」師古曰：「辟音壁。其下並同。」厥異蒙，其蒙先大温，已蒙起，日不見。行善不請於上，茲謂作福，蒙一日五起五解。辟不下謀，臣辟異道，茲謂不見，上蒙下霧，風三變而俱解。立嗣子疑，茲謂動欲，蒙赤，日不明。德不序茲謂不聰，蒙，日不明，温而民病。德不試，空言祿，師古曰：「試，用也。」茲謂主窳臣夭，孟康曰：「謂君惰窳，用人不以次第，爲夭也。」師古曰：「窳音庾。」蒙起而白。君樂逸人茲謂放，蒙，日青，黑雲夾日，左右前後行過日。公不任職，茲謂怙祿，蒙三日，又大風五日，蒙不解。利邪以食，茲謂閉上，蒙大起，白雲如山行蔽日。公懼不言道，茲謂閉下，蒙大起，日不見，若雨不雨，至十二日解，而有大雲蔽日。祿生於下，茲謂誣君，蒙微而小雨，已乃大雨。下相攘善，茲謂盜明，蒙黃濁。下陳功，求於上，茲謂不知，蒙，微而赤，風鳴條，解復蒙。下專刑茲謂分威，蒙而日不得明。大臣厭小臣茲謂蔽，蒙微，日不明，若解不解，大風發，赤雲起而蔽日。衆不惡惡茲謂閉，蒙，尊卦用事，孟康曰：「尊卦，乾、坤也。」臣瓚曰：「京房謂方伯卦，震、兌、坎、離也。」師古曰：「孟說是也。」三日而起，日不見。漏言亡喜，茲謂下厝用，師古曰：「厝音千各反。」蒙微，日無光，有雨雲，雨不降。廢忠惑佞茲謂亡，蒙，天先清而暴，蒙微而日不明。有逸民茲謂不明，蒙濁，奪日光。公不任職，茲謂不詘，蒙白，三辰止，則日青，青而寒，寒必雨。忠臣進善君不試，茲謂遏，師古曰：「試，用也。」蒙，先小雨，雨已蒙起，微而日不明。惑衆在位，茲謂覆國，蒙微而日不明，一溫一寒，風揚塵。知佞厚之茲謂庳，蒙甚而溫。君臣故弼茲謂悖，師古曰：「弼猶相戾也。悖，惑也。」厥災風雨霧，風拔木，亂五穀，已而大霧。庶正蔽惡，茲謂生孽災，厥異霧。」此皆陰雲之類云。

後漢順帝陽嘉二年，郎顗上書云：「正月以來，陰闇連日。久陰不雨，亂氣也。得賢不用，猶久陰不雨也。」

吳孫亮太平三年，自八月沉陰不雨四十餘日。是時將誅孫綝，謀泄。九月戊午，綝以兵圍宮，廢帝爲會稽王。此恒陰之罰也〔四七〕。孫皓寶鼎元年十二月，太史奏久陰不雨，將有陰謀，孫皓驚懼。時陸凱等謀因其謁廟廢之。及出，留平領兵前驅，凱先語平，平不許，是以不果。皓既肆虐，群下多懷異圖，終至降亡。

隋文帝開皇二十年十月，久陰不雨。劉向曰：「王者失中，臣下蔽君明〔四八〕，則雲陰。」時獨孤后與楊素譖太子勇，廢之。

唐武后長壽元年九月戊戌，黃霧四塞。霧者，百邪之氣，爲陰冒陽，本於地而應於天也。黃爲土，土爲中宮。長安四年，自九月霖雨陰晦，至於神龍元年正月。中宗神龍二年三月乙巳，黄霧四塞。景龍二年八月甲戌，黄霧昏濁不雨。三年正月丁卯，黄霧四塞。十一月甲寅，日入後，昏霧四塞，經二日乃止。占曰：「霧連日不解，其國昏亂。」玄宗開元五年正月戊辰，昏霧四塞。天寶十四載冬三月，常霧昏暗，十步外不見人，是謂晝昏。占曰：「有破國。」肅宗至德二載四月，賊將武令珣圍南陽，白霧四塞。上元元年閏四月，大霧。占曰：「兵起。」德宗貞元十年三月乙亥，黄霧四塞，日無光。二十一年秋〔四九〕，連月陰霾。憲宗元和十五年正月，庚辰至於丙申，晝常陰晦，微雨雪，夜則晴霽。占曰：「晝霧夜晴，臣志得申。」懿宗咸通九年十一月，龐勛圍徐州，甲辰，大霧昏塞，至於丙午。十四年七月，靈州陰晦。僖宗乾符六年秋，多雲霧晦冥，自旦及禺中乃解〔五〇〕。光啟元年秋，河東大雲霧。明年夏，晝陰積六十日。二年十一月，淮南陰晦雨雪，至明年二月不解。昭宗景福二年夏，連陰四十餘日，霧〔五一〕。光化四年冬，昭宗在東内，武德門内煙霧四塞〔五二〕，門外日色皎然。

宋高宗建炎三年六月，久陰，上謂輔臣曰：「占爲陰盛，下有陰謀。」語在常雨。紹興三年，自正月陰晦，陽光不舒者四十餘日。八年三月乙卯，晝蒙。京房易傳曰：「霧，上下合也。蒙如塵雲。」四月，積雨方止，氛霧四塞，晝日無光，近常陰也。孝宗隆興二年六月，沈陰不解者月餘。乾道二年十一月，天久晦陰。五年正月甲申，晝蒙。六年五月，連陰。六月，日青無光。淳熙六年十一月乙丑，晝蒙；十三年正月丁亥，亦如之。寧宗慶元六年十二月辛卯，嘉定三年正月丙午，十年正月乙未，十三年三月壬辰，皆晝蒙。

夜妖

春秋僖公十五年「九月己卯晦，震夷伯之廟」。師古曰：「夷伯，司空無駭之後，本魯公族也，號展氏。」劉向以爲晦，暝也；震，雷也。夷伯，世大夫，正晝雷，其廟獨冥。師古曰：「冥，暗也。」天戒若曰，勿使大夫世官，將專事暝晦。明年，公子季友卒，果世官，師古曰：「謂季友之孫行父仍執政專國，自此以後常爲卿。」政在季氏。至成公十六年「六月甲午晦〔五三〕」，正晝皆暝，陰爲陽，臣制君也。成公不寤，其冬季氏殺公子偃。師古曰：「爲季文子所殺也。已解於上。」季氏萌於僖公，師古曰：「萌，謂草木始生也。言其始有威權。」大於成公，此其應也。董仲舒以爲夷伯，季氏之孚也，師古曰：「孚，信也。所信任之臣也。」陪臣不當有廟。震者雷也，晦暝，雷擊其廟，明當絶去僭差之類也。向又以爲此皆所謂夜妖者也。劉歆以爲春秋及朔言朔，及晦言晦，人道所不及，則天震之。展氏有隱慝，故天加誅於其祖夷伯之廟以譴告之也。成公十六年「六月甲午晦，晉侯及楚子、鄭伯戰于鄢陵」。皆月晦云。

漢高祖二年，東伐楚，入彭城。項羽以精兵擊漢軍，大破之，圍漢王三匝。大風起，揚沙石，晝晦，楚軍大亂，漢王得與數十騎遁去。

魏高貴鄉公正元二年正月戊戌〔五四〕，景帝討毌丘儉，大風晦暝，行者皆頓伏，近夜妖也。劉向曰：「晝晦而暝〔五五〕，陰爲陽，臣制君也。」元帝景元三年十月，京師大震，晝晦。此夜妖也。劉向春秋説云：「天戒若曰，勿使大夫世官，將令專事。暝晦，公室卑矣。」魏見此妖，晉有天下之應也。

晉武帝泰始三年三月丁未，晝昏。懷帝永嘉四年十月辛卯〔五六〕，晝昏，至於庚子。此夜妖也。後年，劉曜寇洛川，王師頻爲賊所敗，帝蒙塵於平陽。孝武帝太元十三年十二月乙未，大風晦暝。其後帝崩，而諸侯違命，干戈内侮，權奪於元顯，禍成於桓玄。

苻堅時，大風晝暝，恒星皆見，太史以爲西南國亡。明年，堅陷蜀。

梁元帝承聖二年十月丁卯，大風，晝暝，天地昏暗。近夜妖也。京房易飛候曰：「羽日風，天下昏，人大疾。不然，多寇盜。」三年爲西魏所滅。

陳後主禎明三年正月朔旦，雲霧晦暝，入鼻酸辛。後主昏昧，近夜妖也。時北軍臨江，柳莊、任蠻奴並進中款，後主惑佞臣孔範之言，而昏闇不能用，以至覆亡。

東魏孝静武定四年冬，大霧六日，晝夜不解。洪範五行傳曰：「晝而晦冥若夜者，陰侵陽，臣將侵君之象也。」明年，元瑾、劉思逸謀殺大將軍之應。

北周静帝大象二年，尉迥敗於相州〔五七〕。坑其黨與數萬人於遊豫園。其處每聞鬼夜哭聲。洪範五行傳曰：「哭者死亡之表，近夜妖也。鬼而夜哭者，將有死亡之應。」京房易飛候曰：「鬼夜哭，國將亡。」明年，周氏王公皆見殺，周室亦亡。

隋文帝仁壽中，仁壽宫及長城之下數聞鬼哭。尋而獻后及帝相次而崩於仁壽宫。煬帝大業八年，楊玄感作亂於東都。尚書樊子蓋，坑其黨與於長夏門外〔五八〕，前後數萬。洎於末年，數聞其處鬼哭，有呻吟之聲。與前同占〔五九〕。其後，王世充害越王侗於洛陽。

唐文宗太和九年十一月戊辰，晝晦。　懿宗咸通七年九月辛卯朔，天闇。　僖宗乾符二年二月，宣武境内黑風，雨土。　昭宗天祐元年閏四月乙未朔，大風，雨土。

後周世宗顯德六年六月辛卯、癸巳間〔六〇〕，京師天地晦暝，澍雨驟降，雨中有腥氣。　其日世宗崩。

宋太宗端拱二年，京師暴風起東北，塵沙曀日，人不相辨。　淳化三年六月丁丑，黑風自西北起，天地晦冥，雷震，有頃乃止。　真宗大中祥符二年九月，無爲軍城北暴風雨，晝晦不可辨，拔木，壞城門、營壘、民舍。　仁宗天聖六年二月庚辰，大風晝暝。　康定元年三月丙子，大風晝暝，經刻乃復。　嘉祐八年十一月丙午，大風霾。　英宗治平二年二月乙巳，大風晝晦。　四年正月庚辰朔，大風霾。　是日，群臣上尊號，廷中仗衛皆不能整。　時帝已不豫〔六一〕，越七日崩。　神宗熙寧四年四月，京師大風霾。欽宗靖康二年正月己亥，天氣昏曀，風迅發竟日；丁未，霧氣四塞，人對面不相視。　高宗建炎元年三月丁酉，汴京風霾，日無光。　劉向曰：「正晝而暝，陰爲陽，臣制君也。」是日，張邦昌僭位。　二年七月癸未，風雨，晝晦。　是日，東京留守宗澤薨。　十一月甲子，北京大霧四塞。　是夕，城陷。　三年三月，上發溫州航海，乙丑，御舟次松門，海中白霧，晝晦。　近夜妖也。　紹興八年三月甲寅，晝晦，日無光，陰霧四塞；乙卯，晝夜雲氣昧濁。　十一年，主管成都等路茶事馮康國言：「三月庚申，虜居長安，晝晦，面不相睹。　虜亡之象也。」　孝宗乾道五年正月甲申，晝霾四塞。　淳熙五年四月丁丑，塵霾晝晦，日無光。　寧宗慶元元年二月己卯，晝暝，四方昏塞。　三年二月丁卯，晝晦，昏霧四塞。　嘉定十年正月乙未，晝霾。　二月癸巳，日蒙無光。

校勘記

〔一〕道讀曰導　「曰」字原脱，據漢書卷二七下之上五行志下之上注補。
〔二〕飛北闕直城門屋瓦　「門」字原脱，據漢書卷九九中王莽傳中補。
〔三〕延光二年三月丙申　「三月丙申」，後漢書五行志四同，後漢書卷五安帝紀作「春正月丙辰」。
〔四〕河東潁川大風拔樹　「東」原作「南」，據後漢書五行志四、後漢書卷五安帝紀改。
〔五〕拔郊道樹十一圍已上百餘株　「十一圍」，後漢書五行志四作「十圍」。
〔六〕其後晨迎氣東郊　「東」，後漢書五行志四作「黄」。
〔七〕鹵簿車或發蓋　按後漢書五行志四，「鹵」上有一「道」字。
〔八〕嘉平元年正月壬辰朔　「壬辰朔」，三國志卷二九管輅傳作「歲朝」。按二十史朔閏表，是年正月己丑朔，壬辰爲正月四日。
〔九〕此爲時刑大風　「大風」，宋書卷三四五行志五同，晉書卷二九五行志下作「大臣」。
〔一〇〕拔高陵樹二千株　「高」原作「南」，據三國志卷四七吴主傳、晉書卷二九五行志下、宋書卷三四五行志五改。「二千株」，晉書卷二九五行志下同，宋書卷三四五行志五作「二株」。
〔一一〕吴城兩門飛落　「兩」，晉書卷二九五行志下、宋書卷三四五行志五俱同，三國志卷四七吴主傳作「南」。
〔一二〕孫亮建興元年十二月丙申　「丙」原作「甲」，據三國志卷四八吴三嗣主傳、晉書卷二九五行志下、宋書卷三四五行志五改。

〔一三〕權逼吳主　「主」原作「王」，據晉書卷二九五行志下、宋書卷三四五行志五改。

〔一四〕有大風　「有」，晉書卷二九五行志下同，宋書卷三四五行志五作「又」。

〔一五〕廣陵司吾下邳大風折木　晉書卷二九五行志下、宋書卷三四五行志五俱同。按上文已載下邳、廣陵大風事，疑一事重出。

〔一六〕三年八月　「三」原作「二」，據晉書卷二九五行志下、晉書卷三武帝紀、宋書卷三四五行志五改。

〔一七〕康帝建元元年七月庚申　「申」原作「寅」，據晉書卷七康帝紀、宋書卷三四五行志五改。

〔一八〕五年正月戊戌朔　「戌」原作「午」，據宋書卷三四五行志五、二十史朔閏表改。

〔一九〕四年八月乙未　「乙」原作「丁」，據元本、慎本、馮本及晉書卷二九五行志下、晉書卷九孝武帝紀、宋書卷三四五行志五改。

〔二〇〕十二年正月壬子夜　「子」原作「午」，據晉書卷九孝武帝紀改。

〔二一〕十三年十二月乙未　「乙」原作「己」，據晉書卷九孝武帝紀改。

〔二二〕十七年六月乙卯　「卯」原作「未」，據晉書卷九孝武帝紀改。

〔二三〕安帝元興二年二月甲辰夜　「甲辰」二字原脱，據宋書卷三四五行志五補。

〔二四〕五年閏十月丁亥　「十」下原衍一「一」字，據宋書卷三四五行志五删。

〔二五〕盧循至蔡洲　「洲」原作「州」，據晉書卷二九五行志下、宋書卷三四五行志五改。

〔二六〕秦隴壓死者千餘人　「人」字原脱，據隋書卷二三五行志下補。

〔二七〕唐高祖武德二年十二月壬子　「祖」原作「宗」，據舊唐書卷一高祖紀、新唐書卷一高祖紀改。

〔二八〕大風　按舊唐書卷一高祖紀、新唐書卷一高祖紀,「風」下有「拔木」二字。
〔二九〕四年六月乙巳　按僖宗廣明僅一年,此云「四年」,疑有脱誤。
〔三〇〕京師西北風暴雨　「風暴雨」,五代會要卷一一同,資治通鑑卷八九作「大風」。
〔三一〕壞軍營舍及城上敵棚　「舍」字原脱,據宋史卷六七五行志五補。
〔三二〕飄失舟楫　「楫」字原脱,據宋史卷六七五行志五補。
〔三三〕高州大風　按宋史卷六七五行志五,「風」下有一「雨」字。
〔三四〕壓死千餘人　「死」,宋史卷七真宗紀二、長編卷七二大中祥符二年九月乙亥條作「溺者」。
〔三五〕八年六月辛亥　「八」原作「六」,據宋史卷六七五行志五改。
〔三六〕折木吹沙　「沙」字原脱,據宋史卷六七五行志五補。
〔三七〕大風三日　「三日」,宋史卷六七五行志五同,宋史卷九仁宗紀一「日」下有一「止」字。
〔三八〕海潮害民居田稼　「居」字原脱,據宋史卷六七五行志五補,長編卷二七九熙寧九年十一月癸酉條作「舍」。
〔三九〕長二丈餘　「長」字原脱,據宋史卷六七五行志五補。
〔四〇〕明州大風駕海潮　「海」字原脱,據宋史卷六七五行志五補。
〔四一〕光宗紹熙二年三月癸酉　「三」原作「二」,據宋史卷六七五行志五、宋史卷三六光宗紀改。
〔四二〕三年八月癸酉　「癸酉」,宋史卷六七五行志五同,宋史卷三九寧宗紀三作「乙亥」。
〔四三〕黑雲暴風暮作　「暮」,宋史卷六七五行志五作「忽」。
〔四四〕十一年二月甲寅　「年」原作「月」,「月」原作「日」,據宋史卷六七五行志五改。

〔四五〕始貴高於夫　「貴高」二字原倒，據漢書卷二七下之上五行志下之上注乙。

〔四六〕頃讀曰傾　「讀」原作「謂」，據元本、慎本、馮本及漢書卷二七下之上五行志下之上注改。

〔四七〕此恒陰之罰也　「恒」原作「常」，避宋諱，據晉書卷二九五行志下改回。

〔四八〕臣下蔽君明　按隋書卷二三五行志下，「下」字下有「强盛而」三字。

〔四九〕二十一年秋　「二」字原脱，據元本、慎本、馮本及舊唐書卷三七五行志、舊唐書卷一四憲宗紀上、新唐書卷三六五行志三補。

〔五〇〕自旦及禺中乃解　「自」原作「日」，據新唐書卷三六五行志三改。

〔五一〕連陰四十餘日霧　按新唐書卷三六五行志三，無「霧」字。

〔五二〕武德門内煙霧四塞　「内」字原脱，據新唐書卷三六五行志三補。

〔五三〕至成公十六年六月甲午晦　「六月」原作「正月」，據元本、慎本、馮本及漢書卷二七下之上五行志下之上改。

〔五四〕魏高貴鄉公正元二年正月戊戌　「正月戊戌」，是月甲寅朔，無戊戌日。晉書卷二景帝紀作「二月戊午」，時毌丘儉、文欽已敗，顯誤。資治通鑑卷七六作「正月戊午」，戊午爲五日，距儉、欽起兵尚早七日，亦於理不合。沈家本三國志瑣言謂當爲「正月戊寅」，即正月二十五日。

〔五五〕晝晦而暝　「晝晦」，晉書卷二九五行志下、宋書卷三四五行志五作「正晝」。

〔五六〕懷帝永嘉四年十月辛卯　「十」下原衍一「一」字，據晉書卷五懷帝紀删。

〔五七〕尉迴敗於相州　「相州」原作「相川」，據隋書卷二三五行志下、北史卷一〇周本紀改。

〔五八〕坑其黨與於長夏門外　「於」字原脱，據隋書卷二三五行志下補。

〔五九〕與前同占　「同占」二字原倒，據隋書卷二三五行志下乙。

〔六〇〕後周世宗顯德六年六月辛卯癸巳間　「癸」原作「辰」，按舊五代史卷一一九世宗紀、新五代史卷一二世宗紀，周世宗死於六月癸巳，五代會要卷一亦稱「其年六月十九日世宗崩」，六月乙亥朔，無辰巳日，癸巳爲十九日，下文云「其日世宗崩」，「辰巳」顯爲「癸巳」之訛，故改。

〔六一〕時帝已不豫　「已」字原脱，據宋史卷六七五行志五補。

卷三百七　物異考十三

雷震

成王時，秋大熟未穫，天大雷電以風，禾盡偃。大木斯拔，邦人大恐。

秦始皇五年冬，雷。

漢惠帝五年冬十月，雷。　景帝六年十二月，雷，霖雨。　昭帝元鳳五年十一月，大雷。

王莽始建國二年十二月，雷。

後漢光武建武七年，遼東冬雷，草木實。　和帝元興元年冬十一月壬午，郡國四冬雷。時皇子數不遂，皆隱之民間。是歲，宮車晏駕，殤帝生百餘日，立以爲君；帝兄平原王有疾不立，卒，皆夭無嗣。殤帝延平元年九月乙亥，陳留雷，有石隕地四。　安帝永初六年十月丙戌，郡國六冬雷。京房占曰：「天冬雷，地必震。」又曰：「教令擾。」又曰：「雷以十一月起黃鍾，二月大聲，八月闔藏。此以春夏殺無辜，不須冬刑致災。蟄蟲出行，不救之，則冬温風，以其來年疾病。其救也，恤幼孤，振不足，議獄刑，貰謫罰，災則消矣。」古今注曰：「明帝永平七年十月丙子，越嶲雷。」　七年十月戊子，郡國三冬雷。　元初元年十月癸巳，郡國三冬雷。　三年十月辛亥，汝南、樂浪冬雷。　四年十月辛酉，郡國五冬雷。　六年十月丙子，郡國五冬雷。　永寧元年十月，郡國七冬雷。　建光元年十月〔一〕，郡國七冬雷。　延光四年，郡國十九冬雷。是時太后攝政，上無所與。太后既崩，阿母王聖及皇后兄閻顯兄弟更秉威權，上遂不親萬機，從容寬仁任臣下。古今注曰：「順帝永和四年四月戊午，雷震擊高廟、世祖廟外槐樹。」　桓帝建和三年六月乙卯，雷震憲陵寢屋。先是梁太后聽兄冀枉殺李固、杜喬。　靈帝熹平六年冬十月，東萊冬雷。　中平四年十二月晦，雨水，大雷電，雹。　獻帝初平三年五月丙申，無雲而雷。　四年五月癸酉，無雲而雷。

魏明帝景初中，洛陽城東橋、城西洛水浮橋桓楹，同日三處俱震〔二〕。尋又震西城上候風木飛鳥。時勞役大起，帝尋晏駕。

吳孫權赤烏八年夏，震宮門柱，又擊南津大橋桓楹。　孫亮建興元年十二月朔，大風震電。是月，又雷雨。義同前說。亮終廢。

晉武帝太康六年十二月甲申朔，淮南郡震電。　七年十二月己亥，毘陵雷電，南沙司鹽都尉戴亮以聞。　十年十二月癸卯，廬江、建安雷電大雨。　惠帝永康元年六月癸卯，震崇陽陵標西南五百步，標破爲七十片。是時賈后陷害鼎輔，寵樹私戚。與漢桓帝時震憲陵寢同事也。后終誅滅。　永興二年十月丁丑，雷震。　懷帝永嘉四年十月，震電。　愍帝建興元年十月戊午〔三〕，會稽大雨震電。己巳夜，赤氣曜於西北，是夕，大雨震電。庚午，大雪。按劉向說，「雷以二月出，八月入」。今此月震電者，陽不閉藏也。既發泄而明日便大雪，皆失節之異也。　是時劉載僭號平陽〔四〕，李雄稱制於蜀，九州幅裂，西京孤微。爲君失時之象也。赤氣赤祥也。　元帝太興元年十一月乙卯，暴雨雷電。　永昌二年七月丙子朔〔五〕，雷震太極殿柱。十二月，會稽、吴郡雷震電。成帝咸和元年十月己巳，會稽郡大雨震。三年六月辛卯，臨海大雷，破郡府内小屋柱十枚，殺人。九月二日壬午立冬，會稽雷電。四年十一月，吴郡、會稽震電。穆帝永和七年十月壬午，雷雨震電。升平元年十一月庚戌，雷；乙丑，又雷。五年十月庚午，東南方雷。孝武帝太元五年六月甲寅，雷震含章殿四柱，并殺内侍二人。十年十二月，雷聲在南方。十四年七月甲寅，雷震，燒宣陽門西柱。安帝隆安二年九月壬辰，雷雨。元興三年，永安皇后至自巴陵，將設儀導入宫，天雷震，人馬各一俱殪於計反。焉。義熙四年十一月辛卯朔，西北方疾風發；癸丑，雷。五年六月丙寅〔六〕，雷震太廟，破東鴟尾，徹柱，又震太子西池合堂。是時，帝不親烝嘗，故天震之，明簡宗廟也。西池是明帝爲太子時所造次，故號太子池。及安帝多病患，無嗣，故天震之，明無後也。六年正月甲寅〔七〕，雷，又雪。十二月壬辰，大雷。九年十一月甲戌，雷；乙亥，又雷。

陳宣帝大建九年七月〔八〕，大雨，震萬安陵華表，又震慧日寺刹，瓦官寺重閣門下一女子震死。京房易飛候曰：「雷雨霹靂丘陵者，逆先人令；爲火殺人者，人君用讒言殺正人。」時蔡景歷以奸邪任用，又僕射陸繕以讒毁獲譴〔九〕，發病而死。十年三月，震武庫。時帝好兵，頻年北伐，内外虚竭，將士勞弊。既克淮南，又進圖彭、汴，毛喜切諫，不納。由是吴明徹諸軍皆没，遂失淮南之地。武庫者，兵器之所聚也，而震之，天戒若曰，宜戢兵以安百姓。帝不悟，又大興軍旅。其年六月，又震太皇寺刹，莊嚴寺露槃、重陽閣東樓、鴻臚府門。太皇、莊嚴二寺，陳國奉佛之所，重陽閣每所遊宴，鴻臚賓客禮儀之所在，而同歲震者，天戒若曰，國威已喪，不務修德，後必有恃佛道，耽宴樂，棄禮儀而亡國者。陳之君臣竟不悟，至後主之代，災異屢起，懼而於太皇寺捨身爲奴，以祈冥助，不恤國政，耽酒色，棄禮法，不修鄰好，以取敗亡。

北齊後主武平元年夏，震丞相段孝先南門柱。京房易傳曰：「震及貴臣門及屋者〔一〇〕，不出三年，佞臣被誅。」後歲，和士開被戮。

唐太宗貞觀十一年四月甲子，震乾元殿前槐樹。震耀，天之威怒，以象殺戮；槐，古者三公所樹也。武后延載元年六月〔一一〕，河南偃師縣李材村有震電入民家〔一二〕，地震裂，闊丈餘，長十五里，深不可測，所裂處井厠相通，或衝冢墓，柩出平地無損。李，國姓；震電，威刑之象；地，陰類也。證聖元年正月丁酉，雷。雷者陽聲，出非其時，臣竊君柄之象。長安四年五月丁亥，震雷，大風拔木，人有震死者。代宗永泰元年二月甲子夜，震霆。自是無雷，至六月甲申乃雷。大曆十年四月甲申，雷電，暴風拔木飄瓦，人有震死者，京畿害稼者七縣。德宗建中元年九月己卯〔一三〕，雷。四年四月丙子，東都畿汝節度使哥舒曜攻李希烈，進軍至潁橋，大雨震電，人不能言者十三四，馬驢多死。貞元十四年五月己酉夏至，始雷〔一四〕。憲宗元和十一年冬，雷。穆宗長慶二年六月乙丑，大風震電，落太廟鴟尾，破御史臺樹。文宗太和八年七月辛酉，定陵臺大雨，震，廡下地裂二十有六步。占曰：「士庶分離，大臣專恣，不救大敗。」武宗會昌三年五月甲午，始雷。懿宗咸通四年十二月，震雷。僖宗乾符二年十二月，震雷，雨雹。昭宗乾寧四年，李茂貞遣將符道昭攻成都，至廣漢，震雷，有石隕於帳前。

宋太祖建隆四年四月癸巳〔一五〕，宿州日無雨，雷霆暴作，軍校傅韜震死。是夜夜半〔一六〕，風雷起於京師。開封縣署役夫劉延嗣、萬進震死，頃之進復蘇，言有烟焰自牖入室，因駭仆，偏體焦灼。乾德二年正月辛巳，雷聲起京師西南，東行有電。五月戊戌〔一七〕，大名府大雨，雷震焚稾聚。四年七月，海州雷震長吏廳，土木多圮，傷刺史梁彦超。開寶七年六月，易州雷震，死耀武軍士八人。八年八月，邛州延貴鎮震死民費貴及其四子。太宗太平興國二年七月，瀛州景城縣霆震死牛商馮乂。端拱二年八月，興化軍民劉政震死，有文在胸中曰「大不孝」。九月丙午夜半，雷聲起京師西北。淳化三年七月，泗州大風雨，震僧伽塔柱。至道元年三月甲戌，京師雷未發聲。召司天監丞趙昭益問之〔一八〕，答云〔一九〕：「按占，雷不發聲，寬政之應也。」七月，泗州大風雨，雷震僧伽塔及壞鐘樓。真宗咸平元年正月戊寅，京師西北有雷電。十一月，瀛州、順安軍並東北有雷。三年十月，黄州西北雷聲如盛夏時。十一月〔二〇〕，真定府東南雷。四年十月乙巳，京師西南雷電。閏十二月，大名府雷。五年九月辛亥，京師雷。六年十一月甲午，京師暴雷震，司天言：「國家發號布德，未及黎庶。」時議改元肆赦，詔宰相增廣條目，采民病悉除之。景德三年九月丙寅夕，京師大震電〔二一〕。大中祥符元年正月癸未，京師西北雷。五年十二月己巳，京師西北雷電。九年五月，殿侍張信奉南海祝版乘驛至唐州，震死。徽宗大觀三年十月戊子，大雷電，雨。高宗紹興五年十月丁巳，雷。六年十月丙午，雷。九年十月丁卯，雷。十一年十一月己酉，雷。十五年十月辛卯，雷。十二月甲寅，雷。十六年，温州大雷電，龍翔寺震死者六人。十九年十月甲寅，雷。二十一年二月辛未，南安軍大雷電，大庾縣治震死者四人。十一月辛未夜，震雷。十二月癸酉，雷。二十二年十二月戊寅、己卯，雷。二十六年十二月甲子，雷。孝宗乾道二年十一月戊辰，日南至，大震雷。癸酉，策免相葉顒、魏杞。七年正月丙戌，雷，自是迄夏無雷。淳熙十二年十一月戊子〔二二〕，雷。十二月丁丑，雷。十三年正月，雷；後三十五日，有雪。十四年十一月，冬雷。十六年七月，大雷震太廟齋殿。光宗紹熙二年正月，雷雪。三年正月庚戌〔二三〕，雷。四年十一月己卯，日南至；辛巳，雷。五年十月，大雷震。寧宗慶元元年春，無雷。開禧三年十月辛未，雷。嘉定三年十月，雷。五年七月，雷雨震太廟鴟吻。十月，冬雷。六年閏九月，雷電。十年正月朔，雷。十一年九月辛巳，明堂禮成，肆赦，雷電。十四年、十六年，俱冬雷。

物自鳴

即五行志所謂鼓妖也，無形有聲，無雲而雷，謂之鼓妖。今所載凡不當鳴而鳴者，皆入焉。

左傳僖公三十二年十二月己卯，晉文公卒，庚辰，將殯於曲沃〔二四〕，出絳，柩有聲如牛。劉向以爲近鼓妖也。喪，凶事；聲如牛，怒象也。將有急怒之謀，以生兵革之禍。時秦穆公遣兵襲鄭，晉要之崤阸，以敗其師。晉不惟舊，而聽虐謀，結怨强國，四被秦寇，禍流數世，凶惡之效也。

考王十三年，晉無雲而雷。威烈王三年十一月，晉有火下於北方，其聲如鼓。

秦二世元年，天無雲而雷。劉向以爲雷當託於雲，猶君託於臣，陰陽之合也。二世不恤下〔二五〕，下民怨叛〔二六〕。是歲陳勝起，趙高作亂，秦遂亡。一曰，易震爲雷，爲貌不恭也。

漢成帝元延元年四月丁酉，無雲而有雷，聲光耀耀，四面下至地，止〔二七〕。　哀帝建平二年四月乙亥朔，御史大夫朱博爲丞相，少府趙玄爲御史大夫，臨延登受策，有大聲如鐘鳴，師古曰：「延入而登殿也。漢舊儀云丞相、御史大夫初拜，皇帝延登親詔也。」殿中郎吏陛者皆聞焉。師古曰：「陛者，謂執兵列於陛側〔二八〕。」上以問黃門侍郎揚雄、李尋，尋對曰：「洪範所謂鼓妖也〔二九〕。師法以爲人君不聰，爲衆所惑，空名得進，則有聲無形，不知所從生。其傳曰歲月日之中，則正卿受之。今以四月日加辰巳有異，是爲中焉。正卿謂執政大臣也。宜退丞相、御史，以應天變。然雖不退，不出期年，其人自蒙其咎。」師古曰：「期年，十二月也。蒙猶被也。期音基。」揚雄亦以爲鼓妖，聽失之象也。朱博爲人彊毅多權謀，宜將不宜相，恐有凶惡亟疾之怒。師古曰：「亟，急也，音居力反。」八月，博、玄坐爲奸謀，博自殺，玄減死論。京房易傳曰：「令不修木，下不安，金毋故自動，若有音。」　延壽元年九月，孝元廟殿門銅龜蛇鋪首鳴。如淳曰：「門鋪首作龜蛇之形而鳴呼也。」師古曰〔三〇〕：「門之鋪首，所以銜環者也〔三一〕。」

王莽天鳳三年十月戊辰，王路朱鳥門鳴，晝夜不絕，崔發等曰：「虞帝闢四門，達四聰。門鳴者，明當修先聖之禮，招四方之士也。」於是令群臣皆賀，所舉四行從朱鳥門入而對策焉。

後漢獻帝建安七八年中，長沙醴陵有大山常大鳴如牛呴聲，積數年。後豫章賊攻没醴陵縣，殺掠吏民。

晉惠帝元康九年三月〔三二〕，有聲若牛，出許昌城。十二月，廢愍懷太子，幽於許宮。明年，賈后遣黃門孫憲殺太子，擊以藥杵，聲聞於外，是其應也。

蘇峻在歷陽，外營將軍鼓自鳴，如人弄鼓者。峻手自破之，曰：「我鄉土時有此，則城空矣。」俄而作亂夷滅。此聽不聰之罰也。

石季龍末，洛陽城西北九里，石牛在青石趺甫於反。上，忽鳴，聲聞四十里。季龍遣人打落兩耳及尾，鐵釘釘上音丁，下都定反。四脚。尋而季龍死。

孝武太元十五年三月己酉朔，東北方有聲如雷。按劉向說，以爲「雷當託於雲，猶君託於臣。無雲而雷，此君不恤於下，下人將叛之象也」。及帝崩而天下漸亂，孫恩、桓玄交陵京邑。

吴興長城夏架山有石鼓，長丈餘，面徑三尺所，下有盤石爲足，鳴則聲如金鼓，三吴有兵。至安帝隆安中大鳴，後有孫恩之亂。

齊武帝永明十一年七月，上不豫，徙御延昌殿，始登階而殿屋鳴吒，上惡之，至八月，崩。

梁武帝天監四年十一月，天清朗，西南有電光，有雷聲二。洪範五行傳曰：「雷霆託於雲，猶君託於人也。君不恤天下，故人怨叛。」是歲，交州刺史李凱反。　十九年九月，西北隱隱有聲如雷，赤氣下至地。是歲，盜殺東莞、瑯琊二郡守，以朐山引魏軍。　中大通六年十二月，西南有聲如雷。其年北梁州刺史蘭欽舉兵反。

陳宣帝太建二年十二月，西北有聲如雷。其年湘州刺史華皎舉兵反。

北齊文宣天保四年四月，西南有聲如雷。時帝不恤天下，興師旅。

後周武帝建德六年正月，西方有聲如雷。未幾，吐谷渾寇邊。

隋文帝開皇十四年正月旦，廓州連雲山有聲如雷。時五羌反叛侵邊。二十年，無雲而雷。京房易飛候曰：「國將易君，下人不靜，小人先命。國凶，有兵甲。」後數歲，帝崩，漢王諒舉兵反。是年十一月，京都大風，地大震，鼓皆應。淨刹寺鐘三鳴，佛殿門鎖自開，銅像自出户外。鐘鼓自鳴者，近鼓妖也。揚雄以爲人君不聰，爲衆所惑，空名得進，則鼓妖見。時獨孤后干政，楊素權傾人主。帝聽二人之讒，黜高熲，廢太子勇，晉王釣虚名而見立。煬帝大業中，滏陽石鼓頻歲鳴。其後，天下大亂，兵戎並起。

唐高祖武德二年三月，太行山聖人崖有聲。占曰：「有寇至。」三年二月丁丑，京師西南有聲如崩山。近鼓妖也〔三三〕。説者以爲人君不聰，爲衆所惑，則有聲無形，不知所從生。武后天授元年九月，檢校内史宗秦客拜日，無雲而雷震〔三四〕。近鼓妖也。玄宗開元二十八年六月，吐蕃圍安戎城，斷水路，城東山鳴石坼，涌泉二。德宗貞元十三年六月丙寅，天晦，街鼓不鳴。僖宗中和二年十月，西北方無雲而雷。昭宗天復三年十月甲午，有大聲出於宣武節度使廳事。近鼓妖也。

後唐莊宗同光三年九月丁未夜，徧天陰雲，北方有聲如雷，雉皆雊，俗呼曰「天狗墜」。

宋高宗紹興七年五月，汴京無雲而雷，是歲僞齊亡。三十年十月庚戌，晝漏半，無雲而雷；癸亥，日過中，無雲而雷。孝宗淳熙十四年六月甲申昧爽，上將禱雨太一宫，乘輿未駕，有大聲發自内，及於和寧門，人馬辟易相踐藉，有失巾屨者。近鼓妖也。光宗紹熙二年，温州瑞安縣感應侯廟鼓自鳴，後曰邑有巨寇舁鼓去。先是，鼓上有書曰：「鼓響，盗長；鼓壞，盗敗。」寇果以旬日就僇，與晉志隆安石鼓嗚、孫恩同占。

物自動

即五行志所謂木沴金也。志中惟載金石自動，今所載凡非動物而自動者，皆入焉。

周威烈王二十三年，九鼎震。金震，木動之也。時周室衰微，號令不從，以亂金氣。鼎者，宗廟之寶器。宗廟將遷〔三五〕，故震動也。是歲，晉三卿韓、魏、趙分晉地，王命以爲諸侯。其後秦遂滅周，而取九鼎。九鼎之震，木沴金，失衆心。

漢成帝元延元年正月，長安章城門門牡自亡〔三六〕。晉灼曰：「西出南頭第一門也。牡是出籥者。」師古曰：「牡所以下閉者也，亦以鐵爲之，非出籥也。」京房易傳曰：「饑而不損兹謂泰，厥災水〔三七〕，厥咎牡亡。」妖辭曰：「關動牡飛，辟爲亡道臣爲非，厥咎亂臣謀篡。」易妖變傳辭〔三八〕。故谷永對曰：「章城門通路寢之路，函谷關距山東之險，城門關守國之固，固將去焉，故牡飛也。」平帝元始元年二月乙未，義陵寢神衣在柙中，哀帝陵也。丙申旦，衣在外牀上，寢令以急變聞。祠以太牢。

王莽地皇元年七月，杜陵便殿乘輿虎文衣廢藏在室匣中者出〔三九〕，自樹立堂上，良久乃委地。吏卒見者以聞，莽惡之。

魏齊王正始末，河南尹李勝治廳事，有小材激墮，擿受符吏石彪頭〔四〇〕，斷之。此木沴金也。勝後旬日而敗。

晉惠帝元康八年五月，郊禖壇石中破爲二。此木沴金也。郊禖壇，求子之神位，無故自毁，太子將危之妖也。明年，愍懷廢死。天戒若曰，安徒揚經略之聲，終無其實，鉦鼓不用之象也。孝武帝太元十年四月，謝安出鎮廣陵，始發石頭，金鼓無故自破。木沴金之異也。天戒若曰，安徒揚經略之聲，終無其實，鉦鼓不用之象也。月餘〔四一〕，以疾還而薨。

梁武帝大同十二年，曲阿建陵隧口石騏驎動。木沴金也。動者，遷移之象。天戒若曰，園陵無主，石騏驎將爲人所移也。後竟國亡。太清元年，帝捨身光嚴重雲殿，游仙化生皆震動三日乃止。當時謂之祥瑞，識者以爲非動而動，在洪範爲妖，以此石虎之敗，殿壁畫人頸皆縮入頭之類。又送辟邪二於建陵，左雙角者至陵所，右獨角者將引，於車上振躍者三，車兩轅倶折。因換車，未至陵二里所，又躍者三，每一振則車側人莫不聳奮，去地三四尺，車輪陷入土三寸。木沴金也。劉向曰：「失衆心，令不行，言不從，以亂金氣也。石爲陰，臣象也。臣將爲變之應。」武帝暮年，君臣唯講經談玄，朝綱紊亂，令不行，言不從之咎也。其後致侯景之亂。元帝承聖二年正月己卯，江夏宮南門籥牡飛。

北齊武成河清四年，殿上石自起，兩兩相擊。眭孟以爲石陰類，下人象，殿上石自起者，左右親人離叛之應也。及周師東伐，寵臣尉相願、乞扶貴和兄弟之徒，皆叛入周。

周武帝建德元年，濮陽郡有石像，郡官令載向府，將刮取金。在道自躍投地，如此者再，乃以大繩縛著車壁，又絶繩而下。時帝既滅齊，又事淮南，征伐不息，百姓疲敝，失衆心之應也。

唐武后長壽中，東都天宫寺泥像皆流汗霡霂。中宗神龍中，東都白馬寺鐵像頭無故自落於殿門外。玄宗天寶五載四月，宰臣李適之常列鼎俎具膳羞，中夜，鼎躍出相鬭不解〔四二〕，鼎耳及足皆折。

穆宗長慶中，新都大道觀泥人生鬚數寸，拔之復生。

後晉出帝開運元年七月一日夜，大雷雨，明德門内井亭有石槽，槽有龍首，其夕漂行數步而龍首斷焉〔四三〕。識者云：「石，國姓也，而龍首既斷，大不吉之象。」晉祚果終開運。

宋太祖乾德五年十一月，許州開元觀老君像自動。時知州宋偓以聞。六年正月，簡州普通院毗盧佛像自動。神宗元豐元年，邕州佛像動摇。初，像嘗動而交人入寇，又動而州大火。其後儂智高叛，復動，於是知州錢師孟投之江中。高宗紹興二年，宣州有鐵佛像，坐高丈餘，自動迭前迭却，若偃而就人者數日，既而郡有火。火勝金，火氣盛，金失其性而爲變怪也。二十年二月，温州戒福寺有銅佛像頂珠自動，光彩激射，終日不少停，數日火作，寺焚。與宣州鐵佛同占，皆火沴金也。孝宗淳熙九年春，德興縣民家有鏡自飛舞，與日光相射。

物自壞

即五行志所謂金沴木也。

春秋文公十三年，「太室屋壞」。近金沴木，木動也。先是，冬，僖公薨，十六月乃作主。後六月，又吉禘於太廟而致僖公。左氏説曰：登僖於閔上，逆祀也。又未三年而吉禘，前後亂賢父聖祖之大禮。太室屋壞，象魯自是而陵夷，將墮周公之祀也。

漢景帝三年十二月，吴二城門自傾，大船自覆。劉向以爲近金沴木，木動也。先是，吴王濞以太子死於漢，稱疾不朝，陰與楚王戊謀爲逆亂。城猶國也，其一門名曰楚門，一門曰魚門。吴地以船爲家，以魚爲食。天戒若曰，與楚所謀，傾國覆家。吴王不寤，正月，與楚俱起兵，身死國亡。京房易傳曰：「上下咸誖，厥妖城門壞。」師古曰：「誖，惑也，音布内反。」宣帝時，大司馬霍禹所居第門自壞。時禹内不順，外不敬，見戒不改，卒受滅亡之誅。哀帝時，大司馬董賢第門自壞。時賢以私愛居大位，賞賜無度，驕慢不敬，大失臣道，見戒不改。後賢夫妻自殺，家徙合浦。

後漢桓帝延熹五年，太學門無故自壞。襄楷以爲太學前疑所居〔四四〕，本傳楷書無「前疑」之言也。其門自壞，文德將喪，教化廢也。是後天下遂至喪亂。桓帝永康元年十月壬戌，南宮平城門内屋自壞。金沴木，木動也。其十二月，宮車晏駕。靈帝光和元年〔四五〕，南宮平城門内屋、武庫屋及外東垣屋前後頓壞。蔡邕對曰：「平城門，正陽之門，與宮連，郊祀法駕所由從出，門之最尊者也。武庫，禁兵所藏。東垣，庫之外障。易傳曰：『小人在位，上下咸悖，厥妖城門内崩。』潛潭巴曰：『宮瓦自墮，諸侯强陵主。』此皆小人之顯位亂法之咎也。」其後黄巾賊先起東方，庫兵大動。皇后同父兄何進爲大將軍，同母弟苗爲車騎將軍，兄弟並貴盛，皆統兵在京都。其後進欲誅廢中官，爲中常侍張讓、段珪等所殺，兵戰宮中闕下，更相誅滅，天下兵大起。三年二月，公府駐駕廡自壞，南北三十餘間。中平二年二月癸亥，廣陽城門外上屋自壞。獻帝初平二年三月〔四六〕，長安宣平城門外屋無故自壞。至三年夏，司徒王允使中郎將吕布殺太師董卓，夷三族。袁山松書曰〔四七〕：「李傕等攻破長安城，害允等。」興平元年十月，長安市門無故自壞。至二年春，李傕、郭汜鬬長安中，傕迫劫天子，移置傕塢，盡燒宮室殿宇、城門、官府、民舍，放兵寇抄公卿以下。

魏文帝黃初七年正月，幸許昌，城南門無故自崩，帝心惡之，遂不入，還洛陽。此金沴木，木之動也。五月，宮車晏駕。京房易傳曰：「上下咸悖，厥妖城門壞。」

晉武帝太康五年五月，宣帝廟地陷，梁折。八年正月，太廟殿又陷，改作，廟基及泉。其年九月，遂更營新廟，遠致名材，雜以銅柱，至十年四月乃成。十一月庚寅，梁又折。天戒若曰，地陷者，分離之象，梁折，木不曲直也。明年，帝崩，王室遂亂。惠帝太安二年，成都王穎使陸機率衆向京師，擊長沙王乂，軍始引而牙竿折，俄而戰敗，機誅，穎奔死。元帝太興二年六月，吳郡米廡無故自壞。天戒若曰，夫米廡，貨糴之屋，無故自壞，此五穀踴貴，所以無糴賣也。是歲遂大饑，死者千人焉。明帝太寧元年，周筵自歸王敦，既立其宅宇，所起五間六梁，一時躍出墜地，餘桁猶亘柱頭。此金沴木也。明年五月，錢鳳謀亂，遂族滅筵，而湖熟尋亦爲墟矣。安帝元興元年正月丙子〔四八〕，會稽王世子元顯將討桓玄，建牙竿於揚州南門，其東者難立，良久乃正。近沴妖也。而元顯尋爲玄所擒。三年五月，樂賢堂壞。時帝嚚眊，無樂賢之心，故此堂見沴。義熙九年五月，國子聖堂壞。天戒若曰，聖堂，禮樂之本，無故壞，業祚將墜之象。未及十年而禪位焉。

陳文帝天嘉六年秋七月，儀賢堂無故自壓。近金沴木也。時帝盛修宮室，百姓失業，故木失其性。

後主禎明元年六月，宮內水殿若有刀鋸斫伐之聲，其殿因無故而倒。七月，朱雀航又無故自沉〔四九〕。時後主盛修園囿，不虔宗廟。水殿者，遊宴之所，朱雀航者，國門之大路，無故自壞，天戒若曰，宮室毀，津路絕。後竟爲隋所滅，宮廟爲墟〔五〇〕。

後齊孝昭帝將誅楊愔，乘車向省，入東門，幰竿無故自折。帝甚惡之，歲餘而崩。武成河清三年，長廣郡廳事梁忽剥若人狀，太守惡而削去之，明日復然。長廣，帝本封也；木爲變，不祥之兆。其年帝崩。後主武平七年秋，穆后將入晉陽，向北宮辭胡太后。至宮内門，所乘七寶車無故陷入於地，牛没四足。是歲齊滅，后被虜於長安。

後周武帝建德六年，青城門無故自崩。青者，東方色，春宮之象也。時皇太子無威儀禮節，青城門無故自崩者，皇太子不勝任之應。帝不悟。明年，太子嗣立，果爲無道。周室危亡，實自此始。

隋煬帝大業中，齊王暕於東都起第，新構寢堂，其栿無故而折。時上無太子，天下皆以暕次當立，公卿屬望。暕遂驕恣，呼術者令相，又爲厭勝之事。堂栿無故自折，木失其性，奸謀之應也。天見變以戒之，暕不悟，後竟得罪於帝。

唐高祖武德元年八月戊戌，突厥始畢可汗衙帳無故自壞。中宗即位，金鷄竿折。樹鷄竿〔五一〕，所以肆赦，始登大號而鷄竿折，不祥。神龍中，有群狐入御史大夫李承嘉第，其堂無故壞；又秉筆而管直裂，易之又裂。玄宗開元五年正月癸卯，太廟四室壞。天寶十四載，哥舒翰帥師守潼關，前軍啟行，牙門旗至坊門，觸落槍刃，衆以爲不祥。代宗永泰二年三月辛酉，中書敕庫壞。德宗貞元四年正月庚戌朔，德宗御含元殿受朝賀，質明，殿階及欄檻三十餘間自壞，衛士死者十餘人。含元路寢，大朝會之所御也；正月朔，一歲之元。王者之事，天所以儆者重矣。文宗太和九年，鄭注爲鳳翔節度使，將之鎮，出開遠門，旗竿折。僖宗光啟初，揚州府署門屋自壞。故隋之行臺門也，制度甚宏麗云。

宋高宗紹興三年八月辛亥，尚書省後樓屋無故自壞。

校勘記

〔一〕建光元年十月　「建光」原作「建元」，據元本、慎本、馮本及後漢書五行志三改。

〔二〕同日三處俱震　「俱」下原衍一「時」字，據宋書卷三三五行志四删。

〔三〕愍帝建興元年十月戊午　「十」下原衍一「一」字，據晉書卷五愍帝紀删。「午」原作「辰」，據元本、慎本、馮本及晉書卷二九五行志下、宋書卷三三五行志四改。

〔四〕是時劉載僭號平陽　「載」原作「淵」，據晉書卷二九五行志下、宋書卷三三五行志四改。

〔五〕永昌二年七月丙子朔　「永昌二年」，晉書卷二九五行志下同。按晉書卷六明帝紀，永昌元年閏十一月元帝崩，明帝即位未改元，永昌二年三月改元太寧，則此處「永昌二年」當作「明帝太寧元年」。

〔六〕五年六月丙寅　「五年」二字原脱，據晉書卷一〇安帝紀、宋書卷三三五行志四補。「丙」原作「甲」，據晉書卷二九五行志下、晉書卷一〇安帝紀、宋書卷三三五行志四改。

〔七〕六年正月甲寅　「甲寅」，晉書卷二九五行志下、宋書卷三三五行志四作「丙寅」，元本、慎本、馮本作「庚寅」。是月甲寅朔，丙寅爲十三日。

〔八〕陳宣帝大建九年七月　「九」原作「元」，據陳書卷五宣帝紀、南史卷一〇陳本紀下改。

〔九〕又僕射陸繕以譏毁獲譴　「又」，隋書卷二五行志上作「右」。按陳書卷五宣帝紀、卷二三陸繕傳，太建中陸繕遷尚書右僕射，尋遷左僕射，十年冬十月改尚書僕射，十一年冬十月復爲左僕射，十二年夏四月卒，則陸獲譴發病死的年代與官職俱不合。

〔一〇〕震及貴臣門及屋者　上「及」字，隋書卷二二五行志上作「擊」，義長。

〔一一〕武后延載元年六月　「延載」，元本、慎本、馮本及舊唐書卷三七五行志、新唐書卷三六五行志三俱作「延和」。又舊唐書卷三七五行志、新唐書卷三六五行志三無「武后」二字。　按延和爲睿宗年號，不當在證聖、長安前，新唐書卷三六五行志三，即將本條記事列於下文證聖、長安條之後。

〔一二〕河南偃師縣李材村有震電入民家　「河南」原作「淮南」，「材」原作「村」，據舊唐書卷三七五行志、新唐書卷三六五行志三改。

〔一三〕德宗建中元年九月己卯　「己」原作「乙」，據舊唐書卷一二德宗紀上、新唐書卷三六五行志三、新唐書卷七德宗紀改。

〔一四〕始雷　「雷」原作「電」，據新唐書卷三六五行志三、新唐書卷七德宗紀改。

〔一五〕宋太祖建隆四年四月癸巳　「四年」原作「三年」，據元本、慎本、馮本及宋史卷六二五行志一下改。

〔一六〕是夜夜半　下「夜」字原脱，據宋史卷六二五行志一下補。

〔一七〕五月戊戌　「戌」，宋史卷六二五行志一下作「寅」。

〔一八〕召司天監丞趙昭益問之　「趙昭益」，宋史卷六二五行志一下無「益」字。

〔一九〕答云　「答」字原脱，據宋史卷六二五行志一下補。

〔二〇〕十一月　「一」，宋史卷六二五行志一下作「二」。

〔二一〕京師大震雹　「雹」，宋史卷六二五行志一下作「雷」。

〔二二〕淳熙十二年十一月戊子　「子」原作「午」，據宋史卷六二五行志一下、宋史卷三五孝宗紀三改。

〔二三〕三年正月庚戌　「戌」下原衍一「朔」字，按宋史卷三六光宗紀、二十史朔閏表，是月乙巳朔，庚戌爲六日，宋會要瑞異二之一九載三年正月六日雷事，與此正合，故删。

〔二四〕將殯於曲沃　「沃」原作「妖」，據左傳僖公三十二年、漢書卷二七中之下五行志中之下改。

〔二五〕二世不恤下　按漢書卷二七中之下五行志中之下，「恤」下有一「天」字。

〔二六〕下民怨叛　「下」，漢書卷二七中之下五行志中之下作「萬」。

〔二七〕四面下至地止　按漢書卷一〇成帝紀，「止」上有一「昏」字。

〔二八〕謂執兵列於陛側　「陛」原作「階」，據漢書卷二七中之下五行志中之下改。

〔二九〕洪範所謂鼓妖也　按漢書卷二七中之下五行志中之下，「妖」下有一「者」字。

〔三〇〕師古曰　「師古曰」三字原脱，據漢書卷一一哀帝紀注補。

〔三一〕所以銜環者也　按漢書卷一一哀帝紀注，「也」下有「鋪音普胡反」五字。

〔三二〕晉惠帝元康九年三月　「九」原作「元」，據元本、慎本、馮本及晉書卷二九五行志下、宋書卷三三五行志四改。

〔三三〕近鼓妖也　「也」字原脱，據新唐書卷三六五行志三補。

〔三四〕無雲而雷震　「雷」字原脱，據新唐書卷三六五行志三補。

〔三五〕宗廟將遷　按漢書卷二七中之上五行志中之上，「遷」上有「廢寶鼎將」四字。

〔三六〕長安章城門門牡自亡　按漢書卷二七中之上五行志中之上，「亡」下有「函谷關次門牡亦自亡」九字，以下文谷永對中有函谷關事，奪之則不順。

〔三七〕厥災水　「水」原作「木」，據漢書卷二七中之上五行志中之上改。

〔三八〕易妖變傳辭　「變傳」二字原倒，據漢書卷二七中之上五行志中之上注乙。

〔三九〕杜陵便殿乘輿虎文衣廢藏在室匣中者出　「杜」原作「社」，據漢書卷九九下王莽傳下改。

〔四〇〕摑受符吏石彪頭　「吏」字原脱，據三國志卷九曹真傳裴注引魏略、晉書卷二八五行志中補。又「彪」，三國志卷九曹真傳、宋書卷三一五行志二作「虎」。

〔四一〕月餘　按晉書卷九孝武帝紀、宋書卷三一五行志二，謝安死於八月，距其出鎮廣陵有四個月之久。

〔四二〕鼎躍出相鬬不解　「出」字原脱，據新唐書卷三五五行志二補。

〔四三〕其夕漂行數步而龍首斷焉　按五代會要卷一一雜災變，「數」上有一「十」字。

〔四四〕襄楷以爲太學前疑所居　「襄楷」原作「裴楷」，據後漢書卷六〇下襄楷傳、後漢書五行志二改。

〔四五〕靈帝光和元年　「光和元年」，後漢書五行志二同，後漢書卷八靈帝紀作「熹平六年」。

〔四六〕獻帝初平二年三月　「二」，後漢書五行志二同，後漢書卷九獻帝紀作「四」。

〔四七〕袁山松書曰　「書」字原脱，據後漢書五行志一注補。

〔四八〕安帝元興元年正月丙子　「正」原作「五」，據晉書卷二七五行志上、晉書卷一〇安帝紀、宋書卷三〇五行志一改。

〔四九〕朱雀航又無故自沉　「航」原作「船」，據元本、慎本、馮本及隋書卷二二五行志上改。下同。

〔五〇〕宫廟爲墟　「宫」原作「宗」，據隋書卷二二五行志上改。

〔五一〕樹鷄竿　「樹」字原脱，據新唐書卷三四五行志一補。

卷三百八　物異考十四

人異

按傳曰：「皇之不極，厥罰常陰，時則有下人伐上之痾。」昌邑王時，霍光將議廢立，而夏侯勝援此以諫王出遊，光與張安世疑謀已泄，而驚異其説。然則所謂下人伐上之痾，乃犯上反叛之謂。然歷代史志只謂之人痾，而所載者則形體之妖異，或舉動言語之狂惑，或化爲異物，或已死復生，殊不及叛逆之事。蓋人痾者，妖也；叛逆者，其應也。又下而犯上，臣而背君，其妖孰甚焉！故總謂之人痾云。

春秋文公十一年，「敗狄于鹹」。師古曰：「鹹，魯地也。」穀梁、公羊傳曰，長狄師古曰：「防風之後，漆姓也，國號鄋瞞。鄋音所求反。瞞莫干反。」兄弟三人，一者之魯，師古曰：「僑如也。來伐魯，爲叔孫得臣所獲。」一者之齊，師古曰：「榮如也。齊襄公二年伐齊，爲王子成父所獲。」一者之晉。師古曰：「焚如也。宣十五年，晉滅潞國而獲之。」皆殺之，身横九畝；師古曰：「畝，古畝字。」斷其首而載之，眉見於軾〔一〕。師古曰：「軾，車前横木。」何以書？記異也。劉向以爲是時周室衰微，三國爲大，可責者也。天戒若曰，不行禮義，大爲夷狄之行，將致危亡。其後三國皆有篡弑之禍，師古曰：「謂魯文公薨，襄仲弑惡及視而立宣公；齊連稱、管至父弑襄公而立無知；晉欒書、中行偃弑厲公而立悼公。」近下人伐上之痾也。劉歆以爲人變，屬黄祥。一曰，屬羸蟲之孽。一曰，天地之性人爲貴，凡人爲變，皆屬皇極下人伐上之痾云。京房易傳曰：「君暴亂，疾有道，厥妖長狄入國。」又曰：「豐其屋，下獨苦。師古曰：「豐其屋，易豐卦上六爻辭。豐，大也。」長狄生，世主虜。」

史記魏襄王十三年，魏有女子化爲丈夫。京房易傳曰：「女子化爲丈夫，兹謂陰昌，賤人爲王；丈夫化爲女子，兹謂陰勝，厥咎亡。」一曰，男化爲女，宫刑濫也；如淳曰：「宫刑之行大濫也。」女化爲男〔二〕，婦政行也。

赧王三十一年，齊有人當闕而哭者，求之不得，去則聞其聲。時燕昭王伐齊，齊湣王出奔，爲楚將淖齒所弒。史記秦始皇帝二十六年，有大人長五丈，足履六尺，皆夷狄服，凡十二人，見於臨洮。師古曰：「隴西之縣也。音吐高反。」天戒若曰，勿大爲夷狄之行，將受其禍。是歲，始皇初并六國，反喜以爲瑞，銷天下兵器，作金人十二以象之。遂自賢聖，燔詩、書，阬儒士；奢淫暴虐，務欲廣地；南戍五嶺，北築長城以備胡越，師古曰：「五嶺，解在張耳陳餘傳。」塹山填谷，西起臨洮，東至遼東，徑數千里。故大人見於臨洮，明禍亂之起。後十四年而秦亡，亡自戍卒陳勝發。

秦始皇三十六年，鄭客從關東來，至華陰，望見素車白馬從華山上下，知其非人，道住止而待之。遂至，持璧與客曰：「爲我遺滈池君。」長安西南有滈池〔三〕，君則池神也。江神告之。因言「今年祖龍死」。祖，始也。龍，人君象。謂始皇也。忽不見。客奉璧，始皇使御史視之，即二十八年過江所湛璧也，默然良久，曰：「山鬼不過知一歲事也。」

漢高祖爲亭長，送徒驪山，被酒，夜徑澤中〔四〕，有大蛇當徑，乃拔劍斬蛇。後人來至蛇所，有一老嫗夜哭，人問之，曰：「吾子，白帝子也，化爲蛇，當道，今者赤帝子斬之，故哭。」人以嫗爲不誠，欲苦之，嫗因忽不見。後人告高祖，高祖心獨喜，自負。諸從者日益畏之。　景帝二年九月，膠東下密人年七十餘，生角，角有毛。時膠東〔五〕、膠西、濟南、齊四王有舉兵反謀，謀由吴王濞起，連楚、趙凡七國。下密，縣居四齊之中；角，兵象，上鄉者也；老人，吴王象也；年七十，七國象也。天戒若曰，人不當生角，猶諸侯不當舉兵以鄉京師也；禍從老人生，七國俱敗云。　京房易傳曰：「冢宰專政，厥妖人生角。」　武帝征和元年，上居建章宫，見一男子帶劍入中龍華門，疑其異人，命收之。男子捐劍走，逐之弗獲。上怒，斬門候。冬十一月，發三輔騎士大搜上林，閉長安城門索，十一日乃解。巫蠱始起。　哀帝建平中，豫章有男子化爲女子，嫁爲人婦，生一子。　長安陳鳳言此陽變爲陰，將亡繼嗣，自相生之象。一曰，嫁爲人婦生一子者，將復一世乃絶。　哀帝建平四年四月，山陽方與女子田無嗇生子。師古曰：「方與者，山陽之縣也。女子姓田，名無嗇。方與音房豫。」先未生二月，兒嗁腹中，及生，不舉，葬之陌上，三日，人過聞嗁聲，母掘收養。　平帝元始元年二月，朔方廣牧女子趙春病死，師古曰：「廣牧，朔方之縣也。姓趙，名春。」斂棺積六日，師古曰：「斂音力贍反。棺音工喚反。」出在棺外，自言見夫死父，曰：「年二十七，不當死。」太守譚以聞。　京房易傳曰：「『幹父之蠱，有子，考无咎。』韋昭曰：「蠱，事也。子能正父之事，是爲有子，故考不爲咎累。」師古曰：「易蠱卦初六爻辭也。」子三年不改父道，思慕不皇，亦重見先人之非，師古曰：「言父有不善之事〔六〕，當速改之，若唯思慕而已，無所變易，是重顯先人之非也。一曰，三年之内，但思慕而已，不暇見父之非，故不改也。重音直用反。」不則爲私，厥妖人死復生。」一曰，至陰爲陽，下人爲上。六月，長安女子有生兒，兩頭異頸面相鄉，四臂共胸俱前鄉，師古曰：「鄉讀曰嚮。」尻上有目長二寸所。京房易傳曰：「『睽孤，見豕負塗』，師古曰：「易睽卦上九爻辭也。睽孤，乖刺之意也。塗，泥也。睽音苦攜反。」厥妖人生兩頭。下相攘善，妖亦同。人若六畜首目在下，兹謂亡上，正將變更。凡妖之作，以譴失正，各象其類。二首，下不一也；足多，所任邪也；足少，下不勝任，或不任下也。凡下體生於上，不敬也；上體生於下，媟瀆也；生非其類，淫亂也；人生而大，上速成也；生而能言，好虚也。群妖推此類，不改乃成凶也。」

王莽始建國二年，甄豐子尋坐僞作符命誅，黨與死者數百人。尋手理有「天子」字，莽解其臂入視之，曰：「此一大子也，或一六子也。六者，戮也。明尋父子當戮死也。」是歲〔七〕，池陽縣有小人景，長尺餘，或乘車馬，或步行，操持萬物，大小多相稱，車馬及物皆稱其人之形〔八〕。三日止。天鳳六年〔九〕，連率韓博上言：「有奇士，長丈，大十圍，來至臣府，曰欲奮擊胡虜。自謂巨毋霸〔一〇〕，出於蓬萊東南，五城西北昭如海瀕。昭如，海名也。軺車不能載，三馬不能勝。即日以大車四馬，建虎旗，載霸詣闕。霸卧則枕鼓，以鐵著食。乞迎之於道，京師門户不容者，開高大之，以視百蠻。」

後漢靈帝建寧三年春，河内婦食夫，河南夫食婦。臣昭曰：「以夫之尊，在河之陽，而陰承體卑，吞食尊陽，將非君道昏弱，無居剛之德，遂爲陰細之人所能消毀乎？夫爲家之主，而乃自食正内之人。時宋皇后將立，而靈帝一聽閹官，無所厝心，宋后終廢。天戒若曰，徒隨嬖豎之意，夫噉其妻乎？」光和二年〔一一〕，雒陽上西門外女子生兒，兩頭，異肩共胸，俱前向，以爲不祥，墮地棄之。自此之後，朝廷霿亂，政在私門，上下無別，二頭之象。後董卓弑太后，被以不孝之名，放廢天子，後復害之。漢元以來，禍莫踰此。　四年，魏郡男子張博送鐵盧詣太官，博上書室殿山居屋後宮禁，落屋讙呼。上收縛考問，辭「忽不自覺知」。臣昭曰：「魏人入宮，既奪漢之徵，至後宮而讙呼，終亦禍廢母后。」　中平元年六月壬申，雒陽男子劉倉居上西門外，妻生男，兩頭共身。　靈帝時，江夏黄氏之母，浴而化爲黿，入於深淵，其後時出見。初浴簪一銀釵，及見，猶在其首。臣昭曰：「黄者，代漢之色。女人，臣妾之體。化爲黿，黿者元也。入於深淵，水實制火。夫君德尊陽，利見九五，飛在於天，乃備光盛。俯等龜黿，有愧潛躍；首從戴釵，卑弱未盡。」獻帝初平中，長沙有人姓桓氏，死，棺斂月餘，其母聞棺中聲，發之，遂生。占曰：「至陰爲陽，下人爲上。」其後曹公由庶士起。　建安四年二月，武陵充縣女子李娥，年六十餘，物故，其家以杉木槥斂，墓於城外數里上〔一二〕，已十四日，有行者聞冢中有聲，便語其家。其家往視聞聲，便發出，遂活。　七年，越嶲有男子化爲女子。時周群上言，哀帝時亦有此異，將有易代之事。至二十五年，獻帝封於山陽。　建安中，女子生男，兩頭共身。

魏文帝黄初初，清河宋士宗母化爲鱉，入水。　明帝太和三年，曹休部曲丘奚農女死復生。時有開周世冢，得殉葬女子，數日而有氣，數月而能言，郭太后愛養之。又，太原人發冢破棺，棺中有一生婦人，問其本事，不知也。視其墓木，可三十歲。按京房易傳曰：「至陰爲陽，下人爲上。」宣帝起之象也。漢平帝、獻帝並有此異，占以爲王莽、曹操之證。　青龍元年，并州刺史畢軌，送漢故渡遼將軍范明友鮮卑奴，年三百五十歲，而言語飲食如常人〔一三〕。奴云：「霍顯，光後小妻。明友妻，光前妻女。」時京邑有一人，失其姓名，食啖兼十許人，遂肥不能動。其父曾作遠方長吏，官徙送彼縣〔一四〕，令故義傳供食之，一二年中，一鄉輒爲之儉。三年中，壽春農民妻自言爲天神所下，命爲登女，當營衛帝室，蠲邪納福。飲人以水，及以洗創，或多愈者。於是立館後宮，下詔稱揚，甚見優寵。及景初二年，帝疾，飲水無驗，以致大漸，於是斬焉。元帝咸熙二年八月〔一五〕，襄武縣言，有大人見，長三丈餘，迹長三尺二寸，髮白，著黄巾、黄單衣〔一六〕，拄杖，呼王始語曰：「今當太平。」晉尋代魏。

吴孫休時，烏程人有得困病，及差，能以響言者，言於此而聞於彼。自其所聽之，不覺其聲之大也。自遠聽之，如人對言，不覺聲之自遠來也。聲之所往，隨其所向，遠者所過十數里。其鄰人有責息於外，歷年不還，乃假之使爲責讓，懼以禍福。負物者以爲鬼神，即顛倒畀之，其人亦自不知所以然也。

按此事晉史置之言不從條下，然此妖異也，故今移置之人痾門云。

孫休永安四年，安吴民陳焦死七日復生〔一七〕，穿冢出。干寶曰：「此與漢宣帝同事。烏程侯皓承廢故之家，得位之祥也。」孫皓寶鼎元年，丹陽宣騫母，時年八十，因浴化爲黿。兄弟閉户衛之，掘堂上作一大坎，實水其中。黿入坎遊戲，一二日恒延頸外望，伺户小開，便輪轉自躍，入於遠潭，遂不復還。此與漢靈帝時黄氏母事同。吴亡之象也。

晉武帝泰始五年，元城人年七十，生角。殆趙王倫篡亂之象也。咸寧二年十二月〔一八〕，琅邪人顔畿病死，棺斂已久，家人咸夢畿謂己曰：「我當復生，可急開棺。」遂出之，漸能飲食屈伸視瞻，不能行語。二年復死。京房易傳曰：「至陰爲陽，下人爲上，厥妖人死復生。」其後劉、石僭逆，遂亡晉室，下爲上之應也。惠帝元康中，安豐有女子周世寧，年八歲〔一九〕，漸化爲男子，至十七八而氣性成。京房易傳曰：「女子化爲丈夫，兹謂陰昌，賤人爲王。」此亦劉、石覆蕩天下之妖也。　元康中，梁國女子許嫁，已受禮聘，尋而其夫戍長安，經年不歸。女家更以適人，女不樂行，其父母逼强，不得已而去〔二〇〕，尋病亡。後其夫還，問其女所在，其家具説之。其夫逕至女墓，不勝哀情，便發冢開棺，女遂活，因與歸家。後婿聞知，詣官爭之，所在不能决。祕書郎王導議曰：「此是非常事，不得以常理斷之，宜還前夫。」朝廷從其議。　惠帝世，杜錫家葬，而婢誤不得出。後十年，開冢祔葬，而婢尚生。始如瞑，有頃漸覺。問之，自謂再宿爾。初，婢之埋年十五六，及開冢更生，猶十五六也，嫁之有子。　光熙元年，會稽謝真生子，頭大而有髪，兩蹠之石反。反向上，有男女兩體。生便作丈夫聲，經一日死。此皇之不極，下人伐上之痾，於是諸王有僭亂之象也。　惠帝之世，京洛有人兼男女體，亦能兩用人道，而性尤淫，此亂氣所生。自咸寧、太康之後，男寵大興，甚於女色，士大夫莫不尚之，天下相倣傚，或至夫婦離絶，多生怨曠。故男女氣亂，而妖形之作也。　懷帝永嘉元年，吴郡吴縣萬祥婢生子，鳥頭，兩足馬蹄，一手，無毛，尾黄色，大如枕。此亦人妖，亂之象也。　五年五月，枹罕令嚴根妓産一龍，一女，一鵝。京房易傳曰：「人生他物，非人所見者，皆爲天下大兵。」是時，帝承惠皇之後，四海沸騰，尋而陷於平陽，爲逆胡所害，此其徵也。　愍帝建興四年，新蔡縣吏任僑妻産二女，腹與心相合，自胸以上、臍以下各分。此蓋天下未一之妖也。時内史吕會上言：「按瑞應圖，異根同體謂之連理，異畝同穎謂之嘉禾。草木之異，猶以爲瑞，今二人同心，易稱『二人同心，其利斷金』。蓋四海同心之瑞也。」時皆哂之。俄而四海分崩，帝亦淪没。　元帝太興初，有女子其陰在腹，當臍下，自中國來至江東，其性淫而不産。又有女子陰在首，渡在揚州，性亦淫。京房易妖曰〔二一〕：「人生子，陰在首，天下大亂；在腹，天下有事；在背，天下無後。」於時王敦據上流，將欲爲亂，是其徵。　三年十二月，尚書騶謝平妻生女，墮地濞濞匹備反。有聲，須臾便死。鼻目皆在頂上，面處如項，口有齒，都連爲一，胸如鼈，手足爪如鳥爪，皆下勾。此亦「人生他物，非人所見者」。後二年，有石頭之敗。　明帝太寧二年七月，丹陽江寧侯紀妻死，經三日復生。　成帝咸康五年四月，下邳民王和僑居暨居未反。陽，息女可年二十，自云上天來還，得徵瑞印綬，當母天下。晉陵太守以爲妖，收付獄。至十一月，有人持柘之夜反。杖絳衣詣止車門，口列爲聖人使求見天子。門候受辭，辭稱姓呂名賜，其言王和女可右足下有七星，星皆有毛，長七寸，天今命可爲天下母。奏聞，即伏誅，并下晉陵誅可。　康帝建元二年十月，衛將軍營督過望所領兵陳瀆女臺〔二二〕，有文在其足，曰「天下之母」，灸之愈明。京都諠嘩，有司收繫以聞。俄自建康縣獄亡去。明年，帝崩，獻后臨朝，此其祥也。　孝武帝寧康初，南郡州陵女唐氏，漸化爲丈夫。　安帝義熙七年，無錫人趙未年八歲〔二三〕，一旦暴長八尺，髭鬚上即移反，下相俞反。蔚音尉。然，三日而死。　義熙中，東陽人莫氏生女不養〔二四〕，埋之數日，於土中啼，取養遂活。　義熙末，豫章吳平人有二陽道，重累生。　恭帝元熙元年，建安人陽道無頭，正平，本下作女人形體。

劉聰子約死，一指猶暖，遂不殯殮。及蘇，言見元海於不周山，經五日，而遂復從至崑崙山，三日而復返於不周，見諸王公卿將相死者悉在，宮室甚壯麗，號曰蒙珠離國。元海謂約曰：「東北有遮須夷國，無主久，待汝父爲之。汝父後三年當來，來後國中大亂相殺害，吾家死亡略盡〔二五〕，但可永明輩十數人在耳。汝且還〔二六〕，後年當來，見汝不久。」約拜辭而回，道過一國曰猗尼渠餘國〔二七〕，引約入宮，與約皮囊一枚，曰：「爲吾遺漢皇帝。」約辭而歸，謂約曰：「劉郎後年來必見過，當以小女妻之。」約歸，置皮囊於机上。俄而蘇，使左右机上取皮囊開視之，有一方白玉，題文曰：「猗尼渠餘國天王敬信遮須夷國天王，歲在攝提，當相見也。」馳使呈聰，聰曰：「若審如此，吾不懼死也。」及聰死，與此玉并葬焉。　苻健時，新平有長人見，語百姓張靖曰：「苻氏應天受命，今當太平，外面者歸中而安泰。」問姓名，弗答，俄而不見。新平令以聞，健以爲妖，下靖獄。會大雨霖，河、渭溢，蒲津監寇登得一屐於河〔二八〕，長七尺三寸，人迹稱之，指長尺餘，文深一寸。健嘆曰：「覆載之中何所不有，張靖所見定不虛也。」乃赦之。

宋明帝泰豫元年正月丁巳，巨人迹見西池冰上。

梁武帝時，海中浮鵠山，去餘姚岸可千餘里，上有女人年三百歲，有女官道士四五百人，年並出百，但在山學道。遣使獻紅席，帝方捨身時，其使適至，云此草常有紅鳥居下，故以爲名。觀其圖狀，則鸞鳥也。時又有男子不知何許人，於大衆中自割身以飼饑鳥，血流徧體，而顔色不變。又沙門智泉鐵鈎掛體，以燃千燈，一日一夜，端坐不動。　太清元年，丹陽有莫氏妻生男，眼在頂上，大如兩歲兒。墮地而言曰：「兒是旱疫鬼，不得住。」母曰：「汝當令我得過。」疫鬼曰：「有上官，何得自由。母可急作絳帽，故當無憂。」母不暇作帽，以絳繫髮。自是旱疫者二年，揚、徐、兖、豫尤甚。莫氏鄉鄰，多以絳免，他土效之無驗。　簡文大寶二年，京口人於藏兒，年五歲，登城西南角大樓，打鼓作長江攝〔二九〕。鼓，兵象也。時侯景亂江南。　元帝承聖元年十二月，天門山獲野人，出山三日而死。

陳武帝永定三年，有人長三丈，見羅浮山，通身潔白，衣服楚麗。京房易傳曰：「長人見，亡。」後二歲，帝崩。後主爲太子時，有婦人突入東宮而大言曰：「畢國主。」後主立而祚終之應也。至德三年八月，建康人家婢死，埋之九日而更生。有牧牛人聞而出之。禎明二年，有神自稱老子，游於都下，與人對語而不見形，言吉凶多驗，得酒輒醻之，經三四年乃去。有船下，忽聞人言曰：「明年亂。」視之，得死嬰兒，長三尺而無頭〔三〇〕。明年，陳亡。

後魏太武太延元年，有鄗婦人持方寸玉印詣潞縣侯孫家，既而亡去，莫知所在。印有三字，爲龍鳥之形，要妙奇巧，不類人迹，文曰「旱疫平」。

後齊文宣天保中，臨漳有婦人產子，二頭共體。是後政由奸佞，上下無别，兩頭之應也。武成河清四年，有神見於後園萬壽堂前山穴中，其體壯大，不辨其面，兩齒絶白，長出於脣，帝直宿嬪御已下七百人咸見焉。帝又夢之。後主武平五年，大旱，晉陽得死魃，長二尺，面頂各二目。帝聞之，使刻木爲其形以獻。

後周武帝保定三年，有人產子男，陰在背上如尾，兩足指如獸爪。陰不當生於背而生者，陰陽反覆，君臣顛倒之象也。人足不當有爪而有者，將致攫人之變也。時晉公護專政，征伐自己，陰懷篡逆。帝誅之。武帝時，有强練者，佯狂，持一瓢至晉蕩公護門而擊破之，曰：「身尚可，子苦矣。」時護專政，因朝太后，帝擊殺之。發兵捕其諸子，皆備楚毒而死。强練又行乞於市，人或遺之粟麥，輒以無底佮受之，因大笑曰：「盛空。」未幾，周滅，高祖移都，長安城爲墟矣。

隋高祖開皇六年，霍州有老翁化爲猛獸。　七年，相州有桑門變爲蛇，尾繞樹而自抽，長二丈許。　仁壽四年，有人長數丈，見於應門〔三一〕，其迹長四尺五寸。　其年帝崩。　煬帝大業元年，雁門人房回安，母年百歲，額上生角，長二寸。　洪範五行傳曰：「婦人，陰象也。角，兵象也。下反上之應。」是後天下果大亂，陰戎圍帝於雁門。　四年，雁門宋谷村有婦人生一肉卵，大如斗，埋之。後數日，所埋處雲霧盡合，從地雷震而上，視之洞穴，失卵所在。　六年，趙郡李來王家，有婢産一物，大如卵。　六年正月朔旦〔三二〕，有盗衣白練裙襦，手持香花，自稱彌勒佛出世，入建國門，奪衛士仗，將爲亂。齊王暕遇而斬之。後三年，楊玄感作亂，引兵圍洛陽，戰敗乃伏誅。　八年，有澄公者，若狂人，於東都大叫唱賊。帝聞而惡之。明年，玄感作亂，舉兵圍洛陽。至十二年，澄公又大叫賊。李密逼東都，孟讓燒豐都市而去〔三三〕。　九年，帝在高陽。唐縣人宋子賢，善爲幻術。每夜，樓上有光明，能變作佛形，自稱彌勒出世。又懸大鏡於堂上，紙素上畫爲蛇爲獸及人形。有人來禮謁者，轉側其鏡，遣觀來生形像。或映見紙上蛇形〔三四〕，子賢輒告云：「此罪業也，當更禮念。」又令禮謁，乃轉人形示之〔三五〕。遠近惑信，日數百千人。遂潛謀作亂，將爲無遮佛會，因舉兵，欲襲擊乘輿。事泄，鷹揚郎將以兵捕之。夜至其所，遶其所居，但見火坑，兵不敢進。郎將曰：「此地素無坑，止妖妄耳。」及進，無復火矣。遂擒斬之，并坐其黨與千餘家。其後復有桑門向海明，於扶風自稱彌勒佛出世，潛謀逆亂。人有歸心者，輒獲吉夢。由是人皆惑之，三輔之士，翕然稱爲大聖。因舉兵反，衆至數萬。官軍擊破之。京房易飛候曰：「妖言動衆者，茲謂不信。路無人行。不出三年，起兵。」自是天下大亂，路無人行。

唐高祖武德四年，太原尼志覺死，十日而蘇。　太宗貞觀十九年，衛州人劉道安頭生肉角，隱見不常，因以惑衆，伏誅。角，兵象；肉，不可以觸者。　高宗永徽六年，淄州高苑民吴威妻、嘉州民辛道護妻皆一產四男。凡物反常則爲妖，亦陰氣盛則母道壯也。　顯慶三年，普州有人化爲虎。虎，猛噬而不仁。　儀鳳三年四月，涇州獻二小兒，連心異體。初，鶉觚縣衛士胡萬年妻吴生一男一女，其胸相連，餘各異體，乃析之，則皆死；又產，復然，俱男也，遂育之，至是四歲，以獻於朝。　永隆元年，長安獲女魃，長尺有二寸，其狀怪異。詩曰：「旱魃爲虐，如惔如焚。」是歲秋，不雨，至於明年正月。　二年九月，萬年縣女子劉凝静衣白衣，從者數人，升太史令廳，問比有何災異，令執之以聞。是夜，彗星見。太史司天文、曆候，王者所以奉若天道、恭授民時者，非女子所當問。　武后載初中，涪州民范端化爲虎。　神功元年二月庚子〔三六〕，有人走入端門，又入則天門，至通天宫，閽及仗衛不之覺。時來俊臣婢產肉塊如二升器，剖之有赤蟲，須臾化爲蜂，螫人而去。　久視二年正月，成州有大人迹見。　長安中，郴州左史因病化爲虎，欲食其嫂，擒之，乃人也，雖未全化，而虎毛生矣。　睿宗太極元年，狂人段萬謙潛入承天門，登太極殿，升御牀，自稱天子，且言：「我李安國也，人相我年三十二當爲天子。」　玄宗開元二十三年四月，冀州獻長人李家寵，八尺有五寸。　代宗大曆十年二月，昭應婦人張產一男二女。　德宗貞元八年正月丁亥，許州人李狗兒持杖上含元殿擊欄檻，伏誅。　十年四月，恒州有巨人迹見。　十五年正月戊申，狂人劉忠詣銀臺，稱白起令上表，天下有火災。　十七年十一月，翰林待詔戴少平死十有六日而蘇。是歲，宣州南陵縣丞李嶷死，已殯三十日而蘇。　憲宗元和二年，商州洪崖冶役夫將化爲虎〔三七〕，衆以水沃之，不果化。穆宗長慶四年三月，民徐忠信潛入浴堂門。敬宗寶曆二年十二月，延州人賀文妻一產四男。文宗太和二年十月，狂人劉德廣入含元殿。懿宗咸通七年，渭州有人生角寸許。占曰：「天下有兵。」十三年四月，太原晉陽民家有嬰兒，兩頭異頸，四手聯足。此天下不一之妖。是歲，民皇甫及年十四，暴長七尺餘，長啜大嚼，三倍如初，歲餘死。僖宗乾符六年秋，蜀郡婦人尹生子首如豕，目在腓下。占曰：「君失道。」光啟元年，隰州温泉民家有死者，既葬且半月，行人聞聲呼地下，其家發之，則復生，歲餘乃死。二年春，鳳翔郿縣女子未齓化爲丈夫，旬日而死。京房易傳曰：「茲謂陰昌，賊人爲王。」昭宗大順元年六月，資州兵王全義妻如孕，覺物漸下入股，至足大拇，痛甚，拆而生珠如彈丸，漸長大如杯。天祐二年五月，潁州汝陰民彭文妻一產三男。

蜀王建元年，巨人見青城山。

南漢劉鋹時，南海民妻生子，兩首四臂。

宋自太祖建隆元年至真宗天禧四年，郡縣上言民妻產三男者凡一百九，產四男者凡三，產一男三女者二，產二男一女者一。太祖建隆三年，齊州、晉州大旱，民家多生魃。太宗太平興國九年，揚州揚子縣民妻生男，毛被體半寸餘，面長，頂高，鳶眉〔三八〕，眉毫麤密，近髮際有毛兩道，軟長眼〔三九〕，微紫脣，紅厚耳鼻〔四〇〕，大類胡僧。至三歲，畫圖以獻。淳化元年八月，汾州悉達院僧智嚴頭生角，可長三寸。真宗天禧四年七月，衡州耒陽縣民張中妻產三男，其一額有白痣方寸餘，上生白髮。仁宗天聖至英宗治平，婦人生四男者二，生三男者四十四，生二男一女者一。說者曰：「天下安寧，人民蕃息之驗也。」

神宗熙寧元年距元豐七年，郡邑民家生三男者八十四，而四男者一，二男一女者一。　元豐八年至哲宗元符二年，生三男者十八，而四男者二，三男一女者一。　元符三年至欽宗靖康，生三男者十九，四男者一。　徽宗宣和六年，都城有賣青果男子，孕而誕子，蓐母不能收，易七人，始免而逃去。　又有酒肆號豐樂樓，酒保朱氏子之妻，可四十餘，楚州人，忽生髭，長僅六七寸，疏秀而美，宛然一男子，特詔度爲女道士。　高宗紹興三年，建康府桐林灣人産兒，肉角有齒。　角，兵象；肉，不可以觸者。　是歲，人多産鱗毛，皆人痾也。　二十年八月，洋州真符縣民家一産三男。　孝宗隆興元年，建康民流寓行都産子，二首具羽毛之形。　乾道五年，衡、湘間有人化爲虎者。　與唐志顯慶三年人痾同占。　餘杭縣民婦産子，青而毛，二肉角，又有二家婦産子，毛角亦如之，皆連體兩面相鄉。鄉與嚮同。　三家纔相去一二里，痾氣同所鍾也。　又潮州城西婦孕過期産兒，如指大，五體皆具者百餘，蠕蠕能動。　人痾之異也。　淳熙十年，鄱陽南鄉民産子，兩肘各有一臂，長十五歲〔四一〕，每鬭則六臂並運。　十三年，行都有人死十四日復生。　十一月辛未，鄧家巷民婦産肉塊三，其一直目而横口。　十四年六月，臨安府浦頭民産子，生而能言，四日暴長四尺。　光宗紹熙元年，平江府崑山縣石工採石而山摧，工壓焉。　三年六月，他工採石鄰山，聞其聲呼，相應答如平生。　報其家，鑿石出之，見其妻，喜曰：「久閉乍風，肌膚如裂〔四二〕。」俄頃，聲微噤不語，化爲石人，貌如生。　寧宗慶元元年，饒州樂平民産子，人體，有尾。　永州民産兒，首有角，腋有肉翅。　二年七月，隆興府進賢縣民産子亦如之，而面有三目。　嘉定元年四月〔四三〕，鎮江後軍妻生子，一身二首四臂。　晉志謂中原分裂，應此人痾也。　後數年，金人失中原。

校勘記

〔一〕眉見於軾　「眉」原作「肩」，據元本、慎本、馮本及左傳文公十一年疏、漢書卷二七下之上五行志下之上改。

〔二〕女化爲男　「爲」字原脱，據漢書卷二七下之上五行志下之上補。

〔三〕長安西南有滈池　「南」原作「北」，據史記卷六秦始皇本紀注、漢書卷二七中之上五行志中之上注改。

〔四〕夜徑澤中　「徑」原作「經」，據漢書卷一高帝紀上、册府元龜卷二一帝王部徵應改。

〔五〕時膠東　「膠東」二字原脱，據漢書卷二七下之上五行志下之上補。

〔六〕言父有不善之事　「父」原作「久」，據漢書卷二七下之上五行志下之上改。

〔七〕是歲　按漢書卷九九中王莽傳中，池陽縣小人事在始建國三年。

〔八〕車馬及物皆稱其人之形　「其」字原脱，據漢書卷九九中王莽傳中注補。

〔九〕天鳳六年　「六」原作「四」，據漢書卷九九下王莽傳下改。

〔一〇〕自謂巨毋霸　「自」字原脱，據漢書卷九九下王莽傳下補。

〔一一〕光和二年　「光和」二字原脱，據後漢書五行志五、後漢書卷八靈帝紀補。

〔一二〕墓於城外數里上　「墓」，後漢書五行志五作「瘞」。

〔一三〕而言語飲食如常人　「語」原作「品」，據三國志卷三明帝紀注引博物志改。

〔一四〕官徙送彼縣　「徙」原作「徒」，據三國志卷三明帝紀注引博物志改。

〔一五〕元帝咸熙二年八月　「咸熙」原作「咸寧」，據三國志卷四三少帝紀、晉書卷二九五行志下改。

〔一六〕黄單衣　「黄」字原脱，據三國志卷四三少帝紀、晉書卷二九五行志下補。
〔一七〕安吴民陳焦死七日復生　「民」原作「氏」，據晉書卷二九五行志下、宋書卷三四五行志五改。
〔一八〕咸寧二年十二月　「十二月」，晉書卷二九五行志下同，宋書卷三四五行志五作「二月」。
〔一九〕年八歲　「年」字原脱，據晉書卷二九五行志下、宋書卷三四五行志五補。
〔二〇〕不得已而去　「已」字原脱，據晉書卷二九五行志下、宋書卷三四五行志五補。
〔二一〕京房易妖曰　「妖」原作「傳」，據晉書卷二九五行志下、宋書卷三四五行志五改。
〔二二〕衛將軍營督過望所領兵陳瀆女臺　「臺」，晉書卷二九五行志下同，宋書卷三四五行志五作「壹」。
〔二三〕無錫人趙未年八歲　「未」，晉書卷二九五行志下同，宋書卷三四五行志五作「朱」。
〔二四〕東陽人莫氏生女不養　「莫」，晉書卷二九五行志下同，宋書卷三四五行志五作「黄」。
〔二五〕吾家死亡略盡　「吾」原作「居」，據晉書卷一〇二劉聰載記改。
〔二六〕汝且還　「且」原作「宜」，據晉書卷一〇二劉聰載記改。
〔二七〕道過一國曰猗尼渠餘國　「過」，晉書卷一〇二劉聰載記作「遇」。
〔二八〕蒲津監寇登得一屐於河　「蒲」原作「浦」，據晉書卷一一二苻健載記改。
〔二九〕打鼓作長江攂　「江」字原脱，據隋書卷二三五行志下補。
〔三〇〕長三尺而無頭　「三」，隋書卷二三五行志下作「二」。
〔三一〕見於應門　「應」，隋書卷二三五行志下同，隋書卷二高祖紀下作「雁」。
〔三二〕六年正月朔旦　「六」原作「七」，據元本、慎本、馮本及隋書卷二三五行志下、隋書卷三煬帝紀上改。

〔三三〕孟讓燒豐都市而去　「豐」下原衍一「東」字，據隋書卷二三五行志下、隋書卷四煬帝紀下删。

〔三四〕或映見紙上虵形　「虵」原作「地」，據隋書卷二三五行志下改。

〔三五〕乃轉人形示之　「示」原作「京」，據元本、慎本、馮本及隋書卷二三五行志下改。

〔三六〕神功元年二月庚子　「二月」，新唐書卷三六五行志三作「一月」。

〔三七〕商州洪崖治役夫將化爲虎　「治」原作「治」，據新唐書卷三六五行志三改。

〔三八〕鳶眉　「眉」原作「肩」，據元本、慎本、馮本改。

〔三九〕軟長眼　「眼」，宋史卷六二五行志一下作「眉」。

〔四〇〕紅厚耳鼻　「厚耳」，宋史卷六二五行志一下作「耳厚」。

〔四一〕長十五歲　「長十五歲」，宋史卷六二五行志一下作「及長」。

〔四二〕肌膚如裂　「膚」字原脱，據宋史卷六二五行志一下補。

〔四三〕嘉定元年四月　「元」，宋史卷六二五行志一下作「四」。

卷三百九　物異考十五

詩異

春秋左氏傳晉獻公時童謡曰：「丙子之晨〔一〕，龍尾伏辰，袀服振振，取虢之旂。師古曰：「徒歌曰謡。袀服，黑衣。振振，袀服之貌也〔二〕。袀音均，又音弋春反。振只人反。」鶉之賁賁，天策焞焞，火中成軍，虢公其犇。」師古曰：「賁音奔〔三〕。焞音吐敦反，又音敦。犇，古奔字。」是時虢爲小國，介夏陽之阸，怙虞國之助，師古曰：「介，隔也。」亢衡於晉，有炕陽之節，失臣下之心。晉獻伐之，問於卜偃曰：「吾其濟乎？」師古曰：「卜偃，晉大夫主卜者。」偃以童謡對曰：「克之。十月朔丙子旦，日在尾，月在策，鶉火中，必此時也。」冬十二月丙子朔〔四〕，晉師滅虢，虢公醜犇周。周十二月，夏十月也。言天者以夏正。

史記晉惠公時童謡曰：「恭太子更葬兮，後十四年，晉亦不昌，昌迺在其兄。」是時惠公賴秦力而立，立而背秦，内殺二大夫，師古曰：「謂里克、丕鄭。」國人不説。師古曰：「説讀曰悦。」及更葬其兄恭太子申生而不敬，故詩妖作也。後與秦戰，爲秦所獲，立十四年而死。晉人絶之，更立其兄重耳，是爲文公，遂伯諸侯。師古曰：「伯讀曰霸。」

左氏傳文、成之世童謡曰：「鸜之鵒之，公出辱之。師古曰：「鸜音劬。鵒音欲。」鸜鵒之羽，公在外野，往饋之馬。師古曰：「饋亦餽字。」鸜鵒跦跦，公在乾侯，臣瓚曰：「乾侯，在魏郡斥丘縣。」師古曰：「跦跦，跳行貌也。跦音誅。乾音干。」徵褰與襦。師古曰：「徵，求也。褰，袴也。言公出外求袴襦之服。」鸜鵒之巢，遠哉搖搖，師古曰：「搖搖，不安之貌。」裯父喪勞，宋父以驕。師古曰：「父讀曰甫。甫者，男子之通號，故云裯甫、宋甫也。言昭公欲去季氏，不遂而出，故曰喪勞。定公無德於下，坐致君位，故曰以驕。」鸜鵒鸜鵒，往歌來哭。」師古曰：「謂昭公生時出奔，死乃以喪歸之。」至昭公時，有鸜鵒來巢。公攻季氏，敗，出奔齊，居外野，次乾侯。八年，死于外，歸葬魯。昭公名裯。公子宋立，是爲定公。

漢元帝時童謡曰：「井水溢，滅竈烟，灌玉堂，流金門。」至成帝建始二年三月戊子，北宮中井泉稍上，溢出南流，象春秋時先有鸜鵒之謡，而後有來巢之驗。井水，陰也；竈烟，陽也；玉堂、金門，至尊之居，象陰盛而滅陽，竊有宮室之應也。王莽生於元帝初元四年，至成帝封侯，爲三公輔政，因以篡位。成帝時童謡曰：「燕燕尾涎涎，師古曰：「涎涎，光澤貌，音徒見反。」張公子，時相見。木門倉琅根，燕飛來，啄皇孫，皇孫死，燕啄矢。」其後帝爲微行出遊，常與富平侯張放俱稱富平侯家人，過陽阿主作樂〔五〕，見舞者趙飛燕而幸之，故曰「燕燕尾涎涎」，美好貌也。張公子謂富平侯也。「木門倉琅根」，謂宮門銅鍰〔六〕，師古曰：「門之鋪首及銅鍰也〔七〕。銅色青，故曰倉琅。鋪首銜鐶，故謂之根。鍰讀與環同。」言將尊貴也。後遂立爲皇后。弟昭儀賊害後宮皇子，卒皆伏辜，所謂「燕飛來，啄皇孫，皇孫死，燕啄矢」者也。成帝時歌謡又曰：「邪徑敗良田，讒口亂善人。桂樹華不實，黄爵巢其顛。古爲人所羨，今爲人所憐。」桂，赤色，漢家象。華不實，無繼嗣也。王莽自謂黄，象黄爵巢其顛也。

王莽末，天水童謡曰：「出吴門，望緹群。見一蹇人，言欲上天。令天可上，地上安得民？」時隗囂初起兵於天水，後意稍廣，欲爲天子，遂破滅。囂少病蹇。吴門，冀郭門名也〔八〕。緹群，山名也。

後漢更始時，南陽有童謠曰：「諧不諧，在赤眉。得不得，在河北。」是時更始在長安，世祖爲大司馬平定河北。後更始爲赤眉所殺，世祖自河北興。　世祖建武元年，帝先在長安時同舍生彊華自關中奉赤伏符曰：「劉秀發兵捕不道，四夷雲集龍鬭野，四七之際火爲主。」四七，二十八也〔九〕。自高祖至光武初起，合二百二十八年，即四七之際也。漢火德，故火爲主也。　群臣奏以爲受命之符。　光武乃命有司設壇場，以六月己未即皇帝位於鄗，改鄗爲高邑。　建武六年，蜀有童謠曰：「黄牛白腹，五銖當復。」是時公孫述僭號於蜀，時人竊言王莽稱黄，述欲繼之，故稱白；五銖，漢家貨，明當復也〔一〇〕。述遂誅滅。　順帝之末，京都童謠曰：「直如絃，死道邊。曲如鉤，反封侯。」按順帝即世，孝質短祚，大將軍梁冀貪樹疏幼，久專國柄。太尉李固以清河王年長有德，欲立之。冀白太后，策免固而立桓帝。固是月幽斃於獄〔一一〕，暴尸道路，而胡廣、趙戒、袁湯俱封侯云。　桓帝初，天下童謠曰：「小麥青青大麥枯，誰當穫者婦與姑。丈夫何在西擊胡，吏買馬，君具車，請爲諸君鼓嚨胡。」按元嘉中凉州諸羌俱反，大爲民害。命將出衆，每戰常負，中國益發甲卒，麥多委棄，但有婦女收穫。吏買馬，君具車者，言調發重及有秩者也。請爲諸君鼓嚨胡者，不敢公言，私咽語。　桓帝之初，京都童謠曰：「城上烏，尾畢逋。父爲吏，子爲徒。一徒死，百乘車。車班班，入河間。河間姹女工數錢，以錢爲室金爲堂。石上慊慊舂黄粱，梁下有懸鼓，我欲擊之丞卿怒。」按此皆謂爲政貪也。城上烏，尾畢逋者，處高利獨食，不與下共，謂人主多聚斂也。父爲吏，子爲徒者，言蠻夷將畔逆，父既爲軍吏，其子又爲卒徒往擊之也。一徒死，百乘車者，言前一人往討胡既死矣，後又遣百乘車往。臣昭曰：「志家此釋豈未盡乎？往徒一死，何用百乘？其後驗竟爲靈帝作〔一二〕。此言一徒，似斥桓帝，帝貴任群闒，參委機政，左右前後莫非刑人，有同囚徒之長，故言寄一徒也。且又弟則廢黜，身無嗣，魁然單獨，非一而何？百乘車者，乃國之君。解犢後徵，正膺斯數〔一三〕，繼以班班，尤得以類焉。」車班班，入河間者，言上將崩，乘輿班班入河間迎靈帝也。應劭釋此句云：「徵靈帝者，輪班擁節入河間也。」河間姹女工數錢，一本作「妖女」。以錢爲室金爲堂者，靈帝既立，其母永樂太后好聚金以爲堂也。石上慊慊舂黃粱者，言永樂雖積金錢，慊慊常苦不足，使人舂黃粱而食之。梁下有懸鼓，我欲擊之丞卿怒者，言永樂主教靈帝，使賣官受錢，所祿非其人，天下忠篤之士怨望，欲擊懸鼓以求見，丞卿主鼓者，亦復諂順，怒而止我也。桓帝之初，京都童謠曰：「游平賣印自有平，不辟豪賢及大姓。」按到延熹之末，鄧皇后以譴自殺，乃以竇貴人代之，其父名武字游平，拜城門校尉。及太后攝政，爲大將軍，與太傅陳蕃合心戮力，惟德是建，印綬所加，咸得其人，豪賢大姓，皆絶望矣。桓帝之末，京都童謠曰：「茅田一頃中有井，四方纖纖不可整。嚼復嚼，今年尚可後年鐃。」風俗通作「譊」。按易曰：「拔茅茹以其彙，征吉。」茅喻群賢也。井者，法也。時中常侍管霸等專作威福，禁錮黨人。茅田一頃者，言群賢衆多也。中有井者，言雖阨窮，不失法度也。四方纖纖不可整者，言姦慝大熾，不可整理。嚼復嚼者，京都飲酒相强之辭。言肉食者鄙，不恤王政，徒耽宴飲歌呼而已也。今年尚可者〔一四〕，言但禁錮。後年鐃者，陳、竇被誅，天下大壞。桓帝之末，京都童謠曰：「白蓋小車何延延。河間來合諧，河間來合諧。」按解犢亭屬饒陽河間縣。居無幾，桓帝崩，使者與解犢侯皆白蓋車從河間來。延延，衆貌也。靈帝之末，京都童謠曰：「侯非侯，王非王，千乘萬騎上北芒。」按到中平六年，史侯登躡至尊，獻帝未有爵號，爲中常侍段珪等數十人所執，公卿百官皆隨其後〔一五〕，到河上，乃得來還。此爲非侯非王上北芒者也〔一六〕。英雄記曰：「京都謡歌咸言，『河臘叢進』，獻帝臘月生也〔一七〕。風俗通曰：『烏臘烏臘。』按逆臣董卓滔天虐民〔一八〕，窮凶極惡，關東舉兵欲共誅之，轉相顧望，莫肯先進，處處停兵數十萬，若烏臘蟲，相隨横取之矣。」

靈帝中平中，京都歌曰：「承樂世董逃，遊四郭董逃，蒙天恩董逃，帶金紫董逃，行謝恩董逃，整車騎董逃，垂欲發董逃，與中辭董逃，出西門董逃，瞻宮殿董逃，望京城董逃，日夜絶董逃，心摧傷董逃。」楊孚卓傳曰：「卓改爲董安。」按「董」謂董卓也，言雖跋扈，縱其殘暴，終歸逃竄，至於滅族也。風俗通曰：「卓以董逃之歌主爲己發，大禁絶之，死者千數。」靈帝之末，禮樂崩壞，賞刑失中，毁譽無驗，競飾僞服，以盪典制，遠近翕然，咸名後生放聲者爲時人。有識者竊言：舊曰世人，次曰俗人，今更曰時人，此天促其期也。其間無幾，天下大壞也。」

獻帝踐祚之初，京都童謡曰：「千里草，何青青。十日卜，不得生。」按「千里草」爲董，「十日卜」爲卓。凡别字之體，皆從上起，左右離合，無有從下發端者也。今二字如此者，天意若曰，卓自下摩上，以臣陵君也。青青者，暴盛之貌也。不得生者，亦旋破亡。獻帝初童謡曰：「燕南垂，趙北際，中央不合大如礪，唯有此中可避世。」公孫瓚以爲易地當之，遂徙鎮焉，乃修城積穀，以待天下之變。建安三年〔一九〕，袁紹攻瓚，瓚大敗〔二〇〕，縊其姊妹妻子，引火自焚。紹兵趣登臺斬之。初，瓚破黄巾，殺劉虞，乘勝南下，侵據齊地，雄威大振，而不能開廓遠圖，欲以堅城觀時，坐聽圍戮，斯亦自易地而去世也。

建安初，荆州童謡曰：「八九年間始欲衰，至十三年無孑遺。」言自中興以來，荆州無破亂，及劉表爲牧，民又豐樂〔二一〕，至此逮八九年。當始衰者，謂劉表妻當死，諸將並零落也。十三年無孑遺者〔二二〕，言十三年表又當死，民當移詣冀州也。干寶搜神記曰：「是時華容有女子忽啼呼云：『有大喪！』言語過差，縣以爲妖言，繫獄百餘日，忽於獄中哭曰：『劉荆州今日死。』華容去州數日〔二三〕，即遣馬吏驗視，表果死。縣乃出之。續又歌吟曰：『不意李立爲貴人。』後無幾，曹公平荆州，以涿郡李立，字建賢，爲荆州刺史。」

魏明帝太和中，京師歌兜鈴曹子，其唱曰：「其奈汝曹何。」此詩妖也。其後曹爽見誅，曹氏遂衰。

景初中〔二四〕，童謠曰：「阿公阿公駕馬車，不意阿公東渡河，阿公來還當奈何！」及宣帝遼東歸〔二五〕，至白屋，當還鎮長安。會帝疾篤，急召之乃乘追鋒車東渡河，終如童謠之言。齊王嘉平中，有謠曰：「白馬素羈西南馳，其誰乘者朱虎騎。」朱虎者，楚王彪小字也〔二六〕。王凌、令狐愚聞此謠，謀立彪。事發，凌等伏誅，彪賜死。

吳孫亮初，童謠曰：「吁汝恪，何若若，蘆葦單衣篾鉤絡，於何相求常子閣〔二七〕。」常子閣者，反語石子堈也。鉤絡，鉤帶也。及諸葛恪死，果以葦席裹身，篾束其腰，投之石子堈〔二八〕。後聽恪故吏收斂，求之此堈云。孫亮初，公安有白鼉徒何反。鳴，童謠曰：「白鼉鳴，龜背平。南郡城中可長生，守死不去義無成。」南郡城可長生者，有急，易以逃也。明年，諸葛恪敗，弟融鎮公安，亦見襲。融刮古剎反。金印龜服之而死。鼉有鱗介，甲兵之象，又白祥也。孫休永安二年，將守質子群聚嬉戲，有異小兒忽來言曰：「三公鋤，司馬如。」又曰：「我非人，熒惑星也。」言畢上昇，仰視若曳一疋練，有頃沒。干寶曰：「後四年而蜀亡，六年而魏廢，二十一年而吳平。」於是九服歸晉。魏與吳、蜀並戰國〔二九〕，「三公鋤，司馬如」之謂也。孫皓遣使者祭石印山下妖祠，使者因以丹書巖曰：「楚九州渚，吳九州都。揚州士，作天子。四世治，太平矣〔三〇〕。」皓聞之，意益張，曰：「從太皇帝至朕四世，太平之主非朕復誰！」恣虐踰甚，尋以降亡，近詩妖也。孫皓天紀中，童謠曰：「阿童復阿童，銜刀遊渡江。不畏岸上獸，但畏水中龍。」武帝聞之，加王濬龍驤將軍。及征吳，江西衆軍無過者，而王濬先定秣陵。

晉武帝太康元年平吳後，江南童謡曰：「局縮肉，數横目，中國當敗吳當復。」又曰：「宮門柱，且莫朽，吳當復，在三十年後。」又曰：「鷄鳴不拊音撫。翼，吳復不用力。」於時吳人皆謂在孫氏子孫，故竊發爲亂者相繼。按横目者「四」字，自吳亡至元帝興幾四十年，元帝興於江東，皆如童謡之言焉。元帝懦乃亂反，本作「儒」。而少斷，局縮肉者，有所斥也。

太康末，京洛爲折楊柳之歌，其曲始有兵革苦辛之辭，終以擒獲斬截之事。是時三楊貴盛而被族滅，太后廢黜〔三一〕，幽死中宮〔三二〕，折楊柳之應也。

惠帝永熙中，河内温縣有人如狂，造書曰：「光光文長，大戟爲墻。毒藥雖行，戟還自傷。」又曰：「兩火没地，哀哉秋蘭。歸形街郵，終爲人嘆。」及楊駿居内府，以戟爲衛，死時又爲戟所害傷。楊后被廢，賈后絶其膳八日而崩，葬街郵亭北，百姓哀之也。兩火，武帝諱；蘭，楊后字也。其時又有童謡曰：「二月末，三月初，荆筆楊板行詔書，宮中大馬幾作驢。」此時楊駿專權，楚王用事，故言「荆筆楊板」。二人不誅，則君臣禮悖，故云「幾作驢」。

元康中，京洛童謡曰：「南風起，吹白沙，遥望魯國何嵯昨何反。峨，五歌反。千歲髑髏獨婁二音。生齒牙。」又曰：「城東馬子莫嚨盧紅反。哅，音凶。比至來年纏汝鬉〔三三〕。」南風，賈后字也。白，晉行也。沙門，太子小名也。魯，賈謐國也。言賈后將與謐爲亂，以危太子，而趙王因釁咀慈呂反。嚼在爵反。豪賢，以成簒奪，不得其死之應也。

元康中，天下商農通著大鄣諸良反。日，時童謡曰：「屠音塗。蘇鄣日覆兩耳，當見瞎許轄反。兒作天子。」及趙王倫簒位，其目實眇焉。趙王倫既簒，洛中童謡曰：「獸從北來鼻頭汗，龍從南來登城看，水從西來河灌灌〔三四〕。」數月而齊王、成都、河間義兵同會誅倫。按成都西藩而在鄴，故曰「獸從北來」；齊東藩而在許，故曰「龍從南來」；河間水源而在關中，故曰「水從西來」。齊留輔政，居於宮西，又有無君心，故言「登城看」也。

泰安中，童謠曰：「五馬遊渡江，一馬化爲龍。」後中原大亂，宗藩多絕，唯琅邪、汝南、西陽、南頓、彭城同至江東，而元帝嗣統矣。

司馬越還洛，有童謠曰：「洛中大鼠長尺二，若不早去大狗至。」及苟晞將破汲桑，又謠曰：「元超兄弟大落度，上桑打椹爲苟作。」由是越惡晞，奪其兗州，隙難遂構焉。

愍帝初，有童謠曰：「天子何在豆田中〔三五〕。」至建興四年，帝降劉曜，在城東豆田壁中。

建興中，江南謠歌曰：「訇呼宏反。如白坑破，合集持作甒。音武。揚州破換敗，吳興覆瓿音部。甊。盧斗反。」按白者晉行，坑器有口，屬瓮，瓦瓮質剛，亦金之類也。訇如白坑破者，言二都傾覆，王室大壞也。合集持作甒者，元帝鳩集遺餘，以主社稷，未能克復中原，但偏王江南，故其諭也〔三六〕。及石頭之事，六軍大潰，兵人抄掠京邑，爰及二宮。其後三年，錢鳳復攻京邑，阻水而守，相持月餘日，焚燒城邑，井堙音因。木刊矣。鳳等敗退，沈充將其黨還吳興，官軍踵之，蹈藉郡縣。充父子授首，黨與誅者以百數。所謂「揚州破換敗，吳興覆瓿甊」，瓿甊，瓦器，又小於甒也。

明帝太寧初，童謠曰：「惻惻力力〔三七〕，放馬山側。大馬死，小馬餓，高山崩，石自破。」及明帝崩，成帝幼，爲蘇峻所逼，遷於石頭，御膳不足。此「大馬死，小馬餓」也。高山，峻也，又言峻尋死。石，峻弟蘇石也。峻死後，石據石頭，尋爲諸公所破，復是崩山石破之應也。

成帝之末，又有童謠曰：「磕磕苦盍反。何隆隆，駕車入梓宮。」少日而宮車晏駕。

咸康二年十二月，河北謠云：「麥入土，殺石虎〔三八〕。」後如謠言。

庾亮初鎮武昌，出至石頭，百姓於岸上歌曰：「庾公上武昌，翩翩如飛烏。庾公還揚州，白馬牽旒旐。」又曰：「庾公初上時，翩翩如飛烏。庾公還揚州，白馬牽旒蘇。」後連徵不入，及薨於鎮，以喪還都葬，皆如謡言。

穆帝升平中，童兒輩忽歌於道曰阿子聞，曲終輒云：「阿子汝聞不？」無幾而帝崩，太后哭之曰：「阿子汝聞不？」 升平末，俗間忽作廉歌，有扈謙者聞之曰：「廉者，臨也。歌云『白門廉，宮庭廉』，內外悉臨，國家其大諱乎？」少時而穆帝晏駕。 哀帝隆和初，童謡曰：「升平不滿斗，隆和那得久！ 桓公入石頭，陛下徒跣走。」朝廷聞而惡之，改年曰興寧。 人復歌曰：「雖復改興寧，亦復無聊生。」哀帝尋崩，升平五年，而穆帝崩。 不滿斗，升平不至十年也〔三九〕。 海西公太和中，百姓歌曰：「青青御路楊，白馬紫遊韁〔四〇〕。 汝非皇太子，那得甘露漿。」識者曰：「白者，金行。 馬者，國族。 紫爲奪正之色，明以紫間朱也。」海西公尋廢，其三子並非海西公之子，縊一賜反。以馬韁。君良反。死之明日，南方獻甘露焉。 太和末，童謡曰：「犁牛耕御路，白門種小麥。」及海西公被廢，百姓耕其門以種小麥，遂如謡言。 海西公初生皇子，百姓歌云：「鳳凰生一雛，天下莫不喜。 本言是馬駒，今定成龍子。」其歌甚美，其旨甚微。 海西公不男，使左右向龍與內侍接〔四一〕，生子以爲己子。

桓石民爲荆州，鎮上明，百姓忽歌曰「黄曇音覃。子」，曲終又曰〔四二〕：「黄曇英，揚州大佛來上明。」頃之而桓石民死，王忱氏林反。爲荆州。 黄曇子乃是王忱字也。 忱小字佛大，是「大佛來上明」也。

孝武帝太元末，京口謡曰：「黄雌鷄，莫作雄父啼。 一旦去毛衣，衣被拉颯上盧合反，下蘇合反。栖。」尋而王恭起兵誅王國寶，旋爲劉牢之所敗，故言「拉颯栖」也。

會稽王道子於東府造土山，名曰靈秀山。 無幾而孫恩作亂，再踐會稽。 會稽，道子所封。 靈秀，恩之字也。庾楷鎮歷陽，百姓歌曰：「重羅黎，重羅黎，使君南上無還時。」後楷南奔〔四三〕。殷仲堪在荊州，童謡曰：「芒籠目，繩縛腹。殷當敗，桓當復。」未幾而仲堪敗，桓玄遂有荊州。王恭鎮京口，舉兵誅王國寶，百姓謡云：「昔年食白飯，今年食麥麩。音孚。天公誅謫汝，教汝捻乃叶反。嚨喉。嚨喉喝於介反，嘶聲。復喝，京口敗復敗。」識者曰：「昔年食白飯，言得志也。今年食麥麩，麩麤穢，其精已去，明將敗也，天公將加譴謫而誅之也。捻嚨喉，氣不通，死之祥也。敗復敗，丁寧之辭也。」恭尋死，京都又大行欬疾，而喉並喝焉。王恭在京口，百姓間忽云：「黃頭小兒欲作賊，阿公在城，下指縛得。」又云：「黃頭小人欲作亂，賴得金刀作蕃扞。」黃字上恭字頭也，小人恭字下也，尋如謡言者焉。

安帝隆安中，百姓忽作懊憹上烏浩反，下奴浩反。之歌，其曲曰：「草生可攬結，女兒可攬擷。」尋而桓玄篡位，義旗以三月二日埽定京都，誅之。玄之宮女及逆黨之家子女妓妾悉爲軍賞，東及甌、越，北流淮、泗，皆人有所獲。故言時則草可結，事則女可擷也。桓玄既篡，童謡曰：「草生及馬腹，烏啄丁角反。桓玄目。」及玄敗，走至江陵，時正五月中，誅如其期焉。安帝義熙初，童謡曰：「官家養蘆化爲荻，徒歷反。蘆生不止自成積。」其時官養盧龍，寵以金紫，奉以名州，養之極也。而龍不能懷我好音，舉兵内伐，遂成讎敵也。「蘆生不止自成積」，及盧龍之敗，斬伐其黨，猶如草木以成積也。盧龍據廣州，人爲之謡曰：「蘆生漫漫竟天半。」後擁上流數州之地，内逼京輦，應「天半」之言。義熙三年〔四四〕，小兒相逢於道，輒舉其兩手曰「盧健健」，次曰「鬬嘆鬬嘆」，末曰「翁年老翁年老」。當時莫知所謂，其後盧龍内逼，舟艦胡黯反。蓋川，「健健」之謂也。既至查浦，屢尅期欲與官鬬，「鬬嘆」之應也。「翁年老」，群公有期頤之慶，知妖逆之徒自然消殄也。其時復有謡言曰：「盧橙橙，直耕反。逐水流，東風忽如起，那得入石頭！」盧龍果敗，不得入石頭也〔四五〕。

昔温嶠令郭景純卜己與庾亮吉凶，景純云：「元吉。」嶠語亮曰：「景純每筮，當是不敢盡言〔四六〕。吾等與國家同安危，而曰『元吉』，是事有成也。」於是協同討滅王敦。

苻生時，長安謡曰：「東海大魚化爲龍，男便爲王女爲公，問在何所洛門東。」生誅其侍中、太師魚遵及其子孫。後苻堅殺生而代之，堅封東海，時爲龍驤將軍，第在洛門東。苻堅初，童謡曰：「阿堅連牽三十年〔四七〕，後若欲敗時，當在江湖邊〔四八〕。」及堅在位凡三十年，敗於淝水，是其應也。又謡語云：「河水清復清，苻詔死新城。」及堅爲姚萇所殺，死於新城〔四九〕。復謡歌云：「魚羊田斗當滅秦〔五〇〕。」識者以爲魚羊，鮮也；田斗，卑也，堅自號秦，言滅之者鮮卑也。其群臣諫堅，令盡誅鮮卑，堅不從〔五一〕。及淮南敗還，初爲慕容沖所攻，卒爲姚萇所殺。

梁武帝天監三年六月八日，武帝講於重雲殿，沙門誌公忽然儛歌樂〔五二〕，須臾悲泣，因賦五言詩：「樂哉三十餘，悲哉五十裏。但看八十三，子地祆災起。佞臣作欺妄，賊臣滅君子。若不信吾語，龍時侯賊起。且至馬中間，銜悲不見喜。」梁自天監至於大同，三十餘年，江表無事。至太清二年，臺城陷，帝享國四十八年，所言「五十裏」也。太清元年八月十三，而侯景自懸瓠來降，在丹陽之北，子地。帝惑朱异之言以納景。景之作亂，始自戊辰之歲。至午年，帝憂崩。十年四月八日，誌公於大會中又作詩曰：「兀尾狗子始着狂，欲死不死齧人傷，須臾之間自滅亡。患在汝陰死三湘，横尸一旦無人藏。」侯景小字狗子。初自懸瓠來降，懸瓠則古之汝南也。巴陵南有地名三湘，即景奔敗之所。　天監中，茅山隱士陶弘景爲五言詩曰：「夷甫任散誕，平叔坐談空。不意昭陽殿，忽作單于宮。」及大同之季，公卿唯以談玄爲務。夷甫、平叔，朝賢也。侯景作亂，遂居昭陽殿。　大同中，童謡曰：「青絲白馬壽陽來。」其後侯景破丹陽，乘白馬，以青絲爲羈勒。　梁末童謡云：「可憐巴馬子，一日行千里。不見馬上郎，但見黃塵起。黃塵汚人衣〔五三〕，皂莢相料理。」及僧辨滅，群臣以謡言奏聞，曰：「僧辨本乘巴馬以擊侯景，馬上郎，王字也。塵謂陳也。」而不解「皂莢」之謂。既而陳滅於隋，説者謂江東謂羖羊角爲皂莢，隋氏姓楊，楊，羊也，言終滅於隋云。

陳初有童謡曰：「黃斑青驄馬，發自壽陽涘。來時冬氣末，去日春風始。」其後陳主果爲韓擒所敗〔五四〕，擒本名擒虎，「黃斑」之謂也。破建康之始，復乘青驄馬，往反時節皆相應。　時江南盛歌王獻之桃葉之詞曰〔五五〕：「桃葉復桃葉，度江不用楫，但度無所苦，我自迎接汝。」晉王伐陳之始，置營桃葉山下，及韓擒虎渡江，大將任蠻奴至新林以導北軍之應。　後主造齊雲觀，國人歌之曰：「齊雲觀，寇來無際畔。」功未畢而爲隋師所虜。　禎明初，後主作新歌，詞甚哀怨，令後宮美人習而歌之。其辭曰：「玉樹後庭花，花開不復久。」時人以歌讖，此其不久兆也。　後主在東宮時，有婦人突入唱曰「畢國主」。有鳥一足，集其殿庭，以嘴畫地成文，曰：「獨足上高臺，盛草變爲灰，欲知我家處，朱門當水開。」解者以爲獨足者蓋指後主獨行無衆，盛草言荒穢，隋承火運，草得火而灰。及至京師，與家屬館於都水臺，所謂上高臺當水也。其言皆驗。

東魏孝静武定中，有童謡云：「百尺高竿摧折，水底燃燈澄滅〔五六〕。」高者，齊姓也。澄，文襄名。五年，神武崩，摧折之應。七年，文襄遇盗所害，澄滅之徵也。

北齊神武始移都於鄴，時有童謡云：「可憐青雀子，飛入鄴城裏。作窠猶未成，舉頭失鄉里。寄書與婦母，好看新婦子。」魏孝静帝，清河王之子也。后則神武之女。鄴都宫室未備，即逢禪代，作窠未成之效也。孝静尋崩，文宣以后爲太原長公主，降於楊愔。時婁后尚在，故言寄書與婦母。新婦子者，斥后也。

文宣天保中，陸法和入國，書其屋壁曰：「十年天子爲尚可，百日天子急如火，周年天子迭代坐。」時文宣帝享國十年而崩，廢帝嗣立百餘日，用替厥位，孝昭即位一年而崩。此其效也。又童謡曰：「一束藁，兩頭然，河邊羖䍽飛上天。」藁然兩頭，於文爲高。「河邊羖䍽」爲水邊羊〔五七〕，指文宣明也。

後主武平元年，童謡曰：「狐截尾，你欲除我我除你。」其年四月，隴東王胡長仁謀遣刺客殺和士開，事露，反爲士開所譖死。二年，童謡曰：「和士開，七月三十日，將你向南臺。」小兒唱訖，一時拍手云：「殺却。」至七月二十五日，御史中丞、琅邪王儼執士開，送於南臺而斬之。是歲，又有童謡曰：「七月刈禾傷早，九月喫餻正好。十月洗蕩飯瓮，十一月出却趙老。」七月士開被誅，九月琅邪王遇害，十一月趙彦深出爲西兗州刺史。武平末，童謡曰：「黄花勢欲落，清罇但滿酌〔五八〕。」時穆后母子淫僻，干預朝政，時人患之。穆后小字黄花，尋逢齊亡，欲落之應也。鄴中又有童謡曰：「金作埽帚玉作杷，净掃殿屋迎西家。」未幾，周師入鄴。

後周初有童謡曰：「白楊樹頭金鷄鳴，秪有阿舅無外甥。」静帝，隋氏之甥，既遜位而崩，諸舅强盛。

宣帝與宮人夜中連臂蹋蹀而歌曰：「自知身命促，把燭夜行遊。」帝即位二年而崩。

隋文帝開皇十年，高祖幸并州，宴秦孝王及王子相。帝爲四言詩曰：「紅顏詎幾，玉貌須臾。一朝花落，白髮難除。明年後歲，誰有誰無。」明年而子相卒，十八年而秦孝王薨〔五九〕。煬帝大業十一年，帝自京師如東都，至長樂宮，飲酒大醉，因賦五言詩，其卒章句曰：「徒有歸飛心，無復因風力。」令美人再三吟咏，帝泣下霑襟，侍御者莫不歔欷。帝因幸江都，復作五言詩曰：「求歸不得去，真成遭箇春。鳥聲爭勸酒，梅花笑殺人。」帝以三月被弒，即遭春之應也。是年盜賊蜂起，道路隔絶，帝懼，遂無還心。帝復夢二豎子歌曰：「住亦死，去亦死，未若乘船度江水。」由是築宮丹陽，將居焉，功未就而帝被殺。大業中，童謡曰：「桃李子，鴻鵠遶陽山，宛轉花林裏。莫浪語，誰道許。」其後李密坐楊玄感之逆，爲吏所拘，在路逃叛，潛結群盜，自陽城山而來，襲破洛口倉，後復屯兵苑内。莫浪語，密也。宇文化及自號許國，尋亦破滅。誰道許者，蓋驚疑之辭也〔六〇〕。

唐竇建德未敗時，有謡曰：「豆入牛口，勢不得久。」太宗貞觀十四年，交河道行軍大總管侯君集伐高昌。先是其國中有童謡曰：「高昌兵馬如霜雪，漢家兵馬如日月，日月照霜雪，回首自消滅。」高宗永徽後，民歌武媚娘曲。永徽末，里歌有桑條韋也、女時韋也樂。龍朔中，時人飲酒令曰：「子母相去離，連臺拗倒。」俗謂杯盤爲子母，又名盤爲臺。又里歌有突厥鹽。高宗自調露中欲封嵩山，屬突厥叛而止；後又欲封，以吐蕃入寇遂停。時童謡曰：「嵩山凡幾層，不畏登不得，但恐不得登。三度徵兵馬，傍道打騰騰。」調露初，京城民謡有「側堂堂，橈堂堂」之言。太常丞李嗣真曰：「側者，不正；橈者，不安。自隋以來樂府有堂堂曲，再言堂堂者〔六一〕，唐再受命之象。」永淳元年七月，東都大雨，人多殍殕。先是童謠曰：「新禾不入箱，新麥不入場，迨及八九月〔六二〕，狗吠空垣墻。」永淳後，民歌曰：「楊柳漫頭駝〔六三〕。」武后垂拱後，東都有契苾兒歌，皆淫艷之詞。契苾，張易之小字也。如意初，里歌曰：「黄麞黄麞草裏藏，彎弓射爾傷。」其後，王孝傑敗於黄麞谷。中宗神龍以後，民謠曰：「山南烏鵲窠，山北金駱駝，鐮柯不鑿孔，斧子不施柯。」山南，唐也。烏鵲窠者，人居寡也。山北，胡也。金駱駝者，虜獲而重載也。安樂公主於洛州造安樂寺，童謠曰：「可憐安樂寺，了了樹頭懸。」景龍中，民謠曰：「黄牸犢子挽紖斷，兩足踏地鞵𪎭斷，城南黄牸犢子韋。」又有阿緯娘歌。時又謠曰：「可憐聖善寺，身著緑毛衣，牽來河裏飲，踏殺鯉魚兒。」玄宗在潞州，有童謠曰：「羊頭山北作朝堂。」天寶中，有術士李遐周於玄都觀院廡間爲詩曰：「燕市人皆去，函關馬不歸，人逢山下鬼，環上繫羅衣。」而人皆不悟，近詩妖也。又祿山未反時，童謠曰：「燕燕飛上天，天上女兒鋪白氈，氈上有千錢。」時幽州有謠曰：「舊來誇戴竿，今日不堪看，但看五月裏，清水河邊見契丹。」德宗時，或爲詩曰：「此水連涇水，雙眸血滿川，青牛逐朱虎，方號太平年。」近詩妖也。朱泚未敗前兩月，有童謠曰：「一隻筯，兩頭朱，五六月，化爲蛆。」憲宗元和初，童謠曰：「打麥打麥三三三。」乃轉身曰：「舞了也。」宣宗大中末，京師小兒疊布漬水，紐之向日，謂之曰「拔暈」。懿宗咸通七年，童謠曰：「草青青，被嚴霜，鵲始後，看顛狂。」十四年，成都童謠曰：「咸通癸巳，出無所之，蛇去馬來，道路稍開，頭無片瓦，地有殘灰。」是歲，歲陰在巳，明年在午。巳，蛇也；午，馬也。僖宗時，童謠曰：「金色蝦蟆爭努眼，翻却曹州天下反。」

乾符六年，童謡曰：「八月無霜寒草青，將軍騎馬出空城，漢家天子西巡狩〔六四〕，猶向江東更索兵。」　中和初，童謡曰：「黄巢走〔六五〕，泰山東，死在翁家翁。」

宋仁宗皇祐中，廣源蠻酋儂智高反，陷邕州時，謡言曰：「農家種，糴家收。」後宣徽使狄青討平之。　高宗紹興中，鼎、澧劇盗夏誠、劉衡二寨據險不可破，二盗有口占，末云：「除是飛過洞庭湖。」後卒爲岳飛所破。　二年，李綱帥長沙，道過建寧，有僧宗本題於邑治之壁曰：「東燒西燒，日月七七。」後數日，江西盗李敦仁入竟，焚其邑，乃七月七日也。　二十五年春，秦熺謁告建康，遊茅山，題詩，版揭於華陽觀梁間。是晚視之，其側隱隱有白字可識，末云：「榮華富貴三春夢，顔色馨香一土堆。」是冬，檜死。　孝宗淳熙中，河决入汴，梁、宋間爲之語曰：「黄河災，天水來。」天水，國姓也。遺黎以爲恢復之兆。時淮西競歌汪秀才曲，曰：「騎驢渡江，過江不得。」又爲猱舞以和之。後舒城狂生汪格謀不軌〔六六〕，州兵入其家，縛之。其子拒殺，聚惡少數千爲亂，聲言渡江。事平，格亦伏誅。　七年正月，行都餘杭門外墻壁有詩，其言頗涉怪，後廉得主名，杖遣之。主管城北廂劉君暨以失察異言，坐削秩，其詩不録。　十四年，都城市井歌曰：「汝亦不來我家，我亦不來汝家。」流傳四方，莫詳其指，至紹熙二三年〔六七〕，其事始應於兩宮。　淳熙末，上以恢復之占訪莎衣道人何者，何授以歌詞，末云：「胡孫死，鬧啾啾，也須還我一百州。」後金酋葛王死，其孫璟立不以序，諸酋争立内亂，志士以撫機爲惜。　光宗紹熙三年，都城市井有取程頤語録語雜以穢褻，盛行於市，朝廷知而禁之。後三年，僞學之禍乃作。　寧宗慶元四年三月甲辰，有鄞筩置詩謡達御前者，上諭宰臣究其事，詩亦不録。　嘉泰四年，越人盛歌鐵彈子白塔湖曲。是冬，有盜金十一者，號「鐵彈子」，聚衆剽掠，不可制。賊黨稍平，謬傳其鬬死白塔湖中，帥臣以聞。後覆出，獲之諸暨縣，始就僇。開禧二年，鄂州民謠：「塞上將軍少，城南從事多，宣威不可問，恢復竟如何。」時權臣開邊，鄂爲宣撫使置司，多辟親故幕賓，聚城南爲酣縱云。嘉定三年，都城市井作歌詞，末句皆曰「東君去後花無主」〔六八〕，朝廷惡而禁之。未幾，景獻太子薨。

校勘記

〔一〕丙子之晨　「子」字原脱，據漢書卷二七中之上五行志中之上、册府元龜卷八九四總録部謡言補。

〔二〕袀服之貌也　「袀」原作「初」，據漢書卷二七中之上五行志中之上注、册府元龜卷八九四總録部謡言及上文改。

〔三〕賁音奔　「賁音」原作「奔者」，據漢書卷二七中之上五行志中之上注、册府元龜卷八九四總録部謡言改。

〔四〕冬十二月丙子朔　「十二月」，册府元龜卷八九四總録部謡言作「十一月」。下同。

〔五〕過陽阿主作樂　「陽阿主」原作「河陽主」，據漢書卷二七中之上五行志中之上、漢書卷九七下趙皇后傳改乙。

〔六〕謂宫門銅鍰　「門」字原脱，據漢書卷二七中之上五行志中之上、册府元龜卷八九四總録部謡言補。

〔七〕門之鋪首及銅鍰也　「及」，册府元龜卷八九四總録部謡言作「兩」。

〔八〕冀郭門名也　「郭」，後漢書五行志一同，後漢書卷一三隗囂傳注引續漢志、册府元龜卷八九四總録部謡言俱作「都」。

〔九〕二十八也　「也」原作「年」，據後漢書卷一上光武帝紀一上注改。

〔一〇〕明當復也　按册府元龜卷八九四總録部謡言，「也」上有一「漢」字。

〔一一〕固是月幽斃於獄　「是月」，後漢書五行志一作「是日」。按後漢書卷七桓帝紀、後漢書卷六三李固傳，桓帝本初元年閏六月即位，李固以本初元年免官，建和元年十一月戊午下獄，此云「是月」、「是日」，疑有脱誤。又册府元龜卷八九四總録部謡言作「固因是幽斃於獄」，義順。

〔一二〕其後驗竟爲靈帝作　「竟」原作「意」，據後漢書五行志一注改。

〔一三〕正膺斯數　「正」原作「王」，據後漢書五行志一注改。

〔一四〕今年尚可者　「者」字原脱，據後漢書五行志一、册府元龜卷八九四總録部謡言補。

〔一五〕公卿百官皆隨其後　「皆」，册府元龜卷八九四總録部謡言作「尾」。

〔一六〕此爲非侯非王上北芒者也　按册府元龜卷八九四總録部謡言，「靈帝之末」至「上北芒者也」在下條之後。

〔一七〕獻帝臘月生也　「月」，後漢書五行志一、册府元龜卷八九四總録部謡言作「日」。

〔一八〕按逆臣董卓滔天虐民　「臣」原作「民」，據後漢書五行志一、册府元龜卷八九四總録部謡言改。

〔一九〕建安三年　「三」原作「二」，據後漢書五行志一、後漢書卷九獻帝紀改。

〔二〇〕瓚大敗　「瓚」字原脱，據後漢書五行志一補。

〔二一〕民又豐樂　「民」字原脱，據後漢書五行志一補。

〔二二〕十三年無孑遺者　「者」字原脱，據後漢書五行志一補。

〔二三〕華容去州數日　「日」，後漢書五行志一作「百里」。

〔二四〕景初中　「中」原作「初」，據三國志卷三明帝紀、宋書卷三一五行志二改。

〔二五〕及宣帝遼東歸　按宋書卷三一五行志二，「遼」上有一「平」字。

〔二六〕楚王彪小字也　「彪」字原脱，據宋書卷三一五行志二、册府元龜卷八九四總録部謡言及下文補。

〔二七〕於何相求常子閣　「常」，册府元龜卷八九四總録部謡言作「成」。

〔二八〕投之石子堈　「之」字原脱，據晉書卷二八五行志中、宋書卷三一五行志二、册府元龜卷八九四總録部謡言補。

〔二九〕魏與吴蜀並戰國　按宋書卷三一五行志二「並」下有一「爲」字。

〔三〇〕太平矣　「矣」，三國志卷四八孫皓傳作「始」。

〔三一〕太后廢黜　按册府元龜卷八九四總録部謡言，「太」上有一「楊」字。

〔三二〕幽死中宫　「中宫」，册府元龜卷八九四總録部謡言作「宫中」。

〔三三〕比至來年纏汝鬉　「來年」，晉書卷二八五行志中同，宋書卷三一五行志二作「三月」。

〔三四〕水從西來河灌灌　「河」，宋書卷三一五行志二作「何」。

〔三五〕天子何在豆田中　按藝文類聚卷八五、太平御覽卷八四一引王隱晉書，此句作「天子在何許？近在豆田中」。

〔三六〕故其諭也　按宋書卷三一五行志二，「諭」下有一「小」字。

〔三七〕惻惻力力　按宋書卷三一五行志二作「惻力惻力」，世説新語容止篇劉峻注引靈鬼志作「側側力」。

〔三八〕殺石虎　「石虎」原作「石武」，避唐諱，據宋書卷三一五行志二、册府元龜卷八九四總録部謡言改。

〔三九〕升平不至十年也　按晉書卷二八五行志中、宋書卷三一五行志二俱同。册府元龜卷八九四總録部謡言，「也」

下有「無聊生，謂哀帝尋晏駕也。後桓温入朝廢海西公」十九字。「升平不至十年也」，釋隆和初之童謡，「無聊生」以下，釋改元興寧後之歌謡，義長。疑有脱文。

〔四〇〕白馬紫遊韁　「遊」，晉書卷二八五行志中、宋書卷三一五行志二俱同。册府元龜卷八九四總録部謡言作「絲」。

〔四一〕使左右向龍與内侍接　「向」，晉書卷二八五行志中、宋書卷三一五行志二俱同，晉書卷八海西公紀作「相」。

〔四二〕曲終又曰　「終」原作「中」，據宋書卷三一五行志二改。

〔四三〕後楷南奔　按晉書卷二八五行志中、宋書卷三一五行志二、册府元龜卷八九四總録部謡言，「奔」下有「桓玄爲玄所誅」六字。

〔四四〕義熙三年　「三」，宋書卷三一五行志二同，晉書卷二八五行志中作「二」。

〔四五〕不得入石頭也　自「翁年老群公」至「石頭也」五十六字，原舛於下文「同討滅王敦」之下，據晉書卷二八五行志中、宋書卷三一五行志二、册府元龜卷八九四總録部謡言乙正。

〔四六〕當是不敢盡言　「當」字原脱，據宋書卷三一五行志二補。

〔四七〕阿堅連牽三十年　「連牽」原作「牽連」，據晉書卷二八五行志中、晉書卷一一四苻堅載記、宋書卷三一五行志二、册府元龜卷八九四總録部謡言乙。

〔四八〕當在江湖邊　「湖」，晉書卷一一四苻堅載記、册府元龜卷八九四總録部謡言作「淮」。

〔四九〕死於新城　「死」字原脱，據晉書卷二八五行志中、宋書卷三一五行志二、册府元龜卷八九四總録部謡言補。

〔五〇〕魚羊田斗當滅秦　「斗」，宋書卷三一五行志二同，晉書卷二八五行志中、册府元龜卷八九四總録部謡言作

「升」。

〔五一〕堅不從　「堅」字原脱，據晉書卷二八五行志中、宋書卷三一五行志二、册府元龜卷八九四總録部謡言補。

〔五二〕沙門誌公忽然儛歌樂　按隋書卷二二五行志上，「然」下有一「起」字。

〔五三〕黄塵污人衣　「污」原作「汙」，據南史卷一〇陳本紀、册府元龜卷八九四總録部謡言改。

〔五四〕其後陳主果爲韓擒所敗　「擒」下原衍一「虎」字，韓擒原名擒虎，唐人諱改爲擒，原刊未删，然下文有「擒本名擒虎」，文義不順，故據隋書卷二二五行志上删。

〔五五〕時江南盛歌王獻之桃葉之詞曰　「曰」字原脱，據隋書卷二二五行志上、册府元龜卷八九四總録部謡言補。

〔五六〕水底燃燈澄滅　「底」原作「裏」，據北齊書卷三文襄紀、隋書卷二二五行志上、册府元龜卷八九四總録部謡言改。

〔五七〕河邊羖攊爲水邊羊　「羊」原作「洋」，據北史卷七齊本紀下改。

〔五八〕清罇但滿酌　按北齊書卷九穆后傳，是句作「清觴滿杯酌」。

〔五九〕十八年而秦孝王薨　按隋書卷二高祖紀、卷四五文四子傳，秦孝王薨於開皇二十年六月。

〔六〇〕蓋驚疑之辭也　「辭」原作「亂」，據元本、慎本、馮本及隋書卷二二五行志上、册府元龜卷八九四總録部謡言改。

〔六一〕再言堂堂者　下「堂」字原脱，據新唐書卷三五五行志二補。

〔六二〕迨及八九月　「月」原作「日」，據元本、慎本、馮本及新唐書卷三五五行志二改。

〔六三〕楊柳漫頭駝　按新唐書卷三五五行志二，「柳」下有「楊柳」二字。

〔六四〕漢家天子西巡狩　「子」原作「下」，據新唐書卷三五五行志二改。

〔六五〕黄巢走　按册府元龜卷八九四總録部謡言，「走」上有一「須」字。

〔六六〕後舒城狂生汪格謀不軌　「格」，桯史卷六作「革」。

〔六七〕至紹熙二三年　「至」原作「過」，據宋史卷六六五行志四改。

〔六八〕末句皆曰東君去後花無主　「句」字原脱，據宋史卷六六五行志四補。

卷三百十　物異考十六

訛言

漢成帝建始三年十月丁未，京師相驚，言大水至。渭水虒上小女陳持弓年九歲，師古曰：「虒上，地名也。音斯。」走入橫城門，入未央宮尚方掖門，殿門門內諸衛户者莫見，至句盾禁中而覺得。師古曰：「句盾，少府之署。覺得，事覺而見執得也。」民以水相驚者，陰氣盛也。小女而入宮殿中者，下人將因女寵而居有宮室之象也〔一〕。名曰持弓，有似周家檿弧之祥。易曰：「弧矢之利，以威天下。」師古曰：「下繫之辭也。」是時，帝母王太后弟鳳始爲上將，秉國政，天知其後將威天下而入宮室，故象先見也。其後，王氏兄弟父子五侯秉權，至莽卒篡天下，蓋陳氏之後云。京房易傳曰：「妖言動衆，兹謂不信，路將亡人，司馬死。」成帝綏和二年八月庚申，鄭通里男子王褒師古曰：「鄭縣之通里。」衣絳衣小冠，帶劍之北司馬門、殿東門，師古曰：「入北司馬門，又入殿之東門也。」上前殿，入非常室中。如淳曰：「殿上室名。」解帷組結佩之，師古曰：「組，綬類，所以繫帷，又垂以爲飾也。佩帶之。」招前殿署長業等曰：「天帝令我居此。」業等收縛考問，褒故公車大誰卒，應劭曰：「在司馬殿門掌讙呵者也。」服虔曰：「衛士之師也，著樊噲冠。」師古曰：「大誰者，主問非常之人，云姓名是誰也。而應氏乃以讙嘩爲義，云大讙呵，不當厥理。後之學者輒改此書『誰』字爲『讙』，違本文矣。大誰本以誰何稱，因用名官，有大誰長。今此卒者，長所領士卒也。」病狂易，師古曰：「謂病狂而變易其常也。」不自知入宮狀，下獄死。是時王莽爲大司馬，哀帝即位，莽乞骸骨就第，天知其必不退，故因是而見象也。姓名章服甚明，徑上前殿路寢，入室取組而佩之，稱天帝命，然時人莫察。後莽就國，天下冤之，哀帝徵莽還京師。明年帝崩，莽復大司馬，因是而篡國。哀帝建平四年正月，民驚走，持稾或椒一枚，如淳曰：「椒，麻幹也。」師古曰：「稾，禾秆也，音工老反。椒音鄒，又則久反。」傳相付與，曰行詔籌。道中相過逢多至千數，或被髮徒踐，師古曰：「徒踐，謂徒跣也。」或夜折關，或踰墻入，或乘車騎奔馳，以置驛傳行，經歷郡國二十六，至京師。其夏，京師郡國民聚會里巷阡陌，設張博具，師古曰：「博戲之具。」歌舞祠西王母。又傳書曰：「母告百姓，佩此書者不死。不信我言，視門樞下，當有白髮。」師古曰：「樞，門扇所由開閉者也，音昌于反。」至秋止。是時帝祖母傅太后驕，與政事，師古曰：「與讀曰豫。」故杜鄴對曰：「春秋災異，以指象爲言語。籌，所以紀數。民，陰，水類也。水以東流爲順走，而西行，反類逆上。象數度放溢，妄以相予，違忤民心之應也〔二〕。西王母，婦人之稱。博奕，男子之事。於街巷阡陌，明離闑內，師古曰：「闑，門橛也，音魚列反。」與疆外。師古曰：「與讀曰豫。」臨事盤樂，亢陽之意。白髮，衰年之象，體尊性弱，難理易亂。門，人之所由；樞，其要也。居人之所由，制持其要也。其明甚著。今外家丁、傅並侍帷幄，布於列位，有罪惡者不坐辜罰，亡功能者畢受官爵。皇甫、三桓，詩人所刺，春秋所譏，亡以甚此。師古曰：「皇甫，周卿士之字也。用后嬖寵〔三〕，而處職位，詩刺之。事見小雅十月之交篇。」指象昭昭，以覺聖朝，奈何不應！」後哀帝崩，成帝母王太后臨朝，王莽爲大司馬，誅滅丁、傅。一曰丁、傅所亂者小，此異乃王太后、莽之應云。

按訛言惟唐史志置之詩妖之後，諸史皆無之，惟錯見於言不從及人痾條下，今撮取其語言之妖異，類世俗所謂語讖者，立訛言一門云。

王莽始建國元年，長安狂女子碧呼道中，碧，女子名也。曰：「高皇帝大怒，趣歸我國。不者，九月必殺汝！」莽收捕殺之。二年十一月，立國將軍建奏：「今月癸酉，不知何一男子遮臣建車前，自稱『漢氏劉子輿，成帝下妻子也。下妻猶小妻。劉氏當復，趣空宮。』趣音促。收繫男子，即常安姓武字仲。大逆無道，請論如法。」天鳳二年〔四〕，民訛言黃龍墮死黃山宮中，百姓奔走往觀者有萬數。莽惡之，師古曰：「莽自謂黃德，故惡此妖。」捕繫問語所從起，不能得。

後漢安帝永初元年十一月，民訛言相驚，司隸、并、冀州民人流移。時鄧太后專政。婦人以順爲道，夫死從子，今專主王事〔五〕，此不從而僭也。靈帝熹平二年六月，雒陽民訛言虎賁寺東壁中有黃人，形容鬚眉良是，觀者數萬，省中悉出〔六〕，道路斷絶。到中平元年二月，張角兄弟起兵冀州，自號「黃天」，三十六方，四面出師，將帥星布，吏士外屬，因其疲餧，幸而勝之。光和元年五月壬午，何人白衣欲入德陽門，辭「我梁伯夏，教我上殿爲天子〔七〕」。中黃門桓賢等呼門吏僕射，欲收縛〔八〕，須臾還走，求索不得，不知姓名。蔡邕以爲類成帝時男子王褒入宮事，以往況今，將有狂狡之人欲爲王氏之謀，其事不成。其後張角稱黃天作亂，竟破壞。應劭曰：「尚書、春秋左傳，伯益佐禹治水，封於梁。颷叔安有裔子曰董父，帝舜賜姓董氏。董氏之祖，與梁同焉。其後董卓自外入，廢帝殺后。梁本安定，而卓隴西人，俱凉州也。」袁山松曰：「張角一時狡亂，不足致此大異，斯乃曹氏滅漢之證。」梁即魏地之名〔九〕，伯夏明於中夏，非溥天之稱。後主嗣位，譙周曰：「先主諱備，其訓具也；後主諱禪，其訓授也。若言劉已具矣，當授與人，甚於晉穆侯、漢靈帝命子之祥也。」蜀果亡。

魏齊王嘉平初〔一〇〕，東郡有訛言，云白馬河出妖馬，夜過官牧邊鳴呼，衆馬皆應，明日見其迹〔一一〕，大如斛，行數里，還入河。楚王彪本封白馬，兗州刺史令狐愚與王凌謀共立之，事泄俱死。

晉惠帝永寧初，齊王冏唱義兵，誅亂逆，乘輿反正。忽有婦人詣大司馬門求寄產，門者詰之，婦曰：「我截臍便去耳。」其後，冏果斬戮。永寧元年十二月甲子，有白頭公入齊王冏大司馬府，大呼曰：「有大兵起，不出甲子旬。」冏殺之。明年十二月戊辰，冏敗，即甲子旬也。泰安元年四月癸酉，有人自雲龍門入殿前，北面再拜曰：「我當作中書監。」即收斬之。干寶以爲「禁庭尊祕之處，今賤人逕入，而門殿不覺者，宮室將虛，而下人踰上之妖也。」是後帝北遷鄴，又還長安，宮闕遂空焉。元帝永昌二年〔一二〕，大將軍王敦下據姑孰。百姓訛言行蟲病〔一三〕，食人大孔，數日入腹，入腹則死。療之有方，當得白犬膽以爲藥。自淮、泗遂及京都，數日之間，百姓驚擾，人人皆自云已得蟲病。又云，始在外時，當燒鐵以灼之。於是翕然，被燒灼者十七八矣。而白犬暴貴，至相請奪，其價十倍。或有自云能行燒鐵灼者，賃灼百姓，日得五六萬，憊而後已。四五日漸靜。說曰：「夫裸蟲人類，而人爲之主。今云蟲食人，言本同臭類而相殘賊也。自下而上，明其逆也〔一四〕。必入腹者，言害由中出不由外也〔一五〕。犬有守衛之性，白者金色，而膽，用武之主也。帝王之運，五霸會於戌〔一六〕，戌主用兵。金者晉行，火燒鐵以療疾者，言必去其類而來火與金合德〔一七〕，共除蟲害也。」按中興之際，大將軍本以腹心受伊、呂之任，而元帝末年，遂攻京邑，明帝諒闇，又有異謀。是以下逆上，腹心內爛也。及錢鳳、沈充等逆兵四合，而爲王師所挫，踰月而不能濟水〔一八〕。北中郎將劉遐及臨淮内史蘇峻〔一九〕，率淮、泗之衆以救朝廷，故其謡言首作於淮、泗也。朝廷卒以弱制强，罪人授首，是用白犬膽可救之效也。海西公時，庾晞四五年中喜爲挽歌，自摇大鈴爲倡，使左右齊和。又讌會，輒令倡伎作新安人歌舞離别之辭，其聲悲切〔二〇〕。時人怪之，後亦果敗。孝武帝太元中，小兒以兩鐵相打於土中，名曰「鬭族」。後王國寶、王孝伯一姓之中，自相攻擊也。

桓玄初改年爲大亨，遐邇讙音喧。言曰「二月了」，故義謀以仲春發也。玄篡立，又改年爲建始，以與趙王倫同，又易永始，永始復是王莽受封之年也。

苻堅時，有人於明光殿大呼曰：「甲申乙酉，魚羊食人，悲哉無復遺。」堅命執之，俄而不見。祕書監朱肜等因請誅鮮卑〔二一〕，堅不從也。

宋明帝時，訛言東城天子出。其後建安王休仁鎮東府，帝懼，殺休仁，而常閉東府不居。明帝又屢幸，改「代」作「伐」，以厭王氣。又使子安成王代之。及蒼梧王敗，安成王代立，咸言爲驗。術數者推之〔二二〕，齊高祖舊居武進東城里〔二三〕，東城之言，其在此也。

齊武帝時，文惠太子立樓館於鍾山下，號曰「東田」，太子屢游幸之。「東田」反語爲「顛童」也。武帝又於青溪立宫，號曰「舊宫」，反之「窮廄」也。至鬱林王，果以輕狡而至於窮〔二四〕。又武帝時，小史姓皇名太子，武帝曰：「皇太子非名之謂。」於是移點於外，易名犬子。處士何點曰：「太子者，天地之所懸，三才之所繫，今化而爲犬，不得立矣。」既而文惠太子薨〔二五〕，鬱林、海陵相繼廢黜，此其驗也。文惠太子與才人共賦七言詩，句後輒云「愁和帝〔二六〕」。至東昏以暴虐殞，南康王寶融即位，禪於梁，以弑殞，謚和帝，其言乃驗焉。

梁武帝天監十三年六月，都下訛言有棖棖取人肝肺及血，以飴天狗。百姓大懼，二旬而止。大同五年十二月〔二七〕，都下訛言天子取人肝以飴天狗，大小相警，日晚便閉門持杖，數月乃止。

武陵王紀僭帝位，建元曰天正，永豐侯蕭撝曰：「王不克矣。昔桓玄年號大亨，有識者以爲『二月了』，而玄之敗實在仲春。今曰天正，正之爲文『一止』，其能久乎！」果一年而敗。

陳後主時，諸省官人多稱「省主」，北齊末，亦有此稱。識者以爲主將見省之兆，未幾國亡。

北齊文宣帝時〔二八〕，太子殷當冠，詔令邢子才爲制字。子才字之曰正道。帝曰：「正，一止也。吾兒其替乎？」子才請改，帝不許，曰：「天也。」後卒爲常山王所廢殺。武成河清三年，晉陽訛言有鬼兵，百姓競擊銅鐵以捍之。後主武平七年，爲周師所敗，走至鄴，自稱太上皇，傳位太子恒，改元隆化。時人離合其字曰「降死」。竟降周而死。

周武帝改元爲宣政，梁主蕭巋離合其字爲「宇文亡日」。其年六月，帝崩。

隋文帝開皇初，梁主蕭琮改元廣運。江陵父老相謂曰：「運之爲字，軍走也。吾君當爲軍所走乎？」後琮朝京師被拘留不反，梁國遂廢。文帝名皇太子曰勇，晉王曰英，秦王曰俊，蜀王曰秀。開皇初，有人上書言：「勇者一夫之用，又千人之秀爲英，萬人之秀爲俊。斯乃布衣之美稱，非帝王之嘉名也。」帝不省。時人呼楊姓多爲嬴者，或言於上曰：「楊英反爲嬴殃。」帝不懌〔二九〕，遽改之。其後勇、俊、秀皆被廢黜，煬帝終失天下〔三〇〕，爲楊氏之殃。　煬帝改元大業，識者惡之，曰：「於字離合爲『大苦未』也〔三一〕。」尋而天下喪亂，率土遭荼炭之酷。

唐太宗貞觀十七年七月，民訛言官遣棖棖殺人，以祭天狗。云其來也，身衣狗皮，鐵爪，每於闇中取人心肝而去。於是更相震怖，每夜驚擾，皆引弓劍自防，無兵器者剡竹爲之，郊外不敢獨行。太宗惡之，令通夜開諸坊門，宣旨慰諭，月餘乃止。　武后時，民飲酒謳歌，曲終而不盡者，謂之「族鹽」。　玄宗開元二十七年十月，改作東都明堂，訛言官取小兒埋明堂下，以爲厭勝。村野兒童藏於山谷，都城騷然，或言兵至。玄宗惡之，遣使慰諭，久之乃止。　天寶三載二月辛亥，有星如月，墜於東南，墜後有聲，京師訛言官遣棖棖捕人，取肝以祭天狗，人頗恐懼，畿内尤甚。遣使安諭之。與貞觀十七年占同。　天寶後，詩人多爲憂苦流寓之思，及寄興於江湖僧寺，而樂曲亦多以邊地爲名，有伊州、甘州、涼州等，至其曲遍繁聲，皆謂之「入破」。又有胡旋舞，本出康居，以旋轉便捷爲巧，時又尚之。破者，蓋破碎云。　德宗建中三年秋，江、淮訛言有毛人食其心，人情大恐。　朱泚既僭號，名其舊第曰潛龍宮，移内府珍貨實之。占者以爲易稱「潛龍勿用」，此敗祥也。　文宗太和九年，京師訛言鄭注爲上合金丹，生取小兒心肝，密旨捕小兒無算。往往陰相告曰：「某處失幾兒矣。」方士言金丹可致神仙，蓋誕妄不經之語，或信而服之，則發熱多死，如其所戒云。小兒，無辜者，取其心肝，將有殺戮象。　劉從諫未死時，潞州有狂人折腰於市曰：「石雄七千人至矣。」從諫捕斬之。　懿宗咸通十四年秋，成都訛言有猰母鬼夜入人家，民皆恐，夜則聚坐。或曰某家見鬼，眼晃然如燈焰，民益懼。　黄巢未入京師時，都人以黄米及黑豆屑蒸食之，謂之「黃賊打黑賊」。　僖宗時，里巷鬬者激怒，言：「任見右廂天子。」

晉高祖天福中，兩浙兒童聚戲，率以「趙」字爲語助，如言「得」曰「趙得」，「可」曰「趙可」。自是一國之人語言，無不以「趙」字兼之者。及晉末，趙延壽貴盛，浙人謂必應讖。後延壽爲北虜所縶，而謠言益盛，洎太祖受禪，始悟焉。天福末，宣州太平縣掘地得石，記云：「天子冀州人。」時李景據江表，名子曰冀，欲當之。及太祖開統，方悟冀州趙地也。出帝開運末，宋州宋城縣有異僧，常挾彈持銅丸走榛莽中如飛，指其地曰：「不二十年當有帝王由此建號。」

後周太祖廣順初，江南伏龜山圮，得石函，長二尺，廣八寸，中有鐵銘，云：「維天監十四年秋八月，葬寶公於是〔三二〕。」銘背有引曰：「寶公嘗爲此偈，大書於版，白巾冪之〔三三〕。人欲讀者〔三四〕，必施數錢乃得，讀訖即冪之。是時，名臣陸倕〔三五〕、王筠、姚察而下皆莫知其旨。或問之，云在五百年後。至卒，乃鑄其偈同葬焉〔三六〕。」銘曰：「莫問江南事，江南自有憑。乘鷄登寶位，跨犬出金陵。子建司南位，安仁秉夜燈。東鄰家道闕，隨虎遇明興。」其字皆小篆，體勢完具，徐鉉、徐鍇、韓熙載皆不能解。及煜歸朝，好事者云：「煜以丁酉年生，辛酉年襲位，即乘鷄也〔三七〕；開寶八年甲戌，江南國滅，是跨犬也；當王師圍其城，而曹彬營其南，是子建司南位也；潘美營其北，是安仁秉夜燈也；其後太平興國戊寅歲，淮海王錢俶舉國入覲，即東鄰也；家道闕者，意無錢也；隨虎，戊寅年也。」世宗顯德六年二月癸巳，有一人敝衣冠闌入中書，升政事堂，據牀而坐。堂吏叱之曰：「何人遣爾至此？」其人曰：「宋州官家教我來此。」吏具白其事於宰臣，宰臣密令遣之，尋不知所適。其年六月十九日，世宗崩。明年正月四日，大宋受命。

荆南高從誨鑿池於山亭下〔三八〕，得石匣，長尺餘，扃鐍甚固。從誨神之，屏左右，焚香啟匣，中得石，有文云：「此去遇龍即歇。」及建隆中，從誨孫繼冲入朝，改鎮徐州。龍、隆音相近。

宋太祖建隆中，京師士庶及樂工、少年競唱歌曰五來子，聲調清逸，徧於里巷。自建隆至開寶，凡平荆、湖、川、廣、江南五國〔三九〕，而中原混一矣。時西川孟昶賦斂無度，射利之家配率尤甚，既乏緡錢，唯仰在質物，乃競書簡扎揭於門曰：「今召主收贖。」又每歲除日，命翰林爲詞題桃符，正旦置寢門左右。末年，學士幸寅遜撰詞〔四〇〕，昶以其非工，自命筆題云〔四一〕：「新年納餘慶，嘉節號長春。」昶以其年正月十一日降王師，即命吕餘慶知成都府，而「長春」乃太祖誕聖節名也。「召」與「趙」，「贖」與「蜀」同音。開寶初，廣南劉鋹令民家置貯水桶，號「防火大桶」。又鋹末年，童謡曰：「羊頭二四，白天雨至。」後王師以辛未年二月四日擒鋹。識者以爲國家以火德王，房爲宋分；羊，未神也；雨者，王師如時雨之義也；「防」與「房」、「桶」與「統」同音〔四二〕。太宗太平興國中，京師童兒以木雕合子，中有竅，藏掖下，蹙之有聲，號爲「掖底鬧」。後盧多遜有罪投荒，人以爲讖，其在肘掖而干國典也。雍熙中，京師人破竹爲細縷，以五色紙爲胡蝶，綴其杪，兩兩相對，手撚之，遞相飛觸，謂之鬬胡蝶。其後河朔頻歲用兵。真宗天禧二年五月，西京民訛言有物如烏帽，夜飛入人家，又變爲犬狼狀，攫人。民多恐駭，每夕重閉深處，至持兵器驅逐者。六月乙巳，傳及京師，云能食人，里巷聚族環坐，叫噪達曙，軍營中尤甚，而實無狀，意其妖人所爲。有詔嚴捕，得數輩，訊之皆非。仁宗皇祐五年正月戊午，狄青敗儂智高於歸仁鋪。

初，謠言「農家種，糴家收」。至是，智高果爲青所破。　徽宗政和七年，詔修神保觀。俗所謂二郎神者，京師人素畏之，自春及夏，傾城男女負土以獻，揭榜通衢，云某人獻土；又有飾形作鬼使，巡門催納土者。或謂蔡京曰：「獻土納土，非佳語也。」後數日，有旨禁絶〔四三〕。　宣和六年，御樓觀燈，時開封尹設次以彈壓於西觀下，上從六宮於其上，以觀天府之斷決者，簾幕深密，下無由知。衆中忽有人躍出，墨色布衣，若寺僧童行狀，以手畫簾，出指斥語。執於觀下，上怒甚，令中使傳旨治之。箠掠亂下，又加炮烙，詢其誰何，略不一語，亦無痛楚之狀。又斷其足筋，俄施刀臠，血肉狼籍。上大不悦，爲罷一夕之懽，竟不得其何人，付獄盡之。　七年八月，有都城東門外鬻菜夫至宣德門下，忽若迷罔，釋荷擔向門戟手，出悖詈語，且曰：「太祖皇帝、神宗皇帝使我來道，尚宜速改也。」邏卒捕之，下開封獄，一夕方省，則不知向之所爲者，乃於獄中盡之。　高宗建炎二年十一月，駐蹕揚州，郊祀後數日，有狂人具衣冠，執香爐，攜絳囊，拜於行宮門外，自言：「天遣我爲官家兒。」書於囊紙，刻於右臂，皆是語。鞫之，不得姓名，上以其狂，釋不問。明年二月，金虜犯維揚。三月，有明受之變。　紹興元年四月庚辰，閬州有狂僧縗絰哭於郡譙門曰：「今日佛下世。」且言且哭，實隆祐太后上仙日云。閬距行都萬里，逾月而遺詔至。　十二月，越州連有火。後民訛言相驚，十六日當再有火。樞密院以軍法禁之，乃定。　孝宗淳熙十四年正月，紹興府有狂人突入恩平郡王第，升堂踐王座曰：「我太上皇孫，來報訃音。」鞫訊，終不語。是冬，高宗晏駕。明年八月，王薨。　光宗紹熙元年三月，行都市人夜以殺相驚奔迸者，久乃定。與漢志永初民相驚同占。　二年十二月庚寅昧爽，成都府有人縗服入帳門，大呼闖帥京鏜姓名。後八年，鏜薨相位，蓋慶元六年。前五日，光宗晏駕。後四日，皇子冲温邠王薨。時慈懿皇后梓宮在殯。寧宗慶元六年十月，瓊州訛言妖星流墮民舍郭七家〔四四〕，聲如雷。通判曾丰〔四五〕、瓊山縣令移文往復，民獠驚喧。後皆坐絀。嘉泰二年六月，故循王張俊家火。後旬日，市井訛言相驚，有絳衣婦人爲火殃下墜，都民皆徙避，晝夜不遑寧處。此訛言也，禁之，後亦不火。

服妖

春秋左氏傳閔公二年，晉獻公使太子申生帥師〔四六〕，公衣之偏衣，謂左右異色，其半象公之服。佩之金玦。半環曰玦，以金爲之。狐突嘆曰：「時，事之徵也；衣，身之章也；佩，衷之旗也。旗，表也。衣所以明貴賤，佩所以表中心。故敬其事，則命以始；賞以春夏。服其身，則衣之純；壹其色。用其衷，則佩之度。佩玉者，君子之常度〔四七〕。今命以時卒，閟其事也；卒，盡也。閟，閉也。謂十二月盡時也。衣以尨服，遠其躬也；尨，雜色，謂偏衣也。佩以金玦，棄其衷也。服以遠之，時以閟之，尨涼冬殺，金寒玦離，胡可恃也！」涼，薄也。尨色不能純，故曰薄也。冬主殺氣，金行在西，是謂之寒。玦形半缺〔四八〕，故曰離。梁餘子養曰：「帥師者，受命於廟，受脤於社，有常服矣。御軍常服則韋弁。弗獲而尨，命可知也。死而不孝，不如逃之。」罕夷曰：「尨奇無常，金玦不復，君有心矣。」奇，奇怪非常意。復，反也。金玦猶決，去不復反意也。有心，言有害太子之心也。復，扶目反。後四年，申生以讒自殺。近服妖也。

鄭子臧好聚鷸冠，鷸，今翠鳥也〔四九〕。鄭文公惡之，使盜殺之。劉向以爲近服妖也。

漢昭帝時，昌邑王賀遣中大夫之長安，多治仄注冠，應劭曰：「今法冠是也。」李奇曰：「一曰高山冠，本齊冠也，謁者服之。」師古曰：「仄，古側字也。謂之側注者，言形側立而下注也。蔡邕云高九寸，鐵爲卷，非法冠及高山也。卷音去權反。」以賜大臣，又以冠奴。劉向以爲近服妖也。時王賀狂悖，師古曰：「悖，惑也。音布内反。」聞天子不豫，師古曰：「言有疾不悦豫也。周書顧命曰：『王有疾，不豫。』」弋獵馳騁如故，與騶奴宰人游居娱戲，驕慢不敬。師古曰：「騶，厩御也。宰人，主膳者也。娱，樂也。戲音嬉。」冠者尊服，奴者賤人，賀無故好作非常之冠，暴尊象也。以冠奴者，當自至尊墜至賤也。師古曰：「墜，隋也〔五〇〕。音直類反。」其後帝崩，無子，漢大臣徵賀爲嗣。即位，狂亂無道，縛戮諫者夏侯勝等。於是大臣白皇太后，廢賀爲庶人。賀爲王時，又見大白狗冠方山冠而無尾，鄧展曰：「方山冠以五采縠爲之，樂舞人所服。」此服妖，亦犬旤也。賀以問郎中令龔遂，遂曰：「此天戒，言在仄者盡冠狗也。師古曰：「言王左右侍側之人不識禮義，若狗而著冠者耳。冠音工喚反。其下亦同。」去之則存，不去則亡矣。」賀既廢數年，宣帝封之爲列侯，復有罪，死不得置後，又犬旤無尾之效也。京房易傳曰：「行不順，厥咎人奴冠，天下亂，辟無適，如淳曰：「辟，君也。適，適子也。」師古曰：「辟音璧。適讀曰嫡。」妾子拜。」如淳曰：「無適子故也。」又曰：「君不正，臣欲篡，厥妖狗冠出朝門。」成帝鴻嘉、永始之間，好爲微行出游，選從期門郎有材力者及私奴客，多至十餘，少五六人，皆白衣袒幘，師古曰：「袒幘，不加上冠。」帶持弓劍〔五一〕。或乘小車，御者在茵上，蘇林曰：「茵，車上蓐也。御者錯亂，更在茵上坐也。」師古曰：「車小，故御者不得迴避，而在天子茵上也。茵音因。」或皆騎，出入市里郊壄，遠至旁縣。大臣車騎將軍王音及劉向等數以切諫。谷永諫曰：「陛下棄萬乘之至尊，樂家人之賤事；離深宫之固，挺身獨與小人晨夜相隨，烏集醉飽吏民之家，亂服共坐，溷肴亡别。典門户奉宿衛之臣執干戈衛空宫〔五二〕，公卿百僚不知陛下所在，積數年矣。」

後漢更始諸將軍過雒陽者數十輩，皆幘而衣婦人衣繡擁髺。時智者見之，以爲服之不衷，身之災也，乃奔入邊郡避之。是服妖也。其後更始爲赤眉所殺。桓帝元嘉中，京都婦女作愁眉、啼粧、墮馬髻、折腰步、齲齒笑。所謂愁眉者，細而曲折。啼粧者，薄拭目下，若啼處。墮馬髻者，作一邊。梁冀別傳曰：「冀婦女又有不聊生髻。」折腰步者，足不在體下。齲齒笑者，若齒痛，樂不欣欣。始自大將軍梁冀家所爲，京都翕然，諸夏皆倣效。此近服妖也。梁冀二世上將，婚媾王室，大作威福，將危社稷。天戒若曰，兵馬將往收捕，婦女憂愁，踧眉啼泣，吏卒掣頓，折其腰脊，令髻傾邪，雖強語笑，無復氣味也。到延熹二年，舉宗誅夷。延熹中，梁冀誅後，京都幘顏短耳長，短上長下。時中常侍單超、左悺、徐璜、具瑗、唐衡在帝左右，縱其姦慝。海內慍曰：「一將軍死，五將軍出。」家有數侯，子弟列布州郡，賓客雜襲騰翥，上短下長，與梁冀同占。到其八年，桓帝因日蝕之變，乃拜故司徒韓寅爲司隸校尉〔五三〕，以次誅鉏，京都正清。臣昭按：本傳，寅誅左悺貶具瑗，雖剋折姦首，群閹相蒙，京都未爲正清。延熹中，京都長者皆著木屐，婦女始嫁，至作漆畫五綵爲系。此服妖也。到九年，黨事始發，傳黃門北寺，臨時惶惑，不能信天任命，多有逃走不就考者，九族拘繫，及所過歷，長少婦女皆被桎梏，應木屐之象也。靈帝建寧中，京都長者皆以葦方笥爲粧具，下士盡然。時有識者竊言：「葦方笥，郡國讞篋也，今珍用之，此天下人皆當有罪讞於理官也。」到光和三年癸丑赦令詔書，吏民依黨禁錮者赦除之，有不見文，他以類比疑者讞。於是諸有黨郡皆讞廷尉，人名悉入方笥中。靈帝好胡服、胡帳、胡牀、胡坐、胡飯、胡箜篌、胡笛、胡舞，京都貴戚皆競爲之。此服妖也。其後董卓多擁胡兵，填塞街衢，虜掠宮掖，發掘園陵。靈帝於宮中西園駕四白驢，躬自操轡，驅馳周旋，以爲大樂。於是公卿貴戚轉相放效，至乘輜軿以爲騎從，互相侵奪，賈與馬齊。案易曰：「時乘六龍以御天。」行天者莫若龍，行地者莫如馬。詩曰：「四牡騤騤，載是常服。」「檀車煌煌，四牡彭彭。」夫驢乃服重致遠，上下山谷，野人之所用耳，何有帝王君子而驂服之乎！遲鈍之畜，而今貴之。天意若曰，國且大亂，賢愚倒植，凡執政者皆如驢也。其後董卓陵虐王室，多援邊人以克本朝〔五四〕，胡夷異種，跨蹈中國。熹平中，省内冠狗帶綬，以爲笑樂。有一狗突出，走入司徒府門，或見之者，莫不驚怪。袁山松書曰：「光和四年，又於西園弄狗以配人也。」京房易傳曰：「君不正，臣欲篡，厥妖狗冠出。」後靈帝寵用群小，又於西園賣官。天戒若曰，在位多非其人，如狗而冠也。靈帝數遊戲於西園中，令後宮綵女爲客舍主人，身爲商賈服。行至舍，綵女下酒食，因共飲食以爲戲樂。此服妖也。其後天下大亂。風俗通曰：「時京師賓婚嘉會，皆作魁櫑，酒酣之後，續以挽歌。」魁櫑，喪家之樂。挽歌，執紼相偶和之者。天戒若曰，國家當急殄悴，諸貴樂皆死亡也。自靈帝崩後，京師壞滅，户有兼屍，蟲而相食，魁櫑、挽歌，斯之效也。獻帝建安中，男子之衣，好爲長躬而下甚短，女子好爲長裙而上甚短。時益州從事莫嗣以爲服妖，是陽無下而陰無上也，天下未欲平也。後還，遂大亂。

魏武帝以天下凶荒，資財匱乏，始擬古皮弁，裁縑帛爲白帢，苦洽反。以易舊服。傅玄曰：「白乃軍容，非國容也。」干寶以爲「縞素，凶喪之象也」。名之爲帢，毁辱之言也。蓋革代之後，劫殺之妖也。明帝日著繡帽〔五五〕，披縹敕紹反。紈半袖，常以見直臣楊阜，諫曰：「此於禮何法服邪〔五六〕？」帝默然。蓋近服妖也。夫縹，非禮之色，褻音薛。服尚不以紅紫，况接臣下乎？人主親御非法之章，所謂自作孽不可禳也。帝既不享永年，身没而禄去王室，後嗣不終，遂亡天下。景初元年，發銅鑄爲巨人二，號曰「翁仲」，置之司馬門外。按古長人見，爲國亡。長狄見臨洮，爲秦亡之禍。始皇不悟，反以爲嘉祥，銅鑄人以象之。魏法亡國之器，而於義竟無取焉。蓋服妖也。尚書何晏好服婦人之服，傅玄曰：「此服妖也。夫衣裳之制，所以定上下殊内外也。大雅云『玄衮赤舄，鉤膺鏤鍚。』歌其文也。小雅云『有嚴有翼，共武之服』。咏其武也。若内外不殊，王制失叙，服妖既作，身隨之亡。末嬉冠男子之冠，桀亡天下；何晏服婦人之服，亦亡其家。其咎均也。」

吴婦人修容者，急束其髪而劘音靡。角過於耳，蓋其俗自操束太急，而廉隅失中之謂也。故吴之風俗，相驅以急，言論彈射，以刻薄相尚。孫休後，衣服之制，上長下短。又積領五六，而裳居一二。干寶曰：「上饒奢，下儉逼，上有餘下不足之妖也。」至孫皓，果奢暴恣情於上，而百姓彫困於下，卒以亡國。

晉武帝泰始初，衣服上儉下豐，著衣者皆厭褄〔五七〕。一宵反。此君衰弱，臣放縱，下掩上之象也。至元康末，婦人出兩襠，加乎交領之上〔五八〕，此内出外也。爲車乘者，苟貴輕細，又數變易其形，皆以白篾爲純，蓋古喪車之遺象也。夫乘者，君子之器。蓋君子立心無恒，事不崇實也。干寶以爲晉之禍徵也。及惠帝踐祚，權制在於寵臣，下掩上之應也。至永嘉末，六宮才人，流冗没於戎狄，内出外之應也。及天下撓亂，宰輔方伯，多負其任，又數改易，不崇實之應也。泰始之後，中國相尚用胡牀、貊音陌。槃，及爲羌煑、貊炙。貴人富室，必畜其器〔五九〕，吉享嘉會，皆以爲先。太康中，又以氈爲絈與帕同，莫格反。方言：「帕頭，幧頭也。南楚、江湘之間曰帕頭〔六〇〕，自關以西，秦、晉之郊曰絡頭。」字書：「帕，頭巾者也。幧，且消反。」頭及絡帶袴口〔六一〕。百姓相戲曰，中國必爲胡所破。夫氈毳此芮反。產於胡，而天下以爲絈頭、帶身、袴口，胡既三制之矣，能無敗乎！至元康中，氐、羌互反，永嘉後，劉、石遂篡中都，自後四夷迭據華土，是服妖之應也。初作屐者〔六二〕，婦人頭圓，男子頭方，圓者順之義，所以別男女也。至太康初，婦人屐乃頭方，與男無別。此賈后專妒之徵也。太康中，天下爲晉世寧之舞，手接杯盤而反覆之，歌曰「晉世寧，舞杯盤」。識者曰：「夫樂生人心，所以觀事也。今接杯盤於手上而反覆之〔六三〕，至危之事也。杯盤者，酒食之器，而名曰晉世寧，言晉世之士苟偷於酒食之間，而知不及遠，晉世之寧猶杯盤之在手也。」惠帝元康中，婦人之飾有五兵佩，又以金銀瑇瑁之屬爲斧鉞戈戟，以當笄。干寶以爲「男女之別，國之大節，故服物異等，贄幣不同。今婦人而以兵器爲飾，此婦人妖之甚者，於是遂有賈后之事」。終亡天下。是時婦人結髮者既成，以繒急束其環，名曰擷胡結反。子紒。始自中宮，天下化之。其後賈后廢害太子之應也。元康中，天下始相傚爲烏杖以柱掖，其後稍施其鐓，徒猥切。住則植之。夫木，東方之行，金之臣也。杖者扶體之器，烏其頭者，尤便用也。必旁柱掖者，旁救之象也。施其金，住則植之，言因爲金能孤立也。及懷愍之世，王室多故，而此中都喪敗，元帝以藩臣樹德東方，維持天下，柱掖之應也。至社稷無主，海內歸之，遂承天命，建都江外，獨立之應也。元康、泰安之間，江、淮之域有敗屩音脚。自聚於道〔六四〕，多者至四五十量，人或散投坑谷，明日視之，復如故。或云，見狸銜聚之。干寶以爲「夫屩者，人之賤服，處於勞辱，黔庶之象也。敗者，疲敝之象。道者，四方往來，所以交通王命也。今敗屩聚於道者，象黔庶罷病，將相聚爲亂，以絕王命也」。泰安中，發壬午兵，百姓怨叛。江夏張昌倡亂，荆、楚從之如流。於是革兵歲起，服妖也。　初，魏造白帢，橫縫其前以別後，名之曰「顔」，俗傳行之〔六五〕。至永嘉之間，稍去其縫，名「無顔帢」。而婦人束髮，其緩彌甚，紒之堅不能自立，髮被於額，目出而已。無顔者，愧之言也。覆額者，慙之貌也。其緩彌甚者，言天下亡禮與義，放縱情性，及其終極，至於大耻也。永嘉之後，二帝不反，天下愧焉〔六六〕。孝懷帝永嘉中，士大夫競服生箋單衣。識者指之曰：「此則古者繐衰，音崔。諸侯大夫所以服天子也〔六七〕。今無故服之，殆有應乎！」其後遂有胡賊之亂，帝遇害焉。元帝太興中，兵士以絳囊縛紒。識者曰：「紒者在首，爲乾，君道也。囊者坤，臣道也。今以朱囊縛紒，臣道上侵君之象也。」於是王敦陵上焉。舊爲羽扇柄者，刻木象其骨形，列羽用十，取全數也。自中興初，王敦南征，始改爲長柄，下出可捉，而減其羽用八。識者尤之曰：「夫羽扇，翼之名也。創爲長柄者，將執其柄以制羽翼也。改十爲八者，將未備奪已備也。此殆敦之擅權以制朝廷之柄，又將以無德之材欲竊非據也。」是時，爲衣者又上短，帶纔至於掖，著帽者又以帶縛項。下逼上，上無地也。爲袴者直幅爲口，無殺，下大之象。尋而王敦謀逆，再攻京師。海西嗣位，忘設豹尾〔六八〕。天戒若曰，夫豹尾，儀服之主，大人所以豹變也。而海西豹變之日，非所宜忘而忘之。非主社稷之人，故忘其豹尾，示不終也。尋而被廢焉。孝武太元中，人不復著帩七遥反。頭。天戒若曰，頭者元首，帩者助元首爲儀飾者也。今忽廢之，若人君獨立無輔佐，以至危亡也。至安帝，桓玄乃篡位焉。舊爲屐者，齒皆達楄扶然反。上，名曰「露卯」。太元中，忽不徹，名曰「陰卯」。識者以爲卯，謀也，必有陰謀之事。至烈宗末，驃騎參軍袁悦之始攬構内外，隆安中遂謀詐相傾，以致大亂。太元中，公主婦女必緩鬢傾髻，以爲盛飾。用髲皮義反。既多，不可恒戴，乃先於木及籠上裝之，名曰「假髻」，或名「假頭」。至於貧家，不能自辨，自號「無頭」，就人借頭。遂布天下，亦服妖也。無幾時，孝武晏駕，而天下騷動，刑戮無數，多喪其元。至於大殮，力驗反。皆刻木及蠟或縛菰草爲頭。是假頭之應云。

桓玄篡立，殿上施絳帳〔六九〕，鏤黃金爲顏，四角金龍銜五色羽葆音保。流蘇〔七〇〕。群下相謂曰：「頗類轜音而。車。」尋而玄敗，此服之妖也。

晉末皆冠小而衣裳博大〔七一〕，風流相放，輿臺成俗。識者曰：「上小而下大，此禪代之象也。」尋而宋受終焉。

齊武帝永明中，百姓忽著破後帽，始自建業，流於四遠，貴賤翕然服之。此服妖也。帽自蕭諶之家，其流遂遠，天意若曰，武穆文昭皆當滅，而諶亦誅死之效焉。又時以燕支爲朱衣，朝士皆服之，及明帝以宗子入篡，此又奪朱之效也。時又多以生紗爲帽，半其褰而折之，號曰「倚勸」。先是，民間語好云「擾攘建武〔七二〕」，至是朝士勸進，實爲忽遽，「倚勸」「擾攘」之言驗。東昏時，百姓皆著下屋白紗帽，而反裙覆頂。東昏曰：「裙應在下，今更在上，不祥。」命斷之。於是百姓皆反裙向下，此服妖也。帽者首之所寄，今而向下，天意若曰，元首方爲猥賤乎。東昏又令左右作逐鹿帽，形甚窄狹。後果有逐鹿之事。東昏宮裏又作散叛髻，反髻根向後，百姓爭學之，及東昏狂惑，天下散叛矣。東昏又與群小別立帽，褰其口而舒兩翅，名曰「鳳度三橋」。褰向後，總而結之，名曰「反縛黃麗」。東昏與刀敕之徒親自著之，皆用金寶，鑿以璧璫。又作著調帽，鏤以金玉，間以孔翠。此皆天意。梁武帝舊宅在三橋，而「鳳度」之名，鳳翔之驗也。「黃麗」者「皇離」，爲日而反縛之，東昏戮死之應也。「調」者，梁武帝至都而風俗和調。先是，百姓及朝士，皆以方帛填胸，名曰「假兩」。此又服妖。假非正名也，儲兩而假之，明不得真也。東昏誅，其子廢爲庶人，假兩之意也。

北齊婁后卧疾，寢衣無故自舉，俄而后崩。文宣帝末年，衣錦綺，傅粉黛，數爲胡服，微行市里。粉黛者，婦人之飾，陽爲陰事，君變爲臣之象也。及帝崩，太子嗣位，被廢爲濟南王。又齊氏出自陰山，胡服者，將反初服也。錦綵非帝王之法服，微服者布衣之事，齊亡之效也。後主好令宮人以白越布折額，狀如髽幗；又爲白蓋。此二者，喪禍之服也。後主果爲周武帝所滅，父子同時被害。武平時，後主於苑内作貧兒村，親衣繿縷之服而行乞其間，以爲笑樂。多令人服烏衣，以相執縛。後主果爲周所敗，被虜於長安而死，妃后窮困，至以賣燭爲業。又婦人皆剪剔以著假髻，而危邪之狀如飛鳥，至於南面，則髻心正西。始自宮内爲之，被於四遠。天意若曰，元首剪落，危則當走西也〔七三〕。又爲刀子者，刀皆狹細，名曰盡勢。遊童戲者，好以兩手持繩，拂地而却上跳，且唱曰「高末」〔七四〕。高末之言，蓋高氏運祚之末也。

後周静帝大象元年，服冕二十四旒，車服旗鼓，皆以二十四爲節。侍衛之官，服五色，雜以紅紫。令天下車以大木爲輪，不施輻。朝士不得佩綬，婦人墨粧黄眉。又造下帳，如送終之具，令五皇后各居其一，實宗廟祭器於前，帝親讀版而祭之。又將五輅載婦人，身率左右步從。又倒懸鷄及碎瓦於車上，觀其作聲，以爲笑樂。皆服妖也。帝尋暴崩，而政由於隋，周之法度，皆悉改易。

隋文帝開皇中，房陵王勇之在東宫，及宜陽公王世積家，婦人所服領巾製同槊幡軍幟，婦人爲陰，臣象也，而服兵幟，臣有兵禍之應矣。勇竟廢而遇害，世積坐伏誅。

唐初，宫人乘馬者，依周舊儀，著羃羅，全身障蔽，永徽後，乃用帷帽，施裙及頸，頗爲淺露，至神龍末，羃羅始絶，皆婦人預事之象。太尉長孫無忌以烏羊毛爲渾脱氈帽，人多效之，謂之「趙公渾脱」。近服妖也。

高宗嘗内宴，太平公主紫衫、玉帶、皂羅折上巾，具紛礪七事，歌舞於帝前，帝與武后笑曰：「女子不可爲武官，何爲此裝束？」近服妖也。

武后時，嬖臣張易之爲母臧作七寶帳，有魚龍鸞鳳之形，仍爲象牀、犀簟。

安樂公主使尚方合百鳥毛織二裙，正視爲一色，傍視爲一色，日中爲一色，影中爲一色，而百鳥之狀皆見，以其一獻韋后。公主又以百獸毛爲韉面，韋后則集鳥毛爲之，皆具其鳥獸狀，工費巨萬。公主初出降，益州獻單絲碧羅籠裙，縷金爲花鳥，細如絲髪，大如黍米，眼鼻觜甲皆備，瞭視者方見之。皆服妖也。自作毛裙，貴臣富家多效之，江、嶺奇禽異獸毛羽採之殆盡。韋后妹嘗爲豹頭枕以辟邪，白澤枕以辟魅，伏熊枕以宜男，亦服妖也。

中宗景龍三年十一月〔七五〕，郊祀，韋后爲亞獻，以婦人爲齋娘，以祭祀之服執事。近服妖也。

中宗賜宰臣宗楚客等巾子樣，其制高而踣，即帝在藩邸時冠也，故時人號「英王踣」。踣，顛仆也。

玄宗開元二十五年正月，道士尹愔爲諫議大夫，衣道士服視事。亦服妖也。

天寶初，貴族及士民好爲胡服胡帽，婦人則簪步摇釵，衿袖窄小。楊貴妃常以假鬢爲首飾，而好服黄裙。近服妖也。時人爲之語曰：「義髻抛河裏，黄裙逐水流。」

憲宗元和末，婦人爲圓鬟椎髻，不設鬢飾，不施朱粉，惟以烏膏注脣，狀似悲啼者。圓鬟者，上不自樹也；悲啼者，憂恤象也。

文宗時，吳、越間織高頭草履，纖如綾縠，前代所無。履，下物也，織草爲之，又非正服，而被以文飾，蓋陰邪闒茸泰侈之象。　僖宗乾符五年，雒陽人爲帽，皆冠軍士所冠者。又内臣有刻木象頭以裹幞頭，百官效之，工門如市，度木斫之曰：「此斫尚書頭，此斫將軍頭，此斫軍容頭。」近服妖也。　僖宗時，内人束髮極急，及在成都，蜀婦人效之，時謂爲「囚髻」。唐末，京都婦人梳髮以兩鬢抱面，狀如椎髻，時謂之「拋家髻」。又世俗尚以琉璃爲釵釧。近服妖也。拋家、流離，皆播遷之兆云。　昭宗時，十六宅諸王以華侈相尚，巾幘各自爲制度，都人效之，則曰：「爲我作某王頭。」識者以爲不祥。

蜀王衍晚年，俗競爲小帽，僅覆其頂，俛首即墮，謂之「危腦帽」。衍以爲不祥，禁之。而衍好戴大帽，每微服出遊〔七六〕，民間以大帽識之，因令國中皆戴大帽。又好裹尖巾，其狀如錐。而後宮皆戴金蓮花冠，衣道士服，酒酣，免冠，其髻鬈然，更施朱粉，號「醉粧」，國人皆效之。

宋太祖建隆初，時當蜀孟昶末年，婦女競治髮爲高髻，號「朝天髻」。未幾，昶入朝京師。　江南李煜末年，有衛士秦友登壽昌堂榻，覆其鞾而坐，訊之，風狂不瘖。識者云：「鞾，有履也〔七七〕。其李氏將覆於此地而爲秦所有乎？履與李、友與有同音，趙與秦同祖。」　又煜宮中盛雨水染淺碧爲衣，號「天水碧」。未幾，爲王師所克，士女至京師猶有服之者〔七八〕。天水，國姓之望也。　太宗淳化三年，京師里巷婦人競剪黑光紙團靨，又裝鏤魚腮中骨，號「魚媚子」以飾面。或曰：黑，水行〔七九〕；魚，水族，皆陰類也。面爲六陽之首，陰侵於陽，將有水災〔八〇〕。明年，京師秋冬積雨，衢路水深數尺。　真宗景德四年春，京城小兒裂裳爲小旗繫竿首，相對揮颭。兵鬬之象也。　是歲，宜州卒陳進爲亂，出師討平之。　高宗紹興二十一年，行都豪貴競爲小青蓋，飾赤油火珠於蓋之尊〔八一〕，出都門外，傳呼於道。國朝以火德興，赤，火祥也。又珠者，乘輿服御飾升龍用焉，臣庶以加於小蓋，近服妖，亦僭咎也。又都市爲戲，加篦巾，披卧辣，執籐鞭，群吹鷓鴣笛，撥葫蘆琴，效胡樂胡舞，長跪獻酒。時狄患僅定，上念境土未復，將用夏變夷，命有司禁止之。與漢靈帝時胡舞、唐天寶胡服同占，皆服妖也。二十三年，士庶家競以胎鹿皮製婦人冠，山民採捕胎鹿無遺。九月庚子，言者以暴殄傷仁，遂申嚴景祐捕鹿之禁。紹興初，去宣和未遠〔八二〕，婦人服飾尚集翠羽爲之。與唐志百鳥毛織裙同占。二十七年，交趾貢翠羽數百，上命焚之通衢。至是始立法以禁之〔八三〕。光宗紹熙元年，里巷婦人初以琉璃釵爲首飾。唐志，琉璃釵釧有流離之兆，亦服妖也。後連年有饑流之厄〔八四〕。

射妖

周宣王殺杜伯而無辜。後三年，王會諸侯，田於圃，日中起於道左〔八五〕，衣朱衣冠，操朱弓矢，射王，中心折脊而崩。

莊公十八年「秋，有蜮」。劉向以爲蜮生南越。越地多婦人，男女同川，淫女爲主，亂氣所生，故聖人名之曰蜮。蜮猶惑也。在水旁，能射人，射人有處，甚者至死。以氣射人也。南方謂之短弧，即射工也，亦呼水弩。近射妖，死亡之象也。時莊公將娶齊之淫女，故蜮生。後女淫於二叔，叔牙、慶父。兩子見弑，夫人亦誅。劉歆以爲蜮盛暑所生，非自越來也。京房易傳曰：「忠臣進善君不試，試，用也。厥妖國生蜮〔八六〕。」哀公時，有隼集陳廷而死，楛矢貫之，楛，木名，堪爲箭笴。石砮，砮，鏃也。長尺有咫。陳閔公使人問仲尼〔八七〕，對曰：「隼之來也遠矣！昔武王克商，通道百蠻，使各以方物來貢，肅慎貢楛矢，肅慎，東北夷。石砮長尺有咫。先王分異姓以遠方職，使毋亡服，服，事也。故分陳以肅慎矢。」試求之故府，果得之。劉向以爲隼近黑祥，貪暴類也；矢貫之，近射妖也；死於廷，國亡表也。象陳眊亂，不服事周，而行貪暴，將致遠夷之禍，爲所滅也。其後，陳卒爲楚所滅。

後漢靈帝光和中，雒陽男子夜龍以弓箭射北闕，吏收考問，辭「居貧負責，無所聊生，因買弓箭以射」。近射妖也。風俗通曰：「龍從兄陽求臘錢，龍假取繁數，頗厭患之。陽與錢千，龍意不滿，欲破陽家，因持弓矢射玄武門東闕。吏士呵縛首服〔八八〕。詔龍以重論，陽不連坐。」其後車騎將軍何苗，與兄大將軍進部兵還相猜疑，對相攻擊，戰於闕下。苗死兵敗，殺數千人，雒陽宮室内人燒盡。

蜀車騎將軍鄧芝征涪陵，見玄猿緣山，手射中之。猿拔其箭，卷木葉塞其瘡。芝曰：「嘻！吾違物之性，其將死矣。」俄而卒。此射妖也。一曰，猿母抱子，芝射中之，子爲拔箭，取木葉塞創。芝嘆息，投弩水中〔八九〕，自知當死。

晉恭帝爲瑯琊王，好奇戲，嘗閉一馬於門内，令人射之，欲觀幾箭死。左右有諫者，曰：「馬，國姓也。今射之，不祥。」於是乃止，而馬已被十許箭矣。此蓋射妖也。俄而禪位云。

東魏孝静武定四年，後齊神武作宰，親率諸軍攻西魏於玉壁。其年十一月，帝不豫，班師。將士震懼，皆曰：「韋孝寬以定功弩射殺丞相。」西魏下令國中曰：「勁弩一發，凶身自殞。」神武聞而惡之，其疾暴增。近射妖也。洪範五行傳曰：「射者，兵戎禍亂之象，氣逆天則禍亂將起。」神武行，殿中將軍曹魏祖諫曰〔九〇〕：「王以死氣逆生氣，爲客不利，主人則可。」帝不從，頓軍五旬，頻戰沮衄。又聽孤虛之言，於城北斷汾水，起土山。其處天險千餘尺，功竟不就，死者七萬。氣逆天之咎也。其年帝崩。明年，王思政擾河南。

北齊武平，後主自并州還鄴，至八公嶺，夜與左右歌而行。有一人忽發狂，意後主以爲狐媚，伏草中，彎弓而射之，傷數人，幾中後主。後主執而斬之，其人不自覺也。狐而能媚，獸之妖妄也。帝時不恤國政，專與内人閹豎酣歌爲樂，或衣繿縷衣，行乞爲娱。此妖妄之象。人又射之，兵戎禍亂之應也。未幾而國滅。

宋孝宗淳熙十四年正月〔九一〕，閹宦競以小弓矢射於殿廡爲戲，弓長尺餘，箭纔數寸。近射妖也。寧宗慶元五年，諸軍器械所造筒子弩、柳木牌以爲戲，木弩加以竹箭，蔽以方布，剔以角篦。時朝廷遣使閲習器械。射妖之戒若曰，除戎器皆兒戲也。後開禧卒有兵弗戢之禍。

校勘記

〔一〕下人將因女寵而居有宫室之象也　「而居有」三字原脱，據漢書卷二七下之上五行志下之上補。

〔二〕違忤民心之應也　「心之」原作「之心」，「應」字原脱，據漢書卷二七下之上五行志下之上乙補。

〔三〕用后嬖寵　「用」原作「周」，據漢書卷二七下之上五行志下之上、詩經小雅十月之交改。

〔四〕天鳳二年　「二」原作「元」，據漢書卷九九中王莽傳中、資治通鑑卷三〇改。

〔五〕今專主王事　「主王事」，後漢書五行志一作「主事」。

〔六〕省中悉出　「出」字原脱，據後漢書五行志五補。

〔七〕教我上殿爲天子　「我」字原脱，據後漢書五行志五補。

〔八〕欲收縛　按後漢書五行志五，「縛」下有「何人吏未到」五字。

〔九〕梁即魏地之名　按後漢書五行志五，「梁」上有「臣昭注曰」四字，則此爲劉昭注文。

〔一〇〕魏齊王嘉平初　「初」原作「中」，據晉書卷二八五行志中、宋書卷三一五行志二改。

〔一一〕明日見其迹　「見」原作「言」，據晉書卷二八五行志中、宋書卷三一五行志二改。

〔一二〕元帝永昌二年　「二」原作「元」，據元本、慎本、馮本及晉書卷二八五行志中、晉書卷六明帝紀、晉書卷九八王敦傳、宋書卷三一五行志二改。

〔一三〕百姓訛言行蟲病　「行」字原脱，據晉書卷二八五行志中、宋書卷三一五行志二補。

〔一四〕明其逆也　「明」，晉書卷二八五行志中同，宋書卷三一五行志二作「斯」。

〔一五〕言害由中出不由外也　按晉書卷二八五行志中、宋書卷三一五行志二，俱無「出」字。

〔一六〕五霸會於戌　「五」原作「王」，據宋書卷三一五行志二改。「戌」原作「戊」，據晉書卷二八五行志中、宋書卷三一五行志二改。

〔一七〕言必去其類而來火與金合德　「言」字原脱，據晉書卷二八五行志中、宋書卷三一五行志二補。

〔一八〕踰月而不能濟水　按宋書卷三一五行志二無「水」字。
〔一九〕北中郎將劉遐及臨淮内史蘇峻　「將」字原脱，據晉書卷六明帝紀、晉書卷八一劉遐傳、宋書卷三一五行志二補。「臨淮」原作「淮陵」，據晉書卷六明帝紀、晉書卷一〇〇蘇峻傳改。
〔二〇〕其聲悲切　按世説新語黜免篇劉峻注引司馬晞傳：「晞字道升，元帝第四子，初封武陵王，拜太宰。太宗即位，謀逆，徙新安。晞未敗四五年中，喜爲挽歌，自摇大鈴，使左右習和之。又燕會，倡妓作新安人歌舞離别之辭，其聲甚悲。後果徙新安。」則自上文「庾晞」至此四十二字，所述實爲武陵王司馬晞之事，庾晞當爲武陵王司馬晞之誤。
〔二一〕祕書監朱肜等因請誅鮮卑　「朱肜」，晉書卷一一三苻堅載記上作「朱彤」。
〔二二〕術數者推之　「之」字原脱，據南史卷四齊本紀上補。
〔二三〕齊高祖舊居武進東城里　「里」原作「村」，據南齊書卷一高帝紀、南史卷四齊本紀上改。
〔二四〕果以輕狡而至於窮　「狡」，南史卷五齊本紀下作「狷」。
〔二五〕既而文惠太子薨　「而」原作「立」，據元本、慎本、馮本及南史卷五齊本紀下改。
〔二六〕句後輒云愁和帝　「帝」，南齊書卷一九五行志作「諦」。
〔二七〕大同五年十二月　「大同」原作「大通」，據南史卷七梁本紀中改。
〔二八〕北齊文宣帝時　「時」字原脱，據隋書卷二二五行志上補。
〔二九〕帝不懌　按隋書卷二二五行志上，「帝」下有「聞而」二字。
〔三〇〕煬帝終失天下　按隋書卷二二五行志上，「帝」下有「嗣位」二字。

〔三一〕於字離合爲大苦未也　「未」原作「來」，據元本、慎本、馮本及隋書卷二三五行志上改。

〔三二〕葬寶公於是　「是」字原脱，據宋史卷六六五行志四補。

〔三三〕白巾冪之　「白巾」，宋史卷六六五行志四作「帛」。

〔三四〕人欲讀者　按宋史卷六六五行志四，「讀」下有一「之」字。

〔三五〕名臣陸倕　「臣」，宋史卷六六五行志四作「士」。

〔三六〕乃鑄其偈同葬焉　「鑄其偈」，宋史卷六六五行志四作「歸其銘」。

〔三七〕即乘雞也　「乘」字原脱，據宋史卷六六五行志四補。

〔三八〕荆南高從誨鑿池於山亭下　按宋史卷六六五行志四，「荆」上有「漢乾祐中」四字。

〔三九〕凡平荆湖川廣江南五國　按宋史卷六六五行志四，「國」下有「皆來朝」三字。

〔四〇〕學士幸寅遜撰詞　「幸」原作「辛」，據宋史卷六六五行志四、宋史卷四七九西蜀孟氏世家改。

〔四一〕自命筆題云　「云」字原脱，據宋史卷六六五行志四、宋史卷四七九西蜀孟氏世家補。

〔四二〕桶與統同音　「統」，宋史卷六六五行志四作「宋」。

〔四三〕有旨禁絶　按宋史卷六六五行志四，「絶」下有「後金人斡離不圍京師，其國謂之二郎君云」等十七字。

〔四四〕瓊州訛言妖星流墮民舍郭七家　按宋史卷六六五行志四無「舍」字。

〔四五〕通判曾丰　「判」原作「守」，據宋史卷六六五行志四改。

〔四六〕晉獻公使太子申生帥師　「帥」原作「出」，據左傳閔公二年、漢書卷二七中之上五行志中之上改。

〔四七〕君子之常度　「度」原作「服」，據左傳閔公二年、漢書卷二七中之上五行志中之上改。

〔四八〕玦形半缺　「缺」原作「玦」，據漢書卷二七中之上五行志中之上改。
〔四九〕今翠鳥也　「也」字原脱，據漢書卷二七中之上五行志中之上補。
〔五〇〕隋也　「隋」原作「隨」，據漢書卷二七中之上五行志中之上改。
〔五一〕帶持弓劍　「弓」，漢書卷二七中之上五行志中之上作「刀」。
〔五二〕典門户奉宿衛之臣執干戈衛空宫　下「衛」字，漢書卷二七中之上五行志中之上作「守」。
〔五三〕乃拜故司徒韓寅爲司隸校尉　「寅」，後漢書卷七桓帝紀作「縯」。
〔五四〕多援邊人以克本朝　「克」，後漢書五行志一作「充」。
〔五五〕明帝日著繡帽　按晉書卷二七五行志一、宋書卷三〇五行志一無「日」字。
〔五六〕諫曰此於禮何法服邪　按宋書卷三〇五行志一，「諫」上有一「阜」字。又「於」字原脱，據晉書卷二七五行志一、宋書卷三〇五行志一補。
〔五七〕著衣者皆厭褄　按宋書卷三〇五行志一，「褄」下有「蓋裙」二字。
〔五八〕加乎交領之上　「交領之」，宋書卷三〇五行志一作「脛」。
〔五九〕必畜其器　「畜」，宋書卷三〇五行志一作「置」。
〔六〇〕南楚江湘之間曰帕頭　「湘」原作「淮」，據方言卷四改。
〔六一〕又以氈爲絈頭及絡帶袴口　「袴」，宋書卷三〇五行志一作「衿」。下同。
〔六二〕初作屐者　「屐」，宋書卷三〇五行志一作「履」。
〔六三〕今接杯盤於手上而反覆之　「接」原作「按」，據晉書卷二七五行志上、宋書卷三〇五行志一及上文改。

〔六四〕江淮之域有敗屩音脚自聚於道　「屩」，晉書卷二七五行志上同，宋書卷三〇五行志一作「編」。下同。

〔六五〕名之曰顔俗傳行之　「俗」，宋書卷三〇五行志一同，晉書卷二七五行志上作「帢」，下文有「無顔帢」，疑是。

〔六六〕天下愧焉　「愧」原作「醜」，據晉書卷二七五行志上、宋書卷三〇五行志一改。

〔六七〕諸侯大夫所以服天子也　「大夫」二字原脱，據宋書卷三〇五行志一補。

〔六八〕忘設豹尾　按宋書卷三〇五行志一，「忘」上有「迎官」二字。

〔六九〕殿上施絳帳　按晉書卷九九桓玄傳、宋書卷三〇五行志一，「絳」下有一「綾」字。

〔七〇〕四角金龍銜五色羽葆流蘇　按晉書卷九九桓玄傳，「角」下有一「作」字。

〔七一〕晉末皆冠小而衣裳博大　按晉書卷三〇五行志一，「小」下有一「冠」字。

〔七二〕民間語好云擾攘建武　「民」原作「人」，據南齊書卷一九五行志改。

〔七三〕危則當走西也　「則」，北齊書卷八幼主紀、北史卷八齊本紀下俱作「側」。

〔七四〕且唱曰高末　「唱」原作「喝」，據北齊書卷八幼主紀、北史卷八齊本紀下改。

〔七五〕中宗景龍三年十一月　「三」原作「二」，據舊唐書卷七中宗紀、新唐書卷四中宗紀、新唐書卷三四五行志一改。

〔七六〕每微服出遊　按新五代史卷六三王建世家，「遊」下有「民間」二字。

〔七七〕有履也　「有」原作「友」，據元本、慎本、馮本及下文改。

〔七八〕士女至京師猶有服之者　「之」字原脱，據宋史卷六五五行志三補。

〔七九〕水行　按宋史卷六五五行志三，「水行」作「北方色」。

〔八〇〕將有水災　「水」字原脱，據宋史卷六五五行志三補。

〔八一〕飾赤油火珠於蓋之尊　「尊」，宋史卷六五五行志三作「頂」。

〔八二〕紹興初去宣和未遠　「紹興初」，宋史卷六五五行志三作「時」。按上文已述及紹興二十三年事，此不當復言紹興初。

〔八三〕至是始立法以禁之　「以」原作「亦」，據宋史卷六五五行志三改。

〔八四〕後連年有饑流之厄　「饑流」，宋史卷六五五行志三作「流徙」。

〔八五〕日中起於道左　按史記卷四周本紀注引史記正義引周春秋，「起」上有「杜伯」二字。

〔八六〕厥妖國生蜮　「妖」，漢書卷二七下之上五行志下之上作「咎」。

〔八七〕陳閔公使人問仲尼　「人」，漢書卷二七下之上五行志下之上作「使」。

〔八八〕吏士呵縛首服　「呵」原作「呼」，據元本、慎本、馮本及後漢書五行志五改。「縛」原作「問」，據後漢書五行志五改。

〔八九〕投弩水中　「水中」二字原脱，據晉書卷二九五行志下、宋書卷三四五行志五補。

〔九〇〕殿中將軍曹魏祖諫曰　「祖」字原脱，據北史卷六齊本紀上補。

〔九一〕宋孝宗淳熙十四年正月　「孝宗」原作「理宗」，按宋史卷三四孝宗紀二，「淳熙」爲孝宗年號，作「理宗」誤，故改。

卷三百十一　物異考十七

毛蟲之異

周穆王征犬戎，得四白狼四白鹿以歸。自是荒服者不至。

春秋莊公十七年「冬，多麋」。劉歆以爲毛蟲之孽爲災。劉向以爲麋色青，屬青祥。麋之爲言迷也，蓋牝獸之淫者。時莊公將取齊之淫女，天戒若曰，勿取齊女，淫而迷國。不悟，卒取之。其後淫于二叔，慶父、叔牙。終皆誅死，幾亡社稷。董仲舒指略同。京房易傳曰：「廢正作淫，大不明，國多麋。」

漢昭帝時〔一〕，昌邑王賀聞人聲曰「熊」，視而見大熊。左右莫見，以問郎中龔遂，遂曰：「熊，山野之獸，而來入宮室，王獨見之，此天戒大王，恐宮室將空，危亡象也。」賀不改悟，後卒失國。

後漢章帝建初七年，獲白鹿。安帝延光三年，扶風言白鹿見雍。潁川言白鹿及白虎二見陽翟。

順帝陽嘉元年十月中，望都蒲陰狼殺兒童九十七人〔二〕。時李固對策，引京房易傳曰：「君將無道，害將及人，去之深山以全身〔三〕，厥妖狼食人〔四〕。」陛下覺悟，比求隱滯，故狼災息。桓帝永興元年，張掖言白鹿見。延禧五年，驚馬逸象突入宮殿。永康元年，西河言白兔見〔五〕。靈帝建寧中，群狼數十頭入晉陽南城門齧人。光和三年正月，虎見平樂觀〔六〕，又見憲陵上，齧衛士。蔡邕封事曰：「政有苛暴，則虎狼食人。」

魏明帝青龍四年，司馬懿獲白鹿，獻之。

吴孫權赤烏六年，新都言白虎見。　十一年五月〔七〕，鄱陽言白虎仁〔八〕。瑞應圖曰：「白虎仁者〔九〕，王者不暴虐，則虎仁不害也〔一〇〕。」

晉武帝太康六年，南陽獻兩足猛獸。　此毛蟲之孽也。　識者爲其文曰：「武形有虧，金獸失儀，聖主應天，斯異何爲！」言兆亂也。　京房易傳曰：「足少者，下不勝任也。」干寶以爲：「獸者陰精，居於陽，金獸也。　南陽，火名也。　金精入火而失其形，王室亂之妖也。」六，水數，言水數既極，火慝得作，而金受其敗也。　至元康九年，始殺太子，距此十四年。　二七十四，火始終相乘之數也。　自帝受命，至愍懷之廢，凡三十五年焉。　七年十一月丙辰〔一一〕，四角獸見於河間，河間王顒獲之以獻。　天戒若曰，角者，兵象也，四者，四方之象，當有兵亂起於四方。　後河間王遂連四方之兵，作爲亂階，殆其應也。　懷帝永嘉五年，蝘鼠出延陵。　郭景純筮之曰：「此郡東之縣當有妖人欲稱制者，亦尋自死矣。」其後吴興徐馥作亂，殺太守袁琇，馥亦時滅，是其應也。　成帝咸和六年正月丁巳，會州郡秀孝於樂賢堂，有麏居筠反。見於前，獲之。　孫盛以爲吉祥〔一二〕：「夫秀孝，天下之彥士，樂賢堂，所以樂養賢也。　自喪亂以後，風教陵夷，秀孝策試，乏四科之實〔一三〕。　麏興於前，或斯故乎？」　哀帝隆和元年十月甲申〔一四〕，有麞入東海第，百姓讙言曰：「主入東海第。」識者怪之。　及海西廢爲東海王，乃入其第。　孝武太元十三年四月癸巳，祠廟畢〔一五〕，有兔行廟堂上。　天戒若曰，兔，野物也〔一六〕，而集宗廟之堂，不祥莫之甚焉。

石虎時，郡國前後送蒼麟十六，白鹿七。虎命司虞張曷柱調之，以駕芝蓋，列於充庭之乘。

苻健末年〔一七〕，猛獸及狼食人，行路斷絶。

苻生既立，猛獸及狼大暴，晝則斷道，夜則發屋，惟害人而不食六畜，一年殺七百餘人。百姓苦之，皆聚而邑居，爲害滋甚，遂廢農業，内外汹懼。

慕容超祀南郊，將登壇，有獸大如馬，狀類鼠而色赤，集於圜丘之側，俄而不知所在。須臾大風暴起，天地晝昏，其行宫羽儀皆振裂。

宋文帝元嘉二十八年秋，猛獸入郭内爲災。

梁武帝天監六年三月，有三象入建鄴。中大同元年，邵陵王綸在南徐州卧内，方晝，有狸鬭於擱上，墮而獲之。至太清中侯景之亂，將兵援臺城，至鍾山，有蟄熊無何至，齧綸所乘馬。毛蟲之孽也。綸尋爲王僧辨所敗，亡南陽，爲西魏所殺。中大同中，每夜狐鳴闕下，數年乃止。京房易飛候曰：「野獸群鳴，邑中且空虚。」俄而國亂，丹陽死喪略盡。元帝承聖元年十二月，淮南有野象數百，壞人室廬。宣城郡猛獸暴食人。

陳後主禎明中，狐入牀下，捕之不獲。京房易飛候曰：「狐入君室，室不居。」未幾而國滅。

魏明元帝神瑞二年，射白熊於頹牛山，獲之。太武太延元年，白兔見於渤海。

東魏孝静武定三年九月，豹入鄴城南門，格殺之。五年八月，豹又上銅爵臺。京房易飛候曰：「野獸入邑，及至朝廷若道，上官府門，有大害，君亡。」是歲東魏師敗於玉壁，神武遇疾崩。

北齊後主武平二年，有兔出廟社之中。京房易飛候曰：「兔入王室，其君亡。」按廟者，祖宗之神室也。後五歲，周師入鄴，後主東奔。　四年〔一八〕，鄴都、并州並有狐媚，多截人髮。　武平中，朔州府門外，無何有小兒脚迹，又擁土爲城雉之狀，時人怪而察之，乃狐媚所爲，漸流至并、鄴。與武定三年同占。是歲，南安王思好起兵於北朔，直指并州，爲官軍所敗。鄭子饒、羊法暠等復亂山東。　武平末，并、鄴諸州多狼而食人〔一九〕。洪範五行傳曰：「狼貪暴之獸，大體以白色爲主，兵之表也。又似犬，近犬毗也。」京房易傳曰：「君將無道，害將及人，去之深山以全身。厥妖狼食人。」時帝任用小人，競爲貪暴，殘賊人物，食人之應。尋爲周軍所滅，兵之象也。

隋煬帝大業四年，張掖獲玄狐。

唐高宗永徽中，河源軍有狼三，晝入軍門，射之，斃。　永淳中，嵐、勝州兔害稼，千萬爲群，食苗盡，兔亦不復見。　玄宗開元三年，有熊晝入揚州城。　肅宗乾元二年十月，詔百官上勤政樓觀安西兵赴陝州，有狐出於樓上，獲之。　代宗大曆四年八月己卯，虎入京師長壽坊宰臣元載家廟，射殺之。虎，西方之屬，威猛吞噬，刑戮之象。　六年八月丁丑，獲白兔於太極殿之內廊。占曰：「國有憂。」白，喪祥也。　德宗建中三年九月己亥夜，虎入宣陽里〔二〇〕，傷人二〔二一〕，詰朝獲之。　貞元二年二月乙丑〔二二〕，有野鹿至含元殿前，獲之；壬申，又有鹿至含元殿前，獲之。占曰：「有大喪。」　四年三月癸亥，有鹿至京師西市門，獲之。　八年正月，鄂州獻白鹿。　憲宗元和十年五月，臨碧院使奏，壽昌殿南獲白鹿麑，進之。　穆宗長慶二年五月，有自吐蕃至者，稱隴上自去歲以來〔二三〕，出異獸如猴，而腰尾皆長，色青赤〔二四〕，迅猛，見蕃人即捕而食之，遇漢人則否。　開成四年四月〔二五〕，有麞出於太廟，獲之。　昭宗天祐元年九月，汴州進白兔。

後漢隱帝乾祐二年五月〔二六〕，潁州進白兔。　三年正月，有狐出明德門，獲之。　比常狐毛長，腹剩二足〔二七〕。　五月，太原進白兔〔二八〕。

後周世宗顯德三年，潁州進白兔。

南漢劉鋹時，有野獸觸宮中寢門。

宋太祖建隆三年五月，有象至黃州黃陂縣，匿林木中，食民苗稼，又至安、復、襄、唐州踐民田，頗爲患。遣使捕之。　明年十二月，於鄧州南陽縣獲之，獻其齒革。　乾德二年五月，有象至澧州安鄉、澧陽等縣，又有象涉江入岳州華容縣，直過闤闠。　十月，又有象至澧州澧陽縣城北。　五年，有象自至京師。群臣表賀，以爲巨獸由遠方而來，國家當撫有海南之兆也。未幾，廣南平。　開寶八年四月，陝州平陸縣鷙獸傷人，遣使捕之，生獻數頭〔二九〕。　十月，江陵府白晝虎入市，傷二人。　太宗太平興國三年，果、閬、蓬、集州虎爲害，遣殿直張延鈞捕之，獲百數〔三〇〕。　俄而巴州七盤縣虎傷人，延鈞又獲七，以皮爲獻。　七年，越州虎入蕭山縣民趙訓家，害八口。　雍熙四年五月，有犀自黔南入萬州，民捕殺之，獲其皮角。　淳化元年十月，桂州虎傷人，詔遣使捕之。　至道元年六月，鳳州梁泉縣虎傷人。　二年九月，蘇州虎夜入福山寨，食守卒四人。　真宗咸平二年十二月〔三一〕，黃州長圻村二虎夜鬬〔三二〕，一死，食之殆半。占云：「守臣災。」明年，知州王禹偁卒。　六年十月乙丑〔三三〕，有狐出皇城東北角樓，歷軍器庫至夾道，獲之。潭州獻白鹿，潁州獻白麑，單州獻白麞，開封府大唐縣獻黑兔，沂州獻紫兔。　大中祥符元年五月，封禪經度制置使王欽若言，泰山舊多虎，自興功以來，雖屢見而未嘗傷人，悉相率入徂徠山而去。　九年三月，杭州浙江側有虎入稅場〔二四〕，巡檢俞仁祐揮戈殺之。　神宗熙寧元年九月，撫州獲白兔。　十二月，嵐州獲白鹿。　四年九月，廬州獲白兔。　徽宗政和五年十二月，安化軍獲白兔。　宣和元年二月〔二五〕，淄川獲黑兔。　七年秋，有狐由艮嶽直入御中，據御榻而坐，詔毀狐王廟。「狐」與「胡」同音。　高宗紹興十年春，有野豕入海州，市民刺殺之。　時州陷虜，夏，鎮江軍帥王勝攻取之。　明年，和戎，以其郡屬虜，悉空其民渡江。　後二十年，有二虎入城，人射斃之，虎亦搏人。　明年，魏勝舉州來歸，亦徙民如昔。　虎、豕皆毛孽也。　漢志龔遂曰：「野獸入宮室，宮室將空，危亡象也。」　十一年，隨州大洪山有跛虎久爲人患。近毛孽也。　十三年，南康縣雷雨，群狸震死岩穴中，岩石爲碎。　紹興中，句容縣有狸毛色如虎。孝宗乾道七年，潮州野象數百爲群，秋成食稼，農設阱田間，象不得食，率其群圍行道車馬，保伍積穀委之，乃解圍。　淳熙二年，江州馬當山群狐掠人。　十年，滁州有熊虎同入樵民舍，夜，自相搏死。　光宗紹熙元年三月，臨安府民家猫生子，一首八足二尾。　四年，鄂州武昌縣虎爲人患。　虎，西方之屬，威猛吞噬，刑戮之象。　五年八月，揚州獻白兔。　侍御史章穎劾守臣錢之望以孽爲瑞，坐黜。　占曰：「國有憂。」白，喪祥也。　與唐大曆六年獲白兔同占。　是歲，孝宗皇帝晏駕〔二六〕。　寧宗慶元三年，德興縣群狐入民舍。　皆毛孽也。

麒麟 騶虞

春秋哀公十四年春，西狩于大野，叔孫氏之車子鉏商獲麟，大野在高平鉅野東北，大澤是也。以爲不祥，以賜虞人。仲尼觀之，曰：「麟也」。然後取之。公羊傳：「何以書？」「記異也。」「何異爾？」「非中國之獸。麟者，仁獸也。有王者則至，無王者則不至。有以告者，曰有麕而角者。孔子曰：『孰爲來哉？』反袂拭面，涕沾袍，曰：『吾道窮矣。』」麟，太平之符，聖人之類。時得麟而死，此亦天告夫子將没之徵，故云爾。穀梁傳：「西狩獲麟，引取之也。言引取之者，解經言獲也。傳例曰諸獲者皆不與也。今言獲麟，自爲孔子來魯。引而取之，亦不與魯之辭也。狩地，不地不狩也。非狩而曰狩，大獲麟，故大其適也。適猶如也之也，非狩而言狩，大得麟，故以大所如者名之也。且實狩當言冬，不當言春。其不言來，不外麟於中國也。不言有，不使麟不恒於中國也。」

漢武帝元狩元年冬十月，行幸雍，祠五時。獲白麟，作白麟之歌。

後漢明帝永平十一年，麒麟出。安帝延光三年，潁川言麒麟見陽翟。四年，東郡言麒麟見濮陽。

吴孫權赤烏元年，武昌言麒麟見。

晉武帝泰始元年，郡國言麒麟見。二年，麒麟又見。咸寧五年二月甲午，白麟見於平原。九月甲午，麒麟見於河南。太康元年四月，白麟見於頓丘。愍帝建興二年，麟見於襄平。成帝咸和八年，麒麟、騶虞見於遼東。

石虎時，郡國送蒼麟十六。詳見毛蟲之異。

梁武帝天監十年，荆州言騶虞見。

隋文帝開皇四年，渝州獲獸似麋，一角同蹄〔三七〕。

唐高宗龍朔三年十月十六日，絳州麟見。二十六日，含元殿前麟趾見。至來年改元麟德〔三八〕。

憲宗元和七年十一月，梓州上言，龍州界嘉禾生，有麟食之。每來，一鹿引之，群鹿隨焉，光華不可正視。使畫工就圖之，并嘉禾一函以獻。文宗太和元年十一月，河中奏，當管虞鄉縣有白虎入靈峰觀〔三九〕。

按瑞應圖，義獸也〔四〇〕，一名騶虞，王者德至鳥獸，澤洞幽冥〔四一〕，則見。

蜀王建元年，騶虞見武定。三年十月，麟見壁州〔四二〕。永平二年六月，麟見文州。三年正月，麟見永泰。五月，騶虞見壁山，有二鹿隨之。四年，麟見昌州。

宋太宗太平興國九年，嵐州獻牝獸一角〔四三〕，似鹿，無斑文，角端有肉，性馴。詔群臣參驗。右散騎常侍徐鉉等援引圖史以爲麟〔四四〕，上言曰：「案春秋曰麏身而有角者，麟也。春秋感精符曰麟一角者，明海内同一主也。公羊傳曰上有聖帝明王，天下太平則麟見。今國海内一統，故仁獸出，實王者之大瑞。」宰相宋琪、李昉等同其義，皆奉表稱賀。雍熙二年閏九月〔四五〕，坊州獻一角獸，如嵐州麟。而按瑞應圖云〔四六〕，牡曰麒，牝曰麟。徽宗政和五年〔四七〕、重和元年、宣和二年三年，寧宗慶元三年，俱有牛生麒麟事。詳見牛異。

馬異

伏犧氏有天下，龍馬負圖出於河，遂法之以畫八卦。注：龍而形象馬也。

左氏傳定公十年，宋公子地有白馬四，公嬖向魋，魋欲之，公取而朱其尾、鬣以予之。地怒，使其徒抶魋而奪之。魋懼將走，公閉門而泣之，目盡腫。公弟辰謂地曰：「子爲君禮，不過出境，君必止子。」地出奔陳，公不止。辰爲之請，弗聽。辰曰：「是我迋吾兄也。我與國人出〔四八〕，君誰與守〔四九〕？」遂與其徒出奔陳。明年，俱入於蕭以叛，大爲宋患，近馬禍。

史記秦孝公二十一年有馬生人，昭公二十年牡馬生子而死。劉向以爲皆馬禍也。孝公始用商君攻守之法，東侵諸侯，至於昭王，用兵彌烈。師古曰：「烈，猛也。」其象將以兵革抗極成功，而還自害也。牡馬非生類，妄生而死，猶秦恃力彊得天下，而還自滅之象也。一曰，諸畜生非其類，子孫必有非其姓者，至於始皇，果呂不韋子。京房易傳曰：「方伯分威，厥妖牡馬生子。亡天子，諸侯相伐，厥妖馬生人。」

漢文帝十二年，有馬生角於吳，角在耳前，上鄉。右角長三寸，左角長二寸，皆大二寸。劉向以爲馬不當生角，猶吳不當舉兵向上也。時吳王濞封有四郡五十餘城，内懷驕恣，後卒舉兵〔五〇〕，誅滅。京房易傳曰：「臣易上，政不順，厥妖馬生角，兹謂賢士不足。」又曰：「天子親伐，馬生角。」武帝元鼎四年秋，馬生渥洼水中。李斐曰：「南陽新野有暴利長，當武帝時遭刑，屯田燉煌界，數於此水旁見群野馬中有奇者，與凡馬異，來飲此水。利長先作土人，持勒靽於水旁。後馬玩習，久之代土人持勒靽收得其馬，獻之。欲神異此馬〔五一〕，故云從水中出也。」作天馬之歌。太初四年春，貳師將軍李廣利斬大宛王首，獲汗血馬來。應劭曰：「大宛舊有天馬種，蹋石汗血。汗從前肩髆出，如血。號一日千里。」師古曰：「蹋石者〔五二〕，謂蹋石而有迹，言其蹏堅利。」作西極天馬之歌。成帝綏和二年二月，大厩馬生角，在左耳前，圍長各二寸。時王莽爲大司馬，害上之萌自此始矣。哀帝建平二年，定襄牡馬生駒，三足，隨群飲食，太守以聞。馬，國之武用，三足，不任用之象也。後侍中董賢年二十二爲大司馬，居上公位，天下不宗。哀帝暴崩，太后收賢印綬〔五三〕，賢自殺，王莽代之。

後漢更始二年二月，車駕發雒陽，欲之長安，司直李松奉引，車奔，觸北宮鐵柱門，三馬皆死。馬禍也。時更始失道，將亡。桓帝延禧五年四月，驚馬與逸象突入宮殿〔五四〕。近馬旤也。時桓帝政衰缺。

靈帝光和元年，司徒長史馮巡馬生人。風俗通曰：「巡馬生胡子，問養馬胡蒼頭，乃奸此馬以生子。」京房易傳曰：「上亡天子，諸侯相伐，厥妖馬生人。」後馮巡遷甘陵相，黃巾初起，爲所殘殺，而國家亦四面受敵。其後關東州郡各舉兵相攻〔五五〕，天子西移，王政隔塞。其占與京房同。光和中，雒陽水西橋民馬逸走，遂齧殺人。時公卿大臣及左右數有被誅者〔五六〕。

晉武帝太熙元年〔五七〕，遼東有馬生角，在兩耳下，長三寸。按劉向說曰：「此兵象也。」及帝晏駕之後，王室毒於兵禍，是其應也。京房易傳曰：「臣易上，政不順，厥妖馬生角，茲謂賢士不足。」又曰：「天子親伐，馬生角。」呂氏春秋曰：「人君失道，馬有生角。」及惠帝踐祚，昏愚失道，又親征伐成都，是其應也。惠帝元康八年十二月〔五八〕，皇太子將釋奠，太傅趙王倫驂乘，至南城門，馬止，力士推之不能動〔五九〕。倫入軺車，乃進。此馬禍也。天戒若曰，倫不知義方，終爲亂逆，非傅導行禮之人也。九年十一月戊寅，忽有牡騮馬驚奔至廷尉訊堂〔六〇〕，悲鳴而死。天戒若曰，愍懷冤死之象也。見廷尉訊堂，其天意乎。　懷帝永嘉六年二月，神馬鳴南城門。　愍帝建興二年九月，蒲子縣馬生人。京房易傳曰：「上亡天子，諸侯相伐，厥妖馬生人。」是時，帝室衰微，不絶如綫，胡狄交侵，兵戈日逼，尋而帝亦淪陷，故此妖見也。　元帝太興二年，丹陽郡吏濮陽楊演馬生駒〔六一〕，兩頭自項前別，生而死。司馬彪説曰：「此政在私門，二頭之象也。」其後王敦陵上。　成帝咸康八年五月甲戌，有馬色赤如血，自宣陽門直走入於殿前，盤旋走出，尋逐莫知所在。己卯，帝不豫〔六二〕，六月，崩。此馬既，又赤祥也。是年，張重華在涼州，將誅其西河相張祚，厩馬數十匹，同時悉無後尾也。　安帝隆安四年十月，梁州有馬生角，刺史郭銓送示桓玄。按劉向説曰，馬不當生角，猶玄不當舉兵向上也。玄不悟，以至夷滅。

石季龍在鄴，有一馬尾有燒狀，入其中陽門，出顯陽門，東宫皆不得入，走向東北，俄爾不見。術者佛圖澄嘆曰：「災其及矣！」逾年季龍死，其國遂滅。

慕容廆有駿馬曰赭白，有奇相逸力。石虎之伐棘城也，皝將出避難，欲乘之，馬悲鳴蹀齧，人莫能近。皝曰：「此馬見異先朝，孤常仗之濟難，今不欲者，蓋先君之意乎！」乃止。虎尋退，皝益奇之。至是，四十九歲，而駿逸不虧，雋比之鮑氏驄，命鑄銅以圖其象，親爲銘贊，鐫其旁，置之薊城東掖門。是歲，象成而馬死。

梁末，侯景僭號江南，每將戰，所乘白馬，長鳴蹀足者輒勝，垂頭者輒不利。西州之役〔六三〕，馬卧不起，景拜請，箠之，竟不動。近馬禍也。景因此敗。

陳宣帝大建五年，衡州馬生角。五行傳以爲兵象〔六四〕，敗亡之表。吴明徹師敗，爲周師所虜。

北齊文宣天保中，廣宗有馬，兩耳間生角，如羊尾。京房易傳曰：「天子親伐，則馬生角。」四年，契丹犯塞，文宣親御六軍擊之。

隋煬帝大業四年，太原廄馬死者大半，帝怒，遣使按問。主者曰：「每夜廄中馬無故自驚，因而致死。」帝令巫者視之。巫者知帝將有遼東之役，因希旨言曰：「先帝令楊素、史萬歲取之，將鬼兵以伐遼東也。」帝大悦，因釋主者。洪範五行傳曰：「逆天氣，故馬多死。」是時，帝每歲巡幸，北事長城，西通且末，國内虚耗。天戒若曰，除廄馬，無事巡幸。帝不悟，遂至亂。十一年，河南、扶風三郡〔六五〕，並有馬生角，長數寸。與天保初同占。是時，帝頻歲親征高麗。恭帝義寧元年，帝在江都宫，龍廄馬無故而死，旬日，死至數百匹。與大業四年同占。二年五月戊申，有馬生角，長二寸，末有肉。角者〔六六〕，兵象。

唐高祖武德三年十月〔六七〕，王世充僞左僕射韋霽馬生角，當項。高宗永隆二年，監牧馬失死十八萬匹〔六八〕。馬者，國之武備，天去其備，國將危亡。武后文明初，新豐有馬生駒，二首同項，各有口鼻，生而死。又咸陽牝馬生石，大如升，上微有緑毛。皆馬禍也。玄宗開元十二年五月，太原獻異馬駒，兩肋各十六，肉尾無毛。二十五年，濮州有馬生駒，肉角。二十九年三月，滑州刺史李邕獻馬，肉鬃鱗臆，嘶不類馬，日行三百里。德宗建中四年五月，滑州馬生角。文宗太和九年八月，易定馬飲水，因吐一珠，以獻。開成元年六月，揚州民明齊家馬生角，長一寸三分。武宗會昌元年四月，桂州有馬生駒，三足，能隨群於牧。　懿宗咸通三年，郴州馬生角。　十一年，沁州綿上及和川牡馬生子，皆死。京房易傳曰：「方伯分威，厥妖牡馬生子。」　僖宗乾符二年，河北馬生人。　中和元年九月，長安馬生人。　二年二月，蘇州嘉興馬生角。　光啓二年夏四月，僖宗在鳳翔，馬尾皆咤蓬如篲。　咤，怒象。

文德元年，李克用獻馬二，肘膝皆有鬣，長五寸許，蹄大如七寸甌。

宋太宗太平興國三年，靈州獻官馬駒，足各有二距。　雍熙二年，虔州吏李祚家馬生駒，足各有二距。　四年，鄜州直羅縣民高英家生馬，前兩足如牛。　端拱二年，夏州民程真家馬生二駒。　真宗大中祥符九年十二月，大名監馬生駒，赤色，肉尾無鬃。　徽宗宣和五年，馬生兩角，長三寸，四足皆生距〔六九〕。時北方正用兵。　高宗紹興八年，廣州西海壖有海獸如馬〔七〇〕，蹄鬣皆丹，夜入民舍，聚衆殺之。明日海溢，環村百餘家皆溺死。　近馬禍也。　五年，廣西市馬，全綱疫死。　孝宗淳熙六年十二月，岩昌西馬、金州馬皆大疫。　十二年，黎、雅州獻馬，有角長二寸。　京房易傳曰：「臣易上，政不順，厥妖馬生角〔七一〕，茲謂賢士不足。」　光宗紹熙元年二月丙申，右丞相乘馬早朝〔七二〕，入禁扉，馬斃。　近馬禍也。　寧宗嘉定五年正月，右丞相入賀於東宮〔七三〕，馬驚墮地，衣幘皆敗，相額微損，事與上同。

牛禍

春秋宣公三年，「郊牛之口傷，改卜牛，牛死」。　劉向以爲近牛禍也。　時宣公與公子遂謀殺子赤而自立，又以喪娶，區霿昏亂。　亂成於口，天猶惡之，生則不饗其祀，謂郊牛傷死。死則災燔其廟。　成三年，新宮災。

新宮，宣之廟也，以新成故云。董仲舒指略同。

秦孝文王五年，斿朐衍，朐衍，地名。有獻五足牛者〔七四〕。劉向以爲近牛禍也。先是，文惠王初都咸陽，廣大宮室，南臨渭，北臨涇，思心失，逆土氣。足者，止也，戒秦建止奢泰，將致危亡。秦不改，至於離宮三百，復起阿房。京房易傳曰：「興繇役，奪民時，厥妖牛生五足。」

漢景帝中六年，梁孝王田北山，有獻牛，足生背上。劉向以爲近牛禍。先是，孝王驕奢，起苑方三百里，宮館閣道相連三十餘里。納邪臣羊勝之計，欲求爲漢嗣，刺殺議臣爰盎，事發，免誅，猶有恨心，內則思慮霿亂，外則土功過制，故牛禍作。足出於背，下姦上之象也。猶不能解，發疾暴死，又凶短之咎也。

後漢明帝永平十八年，牛疫死。章帝建初四年冬，京都牛大疫。時竇皇后以宋貴人子爲太子，寵幸，令人伺求貴人過隙，以讒毁之。帝不知太后不善〔七五〕，厥咎霿也。

晉武帝太康九年〔七六〕，幽州塞北有死牛頭語。近牛禍也。是時，帝多疾病，深以後事爲念，而托付不以至公，思瞀亂之應也。按師曠曰：「怨讟動於人，則有非言之物而言。」又其義也。京房易傳曰：「殺無罪，牛生妖。」惠帝泰安中，江夏張騁所乘牛言曰：「天下亂，乘我何之！」騁懼而還，犬又言曰：「歸何早也？」尋後牛又人立而行。騁使善卜者卦之，謂曰：「天下將有兵亂，爲禍非止一家。」其年，張昌反，先略江夏，騁爲將帥，於是五州殘亂，騁亦族滅。京房易傳曰：「牛能言，如其言占爲凶〔七七〕。」易萌氣樞曰：「人君不好士，走馬被文繡，犬狼食人食，則有六畜言〔七八〕。」時天子諸侯不以惠下爲務，又其應也。

元帝建武元年七月，晉陵陳門才牛生犢〔七九〕，一體兩頭。京房易傳曰：「牛生子二首一身，天下將分之象也。」是時，愍帝蒙塵於平陽，尋爲逆胡所殺。元帝即位江東，天下分爲二，是其應也。太興元年，武昌太守王諒牛生子，兩頭八足，兩尾共一腹，三年後死。又有牛一足三尾，皆生而死。按司馬彪説，「兩頭者，政在私門，上下無別之象也。」京房易傳曰：「足多者，所任邪也；足少者，不勝任也。」其後王敦等亂政，此其祥也。四年十二月，郊牛死。按劉向説春秋郊牛死曰：「宣公區霿昏亂，故天不饗其祀。」今元帝中興之業，實王導之謀也。劉隗探會上意，以得親幸，導見疏外〔八〇〕。此區霿不睿之禍。

成帝咸和二年五月，護軍牛生犢，兩頭六足。是冬，蘇峻作亂。七年，九德人袁榮家牛產犢〔八一〕，兩頭八足二尾共身。桓玄之國，在荆州詣刺史殷仲堪，行至鶴穴逢一老公驅青牛，形色瓌異。桓玄即以所乘牛易取，乘至零陵涇溪，駿駛所吏反。非常，息駕飲牛，牛逕入江水不出。玄遣人覘守，經日無所見。於後玄敗被誅。

梁武陵王紀祭城隍神，將烹牛忽有赤蛇繞牛口。牛禍也。象類言之，又爲龍蛇之孽。魯宣公三年，牛之口傷，時以爲天不享，棄宣公也。五行傳曰：「逆君道傷，故有龍蛇之孽。」時紀雖以赴援爲名，而實妄自尊亢。思心之咎，神不享，君道傷之應。果爲元帝所敗。

陳宣帝太建三年，監豫州陳桃根獻青牛。

後魏孝文承明元年，牛疫，死傷大半。

北齊後主武平二年，并州獻五足牛。牛禍也。洪範五行傳曰：「牛土應，宮室之象也。」帝尋大發卒，於仙都苑鑿池築山，樓殿間起，窮華極麗。功始就而國亡。

後周武帝建德六年，陽武有獸三，狀如水牛，一黃，一赤，一黑。赤與黑者鬬久之，黄者自傍觸之，黑者死，黃赤俱入於河〔八二〕。近牛禍也。黑，周所尚色。死者，滅亡之象。後數載，隋代周，旗牲尚赤，戎服以黄。

隋文帝大業初，恒山有牛，四脚膝上各生一蹄。其後建東都，築長城，開溝洫。

唐高宗調露元年春，牛大疫。京房易傳曰：「牛少者穀不成。」又占曰：「金革動。」武后長安中，有獻牛無前膊，三足而行者。又有牛膊上生數足，蹄甲皆具。武太后從姊之子司農卿宗晉卿家牛生三角。中宗神龍元年春，牛疫。二年冬，牛疫。先天初，洛陽市有牛〔八三〕，左脅有人手，長一尺，或牽之以乞丐。玄宗開元十五年春〔八四〕，河北牛大疫。代宗大曆八年，武功、櫟陽民家牛生犢，二首。德宗貞元二年，牛疫。四年，郊牛生犢，六足。足多者，下不一。七年，關輔牛大疫。懿宗咸通七年，荆州民家牛生犢，五足。十五年夏，渝州江陽有水牛生驢駒〔八五〕，駒死。僖宗光啟元年，河東有牛人言，其家殺而食之。二年，延州膚施有死牛復生。

宋太祖乾德三年至真宗天禧五年，州縣上言民間牛生二犢、三犢者，凡一百二十二。太宗太平興國九年七月，知乾州衛昇獻三角牛。仁宗天聖迄英宗治平，牛生二犢者三十二、三犢者一。神宗熙寧三年距元豐八年，郡國言民家牛生二犢者三十五，生三角者一。哲宗元祐元年距元符三年，郡國言民家牛生二犢者十有五。徽宗大觀元年，閬州、達州俱言牛生二犢。政和五年七月，安武軍言，信都縣民范濟家牛生麒麟。重和元年三月，陝州言牛生麒麟。宣和二年十月，尚書省言，歙州歙縣民鮑珙家牛生麒麟。三年五月，汝州梁縣民邢喜家牛生麒麟。高宗紹興元年，紹興府有牛戴刃突入城市，觸馬，裂腹出腸。時衛卒多犯禁屠牛者，牛受刃而逸，近牛禍也。十六年，静江府城北二十里，有奔犢以角觸人於壁〔八六〕，腸胃流地，牛狂走，兩日不可執，卒以射死。牛禍也。十八年五月，邛州依政縣牛生二犢。二十一年七月，遂寧府牛生二犢者三〔八七〕。二十五年八月，漢州牛生二犢〔八八〕。孝宗淳熙十二年，臨安府仁和縣良渚有牛二首四足，七日而死。餘杭縣有犢二首一身。光宗紹熙十四年春，淮西牛大疫死。寧宗慶元元年，淮、浙牛多疫死。三年，饒州樂平縣田家牛生犢如馬，一角，麟身，肉尾〔八九〕，農民以不祥殺之，或惜其爲麟。同縣萬山牛生犢，人首。

校勘記

〔一〕漢昭帝時　「昭帝」原作「明帝」，據元本、慎本、馮本及漢書卷二七中之上五行志中之上改。

〔二〕望都蒲陰狼殺兒童九十七人　「兒童」原作「童兒」，據後漢書五行志一乙，後漢書卷六順帝紀作「女子」。

〔三〕去之深山以全身　「以」字原脱，據後漢書五行志一補。

〔四〕厥妖狼食人　「妖」原作「災」，據後漢書五行志一改。

〔五〕西河言白兔見　「兔」，宋書卷二九符瑞志下作「雉」。

〔六〕虎見平樂觀　「平樂」原作「樂平」，據後漢書五行志一注引袁山松書、後漢書卷八靈帝紀乙。

〔七〕十一年五月　「十一」原作「九」，據三國志卷四七吴主傳二、宋書卷二八符瑞志中、册府元龜卷二〇一閏位部祥瑞一改。

〔八〕鄱陽言白虎仁　「白」字原脱，據三國志卷四七吴主傳二、宋書卷二八符瑞志中、册府元龜卷二〇一閏位部祥瑞一補。

〔九〕白虎仁者　「白虎」二字原脱，據三國志卷四七吴主傳二、册府元龜卷二〇一閏位部祥瑞一補。

〔一〇〕則虎仁不害也　「虎仁」，三國志卷四七吴主傳二、册府元龜卷二〇一閏位部祥瑞一作「仁虎」。

〔一一〕七年十一月丙辰　「丙」原作「景」，據晉書卷二八五行志中，宋書卷三一五行志二改。元本、慎本、馮本俱作「庚」。

〔一二〕孫盛以爲吉祥　「以爲吉祥」，宋書卷三一五行志二作「曰」字。

〔一三〕秀孝策試乏四科之實　「乏」字原脱，據晉書卷二八五行志中補。按宋書卷三一五行志二，此句作「秀無策試之才，孝乏四行之實」。

〔一四〕哀帝隆和元年十月甲申　「隆」原作「龍」，據晉書卷二八五行志中、晉書卷八哀帝紀、宋書卷三一五行志二改。

〔一五〕祠廟畢　「祠廟」，晉書卷二八五行志中同，宋書卷三一五行志二作「礿祠」。

〔一六〕野物也　「也」字原脱，據宋書卷三一五行志二補。

〔一七〕苻健末年　「苻健」原作「苻堅」，據晉書卷一一二苻健載記改。

〔一八〕四年　「四」原作「三」，據北齊書卷八後主紀、北史卷八齊本紀下改。

〔一九〕并鄴諸州多狼而食人　「鄴」，隋書卷二二五行志上作「肆」。

〔二〇〕虎入宣陽里　「虎」上原衍一「白」字，據舊唐書卷一二德宗紀上、新唐書卷三五五行志二删。

〔二一〕傷人二　「二」原作「三」，據舊唐書卷一二德宗紀上、新唐書卷三五五行志二改。

〔二二〕貞元二年二月乙丑　「二月」二字原脱，據舊唐書卷一二德宗紀上、新唐書卷三五五行志二補。

〔二三〕稱隴上自去歲以來　「上」，舊唐書卷一六穆宗紀作「山」。

〔二四〕色青赤　「赤」字原脱，據舊唐書卷一六穆宗紀、唐會要卷二九祥瑞下補。

〔二五〕開成四年四月　按「開成」爲文宗年號，依例「開成」上當有「文宗」二字，疑脱。

〔二六〕後漢隱帝乾祐二年五月　「五月」，舊五代史卷一〇二隱帝紀中作「四月」。

〔二七〕腹剩二足　「剩」，舊五代史卷一〇三隱帝紀下、五代會要卷一一雜災變作「别有」。

〔二八〕太原進白兔　「原」原作「白」，據五代會要卷五祥瑞改。

〔二九〕生獻數頭　「數」，宋史卷六六五行志四作「十」。

〔三〇〕獲百數　「數」，宋史卷六六五行志四作「獸」。

〔三一〕真宗咸平二年十二月　「十二」，歷代名臣奏議卷二九八災祥作「十一」。

〔三二〕黄州長圻村二虎夜鬭　「圻」原作「折」，據小畜集卷一七黄州齊安永興禪院記、歷代名臣奏議卷二九八災祥改。

〔三三〕六年十月乙丑　「乙丑」，宋史卷六六五行志四作「乙酉」，宋史卷七真宗紀二作「丁丑」。

〔三四〕杭州浙江側有虎入税場　按宋史卷六六五行志四，「有」上有一「晝」字。

〔三五〕宣和元年二月　「二月」，宋史卷六六五行志四作「十月」。

〔三六〕是歲孝宗皇帝晏駕　「孝宗」原作「光宗」，宋史卷六六五行志四同。按宋史卷三六光宗紀，孝宗卒於紹熙五年六月戊戌夜，而光宗卒於寧宗慶元六年八月辛卯，此處「是歲」指紹熙五年，卒者實爲孝宗，故改。

〔三七〕一角同蹄　「同」原作「四」，據元本、慎本、馮本及隋書卷一高祖紀、册府元龜卷二三帝王部符瑞二改。

〔三八〕至來年改元麟德　「元」字原脱，據舊唐書卷四高宗紀上、唐會要卷二八祥瑞上、玉海卷一九八補。

〔三九〕當管虞鄉縣有白虎入靈峰觀　「靈」原作「重」，據舊唐書卷一七上文宗紀上、唐會要卷二九祥瑞下、册府元龜卷二五帝王部符瑞四改。

〔四〇〕義獸也　按唐會要卷二九祥瑞下，「義」上有「白虎」二字。

〔四一〕澤洞幽冥　「洞」原作「同」，據元本、慎本、馮本及唐會要卷二九祥瑞下、册府元龜卷二五帝王部符瑞四、玉海卷一九八改。

〔四二〕麟見壁州　「壁州」原作「璧州」，據新五代史卷六三前蜀王建世家、新五代史卷六〇職方考改。下同。

〔四三〕嵐州獻牝獸一角　「牝」原作「牡」，據長編卷二五雍熙元年十月癸巳條、卷二六雍熙二年閏九月己亥條改。

〔四四〕右散騎常侍徐鉉等援引圖史以爲麟　「右」原作「有」，據長編卷二五雍熙元年十月癸巳條、宋史卷四四一徐鉉傳改。「圖」原作「國」，據元本、慎本、馮本及長編卷二五雍熙元年十月癸巳條改。

〔四五〕雍熙二年閏九月　「雍熙」上原有「徽宗」二字，按宋史卷五太宗紀二，雍熙爲宋太宗年號，「徽宗」二字係舛文，故删。

〔四六〕而按瑞應圖云　「按」原作「牡」，據長編卷二六雍熙二年閏九月己亥條改。

〔四七〕徽宗政和五年　「徽宗」二字原舛至上條「雍熙」前，雍熙爲宋太宗年號，政和爲宋徽宗年號，故乙正。

〔四八〕我與國人出　「與」，漢書卷二七下之上五行志下之上作「以」。
〔四九〕君誰與守　「守」，漢書卷二七下之上五行志下之上作「處」。
〔五〇〕後卒舉兵　按漢書卷二七下之上五行志下之上，「後」上有「變見於外，天戒早矣。王不寤」十一字。
〔五一〕欲神異此馬　「欲」原作「故」，據漢書卷六武帝紀注改。
〔五二〕蹋石者　「者」字原脱，據漢書卷六武帝紀注補。
〔五三〕太后收賢印綬　「太后」，漢書卷二七下之上五行志下之上作「成帝母王太后」。
〔五四〕驚馬與逸象突入宫殿　「馬」原作「車」，據後漢書五行志五改。
〔五五〕其後關東州郡各舉兵相攻　「各」字原脱，據後漢書五行志五補。
〔五六〕時公卿大臣及左右數有被誅者　「臣」原作「夫」，據後漢書五行志五改。
〔五七〕晉武帝太熙元年　「太熙」原作「太康」，據晉書卷二九五行志下、宋書卷三四五行志五改。
〔五八〕惠帝元康八年十二月　「八年」，晉書卷二九五行志下同，宋書卷三四五行志五作「元年」。
〔五九〕力士推之不能動　「士」字原脱，據晉書卷二九五行志下、宋書卷三四五行志五補。
〔六〇〕忽有牡騮馬驚奔至廷尉訊堂　「牡」，晉書卷二九五行志下同，宋書卷三四五行志五作「牝」。
〔六一〕丹陽郡吏濮陽楊演馬生駒　「楊」字原脱，據宋書卷三四五行志五補。
〔六二〕己卯帝不豫　「己卯」，晉書卷二九五行志下、宋書卷三四五行志五俱同，晉書卷七成帝紀作「庚寅」。
〔六三〕西州之役　「西州」原作「西川」，據南史卷八〇侯景傳、隋書卷二三五行志下改。
〔六四〕五行傳以爲兵象　按隋書卷二三五行志下，「五」上有「洪範」二字。

〔六五〕河南扶風三郡　「三郡」，上列僅河南、扶風二郡，疑誤。

〔六六〕角者　「者」字原脱，據新唐書卷三六五行志三補。

〔六七〕唐高祖武德三年十月　「三」原作「二」，據元本、慎本、馮本及新唐書卷三六五行志三改。

〔六八〕監牧馬失死十八萬匹　「失」原作「大」，據新唐書卷五〇兵志、唐會要卷七二改。

〔六九〕四足皆生距　「生」原作「出」，據宋史卷六二五行志一下改。

〔七〇〕廣州西海壖有海獸如馬　按宋史卷六二五行志一下無「州」字。

〔七一〕厥妖馬生角　「生」字原脱，據漢書卷二七下之上五行志下之上補。

〔七二〕右丞相乘馬早朝　按宋史卷六二五行志一下，「相」下有「留正」二字。

〔七三〕右丞相入賀於東宫　按宋史卷六二五行志一下，「相」下有「史彌遠」三字。

〔七四〕有獻五足牛者　「者」字原脱，據漢書卷二七下之上五行志下之上補。

〔七五〕帝不知太后不善　「太后」，後漢書五行志四作「竇太后」。

〔七六〕晉武帝太康九年　「九」原作「元」，據晉書卷二九五行志下、宋書卷三四五行志五改。

〔七七〕如其言占爲凶　「爲」，晉書卷二九五行志下、宋書卷三四五行志五俱作「吉」。

〔七八〕則有六畜言　「六畜言」，晉書卷二九五行志下作「六畜談言」，宋書卷三四五行志五作「六畜妖言」。

〔七九〕晉陵陳門才牛生犢　「陳門才」，晉書卷二九五行志下同，宋書卷三四五行志五作「曲阿門」，搜神記卷七作「東門有」，疑是。

〔八〇〕導見疏外　「外」字原脱，據晉書卷二九五行志下、宋書卷三四五行志五補。

〔八一〕九德人袁榮家牛産犢　「牛」字原脱，據元本、慎本、馮本及晉書卷二九五行志下、宋書卷三四五行志五補。

〔八二〕黄赤俱入於河　「於」字原脱，據隋書卷二三五行志下補。

〔八三〕洛陽市有牛　「牛」，新唐書卷三五五行志二同，舊唐書卷三七五行志作「羊」。

〔八四〕玄宗開元十五年春　「春」字原脱，據舊唐書卷八玄宗紀、新唐書卷三五五行志二補。

〔八五〕渝州江陽有水牛生驢駒　「州」字原脱，據新唐書卷三五五行志二補。

〔八六〕有奔犢以角觸人於壁　「以角」二字原脱，據元本、慎本、馮本及宋史卷六七五行志五補。

〔八七〕遂寧府牛生二犢者三　「者」字原脱，據宋史卷六七五行志五補。

〔八八〕漢州牛生二犢　「漢州」，宋史卷六七五行志五作「漢中」。

〔八九〕肉尾　「肉」原作「四」，據宋史卷六七五行志五改。

卷三百十二　物異考十八

豕禍

左傳齊襄公田于貝丘〔一〕，見豕。從者曰：「公子彭生也。」公怒曰〔二〕：「射之！」豕人立而啼，公懼，墮車，傷足喪屨。劉向以爲近豕禍也。未幾，公爲公孫無知所弒。

漢昭帝元鳳元年，燕王宮永巷中豕出圂，壞都竈，師古曰：「圂者，養豕之牢也。都竈，烝炊之大竈。圂胡頓反。」銜其鬴六七枚置殿前。鬴，古釜字〔三〕。劉向以爲近豕禍也。時燕王旦與長公主、左將軍謀爲大逆，暴急無道。竈者，生養之本，豕而敗竈，陳鬴於庭，鬴竈將不用，宮室將廢辱也。燕王不改，卒伏其辜。京房易傳曰：「衆心不安君政，厥妖豕入居室。」

吳孫皓時，野豕入右大司馬丁奉營〔四〕。此豕禍也。後奉見遣攻穀陽，無功而反。皓怒，斬其導軍。及舉大衆北出，奉及萬彧等相謂曰：「若至華里，不得不各自還也〔五〕。」此謀泄，奉時已死，皓殺其子温，家屬皆遠徙。豕禍之應也。龔遂曰：「山野之獸，來入宮室，宮室將空。」又其應也。

晉懷帝永嘉中，壽春城中有豕生兩頭而不活，周馥取而觀之。時識者云：「豕，北方畜，胡狄象。兩頭者，無上也。生而死，不遂也。天戒若曰，勿生專利之謀，將自致傾敗也。」周馥不悟，遂欲迎天子令諸侯，俄爲元帝所敗，是其應也〔六〕，石勒亦尋渡淮，百姓死者十有其九。　元帝建武元年，有豕生八足〔七〕。此聽不聰之罰，又所任邪也。是後有劉隗之變。　成帝咸和六年六月，錢塘民家豭音加，牡豕也。豕産兩子〔八〕，而皆人面，如胡人狀，其身猶豕。京房易傳曰：「豕生人頭豕身者，危且亂。」今此豭豕而産，異之甚也。　孝武帝太元十年四月〔九〕，京都有豚，徒渾反。一頭二脊八足〔一〇〕。　十三年，京都人家豕産子，一頭二身八足。並與建武同妖也。是後宰相沉酗，香弓反。不恤朝政，近習用事，漸亂國綱，至於大壞也。

劉聰末年，犬與豕交於相國府門，又交於宮門，又交司隸、御史門。有豕著進賢冠，升聰座；犬冠武冠，帶綬，與豕並升。俄而鬭死殿上。宿衛莫有見其入者。　劉曜時，武功豕生犬。

隋文帝開皇末，渭南有沙門三人，行投陁法於人場圃之上，夜見大豕來詣其所，小豕從者十餘，謂沙門曰：「阿練，我欲得賢聖道，然猶負他一命。」言罷而去。賢聖道者，君上之所行也。皇太子勇當嗣業，行君上之道，而被囚廢之象也。一命者，言爲煬帝所殺。　渭南有人寄宿他舍，夜中聞二豕對語。其一曰：「歲將盡，阿耶明日殺我供歲，何處避之？」一答曰：「可向水北姊家。」因相隨而去。天將曉，主人覓豕不得〔一一〕，意是宿客而詰之。宿客言狀，主人如其言而得豕。其後蜀王秀得罪，帝將殺之，樂平公主每匡救〔一二〕，得全。後數年而帝崩，歲盡之應。

唐太宗貞觀十七年六月，司農寺豕生子，一首八足，自頸分爲二。　德宗貞元四年二月，京師民家有豕生子，兩首四足。首多者，上不一也。是歲，宣州大雨震電，有物墮地如猪，手足各兩指，執赤班蛇食之。頃之，雲合不復見。近豕禍也。憲宗元和八年四月，長安西市有豕生子，三耳八足，自尾分爲二。足多者，下不一也。懿宗咸通七年，徐州蕭縣民家豕出圂舞，又牡豕多將鄰里群豕而行，復自相噬齧。僖宗乾符六年，越州山陰民家有豕入室内，壞器用，銜案缶置水次。廣明元年，絳州稷山縣民家豕生如人狀，無眉目耳髮。占爲邑有亂。

宋孝宗乾道六年〔一三〕，南雄州民家豕生數豚，而首各備他獸形〔一四〕，亦有人首者。占爲邑有亂。寧宗慶元初，饒州樂平縣民家豕生豚，與南雄豕禍同占〔一五〕，而更具他獸蹄。京房妖占曰：「豕生人頭豕身者，危且亂。」三年四月，饒州餘干縣民家豕生八豚〔一六〕，其二爲鹿。福州古田縣民生嬰兒爲豕所食。皆豕禍也。

光宗紹熙二年三月，辰州叙浦縣常平倉敖墻壁爲群豕所穴，食倉米五十石。彘食人食，近豕禍也。

羊禍

史記魯定公時，季桓子穿井，得土缶，中得蟲若羊。缶，盎之屬，即今之盆。近羊禍也。羊者，地上之物，出於土中〔一七〕，象定公不用孔子之言而聽季氏，暗昧不明之應。一曰，羊去野外而拘土缶者，象魯公失其所而拘於季氏，季氏亦將拘於家臣也〔一八〕。是歲陽虎囚季桓子。後三年，虎劫公伐孟氏，兵敗，竊寶玉大弓出亡。

晉成帝咸和二年五月，司徒王導厩羊生無後足。此羊禍也。京房易傳曰：「足少者，下不勝任也。」

明年，蘇峻破京都，導與帝俱幽石頭，是其應也。

隋文帝開皇十二年六月，繁昌楊悦見雲中二物，如羝羊，黄色，大如新生犬，鬭而墜。悦獲其一，數旬失所在。近羊禍也。洪範五行傳曰：「君不明，逆火政之所致也。」狀如新生犬者，羔類也。雲體掩蔽，邪佞之象。羊，國姓。羔，羊子也。皇太子勇既升儲貳，晉王陰毁之而被廢黜。二羔鬭，一羔墜之應也。恭帝義寧二年，麟遊太守司馬武獻羊羔，生而無尾。時議者以爲楊氏子孫無後之象。是歲，煬帝被弑，恭帝遜位。又太原獻羖羊，無頭而不死。

唐玄宗開元二年正月，原州獻肉角羊。二年三月，富平縣有肉角羊。武宗會昌二年春，代州崞縣羊生二首連頸，兩尾。占曰：「二首，上不一也。」懿宗咸通三年夏，定陶民家羊生羔如犢。僖宗乾符二年，洛陽建春門外，因暴雨有物墮地如羖羊，不食，頃之入地中，其迹月餘不滅，或以爲雨土也。占曰：「當旱。」

漢劉鋹苑中羊吐珠。

宋高宗紹興五年，江東、西羊大疫。班固以爲「暑歲，羊多疫死及爲怪」。十七年，汀州羊生無角。寧宗嘉定九年，信州玉山縣羊生駢角〔一九〕。

犬異

春秋左氏傳襄公十七年十一月甲午，宋國人逐猘狗，猘，狂也，征例反。猘狗入于華臣氏，華元子。國人從之。臣懼，遂奔陳。先是，臣兄閼爲宋卿，閼卒，臣使賊殺閼家宰，遂就其妻。宋平公聞之，曰：「臣不唯其宗室是暴，大亂宋國之政。」欲逐之〔二〇〕。左師向戌曰：「大臣不順，國之耻也，不如蓋之。」謂掩覆其事也。公乃止。華臣亢暴失義，内不自安，故犬禍至，以犇亡也。

威烈王二十年乙亥五月〔二一〕，晉有三大犬率衆犬數萬聚于絳，殺一犬于東方，一犬于西方。

漢高后八年三月，祓霸上，師古曰：「祓者，除惡之祭也，音廢。」還過枳道，見物如倉狗，撠高后掖，師古曰：「撠謂拘持之也。撠音戟。拘音居足反。」忽而不見。卜之，趙王如意爲祟。遂病掖傷而崩。先是高后鴆殺如意，支斷其母戚夫人手足，榷其眼以爲人彘。師古曰：「榷謂敲擊去其精也。榷音口角反。凡言彘者，皆豕之別名。」文帝後五年六月，齊雍城門外有狗生角。師古曰：「雍城門者，齊門名也。春秋左氏傳平陽之役，趙武及秦周伐雍門之萩是也〔二二〕。」先是，帝兄齊悼惠王亡後，帝分齊地，立其庶子七人皆爲王。師古曰：「謂齊孝王將閭、濟北王志、菑川王賢、膠東王雄渠、膠西王卬、濟南王辟光，并城陽恭王喜，是爲七王。」兄弟並彊，有炕陽心，故犬禍見也。犬守御，角兵象，在前而上鄉者也。師古曰：「鄉讀曰嚮。此下亦同。」犬不當生角，猶諸侯不當舉兵鄉京師也。天之戒人蚤矣。師古曰：「蚤，古早字。」諸侯不悟。後六年，吴、楚叛，濟南、膠西、膠東三國應之，舉兵至齊。齊王猶與城守，與讀曰豫。三國圍之，會漢破吴、楚，因誅四王。故天狗下梁而吴、楚攻梁，狗生角於齊而三國圍齊。漢卒破吴、楚於梁，誅四王於齊。京房易傳曰：「執政失，下將害之，厥妖狗生角。君子苟免，小人陷之，厥妖狗生角。」景帝三年二月，邯鄲狗與彘交。悖亂之氣，近犬豕之禍也〔二三〕。師古曰：「悖，惑也，音布内反。此下亦同。」是時趙王遂悖亂，與吴、楚謀爲逆，遣使匈奴求助兵，卒伏其辜。犬，兵革失衆之占；如淳曰：「犬吠守，似兵革外附他類，失衆也。」豕，北方匈奴之象。逆言失聽，交於異類，以生害也。京房易傳曰：「夫婦不嚴，厥妖狗與豕交。茲謂反德，國有兵革。」昌邑王有狗冠方山冠事。詳見服妖門。成帝河平元年，長安男子石良、劉音相與同居，師古曰：「二人共止一室。」有如人狀在於室中〔二四〕，擊之，爲狗走出。去後，有數人被甲持兵弩至良家，良等格擊，或死或傷，皆狗也。自二月至六月乃止。鴻嘉中，狗與彘交。

魏公孫淵家有犬冠幘絳衣上屋。此犬禍也。屋上，亢陽高危之地。天戒若曰，亢陽無上，偷自尊高，狗而冠者也。及淵自立爲燕王，果爲魏所滅。京房易傳曰：「君不正，臣欲篡，厥妖狗出朝門。」魏侍中應璩在直廬，欻見一白狗出門，問衆人，無見者。踰年卒。近犬禍也。

吴諸葛恪征淮南歸，將朝會，犬銜引其衣。恪曰：「犬不欲我行乎？」還坐。有頃復起，犬又銜衣，乃令逐犬，遂升車，入而被害。

晉武帝太康九年，幽州有犬，鼻行地三百餘步。天戒若曰，是時帝不思和嶠之言，卒立惠帝，以致衰亂，是言不從之罰也。惠帝元康中，吴郡婁縣人家聞地中有犬子聲，掘之，得雌雄各一。還置窟中，覆以磨石，經宿失所在。天戒若曰，帝既衰弱，藩王相譖，故有犬禍。永興元年，丹陽內史朱逵家犬生三子，皆無頭。後逵爲揚州刺史曹武所殺。孝懷帝永嘉五年，吴郡嘉興張林家狗人言云：「天下人餓死。」有二胡之亂〔二五〕，天下饑荒焉。愍帝建興元年〔二六〕，狗與猪交。按漢書景帝時有此，以爲悖亂之氣，亦犬豕禍也。犬，兵革之占也。豕，北方匈奴之象。逆言失聽，異類相交，必生害也。俄而帝沒於胡，是其應也。元帝太興中，吴郡太守張懋聞齋內牀下犬聲〔二七〕，求而不得。既而地自坼，見有二犬子，取而養之，皆死。尋而懋爲沈充所害。京房易傳曰：「讒臣在側，則犬生妖。」太興四年，廬江灊縣何旭家忽聞地中有犬子聲，掘之得一母犬，青驪音黎。黑而黄色。色，狀甚羸瘦，走入草中，不知所在。視其處，有二犬子，一雄一雌，哺而養之，雌死雄活。及長爲犬，善噬野獸。其後旭里中爲蠻所没。安帝隆安初，吴郡治下狗恒夜吠，聚高橋上，人家狗有限而吠聲甚衆。或有夜覘敕艷反。視之云：「一狗假有兩三頭，皆前向亂吠。」無幾，孫恩亂於吴會焉。是時輔國將軍孫無終家於既陽，地中聞犬子聲，尋而地坼，有二犬子，皆白色，一雄一雌，取而養之，皆死。後無終爲桓玄所誅滅。按尸子曰：「地中有犬，名曰地狼。」夏鼎志曰：「掘地得犬，名曰賈。」此蓋自然之物，不應出而出，爲犬禍也。

桓玄將拜楚王，已設拜席，群官陪位。玄未及出，有狗來便其席，莫不驚怪。玄性猜暴，竟無言者，逐狗改席而已。天戒若曰：桓玄無德而叨竊大位，故犬便其席，示其安據之甚也。八十日玄敗亡焉〔二八〕。

劉聰末年，犬與豕交。詳見豕禍門。

北齊文宣天保四年，鄴中及頓丘並有犬與女交。洪範五行傳曰：「異類不當交而交，誖亂之氣。犬交人爲犬禍。」犬禍者，亢陽失衆之應也。時帝不恤國政，恩澤不流於其國。後主時，犬爲開府儀同〔二九〕，雌者有夫人、郡君之號，給兵以奉養，食以粱肉，藉以茵蓐。天奪其心，爵加於犬，近犬禍也。天意若曰，卿士皆類犬。後主不悟，遂以取滅。

後周武帝保定三年，有犬生子，腰已後分爲兩身，二尾六足。犬猛畜而有爪牙，將士之象也。時宇文護與侯伏、侯龍恩等有謀懷貳。犬體後分，此其應也。

隋煬帝大業元年，雁門百姓間犬多去其主，群聚於野，形頓變如狼而噉噬行人，數年而止。五行傳曰：「犬，守禦者也，而今去其主，臣下不附之象。形變如狼，狼色白，爲主兵之應也。」其後帝窮兵黷武，勞役不息。天戒若曰，無爲勞役，守禦之臣將叛而爲害。帝不悟，遂起長城之役，續有西域、遼東之舉，天下怨叛。及江都之變，並宿衛之臣也。

唐高祖武德三年，突厥處羅可汗將入寇，夜聞犬群嗥而不見犬。武后初，酷吏丘神勣家狗生子無首〔三〇〕，當項有孔如口，晝夜鳴吠，俄失所在。神功元年，安國獻兩首犬。首多者，上不一也。玄宗天寶十一載，李林甫晨起盥飾將朝，取書囊視之，中有物如鼠，躍於地即變爲狗，壯大雄目〔三一〕，張牙視林甫，林甫射之，中，雷然有聲，隨箭沒。德宗貞元七年〔三二〕，趙州柏鄉民李崇真家黃犬乳犢〔三三〕。武宗會昌三年〔三四〕，定州深澤令家狗生角。宣宗大中初，狗生角。京房曰：「執政失將害之應。」又曰：「君子危陷，則狗生角。」懿宗咸通中，會稽有狗生而不能吠，擊之無聲。狗職吠以守禦，其不能者，象鎮守者不能禦寇之兆〔三五〕。成汭爲荊南節度使，城中犬皆夜吠，日者向隱以爲城郭將丘墟。僖宗中和二年秋，丹徒狗與彘交。占曰：「諸侯有謀害國者。」

宋高宗紹興六年四月，中京大雪雷震，群犬數十爭赴土河而死，可救者纔二三。戎狄，犬類也。戎狄亂華，將自斃也。寧宗慶元二年，撫州有犬人〔三六〕，坐於郡守治事之坐〔三七〕。後守臣林廷彥卒於官。

下體生上之痾

西漢景帝時，梁孝王北獵梁山，有獻牛，足出背上〔三八〕，王惡之。六月中，病熱，六日薨。張晏曰：「足當處下，所以輔身也。今出背上〔三九〕，象孝王背朝而干上也〔四〇〕。北者，陰也，又在梁山，明爲梁也。牛者，丑之畜，衝在六月。北方數六，故六月六日王薨也。」

北周武帝保定三年，有牛足生於背。

唐懿宗咸通十四年七月，宋州襄邑有獵者得雉，五足，三足出背上。足出於背，下干上之象。五足者，衆也。

羽蟲之異

契母曰簡狄，有娀氏之女，爲帝嚳次妃。三人行浴，見玄鳥墜其卵，簡狄取吞之，因孕生契。

姜嫄爲帝嚳元妃，履巨人迹而生稷，以爲不祥，棄之，置渠中冰上，飛鳥以其翼覆薦之。姜嫄以爲神，乃收養之。

高宗祭成湯，有蜚雉登鼎耳而雊。劉歆以爲羽蟲之孽。鼎，宗廟之器，野鳥自外來，入爲宗廟器主，是繼嗣將易也。一曰，鼎，三公象，以耳行。野鳥居鼎耳，小人將居公位，敗宗廟之祀。武丁恐駭，謀於忠賢，修德而正事，故能攘其妖，致百年之壽。

周武王伐紂，師渡孟津，既濟，有火自上復於下，至於王屋，流爲烏，其色赤，其聲魄云。馬融曰：「王屋，王所居屋。流，行也〔四一〕。魄然，安定意也。」鄭玄曰：「書説云烏有孝名。武王卒父大業，故烏瑞臻。赤者，周之正色也。」索隱曰：按今文泰誓「流爲鵰」。鵰，摯鳥也。馬融云「明武王能伐紂」。

春秋昭公二十五年「夏，有鸜鵒來巢」。劉歆以爲羽蟲之孽，其色黑，又黑祥也，視不明聽不聰之罰也。劉向以爲蜚有蜮不言來者，氣所生，所謂眚也；師古曰：「此蜚，謂負蠜也，其爲蟲臭。蜮，短狐〔四二〕，即今所謂水弩也。隱元年有蜚，莊十八年有蜮。蜚音翡。蜮音蜮。蜚亦作蜰，其音同耳。」鸜鵒言來者，氣所致，所謂祥也。鸜鵒，夷狄穴藏之禽，來至中國，不穴而巢，陰居陽位，師古曰：「今之鸜鵒，中國皆有，依周官而言，但不踰濟水耳。左氏以爲魯所常無，異而書之〔四三〕。而此云夷狄禽〔四四〕，未喻其意。又此鳥本亦巢居，不皆穴處也。書巢者，著其居止字乳，不即去也。」象季氏將逐昭公，去宮室而居外野也。鸜鵒白羽，旱之祥；穴居而好水，黑色，爲主急之應也。天戒若曰，既失衆，不可急暴；急暴，陰將持節陽以逐爾，去宮室而居外野矣。昭不悟，而舉兵圍季氏，爲季氏所敗，出犇於齊，遂死於外野。董仲舒指略同。

赧王二十九年，宋有雀生鸇于城之陬。史占之曰：「吉〔四五〕。小而生大，必霸天下。」宋康王喜，起兵滅滕，伐薛，東敗齊，南敗楚，西敗魏，與齊、魏爲敵。欲霸之亟成，射天笞地，斬社稷而焚滅之。又爲長夜之飲。天下之人謂之「桀宋」。齊湣王起兵伐之，民散，城不守。宋王奔魏，死于溫。

漢景帝三年十一月，有白頸烏與黑烏群鬬楚國呂縣，白頸不勝，墮泗水中，死者數千。劉向以爲近白黑祥。時楚王戊暴逆無道，與吳王謀反。烏群鬬者，師戰之象。白頸者小，明小者敗也。墮於水，將死水地。其後王戊反，兵敗走，爲人所殺。京房易傳曰：「逆親親，厥妖白黑烏鬭於國。」武帝太始三年二月，行幸東海，獲赤雁，作朱雁之歌。昭帝始元元年春二月，黄鵠下建章宫太液池中。臣瓚曰：「時漢用土德，服色尚黄，鵠色皆白，而今更黄，以爲土德之瑞，故紀之也。」師古曰：「非也。黄鵠，大鳥，一舉千里者，非白鵠也。」元鳳元年，有烏與鵲鬭燕王宫池上，烏墮池死，近黑祥也。時燕王旦謀爲亂，遂不改悟，伏辜而死。楚、燕皆骨肉藩臣，以驕怨而謀逆，俱有烏鵲鬭死之祥，行同而占合，此天人之明表也。燕一烏鵲鬭於宫中而黑者死，楚以萬數鬭於野外而白者死，象燕陰謀未發，獨王自殺於宫，故一烏水色者死。楚亢陽舉兵，軍師大敗於野，故衆烏金色者死，天道精微之效也。京房易傳曰：「專征劫殺，厥妖烏鵲鬭。」昭帝時，有鵜鶘或曰禿鶖，師古曰：「鵜鶘即汙澤也，一名淘河，腹下胡大如數升囊，好群入澤中，抒水食魚，因名禿鶖，亦水鳥也。鵜音大奚反。鶘音胡。鶖音秋。」集昌邑王殿下，王使人射殺之。劉向以爲水鳥青色［四六］，青祥也。時王馳騁無度，慢侮大臣，不敬至尊，有服妖之象，師古曰：「謂多治仄注冠，又以冠奴也。」故青祥見也。野鳥入處，宫室將空。王不悟，卒以亡。京房易傳曰：「辟退有德，厥咎狂，厥妖水鳥集於國中［四七］。」宣帝元康三年春，以神雀數集泰山，賜諸侯王、丞相以下金［四八］，郎從官帛，吏民爵，女子牛酒，鰥寡孤獨高年帛。六月，詔曰：「前年夏，神爵集雍。晉灼曰：「漢注大如鷃爵［四九］，黄喉，白頸，黑背，腹斑文也。」今春五色鳥以萬數飛過屬縣［五〇］，三輔諸縣也。翱翔而舞［五一］，欲集未下。其令三輔毋得以春夏擿巢探卵，彈射飛鳥。具爲令。」四年三月，神爵五采以萬數集長樂、未央、北宫、高寢、甘泉泰畤殿中及上林苑。京兆尹張敞舍鶡雀飛集丞相府［五二］，丞相黄霸以爲神雀，議欲以聞。敞奏霸曰：「長吏守丞對時，臣敞舍有鶡雀飛止丞相府屋上，丞相以下見者數百人。邊臣多知鷃雀者〔五三〕，問之，皆陽不知。丞相圖議上奏，圖，謀也。曰：『臣聞上計長吏守丞以興化條〔五四〕，皇天報下神雀。』後知從臣敞舍來，乃止。郡國吏竊笑丞相仁厚有知略，微信奇怪也。」東坡、致堂論見鳳凰門。

成帝河平元年二月庚子，泰山山桑谷有鳶鴟也，音緣。焚其巢。男子孫通等聞山中群鳥鳶鵲聲，往視，見其巢爇，古然字。盡墮地中，有三鳶鷇燒死。鳥子新生而哺者曰鷇。樹大四圍，巢去地五丈五尺。太守以聞。鳶色黑，近黑祥，貪虐之類也。易曰：「鳥焚其巢，旅人先笑後號咷。」泰山，岱宗，五嶽之長，王者易姓告代之處也。天戒若曰，勿近貪虐之人，聽其賊謀，將生焚巢自害其子絕世易姓之禍。其後趙飛燕得幸，立爲皇后，姊妹專寵，後宮有子者殺之，並殺其母。帝崩，后坐誅。此焚巢殺子後號咷之應也。一曰，王莽貪虐而任社稷之重，卒成易姓之禍云。京房易傳曰：「人主暴虐，鳥焚其舍。」鴻嘉二年三月，博士行大射禮，有飛雉集於庭，歷階登堂而雊。後雉又集太常、宗正、丞相、御史大夫、大司馬車騎將軍之府，又集未央宮承明殿屋上〔五五〕。時大司馬車騎將軍王音、待詔寵等上言：「天地之氣，以類相應，師古曰：「以經術待詔，其人名寵，不記姓。流俗書本『寵』上輒加『孫』字，非也。」譴告人君，甚微而著。雉者聽察，先聞雷聲，故月令以紀氣。師古曰：「謂季冬之月云『雉雊雞乳』也。」經載高宗雊雉之異，師古曰：「已解於上。」以明轉禍爲福之驗。今雉以博士行禮之日大衆聚會，飛集於庭，歷階登堂，萬衆睢睢，師古曰：「睢睢，仰目視貌也。音呼惟反〔五六〕。」驚怪連日，徑歷三公之府，太常宗正典宗廟骨肉之官，然後入宮。其宿留告曉人，具備深切，師古曰：「宿音先就反。留音力救反。」雖人道相戒，何以過是！」「宜謀於賢知，克己復禮，以求天意，繼嗣可立〔五七〕，災變可銷也。」綏和二年三月，天水平襄有燕生爵，哺食至大，俱飛去〔五八〕。京房易傳曰：「賊臣在國，厥咎燕生爵，諸侯銷。」一曰，生非其類，子不嗣世。

後漢明帝永平十一年，獲白雉。　十七年，神雀五色翔集京師。　章帝元和二年，幸泰山，柴告岱宗。有黄鵠三十從西南來〔五九〕，經祠壇上，東北過於宫屋〔六〇〕，翺翔升降。　桓帝永壽元年，白烏見齊國。　靈帝中平三年八月，懷陵上有萬餘爵，先極悲鳴，已因亂鬬相殺〔六一〕，皆斷頭，懸著樹枝枳棘。到六年，靈帝崩，大將軍何進以内寵外嬖，積惡日久，欲悉糾黜，以隆更始冗政，而太后持疑，事久不決。進從中出，於省内見殺，因是有司蕩滌虔劉，後禄而尊厚者無餘矣。夫陵者，高大之象也。天戒若曰，諸懷爵禄而尊厚者，還自相害至滅亡也。古今注曰：「建武九年，六郡八縣鼠食稼。」張璠紀曰：「初平元年三月，獻帝初入未央宫，翟雉飛入未央宫，獲之。」獻帝春秋曰：「建安七年，五色大鳥集魏郡，衆鳥數千隨之。」魏志曰：「二十三年，秃鶖集鄴宫文昌殿後池。」　獻帝建安二十三年，秃鶖鳥集鄴宫文昌殿後池。　明年，魏武王薨〔六二〕。

蜀後主建興九年十月，江陽至江州有鳥從江南飛渡江北，不能達，墮水死者以千數。時諸葛亮連年動衆，志吞中夏，而終死渭南，所圖不遂。又諸將分争，頗喪徒旅。鳥北飛不能達墮水死者，皆有其象也。亮竟不能過渭，是其應也。

魏文帝黄初元年四月，饒安縣言白雉見。未央宫中又有燕生鷹，口爪俱赤。此與商紂、宋隱同象。　三年，又集雒陽芳林園池。　四年五月，有鵜鶘題胡二音。鳥集靈芝池。按劉向説，此羽蟲之孽，又青祥也。詔曰：「此詩人所謂汙澤者也。曹詩『刺共音恭。公遠君子，近小人。』今豈有賢智之士，處於下位，否則斯鳥胡爲而至哉？其博舉天下儁德茂才、獨行君子，以答曹人之刺。」於是楊彪、管寧之徒，咸見薦舉。此所謂睹妖知懼者也。雖然，猶不能優容亮直，而多溺偏私矣。京房易傳曰：「辟退有德，厥妖水鳥集於國中〔六三〕。」七年，燕又集雒陽芳林園池，與三年同。其夏，文帝崩。明帝景初元年，陵霄闕始構，有鵲巢其上。鵲體白黑雜色。此羽蟲之孽，又白黑祥也。帝以問高堂隆，對曰：「詩云『維鵲有巢，維鳩居之。』今興起宮室，而鵲來巢，此宮室未成身不得居之象也。天戒若曰，宮室未成，將以他姓制御之，不可不深慮也。」於是帝改容動色。又有燕生巨鷇苦候反。於衛國李蓋家。形若鷹，吻似燕。此羽蟲之孽，又赤眚也。高堂隆曰：「此魏室之大異，宜防鷹揚之臣於蕭墻之内〔六四〕。」其後宣帝起誅曹爽，遂有魏室。景初末，又集芳林園池。已前再至，輒有大喪，帝惡之。其年，明帝崩。

吴孫權赤烏元年，以有赤烏之祥改元。十一年八月〔六五〕，白鳩見於章安。十二年四月，有兩烏銜鵲墮東館，權使領丞相朱據燎鵲以祭。按劉歆説，此羽蟲之孽，又黑祥也。視不明，聽不聰之罰也。是時權意溢德衰，信讒好殺，二子將危，將相俱殆，睹妖不悟，加之以燎，昧道之甚者也。明年，太子和廢，魯王霸賜死，朱據左遷，陸議憂卒，是其應也。東館，典教之府，鵲墮東館，又天意乎？太元二年正月，封前太子和爲南陽王，遣之長沙，有鵲巢其帆檣。凡墻二音。和故宮僚聞之〔六六〕，皆憂慘，以爲檣木傾危，非久安之象。是後果不得其死。孫亮建興二年十一月，有大鳥五見於春申，吴人以爲鳳凰。明年，改元爲五鳳。漢桓帝時，有五色大鳥，司馬彪云：「政道衰缺，無以致鳳，乃羽蟲孽耳。」孫亮未有德政，孫峻驕暴方甚，此與桓帝同事也。按瑞應圖，大鳥似鳳而爲孽者非一，宜皆是也。孫休永安三年，西陵言赤烏見。六年，白燕見於慈湖，赤雀見於豫章。

晉武帝泰始四年八月，有翟雉飛上閶闔門。天戒若曰，閶闔門非雉所止，猶殷宗雉登鼎耳之戒也。

惠帝永康元年，趙王倫既篡〔六七〕，京師得異鳥，莫能名。倫使人持出，周旋城邑匝以問人〔六八〕。積日，宮西有小兒見之，逆自言曰〔六九〕：「服留鳥鷖。」持者即還白倫。倫使更求，又見之，乃將入宮〔七〇〕，密籠鳥，并閉小兒户中，明日視之，悉不見。此羽蟲之孽〔七一〕。時趙王倫有目瘤之疾，言服留者，謂倫留將服其罪也。尋而倫誅。趙王倫篡位，有鶉入太極殿〔七二〕，雉集東堂。天戒若曰，太極東堂皆朝享聽政之所，而鶉雉同日集之者，趙王倫不當居此位也。詩云「鵲之彊彊，鶉之奔奔，人之無良，我以爲君。」其此之謂乎！尋而倫滅。

孝懷帝永嘉元年二月，洛陽東北步廣里地陷，有蒼白二色鵝出，蒼者飛翔冲天，白者止焉。此羽蟲之孽，又黑白祥也。董養曰：「步廣，周之狄泉，盟會地也。白者，金色，國之行也。蒼爲胡象，其可盡言乎？」是後，劉元海、石勒相繼亂華。

明帝太寧三年八月庚戌，有大鳥二，蒼黑色，翼廣一丈四尺，其一集司徒府，射而殺之，其一集市北家人舍，亦獲焉。此羽蟲之孽也，又黑祥也。及閏月戊子而帝崩，後遂有蘇峻、祖約之亂。

成帝咸和二年正月，有五鷗鳥集殿庭，此又白祥也〔七三〕。是時庾亮苟違衆謀，將召蘇峻，有言不從之咎，故白祥先見也。三年二月，峻果作亂，宮殿焚毀，化爲汙萊。烏來二音。此其應也。

咸康八年七月，有白鷺集殿屋。是時康帝始即位，不永之祥也。後涉再期而帝崩。按劉向曰：「野鳥入處，宮室將空。」此其應也。

海西初以興寧三年二月即位，有野雉集於相風。此羽蟲之孽也。尋爲桓溫所廢也。

孝武帝太元十六年六月，鵲巢太極東頭鴟尾，又巢國子學堂西頭。十八年，東宮始成，十九年正月，鵲又巢其西門。此殆與魏景初同占。學堂，風教之所聚；西頭，又金行之祥。及帝崩後，安皇嗣位，桓玄遂篡，風教乃頽，金行不競之象也。安帝義熙三年〔七四〕，龍驤將軍朱猗於離反。戍壽陽。婢炊飯，忽有群烏集竈，競來啄噉，婢驅逐不去。有獵狗咋殺兩烏，餘烏因共啄殺狗，又噉其肉，唯餘骨存。此亦羽蟲之孽，又黑祥也。明年六月〔七五〕，猗死，此其應也。

石虎饗群臣於太武殿前，有白雁百餘集於馬道南，命射之，無所獲。太史令趙攬以爲「白雁集庭〔七六〕，宮室將空」。揚州送黃鵠雛五，頸長一丈，聲聞十餘里，泛之於玄武池。

宋孝武帝大明七年十一月，大閱水師於中江，有白雀二集華蓋。

梁武帝中大同元年，邵陵王綸在南徐州，坐廳事，有野鳥如鸛數百飛屋梁上，彈射不中，俄頃失所在。京房易飛候曰：「野鳥入君室，其邑虛，君亡之他方。」後綸爲湘東王所襲，竟致奔亡，爲西魏所殺。

侯景在梁，將受錫命，陳備物於庭。有野鳥如山雀，赤觜，集於册書之上，鵂鶹鳴於殿。與中大同元年同占。景尋敗，將亡入海中，爲羊鵾所殺。

陳後主時，蔣山有衆鳥鼓翼而鳴曰：「奈何帝。」京房易飛候曰：「鳥鳴門闕，如人音，邑且亡。」蔣山，吳之望也。鳥於上鳴，吳邑空虛之象〔七七〕。及陳亡，建康爲墟。又陳未亡時，有一足鳥集於殿庭，以觜畫地成文，曰：「獨足上高臺，盛草變成灰〔七八〕。」獨足者，叔寶獨行無衆之應。盛草成灰者，陳政蕪穢，被隋火德所焚除也。叔寶至長安，館於都水臺上，高臺之義也。

魏太武太延元年，白燕集於盛樂舊都，玄鳥隨之以千數；白雉三集於平陽太祖之廟。

北齊孝昭帝即位之後，有雉飛上御座。占同中大同元年。又有鳥止於後園，其色赤，形似鴨而有九頭。其年帝崩。武成胡后生後主初，有梟升后帳而鳴。梟，不孝之鳥，不祥之應也。後主嗣位，胡后淫亂事彰，遂幽后於北宮焉。後主天統三年九月，萬春鳥集仙都苑。京房易飛候曰：「非常之鳥，來宿於邑中，邑有兵。」周師入鄴之應也。武平七年，有鸛巢太極殿，又巢并州嘉陽殿。雉集晉陽宮御坐，獲之。京房易飛候曰：「鳥無故巢居君門及殿屋上，邑且虛。」其年國滅。

北周静帝大象二年二月，有禿鶖集洛陽宮太極殿。其年帝崩，後宮常虛。

隋文帝開皇初，梁主蕭琮新起後，有鴻鳥集其帳隅〔七九〕。未幾，琮入朝，被留於長安。梁國遂廢。煬帝大業四年，蜀郡獲三足烏。八年，帝征遼東，次大頓〔八〇〕，見二大鳥，高丈餘，皜身朱足，游泳自若〔八一〕。上異之，命工圖寫，并立銘頌。十二年二月甲子夜，有二大鳥似鵰，飛入大業殿，止於御幄，至明而去。大業末，京師宮室中，恒有鴻雁之類無數，翔集其間。俄而長安不守。十三年十一月，烏鵲巢帝帳幄，驅不能止。帝尋逢弑。

唐高祖武德初，隋將堯君素守蒲州，有鵲巢其砲機。太宗貞觀十六年〔八二〕，立晉王爲太子。雌雉集太極殿前，雄雉集東宮顯德殿前。太極，三朝所會也。帝以問褚遂良，對曰：「昔秦文公時，有童子化爲雉，雌者鳴於陳倉，雄者鳴於南陽。童子曰：『得雄者王，得雌者霸。』文公遂以爲寶鷄祠。漢光武得雄，遂起南陽有四海。陛下舊封秦王，故雄雉見秦地，所以彰明德也。」上悦。十七年春，齊王祐爲齊州刺史，好畜鴨，有貍嚙鴨，頭斷者四十餘。高宗永徽四年，宋州人蔡道基舍傍有獸高丈餘，頭類羊，一角，鹿形，馬蹄，牛尾，五色，有翅。占曰：「鳥如畜形者，有大兵。」五年七月辛巳，萬年宫有小鳥如雀，生子大如鳲鳩。調露元年，鳴鵽群飛入塞，相繼蔽野。至二年正月，還復北飛，至靈夏北，悉墮地而死，視之皆無首。武后文明後，天下屢奏雌鷄化爲雄，或半化者。中宗景龍四年六月辛巳朔，烏集太極殿梁，驅之不去。玄宗開元十三年十一月戊子，雄雉馴飛泰山齋宫内。封禪，所以告成功，祀事無重於此者，而野鳥馴飛，不忌禁衛，不祥。二十五年四月，濮州兩烏、兩鵲、兩鸜鵒同巢。隴州鵲哺慈烏。二十八年四月庚辰，慈烏巢宣政殿拱；辛巳，又巢宣政殿拱。天寶十三載，葉縣有鵲巢於車轍中。不巢木而巢地，失其所也。肅宗至德二載三月，安禄山將武令珣圍南陽，有鵲巢於城中砲機者三，雛成乃去。代宗大曆八年九月，武功獲大鳥，肉翅狐首，四足有爪，長四尺餘，毛赤如蝙蝠，群鳥隨而噪之。近羽蟲孽也。十三年五月，左羽林軍有鸜鵒乳鵲二。德宗貞元四年三月，中書省梧桐樹有鵲以泥爲巢。鵲巢知歲次，於羽蟲爲有知，今以泥露巢，遇風雨壞矣。是歲夏，鄭、汴境内烏皆群飛，集魏博田緒、淄青李納境〔八三〕，銜木爲城，高二三尺，方十里。緒、納惡而焚之〔八四〕，信宿又然，烏口皆流血。九年春，許州鵲哺烏雛。十年四月，有大鳥飛集宫中，食雜骨數日，獲之，不食死。六月辛未晦，水鳥集左藏庫。七月，懷州奏獲白鵲二。十一年二月，同州進五色鷹〔八五〕。八月，潞州進白鶻〔八六〕。十一月，潭州進赤烏。十二年七月，河陽進鸜鵒二。十三年，懷州鷦鷯巢内有黄鵲往來哺食。十四年秋，有異鳥，色青，類鳩、鵲，見於宋州郊外，所止之處，群鳥翼衛，朝夕嗛稻粱以哺之，睢陽人適野聚觀者旬日。十八年六月，烏集徐州之滕縣，嗛柴爲城，中有白烏一、碧烏一。憲宗元和元年，常州鵲巢於平地〔八七〕。　四年十二月，群烏夜集於太行山上〔八八〕。　十三年春，淄青府署及城中烏、鵲互取其雛，各以哺子，更相搏擊，不能禁。　穆宗長慶元年六月，濮州奏〔八九〕，雷澤縣界有烏巢，因風墜二雛，鵲引而哺之。　敬宗寶曆元年十一月丙申〔九〇〕，群烏夜鳴。　文宗開成元年閏五月丙戌，烏集唐安寺，逾月散。　雀集玄法寺，燕集蕭望之家。　二年三月，真興門外鵲巢於古冢。　鵲巢知避歲，而古占又以高下卜水旱〔九一〕，今不巢於木而穴於冢，不祥。　是秋，突厥鳥自塞北群飛入塞。　五年六月，有禿鶖群飛集禁苑。　鶖，水鳥也。　武宗會昌元年，潞州長子有白頸烏與鵲鬭。　宣宗大中十年三月，舒州吴塘堰有衆禽成巢，闊七尺，高一尺。　水禽山鳥，無不馴狎。　中有如人面、緑毛、紺爪觜者，其聲曰「甘」，人謂之甘蟲。　占曰：「有鳥非常，來宿于邑中，國有兵，人相食。」　懿宗咸通七年，涇州靈臺百里成有雀生鷰，至大俱飛去。　京房易傳曰：「賊臣在國，厥妖鷰生雀。」雀生鷰同説。　十一年夏，雉集河内縣署。　咸通中，吴、越有異鳥極大，四目三足，鳴山林，其聲曰「羅平」。　占曰：「國有兵，人相食。」　僖宗乾符四年春，廬江縣北鵲巢於地。　六年夏，鵶、雉集於偃師南樓及縣署。　劉向説：「野鳥入處，宫室將空。」　廣明元年春，絳州翼城縣有鵂鶹鳥群飛集縣署，衆鳥逐而噪之。　光啟元年、二年，復如之。　鵂鶹，一名訓狐。　中和元年三月，陳留有烏變爲鵲。　二年，有鵲變爲烏。　古者以烏卜軍之勝負。　烏變爲鵲，民從賊之象。　鵲復變爲烏，賊復爲民之象。　三年，新安縣吏家捕得雉養之，與鷄馴，月餘相與鬭死。　四年，臨淮漣水民家鷹化爲鵝，而弗能游。　鷹以鷙而擊，武臣象也。　鵝雖毛羽清潔，而飛不能遠，無搏擊之用，充庖厨而已。　光啟元年十二月，陝州平陸集津山有雉二首向背而連頸者，棲集津倉廡後，數月，群雉數百來鬭殺之。　二年正月，閿鄉、湖城野雉及鳶夜鳴。　七月，中條山鵲焚其巢。　京房易傳曰：「人君暴虐，鳥焚其巢。」　三年十月，慈州仵城梟與鴟鬭相殺。　昭宗光化二年，幽州節度使劉仁恭居貝州去，夜有鵂鶹鳥十數飛入帳中，逐去復來。　昭宗時，有禿鶖鳥巢寢殿隅，帝親射殺之。　天復二年，帝在鳳翔，十一月丁巳，日南至，夜驟風，有烏數千，迄明飛噪，數日不止。　自車駕在岐，常有烏數萬棲殿前諸樹，岐人謂之神鴉。　三年，宣州有鳥如雉而大，尾有火光如散星，集於戟門，明日大火，曹局皆盡，惟兵械存。

後唐明帝天成二年五月，懷州進白鵲。　六月，兗州進三足烏。　廢帝清泰元年十月辛未巳時，有雉金色，自南飛入中書，止於政事堂屋脊上。　吏驅之不去，良久，飛入於民家，得之。其年李愚、劉昫並罷相。

後晉高祖天福八年三月，有白烏棲於作坊桐樹。

後漢高祖乾祐三年五月，太原進白烏。

後周太祖廣順三年六月，河南、河北諸州，旬日內無烏，既而聚澤、潞之間山谷中，集於林木，壓樹枝皆折。是年，人疾疫者甚衆〔九二〕，至顯德元年，河東劉崇爲周師所敗，伏尸流血〔九三〕，故先萌其兆。　世宗顯德元年三月〔九四〕，潞州高平縣有鵲巢於縣郭之南平地，巢中七八雛。　三年，潁州進白烏。

宋太祖乾德六年，西川兵馬都監張延通獻白鵲。　太宗太平興國五年七月，祕書丞郭延釗獻紫鵲。　九年，江陵獻綠山鵲〔九五〕，易州獻紅山鵲〔九六〕，潁州獻白雉，西京獻白鳩〔九七〕。　至道元年四月，知通利軍錢昭序獲赤烏以獻，上曰：「烏色正如渥丹，信火德之應也〔九八〕。」貝州獻白鶺鴒，越州獻白鸜鵒。

九月，京師自旦至酉，群烏百餘萬，飛翔有聲如風，識者云「突厥雀」，亦云「蕃雀」。　真宗咸平二年八月，黄州群鷄夜鳴，至冬不止。　大中祥符二年春，昇州見黄雀群飛蔽日，有從空墜者。占主民有役事。是歲火。　延州天建節道場〔九九〕，有禽素質脩毛，赤咮丹趾，集壇側槐樹，醮罷方去。　是秋，有禽白質丹咮，飛止禁中殿隅，逐之，至天書殿而隱。　三年三月，禁中有禽止殿檻，馴擾無畏，宫人以袂捧而獻，采毛脩頸，惟飲水，不粒食。　五年七月乙酉，建安軍鑄聖像所啟道場，神雀五色，修尾黄喙，集塑像上。九月庚辰，復有神雀，丹咮黄腹，背翅青緑，集玉皇殿幕，馴擾不驚。　六年十月，代州五臺山有吉祥鳥見，形翅甚大，其飛也，四黄鳥導之，四鵲從之。　泰山興工，有鳥狀烏，咮趾皆赤，役夫稍憇，即飛鳴作起之聲，衆工見其來，畚鍤争進，將晡而去，日以爲常，目以爲催工鳥。　仁宗寶元二年二月乙酉〔一〇〇〕，興州長舉縣有鵲，羽毛潔白，觜脚紅，不類常鵲。　英宗治平三年五月，太子右贊善大夫陳世脩獻白烏。　神宗熙寧七年六月乙未，廣州言，增城縣鳳凰見。　元豐三年八月戊寅，趙州平棘縣獲白鵲。　九月丙午，趙州獲白烏。　六年七月壬申，丹州生白雀。　徽宗政和三年九月，大饗明堂，有鶴回翔堂上，明日，又翔於上清宫。　是時，所在言瑞鶴，宰臣等表賀不可勝紀。　宣和元年九月戊午，蔡京等表賀赤烏，又賀白鵲。　政和後，禁苑多爲林居野店，又聚珍禽、野獸、麀鹿、鴐鵝，禽鳥數百實其中。　至宣和間，每秋風夜静，禽獸之音四徹〔一〇一〕，宛若深山大澤陂野之間，識者以爲不祥。　宣和末，南郊禮畢，御郊宫端誠殿。　天未明，百辟方稱賀，忽有鴞正鳴於殿屋，若與贊拜聲相應和，聞者駭之。　時已報女真背盟，未踰月，内禪。　明年有青城之難。　高宗建炎三年，上在揚州，二月辛亥，早朝，有禽翠羽〔一〇二〕，飛鳴行殿三匝，一再止於宰臣汪伯彦朝冠。冠者，尊服，飛鳥踐之不祥。翠羽，又青祥也。劉向以爲「野鳥入處〔一〇三〕，宫室將空」。一曰敗亡之應。是日虜兵入揚州，有倉卒渡江之變。後二十日，伯彦罷相，尋坐貶。四年正月丁巳〔一〇四〕，虜兵圍陝府，鳶鴉數萬飛噪城上，與戰聲相亂。虜將婁宿曰：「城當陷，急攻之。」遂失守，近羽孽也。紹興七年〔一〇五〕，梟鳴於劉豫後苑，又群鳥鳴於内庭，如曰「休也。」豫惡之，募人獲一梟者予錢五千。是歲，豫廢，僞齊亡。十七年二月，有白烏六集於高禖壇上。近羽孽也。府尹沈該以瑞奏〔一〇六〕。二十七年，饒州鄱陽縣有妖鳥，鳧身鷄尾，長喙方足赤目，止於民屋數日〔一〇七〕，彈矢不能中。亦羽孽也。孝宗乾道六年，邵武軍泰寧縣有爵飛鳴，立死於瑞寧佛刹香鼎。先是紹興初，是邑有爵立死於丹霞佛刹之鼎，皆羽孽也。釋子因釋其妖謂之雀化。寧宗慶元三年春，池州銅陵縣鴛鴦雄化爲雌〔一〇八〕。近羽孽也。

校勘記

〔一〕左傳齊襄公田于貝丘　按漢書卷二七中之下五行志中之下，「左傳」下有「嚴公八年」四字，左傳齊襄公田于貝丘事正繫於莊公八年下。

〔二〕公怒曰　「曰」字原脱，據左傳莊公八年、漢書卷二七中之下五行志中之下補。

〔三〕古釜字　「字」原作「反」，據局本及漢書卷二七中之下五行志中之下改。

〔四〕野豕入右大司馬丁奉營　「大」字原脱，據三國志卷五五丁奉傳、晉書卷二九五行志下、宋書卷三三五行志四補。

〔五〕不得不各自還也　「自」字原脱，據晉書卷二九五行志下、宋書卷三三五行志四補。

〔六〕是其應也　「也」字原脱，據晉書卷二九五行志下、宋書卷三三五行志四補。

〔七〕有豕生八足　「生」字原脱，據晉書卷二九五行志下、宋書卷三三五行志四補。

〔八〕錢塘民家猳豕産兩子　「民」原作「人」，據宋書卷三三五行志四改。

〔九〕孝武帝太元十年四月　「十」原作「四」，據元本、慎本、馮本及晉書卷二九五行志下、宋書卷三三五行志四改。

〔一〇〕一頭二脊八足　「脊」，宋書卷三三五行志四作「身」。

〔一一〕主人覓豕不得　「覓」原作「見」，據元本、慎本、馮本及隋書卷二三五行志下改。

〔一二〕樂平公主每匡救　「樂平」原作「平樂」，據周書卷九楊皇后傳、隋書卷三七李敏傳乙正。

〔一三〕宋孝宗乾道六年　「孝宗」原作「太祖」，據宋史卷六二五行志一下改。

〔一四〕而首各備他獸形　「備」，宋史卷六二五行志一下作「具」。

〔一五〕與南雄豕禍同占　按宋史卷六二五行志一下無「占」字。

〔一六〕饒州餘干縣民家豕生八豚　「縣」原作「州」，據宋史卷六二五行志一下、宋史卷八八地理志四改。「豕」字原脱，據宋史卷六二五行志一下補。

〔一七〕出於土中　「出」，漢書卷二七中之下五行志中之下作「幽」。

〔一八〕季氏亦將拘於家臣也　「季氏」二字原脱，據漢書卷二七中之下五行志中之下補。

〔一九〕信州玉山縣羊生騈角　「角」，宋史卷六四五行志二下作「首」。

〔二〇〕欲逐之　「欲」原作「遂」，據元本、慎本、馮本及漢書卷二七中之上五行志中之上改。

〔二一〕威烈王二十年乙亥五月　「二十」下原衍一「七」字，按史記卷四周本紀，周威烈王僅止於二十四年，通鑑外紀卷一〇作「二十年」，正爲乙亥年，故據删。

〔二二〕趙武及秦周伐雍門之萩是也　「萩」原作「荻」，據左傳襄公十八年、漢書卷二七中之上五行志中之上改。

〔二三〕近犬豕之禍也　「近」字原脱，據漢書卷二七中之上五行志中之上補。

〔二四〕有如人狀在於室中　「於」，漢書卷二七中之上五行志中之上作「其」。

〔二五〕有二胡之亂　按晉書卷二八五行志中，「有」字上有「於是果」三字。

〔二六〕愍帝建興元年　「元年」二字原脱，據晉書卷二八五行志中補。

〔二七〕吴郡太守張懋聞齋内牀下犬聲　「張懋」，晉書卷二八五行志中同，晉書卷六元帝紀、宋書卷三一五行志二作「張茂」。

〔二八〕八十日玄敗亡焉　按晉書卷一〇安帝紀，桓玄以元興二年八月稱楚王，三年三月己未潰敗。相距約百八十日，此言「八十日」，疑有脱誤。

〔二九〕犬爲開府儀同　「府」原作「封」，據北齊書卷八後主紀、隋書卷二三五行志上改。

〔三〇〕酷吏丘神勣家狗生子無首　按新唐書卷三五五行志二，「無」上有一「皆」字。

〔三一〕壯大雄目　「壯」字原脱，據新唐書卷三五五行志二補。

〔三二〕德宗貞元七年　「德宗」原作「武宗」，貞元爲德宗年號，原誤，故改。

〔三三〕趙州柏鄉民李崇真家黄犬乳犢　「李崇真」，新唐書卷三五五行志二作「李崇貞」。

〔三四〕武宗會昌三年　「武宗」原作「憲宗」，會昌爲武宗年號，原誤，故改。

〔三五〕象鎮守者不能禦寇之兆　「象」原作「衆」，據新唐書卷三五五行志二改。

〔三六〕撫州有犬人　按宋史卷六六五行志四，「犬」下有一「若」字。

〔三七〕坐於郡守治事之坐　「之坐」原作「之上」，據元本、慎本、馮本及宋史卷六六五行志四改。

〔三八〕足出背上　按漢書卷二七下之上五行志下之上、漢書卷四七文三王傳，「出」上有一「上」字。

〔三九〕今出背上　此四字原脱，據漢書卷四七文三王傳補。

〔四〇〕象孝王背朝而干上也　「背」原作「行」，據漢書卷四七文三王傳改。

〔四一〕行也　「行」原作「衍」，據史記卷四周本紀改。

〔四二〕短狐　「狐」，漢書卷二七中之下五行志中之下作「弧」。

〔四三〕異而書之　按漢書卷二七中之下五行志中之下，「異」上有一「故」字。

〔四四〕而此云夷狄禽　「禽」下原衍一「來」字，據漢書卷二七中之下五行志中之下删。

〔四五〕史占之曰吉　「吉」原作「占」，據資治通鑑卷四周紀四改。

〔四六〕劉向以爲水鳥青色　「青色」，漢書卷二七中之下五行志中之下作「色青」。

〔四七〕厥妖水鳥集於國中　「國中」原作「中國」，據漢書卷二七中之下五行志中之下乙。

〔四八〕丞相以下金　「金」原作「令」，據漢書卷八宣帝紀改。

〔四九〕漢注大如鶡爵　「鶡」原作「鷃」，據漢書卷八宣帝紀、玉海卷一九九改。

〔五〇〕今春五色鳥以萬數飛過屬縣　「春」字原脱，據漢書卷八宣帝紀、玉海卷一九九補。

〔五一〕翱翔而舞　「舞」原作「飛」，據漢書卷八宣帝紀、玉海卷一九九改。

〔五二〕京兆尹張敞舍鶡雀飛集丞相府　按漢書卷八九黃霸傳、資治通鑑卷二七漢紀一九，張敞舍鶡雀飛集丞相府事皆屬之五鳳三年。

〔五三〕邊臣多知鶡雀者　「臣」，漢書卷八九黃霸傳、資治通鑑卷二七漢紀一九作「吏」。

〔五四〕臣聞上計長吏守丞以興化條　「聞」，漢書卷八九黃霸傳、資治通鑑卷二七漢紀一九作「問」。

〔五五〕又集未央宮承明殿屋上　「宮」字原脱，據漢書卷二七中之下五行志中之下補。

〔五六〕音呼椎反　「椎」，漢書卷二七中之下五行志中之下作「惟」。

〔五七〕繼嗣可立　「可立」二字原脱，據漢書卷二七中之下五行志中之下補。

〔五八〕俱飛去　「去」字原脱，據漢書卷二七中之下五行志中之下補。

〔五九〕有黃鵠三十從西南來　「從」字原脱，據後漢書卷三章帝紀、册府元龜卷三五帝王部封禪一補。

〔六〇〕東北過於宮屋　「於」字原脱，據後漢書卷三章帝紀、册府元龜卷三五帝王部封禪一、玉海卷一九九補。

〔六一〕已因亂鬬相殺　「因」字原脱，據後漢書五行志二補。

〔六二〕明年魏武王薨　按上文，「明年」當指建安二十四年，晉書卷二八五行志中、宋書卷三三五行志四同。據後漢書卷九獻帝紀、三國志卷一魏武帝紀，魏武薨於建安二十五年春正月庚子，此云「明年」，不確。

〔六三〕厥妖水鳥集於國中　「中」原作「井」，據漢書卷二七中之下五行志中之下、晉書卷二八五行志中改。

〔六四〕宜防鷹揚之臣於蕭墻之內　「宜」字原脱，據晉書卷二八五行志中、宋書卷三二五行志三補。

〔六五〕十一年八月　「十一年」，三國志卷四七吳主傳、宋書卷二九符瑞志下、册府元龜卷二〇一閏位部祥瑞一俱作「十二年」。

〔六六〕和故宫僚聞之　「宫」原作「官」，據晉書卷二八五行志中、宋書卷三二五行志三改。

〔六七〕趙王倫既篡　「既」原作「謀」，據元本、慎本、馮本及晉書卷二八五行志中、宋書卷三二五行志三改。

〔六八〕周旋城邑匝以問人　「匝」原作「市」，據晉書卷二八五行志中、宋書卷三二五行志三改。

〔六九〕逆自言曰　「逆」原作「遂」，據晉書卷二八五行志中、宋書卷三二五行志三改。

〔七〇〕乃將入宫　「乃」原作「仍」，據晉書卷二八五行志中改。

〔七一〕此羽蟲之孽　「羽」字原脱，據元本、慎本、馮本及晉書卷二八五行志中、宋書卷三二五行志三補。

〔七二〕有鶵入太極殿　「有」字原脱，據晉書卷二八五行志中、宋書卷三二五行志三補。

〔七三〕此又白祥也　「此」原作「北」，據晉書卷二八五行志中、宋書卷三二五行志三改。

〔七四〕安帝義熙三年　「義熙」原作「雍熙」，據晉書卷二八五行志中、宋書卷三二五行志三改。

〔七五〕明年六月　按上文，「明年」當指義熙四年，據宋書卷三二五行志三，「明年」作「五年」，疑是。

〔七六〕白雁集庭　按晉書卷一〇六石季龍載記，「庭」上有一「殿」字。

〔七七〕吳邑空虚之象　按隋書卷二三五行志下無「邑」字。

〔七八〕盛草變成灰　「成」字原脱，據元本、慎本、馮本及隋書卷二三五行志下補。

〔七九〕有鴻鳥集其帳隅　「鴻」，隋書卷二三五行志下作「鵂」。

〔八〇〕次大頓　按隋書卷四煬帝紀下，「大」上無「次」字。隋書卷七六虞綽傳作「次於柳城縣之臨海頓焉」。

〔八一〕游泳自若　「泳」原作「咏」，據隋書卷四煬帝紀下改。

〔八二〕太宗貞觀十六年　「六」，新唐書卷三四五行志一、舊唐書卷三太宗紀、新唐書卷二太宗紀、唐會要卷二八祥瑞俱作「七」。

〔八三〕淄青李納境　「李納」原作「李約」，據元本、愼本、馮本及舊唐書卷三七五行志、舊唐書卷一三德宗紀下改。

〔八四〕緒納惡而焚之　「納」字原脱，據舊唐書卷三七五行志、新唐書卷三四五行志一，舊唐書卷三太宗紀、新唐書卷二太宗紀補。

〔八五〕同州進五色鷹　「鷹」，唐會要卷二八祥瑞作「鴈」。

〔八六〕潞州進白鶺　「鶺」，唐會要卷二八祥瑞作「鸛」。

〔八七〕常州鵲巢於平地　「鵲」，新唐書卷三四五行志一作「鸛」。

〔八八〕群鳥夜集於太行山上　「鳥」，新唐書卷三四五行志一作「烏」。

〔八九〕濮州奏　「濮州」原作「鄆州」，據舊唐書卷三七五行志、舊唐書卷三八地理志一改。

〔九〇〕敬宗寶曆元年十一月丙申　「一」字原脱，據新唐書卷三四五行志一補。

〔九一〕而古占又以高下卜水旱　「卜」字原脱，據元本、愼本、馮本及新唐書卷三四五行志一補。

〔九二〕人疾疫者甚衆　「者」字原脱，據五代會要卷一一雜災變補。

〔九三〕伏尸流血　「流血」原作「血流」，據五代會要卷一一雜災變乙。

〔九四〕世宗顯德元年三月　「三」原作「二」，據元本、愼本、馮本及五代會要卷一一雜災變改。

〔九五〕江陵獻緑山鵲　「山」字原脱，據玉海卷二〇〇補。

〔九六〕易州獻紅山鵲　「易州」，玉海卷二〇〇作「貝州」。
〔九七〕西京獻白鳩　「西京」，玉海卷二〇〇作「京西」。
〔九八〕信火德之應也　「信」原作「正」，據長編卷三七至道元年四月乙巳條，宋會要瑞異一之九、玉海卷一九八改。
〔九九〕延州天建節道場　按長編卷七〇大中祥符元年十一月壬午條、宋史卷七真宗紀二、宋史卷一一二禮志一五，大中祥符元年十一月壬午，詔以正月三日天書降日爲天慶節，諸州建道場，又容齋五筆卷一所列大中祥符年間諸節，亦未見天建節，疑誤。
〔一〇〇〕仁宗寶元二年二月乙酉　「二年」原作「元年」，據宋史卷六四五行志二下、玉海卷一九九改。
〔一〇一〕禽獸之音四徹　「獸」原作「鳥」，據宋史卷六四五行志二下、桯史卷一〇改。
〔一〇二〕有禽翠羽　「禽」字原脱，據元本、慎本、馮本及宋史卷六四五行志二下補。
〔一〇三〕野鳥入處　「處」字原脱，據晉書卷二八五行志中、宋書卷三三五行志三補。
〔一〇四〕四年正月丁巳　「正」原作「五」，據元本、慎本、馮本及宋史卷六四五行志二下改。
〔一〇五〕紹興七年　「紹興」二字原脱，據宋史卷二八高宗紀五、建炎以來繫年要録卷一一七補。
〔一〇六〕府尹沈該以瑞奏　「府尹」原作「宰臣」，據宋史卷六四五行志二下、咸淳臨安志卷四七改。
〔一〇七〕止於民屋數日　「止」原作「上」，據宋史卷六四五行志二下改。
〔一〇八〕池州銅陵縣鴛鴦雄化爲雌　「爲」字原脱，據宋史卷六四五行志二下補。

卷三百十三　物異考十九

鳳凰

虞舜簫韶九成，鳳凰來儀。韶，舜樂名。言簫見細樂之備。雄曰鳳，雌曰凰，靈鳥也。儀，有容儀。備樂九奏而致鳳凰，則餘鳥獸不待九而率舞。

漢昭帝始元三年冬十月，鳳凰集東海，遣使者祠其處。　宣帝本始元年五月，鳳凰集膠東、千乘。　四年五月，鳳凰集北海安丘、淳于。　地節二年四月，鳳凰集魯郡，群鳥從之。　元康二年三月，以鳳凰集，賜天下吏民爵，女子牛酒，鰥寡高年帛。　神爵二年，鳳凰集京師，群鳥從者以萬數。　五鳳三年，鸞鳳集長樂宮東闕中樹上，飛下止地，文章五色。

東坡蘇氏曰：「黃霸傳言，時鳳凰神爵數集郡國，潁川尤多，天子以霸治行長者，下詔稱揚。　四年冬十月，鳳凰十一集杜陵。　十二月，鳳凰集上林。此可疑也。霸以鶡爲神爵，不知潁川之鳳以何物爲之邪？」

致堂胡氏曰：「孝宣之世，誠安且治矣。然方之堯、舜、成、康，可封刑措之俗，無乃尚遠有不及乎，鳳凰何爲而屢至哉？自本始逮黃龍二十五年間，天變則日食、星孛、大雨雹，地變則四十九郡同日震，山崩，壞宗廟，殺人民。以人事論之，趙、蓋、楊、韓四良臣無罪而死，元康二年中，子弟殺父兄、妻殺夫者，二百四十二人。魏相以爲大故者，不論他年。然則世雖安治，亦多舛逆，不得稱太平決矣。鳳凰表太平之瑞也，何爲而至哉？宣帝繼武帝之後，撫養百姓，不興兵革，親致康阜，其心自喜，必有窺見微意者，故争言祥瑞以侈耀之。雖然，所謂鳳者，非也，何以明之？黄霸以鶡爲神爵，而神爵年號非有他異焉，乃爲鳳凰而名之。然則其時公以鶡爲神爵，神爵爲鳳凰，則鳳凰群集，非鶡而何？雖明治安而未及古，正使有鳳尚不足貴，况非鳳邪？此可破千載之疑而發一笑，爲後世自欺之戒也。或曰，漢權歸外家，自王鳳始，殆天以告爾，然則尤當警懼者也。」

後漢章帝元和二年二月〔一〕，鳳凰集肥城。五月詔曰：「乃者鳳凰、黄龍、鸞鳥比集七郡，孫柔之瑞應圖曰〔二〕：「鸞鳥者，赤神之精，鳳凰之佐。鷄身而毛色赤被五采〔三〕，鳴中五音。人君進退有度，親疏有序，則至也。」比，頻也。或一郡再見。其賜天下吏民爵及帛有差。」安帝延光三年，新豐上言鳳凰集西界亭。今新豐縣西原有鳳凰原，俗傳云：「即此時鳳凰所集之處也。」二月戊子，有五色大鳥集濟南臺縣〔四〕。十月，又集新豐。時以爲鳳凰陽明之應，故非明主則隱不見。凡五色大鳥似鳳者，多羽蟲之孽。是時安帝信中常侍樊豐、江京、阿母王聖及外屬耿寶等讒言，免太尉楊震，廢太子爲濟陰王，不悊之異也。章帝末，號鳳凰百四十九見。時直臣何敞以爲羽孽似鳳，翱翔殿屋，不察也。臣昭曰：「已論之於敞傳。」記者以爲其後章帝崩，以爲驗。按宣帝、明帝時，五色鳥群翔殿屋，賈逵以爲胡降徵。帝多善政，雖有過，不及至衰缺，末年胡降二十萬口，是其驗也〔五〕。帝之時，羌胡外叛，讒慝内興，羽孽之時也。樂叶圖徵説五鳳皆五色，爲瑞者一，爲孽者四。

叶圖徵曰：「似鳳有四，並爲妖：一曰鷫鷞，鳩喙，圓目，身義戴信嬰禮膺仁負智，至則旱疫之感也；二曰發明，烏喙，大頸，大翼〔六〕，大脛〔七〕，身仁戴智嬰義膺信負禮，至則喪之感也；三曰焦明，長喙，疏翼，圓尾，身義戴信嬰仁膺智負禮，至則水之感也；四曰幽昌，鋭目，小頭，大身，細足，脛若鱗葉，身智戴信負禮膺仁，至則旱之感也。」國語曰：「周之興也，鸑鷟鳴岐。」説文曰：「五方神鳥，東方曰發明，南方曰焦明，西方曰鷫鷞，北方曰幽昌，中央曰鳳凰。」

桓帝元嘉元年十一月〔八〕，五色大鳥見濟陰己氏。時以爲鳳凰。此時政治衰缺，梁冀秉政阿枉，上幸亳后，皆羽孽時也。臣昭按：魏朗對策，桓帝時雉入太常、宗正府。朗説見本傳注。　靈帝光和四年秋，五色大鳥見於新城，衆鳥隨之，時以爲鳳凰。時靈帝不恤政事，常侍、黄門專權，羽孽之時也。衆鳥之性，見非常斑駁，好聚觀之，至於小爵希見梟者，虓見猶聚。

魏文帝黄初元年八月，石邑縣言鳳凰集。

吴孫權黄武五年〔九〕，蒼梧言鳳凰見。　黄龍元年，夏口、武昌並言鳳凰見。　孫亮建興二年，有大鳥五見於春申，吴人以爲鳳凰。詳見羽蟲門。　孫皓建衡三年，西苑言鳳凰集〔一〇〕，明年改元鳳凰。

晉武帝泰始元年，郡國言鳳凰見凡六。　二年，鳳凰六見。　五年，鳳凰見於趙國。　穆帝升平四年二月，鳳凰將九雛見於豐城。　十一月，鳳凰復見於豐城，群鳥隨之。　五年，鳳凰見於沔北。

宋文帝元嘉十四年正月戊戌〔一一〕，鳳凰二見於都下，衆鳥隨之，改其地曰鳳凰里。

周武帝天和二年七月〔一二〕，梁州上言，鳳凰集楓樹，衆鳥列侍以萬數。

唐高宗上元三年十一月〔一三〕，陳州上言，苑丘縣鳳凰集，衆鳥數萬前後翊從，行列齊整，色別爲群。後三日，改元儀鳳。

蜀王建元年，鳳凰見萬歲縣。

漢劉晟時，鳳凰見邕州。

宋太宗端拱元年八月，有鳳凰集廣州清遠縣廨舍合歡木〔一四〕，高六尺，衆鳥隨之，向東北去。真宗景德元年五月，白州有三鳳自南來，入城中，群禽周繞，至萬歲寺前，棲百尺木龍樹上〔一五〕，身長九尺，高五尺，其文五色，冠如金杯。神宗熙寧七年六月乙未，廣州言增城縣鳳凰見。

鷄禍

春秋左氏傳周景王時，大夫賓起見雄鷄自斷其尾。劉向以爲近鷄禍也。時王有愛子子朝，王與賓起陰謀欲立之〔一六〕。田於北山，將因兵衆殺適子之黨，未及而崩。三子爭國〔一七〕，王室大亂。其後，賓起誅死，子朝奔楚而敗。京房易傳曰：「有始無終，厥妖雄鷄自齧斷其尾〔一八〕。」

漢宣帝黃龍元年，未央殿輅軨中雌鷄化爲雄，輅與路同。軨音零。厩名也。毛衣變化而不鳴，不將，無距。元帝初元中，丞相府史家雌鷄伏子，漸化爲雄，冠距鳴將。將謂率領其群。距，鷄附足骨，鬭時所用刺之。永光中，有獻雄鷄生角者。京房易傳曰：「鷄知時，知時者當死。」房以爲已知時，恐當之。劉向以爲房失鷄占。鷄，小畜，主司時，起居人，爲人起居之節。小臣執事爲政之象也。言小臣將秉君威，以害正事，猶石顯也。竟寧元年，顯伏辜，此其驗也。或曰，顯何足以當此？昔武王伐殷，誓師曰：『牝鷄無晨；牝鷄之晨，惟家之索。』今殷王受惟婦言是用。」由是論之，黃龍、初元、永光鷄變，迺國家之占，妃后象也〔一九〕。

黃龍元年，宣帝崩，元帝立，王妃將爲后，故是歲未央殿雌鷄化雄，明其占在正宮也。不鳴不將無距，貴始萌而尊未成也。初元元年，立王妃爲皇后〔二〇〕，以后父丞相少史王禁爲陽平侯，明年立皇后子爲太子。故應是，丞相府史家雌鷄化爲雄，其占即丞相少史之女也。伏子者，明已有子也。冠距鳴將者，尊已成也。永光二年，禁薨，子鳳嗣侯。元帝崩，成帝遂委政於元舅。王氏之權自鳳始，故於鳳始受爵位時，雄鷄有角，明視作威專君害上危國者，從此人始也。京房易傳曰：「賢者居明夷之世，知時而傷，或衆在位，厥妖鷄生角。鷄生角〔二一〕，時主獨。」又曰：「婦人顓政，國不靜；牝鷄雄鳴，主不榮。」故房以爲已亦在占中矣。

後漢靈帝光和元年，南宮侍中寺雌鷄欲化雄，一身毛皆似雄，但頭冠尚未變。詔以問議郎蔡邕，邕對曰：「貌之不恭，則有鷄禍。臣竊推之，頭，元首，人君之象；今鷄一身已變，未至於頭，而上知之，是將有其事而不遂成之象也〔二二〕。若應之不精，政無所改，頭冠或成，爲患滋大。」是後張角作亂稱黃巾，破壞四方。

魏明帝景初二年，廷尉府中雌鷄化爲雄，不鳴不將。干寶曰：「是歲宣帝平遼東，百姓始有與能之義，此其象也。」然晉三后並以人臣終，而不鳴不將，又天意也。

晉惠帝元康六年，陳國有鷄生雄鷄無翅，既大，墜坑而死。王隱以爲：「雄者，胤嗣子之象。坑者，母象。今鷄生無翅，墜坑而死，此子無羽翼，爲母所陷害乎？」於後賈后誣殺愍懷，此其應也。泰安中，周玘音起。家雌鷄逃承霤中，六七日而下，奮翼鳴將，獨毛羽不變〔二三〕。其後有陳敏之事，敏雖控制江表，終無紀綱文章，殆其象也。卒爲玘所滅。鷄禍見玘家，又天意也。京房易傳曰：「牝鷄雄鳴，主不榮。」元帝太興中，王敦鎮武昌，有雌鷄化爲雄。天戒若曰，雌化爲雄，臣陵其上。其後王敦再攻京師。孝武太元十三年四月，廣陵高平閻嵩家雌鷄生無右翅，彭城人劉象之家鷄有三足〔二四〕。京房易傳曰：「君用婦人言，則鷄生妖。」是時，主相並用尼媪烏堯反。之言，寵賜過厚，故妖象見焉。安帝隆安元年八月，琅邪王道子家青雌鷄化爲赤雄鷄，不鳴不將。桓玄將篡，不能成業之象。四年，荆州有鷄生角，角尋墮落。是時桓玄始擅西夏，狂慢不肅，故有鷄禍。天戒若曰，角，兵象；尋墮落者，暫起不終之妖也。後皆應也。元興二年，衡陽有雌鷄化爲雄，八十日而冠萎。天戒若曰，衡陽，桓玄楚國之邦略也。及桓玄篡位，果八十日而敗，此其應也。

隋文帝開皇中，有人上書，言頻歲已來，鷄鳴不鼓翅，類腋下有物而妨之，翮不得舉，肘腋之臣，當爲變矣。書奏不省。京房易飛候曰：「鷄鳴不鼓翅，國有大害。」其後大臣多被夷滅，諸王廢黜，太子幽廢。煬帝大業初，天下鷄多夜鳴。京房易飛候曰：「鷄夜鳴，急令。」又云：「昏而鳴，百姓有事；人定鳴，多戰；夜半鳴，流血漫漫。」及中年已後，軍國多務，用度不足，於是急令暴賦，責成守宰，百姓不聊生矣，各起而爲盜，戰爭不息，屍骸被野。

唐武后垂拱三年七月，冀州雌鷄化爲雄。永昌元年，明州、松州各有雌鷄化爲雄。中宗景龍二年春，滑州匡城縣民家鷄有三足。京房易妖占曰〔二五〕：「君用婦人言〔二六〕，則鷄生妖。」玄宗好鬭鷄，貴臣、外戚皆尚之，貧者或弄木鷄〔二七〕。識者以爲：「鷄，酉屬，帝王之歲；鬭者，兵象。」近鷄禍。宣宗大中八年九月，考城縣民家雄鷄化爲雌，伏子而雄鳴。雄化爲雌，王室將卑之象，反雌伏也。漢宣帝時有此異，至元帝而王氏始萌，蓋馴致其禍也。懿宗咸通六年七月，徐州彭城民家鷄生角。角，兵象；鷄，小畜，猶賤類也。

宋高宗紹興初，陳州民蓄鷄忽人言〔二八〕。近鷄禍也。後河南爲僞齊所據。時松陽縣民家鷄生三足，與唐志景龍中鷄禍同占。縣治有鷄伏卵，毛生殼外。近鷄禍，亦毛孽也。孝宗乾道六年，衢州西安縣官塘有物怪，鷄首人身，高丈餘，晝見於野。寧宗慶元三年，饒州壘舍鷄卵出蛇。近鷄孽，亦蛇孽也。徽州婺源縣張村民家雌鷄化爲雄，烹之，形冠距而腹卵孕。同里洪氏家雄鷄伏子，中一雛有三足。

龍蛇之異

夏孔甲之時，天降二龍，有雌雄，孔甲不能食，未得豢龍氏。豢，養也。穀食曰豢。陶唐既衰，其後有劉累，學擾龍擾音柔，馴也，能順養得其嗜慾。於豢龍氏，以事孔甲。孔甲賜其姓曰御龍氏，更豕韋之後。龍一雌死，潛醢，以食夏后。夏后享之，既而使求之，懼而遷去。史記夏后氏之衰，有二龍止於夏庭，而言「余，褒之二君也。」褒，古國名。夏帝卜殺之，去之，止之，莫吉；卜請其漦而藏之，乃吉。應劭曰：「漦，沫也。」鄭氏曰：「漦音牛齡之齡。」師古曰：「去謂驅逐也，止謂拘留也。去音丘呂反。漦音丑之反。」於是布幣策告之。師古曰：「奠幣爲禮，讀策詞而告之也。說者以爲策者糈米，蓋失之矣。」龍亡而漦在，乃匵去之。師古曰：「匵，匱也。去，藏也。匵音讀。去音丘呂反。」其後夏亡，傳匵於殷、周，三代莫發，至厲王末，發而觀之，漦流於庭，不可除也。厲王使婦人贏而譟之，應劭曰：「群呼曰譟。」師古曰：「譟音先到反。」漦化爲玄黿，韋昭曰：「玄，黑；黿〔二九〕，蜥蜴也〔三〇〕，似蛇而有足。」師古曰：「黿似鼈而大，非蛇及蜥蜴〔三一〕。」入後宫。處妾遇之而孕，師古曰：「處妾，宫中之童女。」生子，懼而棄之。宣王立，女童謡曰：「檿弧萁服，實亡周國。」服虔曰：「檿，檿桑也。」師古曰：「女童謡，閭里之童女爲歌謡也。檿，山桑之有點文者也。木弓曰弧。服，盛箭者，即今之步叉也。萁，草，似荻而細，織之爲服也。檿音一簟反。萁音基。荻音敵。」後有夫婦鬻是器者，宣王使執而僇之。師古曰：「鬻，賣也，音弋六反〔三二〕。」既去，見處妾所棄妖子，聞其夜號，哀而收之，遂亡奔褒。後褒人有罪，入妖子以贖，是爲褒姒，幽王見而愛之〔三三〕，生子伯服。王廢申后及太子宜臼，而立褒姒、伯服代之。廢后之父申侯與繒西畎戎共攻殺幽王。師古曰：「畎戎即犬戎，亦曰昆夷。」詩曰：「赫赫宗周，褒姒威之。」師古曰：「小雅正月之詩也。赫赫，盛貌也。宗周，鎬京也。威，滅也，音呼悦反。」劉向以爲夏后季世，周之幽、厲皆誖亂逆天，師古曰：「誖，惑也，音布内反。」故有龍黿之怪，近龍蛇孽也。漦，血也，一曰沫也。檿弧，桑弓也。萁服，蓋以萁草爲箭服，近射妖也。女童謡者，禍將生於女，國以兵寇亡也。師古曰：「因婦人以致兵寇也〔三四〕。」

左氏傳魯莊公時，有内蛇與外蛇鬭鄭南門中，内蛇死。劉向以爲近蛇孽也。先是，鄭厲公劫相祭仲，逐兄昭公代立。後厲公出奔，昭公復入。死，子儀代立。厲公自外劫大夫傅瑕，使僇子儀。此外蛇殺内蛇之象也。蛇死六年，而厲公立。莊公問申繻曰：「猶有妖乎？」對曰：「人之所忌，其氣炎以取之，妖由人興也。人亡釁焉，妖不自作。人棄常，故有妖。」京房易傳曰：「立嗣子疑，厥妖蛇居國門鬭。」

文公十六年夏，有蛇自泉宫出，泉宫，即泉臺。入於國，如先君之數。劉向以爲近蛇孽也。泉宫在囿中，公母姜氏曾居之，蛇從之出，象宫將不居也。詩曰：「維虺維蛇，女子之祥。」又蛇入國，國將有女憂也。

秋，公母薨。公惡之，乃毁泉臺。後二年公薨，公子遂殺文之二子而立宣公。文公夫人大歸於齊。昭公十九年，龍鬬於鄭時門之外洧淵。劉向以爲近龍孽也。鄭以小國攝乎晉、楚之間，重以强吴。時子産任政，内惠於民，外善辭令，以交三國，鄭卒亡患，能以德消變之效也。京房易傳曰：「衆心不安，厥妖龍鬬。」

漢高祖母媪常息大澤之陂，休息而寢也。夢與神遇。是時雷電晦冥，父太公往視，則見交龍其上。已而娠，遂産高祖。高祖爲亭長，送徒驪山。被酒，夜經澤中，有大蛇當徑，乃拔劍斬蛇，蛇分兩頭。詳見人異門。

惠帝二年正月癸酉旦，有兩龍見於蘭陵延東里温陵井中，至乙亥夜去。劉向以爲龍貴象而困於庶人井中，象諸侯將有幽執之禍。其後吕太后幽殺三趙王，諸吕亦終誅滅。京房易傳曰：「有德將害〔三五〕，厥妖龍見井中。」又曰：「行刑暴惡，黑龍井出。」文帝十五年，黄龍見於成紀。武帝太始四年七月，趙有蛇從郭外入，與邑中蛇鬬孝文廟下，邑中蛇死。後二年秋〔三六〕，有衛太子事，事自趙人江充起。

宣帝甘露元年，黄龍見新豐。成帝鴻嘉元年冬，黄龍見真定。

後漢光武建武十二年六月，黄龍見東阿〔三七〕。章帝建初五年，有八黄龍見於泉陵。伏侯古今注曰：「見零陵泉陵湘水中，相與戲。其二大如馬，有角；六枚大如駒，無角。」安帝延光元年，九真言黄龍見無功。三年〔三八〕，歷城、琅邪言黄龍見。時安帝聽讒，免太尉楊震，楊震自殺。又帝獨有一子，以爲太子，信讒廢之。是皇不中，故有龍孽，時多用佞媚，故以爲瑞應。明年正月，東郡又言黄龍二見濮陽。桓帝建和元年，沛國言黄龍見譙。元嘉二年，濟陰言黄龍見句陽，金城言黄龍見允街。桓帝即位，有大蛇見德陽殿上，雒陽市令淳于翼曰：「蛇有鱗，甲兵之象也。見於省中，將有椒房大臣受甲兵之誅也。」其後梁冀以逆誅。　延熹七年六月壬子，河内野王山上有龍死，長可數十丈。袁山松書曰：「長可百餘丈。」襄楷以爲夫龍者爲帝王瑞〔三九〕，易論大人。天鳳中，黄山宫有死龍，漢兵誅莽而世祖復興，此易代之徵也。至建安二十五年，魏文帝代漢。臣昭曰：「夫屈申躍見，變化無方，非顯死之體，横强之畜。易況大聖，實類君道。野王之異，豈桓帝將崩之表乎？妖等占殊，其例斯衆。苟欲附會以同天鳳，則帝涉三主〔四〇〕，年踰五十，此爲迂闊，將恐非徵矣。」　永康元年八月，巴郡言黄龍見。時吏傅堅以郡欲上言，内白事以爲走卒戲語，不可。太守不聽。嘗見堅語云：「時民以天熱，欲就池浴，見池水濁，因戲相恐『此中有黄龍』，語遂行人間。聞郡，欲以爲美，故言。」時史以書帝紀。桓帝時政治衰缺，而在所多言瑞應，皆此類也。又先儒言，瑞興非時，則爲妖孽，而民訛言生龍語，皆龍孽也。　靈帝建寧二年夏，青蛇見御座軒前。張奂上疏言：「陳蕃、竇氏未被明宥，妖眚之來，皆爲此也。」敦煌實録曰：「蛇長六尺，夜於御前當軒而見。」　熹平元年四月甲午〔四一〕，青蛇見御座上。是時靈帝委任宦者，王室微弱。　五年，沛國言黄龍見譙。光禄大夫橋玄問太史令單颺：「此何祥也？」曰：「其國後當有王者興。不及五十年，亦當復見。天事恒象，此其應也。」内黄殷登默而記之〔四二〕，至四十五年，登尚在，時延康元年，魏王丕嗣位，三月，黄龍見譙，登聞之，曰：「單颺之言，其驗兹乎！」

魏明帝青龍元年正月甲申，青龍見郟之摩陂井中。凡瑞興非時，則爲妖孽，況困於井，非嘉祥矣。魏以改年，非也。干寶曰：「自明帝終魏世，青龍、黄龍見者，皆其主廢興之應也。魏土運，青木色，而不勝於金。黄得位，青失位之象也。青龍多見者，君德國運内相剋伐也，故高貴鄉公卒敗於兵。」按劉向説，龍貴象而困井中，諸侯將有幽執之禍也。魏世，龍莫不在井，此居上者逼制之應。高貴鄉公著潛龍詩，即此旨也。高貴鄉公正元元年十月戊戌〔四三〕，黃龍見於鄴井中。甘露元年正月辛丑，青龍見軹縣井中。六月乙丑，青龍見元城縣界井中。二年二月，青龍見温縣井中。三年，黃龍、青龍俱見頓丘、冠軍、陽夏縣界井中。四年正月，黃龍二見寧陵縣界井中。元帝景元元年十二月甲申，黃龍見華陰縣井中〔四四〕。三年二月，龍見軹縣井中。

吴孫權黃武元年，鄱陽言黃龍見。黃龍元年，夏口、武昌並言黃龍見。權即皇帝位，改元。赤烏五年，海鹽言黃龍見。十一年〔四五〕，雲陽言黃龍見。孫休永安四年九月，布山言白龍見。五年，始新言黃龍見。六年，泉陵言黃龍見。又，長沙言青龍見。孫皓天册中，龍乳於長沙人家，啖鷄雛。京房易傳曰〔四六〕：「龍乳人家，王者爲庶人。」其後皓降晉。

晉武帝泰始元年，郡國言白龍見凡二。二年，青龍十見，黃龍九見。三年，白龍二見弘農澠池。五年，青龍二見於滎陽，白龍二見於趙國。六年，白龍二見於東莞。咸寧二年六月，白龍二見新興井中，又見武庫井中〔四七〕。十一月，白龍二見於梁國。太康元年，白龍三見於永昌。三年〔四八〕，白龍二見於濟南。五年，白龍見京兆。九年，青龍、黃龍各一見於魯國。又龍見武庫井中〔四九〕。帝觀之，有喜色。百僚將賀，劉毅獨表曰：「昔龍漦侯滋反。夏庭，禍發周室；龍見鄭門〔五〇〕，子產不賀。」帝答曰：「朕德政未修，未有以應受嘉祥。」遂不賀也。孫盛曰：「龍，水物也，何與於人，子產言之當矣。但非其所處，實爲妖災。夫龍以飛翔顯見爲瑞，今則潛伏幽處，非休祥也。漢惠帝二年，兩龍見蘭陵井中，本志以爲其後趙王幽死之象。武庫者，帝王威御之器所寶藏也，屋宇邃密，非龍所處。是後七年，藩王相害；二十八年，果有二胡僭竊神器。二逆皆字曰龍，此之表異，爲有證矣。」愍帝建興二年十一月，枹罕羌妓産一龍子，色似錦文，常就母乳，遥見神光，少得就視。此亦皇極不建，於是帝竟淪没。

呂纂末，龍出東廂井中，到其殿前蟠卧，比旦失之。俄又有黑龍升其宫門。咸以爲美瑞〔五一〕。或曰：「龍者陰類，出入有時，今而屢見，必有下人謀上之變。」後纂果爲呂超所殺。

武帝咸寧中，司徒府有二大蛇，長十許丈，居聽事平橑音老。上而人不知，但數年怪府中數失小兒及猪犬之屬。後有一蛇夜出，被刃傷不能去，乃覺之，發徒攻擊，移時乃死。夫司徒五教之府，此皇極不建，故蛇孽見之。漢靈帝時，蛇見御座，楊賜以爲帝溺於色之應也。魏代宫人猥多，晉又過之，燕游是湎，此其孽也。詩云「維虺維蛇，女子之祥」也。惠帝元康五年三月癸巳，臨淄有大蛇，長十餘丈，負二小蛇入城北門，逕從市入漢城陽景王祠中不見。天戒若曰，昔漢景王有定傾之功，而不厲節忠慎，以至失職奪功之辱。今齊王冏不悟，雖建興復之功，而驕陵取禍，此其徵也。明帝太寧初，武昌有大蛇，常居故神祠空樹中，每出頭從人受食。京房易妖曰〔五二〕：「蛇見於邑，不出三年有大兵，國有大憂。」尋有王敦之逆。恭帝元熙元年冬，東方黑龍四登於天。易傳曰：「冬龍見，天子亡社稷，大人受命。」

慕容皝時，有黑龍、白龍各一見於龍山，皝率群寮觀之，去龍二百步，祭以太牢。二龍交首嬉翔，解角而去。皝大悦，赦其境内，號新宫曰和龍。

宋高祖微時，行止時見二小龍附翼，樵漁山澤，同侶或亦睹焉〔五三〕。及貴，龍形更大。後伐荻新洲，見大蛇長數丈，射之，傷。明日復至洲，裏聞有杵臼聲，及往覘之，見有童子數人皆著青衣，於榛中擣藥。問其故，答曰：「我王爲劉寄奴所射，合散傅之。」帝曰：「王神何不殺之？」答曰：「寄奴王者不死，不可殺也。」帝叱之，皆散，仍收藥而反〔五四〕。文帝發江陵，有黑龍躍負上所乘舟，左右莫不失色，上謂王曇首曰：「此乃夏禹所以受命，吾何德以堪之。」至都，群臣勸進，即位。

齊東昏侯永元三年七月丙辰，龍鬭於建康淮，激水五里。

梁武帝天監二年，北梁州潭中有龍鬭，濆霧數里。龍蛇之孽。洪範五行傳曰：「龍，獸之難害者也。天之類，君之象。天氣害，君道傷，則龍亦害。鬭者兵革之象也。」京房易飛候曰：「衆心不安，厥妖龍鬭。」是時帝初即位，而有陳伯之、劉季連之亂，國内危懼。普通五年六月，龍鬭於曲阿王陂，因西行，至建陵城，所經之處，樹木折開數十丈。與天監二年同占。經建陵而樹木折者，國有兵革之禍，園陵殘毁之象。時帝專以講論爲務，不崇耕戰，將輕而卒惰。君道既傷，故有龍鬭之應。帝殊不悟。至太清元年，黎州水中又有龍鬭，波浪涌起，雲霧四合，而見白龍南走，黑龍隨之。其年，侯景以兵來降，帝納之而無備，國人皆懼。俄而難作，帝以憂崩。大同十年夏，有龍夜因雷而墮延陵人家井中。明旦視之，大如驢。將以戟刺之，俄見庭中及室中各有大蛇，如數百斛船，家人奔走。洪範五行傳曰：「龍，陽類，貴象也。上則在天，下則在地，不當見庶人邑里室家。井中，幽深之象也，諸侯且有幽執之禍，皇不建之咎也。」後侯景反，果幽殺簡文於酒庫，宗室王侯皆幽死。中大同元年，有大蛇鬭曲阿縣建陵隧中，其一被傷奔走。元帝承聖二年，有兩龍見湘州西江。三年三月，主衣庫見黑蛇長丈許，數十小蛇隨之，舉頭高丈餘南望，俄失所在。帝又與宮人幸玄洲苑，復見大蛇盤屈於前〔五五〕，群小蛇遶之，並黑色。帝惡之，宮人曰：「此非怪也，恐是錢龍。」帝敕所司即日取數千萬錢鎮於蛇處以厭之，因設法會〔五六〕，赦囚徒，振窮乏，退居栖心省。又有蛇從屋墜落帝帽上〔五七〕，忽然便失。又龍光殿上所御肩輿復見小蛇縈屈輿中，以頭駕夾膝前金龍頭上，見人走去，逐之不及。城壕中龍騰出，煥爛五色，竦躍入雲，六七小龍相隨飛去。群魚騰躍，墜死於陸道。龍處爲窟若數百斛圌。舊大城上常有紫氣，至是稍復消歇〔五八〕。先時有二龍自南郡城西升天，百姓聚觀，五采分明。江陵故老竊相泣曰：「昔年龍出建康淮，而天下大亂，今復有焉，禍至無日矣。」帝聞而惡之，踰年遘禍。

陳武帝討侯景，軍頓西昌，有龍見水濱，高五丈，五采鮮曜〔五九〕，軍民觀者數萬人〔六〇〕。永定三年正月丁酉夜，大雪，及旦，太極殿前有龍迹現。宣帝太建十一年正月，龍見南兖州池中。與梁大同十年同占。未幾，後主嗣位，荒淫至於亡國爲俘。後主末年，有青龍出建陽門，井涌霧。又見大蛇中分〔六一〕，首尾各走。

東魏孝靜帝天平二年〔六二〕，龍見并州人家井中。武定元年，有大蛇見虎牢城。時高仲密以虎牢叛附西魏，神武爲西兵所窘。

北齊文宣天保九年，有龍長七八丈，見齊州大堂。占同大同十年。明年帝崩〔六三〕，太子殷立，常山王演廢而害之。武成河清元年，龍見濟州浴堂中。占同天保九年。二年，齊州上言，濟河水口見八龍升天。後主天統四年，貴鄉人伐枯桑，得一黃龍，折脚，死於孔中。齊稱木德。龍，君象。木枯龍死，不祥之甚。其年武帝崩。武平三年，龍見邯鄲井中，其氣五色屬天。又見汲郡佛寺涸井中。占同河清元年。後主竟降周，後被誅。七年，并州招遠樓下有赤蛇與黑蛇鬭，數日，赤蛇死。赤，齊尚色。黑，周尚色。鬭死，滅亡之象也。後主任用邪佞，與周師連兵於晉州之下，委軍於孽臣高阿那肱，竟起敵人，皇不建之咎也。後主遂爲周師所虜。

瑯琊王儼壞北宮中白馬浮圖，石趙時澄公所建。見白蛇長數丈，回旋失所在。時儼專誅失中之咎也。見變不知戒，以及於難。

後周武帝建德五年，黑龍墜於亳州而死。龍，君之象。黑，周所尚色。墜死，不祥。後二歲，帝崩，太子立。靜帝大象元年〔六四〕，有黑龍與赤龍鬭於汴州水側，黑龍死。次年，宣帝崩，靜帝立，禪於隋。

隋文帝仁壽四年，龍見代州總管府井中。其龍或變爲鐵馬甲士彎弓上射之象。變爲鐵馬，近馬禍也。彎弓上射，又近射妖。諸侯將有兵革之變，致幽囚也。後漢王諒坐反誅〔六五〕。

唐太宗貞觀八年七月，隴右大蛇屢見。蛇，女子之象；大者，有所象也。又汾州青龍白龍見。白龍吐物在空中，光明如火，墮地地陷，掘之得玄金，廣尺，長七寸。高宗顯慶二年五月庚寅，有五龍見於岐州之皇后泉。睿宗先天二年六月，京師朝堂磚下有大蛇出，長丈餘，有大蝦蟆如盤，而目赤如火，相與鬭，俄而蛇入於大樹，蝦蟆入於草。蛇、蝦蟆，皆陰類；朝堂出，非其所也。玄宗開元四年六月，郴州馬嶺山下有白蛇與黑蛇鬭〔六六〕，白蛇長六七尺，吞黑蛇入腹，口眼血流，黑蛇長丈餘，頭穿白蛇腹出，俱死。天寶中，洛陽有巨蛇，高丈餘，長百尺，出芒山下，胡僧無畏見之曰：「此欲決水瀦洛城。」即以天竺法咒之，數日蛇死〔六七〕。　十四載七月，有二龍鬭於南陽城西。易坤：「上六，龍戰于野。」文言曰：「陰疑于陽必戰。」　肅宗至德元載八月朔，成都丈人廟有肉角蛇見。　二載三月，有蛇鬭于南陽門之外，一蛇死，一蛇上城。　德宗建中二年夏，趙州寧晉縣沙河北有棠樹甚茂，民祠之爲神。有蛇數百千自東西來，趨北岸者聚棠樹下，爲二積，留南岸者爲一積，俄有徑寸龜三，繞行，積蛇盡死，而後各登其積。野人以告。蛇腹皆有瘡，若矢所中。刺史康日知圖其事，奉三龜來獻。　四年九月戊寅，有龍見於汝州城壕。龍，大人象，其潛也淵，其飛也天。城壕，失其所也。　貞元十八年八月，滄州言白龍見。貞元末，資州得龍丈餘，西川節度使韋臯匣而獻之，百姓縱觀，三日，爲烟所薰而死。　憲宗元和十年四月，滑州言青龍見於新開河。　文宗太和二年六月丁丑，西北有龍鬭。　三年，成都門外有龍與牛鬭。開成元年，宮中有衆蛇相與鬭。　僖宗乾符三年三月，奉天鎮上言，金龍晝見，自河升天。　光啟二年冬，鄜州洛交有蛇見於縣署，復見於州署。蛇，冬則蟄。易曰：「龍蛇之蟄，以存身也。」　昭宗光化三年九月，杭州有龍鬭於浙江，水溢，壞民廬舍。占同天寶十四載。

蜀王建元年，萬歲縣黃龍見〔六八〕。　武成三年八月〔六九〕，有龍五十見洵陽水中。　永平二年十二月，黃龍見富義江，又見大昌池〔七〇〕。

宋太祖從周世宗征淮南〔七一〕，戰於江亭，有龍自水中向太祖奮躍。識者驚異，以爲出潛之兆。　乾德五年，京師雨，有黑龍見尾於雲際，自西北趨東南。占主大水。　明年，州府二十四水，壞田廬。　六年四月，單州單父縣民王美家龍起井中，暴風雨漂廬舍，失族屬，及壞舊鎮廨舍三百五十餘區，大木皆拔。

開寶七年六月，隸州有火自空墜於城北門樓，有物抱東柱，如龍，金色，足三尺許，其氣甚腥。旦視之，壁上有烟痕，爪迹三十六。　太宗太平興國二年五月，白龍見寧州要册龍廟池中，長數十丈，東向吐青白雲，見者千餘人。　真宗大中祥符元年八月〔七二〕，青蛇出無爲軍廨，長數尺許。　三年，内侍任文慶奉詔於茅山設醮，禱郭真人池，取雙龍以歸。長二寸許，鱗極細，腹如玳瑁，置手中，仰覆無懼，中路風雨失一。五月，内出以示近臣，令文慶送還茅山。至華陽宫，投池中，俄於岸側樹上觀二龍，一乃放還者，一乃所失者。　六年五月，迎奉聖祖至穀熟縣，於聖祖舟中幢節上得小龍二，如茅山池中，畜於禁中。己巳方午，忽失一，守者求之不獲。是夜，聞雷聲，有光如火照浄閣。翼日，失者復至。即遣使送還茅山。六月，趙州言：「聖像玉石舟度河之石橋，時河水淺澀，有黑龍鼓浪進舟，凡歷二灘悉然〔七三〕。舟既度，河流復故。」詔遣官即其所致祭。　上清宫先天節道場香奩中獲小龍，背有金彩三道，尾有翠文寸餘。八月，建昌軍部民家麻姑山仙都觀設醮。己巳五鼓，有龍出玉皇殿西北醮壇下，升中天，迴視，長數尺，金色，隱隱有雷聲，聞數里。　神宗熙寧二年，建州民楊緯言：「元年三月，大雷雨，所居之處，有黄龍見，下獲一木，如龍而形未具。七月，雷雨如初，復有龍飛其上。及霽，木龍尾、翼、足皆具，歸合舊木，宛然一體。」圖象以進。　徽宗宣和元年夏，雨連晝夜凡數日。及霽，開封縣前茶肆中有異物如犬大，蹲踞卧榻下〔七四〕。細視之，身僅六七尺，色蒼黑，其首類驢，兩頰作魚頷而色正緑，頂有角，坐極長，於其際始分兩岐，聲如牛鳴，與世所繪龍無異。茶肆近軍器作坊，兵卒來觀，共殺食之。已而京城大水。訛言龍復讎云。　高宗紹興初，朱勝非出守江州，過梁山，龍入其舟，纔長數寸，赤背緑腹，白尾黑爪甲，有聲，目有光。近龍孽也。時行都柴垛橋旌忠廟有三蛇出没庭廡，大者盈尺，方鱗金色，首脊有金綫，遇霽，或變化數百於蕉卉間。廟徙而蛇孽亦絶。　五年，金虜泠山有二龍死，泠氣腥焰襲人。其一無角，其一額有深穴如斧鑿痕。虜酋吴乞買欲截其首，或言不祥乃止。吴乞買卒以是歲死。　七年五月乙酉，汴京有龍摵宣德門，滅「宣德」二字。劉豫亟命葺之。君，龍象也。宣德，帝居也，非豫所宜僭。摵，滅亡象也。是歲，僞齊亡。　八年夏，金虜熙州濼水有蒼龍見，明日爲黄龍，以爪擘嬰兒爲戲者三日，有帝者服，乘白馬，六蟾蜍在其前。是歲，虜伐蒙，爲蒙所敗，此龍孽之尤異者也。　十一年四月，潭州衡山縣西北净居岩，有蛇長二丈，身圍數尺〔七五〕，黑色而方文，震死，山水大至。先是，山氣遇夜輒昏昧，蛇斃而夜色始明。　十六年，温州平陽縣古刹老松有巢蛇食鸛鶴，擊蛇，蛇分三。時黄岩縣蛇孽亦如之。　二十五年六月，江州湖口縣有赤龍横水中如山，風濤大作，寒氣肅然，覆舟數十艘，士卒溺者數十人。　三十年春，撫州宜黄縣有大蛇見於丞治，長二丈。捕之，縱數里外，俄復至者數四。京房易傳曰：「蛇見於邑，三年有大兵。」　孝宗乾道五年七月乙亥，隆興府武寧縣龍鬭於西北，大雨，俄頃迅雷起東南，二龍奔逃，墜珠如輪，其地復塘村，牧童得之。自是邑境連歲有水裁〔七六〕。易、坤：「上六，龍戰于野。」文言曰：「陰疑于陽必戰。」與唐志天寶十四載同占。　春秋書龍鬭于洧淵，亦水祥也。　光宗紹熙五年七月辛酉，饒州紫樞坊二犬共搏一蛇，俄頃三者俱斃。亦蛇孽也。

魚異

周武王伐紂至孟津，渡河，中流，白魚躍入王舟中，魚者，介鱗之物，兵象也。白者，殷家之正色，言殷之兵衆與周之象也〔七七〕。武王俯取以祭。

秦始皇八年，河魚大上。劉向以爲近魚孽也。時始皇弟長安君將兵擊趙，反〔七八〕，死屯留，軍吏皆斬，遷其民於臨洮。長安君至屯留而謀反〔七九〕，乃賜死，殺其兵，遷其民。明年有嫪毐之誅。魚陰類，民象，逆流而上者，民將不從君令爲逆行也。其在天文〔八〇〕，魚星中河而處，車騎滿野。至於二世，暴虐愈甚，終用危亡〔八一〕。京房易傳曰：「衆逆同志，厥妖河魚逆流上。」三十七年，東巡，並海上，至之罘，見巨魚，射殺一魚。

漢宣帝神爵元年，幸河東，祠后土。東濟大河，天氣清淨，神魚舞河。成帝鴻嘉四年秋，雨魚於信都，長五寸以下。永始元年春，北海出大魚，長六丈，高一丈，四枚。哀帝建平三年，東萊平度出大魚，長八丈，高丈一尺〔八二〕，七枚，皆死。京房易傳曰：「海數見巨魚，邪人進，賢人疏。」

後漢靈帝熹平二年，東萊海出大魚二枚，長八九丈，高二丈餘。明年，中山王暢、任城王博並薨。京房易傳曰：「海出巨魚，邪人進，賢人疏。」臣昭謂此占符靈帝之世，巨魚之出，豈爲二王之妖也〔八三〕！

魏齊王嘉平四年五月，有二魚集於武庫屋上。此魚孽也。王肅曰：「魚生於水，而亢於屋，介鱗之物，失其所也。邊將其殆有棄甲之變乎？」後果有東關之敗。干寶以爲高貴鄉公兵禍之應。二說皆與班固旨同。

晉武帝太康中，有鯉魚二見武庫屋上。干寶以爲：「武庫兵府，魚有鱗甲，亦兵類也。魚極陰，屋上太陽，魚見屋上，象至陰以兵革之禍干太陽也。」至惠帝初，誅楊駿，廢太后，矢交館閣。元康末，賈后謗殺太子，尋亦誅廢。十年之間，母后之難再興，是其應也。自是禍亂構矣。京房易傳曰：「魚去水，飛入道路，兵且作。」

梁武帝大同十年，帝幸朱方，至四瀆中，及玄武湖，魚皆驤首見於上，若望乘輿者。帝入宮而没。洪範五行傳：「魚陰類也，下人象。又有鱗甲，兵之應。」下人將舉兵圍宮，而睥睨乘輿之象。其後果有侯景之亂。

後周靜帝大象元年六月，陽武有鯉魚乘空而鬬，猶臣下興起，小人從之而鬬也。明年帝崩，國失政。尉迥起兵相州，高祖遣兵擊敗之。

隋文帝開皇十七年，大興城西南四里有袁村，設佛會。有老翁，皓首，白裙襦衣，來食而去。衆莫識，追而觀之，行二里許，不復見。但有一陂，中有白魚，長丈餘，小魚從者無數。人争射之，或弓折絃斷。後竟中之，剖其腹，得秔飯，始知此魚向老翁也。後數日，漕渠暴溢，射人皆溺死。煬帝大業十二年，淮陽郡驅人入子城，鑿斷羅郎郭。至女垣之下，有穴，其中得鯉魚，長七尺餘。昔魏嘉平四年，魚集武庫屋上。王肅以爲魚生於水，而亢於屋，水之物失其所也。邊將殆有棄甲之變。後果有東關之敗。是時，長白山賊，寇掠河南，月餘，賊至城下。郡兵拒之，反爲所敗，男女死者萬餘人。

唐武后如意中，濟源路敬淳家水碾柱將壞，易之爲薪，中有鮎魚長尺餘，猶生。近魚孽也。中宗神龍中，渭水有蝦蟆大如鼎，里人聚觀，數日而失。是歲大水〔八四〕。玄宗開元四年，安南都護府江中有大蛇，首尾横出兩岸，經日而腐，寸寸自斷。數日，江魚盡死，蔽江而下，十十五五相附著，江水臭。憲宗元和十四年二月，晝，有魚長尺餘，墜於鄆州市，良久乃死。魚失水而墜於市，敗滅之象也。文宗開成二年三月壬申，有大魚長六丈，自海入淮，至濠州招義，民殺之。近魚孽也。僖宗乾符六年，汜水河魚逆流而上，至垣曲，平陸界。魚，民象，逆流而上，民不從君令也。光啟二年，揚州雨魚。占如元和十四年。

宋太宗至道元年十二月，廣州大魚擊海水而出。魚死，長六丈三尺，高丈餘。徽宗政和二年〔八五〕，内出魚，純赤色，蔡京等乞付史館，拜表稱賀。七年夏中，有二魚落殿中省廳屋上。高宗建炎初，越州應天寺有石眼，纔方數寸，深不可探，舊號「鰻井」，有魚如鰻，有鱗有耳，尾有刃迹。每鰻出，則郡有水旱癘疫。近魚孽也。紹興十八年，漳州漳浦縣崇照鹽場海岸連有巨魚，高數丈，旁海人割取肉數百車，至剜目乃覺，轉鬣而旁艦皆覆。又漁人獲魚，長二丈餘，重數千斤，剖之，腹横人骼，膚髮如生。京房易傳曰：「海見巨魚，邪人進，賢人疏。」二十年四月〔八六〕，秀州海鹽縣海洋有巨鰍，群鰕從之，聲如謳歌。抵岸偃沙上，猶揚鬐撥刺，其高齊縣門樓，其長百丈。縣民臠肉，轉鬣壓死十數人。頷骨長二丈五尺，與前孽同占。孝宗乾道六年，行都北關有鮎魚，色黑，腹下出人手於兩旁，各具五指。七年十一月丁亥，洞庭湖巨黿走沙擁舟，身廣長皆丈餘，升舟，以首足壓重艦没水。淳熙十三年二月庚申，錢塘龍山江岸有大魚如象，隨潮汐復逝。　十六年六月甲辰，錢塘旁江居民得魚，備五色，鯽首鯉身。民詭言夢得魚，覺而在手猶躍。事聞，有司令縱之。　寧宗慶元三年二月，饒州景德鎮漁人得魚，赬尾鯉鱗而首異常魚。鎮之老人言其不祥，紹興二年嘗出，後爲水災。蓋是歲五月，鎮果大水，皆魚孽也。　嘉定十七年，海壞鹽官地數十里。先是，有巨魚橫海岸，民臠食之，海患凡六年而平。

校勘記

〔一〕後漢章帝元和二年二月　「二年二月」原作「三年正月」，據後漢書卷三章帝紀、册府元龜卷二二帝王部符瑞一、玉海卷一九九改。

〔二〕孫柔之瑞應圖曰　「柔之」原作「之柔」，「應」字原脱，據後漢書卷三章帝紀、太平御覽卷九一六乙補。

〔三〕鷄身而毛色赤被五采　按後漢書卷三章帝紀，是句作「鷄身赤尾色亦被五采」。

〔四〕有五色大鳥集濟南臺縣　「縣」字原脱，據宋書卷二八符瑞志中、册府元龜二二帝王部符瑞一、玉海卷一九九補。

〔五〕是其驗也　「是」原作「爾」，據後漢書五行志二改。

〔六〕大翼　原作「翼大」，據後漢書五行志二乙。

〔七〕大脛　二字原脱，據後漢書五行志二補。

〔八〕桓帝元嘉元年十一月　「元嘉」，宋書卷二八符瑞志中、册府元龜卷二二帝王部符瑞一俱同，後漢書卷七桓帝紀作「建和」。

〔九〕吴孫權黄武五年　「五」原作「四」，據三國志卷四七吴主傳二、宋書卷二八符瑞志中、册府元龜卷二〇一閏位部祥瑞一改。

〔一〇〕西苑言鳳凰集　「集」原作「見」，據三國志卷四八吴三嗣主傳、宋書卷二八符瑞志中、册府元龜卷二〇一閏位部祥瑞一改。

〔一一〕宋文帝元嘉十四年正月戊戌　「正月戊戌」，宋書卷二八符瑞志中作「三月丙申」。

〔一二〕周武帝天和二年七月　「二」原作「元」，據周書卷五武帝紀、北史卷一〇周本紀、册府元龜卷二二帝王部符瑞二改。

〔一三〕唐高宗上元三年十一月　「高宗上元」原作「武后長壽」，據舊唐書卷五高宗紀、新唐書卷三高宗紀、唐會要卷二八祥瑞上、册府元龜卷二四帝王部符瑞三改。

〔一四〕有鳳凰集廣州清遠縣廨舍合歡木　「合歡木」原作「柏樹」，據宋史卷五太宗紀二、宋會要瑞異一之八改。

〔一五〕棲百尺木龍樹上　「上」字原脱，據宋史卷六四五行志二下、宋會要瑞異一之一〇補。

〔一六〕王與賓起陰謀欲立之　「起」字原脱，據漢書卷二七中之上五行志中之上及上文補。

〔一七〕三子爭國　「三」原作「王」，據元本、慎本、馮本及漢書卷二七中之上五行志中之上改。

〔一八〕厥妖雄鷄自齧斷其尾　「齧」字原脱，據漢書卷二七中之上五行志中之上補。

〔一九〕妃后象也　「后」下原衍一「妃」字，據漢書卷二七中之上五行志中之上删。

〔二〇〕立王妃爲皇后 「皇」原作「后」，據漢書卷二七中之上五行志中之上改。
〔二一〕鷄生角 三字原脱，據漢書卷二七中之上五行志中之上補。
〔二二〕是將有其事而不遂成之象也 「有」字原脱，據後漢書五行志一補。
〔二三〕獨毛羽不變 「羽」字原脱，據宋書卷三〇五行志一補。
〔二四〕彭城人劉象之家鷄有三足 「有三足」，宋書卷三〇五行志一作「無右足」。
〔二五〕京房易妖占曰 「妖」原作「傳」，據元本、慎本、馮本及新唐書卷三四五行志一改。
〔二六〕君用婦人言 「人」字原脱，據晉書卷二七五行志上、宋書卷三〇五行志一補。
〔二七〕貧者或弄木鷄 「者」原作「臣」，據新唐書卷三四五行志一改。
〔二八〕陳州民蓄鷄忽人言 「蓄」，宋史卷六五五行志三作「家」。
〔二九〕黿 「黿」下原衍一「也」字，據漢書卷二七下之上五行志下之上删。
〔三〇〕蜥蜴也 「蜥蜴」原作「蜇蜴」，據漢書卷二七下之上五行志下之上改。
〔三一〕非蛇及蜥蜴 「蜥蜴」原作「蜇蜴」，據漢書卷二七下之上五行志下之上改。
〔三二〕音弋六反 「弋」原作「戈」，據漢書卷二七下之上五行志下之上改。
〔三三〕幽王見而愛之 「愛」原作「受」，據漢書卷二七下之上五行志下之上改。
〔三四〕因婦人以致兵寇也 「人」字原脱，據漢書卷二七下之上五行志下之上補。
〔三五〕有德將害 「將」，漢書卷二七下之上五行志下之上作「遭」。
〔三六〕後二年秋 「後」字原脱，據漢書卷二七下之上五行志下之上、漢書卷六武帝紀補。

〔三七〕黄龍見東阿　「東阿」原作「東河」，據後漢書卷一下光武帝紀下、宋書卷二八符瑞志中改。

〔三八〕三年　二字原脱，據後漢書五行志五、後漢書卷五安帝紀、宋書卷二八符瑞志中補。

〔三九〕襄楷以爲夫龍者爲帝王瑞　「襄楷」原作「裴楷」，據元本、慎本、馮本及後漢書五行志五、後漢書卷三〇下襄楷傳改。

〔四〇〕則帝涉三主　「涉」原作「陟」，據後漢書五行志五改。

〔四一〕熹平元年四月甲午　「四月」二字原脱，據後漢書五行志五補。

〔四二〕内黄殷登默而記之　「之」字原脱，據後漢書卷八二下方術傳補。

〔四三〕高貴鄉公正元元年十月戊戌　「十月」二字原脱，據三國志卷四高貴鄉公紀補。

〔四四〕黄龍見華陰縣井中　「華陰」原作「華容」，據三國志卷四陳留王紀改。

〔四五〕十一年　「十一」原作「九」，據三國志卷四七吴主傳二、宋書卷二八符瑞志中改。

〔四六〕京房易傳曰　「傳」，晉書卷二九五行志下、宋書卷三四五行志五作「妖」。

〔四七〕又見武庫井中　按晉書卷三武帝紀、晉書卷二九五行志下、宋書卷二八符瑞志中、宋書卷三四五行志五、玉海卷一九八，俱繫二龍見武庫井中事於太康五年，疑誤。

〔四八〕三年　「三」原作「二」，據晉書卷三武帝紀、宋書卷二八符瑞志中、册府元龜卷二二帝王部符瑞一、玉海卷一九八改。

〔四九〕又龍見武庫井中　按晉書卷三武帝紀、晉書卷二九五行志下、宋書卷二八符瑞志中、宋書卷三四五行志五、玉海卷一九八，龍見武庫井中事皆繫於太康五年，疑有舛誤。

〔五〇〕龍見鄭門　按左傳昭公十九年、漢書卷二七下之上五行志下之上、晉書卷四五劉毅傳,「鄭」下有一「時」字。
〔五一〕咸以爲美瑞　按晉書卷二九五行志下,「咸」上有一「纂」字。
〔五二〕京房易妖曰　「妖」原作「傳」,據元本、愼本、馮本及晉書卷二九五行志下、宋書卷三四五行志五改。
〔五三〕同侶或亦睹焉　「睹」原作「觀」,據南史卷一宋本紀上、册府元龜卷二〇三閏位部徵應、通志卷一一宋紀改。
〔五四〕仍收藥而反　「仍」,南史卷一宋本紀上、通志卷一一宋紀俱同,册府元龜卷二〇三閏位部徵應作「乃」。
〔五五〕復見大蛇盤屈於前　「於」原作「如」,據南史卷八梁本紀下改。
〔五六〕因設法會　「設」原作「謀」,據元本、愼本、馮本及南史卷八梁本紀下改。
〔五七〕又有蛇從屋墜落帝帽上　「有」字原脱,據南史卷八梁本紀下補。
〔五八〕至是稍復消歇　「是」原作「時」,據南史卷八梁本紀下、通志卷一三梁紀改。
〔五九〕五采鮮曜　「采」原作「尺」,據陳書卷一高祖紀、南史卷九陳本紀上改。
〔六〇〕軍民觀者數萬人　「民」原作「人」,據陳書卷一高祖紀、南史卷九陳本紀上改。
〔六一〕又見大蛇中分　「蛇」下原衍一「地」字,據南史卷一〇陳本紀下、通志卷一四陳紀删。
〔六二〕東魏孝静帝天平二年　「天平」原作「太平」,據元本、愼本、馮本及魏書卷一二孝静帝紀、北史卷八魏本紀改。
〔六三〕明年帝崩　「年」字原脱,據隋書卷二三五行志下補。
〔六四〕静帝大象元年　按周書卷七宣帝紀、北史卷一〇周本紀、通志卷一七後周紀,二龍相鬭事在大象二年二月,宣帝崩於同年五月,疑是。
〔六五〕後漢王諒坐反誅　按隋書卷二三五行志下、隋書卷四五楊諒傳,楊諒實被幽囚而死。

〔六六〕郴州馬嶺山下有白蛇與黑蛇鬬　「郴州」原作「彬州」，據舊唐書卷三七五行志、新唐書卷三六五行志三改。

〔六七〕數日蛇死　「蛇」原作「地」，據元本、慎本、馮本及舊唐書卷三七五行志、新唐書卷三六五行志三改。「死」原作「裂」，據舊唐書卷三七五行志、新唐書卷三六五行志三改。

〔六八〕萬歲縣黄龍見　按新五代史卷六三前蜀王建世家，作「鳳凰見萬歲縣，黄龍見嘉陽江」。

〔六九〕武成三年八月　「成」原作「定」，據新五代史卷六三前蜀王建世家改。

〔七〇〕又見大昌池　按新五代史卷六三前蜀王建世家，黄龍見大昌池事在通正元年。

〔七一〕宋太祖從周世宗征淮南　「世宗」原作「世祖」，據宋史卷一太祖紀一、宋史卷六二五行志一下改。

〔七二〕真宗大中祥符元年八月　「元年」，宋史卷六二五行志一下作「二年」。

〔七三〕凡歷二灘悉然　「二」，長編卷八〇大中祥符六年六月甲子條作「三」。

〔七四〕蹲踞卧榻下　「下」字原脱，據宋史卷六二五行志一下補。又鐵圍山叢談卷六，「下」作「旁」。

〔七五〕身圍數尺　「圍」原作「圓」，據元本、慎本、馮本及宋史卷六二五行志一下改。

〔七六〕自是邑境連歲有水裁　「自」字原脱，據宋史卷六二五行志一下補。

〔七七〕言殷之兵衆與周之象也　「衆」原作「象」，「象」原作「家」，據史記卷四周本紀改。

〔七八〕反　原脱，據史記卷六秦始皇本紀、漢書卷二七中之下五行志中之下補。

〔七九〕長安君至屯留而謀反　「君」原作「軍」，據漢書卷二七中之下五行志中之下改。

〔八〇〕民將不從君令爲逆行也其在天文　「其」原舛在「君」上，據漢書卷二七中之下五行志中之下乙正。

〔八一〕終用危亡　「危」，漢書卷二七中之下五行志中之下作「急」。

〔八二〕高丈一尺　「高丈」二字原脱，據漢書卷二七中之下五行志中之下補。

〔八三〕豈爲二王之妖也　「豈爲」，後漢書五行志三注作「寧獨」。

〔八四〕是歲大水　「是」字原脱，據新唐書卷三六五行志三補。

〔八五〕徽宗政和二年　「政和」，宋史卷六二五行志一下作「宣和」。

〔八六〕二十年四月　「二十年」，宋史卷六二五行志一下作「二十四年」。

卷三百十四　物異考二十

龜異

禹治水時，神龜自洛出，負文而列於背，赤文朱字，其數皆九，禹因而第之，以爲九疇。

宋元王二年，江使神龜於河，至於泉陽，漁者豫且舉網得而囚之，索隱曰：「且音子余切。泉陽人，網元龜者。」置於籠中。夜半，龜來見夢於宋元王曰：「我爲江使於河，而幕網當吾路。泉陽豫且得我，我不能去。身在患中，莫可告語。王有德義，故來告訴。」元王惕然而悟。乃召博士衛平而問之，索隱曰：「宋元君之臣也。」曰：「今寡人夢見一丈夫，延頸而長頭，衣玄繡之衣而乘輜車，來見夢於寡人曰：『我爲江使於河，而幕網當吾路。泉陽豫且得我，我不能去。身在患中，莫可告語。王有德義，故來告訴。』是何物也？」衛平乃援式而起，徐廣曰：「式音敕。」仰天而視月之光，觀斗所指，定日處鄉。規矩爲輔，副以權衡。四維已定，八卦相望。視其吉凶，介蟲先見。乃對元王曰：「今昔壬子，索隱曰：「今昔猶昨夜也。以今日言之，謂昨夜爲今昔。」宿在牽牛。河水大會，鬼神相謀。漢正南北，正義曰：「漢，天河。」江、河固期〔一〕，南風新至，江使先來。白雲壅漢，萬物盡留。斗柄指日，使者當囚。玄服而乘輜車，其名爲龜。王急使人問而求之。」王曰：「善。」於是王乃使人馳而往問泉陽令曰：「漁者幾何家？名誰爲豫且？豫且得龜，見夢於王，王故使我求之。」泉陽令乃使吏按籍視圖，水上漁者五十五家，上流之廬，名爲豫且。泉陽令曰：「諾。」乃與使者馳而問豫且曰：「今昔汝漁何得？」豫且曰：「夜半時舉網得龜。」莊子曰：「得白龜圓五尺。」使者曰：「今龜安在？」曰：「在籠中。」使者曰：「王知子得龜，故使我求之。」豫且曰：「諾。」即系龜而出之籠中，獻使者。使者載行，出於泉陽之門。正晝無見，風雨晦冥。雲蓋其上，五采青黃。雲雨並起，風將而行。入於端門，見於東廂。身如流水，潤澤有光。望見元王，延頸而前，三步而止，縮頸而却，復其故處。元王見而怪之，問衛平曰：「龜見寡人，延頸而前，以何望也？縮頸而復，是何當也？」衛平對曰：「龜在患中，而終昔囚，王有德義，使人活之。今延頸而前，以當謝也，縮頸而却，欲急去也。」元王曰：「善哉！神至於此乎，不可久留，趣駕送龜，勿令失期。」衛平對曰：「龜者是天下之寶也，先得此龜者爲天子，且十言十當，十戰十勝。生於深淵，長於黄土，知天之道，明於上古。游三千歲，不出其域。安平静正，動不用力。壽蔽天地，莫知其極。與物變化，四時變色。居而自匿，伏而不食。春倉夏黄，秋白冬黑。明於陰陽，審於刑德。先知利害，察於禍福。以言而當，以戰而勝，王能寶之，諸侯盡服。王勿遣也，以安社稷。」元王曰：「龜甚神靈，降於上天，陷於深淵。在患難中，以我爲賢，德厚而忠信，故來告寡人。寡人若不遣也，是漁者也。漁者利其肉，寡人貪其力，下爲不仁，上爲無德。君臣無禮，何從有福？寡人不忍，奈何不遣？」衛平對曰：「不然。臣聞盛德不報，重寄不歸；天與不受，天奪之寶。今龜周流天下，還復其所，上至蒼天，下薄泥塗，還徧九州，未嘗愧辱，無所稽留。今至泉陽，漁者得而囚之，江、河必怒〔二〕，務求報仇。自以爲侵，因神與謀。淫雨不霽，水不可治。若爲枯旱，風而揚埃，蝗蟲暴生，百姓失時。王行仁義，其罰必來。此無他故，其祟在龜。後雖悔之，豈有及哉！王勿遣也。」於是元王向日而謝，索隱曰：「蓋欲神之以謝天之賜。向日者〔三〕，天之光明著見者也。」再拜而受。擇日齋戒，甲乙最良。乃刑白雉，及與驪羊，以血灌龜，於壇中央。以刀剝之，身全不傷。脯酒禮之，橫其腹腸。荆支卜之，必制其創。理達於理，文相錯迎。使工占之，所言盡當。邦福重寶，徐廣曰：「福音副，藏也。」聞於傍鄉。殺牛取革，被鄭之桐。徐廣曰：「牛革桐爲鼓也。」草木畢分，化爲甲兵。戰勝攻取，莫如元王。元王之時，衛平相宋，宋最彊，龜之力也。故云神至能見夢於元王，而不能自出漁者之籠〔四〕。身能十言盡當，不能通使於河，還報於江。賢能令人戰勝攻取，不能自解於刀鋒〔五〕，免剝刺之患。聖能先知亟見，而不能令衛平無言。

魏陳留王咸熙二年二月〔六〕，朐䏰縣獻靈龜，歸於相府。

晉咸康中，豫州刺史毛寶戍邾，有一軍人於武昌市買得白龜，長四五寸〔七〕，置瓮中養之，漸大，放江中。後邾城遭石虎攻陷，赴江者莫不沉溺，所養龜人，被甲投水中，覺如墮一石上，須臾視之，乃是先所放白龜。既抵岸，回顧而去。

苻堅時，高陸人穿井得龜，大三尺，背有八卦文〔八〕。堅命太卜池養之粟。後死，藏其骨於太廟。其夜，廟丞高虜夢龜謂之曰：「我本出將歸江南，遭時不遇，隕命秦庭。」又有人夢中謂虜曰：「龜三千六百歲而終，終必妖興，亡國之徵也。」

隋文帝開皇中，掖庭宮每夜有人來挑宮人，宮司以聞。帝曰：「門衛甚嚴，人何從入，當是妖精耳。」

因戒宮人曰：「若逢，但斬之。」其後有物如人夜來登牀〔九〕，宮人抽刀斬之，若中枯骨。其物落牀而走，宮人逐之，因入池而沒。明日，帝令涸池〔一〇〕，得一龜，徑尺餘，上有刀迹。殺之，遂絕。龜者水居而靈，陰謀之象，晉王諂媚宮掖求嗣之應云。

唐武后大足初，虔州獲龜，六眼，一夕而失。　肅宗上元二年，有鼃聚於揚州城門上，節度使鄧景山以問族弟珽，對曰：「鼃，介物，兵象也。」　德宗貞元三年，潤州魚鱉蔽江而下，皆無首。　文宗太和三年，魏博管内有蟲，狀如龜，其鳴晝夜不絕。近龜孽也。

秦宗權在蔡州，州中地忽裂〔一一〕，有石出，高五六尺，廣袤丈餘，正如大龜。

宋太宗太平興國二年二月〔一二〕，鑿金明池，既掘地，有龜出，殆踰萬數。　太平興國間，永州、益州、饒州、萬安、永州、新州俱獻六目龜〔一三〕；廬州獻龜，大如掌，緑毛覆甲，潤澤可愛，蘇州獻白龜大如錢，其色瑩潔；兖州、衛州獻金龜。餘不及録。　真宗大中祥符二年四月，有黑龜甚衆，沿汴水下。龜，介族。黑，北方色。是歲，契丹國母卒。　仁宗至和元年二月癸亥，信州貢緑毛龜。　嘉祐八年十月，鼎州芝草叢生，下得異龜。　徽宗大觀元年閏十月丙戌，都水使者趙霆行河，得兩首龜以爲瑞。蔡京信之，曰：「此齊小白所謂象罔見之而霸者也。」鄭居中曰：「首豈容有二，而京主之，意不可測。」帝命棄龜〔一四〕。　政和四年，端州進六目龜。　五年，博州進白龜。　宣和四年，雄州地大震，玄武見於州之正寢，有龜大如錢，蛇若朱漆筯，相逐而行。宣撫焚香再拜，以銀奩貯二物，俄而死。　高宗紹興八年五月，汴京太康縣大雷雨，下冰龜數十里，隨大小皆龜形，具首足卦文〔一五〕。龜，猶歸也。龜，又介物，兵象也。冰，有消釋之象。此汴京將復歸而釋兵也。時秦檜主和，議罷兵，自是神州陸沉。孝宗乾道五年，舒州民獻龜，駢生二首，不能伸縮。郡守張棟縱之潛山。近龜孽也。寧宗嘉定十四年春，楚州境上龜大小死者蔽野。後十年，歸正人李全叛死。又龜者，介蟲也。是時，被介冑死者何可勝數。

蟲異

漢武帝元鼎五年秋，蛙與蝦蟇群鬬。時四將軍衆十萬征南越，開九郡。蛙，黽也，似蝦蟇而長脚，其色青。元帝建昭元年八月，有白蛾群飛蔽日，從東都門至軹道。師古曰：「蛾〔一六〕，若今之蠶蛾類是也。」成帝建始元年六月，有青蠅無萬數言其極多，雖欲以萬數之而不可得〔一七〕。集未央宮殿中朝者坐。公卿以下朝會坐也。

後漢光武建武二年〔一八〕，野蠶成繭。

吳孫權黃龍二年，有野蠶成繭如卵。

晉武帝太康四年，會稽彭蜞及蟹皆化鼠，甚衆，復大食稻爲災。惠帝元康中，洛陽南山有虻武庚反。作聲，曰：「韓尸尸。」識者曰：「韓氏將尸也，言尸尸者，盡死意也〔一九〕。」其後韓謐誅而韓族殲焉，此青祥也。

苻堅將爲赦，與王猛、苻融密議於露堂〔二〇〕，悉屏左右，堅親爲赦文，猛、融供進紙墨。有一大蒼蠅入自牖間〔二一〕，鳴聲甚大，集於筆端，驅而復來。俄而長安街巷市里人相告曰：「官今大赦。」有司以聞。堅謂融、猛曰：「禁中無耳屬之理〔二二〕，事何從泄也？」於是敕外窮推之，咸言有一小兒衣黑衣，大呼於市曰：「官今大赦。」須臾不見。堅嘆曰：「其向蒼蠅乎〔二三〕？聲狀非常，吾固惡之。」

梁武帝天監十一年，新昌、濟陽二郡野蠶成繭。　太清二年，益州市有飛蜂萬群〔二四〕，螫人死。

周静帝大象元年八月，所在蝗群鬬，各方四五尺〔二五〕，死十七八。

唐太宗貞觀十二年六月〔二六〕，滁州言野蠶成繭遍於山阜〔二七〕。　十三年，野蠶食槲葉，成繭大如奈，其色緑，凡收六千五百七十石。　至十四年，又收八千三百石。　玄宗天寶五載九月，太原奏文水縣冬蠶成繭。　德宗貞元十四年四月，江西溪澗魚頭皆戴蚯蚓。　穆宗長慶四年五月，淄青奏，登州蓬萊山谷間約四十里，野蠶成繭，其絲可織。　文宗太和元年，鄭注篋中藥化爲蠅數萬飛去。　十月〔二八〕，陳、許奏界内野蠶自生桑上〔二九〕，三遍成繭，連綿九十里，百姓收拾得，並抽繰得絲綿，並織成紬絹。　開成二年〔三〇〕，京城有蟻聚長五六十步，闊五尺至一丈，厚五寸至一尺。

宋太祖乾德四年八月，京兆府野蠶成繭，其絲纖潤可愛。　開寶六年，漢陽軍獻蛤，有文隱起成龍，長五寸許，金色鱗甲皎然。　七年正月，齊州獻野蠶繭二萬枚。　五月，開封府封丘縣民程鐸家發蠶簇，有繭聯屬自成被。　七月，開封府陽武縣民家野蠶成繭。　真宗大中祥符元年五月，開封府酸棗縣民程矩家蠶繭自成被，色輕黄〔三一〕，密緻柔滑，非人功可及。　五年五月，藤州鐔津縣野蠶成繭。　是州不産絲蠶，此食山柘而成，緘絲以獻。　六年八月，亳州譙縣民李賁園桑野蠶成繭，奉祀經度制置使丁謂采蠶繰洴絮以獻。　仁宗景祐四年五月，滑州靈河縣民黄慶家蠶自成被，長二丈五尺，闊四尺。　嘉祐五年十月〔三二〕，深州言野蠶成繭，被於原野。　哲宗元祐六年閏八月，定州七縣野蠶成繭。　七年五月，濰州北海縣蠶自織如絹，成領帶。　元符元年七月，真定府槀城縣野蠶成繭。　八月，真定府行唐縣野蠶成繭。　九月，祁州深澤縣野蠶成繭，織紝成萬疋。　二年六月，房州房陵縣野蠶成蠒。　徽宗政和元年九月，河南府野蠶成繭。　四年，相州野蠶成繭〔三三〕。　五年，南京野蠶成繭，織紬五疋，綿四十兩，聖繭十五兩。

蝗蟲 蜚　蝝　蝻

春秋桓公五年「秋，螽」。師古曰：「螽即阜螽，即今之蝩蟲也。螽音終。蝩音之庸反。」劉歆以爲貪虐取民則螽，介蟲之孽也，與魚同占。　劉向以爲介蟲之孽屬言不從。　是歲公獲二國之聘，取鼎易邑，師古曰：「二國，宋、鄭也。宋以郜鼎賂公，鄭以泰山之田易許田也。」興役起城。師古曰：「謂五年夏城祝丘也。」諸螽略皆從董仲舒說云。　莊公二十九年「有蜚」。　劉歆以爲負蠜也，性不食穀，食穀爲災，介蟲之孽。師古曰：「蜚音扶味反。蠜音煩。」劉向以爲蜚色青，近青眚也，非中國所有。　南越盛暑，男女同川澤，淫風所生，爲蟲臭惡。師古曰：「蜚者，中國所有，非南越之蟲，未詳向所說。」是時莊公取齊淫女爲夫人，既入，淫於兩叔，故蜚至。　天戒若曰，今誅絶之尚及，不將生臭惡，聞於四方。　莊不悟，其後夫人與二叔作亂，二嗣以殺，師古曰：「二嗣，謂子般及閔公也。」卒皆被辜。師古曰：「謂二叔、哀姜皆不得其死也。　已解於上。」董仲舒指略同。　僖公十五年「八月，螽」。　劉向以爲先是僖有鹹之會，後城緣陵〔三四〕。　是歲復以兵爲牡丘會〔三五〕，使公孫敖帥師，及諸大夫救徐，兵比三年在外。　文公三年「秋，雨螽于宋」。　劉向以爲先是宋殺大夫而無罪，有暴虐賦斂之應。　穀梁傳曰上下皆合，言甚。　上下皆合，螽之多。董仲舒以爲宋三世内取，三世，謂襄、成、昭也。内取於國之大夫也。取讀曰娶。大夫專恣，殺生不中，故螽先死而至。劉歆以爲螽爲穀災，卒遇賊陰，墜而死也。八年「十月，螽」。時公伐邾取須朐，城邿。宣公六年「八月，螽」。劉向以爲先是宣伐莒向，後比再如齊，謀伐萊。十三年「秋，螽」。公孫歸父會齊伐莒〔三六〕。十五年「秋，螽」。宣亡熟歲，數有軍旅。「冬，蝝生」。師古曰：「爾雅曰：『蝝，蝮蜪』，說者以爲螽蝗之類。蝮音蒲北反。蜪音徒高反〔三七〕。」劉歆以爲蝝，蚍蠹之有翼者，孟康曰：「蚍蠹，音蚍蜉。」食穀爲烖，黑眚也〔三八〕。董仲舒、劉向以爲蝝，螟始生也。一曰蝗始生〔三九〕。是時民患上力役，解於公田。解讀曰懈。宣是時初稅畝。稅畝，就民田畝擇美者稅其什一，亂先王制而爲貪利，故應是而蝝生，屬蠃蟲之孽。襄公七年「八月，螽」。劉向以爲先是襄興師救陳，滕子、郯子、小邾子皆來朝。夏，城費。哀公十二年「十二月，螽」。是時哀用田賦。師古曰：「言重斂也。解在刑法志。」劉向以爲春用田賦，冬而螽。十三年「九月，螽。十二月，螽」。比三螽，虐取於民之效也。師古曰：「比，頻也。」劉歆以爲周十二月，夏十月也，火星既伏，蟄蟲皆畢，天之見變，因物類之宜，不得以螽，是歲再失閏也。周九月，夏七月，故傳曰：「火猶西流，司曆過也。」

秦始皇四年十月，蝗蟲自東方來，蔽天。

漢景帝中三年秋，蝗。先是，匈奴寇邊，中尉不害魏不害。將車騎材官士屯高柳。四年夏，蝗。

武帝建元五年五月，大蝗。元光五年秋，螟。六年夏〔四〇〕，蝗。先是，五將軍衆三十萬伏馬邑，欲襲單于。是歲，四將軍征匈奴。元鼎五年秋，蝗。是歲，四將軍征南粤及西南夷，開十餘郡。元封六年秋，蝗。先是，兩將軍征朝鮮，開三郡。 太初元年夏，蝗從東方飛至燉煌。 三年秋，復蝗。 元年貳師將軍征大宛，天下奉其役連年。 征和三年秋，蝗。 四年夏，蝗。先是一年，三將軍衆十餘萬征匈奴，貳師七萬人没不還。 平帝元始二年秋，蝗，徧天下。 時王莽秉政。

王莽地皇三年夏，蝗從東方來，蜚蔽天，至長安，入未央宮，緣殿閣，草木盡〔四一〕。

後漢光武二十八年，郡國共八十蝗。 二十九年四月，武威〔四二〕、酒泉、清河、京兆、魏郡、弘農蝗。 三十一年，郡國大蝗。 明帝永平四年，酒泉大蝗，從塞外入。 十五年，蝗起泰山，彌行兖、豫。 和帝永元四年，蝗。 八年五月，河内、陳留蝗。 九月，京都蝗。 九年，蝗從夏至秋。 先是西羌數反，遣將軍將北軍五校征之。 安帝永初四年夏，蝗。 是時西羌寇亂，軍衆征距，連十餘年〔四三〕。讖曰：「主失禮煩苛，則旱之，魚螺變爲蝗蟲。」 五年夏，九州蝗。京房占曰：「天生萬物百穀，以給民用。天地之性人爲貴。今蝗蟲四起，此爲國多邪人，朝無忠臣，蟲與民争食，居位食禄如蟲矣。不救，致兵起，其救也，舉有道置於位，命諸侯試明經，此消災也。」 六年三月，去蝗處復蝗子生。古今注曰：「郡國四十八蝗。」 七年夏，蝗。 元初元年夏，郡國五蝗。 二年夏，郡國二十蝗。 延光元年六月，郡國蝗。 順帝永建五年，郡國十二蝗。 是時鮮卑寇朔方，用衆征之。 永和元年秋，偃師蝗。 去冬，烏桓寇沙南，用衆征之。 桓帝永興元年七月，郡國三十二蝗。 是時梁冀秉政無謀獻，苟貪權作虐。春秋考異郵曰：「貪擾生蝗。」 二年六月，京都蝗。 永壽三年六月，京都蝗。 延禧元年五月，京都蝗。臣昭按：劉歆傳：「皆逆天時，聽不聰之禍也。」養奮對策曰：「佞邪以不正食禄饗所致。」謝沈書曰：「九年，揚州六郡連水、旱、蝗害也。」 靈帝熹平六年夏，七州蝗。 先是，鮮卑前後三十餘犯塞，是歲護烏桓校尉夏育、破鮮卑中郎將田晏、使匈奴中郎將臧旻將南單于以下，三道並出討鮮卑。大司農經用不足，殷斂郡國，以給軍糧。三將無功，還者少半。光和元年詔策問曰：「連年蝗蟲至冬踊，其咎焉在？」蔡邕對曰：「臣聞易傳曰：『大作不時，天降災，厥咎蝗蟲來。』河圖祕徵篇曰：『帝貪則政暴而吏酷，酷則誅深必殺，主蝗蟲。』蝗蟲，貪苛之所致也。」是時百官遷徙，皆私上禮西園以爲府。蔡邕對曰：「蝗蟲出，息不急之作，省賦斂之費，進清廉，黜貪虐，分損承安，屈省別藏〔四四〕，以贍國用，則其救也。易曰『得臣無家』，言有天下者何私家之有！」獻帝興平元年夏，大蝗。是時天下大亂。建安二年五月，蝗。

魏文帝黄初三年七月，冀州大蝗，人饑。按蔡邕說，蝗者，在上貪苛之所致也。是時孫權歸順，帝因其有西陵之役，舉大衆襲之，權遂背叛也。

晉武帝泰始十年六月，蝗。是時荀、賈任政，疾害公直。惠帝永寧元年，郡國六蝗。懷帝永嘉四年五月，大蝗，自幽、并、司、冀至於秦、雍，草木牛馬毛鬣皆盡。是時天下兵亂，漁獵黔黎，存亡所寄，惟司馬越、苟晞而已，競爲暴刻，經略無章，故有此孽。愍帝建興四年六月〔四五〕，大蝗。去歲劉曜頻攻北地、馮翊，麴允等悉衆禦之，卒爲劉曜所破，西京遂潰。五年，帝在平陽，司、冀、青、雍螽。元帝太興元年六月，蘭陵合鄉蝗，害禾稼；乙未，東莞蝗蟲縱横三百里，害苗稼。七月，東海、彭城、下邳、臨淮四郡蝗蟲害禾豆〔四六〕。八月，冀、青、徐三州蝗，食生草盡，至於二年。是時中州淪喪，暴亂滋甚也。二年五月，淮陵、臨淮、淮南、安豐、廬江等五郡蝗蟲食秋麥。是月癸丑，徐州及揚州江西諸郡蝗，吴郡百姓多餓死。去年，王敦并領荆州，苛暴之釁自此興矣。孝武帝太元十五年八月，兖州蝗。是時慕容氏逼河南，征戍不已，故有斯孽。　十六年五月，飛蝗從南來，集堂邑縣界，害苗稼。是年春，發江州兵營甲士三千人，家口六七千，配護軍及東宫，後尋散亡殆盡。又邊將連有征役，故有斯孽。

劉聰末年，河東大蝗，唯不食黍豆。靳準率部人收而埋之〔四七〕，哭聲聞於十餘里，後乃鑽土飛出，復食黍豆。　石勒時〔四八〕，河朔大蝗，初穿地而生，二旬則化狀若蠶，七八日而卧，四日蜕而飛，彌亘百草，唯不食三豆及麻。

苻健時，蝗蟲大起，自華陰至隴山，食百草無遺，牛馬相噉毛。

宋文帝元嘉三年秋，旱且蝗。

梁武帝大同初，大蝗〔四九〕，籬門松柏葉皆盡。京房易飛候曰：「食禄不益聖化，天視以蟲。蟲無益於人而食萬物也。」時公卿皆以虚澹爲美，不親職事，無益食物之應也。

北齊文宣天保八年，河北六州、河南十二州蝗，畿人皆祭之。時外築長城，内修三臺，役者不止。九年，山東又蝗。　十年，幽州大蝗。　河清二年，并、汾、晉、東雍、南汾五州蟲旱傷稼。

後周武帝建德二年，關中大蝗。

隋文帝開皇十六年，并州蝗。時秦孝王俊裒刻百姓，盛修邸第，後獲譴死。

唐高祖武德六年，夏州蝗。蝗之殘民，若無功而禄者然，皆貪撓之所生。先儒以爲人主失禮煩苛則旱，魚螺變爲蟲蝗，故以爲魚孽。　太宗貞觀二年六月，京畿旱蝗。太宗在苑中掇蝗祝之曰：「人以穀爲命，百姓有過，在予一人，但當蝕我，無害百姓。」將吞之，侍臣懼帝致疾，遽以爲諫，帝曰：「所冀移災朕躬，何疾之避？」遂吞之。是歲，蝗不爲災。　三年五月，徐州蝗。秋，德、戴、廓等州蝗〔五〇〕。　四年秋，觀、兗、遼等州蝗。　二十一年秋，渠、泉二州蝗。　高宗永徽元年，夔、絳、雍、同等州蝗。　秋，陳州蝗〔五一〕。　永淳元年三月，京畿蝗，無麥苗。六月，雍、岐、隴等州蝗。　武后長壽二年，台、建等州蝗。　玄宗開元三年七月，河南、河北蝗。　四年夏，山東蝗，食稼，聲如風雨。　二十五年，貝州蝗。有白鳥數千萬，群飛食之，一夕而盡，禾稼不傷。　代宗廣德二年秋，蝗，關輔尤甚，斗米千錢。　德宗興元元年秋，螟蝗自山而東際於海，晦天蔽野，草木皆盡〔五二〕。　貞元元年夏，蝗，東自海〔五三〕，西盡河、隴，群飛蔽天，旬日不息，所至草木葉及畜毛靡有孑遺，餓殣枕道，民蒸蝗，曝，颺去翅足而食之。　憲宗元和元年夏，鎮、冀等州蝗。　穆宗長慶三年秋，洪州螟蝗害稼八萬頃。　文宗開成元年夏，鎮州、河中蝗，害稼。　二年六月，魏博、昭義、淄青、滄州、兗海、河南蝗。　三年秋，河南、河北鎮定等州蝗，草木葉皆盡。　五年夏，幽、魏、博、鄆、曹、濮、滄、齊、德、淄、青、兗、海、河陽、淮南、虢、陳、許、汝等州螟蝗害稼。占曰：「國多邪人，朝無忠臣，居位食禄，如蟲與民争食，故比年蟲蝗。」　武宗會昌元年七月，關東、山南鄧唐等州蝗。　宣宗大中八年七月，劍南東川蝗〔五四〕。　懿宗咸通三年六月，淮南、河南蝗。　六年八月，東都、同華陜虢等州蝗。　七年夏，東都、同、華、陜、虢及京畿蝗。　九年，江淮、關内及東都蝗。　十年夏，陜、虢等州蝗。不紬無德，虐取於民之罰。　僖宗乾符二年，蝗自東而西蔽天。　光啓元年秋，蝗自東方來，群飛蔽天。　二年，荆、襄蝗，斗米錢三千，人相食。　淮南蝗，自西來，行而不飛，浮水緣城入揚州府署，竹樹幢節，一夕如剪，幡幟畫像，皆齧去其首，撲不能止。旬日，自相食盡。

後梁太祖開平元年六月，許、陳、汝、蔡、潁五州螽生，有野禽群飛蔽空，食之皆盡。

後唐莊宗同光三年九月，鎮州奏飛蝗害稼。

晉高祖天福七年四月，山東、河南、關西諸郡蝗，害稼。至八年四月，天下諸道州飛蝗害稼，草木葉皆盡。詔州縣長吏捕蝗。華州節度使楊彥珣、雍州節度使趙瑩命百姓捕蝗一斗，以祿粟一斗賞之。時蝗旱相繼，人民流遷，饑者盈路，關西餓殍尤甚，死者十有七八。朝廷以軍食不充，分命使臣諸道括借粟麥。晉氏自此衰矣。

後漢隱帝乾祐元年七月，青、鄆、兗、齊、濮、沂、密、邢、曹皆言螽生。開封府奏陽武、雍丘、襄邑等縣蝗，開封尹侯益遣人以酒肴致祭，尋爲鸜鵒食之皆盡。敕禁羅弋鸜鵒，以其有吞蝗之異也。二年五月，博州奏有螽生，化爲蝶飛去。宋州奏，蝗一夕抱草而死。差官祭之，復命尚書吏部侍郎段希堯祭東嶽〔五五〕，太府卿劉皞祭中嶽，皆慮蝗螟爲災故也〔五六〕。

宋太祖建隆元年七月，澶州蝗。二年五月，濮州范縣蝗。三年七月，兗、濟、德、磁、洺五州有螽生。真定府、深州蝻蟲生。四年六月，澶、濮、曹、絳等州有蝗。七月〔五七〕，懷州蝗生。乾德二年四月，相州蝻蟲食桑。五月，趙州昭慶縣有蝗，東西四十里，南北二十里。是夏，河南、河北、陝西諸州皆蝗〔五八〕。三年七月，諸路有蝗。淄州民韓贇斷手指以祭。開寶二年八月，真定府、冀、磁州蝗。

太宗太平興國二年六月，磁州有黑蟲群飛食桑，夜出晝隱，食葉殆盡。閏七月，衛州蝻蟲生。六年七月，河南府、宋州蝗。七年四月，唐州北陽縣蝻蟲生，有飛鳥食之盡。河南府、滑州蝻蟲生。五月，大名府、陝州、陳州蝗。七月，鄆州陽穀縣蝻蟲生。九年七月，泗州螽蟲食桑。雍熙二年四月，天長軍蝝蟲食苗。三年七月，濮州鄄城縣有蝗俄自死。淳化元年四月，鄆州中都縣蝻蟲生。七月，單州碭山縣蝗。曹州濟陰縣有蝗自北來，飛亘天，有聲。　二年三月，亳州蝻蟲生，遇雨而死。　六月，淄、澶、濮州、乾寧軍並蝗生。七月，寧邊軍有蛤〔五九〕，滄州蝻蟲食苗，棣州有飛蝗自北來，害稼。三年六月甲申，京師有蝗起東北趣西南，蔽空如雲翳日。七月，貝、許、滄、沂、蔡、汝、商、兖、單等州，淮陽、平定、靜戎軍蝗俄抱草自死。至道二年六月，亳、宿、密州蝗生，食苗。七月，許州長葛、陽翟二縣有蝻蟲食苗。齊州歷城、長青等縣有蝗。三年七月，單州蝻蟲生。真宗景德元年八月，陝、濱、棣州蟲螟害稼〔六〇〕。二年六月，京東諸州蝻蟲生。三年八月，德、博州蝝生。四年九月，陳州宛丘縣、鄆州東河須城二縣蝗。大中祥符二年五月，雄州蝻蝗食苗。三年六月，開封府咸平、尉氏二縣蝻蟲生。四年六月，開封府祥符縣有蝗。七月，河南府及京東蝗生，食苗葉。八月，開封府祥符、咸平、中牟、陳留、雍丘、封丘六縣蝗生。九年六月，京畿、京東西、河北路蝗蝻繼生，彌覆郊野，食民田殆盡，入公私廬舍。七月辛亥，過京師，群飛翳空，至淮南，趣河東，及霜寒始斃。天禧元年二月，開封府、京東西、河北、河東、陝西、江、淮〔六一〕、兩浙、荊湖百三十州軍蝗蝻復生，多去歲蟄者。和州蝗生卵如稻粒而細。六月，江、淮大風，多吹蝗入江海，或抱草木僵死。二年四月，江陰軍蝻蟲生。仁宗天聖五年七月丙午，邢、洛州蝗；甲寅，趙州蝗，不食苗。是歲，京兆府旱蝗。六年五月乙卯〔六二〕，河北、京東蝗。明道元年十月中甲寅〔六三〕，濠州蝗。二年七月庚辰，開封府界〔六四〕、京東西、河北、河東、陝西蝗。景祐元年六月乙卯，開封府、淄州蝗，諸路募民掘蝗子萬餘石。寶元二年六月〔六五〕，曹、濮、單三州蝗。慶曆四年春，淮南旱蝗。是歲〔六六〕，京師飛蝗蔽天。神宗熙寧元年，秀州蝗。五年，河北大蝗。六年四月，河北諸路蝗。是歲，江寧府飛蝗自江北來。七年夏，開封府界及河北路蝗。七月，咸平縣鸜鵒食蝗。八年八月，淮西蝗，陳、潁州蔽野。九年夏，開封府畿、京東、河北、陝西蝗。五月，荆湖南路地生黑蟲〔六七〕，化蛾飛去。全州生黑蟲食苗，黃雀來食之，皆盡。元豐四年六月，河北蝗。秋，開封府界蝗。五年夏，又蝗。六年夏，又蝗。五月〔六八〕，沂州蝗。哲宗元符元年八月，高郵軍言飛蝗抱草死。徽宗崇寧元年夏，開封府界、京東、河北、淮南等路蝗。二年，諸路蝗，令有司酺祭。三年、四年，連歲大蝗，其飛蔽日，來自山東及府界，惟河北尤甚。宣和三年〔六九〕，諸路蝗。高宗建炎二年六月，京師、淮甸大蝗，令長吏修酺祭〔七〇〕。紹興二十九年七月，盱眙軍、楚州金界三十里〔七一〕，蝗爲風所墜，風止，復飛回淮北，虜知天佑，自是不敢桀。三十二年六月，江東、淮南北郡國蝗，飛入湖州境，聲如風雨；自癸巳至於七月丙申，飛徧畿縣，餘杭、仁和、錢塘皆蝗，丙午，蝗入京城。八月，山東大蝗。江、淮諸道乏食，令發廩萬石以賑。癸丑，頒祭酺禮式。孝宗隆興元年七月，大蝗。辛丑，詔群臣言闕失。八月丙子，上降次貶食，詔諸道禁暴察冤〔七二〕，賑災蠲賦，重匿災之罰，休息江、淮、襄、蜀科調，民忘凶年。八月壬申、癸酉，飛蝗過都蔽天日，徽、宣、湖三州及浙東郡縣害稼。遂下捕蝗之令。九月，京東大蝗，襄、隨尤甚〔七三〕，民爲乏食。二年夏，畿縣餘杭大蝗。令漕臣察獄涖捕。乾道元年六月，淮西蝗，憲臣姚岳貢死蝗爲瑞，上斥其佞，坐黜。淳熙三年八月，淮北飛蝗入楚州〔七四〕、盱眙軍界，如雲陣風雷者逾時，遇大雨皆死，稼用不害。九年六月，滁州全椒縣、和州歷陽烏江縣蝗。乙卯，飛蝗過都，遇大雨，墮仁和縣界蘆場茅地〔七五〕。令徙瘞之。七月，淮甸大蝗，真、揚、泰州窖撲蝗五千斛〔七六〕，餘郡或日捕數十車，群飛絶江，墮鎮江府，皆害稼。令淮、浙郡國捕除。十年六月，淮、浙舊蝗遺種害稼〔七七〕。十四年七月，畿縣仁和蝗。蝗始生，令捕除之，不爲災。光宗紹熙二年七月，泰州蝗自高郵縣。五年八月，楚、和州蝗。寧宗嘉泰二年，浙西大蝗，自丹陽入武進，若烟霧蔽天，其墮亘十餘里，常之三縣捕八千餘石，湖之長興捕數百石。時浙東近郡亦蝗。開禧三年夏秋久旱〔七八〕，大蝗群飛蔽天。先是，浙西郡縣首種不入，或種豆粟，皆既於蝗。漢志言魯宣公秋蟲，以爲宣無熟歲，數有軍旅。又漢武帝比年秋蝗，興師征四夷之應。時韓侂胄開邊，兵禍連結，故有此孽也。嘉定元年五月，江、浙大蝗。乙丑，上懼災，損膳露禱。六月乙酉，有事於圜丘、方澤，且祭酺。七月，又酺，頒酺式於郡國。二年四月，又蝗。下捕蝗令。五月丁酉，令諸郡修酺祀。六月辛未，飛蝗入畿縣。令守臣修酺祭。七年六月，浙郡蝗。八年四月，北境飛蝗越淮而南，江、淮郡蝗，食禾苗，山林草木皆盡。乙卯，飛蝗入畿縣。己亥，祭酺，令有蝗郡如式以祭〔七九〕。是歲，自夏徂秋，蝗患不息，諸道捕蝗者，以千百石計〔八〇〕，饑民競捕，官以粟易之。九年五月，浙東蝗；丁巳，令郡國酺祭。令諸道部使者督捕之。是歲，薦饑，官以粟易蝗者，計千百斛。及冬校比而賞罰之。十年四月，楚州蝗。

螟虸蚄蟲

春秋隱公五年「秋，螟」。董仲舒、劉向以爲時公觀漁於棠，貪利之應也。劉歆以爲又逆臧僖伯之諫〔八一〕，貪利區霿，以生蠃蟲之孽也。　八年「九月，螟」。時鄭伯以邴將易許田，有貪利心。京房易傳曰：「臣安禄兹謂貪，厥災蟲，蟲食根。德無常兹謂煩，蟲食葉。不絀無德，蟲食本。與東作争，兹謂不時，蟲食節。蔽惡生孽，蟲食心。」　莊公六年「秋，螟」〔八二〕。董仲舒、劉向以爲先是衛侯朔出奔齊，齊侯會諸侯納朔，許諸侯賂。齊人歸衛寶，魯受之，貪利應也。

漢文帝後六年秋，螟。是歲，匈奴大入上郡、雲中，烽火通長安，遣三將軍屯邊，三將軍屯京師〔八三〕。

後漢章帝七、八年間，郡縣大螟，傷稼。語在魯恭傳〔八四〕，而紀不録。時章帝用竇皇后讒，害宋、梁二貴人，廢皇太子。　靈帝熹平四年六月，弘農、三輔螟蟲爲害。時靈帝用中常侍曹節等讒言，禁錮名士，謂之黨人。　中平二年七月，三輔螟蟲爲害。

晉武帝咸寧元年七月，郡國螟。九月，青州又螟。是月，郡國有青蟲食禾稼。　四年，司、冀、兖、豫、荆、揚郡國二十螟。　太康九年八月〔八五〕，郡國二十四螟。九月，蟲又傷秋稼。時帝聽讒諛，寵任賈充、楊駿，故有蟲蝗之災，不絀無德之罰。　惠帝元康三年九月，帶方等六縣螟，食禾葉盡。　永寧元年七月，梁、益、凉三州螟。時齊王冏執政，貪苛之應。十月，南安、巴西、江陽、太原、新興、北海青蟲食禾葉，甚者十傷五六。十二月，郡國六螟。

唐太宗貞觀二十一年八月，萊州螟。　玄宗開元二十一年八月〔八六〕，榆關虸蚄蟲害稼，入平州界，有群雀來食之，一日而盡。　二十六年，榆關虸蚄蟲害稼，群雀來食之。　天寶三載，青州紫蟲食田，有鳥食之。　代宗廣德元年秋，虸蚄蟲害稼，關中尤甚，斗粟千錢。　穆宗長慶四年，絳州虸蚄蟲害稼。

文宗太和元年秋，河東、同號等州蚜蚄蟲害稼。　開成四年〔八七〕，河南黑蟲食田〔八八〕。

宋太祖建隆二年九月，華州渭南縣蚜蚄蟲害稼。　乾德六年七月，階州蚜蚄蟲生。　太宗太平興國二年七月，邢州鉅鹿、沙河二縣步屈蟲食桑麥殆盡。　五年七月，濰州蚜蚄蟲生〔八九〕，食稼殆盡。　七年九月，邠州蚜蚄蟲生，食稼。　端拱二年七月，施州蚜蚄蟲生，害稼。　真宗大中祥符四年八月，兖州蚜蚄蟲生，有蟲青色隨齧之，化爲水。　仁宗天聖五年五月戊辰，磁州蟲食桑。　九月庚戌〔九〇〕，同、華等州旱〔九一〕，蚜蚄蟲食苗。　高宗紹興元年秋，紹興府、湖州螟，浙東西郡國螟，多爲穀災。　二年，台州螟。　二十九年秋，浙東、江東西郡縣螟。　三十年十月，江、浙郡國螟蝝。　孝宗乾道三年八月，江東郡縣螟螣，淮、浙諸路多以青蟲食穀穗爲災〔九二〕。　六年秋，浙西、江東螟蟲爲害。　九年秋，吉贛州、臨江南安軍皆有螟。　淳熙二年秋，浙、江、淮郡縣間有螟害。　四年秋，昭州螟。　五年，昭州蔿有螟螣。　七年秋，永州螟。　八年秋，江州螟。　十二年八月，平江府有蟲聚於禾穗，惟油可墮，一夕，大雨盡滌之〔九三〕。　十四年秋，江州、興國軍螟。　十六年秋，温州螟。　寧宗慶元三年秋，浙東蕭山、山陰縣，婺州，浙西富陽、鹽官、淳安、永興縣，嘉興府皆螟。　四年秋，江東鉛山縣蟲食穀，田無遺穗。　嘉定十四年，明、台、温、婺、衢蟊螣爲災。　十五年秋，贛州螟。　十六年秋，永、道州螟。

鼠妖

春秋成公七年「正月，鼷鼠食郊牛角；師古曰：「鼷，小鼠也，即今所謂甘鼠者。音奚。」改卜牛，又食其角」。劉向以爲近青祥，亦牛禍也，不敬而備霧之所致也。昔周公制禮樂，成周道，故成王命魯郊祀天地，以尊周公。至成公時，三家始顓政，魯將從此衰。天愍周公之德，痛其將有敗亡之禍，故於郊祭而見戒云〔九四〕。鼠，小蟲，性盜竊，鼷又其小者也。牛，大畜，祭天尊物也。角，兵象，在上，君威也。小小鼷鼠，食至尊之牛角，象季氏乃陪臣盜竊之人，將執國命以傷君威而害周公之祀也。改卜牛，鼷鼠又食其角，天重語之也。重音直用反。成公怠慢昏亂，遂君臣更執於晉。至於襄公，晉爲溴梁之會，天下大夫皆奪其君政。溴梁之會，諸侯皆在，而魯叔孫豹、晉荀偃、宋向戌、衛甯殖、鄭公孫蠆、小邾之大夫盟，是奪其君政也。其後三家逐昭公，卒死於外，幾絶周公之祀。董仲舒以爲鼷鼠食郊牛，皆養牲不謹也。京房易傳曰：「祭天不謹，厥妖鼷鼠齧郊牛角。」定公十五年「正月，鼷鼠食郊牛，牛死」。劉向以爲定公知季氏逐昭公，罪惡如彼，親見孔子爲夾谷之會〔九五〕，齊人倈歸鄆〔九六〕、讙、龜陰之田，聖德如此，反用季桓子，淫於女樂，而退孔子，無道甚矣。是歲五月，定公薨，牛死之應。京房易傳曰：「子不子，鼠食其郊牛」。哀公元年「正月，鼷鼠食郊牛。」劉向以爲天意汲汲於用聖人，逐三家，故復見戒也。哀不寤，身奔於越。

漢昭帝元鳳元年九月，燕有黄鼠啣其尾舞王宮端門中，宮之正門。王往視之，鼠舞如故。王使吏以酒脯祠，鼠舞不休〔九七〕，一日一夜死。近黄祥，時燕剌王旦謀反將死之象也。其月，發覺伏辜。京房易傳曰：「誅不原情，厥妖鼠舞門。」師古曰：「不原情者，不得其本情。」成帝建始四年九月，長安城南有鼠啣黄蒿、柏葉，上民冢柏及榆樹上爲巢，桐柏尤多。師古曰：「桐柏，本亭名，衛思后於其地葬也。」巢中無子，皆有乾鼠矢數十。時議臣以爲恐有水災。鼠，盜竊小蟲，夜出晝匿，今晝去穴而登木，象賤人將居顯貴之位也。桐柏，衛思后園所在也〔九八〕。其後，趙皇后自微賤登至尊，與衛后同類。趙后終無子而爲害。明年，有鳶焚巢，殺子之異也。師古曰：「鳶，鴟也，音弋全反。」天象仍見，甚可畏也。仍，頻也。一曰，皆王莽竊位之象云。京房易傳曰：「臣私祿罔辟，李奇曰：「辟，君也。擅私爵祿，誣罔其君。」厥妖鼠巢。」

魏齊王正始中，中山王周南爲襄邑長。有鼠從穴出，語曰：「王周南，爾以某日死。」周南不應，鼠還穴。後至期，更冠幘皂衣出，語曰：「周南，汝日中當死。」又不應，鼠復入穴。斯須更出，語如向。日適欲中，鼠入，須臾復出，出復入〔九九〕，轉更數，語如前。日適中，鼠曰：「周南，汝不應，我復何道！」言絶，顛蹶而死，即失衣冠。取視，具如常鼠。按班固以爲黄祥。時曹爽專政，競爲比周，故鼠作變也。

晉太康時，彭蜞化爲鼠。見蟲異門。

陳後主禎明二年四月，群鼠無數，自蔡州岸入石頭渡淮〔一〇〇〕，至青塘兩岸，數日死，隨流出江。近青祥也。京房易飛候曰：「鼠無故群居不穴衆聚者，其君死。」未幾國亡〔一〇一〕。

唐高祖武德元年秋，李密、王世充隔洛水相拒，密營中鼠，一夕渡水盡去。占曰：「鼠無故皆夜去，邑有兵。」太宗貞觀十三年，建州鼠害稼。二十一年，渝州鼠害稼。高宗顯慶三年，長孫無忌第有大鼠見於庭，月餘出入無常，後忽然死。龍朔元年十一月，洛州貓鼠同處。鼠隱伏象盜竊，猫職捕齧，而反與鼠同〔一〇二〕，象司盜者廢職容姦。弘道初，梁州倉有大鼠長二尺餘，爲貓所嚙，數百鼠反嚙貓。少選，聚萬餘鼠，州遣人捕擊殺之，餘皆散去。中宗景龍元年，基州鼠害稼。睿宗景雲中，有蛇鼠鬭於右威衛營東街槐樹，蛇爲鼠所傷。鬭者，兵象。玄宗開元二年，韶州鼠害稼，千萬爲群〔一〇三〕。天寶元年十月，魏郡有貓鼠同乳，甚於同處。　代宗大曆十三年六月，隴右節度使朱泚，於兵家得貓鼠同乳以獻。　懿宗咸通十二年，汾州孝義縣民家鼠多茹蒿芻巢樹上。鼠穴居，去穴登木，賤人將貴之象。　僖宗乾符三年秋，河東諸州多鼠，穴屋，壞衣，三月止。鼠，盜也，天戒若曰，將有盜矣。　昭宗乾寧末，陝州有蛇鼠鬭於南門之內，蛇死而鼠亡去。

後唐潞王清泰三年三月，有蛇鼠鬭於師子門外，鼠殺蛇。　其年十二月，晉高祖起兵於太原。

宋太祖建隆元年夏，相、金、均、房、商五州鼠食苗。　二年正月，商州鼠食苗。　太宗太平興國七年十月〔一〇四〕，岳州鼠害稼。　九月，京西民獻白鼠二。　高宗紹興十六年，廣州清遠縣、韶州翁源縣、英德府真陽縣鼠食稼，千萬爲群。　時廣東久旱，凡羽鱗皆化爲鼠，有獲鼠於田者，腹猶蛇文，漁者夜設網，旦視數百鱗皆鼠。　自夏徂秋，爲患數月方息，歲爲饑。　孝宗乾道九年，隆興府鼠害稼，千萬爲群，甚於螟蝗。　淳熙五年八月，淮東通、泰、楚、高郵黑鼠食禾，田無遺穗，淮民大饑。　時江陵府十五里外，群鼠以千萬計，蔽塞通逵，其色黑白青黃相雜，與人并行，爲車馬所踐死者不可勝計，凡三月乃息。　光宗紹熙四年，饒州民家有二小鼠食牛角，三徙牛牢不免，角穿肉瘠以斃。　春秋書鼷鼠食牛角，京房易傳曰：「祭天不謹，爲郊牛也。」不與民牛同占，特鼠妖爾。　寧宗慶元元年六月，鄱陽縣民家一貓帶數十鼠，行止食息皆同，如母子相哺者，民殺貓而鼠舐其血。　鼠象盜，貓職捕，而反相與同處，司盜廢職之象也。　與唐龍朔洛州貓鼠同占。

校勘記

〔一〕江河固期　「固」原作「因」，據元本、慎本、馮本及史記卷一二八龜策列傳改。

〔二〕江河必怒　按史記卷一二八龜策列傳，「江」上有「王雖遣之」四字。

〔三〕向日者　按史記卷一二八龜策列傳，「向」上有「天之質暗」四字。

〔四〕而不能自出漁者之籠　「能」字原脱，據史記卷一二八龜策列傳補。

〔五〕不能自解於刀鋒　「解」原作「留」，據元本、慎本、馮本及史記卷一二八龜策列傳改。

〔六〕魏陳留王咸熙二年二月　「咸熙」原作「咸寧」，據元本、慎本、馮本及三國志卷四陳留王紀、宋書卷二八符瑞志中改。

〔七〕長四五寸　「四」字原脱，「寸」原作「尺」，據晉書卷八一毛寶傳補改。

〔八〕背有八卦文　「背」原作「皆」，「文」字原脱，據晉書卷一一三苻堅載記上改補。

〔九〕其後有物如人夜來登牀　「夜」字原脱，據隋書卷二三五行志上補。

〔一〇〕帝令涸池　「令」字原脱，據隋書卷二三五行志上補。

〔一一〕州中地忽裂　「地忽」原作「忽地」，據新唐書卷三四五行志一乙。

〔一二〕宋太宗太平興國二年二月　「二年」，元本、慎本、馮本及宋史卷四太宗紀一、宋史卷六五五行志三俱作「三年」。按長編卷一八稱：「二年二月乙巳，幸新鑿池，賜役卒三萬五千人錢。」則其時已鑿金明池矣。

〔一三〕永州益州饒州萬安永州新州俱獻六目龜　「永州」，重出，疑誤。

〔一四〕帝命棄龜　「帝」字原脱，據宋史卷六五五行志三補。

〔一五〕具首足卦文　「首」原作「手」，據宋史卷六五五行志三改。

〔一六〕蛾　「蛾」下原衍「成群」二字，據漢書卷九元帝紀注删。

〔一七〕雖欲以萬數之而不可得　「可」原作「少」，據漢書卷一〇成帝紀改。

〔一八〕後漢光武建武二年　「二」原作「三」，據後漢書卷一上光武帝紀上、玉海卷一九九改。

〔一九〕盡死意也　「意」字原脱，據晉書卷二七五行志上、宋書卷三〇五行志一補。

〔二〇〕與王猛苻融密議於露堂　「露堂」，太平御覽卷九四四引前秦書、太平廣記卷四七三引廣古今五行記俱作「甘露堂」。

〔二一〕有一大蒼蠅入自牖間　「入」字原脱，據晉書卷一一三苻堅載記、太平廣記卷四七三引廣古今五行記補。

〔二二〕禁中無耳屬之理　「理」，太平廣記卷九四四引前秦書作「垣」。

〔二三〕其向蒼蠅乎　「向」字原脱，據晉書卷一一三苻堅載記、太平御覽卷九四四引前秦書、太平廣記卷四七三引廣古今五行記補。

〔二四〕益州市有飛蜂萬群　「蜂」原作「螽」，據南史卷七梁本紀中改。

〔二五〕各方四五尺　「方」字原脱，據周書卷七宣帝紀、北史卷一〇周本紀下補。

〔二六〕唐太宗貞觀十二年六月　「二」，玉海卷一九九同，唐會要卷二八祥瑞上作「一」。

〔二七〕滁州言野蠶成繭遍於山阜　「遍」字原脱，據唐會要卷二八祥瑞上、玉海卷一九九補。

〔二八〕十月　按唐會要卷二九祥瑞下、玉海卷一九九，「十」上有「開成二年」四字。

〔二九〕陳許奏界内野蠶自生桑上　「奏」，玉海卷一九九同，唐會要卷二九祥瑞下作「蔡」。
〔三〇〕開成二年　「二」，新唐書卷三五五行志二作「元」。
〔三一〕色輕黄　「黄」原作「重」，據玉海卷一九九改。
〔三二〕嘉祐五年十月　「五」原作「二」，據宋史卷一二仁宗紀四、宋史卷六五五行志三、玉海卷一九九改。
〔三三〕相州野蠶成繭　「相州」原作「湘州」，據宋史卷六五五行志三、宋史卷二一徽宗紀三改。
〔三四〕後城緣陵　「緣」原作「緑」，據左傳僖公十四年、漢書卷二七中之下五行志中之下改。
〔三五〕是歲復以兵爲牡丘會　按漢書卷二七中之下五行志中之下，「兵」下有一「車」字。
〔三六〕公孫歸父會齊伐莒　「莒」原作「萊」，據左傳宣公十一年、漢書卷二七中之下五行志中之下改。
〔三七〕蝒音徒高反　「音」字原脱，據漢書卷二七中之下五行志中之下補。
〔三八〕黑眚也　「眚」原作「青」，據漢書卷二七中之下五行志中之下改。
〔三九〕一曰蝗始生　「蝗」原作「螟」，據漢書卷二七中之下五行志中之下改。
〔四〇〕六年夏　「夏」原作「秋」，據漢書卷二七中之下五行志中之下、漢書卷五景帝紀改。
〔四一〕草木盡　按漢書卷九九下王莽傳下無此三字。
〔四二〕武威　原作「威武」，據後漢書五行志三乙。
〔四三〕連十餘年　「年」字原脱，據後漢書五行志三補。
〔四四〕屈省别藏　「屈」原作「居」，據後漢書五行志三改。
〔四五〕愍帝建興四年六月　「六」原作「五」，據晉書卷二九五行志下、宋書卷三三五行志四改。

〔四六〕臨淮四郡蝗蟲害禾豆　「臨」字原脱，「四」原作「西」，據晉書卷二九五行志下、宋書卷三三五行志四、宋書卷三五州郡志一補改。
〔四七〕靳準率部人收而埋之　「靳準」原作「鄞準」，據晉書卷一〇二劉聰載記改。
〔四八〕石勒時　「石勒」原作「石虎」，據晉書卷一〇四石勒載記上改。
〔四九〕大蝗　「大」字原脱，據隋書卷二三五行志下補。
〔五〇〕德戴鄜等州蝗　「蝗」字原脱，據局本及新唐書卷三六五行志三補。
〔五一〕陳州蝗　按新唐書卷三六五行志三、舊唐書卷四高宗紀，永徽元年未見陳州蝗事，又新唐書卷三六五行志三載順宗「永貞元年秋，陳州蝗」，疑誤。
〔五二〕草木皆盡　按新唐書卷三六五行志三，「木」下有一「葉」字。
〔五三〕東自海　「東自」，新唐書卷三六五行志三同，舊唐書卷三七五行志、唐會要卷四四螟蝛作「自東」。
〔五四〕劍南東川蝗　「東川」原作「東州」，據新唐書卷三六五行志三、舊唐書卷四一地理志四改。
〔五五〕復命尚書吏部侍郎段希堯祭東嶽　「吏部」二字原脱，據舊五代史卷一二八段希堯傳、五代會要卷一一補。
〔五六〕皆慮蝗螟爲災故也　「蝗」原作「蟲」，據五代會要卷一一改。
〔五七〕七月　二字原脱，據宋史卷六二五行志一下補。
〔五八〕河南河北陝西諸州皆蝗　「皆」，宋史卷六二五行志一下作「有」。
〔五九〕寧邊軍有蛤　「蛤」，此門言蝗，不當有蛤，疑誤。
〔六〇〕陝濱棣州蟲螟害稼　「螟」字原脱，據長編卷五七景德元年八月己卯條、宋史卷六七五行志五補。

〔六一〕江淮　按宋會要瑞異三之四〇、宋史卷六二五行志一下記天禧元年諸州軍蝗蝻復生事，皆未見有江淮。
〔六二〕六年五月乙卯　「乙」原作「己」，據長編卷一〇六天聖六年五月乙卯條、宋會要瑞異三之四〇改。
〔六三〕明道元年十月中甲寅　「中」字疑衍。
〔六四〕開封府界　「府」字原脱，據長編卷一一二明道二年七月庚辰條補。
〔六五〕寶元二年六月　「二」原作「元」，據長編卷一二三寶元二年六月癸酉條、宋史卷六二五行志一下、宋史卷一〇仁宗紀二、宋會要瑞異三之四一改。
〔六六〕是歲　二字原脱，據宋史卷六二五行志一下、宋會要瑞異三之四一補。
〔六七〕荆湖南路地生黑蟲　「荆」原作「京」，據宋史卷六七五行志五、宋會要瑞異三之四三改。
〔六八〕五月　「月」原作「年」，據宋史卷六二五行志一下、宋會要瑞異三之四二改。
〔六九〕宣和三年　「三」原作「二」，據宋史卷六二五行志一下、宋會要瑞異三之四三改。
〔七〇〕令長吏修酺祭　按宋史卷六二五行志一下、宋會要瑞異三之四三，「令」上有「八月庚午」四字。
〔七一〕盱眙軍楚州金界三十里　「金」原作「處」，據宋史卷六二五行志一下、宋會要瑞異三之四三改。
〔七二〕詔諸道禁暴察冤　「禁」字原脱，據宋會要瑞異三之四四補。
〔七三〕襄隨尤甚　「尤」原作「蝗」，據宋史卷六二五行志一下、宋會要瑞異三之四四改。
〔七四〕淮北飛蝗入楚州　「入」字原脱，據宋史卷六二五行志一下、宋會要瑞異三之四五補。
〔七五〕墮仁和縣界蘆場茅地　「縣」字原脱，據宋史卷六二五行志一下、宋會要瑞異三之四五補。「場」原作「蕩」，「地」原作「穗」，據宋會要瑞異三之四五改。又「蘆場茅地」，宋會要瑞異三之四五作「蘆場並鹽場茅葦地」。

〔七六〕真揚泰州窖撲蝗五千斛　「真」原作「其」，據宋史卷六二五行志一下、宋會要瑞異三之四五改。

〔七七〕淮浙舊蝗遺種害稼　「種」原作「育」，據宋史卷六二五行志一下、宋會要瑞異三之四五改。

〔七八〕開禧三年夏秋久旱　「久」字原脱，據宋史卷六二五行志一下、宋會要瑞異三之四五補。

〔七九〕令有蝗郡如式以祭　「有」字原脱，據宋史卷六二五行志一下，宋會要瑞異三之四五補。

〔八〇〕以千百石計　「百」原作「萬」，據宋史卷六二五行志一下、宋會要瑞異三之四五改。

〔八一〕劉歆以爲又逆臧僖伯之諫　「以爲又」原作「又以爲」，據漢書卷二七下之上五行志下之上乙。

〔八二〕莊公六年秋螟　「六」原作「二」，據左傳莊公六年、漢書卷二七下之上五行志下之上改。

〔八三〕三將軍屯京師　「軍」字原脱，據漢書卷二七下之上五行志下之上補。

〔八四〕語在魯恭傳　「恭」原作「公」，據後漢書五行志四、後漢書卷二五魯恭傳改。

〔八五〕太康九年八月　「太康」二字原脱，據晉書卷二九五行志下、晉書卷三武帝紀、宋書卷三四五行志五補。

〔八六〕玄宗開元二十一年八月　「二十一」，新唐書卷三五五行志二作「二十二」。

〔八七〕開成四年　「開成」二字原脱，據舊唐書卷三七五行志、新唐書卷三五五行志二補。

〔八八〕河南黑蟲食田　「田」，舊唐書卷三七五行志作「苗」。

〔八九〕濰州蚮蛂蟲生　「生」字原脱，據宋史卷六七五行志五、宋史卷四太宗紀一補。

〔九〇〕九月庚戌　「九月」原作「六年」，據長編卷一〇五天聖五年九月庚戌條改。

〔九一〕同華等州旱　「旱」原作「早」，據元本、慎本、馮本及長編卷一〇五天聖五年九月庚戌條、宋史卷九仁宗紀一改。

〔九二〕淮浙諸路多以青蟲食穀穗爲災　「以」，宋史卷六七五行志五作「言」。
〔九三〕大雨盡滌之　「之」字原脱，據宋史卷六七五行志五補。
〔九四〕故於郊祭而見戒云　「戒」原作「或」，據漢書卷二七中之上五行志中之上改。
〔九五〕親見孔子爲夾谷之會　「見」，漢書卷二七中之上五行志中之上作「用」。
〔九六〕齊人倈歸鄆　「倈」字原脱，據漢書卷二七中之上五行志中之上補。
〔九七〕鼠舞不休　「鼠」字原脱，據漢書卷二七中之上五行志中之上補。
〔九八〕衛思后園所在也　「思」字原脱，據漢書卷二七中之上五行志中之上及上文補。
〔九九〕出復入　「復」字原脱，據晉書卷二九五行志下、宋書卷三四五行志五補。
〔一〇〇〕自蔡州岸入石頭渡淮　「渡」字原脱，據陳書卷六後主紀、南史卷一〇陳後主紀補。
〔一〇一〕未幾國亡　「國亡」原作「亡國」，據隋書卷二二五行志上乙。
〔一〇二〕而反與鼠同　「鼠」字原脱，據新唐書卷三四五行志一補。
〔一〇三〕千萬爲群　「爲」原作「餘」，據新唐書卷三四五行志一改。
〔一〇四〕太宗太平興國七年十月　「十」下原衍一「一」字，據宋史卷六五五行志三、宋史卷四太宗紀一删。

卷三百十五　輿地考一

總敘

黄帝方制天下，立爲萬國。易稱「首出庶物，萬國咸寧」。少皞氏之衰，其後制度無聞。顓帝之所建，帝嚳受之，創制九州，統領萬國。雍、荆、豫、梁、冀、青、徐、兖、揚〔一〕。北至於幽陵，幽州。南至於交趾，交州。西至於流沙，在張掖居延縣。東至於蟠木。東海中山也。日月所照，莫不砥屬。砥，平也，四遠皆平而來服屬。

唐堯遭洪水，而天下分絶，使禹平水土，還爲九州，如舊制：五百里甸服，五百里侯服，五百里綏服，五百里要服〔二〕，五百里荒服。詳及註並見封建考。東漸於海，西被於流沙，朔、南曁，聲教訖於四海。

蔡氏五服説見封建考

虞舜攝帝位，分爲十二州，雍、荆、豫、梁、冀、幽、并、青、營、徐、兖、揚。故虞書云「肇十有二州」是也。

夏氏革命，又爲九州。塗山之會，亦云萬國，四百年間，遞相兼并。

商湯受命，其能存者三千餘國，亦爲九州，分統天下。載祀六百。

周初，尚有千八百國。而分天下爲九畿：方千里曰王畿，其外曰侯畿。亦曰服。又外曰甸畿，又外曰男畿，又外曰采畿，又外曰衛畿，又外曰蠻畿，又外曰夷畿，要服也〔三〕。又外曰鎮畿，又外曰藩畿。荒服也〔四〕。詳及註並見封建考。至成王時，亦曰九州，屬職方氏。揚、荆、豫、青、兖、雍、幽、冀、并。其後諸侯相并，有千二百國。及平王東遷，迄獲麟之末，二百四十二年間，諸侯征伐，更相吞滅，不可勝數，而見於春秋經、傳者，百有七十國焉。百三十九國知土地所在，三十一國不知其處也。蠻夷戎狄，不在其數。逮乎下分地里，上配天象，所定躔次，總標十三〔五〕。及周之末，唯有七國。秦昭王時，西周盡獻其邑三十六〔六〕，口三萬，受獻而歸其人。至莊襄王滅東、西周國，七城而已。

唐氏周九服唐五服異同說見封建考

秦制，天下爲四十郡。其地則西臨洮而北沙漠，東縈南帶，皆臨大海。

漢興，以秦地太大，加置郡國。其後開越攘胡，土宇彌廣。改雍曰涼，梁曰益，又置徐州，復禹之舊號。置交〔七〕，初爲交趾，後爲交州。北有朔方，初爲朔方，後爲并州。凡爲十三州部刺史，司隸、并、荆、豫、揚、冀、幽、兖、徐、益、青、交、涼。而不常理。至哀、平之際，凡新置郡，國六十三，與秦四十，合百三。縣、邑千三百十四，道三十二，侯國二百四十一。地東西九千三百二里，南北萬三千三百六十八里，此漢之極盛也。

後漢光武以官多役煩，乃併省郡、國十，縣、邑、道、侯國四百餘所〔八〕。其後亦爲十三州部：司隸治河南，今河南府。豫治譙，今酇縣。兖治昌邑，今魯郡金鄉縣。徐治郯，郯音談。今臨淮郡下邳縣。青治臨淄，今北海郡縣。涼治隴，今天水郡隴城縣。并治晉陽，今太原府。冀治鄗，許各反。今趙郡高邑縣。幽治薊，今范陽郡。揚治歷陽，今郡縣。益治雒，今永昌郡。荆治漢壽，今武陵郡武陵縣。交治廣信。今蒼梧郡蒼梧縣。漸復加置郡、國，至於靈、獻，凡百有五焉，縣、道、侯國千一百八十。桓帝永興初，有鄉三千六百八十二，亭萬二千四百二十。東樂浪郡，西燉煌郡，南日南郡，北鴈門郡，西南永昌郡，四履之盛，亦如前漢。

魏氏據中原，有州十二：司隸、荆、豫、兖、青、徐、涼、冀、幽、并、揚、雍〔九〕。揚治壽春〔一〇〕，今郡；徐治彭城，今郡；荆治襄陽，今郡；涼治武威，今郡。餘並依前式。有郡、國六十八。東自廣陵、文帝黄初六年親征，幸廣陵故城。及旋師，留張遼屯江都。齊王嘉平後屬吴。即今郡。壽春、毌丘儉、諸葛誕皆鎮之。合肥、明帝青龍元年，滿寵於合肥西北三十里築新城，吴軍頻攻不拔，即今廬江郡。故魏明帝云：「先帝東置合肥，南守襄陽，西固祁山，賊來輒破於三城之下者，地有所必争是也。」沔口、建安十三年〔一一〕，文聘爲江夏太守，鎮焉。其後吴軍頻攻不拔。青龍後屬吴。即今漢陽郡〔一二〕。西陽、黄初中，滿寵令將守之〔一三〕。今齊安郡。襄陽，建安二十四年，徐晃守之，蜀將關羽攻，不下。重兵以備吴。江淮之間，除鎮兵處，更無人居。青龍之中，孫權遣數千家佃於江北，爲滿寵破也。西自隴西、今郡是。南安、今隴西郡隴西縣。齊王嘉平五年，蜀將姜維來伐，攻隴西、南安，皆不剋。祁山、明帝太和二年，蜀將諸葛亮攻祁山城，不拔，今同谷郡長道縣東十里。漢陽、明帝青龍二年〔一四〕，蜀將諸葛亮來伐，遣兵備於此，即今天水郡。陳倉，建安二十四年，因蜀將破夏侯妙才於漢中〔一五〕，遂令張郃守陳倉。太和二年，諸葛亮以數萬人攻陳倉，將軍郝昭以千人守二十餘日，不拔，在今縣東二十里故城是。攻郿不剋，在今縣東北十五里故郿城是。並今扶風郡。重兵以備蜀。

蜀主全制巴蜀，置益、治成都，今郡。梁治漢中，今郡。二州，有郡二十二。以漢中、建安末，破魏將夏侯妙才後，遂有漢川，以魏延鎮守，後蔣琬、姜維相繼鎮於此。即今郡地。興勢、後主延熙七年，將軍王平守之，魏大將軍曹爽攻，不剋。今洋川郡興道縣也〔一六〕。白帝，先主章武元年屯之，遂爲重鎮。後主建興十五年，吳將全琮來攻，不剋。即今雲安郡。並爲重鎮。

吳主北據江，南盡海，置交、治龍編，今安南府。廣、孫權置，治番禺，今南海郡。荆、治南郡，今江陵郡。郢、治江夏，即今郡。揚治建業，今丹陽郡江寧縣。五州，有郡四十有三。以建平、自孫權黄武初，破蜀先主後得之。孫皓天紀四年，晉軍沿流來伐，守將吳彥請增兵，皓不從。今巴東郡。西陵、建安二十四年，蜀將關羽北討魏將于禁等於襄陽，陸遜爲宜都守，鎮此。黄武初，蜀先主來伐〔一七〕，遜大破之，後步闡、陸抗並鎮焉。即今夷陵郡是也。樂鄉、吳孫皓建衡三年，陸抗所築樂鄉城，後朱然修之，戍焉。晉王濬攻樂鄉，獲水軍督陸景，平西將軍施洪以城降。在今江陵郡松滋縣東。南郡、自建安末剋關羽後，蜀將糜芳來降，遂得之。孫皓鳳皇元年，將張咸、任延並守之。晉軍平吳，當陽侯杜元凱趨於此。即今江陵郡。巴邱、建安十九年，魯肅、孫皓；寶鼎元年，萬彧並鎮守。即今巴陵郡。夏口、建安十三年，孫權征黄祖，剋之，後遂置兵鎮。孫皓天紀元年，孫慎守之。及晉平吳，將軍胡奮趨於此。即今江夏郡。武昌、孫權甘露元年，城武昌，陸遜、諸葛恪鎮守。及晉平吳，將軍王戎趨於此。即今江夏郡是。皖城、建安十九年，孫權剋之。赤烏四年，諸葛恪屯此。今同安郡。皖音患。牛渚圻、孫皓天紀末，何植鎮守。晉平吳，大將王渾趨於此。即今宣城郡當塗縣采石也。濡須塢，建安十七年築，後曹公頻來攻，不剋。在今歷陽縣西南百八十里。並爲重鎮。其後得沔口、孫權嘉禾後，陸遜、諸葛瑾屯守。邾城、赤烏四年，陸遜常以三萬兵戍之。今齊安郡東南界〔一八〕，臨江與江夏郡武昌相對。廣陵。孫亮建興二年〔一九〕，衛尉馮朝城廣陵。自三國鼎立，更相侵伐，互有勝負，疆境之守，彼此不常，纔得遽失，則不暇存也。今略紀其久經屯鎮及要害之地焉。其守將亦略紀其知名者，餘不可遍舉，他亦類此。

晉武帝太康元年平吳，分爲十九州部：置司州，治洛陽；今河南府。兗治廩邱；今濮陽郡雷澤縣是。豫治項；今淮陽郡項城是。冀治房子；今趙郡是。并治晉陽；青治臨淄；徐治彭城；荊初治襄陽，後治江陵；今郡。揚初治壽春，後治建業；涼治武威；分三輔爲雍，治京兆；今府。分隴山之西爲秦，治上邽；今天水郡縣。益治成都；分巴漢之地爲梁，治南鄭；今漢中郡縣。分雲南爲寧，治雲南；今郡。幽治涿；今范陽郡范陽縣。分遼東爲平，治昌黎；今安東府。交治龍編；今安南府。分合浦之北爲廣，治番禺。又增置郡國二十有二〔二〇〕，凡州百五十有六，縣千一百有九，以爲冠帶之國，盡秦、漢之土。及永嘉南渡，境宇殊狹，九州之地有其二焉。初，元帝命祖逖鎮雍丘，建武初，逖北伐，便屯雍丘。今陳留郡縣。逖死，北境漸蹙。大興四年，逖死。於是荊、豫，自淮北，今汝南、汝陰、南陽等郡以北。青、兗四州今東萊、東牟、高密、北海、淄川、濟南等郡地。及徐州之半，今彭城、瑯琊等郡。陷劉曜、石勒。以合肥、戴若思鎮守之。淮陰、劉隗鎮守，即今山陽郡縣。壽陽、祖約鎮守，後又陷於石勒，季龍死後復之，即今壽春郡也。泗口、劉遐鎮守，即今臨淮縣、宿遷縣〔二一〕。角城、安帝義熙中置，亦在宿遷縣界。爲重鎮。成帝時，酇守將退屯襄陽。咸和初，魏該屯酇〔二二〕，爲劉曜將黃秀所逼而退守襄陽。後亦陷石勒，尋復之。庾翼、朱序皆鎮於此，又爲苻堅將苻丕所陷，尋復之。即今郡。穆帝時，平蜀漢，永和三年，桓溫西討，擒李勢。復梁、益之地。梁州則漢川，益則蜀川是。又遣軍西入關，至灞上。十年，桓溫討苻健於今京兆府萬年縣白鹿原，戰敗。再北伐，一至洛陽，永和十二年，溫討慕容儁，破其將姚襄於伊水，時襄已降。一至枋頭，廢帝太和四年〔二三〕，溫又討慕容暐，敗還。今汲郡衛縣界。枋音方。所得郡縣，軍旋又失。洎苻堅東平慕容暐，太和五年。西南陷蜀漢，西北剋姑臧，孝武太元元年〔二四〕，張天錫敗〔二五〕。今武威郡是。則漢水、長淮以北，悉爲堅有。及堅敗，太元八年〔二六〕。再復梁、九年，將郭寶平梁州。益、蜀郡太守任權斬苻堅益州刺史李平，益州平。青、徐、兗、豫、司之地。其後青、兗陷於慕容德，安帝隆安三年，德據之，殺幽州刺史辟閭渾，時鎮廣固，即今北海郡。豫、司陷於姚興，隆安三年。以彭城爲北境藩扞。朱序鎮守。後益、梁陷於譙縱。義熙初陷。每因劉、石、苻、姚衰亂之際，則進兵屯戍在於漢中、襄陽、彭城，然大抵上明、今江陵郡松滋縣。江陵、夏口、武昌、合肥、壽陽、淮陰，常爲晉氏鎮守。其刺史所治，皆置州兵，雖有不經攻圍，互是重鎮，他皆類此。義熙以後，又復青、兗、司、豫、梁、益之地，而政移於宋矣。

宋武北平廣固，晉安帝義熙六年，平慕容超，得青州之地。廣固即今北海。西定梁、益，九年，朱齡石平譙縱。又剋長安，十三年親征，平姚泓。盡得河南之地。長安尋爲赫連勃勃所陷，至廢帝營陽王景平中〔二七〕，武牢以西〔二八〕，復陷後魏。今大較以孝武大明爲正〔二九〕，凡二十有二州。揚治建業，南徐治京口，今丹陽郡丹徒縣。徐治彭城，南兗治廣陵，兗治瑕邱〔三〇〕，今魯郡縣。南豫治歷陽，豫治汝南，今汝南郡汝南縣。江治潯陽，今郡縣。青治臨淄，初治歷城，今濟南郡縣。後治廣固，後又移治臨淄，即今縣是。冀治歷城，司治義陽，今郡。荆治南郡，郢治江夏，今郡。湘治臨湘，今長沙郡。雍治襄陽，今郡。梁治南鄭，秦亦治南鄭，益治成都，今蜀郡。寧治建寧，今雲南郡。廣治南海，交治龍編，越治臨鄣。今合浦郡。自東晉成帝，中原流民多南渡，遂於江、漢、淮之間，僑立州郡，以撫其民。中間併省廢置，離合非一，不能詳制焉。紀其所治經久者，他皆類此。郡凡二百三十有八，縣千一百七十有九。

初，文帝元嘉中，遣將北伐，水軍入河，剋魏碻磝、滑臺、武牢、洛陽四城，碻磝即今濟陽郡城，滑臺今靈昌郡城，武牢，今汜水縣，洛陽，今故洛陽城。碻音口交反，磝音敖。其後又失。又分軍北伐，西軍剋弘農、開方二城。並今弘農郡。以東攻滑臺不剋，而平碻磝，守之，尋皆敗退。元嘉二十七年，王玄謨於滑臺敗歸〔三一〕。時柳元景拔弘農、開方，及玄謨敗，亦棄而歸。於是後魏主太武總師，經彭城、臨江屯於瓜步，今廣陵郡六合縣東。退攻盱眙，不拔而旋。臧質守之，魏師攻圍三旬不下。今淮陽郡縣。明帝時，後魏又南侵淮北，青、冀、徐、兗四州及豫州西境，悉陷没。泰始二年〔三二〕，徐州刺史薛安都引魏軍，自是沈文秀東陽城、崔道固歷城，並爲魏將慕容白曜所陷。安都以彭城、常珍奇以懸瓠並降魏。懸瓠，今汝南郡城。則長淮爲北境，僑徐、兗於淮南，淮陰立兗州，鍾離立徐州。立青、冀二州，寄治贛榆。今東海郡東海縣。贛，古淡反。其後，十年餘而宋亡〔三三〕。然初强盛也，南鄭、襄陽、懸瓠、元嘉二十七年〔三四〕，後魏主太武率兵攻圍汝南，太守陳憲等距四十餘日〔三五〕，魏人積屍與城齊，不拔而退。彭城、歷城、東陽廢帝景平初，筑嬰鎮守〔三六〕，後魏攻圍數旬不剋。即今北海郡治東城。皆爲宋藩扞。

齊氏淮北之地所以全少，青州治朐山，今東海郡。朐音衢。冀治連口〔三七〕，今臨淮郡漣水縣。豫治壽春，豫州自東晉以後，或治淮南，或治淮北，不常其所，今舉其要害之地。北兗治淮陰，北徐治鍾離，又置巴東，治巴。今雲安郡。其餘州郡，悉因宋代，州二十有三，郡三百九十有五，縣千四百七十有四。其後頻爲後魏所侵，至東昏永元初，沔北諸郡，相繼敗没。今南陽郡地。又遣軍北伐，敗於馬圈，退屯盆城，魏馬圈城去襄陽三百里，時陳顯達攻圍四十餘日不拔，魏援師至，敗還。在今南陽郡界〔三八〕。又失壽春。永元二年，豫州刺史裴叔業以城反入魏。後三年，齊亡。齊氏七主，凡二十四年，内難繁興，不遑外略。及東昏暴虐，北境彌蹙也。始全盛也，南鄭、明帝建武二年，後魏大將元英來伐，梁州刺史蕭懿守拒，攻圍百餘日不下。樊城、今襄陽郡安養縣。建武中，後魏主孝文率兵十萬，數旬攻圍，將曹武拒〔三九〕，不下。襄陽、義陽、壽春、高帝又建鎮，謂垣崇祖曰：「兵衝要地，切備魏師。」俄而魏將王肅以師二十萬至，敗而歸。淮陽、角城、明帝初，後魏南侵，以李安仁戍之〔四〇〕。漣口、朐山爲重鎮。

梁氏州郡，多沿舊制。天監中，州二十有三，郡三百五十，縣千二十有五〔四一〕。其後更有析置，大同中，州百有七，郡縣亦稱於此。自侯景逆亂，建康傾陷，墳籍散逸，不可得而詳焉。初，武帝受禪，數年即失漢川及淮西之地。天監三年，梁州刺史夏侯道遷以本部叛降後魏，自劍閣以北並陷沒。又魏將元英破將軍馬仙琕於義陽〔四二〕，失地。其後，諸將頻年與魏軍交戰於淮南、淮北，互有勝負。自天監四年以後，將張惠紹尅魏宿遷城〔四三〕，韋叡尅合肥，裴邃尅霍邱城〔四四〕、朐山城，尋皆敗〔四五〕，唯合肥獨存。雖得懸瓠、彭城，俄而又失。天監六年〔四六〕，魏軍主白早生〔四七〕、豫州刺史胡遜以懸瓠；普通六年，徐州刺史元法僧以彭城並内屬〔四八〕，無何，悉復於魏。又尅壽春。普通七年，將夏侯亶、元樹等尅之〔四九〕，獲魏揚州刺史李憲。自齊東昏永元二年陷後魏，至是凡二十七年，南朝始復。大通初，大舉北伐，城鎮相次尅平，直至洛陽，暫爲梁有。大通元年，魏將爾朱榮害胡太后及少主，魏朝大亂，遣將陳慶之率軍送元顥爲魏主，入河陽。六旬五日，爾朱榮來攻，慶之渡河，守北中府城，數日顥敗，慶之亦奔退，所得之地，尋亦失之。中府地，即今河陽北城是。其後，又復漢中。大同中，將蘭欽尅之。自天監二年失漢川，凡經四十三年却復。至東魏，將侯景以河南地降，逆亂相尋，有名無實。及景平後，江北之地，悉陷高齊，漢川、蜀川没於西魏。太清初，侯景以十三州來降，旋爲東魏將慕容紹宗所敗。二年，景舉兵反，圍建康，陷之。及景平後，元帝承聖初，齊將辛術南伐，盡復淮南、江北之地，得傳國璽，反於齊。三年，西魏將達奚武陷漢川，尉遲迥陷蜀川，其漢川經九年復失。大抵雍州、今襄州。下溠音槎。戍、漢東郡棗陽縣東南。夏口、白苟堆、大同中，東魏静帝遣將堯雄爲南境守將，雄曰：「白苟堆，梁之北面重鎮，請備之。」在今汝南郡真陽縣。硤石城、今汝陰郡下蔡縣。合州、即合肥。鍾離、將康絢鎮守之。淮陰、朐山爲重鎮。天監三年，角城戍主柴慶宗以角城；十一年，東莞太守劉晣以朐山並降入魏。陳氏比於梁代，土宇彌蹙，西不得蜀、漢，北失淮肥，以長江爲境。文帝天嘉初，湘川之地爲周軍所陷。二年，侯瑱尅平之。湘川，今澧陽、武陵、長沙、衡陽等郡之地也。有州四十有二，地轉狹而州益多，暨後州郡又數倍於前代〔五〇〕，故不可詳。郡百有九，縣四百三十有八。宣帝太建中，頻年北伐，諸將累捷，盡復淮南之地。將吴明徹於壽春城斬高齊將王琳。更經略淮北，大破齊軍於吕梁。及旋師，屬高齊亡國，又總軍北伐，至吕梁，周軍來拒，又大破之。自太建五年北伐，七年破齊軍，九年又破周將梁士彦，悉得梁淮北城鎮下邳、朐山。旋爲周軍所敗，悉虜其衆，時梁士彦守彭城，明徹來攻未下。十年，周將王軌來伐，明徹退師，全軍没於清口。自是江北之地，盡没於周，又以長江爲界。十二年，周大將司馬消難以淮西地來降，又遣將周羅睺攻剋新野〔五一〕，尋並失之。及隋軍來伐，遣將守狼尾灘、後主禎明三年，戚昕守之〔五二〕。今夷陵郡宜都縣界。荆門、將吕仲肅據之〔五三〕，亦宜都界。安蜀城、將顧覺鎮之，亦夷陵郡。公安，將陳紀鎮之，今江陵郡縣。巴陵以下，並風靡退散。信州道大總管清河公楊素自峽中舟師東下，東方守將相繼而破。信州，即今雲安郡也。隋軍自采石、隋將韓擒虎襲陷之。京口賀若弼襲陷之。渡江而平之。

後魏起自北方，至道武，率兵下山東，攻拔慕容寶中山，今博陵郡唐昌縣。遂有河北之地，於是遷都平城。今雲中郡。慕容氏喪敗，遣將南略地，至於滑臺、許昌、今潁川郡。彭城。明元帝泰常中〔五四〕，始於滑臺、許昌置兵鎮守。道武天興中，長孫肥等剋滑臺、許昌，尋不能守，至是始有之。太武帝時，又得蒲坂、今河東郡。長安、統萬。始光中，遣軍伐赫連昌，剋蒲坂及長安，又剋統萬，後遂滅赫連。統萬即赫連所都，今朔方郡是。神麚中，宋師來伐，碻磝、今濟陽郡城。滑臺、武牢，今河南府汜水縣是。戍將皆不守，尋並復之。神麚三年，宋將到彦之、王仲德等陷滑臺、武牢、洛陽，遣安頡、叔孫建等擊敗走之。太延以後，東平遼東，西平姑臧，三年，東伐馮氏；五年，西伐沮渠，並滅之。於是西至流沙，東接高麗，所未得者，漢中及南陽、懸瓠、彭城、青州之南而已。其後，帝自南征，遂臨瓜步，宋淮北城鎮守將，多有敗没。太平真君十一年，因宋將王玄謨來侵，剋碻磝城，戍將濟州刺史王買德棄城而走〔五五〕，宋師至滑臺敗，帝乘勝至江上。獻文天安初，自河之南，長、淮之北，皆爲魏有。時因宋晉安王子勛之亂，遣將慕容白曜略地，破宋將沈文秀、畢衆敬〔五六〕、薛安都、崔道固、常珍奇，遂有其地。孝文遷都洛陽，太和十九年徙都。頻歲親征，皆渡淮、沔。二十年，屯八公山；二十一年〔五七〕，屯新野及樊城。宣武初，又得壽春，景明初，齊將裴叔業以壽春來降，後至明帝孝昌二年，又陷入梁。續收漢川，至於劍閣，兼得淮西之地。正始初，梁將夏侯道遷以漢中降，又元英破梁將馬仙琕於義陽，遂有其地。莊帝時，梁軍洛陽數旬，敗走。永安初，因爾朱榮害胡太后、少帝之亂，梁將陳慶之送元顥爲魏主。爾後内難相繼，不暇外略，三四年後，分爲東、西魏矣，皆權臣擅命。具周、齊事中。自永安末年，爾朱世隆稱兵入洛，圖籍散亡，不可詳記。

今按舊史云，管州百十有一，郡五百十有九，縣千三百五十有二。按魏收史所載州郡，是東魏静帝武定中，其時洛陽以西及關中，梁、益之地，悉屬西魏，收猶總而編之。自太武以後，漸更强盛，東征西伐，剋定中原。屬宋明以後，及於齊、梁，國土漸蹙，自守不暇，雖時有侵掠，而退不旋踵，故魏之城鎮，少被攻圍，因利進取，不常所守也。

北齊神武東魏天平末，大舉西伐至蒲津〔五八〕。静帝天平四年，三道伐西魏，齊神武自總大衆至蒲津，竇泰自風陵濟河至潼關，高敖曹入武關，陷上洛，以泰軍敗没，並旋師。風陵在潼關北岸相對。西魏乘勝攻陷陝州。周文帝率李弼等東征，下陝州，擒刺史李徽伯〔五九〕。即今陝郡。神武西至沙苑，其年冬，大敗而歸。今馮翊郡界。西軍又乘勝襲陷洛陽。西魏將獨孤如願據金墉。明年〔六〇〕，西師又至於河陰，今洛陽縣北。時拒守河陽城，潘相樂守北城，即據此。高永樂守南城，即今城。後周文帝親征，不剋。西師敗歸。元象元年〔六一〕，周文帝親征，敗還。如願亦棄金墉遁走，神武遂毁其城。其後，神武攻圍西魏玉壁，不剋。興和四年〔六二〕，西魏將王思政守之。今絳郡稷山縣。西師來伐，至於邙山。武定初，周文帝親征，神武禦之，敗。殺周將王雄〔六三〕。後神武又圍玉壁，不剋。武定四年，西魏將韋孝寬守之。文襄遣將圍潁川，拔之。自武定五年冬攻圍，至明年六月城陷。於是河南自洛陽之西，河北自晉州之西，今平陽郡。悉入西魏。文宣之世，命將略地，南際於江矣。天保二年，屬侯景亂梁，遣辛術南討，遂得傳國璽；又過江得梁夏口。後二國通和，旋師矣。武成河清中，築戍於軹關。河清二年，遣斛律光築之。今河南府濟源界。其年，周軍至洛陽，敗還。晉公護統軍，將楊𢷋等至軹關敗走〔六四〕。後主武平中，陳軍來侵，盡失淮南之地。武平五年以後，陳將吴明徹頻歲來侵，淮南城鎮皆不守，諸將累敗。周師攻拔河陰大城。周武親征，有疾，班師。幼主崇化末〔六五〕，西師攻拔晉州，今平陽縣。因之國滅。齊都於鄴，即今郡縣。自東、西魏之後〔六六〕，天下三分，梁、陳有江東，宇文有關西。高氏據河北，有州九十有七，郡百六十，縣三百六十有五。文宣天保七年〔六七〕，已併省州三，郡百五十三，縣五百八十九，鎮二，戍二十六。當齊神武之時，與周文帝抗敵，十三四年間，凡四出師，大舉西伐，周師東討者三焉。略舉齊神武、周文帝統師親征，諸將攻戰則不紀。自文宣之後，纔守境而已。大抵西則姚襄城、今文城郡西城，姚襄所築。西臨黄河，控帶龍門之險，周、齊交争之地。後主武平二年，大將斛律光破周兵於城，遂立鎮焉。洪洞、今平陽郡縣北故城，控據恶險。崇化末，周師既尅晉州，其城主張元静以城降周。晉州、武平關、三關並今絳郡正平縣界。柏崖、城侯景所築，今河清縣西。軹關、河陽，南則武牢、陸子章增築城守。洛陽、北荆州〔六八〕、今陸渾縣東北故城是〔六九〕。孔城防、今伊闕縣東南故城是〔七〇〕。汝南郡、今臨汝郡梁縣南。魯城，今臨汝郡魯山縣東北〔七一〕。置兵以防周寇。自洛陽之南，襄城、汝陰、汝南以北皆齊有。及陳師侵軼，數歲齊亡，南境要害，未遑制置也。

周文帝西魏大統中，東魏師至蒲津。文帝大統二年〔七二〕，齊神武親征至蒲津，以竇泰死，退軍。文帝東征，尅陝州，兼得宜陽郡、邵郡。邵郡，今絳郡垣縣。宜陽郡，今福昌縣。東師又至沙苑。其年冬，齊神武親征，大敗，走。後文帝東征，至河陰，先勝後敗，大統四年，殺魏將高敖曹也。築城於玉壁。大統八年，將王思政築之，齊神武攻圍不剋。至十二年，韋孝寬守之，齊神武又攻圍，六旬不剋。文帝又至邙山，先勝後敗，大統九年。得梁雍州。十六年，梁雍州刺史岳陽王詧舉州内附。廢帝初，剋平漢中，梁侯景逆亂，遣達奚武剋之。又遣軍平蜀。將尉遲迥剋之。文帝西征至姑臧，後又平江陵。齊王廓後元初，于謹平之，殺梁元帝。自是疆理西有姑臧，西南有全蜀，南至於江矣。明帝武成二年，將賀若敦剋陳湘川之地，三年失之。今澧陽、武陵、長沙、衡陽等地是。其河南自洛陽之東之北，河東自平陽之界，屬於高齊。至武帝建德中東征，拔齊晉州城，尋又東征，破齊師於晉州城下，建德五年，攻拔晉州，使梁士彥守之。齊後主來攻，三旬餘不拔。六年，又破齊後主軍。乘勝平齊。後遣軍破陳軍於呂梁，將王軌破陳將吴明徹，悉虜其衆也。其東南之境，盡於長沙〔七三〕。通計州二百十有一，郡五百八，縣千二十有四〔七四〕。當全盛戰爭之際，則玉壁、初王思政守，後韋孝寬守，東軍攻不拔，遂置勳州。邵郡、齊子領、今王屋縣東二十里周、齊分界處。通洛防、故函關城，武帝保定中改名〔七五〕。在今新安縣東。黄櫨、三城、今永寧縣西北。宜陽郡、陝州、土剗、今長水郡西北二十五里。三荆、將獨孤信略定北荆州，今即伊陽縣。東荆州後改名淮州，今淮安郡。荆州今南陽郡。三鵶鎮，今汝州魯山縣西南，名平高城。置兵以備東軍。

隋文帝開皇三年，遷都大興城，即今城。遂廢諸郡，以州治民。自三代以前爲九州，兩漢加置十三州，晉、宋之後，分析漸多〔七六〕。至於魏、齊、後周，雖割據鼎立，天下分裂，其於州郡，乃倍兩漢之地。隋氏以官繁民弊，遂廢五百餘郡，而以州治民，名則因循，職事同於郡守，無復刺舉之任。自九載廓定江表，尋以户口滋多，析置州縣。煬帝大業初，移洛陽城，即今之城。又征林邑〔七七〕，更置三州。既而併省諸州。三年，改州爲郡，乃置司隸、刺史，分部巡察。本史不分別所領諸郡。五年，平定吐谷渾，更置四郡。大凡郡百九十，縣千二百五十五。東西九千三百里，南北萬四千八百一十五里，東南皆至於海，西至且末，隋氏西境惟得今燉煌郡以東。且，子余反。北至五原，即今九原郡。按隋氏北境，唯至於河。隋氏之盛，極於此矣。

唐武德初，改郡爲州，太守爲刺史。其邊鎮及襟帶之地，置總管府以領軍戎。至七年，改總管府爲都督府。自因隋季分割州府，倍多前代。貞觀初，并省州縣，始於山河形便，分爲十道：一曰關内道、二曰河南道、三曰河東道、四曰河北道、五曰山南道、六曰隴右道、七曰淮南道、八曰江南道〔七八〕、九曰劍南道、十曰嶺南道。既北殄突厥頡利，西平高昌，東西九千五百十里，南北萬六千九百十八里。高宗平高麗、百濟，得海東數千餘里，旋爲新羅、靺鞨所侵〔七九〕，失之。又開四鎮，即西境拓數千里，于闐、疏勒、龜兹、焉耆諸國矣。景雲二年，又分置二十四都督府，分統諸州，時議以權重不便，尋罷之。開元二十一年，分爲十五道，置採訪使，以檢察非法：京畿、治西京城内。都畿、治東都。關内、多以京官遥領。河南、治陳留郡。河東、治河東郡。河北、治魏郡。隴右、治西平郡。山南東、治襄陽郡。山南西、治漢中郡。劍南、治蜀郡。淮南、治廣陵郡。江南東、治吴郡。江南西、治豫章郡。黔中、治黔中郡。嶺南。治南海郡。又於邊境置節度、經略使，式遏四夷。節度使十，經略守捉使三。大凡鎮兵四十九萬人，戎馬八萬餘匹。每歲經費：衣賜則千二十萬匹段，軍食則百九十萬石〔八〇〕，大凡千二百十萬。開元、天寶每歲邊用不過二百萬。其地東至安東都護府，西至安西都護府，南至日南郡，北至單于都護府，南北如前漢之盛，東則不及，西則過之。漢之東境有樂浪郡，西境有燉煌郡。今東極安東府，則漢遼東郡也。其漢之玄菟、樂浪二郡，並在遼東郡之東，今悉爲東夷之地矣。今西極安西府，其伊吾、交河、北庭、安西，則漢代戎胡所據，皆未得而詳。天寶初，又改州爲郡，刺史爲太守。大凡郡、府三百二十有八，縣千五百七十有三，羈縻州郡不在數中。其後，范陽盜起，中國用兵，而河西、隴右不守，陷於吐蕃。至大中、咸通，始復隴右。乾符以後，天下大亂，至於唐亡。

梁初，天下別爲十一國〔八一〕。南有吴、浙、荆、湖、閩、漢，西有岐、蜀，北有燕、晉，而朱氏所有七十八州以爲梁。

莊宗初起并、代，取幽、滄，有州三十五，其後又取梁魏、博等十有六州，合五十一州以滅梁。岐王稱臣，又得其州七。同光破蜀，已而復失，惟得秦、鳳、階、成四州，而營、平二州，陷於契丹，其增置之州一，合一百二十三州以爲唐。石氏入立，獻十有六州於契丹，而得蜀金州，又增置之州一，合百九州以爲晉。

劉氏之初，秦、鳳、階、成復入於蜀，隱帝時，增置之州一，合一百六州以爲漢。

郭氏代漢〔八二〕，十州入於劉旻，世宗取秦、鳳、階、成、瀛、莫及淮南十四州，又增置之州五而廢者三，合一百十八州以爲周。宋因之。此中國之大略也。其餘外屬者，彊弱相并，不常其得失。至於周末，閩已先亡，而在者七國。自江以南二十一州爲南唐，自劍以南及山南西道四十六州爲蜀，自湖南、北十州爲楚，自浙東、西十三州爲吴越，自嶺南、北四十七州爲南漢，自太原以北十州爲東漢，而荆、歸、峽三州爲南平〔八三〕。合中國所有，二百六十八州，而軍不在焉。

宋太祖皇帝受周禪，凡州、府、軍、監一百三十九，縣六百六十一，户九十六萬七千三百五十三。建隆四年，荆南高繼冲來朝，得州、府三，江陵府，歸、峽。縣一十七，户一十四萬二千三百；是年，平湖南，得州一十五，監一，潭、衡、邵、郴、道、永、全、岳、澧、朗、溥〔八四〕、辰、錦、溪、叙，桂陽監。縣六十六，户九萬七千三百八十八。乾德三年，平蜀，得州、府四十六，益、彭、眉〔八五〕、嘉、邛、蜀、綿、漢、資、簡、梓、遂、黎、雅、陵、戎、瀘、維、茂、昌、榮、果、閬、渠、合、龍、普、利、興、文、巴、劍、蓬、壁、夔、忠、萬、集、開、渝、涪、黔、施、達、洋，興元府。縣二百四十，户五十三萬四千二十九。開寶四年，平廣南，得州六十，廣、韶、潮、循、封、端、英、連、雄、恭、惠、康、恩、春、瀧〔八六〕、勤、新、高、潘、雷、羅、辨、桂、賀、昭、梧、蒙、龔、象、富、融、宜、柳、嚴、思唐、邕、澄、貴、巒、横、賓、欽、潯〔八七〕、容、牢、白、廉、黨、繡、鬱林、藤〔八八〕、竇、義、禺、順、瓊、崖、儋、萬安、振。縣二百一十四，户一十七萬二百六十三。八年，平江南，得州一十九，軍三，昇、宣、歙、池、洪、潤、常、鄂、筠、饒、信、虔、吉、袁、撫、江、汀、建、劍，江陰、雄遠、建昌軍。縣一百八，户六十五萬五千六十五。太宗太平興國二年八月，盡罷天下節鎮所領支郡。唐及五代節鎮皆有支郡。國初平湖南，始令潭、朗數郡直屬京，長吏得自奏事。乾德元年，以隴州、義州直屬京。二年，又以階、成、乾三州屬京。其後，大縣屯兵亦有直屬京者，興元府三泉縣是也。五年，又析慶州、商州；開寶二年，又析歸、峽，四年，又析澤州、通遠軍，並屬京。以邠、寧、原、渭、鄜、坊、延、丹、陝、虢、襄、均、房、復、鄧、唐、澶、濮、宋、亳、鄆、齊、滄、德、曹、單、青、淄、兖、沂、貝、冀、滑、衛、鎮、深、趙、定、祁等十八鎮所領郡皆直屬京，天下藩鎮除羈縻州，無復領支郡矣。三年，陳洪進獻其地，得州二，漳、泉。縣十四，户一十五萬一千九百七十八；是年，錢俶亦獻其所管，得州一十三，軍一，杭、蘇、越、湖、衢、婺、台、明、温、秀、處、睦、福，衣錦軍。縣八十六，户五十五萬六百八十四。四年，平太原，得州十，軍一，并、汾、嵐、憲、忻、代、遼、沁、隆、石州，寶興軍。縣四十一，户三萬五千二百二十。七年〔八九〕，李繼捧來朝，得州四，縣八。夏、銀、綏、宥。雍熙元年，復以四州授繼捧，自後不領於職方。時天下上閏年圖，州、府、軍、監幾於四百〔九〇〕。上令以絹百疋合而畫之，爲天下圖。至道三年，分天下爲十五路，其後又增三路。一曰京東路，領府二、州十五、軍四、監二。二曰京西路，府一、州十六、軍二。太平興國三年，分京西轉運爲二司：孟、滑、衛、陳、潁、許、蔡、汝等州爲一路；襄、均、房、復、郢、金、隨、安、鄧、唐等州及信陽軍爲一路〔九一〕。後復併。三曰河北路，府三、州二十三、軍十二。太平興國初，分河北南路。雍熙中，又分爲東、西路，後併焉。雍熙四年，易州陷虜。四曰河東路，州二十、軍六、監二。五曰陝西路，府三、州二十五、軍四、監三。太平興國二年，分陝西轉運爲陝西河北、陝西河南兩路，又有陝府西北路，後併焉。咸平五年，靈州、清遠軍皆陷。六曰淮南路，州十八、軍三、監二。太平興國初，分淮南爲東、西路〔九二〕。後併。七曰江南東路，府一、州七、軍二。八曰江南西路，州六、軍四。太平興國初，分江南東、西路。後併焉。天禧四年，分爲兩路。九曰荆湖南路，州七、監一。十曰荆湖北路，府一、州十、軍二。十一曰兩浙路，州十四、軍一。十二曰福建路，州六、軍二。太平興國初，爲兩浙西南路，後改焉。十三曰益州路，州十五、軍一。十四曰梓州路，州十一、軍二。十五曰利州路，府一、州十。十六曰夔州路，州九、軍二、監一。國初平劍南西川，但爲西川路。開寶六年，始分陝西路。咸平四年，又分川峽爲四路〔九三〕。十七曰廣南東路，州十六。十八曰廣南西路，州二十一、軍二。天下凡十八路，州、府、軍、監三百二十二，凡京府三、次府八、州二百五十二、軍四十六、監一十三。乾德元年，令天下防禦、團練、刺史州有都督額者並停，仍爲上州。縣一千二百六十二。舊制，縣除赤、次赤、畿、次畿外，三千户已上爲望，二千户已上爲緊，一千户已上爲上，五百户已上爲中，不滿五百户爲中下。建隆元年，令自上縣以上，例加千户，一千户以上爲中，不滿千户爲中下，三歲取諸道户口以升降之。地東南皆至於海，西盡巴僰，北際中山，東西六千四百八十五里，南北一萬一千六百二十里。皇祐五年，以曹、陳、許、鄭、滑五州爲輔郡，隸畿内，置京畿轉運使以總之。至和二年罷。嘉祐四年，改益州路爲成都府路。治平四年，府、州、軍、監增置五，縣損者五十三。熙寧始務闢國，未及改元，种諤先取綏州，韓絳繼取銀州，王韶取熙河，章惇取懿、洽，謝景温取徽、誠，熊本取南平，郭逵取廣源，最後李憲取蘭州，沈括取葭蘆、米脂、浮圖、安疆等寨。雖嘗以河東邊界七百里地乞遼人，而當時王安石議曰：「吾將欲取之，寧姑予之。」逮元祐更張，舉葭蘆等四寨給賜夏人，而分畫久弗能定。紹聖遂罷分畫，督諸路各乘勢攻討進築。自三年秋八月訖元符二年冬，凡陝西、河東建州一，西安〔九四〕。軍二，晉寧、綏德。關三，龍平、會寧、金城。城九，安西、平夏、威戎、興平、定邊、威羌、金湯、白豹、會川。寨二十八〔九五〕，平羌、平戎、殄羌、暖泉、米脂、克戎、安疆、橫山、綏遠、寧羌、靈平、高平、西平、新泉、盪羌〔九六〕、通峽、天都、臨羌、定戎〔九七〕、龕谷、大和、通秦、寧河、彌川、寧遠、神泉、烏龍。堡十，開光、通塞、石門、通會、大和、通秦〔九八〕、寧河、彌川、寧川、三交。又取青唐、鄯。邈川、湟。寧塞、廓。龍支宗哥。等城，武節赫然見矣。建中靖國悉還吐蕃故壤，稍舒民力。崇寧亟變前議，專以紹述爲事，蔡京始任童貫、王厚，更取湟、鄯、廓三州二十餘壘。陶節夫、鍾傳〔九九〕、邢恕、胡宗回、曾孝序之徒，又相與鑿空架虛，馳騖乎元符封域之表。訖於重和，既立靖夏、涇原。制戎、鄜延。制羌西寧。三城，雖夏人寖衰，而吾民力亦弊。西事粗定，北事踵起。蓋自崇寧以來，益、梓、夔、黔、廣西、荆湖南北迭相視效，斥大土宇，鮮有寧歲，凡所建州、軍、關、城、寨、堡，紛然殆不可勝記。最後建燕山、雲中兩路，甫閱三歲，而禍變遽作矣。宣和二年，始遣趙良嗣使金，約夾攻契丹，取燕雲舊地。四年五月，童貫帥師與遼人戰失利，退保雄州；九月，再舉遼，高鳳、郭藥師以易州、涿州降。乃謀襲燕，遼人禦之，師潰於盧溝。金使來議割燕山地。初，朝廷與女真約，但求石晉故地，初不思平、營、灤三州，非晉賂〔一〇〇〕，乃劉仁恭以遺契丹，故女真不肯割，蓋王黼疏繆如此。至是，趙良嗣、馬擴見阿骨打於奉聖州，金以今歲出兵失期爲言，且曰：「今更不論元約，特與燕京六州、二十四縣。」六州，謂薊、景、檀、順、涿、易也。良嗣謂：「元約山前、山後十七州。」十七州者，幽、涿、檀、薊、順、營、平、灤、蔚、朔、雲、應、新、嬀、儒、武、寰也。良嗣與辨論數四，卒不從。十二月，金人入燕。五年春，金使來。遣趙良嗣報聘，併求三州之地。阿骨打曰：「平、灤等州必欲取，并燕京不與汝家矣。燕京用我兵力攻下，其租賦當歸我。」乃議以銀絹充之而再求平、灤，阿骨打曰：「平、灤欲作邊鎮，不可得也。」四月，金人來歸燕京；六月，且索米二十萬石，王黼遂許以遼人舊歲幣四十萬之數外，每歲更添燕山等六州代税錢一百萬緡。我又索平、營二州，則曰：「海上元約，只及石晉之地。」又索雲中一路，則曰：「雲中久爲我有，中國安得有之！」中國亦無如之何，姑欲得燕山，且掩挫敗之醜，以塞中外之議。燕山之地，易州西北乃金坡關，昌平之西乃居庸關，順州之北乃古北關，景州東北乃松亭關，平州之東乃榆關，榆關之東乃金人之來路，凡此數關蓋天所以限蕃漢也。一夫守之，可以當百，朝廷之制地，若得諸關，則燕山之境可保矣。然關内之地，平、灤、營三州，自後唐爲契丹阿保機陷之。後改平州爲遼興府，以營、灤二州隸之，號爲平州路。至石晉之初，阿保機子耶律德光又得燕山檀、順、景、薊、涿、易諸郡，建燕山爲燕京，以轄六郡，號爲燕京路，而與平州自成兩路。始，朝廷自海上議割地，但云燕、雲兩路而已。蓋初謂燕山之路，盡得關内之地，殊不知關内之地，平州與燕山異路也。由是破遼之後，金人復得平州路。金人既據平州，則關内之地，蕃漢雜處，故斡離不至自平州入寇〔一〇一〕，此當時議割燕、雲不明地里之誤也。及童貫、蔡攸入燕，燕之金帛、子女、職官、民户，爲金人席捲而東，朝廷損歲幣數百萬〔一〇二〕，所得空城而已。粘罕猶欲止割涿、易，阿骨打曰：「海上之盟，不可忘也。我死，汝則爲之。」五月，遼張瑴據平州來降〔一〇三〕。十一月，金人陷平州。初，金人納夏羌之請，割拓跋故地雲中二千里遺之，止以朔、武二州歸我。至是，夏人舉兵侵朔、武地界，譚稹禦之不退。又金人以朝廷納張瑴，出怨言；又以借糧許而不時給，乃以兵攻應、蔚，逐守臣；又陷飛狐、靈邱兩縣。七年十二月，遂大舉入寇。靖康元年正月，犯京師，遣使來欲割中山、太原、河間三鎮之地，乃退師。冬，再入寇，京師失守。二年春，三宮北狩。五月，高宗即位於南京，改元建炎。黄潛善等復主和議，用靖康誓書，畫河爲界。乃令刑部不得謄登極赦文下河東、北兩路。十月，上幸揚州，虜分三道入寇，攻陷山東、陝西、河南。五年春入寇，陷淮、泗、揚、楚等州，上如杭州。三年，虜分河間、真定二府爲河北東、西兩路，平陽、太原二府爲河東南、北兩路。冬，分道寇江，陷杭、越等州，上自明州航海。五月虜退。十月，張浚及虜戰於富平不利，虜以劉豫僭位於大名府，僞號齊，以舊河爲界。紹興元年，張浚退屯閬州，盡失陝西地，但餘階、成、泯、鳳、洮五郡及鳳翔府之和尚原、隴州之方山原而已。七年，虜廢劉豫。九年，歸我陝西、河南故地。十年，虜分四道入寇，劉錡敗之於順昌〔一〇四〕。是秋，岳飛兵至朱仙鎮，距東京四十五里。詔班師，於是潁昌、淮寧〔一〇五〕、鄭、蔡諸州皆復陷虜。十二年，再定和議，割唐、鄧二州歸虜，以淮中流爲界；又割商州、秦州之半，存上津、豐陽、天水三邑及隴西成紀餘地，棄和尚原、方山原，以大散關爲界，於關内得興趙原〔一〇六〕，爲控扼之所。十四年，鄭剛中請以利州路分東、西，以興元府，利、閬、洋〔一〇七〕、巴、劍，大安軍七郡爲東路，治興元；興、階、成、西和、文、龍、鳳七州爲西路，治興州。三十一年，虜亮踰盟入寇，既而亮爲其下所殺。三十二年，吴璘復大散關，興州路得秦、隴、環、原、熙、河、蘭、會、洮州，積石、鎮戎、德順軍凡十二郡；金州路得商、虢、陝、華凡四郡，獨虜以重兵拒鳳翔，故大散關之兵未得進；淮、襄諸軍復得海、泗、唐、鄧、陳、蔡、許、汝、亳〔一〇八〕、壽等十州。繼而旋失之，但得海、泗、唐、鄧四州而已。是歲，帝内禪，孝宗即位，詔吴璘罷德順軍屯戍，並於秦州以裏安泊，璘棄軍而退。隆興二年，和議成，割所復海、泗、唐、鄧四州及商、秦等地歸於虜，疆界悉如紹興之舊。開禧韓侂冑啓釁開邊，致虜師渡淮，侵破諸郡，吴曦遂據西蜀以叛。韓、吴既誅，和好如舊，侵疆俱復。嘉定而後，金人被兵中原，擾亂山東、河北，間有據土地内附者，然旋得旋失，故不復紀録云。

九州之區域，在昔顓頊及於陶唐，分而爲九，其制最大。顓帝制九州，堯時洪水分絶〔一〇九〕，使禹治水，還爲九州。舜分爲十二州，夏、商並爲九州。按周之本制，起於顓頊，辨其疆界，始於禹貢，今分别地里，故以爲首。雍州西據黑水，東距西河。黑水出今張掖郡〔一一〇〕，西河則龍門之河。今京兆、華陰、馮翊、扶風、汧陽、新平、安定、彭原、安化、平凉、靈武、五原、寧朔、洛交、中部、延安、咸寧、上郡、銀川、新秦、朔方、九原、榆林、安北、天水、隴西、金城、會寧、安鄉、臨洮、和政、寧塞、西平、武威、張掖、酒泉、晉昌、燉煌等郡地。豫州西南至荆山，北距河。荆山在今襄陽郡南，其北境至於河。今河南府、陝郡之南境，弘農、臨汝、滎陽、陳留、睢陽、濟陰、譙郡、潁川、淮陽、汝陰、汝南、淮安、南陽〔一一一〕、襄陽、武當、漢東等郡地。冀州唐虞之都，以餘州所至，則是其境。西境雍州，南境豫州，東境兖州，皆以河爲界。河自今文城、絳郡西龍門南流至華陰，東過今汲郡黎陽縣東大伾山〔一一二〕，又東入於海。今河内、汲郡、鄴郡〔一一三〕、廣平、鉅鹿、信都、趙郡、常山、博陵、河間、文安、饒陽、上谷、范陽、順義、歸化、歸德〔一一四〕、嬀川、漁陽、密雲、北平、柳城、河東、絳郡〔一一五〕、陝郡之北境，平陽、高平、上黨、樂平、陽城、大寧〔一一六〕、文城、西河、太原、昌化、樓煩、鴈門、定襄、安邊、馬邑、雲中、單于等郡地。兖州舊爲濟、河之間。孔安國云：「東南據濟，西北距河。」青州東北據海，西距岱。岱，泰山也，在今魯郡界。自泰山之東至於海。今北海、濟南、淄川、東萊、東牟、高密、安東等郡即其地。徐州東據海，北至岱，南及淮。自泰山之南，淮之北，海之西也。今彭城、臨淮、魯郡、東海、琅琊等郡地是。梁州東據華山之陽，西距黑水。華山之南，今華陰之西南。黑水出張掖郡，南流入海。即巴蜀之地皆是也。今上洛、漢中、洋川、安康、房陵、通川、潾山、南平、涪陵、南川、瀘川〔一一七〕、清化、始寧、咸安〔一一八〕、符陽、巴川、南賓、南浦、閬中、南充、安岳、盛山、雲安、犍爲、陽安、仁壽、通義、和義、資陽、南溪、河池、武都、同谷、順政、懷道、同昌、陰平、江油〔一一九〕、交川、合川、益昌、普安、巴西、梓潼、遂寧、蜀郡、德陽、濛陽、唐安、臨邛、盧山〔一二〇〕、通化、越巂、雲南、洪源等郡地。

揚州北據淮，東南距海。北自淮之南，東南拒於海，閬中以北地。今廣陵、淮陰、鍾離、壽春、永陽、歷陽、廬江、同安、蘄春、弋陽、宣城、丹陽、晉陵、吴郡、餘杭、新定、新安、會稽、餘姚、臨海、縉雲、永嘉、東陽、信安、鄱陽、潯陽之東境，豫章、臨川、廬陵、宜春、南康、建安、長樂、清源、漳浦、臨汀、潮陽郡地〔一二一〕。自晉以來，歷代史皆云，五嶺之南至於海，並是禹貢揚州之地。按：禹貢物産貢賦〔一二二〕，職方山藪川浸，皆不及五嶺之外。又按：荆州南境至衡山之陽，若五嶺之南在九州封域，則以鄰接，宜屬荆州，豈有舍荆而屬揚，斯不然矣，此則近史之誤也。則嶺南之地，非九州境。荆州北據荆山，南及衡山之陽。荆山在今襄陽郡界，南至今衡陽郡桂嶺之北，皆是也。今江陵、夷陵、巴東、景陵、富水、安陸、齊安、漢陽、江夏、義陽、潯陽之西境，長沙、巴陵、衡陽、零陵、江華、桂陽、連山、邵陽、武陵、澧陽、黔中、寧夷、涪川、盧溪〔一二三〕、盧陽〔一二四〕、靈溪、潭陽、清江、播川、義泉、夜郎、龍溪、溱溪等郡地。其雍州西境，流沙之西，荆州南境，五嶺之南，所置郡縣，並非九州封域之内也。今辨禹貢九州并南越之地，歷代郡國，析於其中。其有本非州之區域，則以鄰接附入云爾。如雍州伊吾〔一二五〕、交河、北庭、安西，梁州臨翼、歸誠、静川、恭化、維川、蓬山、雲山。

夾漈鄭氏曰：州縣之設，有時而更，山川之形，千古不易，所以禹貢分州，必以山川定經界，使兖州可移，而濟、河之兖不能移；使梁州可遷，而華陽、黑水之梁不能遷〔一二六〕。是故禹貢爲萬世不易之書。後之爲史者，主於州縣，故州縣移易，而其書遂廢矣。

按：禹九州之後，虞分爲十二州，周職方之九州，又與禹異。兩漢爲十三州，置刺史以統郡，歷代因之。其後置郡益多，而土宇益狹，且所隸之州，隋與晉異，晉與漢殊，於是禹迹之九州，益不可復考矣。是以斷代爲書，不可聯屬，夾漈所謂州縣移易，其書遂廢者是也。獨杜氏通典以歷代郡國析於禹九州之中，條理明備，今從之。然杜書州郡，皆唐天寶以前。唐之中世以迄於宋，沿革多矣，故今所叙州郡，則皆以宋史爲據，推而上之，以考歷代之沿革。至冀之幽、朔，雍之銀、夏，南粤之交趾，元未嘗入宋職方，而史所不載者，則追考前代之史，以備其闕。而於每州總論之下，復各爲一圖。先以春秋時諸國之可考者，分入九州，次則及秦、漢、晉、隋、唐、宋所分郡縣，考其地里，悉以附禹九州之下。而漢以來各州刺史、州牧所領之郡，其不合禹九州者，悉改而正之。如魯郡在禹迹爲徐州，而漢則屬豫州所領；陳留郡，在禹迹爲豫州，而晉則屬兗州所領之類，今悉改從禹迹。

校勘記

〔一〕揚　馮本、慎本同，元本作「楊」。按揚州之「揚」，諸本時有錯見，有從手，有從木者。王念孫讀書雜志云：「『揚州』之『揚』，古寫從木，至唐以後，乃多從手。」今悉從底本作「揚」，不復別出校記。

〔二〕五百里綏服五百里要服　「五百里要服」諸本並脱，據尚書禹貢補。按漢書卷二八上地理志八上、晉書卷一四地理志上、本書卷二六〇封建考引禹貢文「綏服」下俱有「五百里要服」五字。顏師古注曰：「此又次綏服外之五百里也。要，以文教要來之也。」

〔三〕又外曰夷畿要服也　「要服也」三字原羼入正文。按周禮職方無此三字，通典卷一七一州郡典一「要服也」三字亦爲小字注文。今循本書文例，改作小字注文。

〔四〕又外曰藩畿荒服也　「荒服也」三字原誤入正文，據本書文例，改爲小字注文。

〔五〕總標十三　「十三」原作「十二」，據本書卷三一六至三二三各卷總叙及漢書卷二八下地理志八下所列秦、魏、韓、周、趙、燕、衛、宋、齊、魯、楚、吳、越十三國分野改。按通典卷一七一州郡典一亦作「十三」。

〔六〕西周盡獻其邑三十六　諸本「邑」上原並有「地」字，據史記卷四周本紀、卷五秦本紀及帝王世紀删。

〔七〕置交　漢書卷二八上地理志八上、晉書卷一四地理志上總叙均作「南置交趾」。

〔八〕縣邑道侯國四百餘所　「邑」、「國」二字原脱，據後漢書卷三三郡國志五及太平御覽卷一五七補。

〔九〕有州十二司隸荆豫兖青徐凉冀幽并揚雍　「十二」原作「十三」，「凉」下原衍「秦」字，據元本、馮本、慎本改、删。按此云魏有秦州，實源於晉書卷一四地理志上秦州下注文「魏始分隴右置」句。然三國志卷一六杜畿傳、卷四七孫權傳皆言曹魏十二州，而不及秦州。杜畿傳載：畿子恕太和中疏云：「今荆、揚、青、徐、幽、并、雍、凉緣邊諸州皆有兵矣，其所恃内充府庫，外制四夷者惟兖、豫、司、冀而已。」其餘紀傳亦無一及之，是晉志與原刊並誤。

〔一〇〕揚治壽春　「揚」上原衍「分凉州置秦州治上邽今天水郡」十三字注文，今删。按曹魏無秦州，説見本卷校記〔九〕。

〔一一〕建安十三年　「十三」原作「十五」，據元本及三國志卷一武帝紀及資治通鑑（以下简稱通鑑）卷六五漢紀五七改。

〔一二〕即今漢陽郡　「漢陽郡」原作「濮陽郡」，據元本、馮本、慎本改。

〔一三〕滿寵令將守之　「令」字原倒在「滿寵」上，據元本、馮本、慎本及通典卷一七一州郡典一乙正。

〔一四〕明帝青龍二年　「二」原作「三」，據元本、馮本、慎本改。按三國志卷三魏明帝紀、通鑑卷七二魏紀四載此事亦俱作「二年」。

〔一五〕因蜀將破夏侯妙才於漢中　「夏侯妙才」，三國志卷九作「夏侯淵」，通典避唐高祖諱，改稱字。通考沿襲未改。

〔一六〕今洋川郡興道縣也　「洋川」原誤作「洋州」，據元本、馮本、慎本及舊唐書卷三九地理志二、元豐九域志（以下簡稱九域志）卷八洋州條改。

〔一七〕黄武初蜀先主來伐　「伐」字原脱，據通典卷一七一州郡典一及玉海卷一九地理州鎮補。

〔一八〕今齊安郡東南界　「東南」原作「東西」，通典卷一七一州郡典一同。按史記卷四〇楚世家「五曰曹姓」下正義引括地志云：「故邾城在黄州黄岡縣東南百二十一里，本春秋時邾國。」本書卷三一九、通典卷一八三州郡一三黄州齊安郡及輿地廣記卷二一黄州黄岡縣條亦並作「東南」。以地望准之，當以「東南」爲是。今據改。

〔一九〕孫亮建興二年　「二」原作「三」。按建興盡二年，無三年，今據三國志卷四八三嗣主傳改。

〔二〇〕又增置郡國二十有二　「二十有二」，晉書卷一四地理志上作「二十有三」。

〔二一〕宿遷縣　即晉宿預縣，元和郡縣圖志（以下簡稱元和志）卷九泗州宿遷下謂「寶應元年以犯代宗廟諱，改爲宿遷縣」。通考仍舊本。下同。

〔二二〕咸和初魏該屯鄴　「該」原作「諺」，形近而訛，據晉書卷七成帝紀、卷六三魏該本傳及通鑑卷九三晉紀一五改。按元本、馮本、慎本「咸和」均誤作「咸陽」。

〔二三〕廢帝太和四年　「四」原作「三」，據晉書卷八海西公紀、卷九八桓温傳改。

〔二四〕孝武太元元年　「太元元年」原作「太和五年」，據晉書卷九孝武帝紀、卷八六張天錫傳及通鑑卷一〇四晉紀二七孝武太元元年八月甲午條改。

〔二五〕張天錫敗　「錫」下「敗」字原脱，據同上書補。

〔二六〕太元八年　「太元」原誤作「太和」，據晉書卷九孝武帝紀、通鑑卷一〇五晉紀二七孝武帝太元八年冬十月條改。

〔二七〕至廢帝營陽王景平中　「營陽王」原誤作「滎陽王」。按營陽王即劉宋少帝義符，於景平二年廢爲營陽王，事見宋書卷四少帝紀及通鑑卷一二〇宋紀二。今據改。

〔二八〕武牢以西　「武牢」即「虎牢」，杜佑避李虎諱改，通考仍舊文。下同。

〔二九〕今大較以孝武大明爲正　宋書卷三五州郡志一「大明」下有「八年」二字。

〔三〇〕兖治瑕邱　「邱」字原脱，據宋書卷三五州郡志一兖州條及本書卷三一七古兖州總叙「初理滑臺，後理瑕邱」句補。

〔三一〕王玄謨於滑臺敗歸　「王玄謨」原作「王元謨」，清人諱改。今據宋書卷七六王玄謨本傳改回。下同改。

〔三二〕泰始二年　「泰始」原作「太始」。按宋明帝紀年無「太始」，今據宋書卷八明帝紀、通鑑卷一三一宋紀一三改。

〔三三〕其後十年餘而宋亡　「十年餘」各本並同。按宋明帝泰始元年至順帝昇明三年亡，其間共十五年。此作「十年餘」者非實指其數，乃宋、元時期史家習慣於將「十餘年」寫作「十年餘」，宋史、續資治通鑑長編（以下簡稱長編）等書均有例證。下皆仿此，不別出校記。

〔三四〕元嘉二十七年　「七」原作「六」，據宋書卷五文帝紀、卷九五索虜傳改。

〔三五〕太守陳憲等距四十餘日　「陳」字原脱，據宋書卷九五、南史卷一四陳憲傳及通鑑卷一二五宋紀七文帝元嘉二十七年三月條補。

〔三六〕廢帝景平初筑虁鎮守　各本「廢帝」並作「南廢帝」。通考考證云：「考宋有前廢帝、後廢帝，無南廢帝之稱，通典無

『南』字，此衍。」考證是，今據刪。按本編上文有「至廢帝營陽王景平中」云云，可證。又「筑」通典卷一七一州郡典一同。按姓氏考略載，「竺」爲人之姓氏，始於漢宣帝時謁者竺次，據此，則作爲人名當以「竺」爲是。

〔三七〕冀治連口　「連」原作「渦」，通典卷一七一州郡典一同。按連口屬臨淮郡，渦口屬彭城郡，通鑑卷一四一齊紀七胡三省注云：「渦口，渦水入淮之口也。渦口對淮南岸即齊馬頭郡。杜佑曰：『渦口，今臨淮漣水縣。』，非也。」而南齊書卷一四州郡志上冀州下正作「治連口」。今訂改。

〔三八〕在今南陽郡界　「南陽」原作「襄陽」，據通典卷一七一州郡典一、通鑑卷一四二齊紀八東昏侯永元元年二月胡注改。按作「南陽」與陳顯達本傳所云「馬圈在南鄉界」地相合。

〔三九〕將曹武拒　「曹武」原作「曾武」，版刻誤。「武」原作「虎」，通典避唐李虎諱改。通考沿襲舊文。

〔四〇〕以李安仁戍之　「李安仁」原作「李安民」，杜佑避唐太宗諱改。馬氏仍舊本。

〔四一〕縣千二十有五　「五」，隋書卷二九地理志上作「二」。

〔四二〕又魏將元英破將軍馬仙琕於義陽　「馬仙琕」原作「馬仙埤」，據本卷下文及魏書卷一九下景穆十二王列傳、梁書卷一七馬仙琕本傳、通鑑卷一四五梁紀一改。梁書云：「初，仙琕幼名仙婢，及長，以『婢』名不典，乃以『玉』代『女』，因成『琕』云。」

〔四三〕將張惠紹剋魏宿遷城　「宿遷城」，即宿預城，蓋唐寶應元年，避代宗李豫諱改。通考沿襲唐史舊文。參見本卷校記〔二一〕。

〔四四〕裴邃剋霍邱城　「霍邱」原作「翟邱」，形近而訛，據魏書卷八世宗紀、梁書卷二武帝紀中、卷二八裴邃傳及通鑑卷一四六梁紀二改。

〔四五〕尋皆敗　「尋」字原無，依文例，此處「尋」字不應省。今據通典卷一七一州郡典一補。

〔四六〕天監六年　「六」，梁書卷二武帝紀中、通鑑卷一四七梁紀三俱作「七」。

〔四七〕魏軍主白皁生　「白皁生」，梁書卷二武帝紀中同。元本、馮本、慎本及魏書卷八世宗紀、通鑑卷一四七梁紀二均作「白早生」。

〔四八〕徐州刺史元法僧以彭城並内屬　「元法僧」各本並作「元法興」。按元法僧，梁書卷三九、魏書卷一六、北史卷一六都有傳。又梁書卷三武帝紀下普通六年春正月庚申條及梁書卷三二陳慶之傳亦俱作「元法僧」。今據改。

〔四九〕將夏侯亶元樹等剋之　「元樹」原作「元植」，據梁書卷三武帝紀下、魏書卷二一上、北史卷一九元樹本傳改。

〔五〇〕暨後州郡又數倍多於前代　「州」原作「周」，文義不通，據通典卷一七一州郡典一改。

〔五一〕又遣將周羅睺攻剋新野　「周羅睺」原作「周羅侯」，據南史卷六後主紀、隋書卷六五、北史卷七六周羅睺本傳及通鑑卷一七七隋紀一文帝開皇九年春正月丙戌條改。

〔五二〕戚昕守之　「戚昕」，馮本、慎本及通鑑卷一七六陳紀一〇同。通典卷一七一州郡典一及隋書卷四八楊素傳作「戚欣」。

〔五三〕將吕仲肅據之　「吕」字原脱，據隋書卷四八楊素傳補。

〔五四〕明元帝泰常中　「泰常」原作「太常」。按明元帝紀年無「太常」。魏書卷三太宗紀、通典卷一七一州郡典一都作「泰常」。今據改。

〔五五〕戍將濟州刺史王買德棄城而走　「王買德」，通鑑卷一二五宋紀七文帝元嘉二十七年秋七月條同。按魏書卷四下世祖紀作「王買得」。

〔五六〕畢衆欽　魏書卷六顯祖紀、卷五〇慕容白曜傳作「畢衆敬」。按畢衆敬，魏書卷六一、北史卷三並有傳。疑作「敬」是。

〔五七〕二十一年　「二十一」各本並作「三十」。按太和盡二十三年，此作「三十」顯訛。今據魏書卷七下高祖紀下、通典卷一七一州郡典一改。

〔五八〕大舉西伐至蒲津　「蒲津」，周書卷二文帝紀下、通鑑卷一五七梁紀一三武帝大同三年條均作「蒲坂」。下同。

〔五九〕擒刺史李徽伯　「李徽伯」原作「李祥伯」。按周書卷二文帝紀下、魏書卷一二孝静紀、卷三六李順附族人李裔傳、北史卷五魏本紀下、卷九周本紀上及通鑑卷一五七梁紀一三都作「李徽伯」，惟北史卷三三李裔傳作「李伯徽」，乃倒誤。今據改。

〔六〇〕明年　「年」原訛作「帝」，據通典卷一七一州郡典一改。按下文有「後文帝東征，至河陰」句，可證。

〔六一〕元象元年　「元象」原作「大象」。北史卷六齊本紀上云：「高祖神武帝元象元年八月辛卯，戰於河陰。」通鑑卷一五八梁紀一四繫此事於大同四年八月，亦即東魏孝静帝元象元年。今據改。

〔六二〕興和四年　「興和」原作「興元」。按「興元」乃唐德宗年號，南、北朝時期均無以「興元」紀年者。北史卷六齊本紀上高祖神武帝紀作「興和四年」，周書卷一八王思政本傳作「大統八年」，通鑑卷一五八梁紀一四繫此事於「大同八年」。三書所記實同，皆東魏興和四年也。今據改。

〔六三〕周文帝親征神武禦之敗殺周將王雄　通典卷一七一州郡典一同。按「殺周將王雄」與「周文帝親征」並不相涉。以時間而論，王雄被殺要晚於周文帝親征二十餘年。考周書卷五武帝紀上、卷一九王雄傳及册府元龜卷四二五將帥部死事二，都説王雄死於北周「保定四年」。通鑑卷一六九陳紀三繫此事於文帝天嘉五年十二月己未，亦即北周武帝保定四年。據此，則「殺周將王雄」上顯有脱誤。通典亦誤。

〔六四〕將楊摽等至軹關敗走　「楊摽」原作「楊標」，據周書卷五武帝紀上、卷三四楊摽本傳及北史卷五七宇文護傳改。

〔六五〕幼主崇化末　「崇化」原作「隆化」，通典避唐諱改，通考仍舊文。下同。按作「幼主隆化」者，以幼主高恒於隆化末繼位，改元承光尚不到一月即禪位。故史家仍用後主高緯隆化年號。

〔六六〕自東西魏之後　「西」字原脱，據上下文及通典卷一七一州郡典一補。

〔六七〕文宣天保七年　「天保」原作「天寶」。按北齊文宣無「天寶」之年號，作「天寶」誤。今據北齊書卷四文宣紀改。

〔六八〕北荆州　原作「北荆門」，據魏書卷一〇六中地形志中北荆州及讀史方輿紀要（以下簡稱方輿紀要）卷四八、嘉慶重修一統志（以下簡稱嘉慶一統志）卷二〇七河南府二改。

〔六九〕今陸渾縣東北故城是　「陸渾」原作「陸津」，據同上書改。

〔七〇〕今伊闕縣東南故城是　「伊闕」原作「伊關」，據水經注卷一五伊水篇及九域志卷一、宋史卷八五地理一河南府條改。下同改。

〔七一〕今臨汝郡魯山縣東北　「臨汝郡」原作「汝南郡」，據舊唐書卷三八地理志一、新唐書卷三八地理志二、九域志卷一、宋史卷八五地理志一汝州條改。

〔七二〕文帝大統二年　「二」，周書卷二文帝紀作「三」。按作三與北齊書卷二神武紀所載「天平四年」之時間相符。

〔七三〕其東南之境盡於長沙　各本同。按「長沙」在南、北朝時，一直在陳統轄範圍之内。本卷上文云：「陳氏比於梁代，土宇彌蹙，西不得蜀、漢，北失淮肥，以長江爲境。」又云：「自是江北之地，盡没於周，又以長江爲界。」據此，則原刊所指「長沙」，顯爲「長江」之誤。

〔七四〕縣千二十有四　隋書卷二九地理志上「千」下有「一百」二字。

〔七五〕武帝保定中改名　「保定」原作「寶定」，按北周武帝無「寶定」之年號，「寶」爲「保」之音訛。今據周書卷五武帝紀上保定五年冬十月辛亥條改。

〔七六〕分析漸多　「分」字原無，據通典卷一七一州郡典一及文義補。

〔七七〕又征林邑　「又」字原脱，據元本、馮本、慎本補。

〔七八〕八曰江南道　「江南道」原作「江西道」。按唐貞觀初設十道制，無「江西道」。今據舊唐書卷三八地理志一、新唐書卷三七地理志一總叙及通典卷一七一州郡典一改。

〔七九〕旋爲新羅靺鞨所侵　「靺鞨」原作「靺鞨」，據舊唐書卷三八地理志一及新唐書卷四三下地理志七下羈縻州河北道改。

〔八〇〕軍食則百九十萬石　「食」原作「倉」。按作「倉」與下文「百九十萬石」句不相侔。今據舊唐書卷三八地理志一總叙改。

〔八一〕天下别爲十一國　「國」字原闕，據新五代史卷六〇職方考補。

〔八二〕郭氏代漢　「代漢」二字原脱，據元本、馮本、慎本及新五代史卷六〇職方考補。

〔八三〕而荆歸峽三州爲南平　「歸」字原脱。按此云三州，實則僅列荆、峽二州。據新五代史卷六〇職方考總序、宋史卷四八三世家六荆南高氏及下文「建隆四年，荆南高繼冲來朝，得州、府三」下注「江陵府，歸、峽」句補。

〔八四〕溥　宋史卷八五地理志一總叙，平湖南所得有「蔣州」，無「溥州」。考十國春秋地理表、舊五代史卷一五〇郡縣志，均謂晉開運三年，立溥州於桂州金義縣。復考九域志卷一〇省廢州軍廣南路溥州條，亦稱「乾德元年廢州，以金義縣隸桂州」。則溥州不在湖南明矣，此「溥」當作「蔣」。

〔八五〕眉　原作「郿」。按五代、宋俱無「郿州」，此「郿」乃誤字。今據長編卷六乾德三年三月條、宋會要方域七之一、太平寰宇記（以下簡稱寰宇記）卷七四、九域志卷七成都府路及宋史卷八五地理志一總叙改。

〔八六〕瀧　原作「寵」，據宋會要方域七之三、宋朝事實卷一九、九域志卷一〇改。

〔八七〕潯　原作「尋」，據宋會要方域七之二〇、寰宇記卷一六三、九域志卷九改。

〔八八〕藤　原作「滕」，據寰宇記卷一五八、宋朝事實卷一九、輿地紀勝（以下簡稱紀勝）卷一〇九及宋史卷八五地理志一總叙改。

〔八九〕七年　「七」下原有「是」字。按此涉上文標點，從文字表面看，「七」字無疑屬上讀，宋史地理志考異於「七」下句斷，然與事實不相侔。檢北宋平太原户口數，長編卷二〇、宋史全文卷三、宋史卷八五地理志一都作「户三萬五千二百二十」。再考「李繼捧來朝」時間，諸史皆謂「七年」。長編卷二三載：太平興國七年五月己酉，「繼捧自陳諸父昆弟多相怨懟，願留京師，遂獻其所管四州八縣」。皇朝編年綱目備要卷三及宋史卷三太宗紀、卷四八五李繼捧傳亦謂，繼捧太平興國七年，「率族人入朝」。若爲「是年」，承上文即太平興國四年，顯誤。據此，則「七」下「是」字實屬衍文，故删。

〔九〇〕州府軍監幾於四百　「監」字原脱，據宋史卷八五地理志一總叙補。按「監」亦宋行政區劃名。

〔九一〕襄均房復郢金隨安鄧唐等州及信陽軍爲一路　「及」字原無，據長編卷一九太平興國三年夏四月甲戌條及文義補。

〔九二〕分淮南爲東西路　「爲東」二字原無。按紀勝卷四五廬州條注引國朝會要云：「太平興國元年，分淮南路爲東、西兩路，後併爲一路。」九域志卷四淮南路條亦載：「太平興國元年，分東、西路。今據補。

〔九三〕又分川峽爲四路　「峽」原作「陜」。按長編卷四八、宋史卷六真宗紀咸平四年三月辛巳條並云：「分川峽轉運使爲益、梓、利、夔四路。」皇宋十朝綱要卷三、九域志卷七亦作「峽」。今據改。

〔九四〕西安　二字原倒，據長編卷五〇八元符二年夏四月、宋會要方域五之四二、宋史卷八七地理志三秦鳳路條乙正。

〔九五〕寨二十八　按此下所列寨名僅二十七，宋史卷八七地理志三亦云：「寨二十八」，然所列寨名之數與此同，疑「八」爲「七」之誤。

〔九六〕盪羌　「盪」原作「湯」，據宋會要方域一八之六及宋史卷八七地理志三改。會要云：「盪羌寨舊名没烟後寨，元符元年改。

〔九七〕定戎　「戎」字原脱，據宋會要方域一八之七及宋史卷八七地理志三補。

〔九八〕通秦　原作「通泰」，據馮本、慎本改。按長編卷五一四元符二年八月條、宋會要方域二〇之三、宋史卷八六地理志二晉寧軍下並作「通秦」，宋志通秦砦注云：「地名昇囉嶺，元符二年賜今名。」下同改。

〔九九〕鍾傳　原作「鍾傅」，形近而訛，據宋會要方域八之二六、宋史卷八五地理志一、卷三四八鍾傳本傳改。

〔一〇〇〕初不思平營灤三州非晉賂　「州」下「非晉賂」三字原無，據宋史紀事本末卷五三復燕雲、續資治通鑑（以下簡稱續通鑑）卷九四宋紀徽宗宣和四年條補。

〔一〇一〕故斡離不至自平州入寇　「斡離不」各本並作「幹離不」。按斡離不即宗望，金史卷七四有宗望傳，云：「宗望本名斡魯補，又作斡離不，太祖第二子也。」宋史紀事本末卷五三復燕雲亦作「斡離不」。今訂改。

〔一〇二〕朝廷損歲幣數百萬　「損」原作「捐」。按作「捐」與上文「燕之金帛、子女、職官、民户，爲金人席捲而東」文義不符。今據宋史紀事本末卷五三復燕雲及續通鑑卷九五徽宗宣和五年夏四月庚子條改。

〔一〇三〕遼張轂據平州來降　「張轂」，遼史卷二九天祚紀三同。宋史卷四七二、卷二二徽宗紀、金史卷三太宗紀均作「張覺」。按「張轂」、「張覺」之名史書往往錯出，金史卷一三三張覺傳云：「張覺亦書作轂。」

〔一〇四〕劉錡敗之於順昌　「劉錡」，馮、慎本並作「劉琦」。按建炎以來繫年要録（以下簡稱繫年要録）卷一三五、皇宋中興兩朝聖政卷二六、續通鑑卷一二三宋紀高宗紹興十年條都作「劉錡」。又宋史卷三六六有劉錡傳，所載事績亦與此合。今據改。

〔一〇五〕淮寧　各本並作「懷寧」。考繫年要録卷一三七紹興十年秋七月壬戌條載：「飛以親兵三千赴行在，於是潁昌、淮寧，蔡、鄭諸州皆復爲金人所取。」續通鑑卷一二三宋紀一二三亦作「淮寧」。以地望準之，淮寧與潁昌，蔡、鄭諸州毗鄰，同屬京西北路，而懷寧則與之隔壤。此「懷」明「淮」之訛，今據改。

〔一〇六〕於關内得興趙原　「於關」二字原脱，據本書卷三二一商州及繫年要録卷一四六、續通鑑卷一二五宋紀高宗紹興十二年八月條補。

〔一〇七〕利閬洋　「洋」原作「澤」，據宋史卷八九地理志五利州路、卷三七〇鄭剛中傳及繫年要録卷五二、續通鑑卷一二六宋紀高宗紹興十四年九月辛酉條改。

〔一〇八〕亳　原作「嵩」，據繫年要録卷一九八、續通鑑卷一三六宋紀紹興三十二年三月戊午條改。

〔一〇九〕堯時洪水分絶　「分」字原脱，據本卷上文「唐堯遭洪水而天下分絶」句及漢書卷二八上地理志八上、通典卷一七二州郡典二補。

〔一一〇〕黑水出今張掖郡　「出」字原脱，據下文及水經注卷四〇黑水篇補。

〔一一一〕淮安南陽　「南陽」二字原脱，據本書卷三二〇及新唐書卷四〇地理志四、九域志卷一、宋史卷八五地理志一補。

〔一一二〕東過今汲郡黎陽縣東大伾山　「大伾山」各本並作「大峡山」。按尚書禹貢云：「東過洛汭，至於大伾。」孔安國注曰：「山再成曰伾。」史記卷二夏本紀作「大邳」，通典卷一七二州郡典二又作「大岯山」。是「伾」亦作「邳」、「岯」，作「峡」顯爲誤字，今據禹貢改。

〔一一三〕鄚郡　原作「鄚都」，據新唐書卷三九地理志三、舊唐書卷三九地理志二、九域志卷二、宋史卷八六地理志二改。

〔一一四〕歸德　原作「德化」，據新唐書卷四三下地理志七下羈縻州河北道歸義州、寰宇記卷七一燕州、九域志卷一〇化外州河北道燕州條改。

〔一一五〕絳郡　原作「絳都」，據新唐書卷三九地理志三、寰宇記卷四七、九域志卷四、宋史卷八六地理志二絳州條改。

〔一一六〕大寧　原作「太寧」，據元本改。按唐、宋諸地志亦俱作「大寧」，可證。下同改。

〔一一七〕瀘川　各本並作「盧川」。按舊唐書卷四一地理志四、新唐書卷四二地理志六、九域志卷七、宋史卷八九地理志五瀘州條都作「瀘川」。今據改。

〔一一八〕咸安　原作「成安」。按唐、宋均無「成安郡」，此「成」爲「咸」之形訛。今據舊唐書卷三九地理志二、新唐書卷四〇地理志四、九域志卷八、宋史卷八九地理志五蓬州條改。

〔一一九〕江油　二字原倒。按隋書卷二九地理志上平武郡江油：「後魏置江油郡，開皇三年郡廢，大業初置郡。」元和志卷三三、九域志卷八龍州下亦俱作「江油郡」。今據以乙正。下同。

〔一二〇〕盧山　原作「廬山」，據舊唐書卷四一地理志四、新唐書卷四二地理志六、九域志卷七、宋史卷八九地理志五雅州條改。

〔二二一〕漳浦臨汀潮陽郡地　按上下文例,「郡」上疑脱「等」字。

〔二二二〕禹貢物産貢賦　「貢賦」原作「貢道」,據元本、馮本、慎本及通典卷一七二州郡典二改。

〔二二三〕盧溪　原作「廬溪」,據舊唐書卷四〇地理志三、新唐書卷四一地理志五、九域志卷六、宋史卷八八地理志四辰州條改。

〔二二四〕盧陽　原作「廬陽」,據舊唐書卷四〇地理志三、通典卷一八三州郡典一三、宋史卷八八地理志四改。

〔二二五〕如雍州伊吾　「雍州」原作「冀州」,據本書卷三二一古雍州屬郡及通典卷一七二州郡典二、卷一七三古雍州條改。按作「雍州」,與上文「其有本非州之區域,則以鄰接附入」之意相符。

〔二二六〕而華陽黑水之梁不能遷　「梁」下原有「州」字。按本句與上句「使兖州可移,而濟、河之兖不能移」爲並列句,又鄭樵通志卷四〇「梁」下亦無「州」字。今據删。

卷三百十六　輿地考二

古冀州

禹貢曰：「冀州既載，載，始也。冀州，堯都，故禹理水自此而始也〔一〕。以唐、虞之都，不言封略，餘州所至，即是其境矣。壺口、雷首，至於太岳。壺口山，在今文成郡吉昌縣。太岳，在今平陽郡霍邑縣，即霍山也。雷首，在今河東郡河東縣，此山凡有九名，即歷山、首陽山、薄山、襄山、甘棗山、中條山、渠豬山、獨山等名是也。既修太原，至於岳陽。太原，今太原府。岳陽，即霍山也，亦曰太岳。覃懷底績，至於衡漳。覃懷，近河地名，今河內郡也。底，致也。績，功也。衡漳，謂漳水橫流而入河，在今廣平郡西北肥鄉縣界也。厥土惟白壤。柔土曰壤。恒、衛既從，大陸既作。恒、衛，二水名也。恒水出恒山，在今博陵郡恒陽縣界。衛水在今常山郡靈壽縣西山所出。大陸澤，鄭玄云〔二〕：「在鉅鹿北。」言水從故道〔三〕，可以耕作。今趙郡象城縣界。島夷皮服。海曲曰島，居島夷而衣其皮。夾右碣石，入於河。」碣石，海邊山名，在今北平郡盧龍縣也。言禹夾行此山之右入河，逆上也〔四〕。

舜以冀州南北闊大，分衛水爲并州，燕以北爲幽州，並置牧。周禮職方曰：「河內曰冀州，山曰霍，藪曰楊紆，爾雅云：「秦有楊紆。」而此以爲冀州藪，未詳其義及所在也。川曰漳，浸曰汾潞。漳水出今上黨郡長子縣界。汾水出今樓煩郡靜樂縣管涔山〔五〕。潞水出今密雲郡密雲縣也。其利松、柏。人五男三女。畜宜牛、羊，穀宜黍、稷。」其地險易，帝王所都，亂則冀安，弱則冀強，荒則冀豐，故曰冀州。其在天官，昴、畢則趙之分野，漢之趙國，北有信都、真定、常山、中山〔六〕，涿郡之高陽〔七〕、鄚、州鄉，東有廣平、鉅鹿、清河、河間〔八〕、渤海之東平舒、中邑、文安、束州、成平、章武，河以北也。南至浮水、繁陽、内黄、斥邱，西有太原、定襄、雲中、五原、上黨，皆其分也。今鄴郡、廣平、鉅鹿、信都、趙郡、常山〔九〕、博陵、河間、文安、饒陽、高平、上黨、樂平、陽城、太原、定襄、雲中、單于、鴈門之西南境，樓煩之南境，西河之東境，皆是也。尾箕則燕之分野，漢之漁陽、右北平、遼西、遼東、上谷、代郡、鴈門、涿郡之易、容城、范陽、北新城、故安〔一〇〕、涿縣、良鄉、新昌及渤海之安次，皆其分也。今上谷、范陽、順義、歸化、歸德、嬀川、漁陽、密雲、北平、柳城、馬邑、安邊、鴈門之東北境，樓煩之北境，皆是也。兼得秦、魏、衛之交。漢之西河，今昌化之北境，西河之西境，宜屬秦。漢之高陵以東，盡河東、河内〔一一〕。今河東、平陽、文城〔一二〕、大寧、昌化之南境，絳郡、陝郡之河北〔一三〕，河内之西境，並宜屬魏。漢之河内〔一四〕，野王、朝歌，今河内之東境，汲郡，皆宜屬衛矣。秦平天下，置郡，爲鉅鹿，今常山、信都、趙郡之東北境，博陵郡之西境，鉅鹿之北境，饒陽之南境，兼兗州之域景城之南境，皆是也。邯鄲，今廣平、鄴郡、鉅鹿之南境，趙郡之西南境，皆是也。上谷，今上谷、范陽、文安、河間、嬀川、歸化、順義、歸德、饒陽之北境，趙、博陵之東境，及兗州之域景城之北境，皆是也。漁陽，今漁陽、密雲郡地，皆是也。右北平，今北平郡。遼西，今柳城及北平郡之東境，皆是也。河東，今河東、絳郡、陝郡之北境，平陽、大寧、文城等郡，皆是也。上黨，今上黨、高平、樂平、陽城等郡，皆是也。太原，今太原、西河、昌化、定襄及鴈門之南境，樓煩等郡，皆是也。代郡，今安邊及馬邑之北境，皆是也。鴈門，今馬邑之南境，鴈門之北境，皆是也。雲中今雲中、單于府是也。及三川郡之北境。今河内郡。漢武置十三州，此爲冀州，領郡、國九。幽州，領郡、國十。并州。領郡九。古冀州西境則屬司隸，今河東、絳郡、平陽、河内、汲郡。後漢並因前代，爲冀州，理於鄗。鄗，今趙郡高邑縣。袁紹、曹公理鄴。鄴，今郡縣。鄗，呼各反。幽州，理薊，今范陽郡縣。并州。理晉陽，今太原府。魏並因之。晉置冀州，領郡、國十三，理房子，今趙郡縣。幽州，領郡、國七，治涿，今范陽郡是也。并州。領郡、國六。惠帝之後，其地淪没於劉元海〔一五〕、石勒、慕容儁，又爲苻堅所陷。堅敗，慕容垂據之。後屬後魏。自此分割，不可詳焉。唐分置十五部，此爲河北道、范陽、汲郡、鄴郡、廣平、饒陽、河間、常山、博陵、信都、趙郡、鉅鹿、文安、上谷、北平、密雲、嬀川、漁陽、柳城、歸德、順義、歸化等郡。河東道、河東、絳郡、平陽、太原、上黨、西河、高平、大寧、昌化、文城、陽城、定襄、樂平、鴈門、樓煩、安邊、雲中、馬邑等郡。兼分入都畿、河内郡。關内道。單于。唐末，營、平二州陷於契丹。梁初，劉仁恭父子據幽、燕，繼而爲晉王所滅。晉滅梁，稱唐。唐末，石敬瑭叛，以幽、涿、薊、檀、順、瀛、莫、蔚、朔、雲、應、新、嬀、儒、武、寰十六州賂契丹，資其兵伐唐，爲晉。晉亡，漢繼之。漢亡爲周，劉旻據河東。周世宗伐契丹，取瀛、莫二州。周亡，宋受命，太宗以太平興國四年平劉繼元，盡得河東之地。宋承唐制，冀州之境爲河北、河東兩路，其後又分河北爲東、西二路。宣和間，遣使約女真夾攻遼，取石晉所没之地十六州。遼既亡，金人止以薊、景、檀、順、涿、易六州二十四縣來歸。遼將張瑴又以平州來降〔一六〕，繼復爲金所取。靖康後，冀地盡没於金。

冀州，堯都所在，疆域尤廣。梁州境宇雖遐遠，而雜以夷獠，中夏唯冀州最大。山東之人，性緩尚儒，仗氣任俠，太行、恒山之東。而鄴郡，高齊國都，浮巧成俗。自北齊之滅，衣冠士人多遷關内，惟伎巧、商販及樂户移實郡郭，由是人情險詖，至今好爲訴訟。山西土瘠，其人勤儉，而河東，魏、晉以降，文學盛興，魏豐樂侯杜君畿爲河東守，開置學官，親執經教授，郡中化之。自後河東特多儒者。閭里之間，習於程法。并州近狄，俗尚武藝，左右山河，古稱重鎮，寄任之者，必文武兼資焉。

古冀州歷代沿革之圖

春秋時可考者，二十二國。

晉　衛　邢　魏　霍　耿　北燕　邘〔一七〕　揚　冀　郇　雍〔一八〕　鼓　肥　黎　潞　陽　共
鮮虞　赤狄　無終　山戎

秦時爲郡十三。

鉅鹿郡　邯鄲郡　太原郡　上黨郡　河東郡　三川郡北境　鴈門郡　遼西郡　右北平郡　漁陽郡
上谷郡　代郡　雲中郡

漢時爲郡國二十四，縣三百七十三。

常山郡〔一九〕十八縣元氏　石邑　桑中　靈壽　蒲吾　上曲陽　九門　井陘　房子　中邱　封斯　關　平棘　鄗　樂陽
平臺　都鄉　南行唐

魏郡十八縣鄴　館陶　斥邱　沙　內黃　清淵　魏　繁陽　元城　梁期　黎陽　即裴　武始　邯會　陰安　平恩　邯溝
武安

鉅鹿郡二十縣鉅鹿　南䜌　廣阿　象氏　廮陶　宋子　楊氏　臨平　下曲陽　貰鄡　新市　堂陽　安定　敬武　歷鄉　樂
信　武陶　柏鄉　安鄉

趙國四縣邯鄲　易陽　柏人　襄國

真定國四縣真定　藁城　肥纍　綿曼

河間國四縣樂成　侯井　武隧　弓高

廣平國十六縣廣平　張　朝平　南和　列人　斥章　任　曲周　南曲　曲梁　廣鄉　平利　平鄉　陽臺　廣年　城鄉

中山國十四縣盧奴　北平　北新城　唐　深澤　苦陘　安國　曲逆　望都　新市　新處　毋極　陸成　安險

河内郡十八縣懷　汲　武德　波　山陽　河陽　州　共　平皋　朝歌　修武　温　壄王　獲嘉　軹　沁水　隆慮　蕩陰

信都國十七縣信都　歷　扶柳　辟陽　南宮　下博　武邑　觀津　高隄　廣川　樂鄉　平隄　桃　西梁　昌成　東昌　修

太原郡二十一縣晉陽　葰人　界休　榆次　中都　于離　茲氏　狼孟　鄔　盂　平陶　汾陽　京陵　陽曲　大陵　原平　祁　上艾　慮虒　陽邑　廣武

廣陽國四縣薊　方城　廣陽　陰鄉

涿郡二十九縣涿　迺　穀丘　故安　南深澤　范陽　蠡吾　容城　易　廣望　鄚　高陽　州鄉　安平　樊輿　成　良鄉　利鄉　臨鄉　益昌　陽鄉　西鄉　饒陽　中水　武垣　阿陵　阿武　高郭　新昌

上黨郡十四縣長子　屯留　余吾　銅鞮　沾　涅氏　襄垣　壺關　泫氏　高都　潞　猗氏　陽阿　穀遠

河東郡二十四縣安邑　大陽　猗氏　解　蒲反〔二〇〕　河北　左邑　汾陰　聞喜　濩澤　端氏　臨汾　垣　皮氏　長修　平陽　襄陵　彘　楊　北屈　蒲子　絳　狐讘　騏

西河郡三十六縣富昌　騶虞　鵠澤　平定　美稷　中陽　樂街　徒經　皋狼　大成　廣田　圜陰　益蘭　平周　鴻門　藺　宣武　千章　增山　圜陽　廣衍　武車　虎猛　離石　穀羅　饒　方利　博陵　隰成　臨水　土軍　西都　平陸　陰山　觬是　鹽官

鴈門郡十四縣善無　沃陽　繁時　中陵　陰館　樓煩　武州　洼陶　劇陽　崞　平城　埒　馬邑　强陰

代郡十八縣桑乾　道人　當城　高柳　馬城　班氏　延陵　狋氏　廣昌　且如　平邑　陽原　東安陽　參合　平舒　代　靈邱　鹵城

雲中郡十一縣雲中　咸陽　陶林　楨陵　犢和　沙陵　原陽　沙南　北輿　武泉　陽壽

定襄郡十二縣成樂　桐過　都武　武進　襄陰　武皋　駱　安陶　武城　武要　定襄　復陸

上谷郡十五縣沮陽　泉上　潘　軍都　居庸　雊瞀　夷輿　下落　昌平　廣寧　涿鹿　且居　茹　女祁　寧

漁陽郡十二縣漁陽　狐奴　路　雍奴　泉州　平谷　安樂　厗奚　獷平　要陽　白檀　滑鹽

右北平郡十六縣平剛　無終　石城　廷陵　俊靡　賨　徐無　聚陽　土垠　白狼　夕陽　昌城　驪成　廣成　字〔二一〕　平明

遼西郡十四縣且慮　海陽　新安平　柳城　令支　肥如　賓從　交黎　陽樂　狐蘇　徒河　文城〔二二〕　臨渝　絫

晉時爲郡國二十九，縣一百九十五。

安平國八縣信都　下博　武邑　武遂　觀津　扶柳　廣宗　經

趙國九縣房子　元氏　平棘　高邑　中邱　柏人　平鄉　鄗　下曲陽

鉅鹿國二縣廮陶　鉅鹿

章武國四縣東平舒　文安　章武　束州

頓邱郡四縣頓邱　繁陽　陰安　衛

魏郡八縣鄴 長樂 魏 斥邱 安陽 蕩陰 内黄 黎陽

汲郡六縣汲 朝歌 共 林慮 獲嘉 修武

河内郡九縣野王 州 懷 平皋 河陽 沁水 軹 山陽 温

博陵郡〔二三〕四縣安平 饒陽 安國 南深澤

常山郡八縣真定 石邑 靈壽 上曲陽 蒲吾 井陘 九門 南行唐

河間國六縣樂城 武垣 成平 易城 中水 鄚〔二四〕

中山國八縣盧奴 魏昌 新市 安喜 蒲陰 望都 唐 北平

樂平郡五縣沾 上艾 壽陽 轑陽 樂平

太原國十三縣晉陽 陽曲 榆次 于離 盂 狼孟 陽邑 大陵 祁 平陶 京陵 中都 鄔

上黨郡十縣潞 屯留 壺關 長子 泫氏 高都 銅鞮 涅 襄垣 武鄉

廣平郡十五縣廣平 邯鄲 易陽 武安 涉 襄國 南和 任 曲梁 列人 肥鄉 臨水 廣年 斥漳 平恩

河東郡九縣安邑〔二五〕 聞喜 垣 汾陽 大陽 猗氏 解 蒲坂 河北

高陽國四縣博陸 高陽 北新城〔二六〕 蠡吾

平陽郡十二縣平陽 楊 端氏 永安 蒲子 狐讘 襄陵 絳邑 濩澤 臨汾 北屈 皮氏

鴈門郡八縣廣武 崞 汪陶 平城 葰人 繁畤 原平 馬邑

西河國四縣離石 隰城 中陽 介休

代郡四縣代　廣昌　平舒　當城〔二七〕

新興郡五縣九原　定襄　雲中　廣牧　晉昌

范陽國八縣涿　良鄉　方城　長鄉　遒　故安　范陽　容城

北平郡四縣徐無　土垠　俊靡　無終

燕國十縣薊　安次　昌平　軍都　廣陽　潞　安樂〔二八〕　泉州　雍奴　狐奴

廣甯郡三縣下洛　涿鹿　潘

遼西郡三縣陽樂　肥如　海陽

上谷郡二縣沮陽　居庸

隋時爲郡三十，縣二百有七。

恒山郡〔二九〕八縣真定　行唐　石邑　滋陽　九門　井陘　房山　靈壽

長平郡六縣丹川　沁水　端氏　濩澤　高平　陵川

魏郡十一縣安陽　鄴　臨漳　成安　靈泉　堯城　洹水　滏陽　臨水　林慮　臨淇

汲郡八縣衛　汲　隋興　黎陽　内黄　湯陰　臨河　澶水

文城郡四縣吉昌　文城　伍城　昌寧

臨汾郡七縣臨汾　襄陵　冀氏　楊　霍邑　汾西　岳陽

龍泉郡五縣隰川　永和　樓山　石樓　蒲

西河郡六縣隰城　介休　永安　平遥　靈石　綿上

離石郡五縣離石　修化　定胡　平夷　太和

鴈門郡五縣鴈門　繁畤　靈邱　五臺　崞

馬邑郡四縣善陽　神武　雲内　開陽

樓煩郡三縣静樂　臨泉　秀容

定襄郡一縣大利

太原郡十五縣晉陽　太原　交城　汾陽　文水　祁　壽陽　榆次　太谷　樂平　和順　遼山　平城　石艾　盂

襄國郡七縣龍岡　南和　平鄉　沙河　鉅鹿　内邱　柏仁〔三〇〕

武安郡八縣永年　肥鄉　清漳　平恩　洺水　武安　邯鄲　臨洺

河東郡十縣河東　桑泉　汾陰　龍門　芮城　夏　河北　猗氏　虞鄉　安邑

絳郡八縣正平　翼城　絳　曲沃　稷山　聞喜　太平　垣

安樂郡二縣燕樂　密雲

博陵郡十縣鮮虞　北平　唐　恒陽　新樂　隋昌　毋極　義豐　深澤　安平

河内郡十縣河内　温　濟源　河陽　安昌　王屋　獲嘉　新鄉　修武　共城

河間郡十三縣河間　文安　樂壽　束城　景城　高陽　饒陽　博野　清苑　長盧　平舒　魯城〔三一〕　鄚

信都郡十二縣長樂　堂陽　衡水　棗强　武邑　武强　南宫　斌强　鹿城　下博　蓨　阜城

趙郡十一縣平棘　高邑　贊皇　元氏　廮陶　欒城　大陸　柏鄉　房子　藁城　鼓城

上黨郡十縣上黨　長子　潞城　屯留　襄垣　黎城　涉　鄉　銅鞮　沁源

涿郡九縣薊　良鄉　安次　涿　固安　潞　雍奴　昌平　懷戎

上谷郡六縣易　淶水　遒　遂城　永樂　飛狐

遼西郡一縣柳城

北平郡一縣盧龍

漁陽郡一縣無終

唐時爲州四十三，縣二百二十一。縣名已見各州條下，此不重具。

恒州九縣　相州十一縣　邢州九縣　定州十一縣　懷州五縣　磁州三縣　深州四縣　瀛州六縣　莫州六縣　冀州九縣　趙州九縣　并州十三縣　潞州十縣　晉州九縣　代州五縣　絳州七縣　蒲州八縣　澤州六縣　汾州五縣　忻州二縣　隰州六縣　慈州五縣　儀州四縣　憲州三縣　嵐州四縣　沁州三縣　營州一縣　平州三縣　檀州二縣　薊州三縣　幽州十一縣　涿州五縣　順州三縣　嬀州二縣　蔚州三縣　朔州二縣　雲州一縣　易州六縣　應州二縣　新州二縣　儒州一縣　武州一縣　單于大都護府一縣

宋時爲州四十七，縣一百七十四。縣名已見各州條下，此不重具。

真定府九縣　相州六縣　邢州八縣　定州八縣　懷州五縣　衛州四縣　磁州四縣　洺州六縣

深州五縣　瀛州四縣　雄州二縣　霸州三縣　莫州四縣　祁州三縣　冀州七縣　趙州七縣　保州一縣　安肅軍一縣　廣信軍一縣　永定軍一縣　乾寧軍一縣　順安軍一縣　信安軍一縣　保定軍一縣

承天軍一縣　太原府十縣　潞州八縣　晉州十縣　代州四縣　絳州七縣　河中府八縣　解州三縣

慶成軍一縣　慈州三縣　隰州六縣　忻州二縣　汾州五縣　澤州六縣　遼州四縣　憲州一縣　嵐州三縣　石州五縣　威勝軍四縣　平定軍二縣　寧化軍一縣　岢嵐軍一縣　火山軍一縣　保德軍一縣

大通監一縣　永利監一縣

真定府　春秋時鮮虞國之地。左傳：「晉伐鮮虞。」註：「中山新市縣。」戰國時屬趙。趙之東垣邑也〔三一〕。秦屬鉅鹿郡。漢高祖置恒山郡，後避文帝諱，改曰常山郡，亦屬真定國。後漢屬常山國。晉復爲常山郡，後魏因之。後周置恒州，領常山郡。隋初郡廢，煬帝初州廢，復置恒山郡〔三三〕。唐乾元中，復爲恒州，或爲常山郡。天寶中，改爲平山郡。元和中，改爲鎮州〔三四〕。又爲成德軍節度，屬河北道。宋同。領縣九。真定、獲鹿〔三五〕、稾城、石邑、井陘、靈壽、九門、平山〔三六〕、行唐。後唐爲北都真定府，俄罷都，復爲成德軍，晉改爲常州順國軍〔三七〕。漢復爲成德軍，真定府。後以趙州之元氏、欒城二縣來屬。宋開寶間，廢九門、石邑二縣。端拱初，以鼓城隸祁州。淳化初，以束鹿隸深州。慶曆八年，置真定府路安撫使，統真定，磁、相、邢、趙、洺六州。宋祖宗時，以河北爲天下根本，以真定爲河北根本，所以扼賊之衝，爲國門户，當時募集鄉兵，大修武備。有河漕以豐邊用，有商賈以集芻粟。三關置方田水耨〔三八〕，胡騎既有限隔，又屯重兵，與定州相犄角捍禦爲重鎮。靖康末，陷於金。　貢羅。　領縣九〔三九〕，治真定。　真定，漢縣。有滹沱河、滋水。蒿城，隋縣，晉陷虜，周復。獲鹿，唐縣。有井陘關。井陘，漢縣。燕、趙謂山脊曰陘，下視如井。漢書：「車不得方軌，騎不得成列。」熙寧中，省井陘入獲鹿、平山。八年，復置井陘縣〔四〇〕，徙治天威軍，即縣治置軍使〔四一〕，隸府。有二寨。金人爲威州。平山，唐縣。有十五寨、白馬關。行唐〔四二〕，靈壽，本中山國之都。漢縣。衛水在西。有二寨。熙寧中，省爲鎮入行唐。元祐初，復之。元氏，漢縣。常山郡故城，光武征彭寵，生明帝於此〔四三〕。欒城。漢縣。有泜水、洨水〔四四〕。

相州　殷王河亶甲居相，即其地也。春秋時屬晉。戰國時屬魏，後屬趙。秦爲邯鄲郡地。兩漢爲魏郡。魏武王建都於此。魏都在鄴縣。晉亦爲魏郡。後趙石虎、前燕慕容儁並都之。皆都鄴。後魏道武置相州，取河亶甲居相之義。東魏静帝初，遷都於此，改置魏尹及置司州牧。北齊又都焉，改爲清都郡，置尹。後周置相州及魏郡。自故鄴移治安陽城。隋初郡廢，煬帝初州廢，復置魏郡。自北齊之滅，衣冠士人多遷關内，唯伎巧商販及樂户移實郡郭，由是人情險詖，至今好訟〔四五〕。唐爲相州，或爲鄴郡。屬河北道。宋同。領縣十一。安陽、堯城、洹水、滏陽、鄴、内黄、湯陰、林慮、臨河、成安、臨漳。梁爲昭德軍節度。後唐降爲軍事。晉爲彰德節度，後以内黄、成安、洹水三縣屬大名府。宋因之，靖康二年，陷於金。貢暗花牡丹花紗、知母、胡粉、絹。領縣六，治安陽。安陽，即紂都之地。隋縣。有銅雀臺、西河、洹水。鄴，漢縣。東魏、北齊所都。有漳水、紫陌橋、西門渠〔四六〕、三臺、鳳陽門。熙寧五年，省爲鎮入臨漳。湯陰，古羑里城，文王被囚之所。漢蕩陰縣〔四七〕。有羑水、蕩水。宣和初，以縣隸濬州，尋復之。永定，唐縣。梁改長平，後唐復〔四八〕。臨漳，西門豹爲令，造十二渠，決漳水溉民田。東魏縣。林慮。後魏縣。有隆慮山、洹水、漳水。

邢州　古祖乙遷於邢，即此地，亦邢國也。春秋時，衛滅邢。魯僖公時，晉伐衛取邢，其地遂屬晉。七國時屬趙。秦爲鉅鹿、邯鄲二郡地。項羽分趙，立張耳爲常山王，居信都，更名信都曰襄國，即其地也。漢屬鉅鹿、常山二郡及趙、廣平二國地。後漢因之。晉爲鉅鹿、趙二國。石勒都於此。張賓説曰：「襄國因山憑險〔四九〕，形勝之國，可都之。」後魏爲鉅鹿郡。隋置邢州，煬帝初，置襄國郡。唐爲邢州，或爲鉅鹿郡。屬河北道。宋同。領縣九。龍岡、堯山、南和、沙河、平鄉、鉅鹿、青山、任、内邱〔五〇〕。梁保義軍節度〔五一〕，後唐改安國軍。宋因之。宣和初，陞爲信德府。建炎二年，陷於金。貢絹、白磁盞、解玉砂。領縣八，治龍岡。

龍岡，即秦信都縣，隋初改名。縣北有夷儀嶺。左傳「邢遷夷儀」，即其地。有蓼水、湡水。宣和初，改爲邢臺。沙河，隋縣。南和，漢縣。後周置南和郡。任，漢張縣地。唐縣。有任水、溹水。熙寧五年，省爲鎮入南和。元祐初，復。平鄉，古大鹿之野。有沙邱之臺，紂所築，即始皇死處。晉爲縣。熙寧間省爲鎮入鉅鹿。元祐初，復之。鉅鹿，漢南䜌縣地〔五二〕。隋爲縣。有廣阿澤。堯山，唐縣。有泜水。熙寧六年〔五三〕，省爲鎮入内邱。元祐初，復。内邱。隋縣。有礪溝水、龍騰水。

定州　帝堯始封唐國之地。戰國初，爲中山國，後爲魏所并，後又屬趙。秦爲上谷、鉅鹿二郡之地。漢高帝置中山郡，中山記曰：「城中有山，故曰中山。」景帝改爲中山國。後漢因之，晉亦不改。後燕慕容垂移都於此。都中山，置中山尹〔五四〕。至慕容寶，爲後魏所陷。北岳常山在焉。後魏爲中山郡，兼置安州，道武帝改爲定州。後周置總管府，領鮮虞郡。隋初郡廢，煬帝初，置博陵郡，後改爲高陽郡。唐爲定州，或爲博陵郡。又爲義武軍節度，屬河北道〔五五〕。宋同。領縣十一。安喜、義豐、望都、唐縣〔五六〕、北平、鼓城、深澤、曲陽〔五七〕、無極、陘邑、新樂。後周以深州博野來屬。宋建隆初，以易州北平屬。太平興國初，改定武軍。雍熙間，以博野置寧邊軍。景德初，以蒲陰置祁州，以祁州無極來屬。慶曆八年，始置定州路安撫使，統定、保、深、祁、廣信、安肅、順安、永寧八州軍。政和三年，陞爲中山府。建炎初，金人分兵據兩河，唯中山、慶源、保、莫、邢、洺、冀、磁、絳、相州皆能堅守。中山自靖康末受圍，至建炎二年三月凡三歲，糧竭人困始陷。貢羅、大花綾。領縣八，治安喜。安喜，古中山鮮虞地。漢盧奴縣。有盧水〔五八〕，水常黑曰盧，不流曰奴，因以名爲縣焉。無極，漢舊縣。曲陽，漢縣。有北岳恒山，常水所出。陘邑，唐縣。望都，唐縣。堯始封於此。有堯母慶都山，唐水、於水、博水。金人改爲慶都縣。唐，漢苦陘縣。新樂，春秋鮮虞國，隋縣。有泒水、常水。北平。漢縣。慶曆二年，以北平寨建軍〔五九〕，四年即縣治置軍使〔六〇〕，隸州。

懷州　禹貢覃懷之地，太行山在焉。周爲畿内及衛、邘、雍三國〔六一〕。邘，音于。春秋時，又屬晉。左傳，襄王賜文公陽樊、温原、欑茅之田〔六二〕，晉於是始啓南陽。杜注云：「晉山之南，河之北，故曰南陽也。」又云武王克商，蘇忿生以温爲司寇，其田有隤、懷是也，隤，徒回反。戰國時，爲魏、衛二國之境。秦始皇滅衛，其君角徙居野王，阻其山保之〔六三〕。胡亥廢角爲庶人，以其地屬三川郡。項羽立司馬卬爲殷王，王河内。漢高帝初，爲殷國，尋更名河内郡。後漢因之。晉爲河内、汲二郡地。後魏置懷州，兼置河内郡。隋初郡廢，而懷州如故。煬帝初州廢，復置河内郡。唐因之，亦爲東畿内之郡，屬河北道。宋同。領縣五。宋同。宋爲河内郡，團練〔六四〕，俄爲防禦。建炎後，陷於金，金隸河東南路。貢牛膝、皂角。領縣五，治河内。河内，隋縣。有太行山、沁水、丹水、大會寨。武德，周蘇忿生之邑。唐縣。熙寧間，省爲鎮入河内。元祐初，復。修武，商甯邑。漢縣。熙寧間，省爲鎮入武陟。元祐初，復。武陟，即魏文帝奉漢獻帝爲山陽公，居濁鹿之地〔六五〕。唐縣。獲嘉。漢武帝幸緱氏，至汲縣，得南越相呂嘉首，因以名其縣。有清水。

衛州　殷之舊都。周既滅殷，以殷餘人封康叔爲衛君，居河、淇之間，故商墟也。其後衛爲狄人所滅，齊桓更封衛於河南楚邱，而河内殷墟復屬於晉。戰國時屬魏〔六六〕。秦并天下，爲河東、三川二郡之地〔六七〕。二漢爲河内、魏二郡地。魏置朝歌郡。晉改置汲郡，後魏亦爲汲郡。東魏置義州。後周爲衛州，又分置修武郡。隋初郡廢，煬帝初州廢，復爲汲、河内二郡地。唐爲汲郡，屬河北道。宋同。領縣五。汲、共城、衛、新鄉、黎陽。晉以黎陽隸滑州。宋爲汲郡，防禦。靖康後，陷於金。貢綿、絹。領縣四，治汲。汲，即牧野之地，紂都近郊。有比干墓。漢縣。新鄉，隋縣。熙寧間，廢爲鎮入汲。元祐初，復。衛，隋縣。有蘇門山、鹿臺、糟邱酒池、枋頭城。熙寧間，廢爲鎮入黎陽。元祐初，復。共城。古共伯國。隋縣。有鹿門陂。

磁州　本相州、洺州之地。唐武德元年，以相州之滏陽、臨水、成安置。貞觀元年州廢，還其縣相州。永泰元年，復以相州之滏陽，洺州之邯鄲、武安置。天祐三年，以「磁」「慈」聲一，更名惠州。屬河北道。宋同。後唐復名磁州。宋爲滏陽郡，防禦。建炎後，陷於金。貢磁石。領縣四，治滏陽。滏陽，後周縣。有鼓山、漳水、滏水、佛圖澄墓。武安，漢縣。有四寨及洺水。邯鄲，戰國時趙所都。漢縣。有趙王如意温明殿。昭德。唐昭義縣。熙寧中，省爲鎮入滏陽。

洺州　禹貢「覃懷厎績，至於衡漳」。衡漳，在今郡南肥鄉縣界。春秋時，赤狄之地，晉荀林父敗赤狄於曲梁，即此。其後屬晉。七國時，趙所都。秦屬邯鄲郡。漢初置廣平國，武帝改爲平干國，宣帝復爲廣平國〔六八〕。後漢省入鉅鹿郡，後爲魏郡之西部。魏改爲廣平郡，晉、後魏因之。後周置洺州。隋置武安郡。唐初，劉黑闥都之，克平，置洺州。或爲廣平郡。屬河北道。宋同。領縣六。宋同。宋爲廣平郡，防禦。隋圖經云：「今趙氏數百家，有祭祀，別設客位，祀公孫杵臼、程嬰。」靖康後，陷於金。貢紬。領縣六，治永年。永年，漢曲梁縣，隋改名。有洺水。雞澤，唐縣。有沙河。曲周，漢縣。有紂鉅橋倉。熙寧間，省爲鎮入雞澤。元祐初，復。平恩，漢縣。

肥鄉，隋縣。有列人城、平原君墓。臨洺。漢縣。熙寧間，省爲鎮入永年。元祐初，復。

深州　戰國時屬趙。秦爲上谷、鉅鹿二郡地。漢爲涿郡地〔六九〕。後漢屬安平國，桓帝以後爲博陵郡。晉爲博陵國。後魏爲郡，北齊同。隋廢郡，置深州。煬帝初州廢，以其地分入博陵、河間二郡。唐復置深州，或爲饒陽郡。屬河北道。宋同。領縣四。饒陽、鹿城、陸澤、安平。周以博野屬定州，以冀州武强來屬。宋雍熙四年，廢陸澤。淳化初，又以真定府束鹿來屬。至道初，以樂壽隸瀛州。爲饒陽郡，防禦。靖康後，陷於金。　貢絹。　領縣五，治静安。　静安，有衡漳水、大陸澤。漢下博縣，周以爲軍。雍熙後，廢軍還屬。武强，唐縣。安平，漢縣。有沙水、滹沱河。束鹿，唐縣。饒陽。漢舊縣。有蕪蔞亭〔七〇〕、漳水。

瀛州　春秋時屬晉，七國時屬趙。秦上谷郡之地。漢屬涿郡，後爲河間國。後漢及晉因之。後魏爲河間郡。隋初廢郡，置瀛州。煬帝初州廢，復爲河間郡。唐因之，屬河北道。宋同。領縣六。河間、樂壽、博野、高陽、平舒、束城。晉高祖以賂契丹。周世宗復取之，以大城屬霸州。宋至道三年，以高陽隸順安軍，以深州樂壽來屬〔七一〕。爲瀛海軍節度使。舊名關南，慶曆八年，始置高陽關路安撫使〔七二〕，統瀛、莫、雄、貝、冀、滄、永静、保定、乾寧、信安一十州軍〔七三〕。大觀二年，升爲河間府。建炎初，陷於金，金人以交河鎮、肅寧寨增爲二縣。　貢絹。　領縣四，治河間。　河間，漢州鄉縣，武帝得鉤弋夫人於此。隋改今名。雍熙中，於縣西置平虜寨。樂壽，漢樂城縣。有徒駭河、房淵。漢又曰中水縣，居兩河之間，故名。金人爲獻州。景城，隋縣。有平虜寨。熙寧中省爲鎮，入樂壽。束城。後魏置束州。隋爲縣。熙寧間，省爲鎮，入河間。元祐初，復。

雄州　本唐涿州瓦橋關，在易水之東，當九河之末，其地控扼幽薊。晉陷契丹。周克復，建爲州，治歸義縣〔七四〕，以易州容城來屬。自周世宗以來，兩河之地置三關，霸州益津關、雄州瓦橋關、瀛州高陽關，分置重兵，與真定府、定州相犄角。政和三年，賜郡名曰易陽，爲易陽郡，防禦。屬河北道。靖康後，没於金。貢紬。領縣二，治歸信。歸信，唐歸義縣，隸涿州。周置於瓦橋關，太平興國初改。有拒馬河。容城。唐縣，周廢，建隆初復。

霸州　本唐幽州永清縣地，後置益津關。晉陷契丹。周復，以其地置霸州，以莫州之文安、瀛州之大城來屬。古上谷郡地，瀕海，皆斥鹵沮洳，東北近三百里，野無所掠，非入寇之徑。何承矩曰：「自陶河至泥姑口，屈曲九百里，天設險阻，真地利也。講習水戰之具，大爲要害。」政和間，爲永清郡〔七五〕，防禦。屬河北道。靖康間，陷於金，金人屬中都大興府路，以信安軍爲縣，來屬。貢絹。領縣三，治永清。永清，唐縣。文安，漢縣。宋置八寨。大城。魏平舒縣，周改名。有滹沱河。

莫州　其地本屬瀛州。唐景雲二年，分瀛州置鄚州。開元十三年，改爲莫州。其後或爲文安郡。屬河北道。宋同。領縣六。莫〔七六〕、文安、長豐、任邱、唐興、清苑。晉初，陷契丹。周世宗復取之，以文安屬霸州，後又廢。宋太平興國間，以清苑置保州〔七七〕。政和間，爲文安郡，防禦。其地外捍海道，如易水之在莫，滹沱之在任邱、文安，所謂九十九淀，不可具名。舊屯萬人，以護塘泊，且多立城寨以守之。靖康初，陷於金。貢綿。領縣三，治莫。莫，漢縣。有易水、滱水。熙寧間，省入任邱。任邱，唐縣。有高陽城，建寨二。長豐。唐縣。熙寧間，省爲鎮。

祁州　本唐定州地，分建祁州。宋端拱初，以鎮州鼓城來屬。景德初，移治於定州蒲陰，以無極隸定州爲蒲陰郡，團練。屬河北道。靖康陷於金。紹興初，金遷其民，以其城爲元帥府。九年復，十年，金人舉國中之兵集此。 貢花絁。領縣三，治蒲陰。 蒲陰，唐義封縣，太平興國初改。有唐河〔七八〕、沙河。 鼓城，春秋鼓子國。隋爲縣。 深澤。唐縣。熙寧間，省爲鎮入鼓城。元祐初，復。

冀州 古冀、兖二州之域。禹導河自大伾山北過洚水，至於大陸。按地理志，洚水南自清河郡經城縣界，入當郡南宮縣界，又東北入信都縣界。水經云：「洚故瀆又東北經辟陽亭北，又經信都城東，散入澤渚。」按：辟陽亭在今郡理東南三十五里，今縣乃漢信都國城，則郡理東入兖州之域，郡理西入冀州之域焉。 春秋時晉地，戰國時屬趙。秦爲鉅鹿郡地。漢高祖置爲信都國〔七九〕，景帝改爲廣川國，宣帝復爲信都國。後漢明帝更名樂成國，安帝更名安平國，漢末兼置冀州。領郡、國九，治於此。 晉亦然。後魏爲長樂郡，兼置冀州。北齊、後周皆因之。隋初郡廢，而冀州如故。煬帝初州廢，復置信都郡。唐爲冀州，龍朔二年，改爲魏州，咸亨三年復舊。或爲信都郡。屬河北道。宋同。 領縣九。信都、南宮、武强、棗强、衡水、下博、阜城、武邑、堂陽。 晉以堂陽屬真定府。周以武强隸深州，以堂陽還屬。宋淳化初，以阜城屬永静軍。慶曆八年〔八〇〕，爲安武軍節度。建炎二年，陷於金。 貢絹。領縣七，治信都。信都，唐縣。有胡盧河。 南宮，漢舊縣。上有洚水枯瀆、濁漳河。呂后封張敖子偃爲南宮侯。 蓨，漢縣。有觀津城。 堂陽，隋縣，晉改蒲澤，漢復。元豐間〔八一〕，省爲鎮。 棗强，漢縣。有廣川城〔八二〕。 衡水，隋縣。有衡漳故瀆。 武邑。隋縣。有洚渠。

趙州 春秋時晉地，戰國時屬趙。秦爲邯鄲、鉅鹿二郡地。後漢屬常山國、鉅鹿郡地，兼置冀州。領郡、國九，治鄗，今高邑縣。 晉爲趙國，亦置冀州。領郡、國十三，治房子。 後魏爲趙郡，明帝兼置殷州。北齊改爲趙州〔八三〕，郡仍舊。隋改置欒州，煬帝改爲趙州，尋復爲趙郡。唐爲趙州，或爲趙郡。屬河北道。宋同。 領縣九。平棘、元氏、欒城、高邑、臨城、寧晉、昭慶、柏鄉、贊皇。 後以元氏、欒城二縣隸真定府。宋爲慶源軍節度，宣和初，陞爲慶源府。靖康後，陷於金，改爲沃州。貢綿、絹。領縣七，治平棘。平棘，漢縣。有沙水、槐水。寧晉，唐縣。有慶陶城。高邑，漢鄗縣，光武即位之地。熙寧省，元祐復〔八四〕。柏鄉，隋縣。有鄗壇。熙寧省，元祐復。臨城，唐縣。有敦與山〔八五〕、泜水、彭水。贊皇，隋縣。有贊皇山、四望山。熙寧省，元祐復。隆平。唐昭慶縣，開寶五年改。有大陸澤〔八六〕，隋圖經云：「大陸、大鹿、大阿，一澤異名。」又按：爾雅云：「四無山阜，曠然平地。」杜佑、李吉甫以邢、趙、深三州爲大陸。

保州　本唐莫州清苑縣〔八七〕。其地漢爲樂鄉，漢高祖封樂毅後樂巨叔於此。宋初，置保塞軍。太平興國間，建爲州。屬河北道。政和間，名清苑郡。自州之西，皆無塘水，惟廣植林木，以限胡騎。靖康後，陷於金，隸中都大興府路，置滿城縣〔八八〕。貢絹。領縣一。保塞。後魏清苑縣。太平興國六年改，析易州滿城縣之南境入焉。有沉遠河、浪山寨。金人復爲清苑縣。

安肅軍　本唐易州遂城縣地。後唐置宥戎鎮。周爲梁門口寨。宋太平興國六年，建爲靜戎軍，析易州遂城縣三鄉置靜戎縣隸焉。景德元年，并縣改〔八九〕。屬河北道。國初以梁門、遂城二縣爲安肅、保信軍，所謂「銅梁門鐵遂城」者也。自童貫、蔡攸既得燕山，謂安肅、保信在內地，皆廢爲縣，移軍營，廢樓櫓。宣和末，始詔復爲軍，而金寇已大入，遂陷。金隸中都大興府路。貢素紵。領縣一。安肅。中。有易水、漕河。

廣信軍　本唐易州遂城縣。宋太平興國六年，以其地建威虜軍，景德元年改。屬河北道。靖康後，陷於金。金爲遂州，隸中都大興府路。貢紬、栗子。領縣一。遂城。隋縣。有遂城山、徐河、鮑河。

永定軍　本唐定州博野縣。宋雍熙間，建爲寧邊軍，景德元年改。屬河北道。宣和七年，廢爲博野縣。靖康後，陷於金。金人爲蠡州。貢紬。領縣一。博野。後魏縣。有滹沱水。

乾寧軍　本唐幽州盧臺軍之地，石晉陷虜。周平三關，置永安縣，屬滄州。宋太平興國七年置軍，改縣曰乾寧，隸焉。屬河北道。大觀二年，陞爲清州。政和三年，賜郡名曰乾寧〔九〇〕。靖康後，陷於金。貢紬。領縣一。　乾寧。周縣。有獨流寨。

順安軍　本唐瀛州高陽縣地。宋太平興國七年，因故唐興縣置唐興寨。淳化中，建爲軍。至道三年，以瀛州高陽來屬。屬河北路。靖康後，陷於金。金人爲安州，隸中都大興路，置葛城縣。　貢絹。領縣一。　高陽。漢縣。淳化中開易河，引水東注至海。東西三百餘里，南北五十七里，悉爲稻田。莞蒲蚌蛤〔九一〕，民受其利。

信安軍　本霸州淤口寨〔九二〕。太平興國六年，建破虜軍，景德二年改。有鴈頭口、黎陽渦、喜驝口、鹿角、周河口、田家、狼城口七寨。屬河北道。靖康後，陷於金。

保定軍　本涿州新鎮。太平興國六年，建平戎軍，景德元年改。屬河北道。靖康後，陷於金。

承天軍　本鎮州娘子關。建隆元年爲軍，仍隸鎮州。屬河北道〔九三〕。靖康後，陷於金。

并州　古之并州，蓋舜分冀州爲之，置十二牧，此其一也。以其地在兩谷之間，故爲并州，亦曰在衞水、常水之間〔九四〕。常水在今博陵郡，衞水在今常山郡。註已具上卷。周禮職方曰：「正北曰并州，其山曰常，藪曰昭餘祁，常山在今博陵郡常陽縣界。昭餘祁在今西河郡介休縣界。川曰虖池、嘔夷，虖池發源在今鴈門郡繁畤界。嘔夷在今安邊郡靈邱縣界。虖音呼。池音沱。寖曰淶、易。淶水在今安邊郡飛狐縣界。易水發源在今上谷郡易縣界。其利布帛。人二男三女。畜宜五擾，牛、馬、羊、犬、豕。穀宜五種。」秦并天下，爲太原郡。漢武帝置十三州，此爲并州。領郡九，兼得雍州之域，今上郡以北朔方、九原、榆林、新秦、銀川之地。後漢並因之。理於晉陽，今府。靈帝時，羌胡大擾，定襄、雲中等郡，並流徙分散。獻帝時，省入冀州。魏文帝復置并州，自陘嶺以北，並棄之。今鴈門郡及以北之地，悉棄之。至晉，亦置并州。領郡國六，理晉陽。惠帝時，并州之地，盡爲劉元海所有。其後劉曜徙都長安，自平陽今平陽縣。以東地，盡入石勒，及苻堅、姚興、赫連勃勃〔九五〕，並於河東郡置并州；姚興又分河東爲并、冀二州。及後魏以後，分拆不可詳也〔九六〕。今之并州，爲太原府。古唐國也。昔帝堯爲唐侯所封之國，按今博陵郡界有堯城，爲堯始封之國。當是徙於此也〔九七〕。後遷平陽。及夏禹所都之地，禹都或爲今太原，或在今平陽，或在今河東郡安邑，或在今河南府陽翟也。亦高辛氏子實沉及金天氏子臺駘之所居焉。左傳曰：「帝遷高辛氏子實沉於大夏，主參。金天氏之裔曰允格、臺駘，以處太原。」註云：「大夏，太原晉陽縣也。」周成王又封弟太叔虞於此，成王滅唐，而封太叔，故參爲晉星是也。叔虞子燮改爲晉侯。唐有晉水，故改爲晉。中國曰太原，夷狄曰大鹵。晉荀吴敗狄於大鹵，即太原晉陽縣也。晉、大鹵、太原、大夏、夏靈〔九八〕、晉陽六名，其實一也。春秋時爲晉國，後爲趙邑。智伯與韓、魏圍晉陽歲餘，引汾水灌城，不没者三版。晉滅，屬趙。秦置太原郡，二漢因之，兼置并州。領郡九，理於此。曹公圍袁紹於鄴，時袁紹外甥高幹爲并州刺史。牽招説幹曰：「并州左有恒山之險，右有大河之固，北有强胡，宜速迎尚并力觀變〔九九〕。」幹不能用之。魏改爲太原國，并州仍舊。晉因之。領郡、國六，理於此。後魏爲太原郡，兼置并州。北齊、後周皆因之。隋初廢郡，置并州，又改爲太原郡。唐爲并州，高祖匡隋室，起義兵。於長壽元年，置北都，後復爲并州。開元十一年，改爲太原府，天寶元年，加號爲「北京」。屬河東道。宋同。又爲河東節度。領縣十三。太原、晉陽、文水、太谷、祁、榆次、盂〔一〇〇〕、陽曲、樂平、清源、壽陽、廣陽、交城。後唐爲西京，又爲北京。周太祖即位，劉旻據河東稱帝，都其地。宋太平興國四年，平劉繼元，降爲緊州，軍事；毀其城，移治於榆次縣；又廢太原縣，以平定、樂平二縣屬平定軍，交城屬大通監〔一〇一〕。七年，移治唐明鎮。寶元二年，以大通監交城縣隸州。嘉祐四年，復爲太原府，河東節度使，領河東路經略、安撫使。大觀元年，陞大都督府。劉安世曰：河東，晉地也。昔高辛氏遷閼伯於商邱，主辰〔一〇二〕，今應天是也；遷實沈於大夏主參〔一〇三〕，今太原是也。且參、商不相能久矣，物不兩大。故國初但曰并州，不加府號，有深意也。又本朝下河東，在戊寅三年重午日，實火土旺日，此參水神所忌，故克之。時宋受命已十九年矣，而晉始服。且太祖、太宗嘗親征而得太原，正以其地控扼二虜，下瞰長安纔數百里，棄太原則長安京城不可都矣。靖康元年五月，李綱爲宣撫使督諸軍救太原。九月九日太原陷。晉之地，屬本朝纔一百四十九年。郡城，故老傳晉并州刺史劉琨所築。其中又有三城：一曰大明城，董安于所築；又一城，東魏靜帝置晉陽宮於此，隋更名新城；又一城，開皇十六年築，今名倉城。貢大銅鑑、甘草、人參、礜石。領縣十，治陽曲。陽曲，唐縣。有汾水、羊腸坂。黃河千里一曲，此當其陽。有天門關、赤塘關及二寨。太谷，隋縣。有蔣谷水、太谷山。榆次，春秋「石言魏榆之地」。隋縣。壽陽，晉舊縣。盂，古仇猶國之地。隋縣。交城，有少陽山、狐突山、汾水、文水。文水，漢大陵縣。有文水、大陵城。祁，晉大夫祁奚之邑。漢縣。有胡甲水〔一〇四〕。清源，隋縣。有清源水。平晉。隋晉陽縣，太平興國中改。有介山、晉水、晉祠、潛邱。

潞州　春秋時，初爲黎國，後狄人奪其地。晉伯宗數狄罪曰：奪黎氏地。赤狄潞子嬰兒爲晉所滅，其地盡屬焉。戰國初，爲韓之別都，以遠韓近趙，後卒降趙。秦置上黨郡。上黨者，言其地極高，與天爲黨〔一〇五〕。漢、魏、晉、後魏不改。後周置潞州。隋置韓州，煬帝初，復置上黨郡。唐爲潞州，或爲上黨郡。後以爲大都督府，昭義軍節度。屬河東道。宋同。領縣十。上黨、長子、壺關、襄垣、銅鞮、屯留、潞城、武鄉、黎城、涉。梁改正義軍。

後唐改安義軍，俄復爲昭義軍。宋太平興國初，改昭德軍。二年，以銅鞮、武鄉二縣屬威勝軍。後領河東路兵馬鈐轄，兼提舉澤、絳州、威勝軍屯駐泊本城兵馬巡檢事〔一〇六〕。建中靖國初，陞爲隆德府〔一〇七〕。靖康後，陷於金。　貢人參、蜜、墨。　領縣八，治上黨。　上黨，隋縣。有太行、羊頭山、藍水、鷄鳴水、濁漳。靖康時，兩河之民多保聚太行。　長子，周史辛甲所封之地。隋縣。有鹿谷山、發鳩山、神農井、羊頭山、長平關。　潞城，古潞子國。漢舊縣。　屯留，漢縣。有三峻水、絳水。　壺關，漢縣，以山形似壺，嘗置關。有抱犢山、羊腸坂。　襄垣，趙襄子所築。漢縣。有銅鞮水。　黎城，古黎侯國。隋縣。有白巖山，故壺口關。　涉。春秋涉侯國。隋縣。

晉州　古堯舜之都，所謂平陽也。春秋時屬晉，戰國屬魏。秦爲河東郡地，二漢因之。魏分置平陽郡，晉因之。劉淵稱漢僭位，建都於此。後魏爲平陽郡，兼置唐州，後改爲晉州，置總管府。東魏、北齊皆爲重鎮。隋初，改平陽爲平河郡，尋廢。煬帝初，置臨汾郡。唐爲晉州，或爲平陽郡。屬河東道。宋同。　領縣九。臨汾、洪洞、襄陵、神山、汾西、岳陽、趙城、霍邑、冀氏。　梁爲定昌軍節度，後唐改建雄軍。宋太平興國六年，廢沁州，以和川來屬。爲建雄軍節度，政和六年，陞爲平陽府。靖康後，陷於金。金隸河東南路。文公朱熹曰：「太行山之極高處，平陽晉州蒲坂山之盡頭，堯舜所都也。其地磽瘠，人民樸陋儉嗇，惟堯舜能都之。後世泰侈不能都矣。」　貢蜜、蠟燭。　領縣十，治臨汾。　臨汾，漢平陽縣。有姑射山。又有故堯城縣，澮、汾、沁、平、營五水。　洪洞，晉大夫羊舌肸邑。隋縣。有霍山、霍水。　襄陵，晉襄公之陵，又有趙襄子墓，因以爲名。宋建二寨。　神山，唐縣。　霍邑，漢彘縣。周人流厲王於此。有霍山，即職方氏冀州之鎮，禹貢所謂岳陽。有彘水。隋縣。　趙城，古造父之邑。有姑射山、女媧墓。政和三年，以趙氏始封之地，又四面阻險，陞爲慶祚軍〔一〇八〕。　汾西，後魏置郡。隋爲縣。宋置五寨。　冀氏，後魏縣。

有三交水。岳陽，隋爲千畝縣。晉侯千畝之戰，即此也。後改岳陽。和川。隋縣。

代州　古唐國之地。春秋時晉有之。及三卿分晉，其地屬趙。趙襄子殺代王而取其地。趙武靈王破樓煩，而置雲中、鴈門、代郡。後北境屬燕。秦爲太原、鴈門二郡之境，漢、魏、晉因之。後魏置梁城、繁畤二郡。後周置肆州。隋文帝時爲代州，煬帝初州廢，置鴈門郡。唐爲代州，或爲鴈門郡。郡城後魏所置。郡南三十里有東陘關，甚險固。屬河東道。宋同。領縣五。鴈門、繁畤、唐林、五臺、崞。宋景德二年，省唐林縣，以郡爲鴈門郡，防禦。其地三面臨邊，自古匈奴入寇之路，最號要害，與忻州相應援，置十三砦守之。靖康後，陷於金。金隸河東北路。　貢麝香、青、碌。領縣四，治鴈門。　鴈門，漢廣武縣。有夏屋山，趙襄子殺代王之地。又有龍泉水、參合陂、東陘關。五臺，隋縣。有五臺山、慮虒水、滹河。崞，隋縣。其城石門關〔一〇九〕。繁畤。隋縣。其城三面枕澗，東接峻坂，極爲險固，滹沱河源出焉。

絳州　春秋時爲晉國，即故絳與新田之都也。戰國時地屬魏。秦屬河東郡，秦末其地屬魏豹。漢定魏地，還屬河東郡，後漢因之。魏、晉屬河東、平陽二郡地。後魏置東雍州。其龍門、萬泉即屬秦州。西魏、後周以爲重鎮。後周改曰絳州，兼置正平郡。隋初郡廢，煬帝初州廢，復置絳郡。唐爲絳州，或爲絳郡。屬河東道。宋同。領縣七。宋同。後唐以河中府稷山來屬。宋爲絳郡，防禦。　貢防風、蠟燭、墨。　領縣七，治正平。　正平，隋縣。有汾水、澮水、龍谷水、晉虒祁宮。曲沃，春秋時，晉所都新田之地。隋縣。有絳山、臺駘祠、陘庭城。太平，後魏縣。有汾水關。翼城，春秋晉翼邑。隋縣。有古熒庭城。稷山，隋縣。有玉壁城，爲後周重鎮，齊神武再攻圍，不克。絳，春秋晉武公自曲沃徙此。後魏縣。有絳水。宋置三寨。垣。隋縣。有古皋落城，即周、召分陝之地。今縣界東北六十里有召原廟與古棠木。西魏於此置召郡，以備東魏。

河中府　唐虞所都蒲坂地。春秋時地屬魏。晉獻公滅魏，以封大夫畢萬。畢萬〔一〇〕，公高之後，魏犨祖父也。畢萬之後，十代至文公，列爲諸侯，與韓、趙三分晉，地屬魏。至惠王，以安邑近秦，乃徙都大梁。後秦爲河東郡，歷兩漢不改，博物志云：「有山澤近鹽沃土之人，不才。漢興，少有名人大衣冠，三代皆衰絶。」魏、晉亦然。後魏以爲河東郡，兼置雍州及屬秦州。後周改爲蒲州，亦兼置河東郡。隋初郡廢，煬帝初州廢，復置河東郡。唐初爲蒲州。開元九年，置中都，改爲河中府，尋罷如舊。乾元元年，復爲府，爲河中節度。屬河東道。領縣八。宋同。後漢以聞喜、安邑、解三縣，屬解州。宋改護國軍節度。大中祥符四年，以寶鼎爲慶成軍，又以府兼提舉解州、慶成軍兵馬巡檢事。屬陝西路。建炎元年，没於金。金屬河東南路。貢五味子、龍骨。領縣八，治河東。河東，漢蒲坂縣。春秋秦、晉戰於河曲，即其地。有蒲津關，後魏大統四年，造浮橋，九年，築城爲防。唐開元十二年，兩岸開東西門，各造鐵牛四、鐵人四。其牛下並鐵柱連腹，入地丈餘，并前後鐵柱十六。有嬀汭水〔一一〕，今有舜廟在焉，其廟周宇文護所造。又有雷首山，夷、齊居其陽，所謂首陽山也。有風陵堆，與潼關相對。桑泉，有三疑山。漢解縣故城在今縣東南〔一二〕。猗氏，漢舊縣〔一三〕，猗頓所居，古郇國也。有古令狐城，左傳晉文公從秦反國〔一四〕，「濟河圍令狐」即此。安邑，堯、舜舊都。今縣西有鳴條陌，湯與桀戰於此。有鹽池，與解爲兩池。解，隋虞鄉縣。武德初改。有鹽池及紫泉監。虞鄉，漢解縣地。後於虞鄉城置解縣，更於解西五十里別置虞鄉縣。寶鼎，漢汾陰縣。有后土祠、湯廟。永樂。武德初，分芮城縣置。

解州　五代漢以河中府解縣置州，又以安邑、聞喜二縣來屬。宋爲防禦〔一五〕。屬陝西永興軍路。其地即夏桀鳴條之野。有沃鹽之利。建炎以來，州民邵興力戰，終不能守，遂没於金。金隸河東南路，又割陝之平陸、夏、芮城三縣來隸。　貢鹽花。領縣三。詳見河中府。

慶成軍　本河中府寶鼎縣。大中祥符四年，建爲軍，隸河中府。七年，直屬京師〔一六〕。領縣一。

榮河。即寶鼎縣，大中祥符時改。詳見河中府。

慈州　春秋時晉之屈邑。獻公子夷吾所居。禹貢壺口之山在焉。戰國時爲魏地。秦及二漢屬河東郡。魏、晉屬平陽郡。東魏置定陽郡及南汾州。北齊改南汾州爲西汾州。後周改爲汾州。隋初郡廢，置耿州，居耿吉城。後復爲汾州。煬帝初州廢，置文成郡。唐爲慈州，或爲文城郡。屬河東道。宋同。領縣五。吉昌、昌寧、呂香、文城、仵城。周廢仵城、呂香二縣。宋爲團練州。熙寧五年廢州，以吉鄉隸隰州，即縣治置吉鄉軍使，仍省文城爲鎮，隸焉。又以鄉寧隸晉州襄陵縣。元祐元年，復吉鄉軍爲慈州。靖康後，陷於金。金爲耿州，尋又改爲吉州。　貢柴胡。領縣三，治吉鄉。　吉鄉，漢北屈縣。左傳「屈産之乘」，是其地。唐改名。有壺口山。文城，有孟門山，與龍門相對。龍門之上古龍門，禹所鑿。漢北屈縣。鄉寧。後魏昌寧縣，後唐改。

隰州　春秋時，晉之蒲城也。七國時屬魏。秦、二漢爲河東郡地。魏、晉屬平陽郡。後魏、北齊爲沁州。後周置沁州及龍泉郡。隋初郡廢，後復置西汾州，尋又改爲隰州。煬帝初州廢，置龍泉郡。唐爲隰州，或爲大寧郡。屬河東道。宋同。領縣六。宋同。宋爲團練。熙寧五年，廢慈州，以吉鄉縣隸州，即縣治置吉鄉軍使，仍省文城縣爲鎮，隸焉。元祐元年，復慈州。七年，以州之上平、永寧兩關俯逼西界，以州爲次邊。靖康没於金。金隸河東南路。　貢蜜蠟。領縣六，治隰川。　隰川，漢蒲子縣。春秋時蒲城，晉重耳所居。蒲，後周縣。有五鹿山、蒲谷川水。温泉，唐縣。有湯泉、天井關。置三寨。永和，隋縣。有索陁谷、永和關。石樓，隋縣。有百井谷、屈産泉。建三寨。太寧。唐北屈縣地。

忻州　戰國時屬趙。秦爲太原郡地，二漢因之。後魏置肆州。後周徙肆州於鴈門郡。隋初，置新興郡及雲州，後改新興郡爲忻州。因忻口爲名。煬帝初，廢雲州及忻州，以其地屬樓煩、定襄二郡。唐復分置忻州，以忻川水爲名〔一七〕。或爲定襄郡。漢有定襄郡，在今馬邑郡地。屬河東路。宋同。領縣二。宋同。宋爲團練。靖康後，没於金。金隸河東北路。貢解玉砂、麝。領縣二，治秀容。秀容，隋縣。有雲母山、忻川水、藍水、肆盧川水。有石嶺關。宋建四寨。定襄。漢陽曲縣，唐改。有石嶺關，甚險固。

汾州　春秋時晉地。六國時屬趙，秦屬太原郡。二漢屬太原、西河二郡地，魏因之。晉屬太原郡、西河國地。後魏又爲西河郡，兼置汾州。北齊置南朔州。後周改曰介州。隋置西河郡。唐爲汾州，或爲西河郡。屬河東道。領縣五。隰城、平遥、介休、孝義、靈石。宋因之。靖康後〔一八〕，没於金。金隸河北東路。貢土絁、石膏。領縣五，治西河。西河，唐縣。有偈泉山、汾水。中陽，唐孝義縣，宋改。有勝水。平遥，後魏縣。有鹿臺山、嬰澗水。介休，漢縣。有雀鼠谷及介之推祠。靈石。隋縣。東南有高壁嶺、汾水關，皆險固之處。

澤州　春秋時屬晉，後屬韓，其後屬趙。至秦，破趙於長平，阬卒四十萬，即此地也。秦爲上黨郡地。漢屬河東、上黨二郡地，後漢因之，魏、晉亦同。後魏以其地置建州及高都、長平、安平三郡。北齊亦爲建州及置平陽、高都二郡。後周併二郡爲高平郡。隋初郡廢，置澤州。濩澤爲名。煬帝初州廢，置長平郡。唐爲澤州，或爲高平郡。屬河東道。宋同。領縣六。宋同。宋因之。禹貢「底柱、析城至於王屋、太行」，皆在州境，是全有太行之險固。靖康後，没於金。金隸河北東路。貢白石英、禹餘糧、人參。領縣六，治晉城。　晉城，唐縣。有太行山、丹水，又有天井關。　高平，漢泫氏縣，西北有泫谷水，故名。有頭顱山，秦白起阬趙卒，築臺於壘中，因山爲臺。故光狼城，白起築。　陽城，漢濩澤縣。有嶕嶢山、濩澤水、析城山，禹貢所謂「底柱、析城」也。　端氏，韓、趙、魏分晉，封晉君於此。漢爲縣。　陵川，漢泫氏縣地。隋爲縣。　沁水。隋縣。有沁水、鹿臺山、馬邑城。

遼州　春秋時屬晉。戰國初屬韓，後屬趙。秦爲上黨郡，二漢因之。晉爲樂平郡。後魏爲遼陽郡。隋屬太原郡。唐武德三年，分并州地置遼州。八年，改爲箕州。先天元年，改爲儀州。或爲樂平郡。屬河東道。宋同。領縣四。宋同。梁改爲遼州，宋因之。熙寧七年二月州廢，省平城、和順二縣爲鎮，入遼山縣，隸平定郡；省榆社縣爲鎮，入威勝軍武鄉縣。元豐八年，復置州，縣並復〔一九〕。靖康後，没於金。金隸河東南路。　貢人參。　領縣四，治遼山。　遼山，漢垣縣地，隋爲縣。有箕山、青谷山、遼陽山、遼陽水。　榆社，晉置武鄉縣，石勒生於此。有漚麻池。　和順，即韓之閼與邑，隋縣也。　平城。隋縣。

憲州　本樓煩監牧，嵐州刺史領之。唐貞元十五年，別置監牧使。龍紀元年，李克用表置州，領樓煩、元池、天池三縣，治樓煩。屬河東道。宋同。宋咸平五年，以州卑隘多水潦，移治靜樂軍之靜樂縣，遂廢軍；又廢天池、元池二縣入靜樂，樓煩改隸嵐州。熙寧三年，廢憲州，以靜樂隸嵐州。十年，復其州，仍領靜樂。政和五年，賜郡名汾源。靖康末，太原義士張横有衆二千，往來嵐、憲間。紹興五年九月，敗金人於憲州，後卒陷於金。　貢麝香。　領縣一。　靜樂。漢汾陽縣地。有隋煬帝汾陽宮。有管涔山，劉曜隱處〔二〇〕，汾水所出。

嵐州　春秋晉國之分，晉滅之後爲胡地，有樓煩王居焉，趙武靈王破樓煩而取其地〔二一〕。其後，北屬燕。秦、二漢爲太原郡地。晉末，陷於劉淵。及魏末，於其地置嵐州。隋煬帝置樓煩郡。唐爲嵐州，或爲樓煩郡。屬河東道。宋同。領縣四。宜芳、合河、嵐谷、静樂。宋太平興國五年，以嵐谷隸岢嵐軍。咸平二年〔二二〕，以静樂隸静樂軍。五年，以憲州樓煩來屬。故郡城魏置。隋置岢嵐鎮〔二三〕，唐又置軍〔二四〕，爲突厥之要衝。靖康後，陷於金。金隸河東北路。　貢麝香。　領縣三，治宜芳。　宜芳，有古秀容城，即漢汾陰縣，屬太原郡。積粟所在，謂之羊腸倉。石磴縈委，若羊腸焉〔二五〕。　合河，唐縣。以蔚汾水西與黄河合，因以爲名〔二六〕。　樓煩。唐縣。

石州　戰國初，趙之離石邑，後爲秦、魏二國之境。秦本紀云：「秦昭王伐趙，取離石」是也。　秦爲太原郡地。二漢屬西河郡，有南單于庭〔二七〕，即左國城。晉屬西河國，劉淵起事於此，後石勒置永石郡。北齊置懷政郡，後改爲離石郡，兼置西汾州。後周改西汾爲石州。隋初郡廢，而石州如故。煬帝初州廢，置石郡。唐爲石州，或爲昌化郡。屬河東道。宋同。領縣五。宋同。　宋因之。元豐五年，置葭蘆、吴堡二寨，隸州。舊帶嵐、石、隰三州都巡檢使。是年，置葭蘆、吴堡寨緣邊都巡檢使，遂令三州各帶沿邊都巡檢使。元符二年，陞葭蘆寨爲晉寧軍，以州之臨泉縣隸焉。大觀三年，復以定胡縣隸晉寧軍。武經邊防云：嵐、石、隰三州西北至黄河置城戍關，度河外，入麟州路，扞夏國界。嘗合三州爲一路。又石州爲治所，置州兵及遣戍外，又領蕃捉生一千六百二人。紹興九年，太行忠義人王忠值，取石州等十二郡。次年，復陷金。金隸河東北路，割隰之温泉來屬。　貢蜜蠟。　領縣五，治離石。　離石，漢舊縣。後南單于庭左國城在此。有離石水，一名赤洪水，高歡大破爾朱兆於赤洪嶺，蓋近此。　臨泉，唐縣。有臨泉水。　平夷，後周縣。有寧鄉水。　方山，隋縣。有赤洪水。　定胡。隋置孟門關，其地險固。唐爲縣。宋有三寨。

威勝軍　本唐沁州之地。春秋時屬晉，後屬韓，又屬趙。秦、二漢爲上黨郡地，魏、晉亦同。後魏屬義寧郡。隋初置沁州，煬帝廢爲沁源縣，屬上黨郡。唐復爲沁州，或爲陽城郡。屬河東路。領縣三。沁源、綿上、和川。宋太平興國三年，於潞州銅鞮縣界亂柳石圍中建爲軍，以銅鞮、武鄉來屬。六年，廢沁州，以沁源縣隸焉。寶元二年，以大通監綿上縣來隸〔二八〕。屬河東路。靖康後，没於金。金爲沁州，隸河東路。貢土絁。領縣四，治銅鞮。銅鞮，春秋晉羊舌赤之邑。漢縣。有銅鞮山、銅鞮水。武鄉，唐縣。有涅霍山、沁水。沁源，後魏縣。有霍山、沁水。綿上。介子推隱所，中有沁水。

平定軍　宋太平興國二年，以鎮州廣陽寨建爲軍。四年，以并州平定、樂平二縣來屬。屬河東路。靖康後，没於金。金人爲州，隸河東北路。貢絹。領縣二，治平定。平定，唐廣陽縣，宋改。有二寨。樂平。晉縣。有荊山、皋落山。漳水一出樂平縣少山〔二九〕，名清漳；一出今潞州長子縣發鳩山，名濁漳。

寧化軍　本嵐州地，劉崇置固軍。太平興國四年，徙軍城稍南，改爲寧化縣，五年置軍。屬河東路。靖康後，没於金。貢絹。領縣一。寧化。有雪山。建四寨。

岢嵐軍　宋太平興國五年，以嵐州嵐谷縣建爲軍。景德中，築長城於草城川口以爲控扼〔三〇〕。其草城川、峨婆谷、洪谷、朝谷四路，皆契丹界。靖康後，陷於金。金爲州，隸河東北路。貢絹。領縣一。嵐谷。唐縣。有岢嵐山、雪山、岢嵐水。

火山軍　本嵐州地，劉崇置雄勇鎮。宋太平興國七年，建爲軍，徙治鎮西三十里。有雄勇、偏頭、董家、横谷、桔槔〔三一〕、護水六寨。屬河東道。貢柴胡。

保德軍　宋淳化四年，析嵐州地置定羌軍〔三二〕。景德元年改。屬河東道。貢絹。

大通監　宋太平興國四年，以并州交城縣鐵冶建爲監。六年廢沁州，以綿上縣來屬。屬河東路。舊領交城、綿上二縣。天聖元年，改交城監，寶元二年復。是年，以監及交城縣隸太原府，綿上縣隸威勝軍。靖康後，没於金。

永利監　宋太平興國四年，平太原，徙鹽務於平晉縣，本鹵縣也。咸平四年，建爲監。屬河東路。寶元二年，以隸太原府。靖康後，没於金。

營州　殷時爲孤竹國地。漢徒河縣之青山，在郡城東百九十里。棘城即顓頊之墟，在郡城東南一百七十里。春秋時，地屬山戎。戰國時屬燕。秦并天下，屬遼西郡。二漢及晉皆因之。慕容皝以柳城之北，龍山之南，所謂「福德之地」也，乃營制宮廟，改柳城爲龍城，遂遷都龍城，號新宮曰和龍宮。皝時，有黑龍、白龍各一，鬭於龍山，皝率屬僚觀之，祭以太牢，二龍交首嬉戲，解角而去。皝大悦，號曰和龍宮。後燕慕容寶、北燕馮跋，相繼都之。至慕容雲，爲馮跋所滅〔一三三〕。至馮弘，爲後魏所滅也。後魏置營州。後周武帝平齊，其地猶爲高寶寧所據。隋文帝時討平寶寧，復以其地爲營州。煬帝初州廢，置遼西郡。唐復爲營州，或爲柳城郡〔一三四〕。萬歲通天元年，爲契丹所陷。聖曆二年，僑治漁陽。開元五年，又還治柳城。置平盧軍。東有鎮安軍，本燕郡守捉城。貞元二年爲軍城，西有五守捉城。屬河北道。唐末，劉仁恭以遺契丹，後唐莊宗滅仁恭而取其地。既滅梁，復陷契丹。迄晉、漢、周及宋，皆不能取。宋宣和末，契丹没於金。唐貢人葠、麝香、豹尾、骨䯊〔一三五〕。領縣一。

柳城。有龍山、鮮卑山，在縣東北二百里，棘城之東塞外亦有鮮卑山，在遼西之北一百里，未詳孰是。有青山〔一三六〕、石門山、白狼山、白狼水。又有漢交黎縣故城在東南〔一三七〕。其龍山即慕容皝祭龍所也。有饒樂水、故徒河縣、和龍城。室韋、靺鞨諸部並在東北，遠者六千里，近者二千里餘。西北與奚接，北與契丹相接。

平州　殷時孤竹國。春秋時山戎、肥子二國地也。今盧龍縣。有古孤竹城，伯夷、叔齊之國也。戰國時屬燕。秦爲右北平及遼西二郡之境，二漢因之。晉屬遼西郡，後魏同。隋初置平州，煬帝初州廢，置北平郡。唐因之，屬河北道。唐末，劉仁恭以遺契丹。後唐莊宗取之，後復陷契丹。契丹改平州爲遼興府，以榮、灤二州隸之，號爲平州路。迄晉、漢、周及宋，皆不能取。宋宣和末，契丹將亡，其將張瑴以郡來降，隨没於金。唐貢熊鞹、蔓荊實、人參。領縣三，治盧龍。盧龍，漢肥如縣。有碣石山，碣然而自立在海旁，故名之。晉太康地志曰：「秦築長城〔一三八〕，所起自碣石，在今高麗舊界，非此碣石也。」漢遼爲界〔一三九〕。臨榆關在縣城東一百八十里，盧龍塞在城西北二百里〔一四〇〕。石城，漢舊縣。馬城。古海陽城。

檀州　春秋及戰國並爲燕地。秦、漢並屬漁陽郡。後魏置密雲郡，兼置安州。後周改安州爲玄州〔一四一〕。隋徙玄州於漁陽，今漁陽郡。尋復於今郡置檀州。煬帝初，改置安樂郡。唐爲檀州，或爲密雲郡。屬河北道。後晉高祖初起，以遺契丹，迄漢、周及宋，皆不能取。宋宣和時，與金合兵攻契丹。五年，金人以州來歸。七年，金人寇，首取其地。唐貢人葠、麝香。領縣二，治密雲。密雲，有潞水，自塞外流入。燕樂。後魏置廣陽郡。有長城。

薊州　戰國時屬燕。秦置漁陽郡〔一四二〕，二漢因之。隋文帝徙玄州於此，并立總管府。煬帝初廢，置漁陽郡。唐屬幽州。開元十八年，析幽州置薊州。或爲漁陽郡。屬河北道。後晉没於契丹，迄漢、周及宋，皆不能取。宣和間，與金合兵攻破契丹。五年，金人以州地來歸。七年，復没於金。唐貢白膠。

領縣三，治漁陽。漁陽，漢舊縣〔一四三〕。有鮑邱水，又名潞水。古北戎無終子國也。一名山戎，凡三名。七國時屬燕。燕後以爲右北平縣。神龍中，開平虜渠，傍海穿漕，以避海難；又其北漲水爲溝，以拒契丹。三河，玉田。古無終縣。

幽州 古之幽州，蓋舜分冀州爲之，置十二牧，此其一也。言北方太陰，故以幽冥爲號。幽州，因幽都山以爲名也。山海經有幽都山，今列北荒矣。昔顓頊都於帝邱，其地北至幽陵，即此。殷復省幽州入冀州。周禮職方曰：「東北曰幽州，其山曰醫無閭，唐在遼東於柳城郡東置祠遥禮〔一四四〕。藪曰豯養，豯養澤，在東萊郡昌陽縣界。川曰河、泲，河在滄州無棣縣界〔一四五〕，舊泲合在今北海郡博昌縣界。今無泲，即濟水。浸曰菑、時。菑在今淄川郡淄川縣界。時在今北海郡臨淄縣界。其利魚、鹽。民一男三女。畜宜四擾，馬、牛、羊、豕也。穀宜三種。」稷、黍、稻。初武王定殷，封召公奭於燕。及秦滅燕，以其地爲漁陽、上谷、右北平、遼西、遼東五郡。漢高帝分上谷郡置涿郡。武帝置十三州，此爲幽州，領郡、國十。其後開東邊，置玄菟〔一四六〕、樂浪等郡，亦皆屬焉。玄菟、樂浪等郡，並今遼水之東，宜在禹貢青州之域。後改燕國曰廣陽郡。後漢置幽州，並因前代。理於薊，今縣。晉亦置幽州。領郡、國七，理於涿，今范陽縣。晉亂，陷於石勒、慕容儁、苻堅，後入於魏，其後分割不可詳也。今之幽州，謂范陽郡。古涿鹿也。應劭曰「黄帝與蚩尤戰於涿鹿」是也。即燕國之都焉，謂之渤、碣之間，亦一都會也。薊縣，燕之所都。渤，即渤海郡；碣，碣石也。秦爲上谷郡之地。漢高帝分置燕國，後又分燕置涿郡及廣陽國，有獨鹿、鳴澤。獨鹿，山名。鳴澤，澤名。皆在於此。後漢爲涿、廣陽二郡地。魏更名范陽郡。晉爲燕、范陽二國，兼置幽州。領郡、國七，理於此。慕容儁常都之。後魏置幽州。北齊置東北道行臺。後周置燕、范陽二郡。隋初並廢，煬帝初併置涿郡。唐爲幽州，或爲范陽郡，又爲大都督府。後唐爲盧龍節度。石晉初，没於契丹。至宋，僅得永清縣，置霸州；得盧臺軍地，置乾寧軍；餘悉爲契丹所有。契丹改爲燕山府，建爲燕京，以轄檀、順、景、薊、涿、易六郡，號爲燕京路。宣和間，與金合兵攻契丹。五年，以其地來歸。七年，金入寇，郭藥師以燕山叛降之，遂没於金。紹興二十年，金主亮徙都之，改爲大興府，號中都。唐貢綾、綿、絹、角弓、人蓡、栗。領縣九，治薊。

薊，燕國都，碣石宮。漢爲薊縣。舊置燕都。有桑乾水。慕容儁都於此地。幽都，本薊縣地。隋於營州之境汝羅故地，置遼西郡，以處粟末靺鞨降人。武德元年曰燕州，領三縣。遼西、瀘河、懷遠。土貢：豹尾。尋省瀘河。六年，自營州遷於幽州城中，以首領世襲刺史。貞觀元年，省懷遠。開元二十五年，徙治幽州北桃谷山。天寶元年，曰歸德郡〔一四七〕。建中二年，爲朱滔所據，因廢爲縣。廣平，天寶元年析薊置，三載省。至德後，復置。潞，漢舊縣。有潞河。漢平谷故城在今縣北。又漢安樂縣古城在西北〔一四八〕。武清，本雍奴，天寶初更名。永清，舊會昌縣，天寶初更名。安次，漢舊縣。良鄉，漢舊縣。唐初名曰固節〔一四九〕，神龍初更。昌平。漢舊縣。古居庸關在縣西。淮南子云「天下九塞」〔一五〇〕，居庸是其一也。舊置東燕州。有狼山。

涿州　本幽州地。唐大曆四年，節度使朱希彩表析幽州之范陽、歸義、固安置。屬河北道。石晉初，没於契丹，漢、周俱不能取。至宋，僅得歸義一縣，以置雍州〔一五一〕；又得新鎮地，以置保定軍，餘悉没契丹。至宣和間，與金人夾攻契丹，契丹將郭藥師以州來降。七年，金入寇，陷於金。唐置縣五，治范陽。

范陽，漢涿縣，在范水之陽。有督亢陂，溉田膏腴，荆軻獻圖於秦，即此地。歸義，漢易縣。公孫瓚於此築城，臨易河，通遼海。唐武德間，更名。有拒馬水。固安，漢方城縣地。新昌，大曆四年，析固安置。新城。太和六年，以故督亢地置。

順州　在范陽郡城。唐天寶初置，尋又改爲順義、歸化二郡。屬河北道。石晉初，没於契丹。宋宣和時，與金夾攻契丹。五年，金以州地來歸。七年，金入寇，復取其地。唐領縣二，治賓義。

賓義，

屬順義郡。懷柔〔一五二〕。在順州之北境，屬歸德郡。

嬀州　春秋、戰國並屬燕。秦爲上谷郡地，二漢因之。晉屬廣甯郡。後魏孝明帝廢。北齊置北燕郡。隋屬涿郡。唐武德七年，討平高開道，後置北燕州。貞觀八年，改爲嬀州，其後或爲嬀川郡。屬河北道。石晉没於契丹，契丹改爲可汗州。宋宣和末，金滅遼，取其地。唐貢樺皮、胡禄、甲榆、⿰骨孝矢、麝香〔一五三〕。領縣二，治懷戎。懷戎，漢潘縣地，漢上谷郡城在此。有涿鹿山〔一五四〕，及蚩尤城、阪泉地〔一五五〕，及涿水。有磨笄山，趙襄子姊自殺在其地，有祠。北九十里有長城，開元中張説所築。有居庸塞、鐵門關。嬀川。

蔚州　周禮：「并州川曰嘔夷，浸曰淶、易。」嘔夷水在靈邱縣界，淶水在飛狐縣界。戰國初屬趙，後又屬燕。秦、漢、晉屬代郡。後魏置懷荒、禦夷二鎮。東魏置北靈邱郡。後周置蔚州。隋置上谷郡。唐初没突厥。武德六年置州，并置靈邱、飛狐二縣，僑治陽曲。七年，僑治繁時。八年，僑治秀容故北恒州城。貞觀五年破突厥，復故地，還治靈邱。開元初，徙治安邊。至德二載，更爲安邊郡。石晉時，陷契丹。宋宣和五年，契丹守將陳翊以州來降；六年，金攻翊殺之，復取其地。唐貢熊鞹、豹尾、松實。領縣三，治靈邱。靈邱，漢舊縣。有趙武靈王陵。飛狐，漢廣昌地。飛狐口在縣北，即漢之飛狐道，與嬀川郡山相連。隋置今縣。安邊。開元時，改爲興唐縣。

朔州　戰國屬燕。秦屬代、鴈門二郡地。漢爲定襄、鴈門二郡地。後漢屬雲中、鴈門二郡。漢末，因亂又置新興郡。漢末大亂，匈奴侵邊，自定襄以西，盡雲中、鴈門之間遂空。建安中，魏武王集荒郡之人，立新興郡。晉懷帝時，劉琨表以鮮卑猗盧爲大單于，封代公，徙馬邑，即其地也。其後爲拓跋魏，建都於今郡北，兼置懷朔鎮。及還洛後，遂於郡北三百餘里置朔州，葛榮之亂又廢。北齊復置朔州。隋初，置總管府，煬帝初府廢，置代郡，尋屬馬邑郡。後魏初，雲中在今郡北三百餘里定襄故城。北齊置朔州，在故都西南新城，一名平城也〔一五六〕。後移於馬邑，即今郡城也〔一五七〕。唐初爲朔州，或爲馬邑郡。建中中，節度使馬燧徙治馬邑，後復故治。後唐爲振武軍。石晉初，没於契丹。宋宣和五年，契丹守將韓正以州來降，尋爲金人所逐，西取其地。唐貢白鵰羽、豹尾、甘草。領縣二，治善陽。善陽，有秦馬邑城、武州塞。此地亦漢定襄縣地，後魏桑乾郡、北齊廣安郡。有紫河發源於此。馬邑。漢舊縣。開元中，析善陽於大同軍城置。

雲州　戰國屬趙。秦置雲中郡，二漢因之。晉屬新興郡。後魏道武帝自雲中徙都平城，即此，雲中，今馬邑〔一五八〕。北魏平城，即今郡。隋雲内縣常安鎮也。置代尹。自天興元年都平城，至孝文帝太和十九年，還洛陽後，改代尹爲萬年尹。隋初，屬馬邑郡。唐貞元十四年，自朔州北定襄城徙治定襄縣。永淳元年，爲默啜所破，徙其民於朔州。開元十八年復置，後爲大同軍節度。屬河東道。石晉時，没契丹。契丹號爲西京。宣和末，金滅契丹，取其地。唐貢氂牛尾、雕羽。領縣一。雲中。漢舊縣。隋曰雲内縣。白登山、白登臺，漢高祖被圍於此。有故高柳城、參合陂。後魏盛樂縣，並在今郡界。單于臺，在今縣西北百餘里〔一五九〕。武帝元封元年，勒兵十八萬騎，出長城，北登單于臺。

易州　春秋至戰國屬燕。秦置上谷郡。晉書曰：「在谷之上頭，故曰上谷。」二漢屬涿郡。晉爲范陽國。後魏亦爲上谷郡。隋初，置昌黎郡，後兼置易州。煬帝初州廢，置上谷郡。唐因之，屬河北道。宋惟得遂城，置安肅、廣信二軍，得滿城南境以益保州〔一六〇〕，餘地悉以雍熙四年陷於契丹。武經邊防云：「易州，石晉割賂北虜。」按五代史，易州不在十六州數，職方考亦稱，五代俱有易州，武經誤也。宣和四年，契丹將高鳳以郡來降。宣和末，没於金。

唐貢紬、綿、墨。領縣六，治易。易，有淶、易二水。有燕臺，昭王求賢處。又有漢范陽縣故城，在縣東南。容城，漢舊縣。遂城，古武遂也〔一六一〕，秦築長城之所起。淶水，漢遒縣。滿城，舊永樂縣。五回。開元中，析易置，并置樓亭、板城二縣。天寶後省。

應州　唐末置。後唐天成七年，升彰國軍節度。石晉時，没於契丹。宋宣和五年，應州守將蘇京以州來降，京尋爲女真所逐，復取應州。領縣二，治金城。金城，後唐明宗其縣人也，故升彰國軍，而以金城爲望縣。混源。

新州　唐末置。後唐同光二年，升威塞軍節度〔一六二〕。屬河東道。石晉時，没於契丹，改爲奉聖州。其地在雲中府之東。領縣四，治永興。永興，礬山〔一六三〕，龍門，懷安。

儒州　唐末置。石晉時，没於契丹。領縣一。縉山。

武州　唐末置，屬河東道。後唐改爲毅州。石晉時，没於契丹。契丹改爲歸化州。南至新州七十里。宣和五年來歸，六年，築固疆堡。尋復爲女真所取。領縣一。文德。

單于大都護府〔一六四〕　戰國屬趙。秦、漢雲中郡地。唐龍朔三年，置雲中都護府；又移瀚海都護府於磧北，瀚海都護舊曰燕然都護府。二府以磧爲界。麟德元年，改雲中都護府爲單于大都護府。領縣一。金河。有長城。有金河，上承紫河及像水〔一六五〕。又南流入河。有李陵臺、王昭君臺〔一六六〕。

校勘記

〔一〕故禹理水自此而始也　「水」原作「州」。按漢書卷二八上地理志八上「州」作「水」，顏師古注曰：「冀州，堯所都，故禹治水自冀州始也。」通典卷一七八州郡典八古冀州總叙亦作「水」。今據改。

〔二〕鄭玄云　「玄」原作「元」，清人諱改。今據後漢書鄭玄本傳改回。下同。

〔三〕言水從故道　「從」原作「徙」，據尚書禹貢孔安國傳改。

〔四〕逆上也　「上」原作「山」，據同上書改。

〔五〕汾水出今樓煩郡静樂縣管涔山　「管涔」二字原脱。考水經注卷六汾水篇載：「汾水出太原汾陽縣北管涔山。」元和志卷一四嵐州静樂縣、九域志卷四憲州静樂縣下亦俱作「管涔山」。則此處「山」上明脱「管涔」二字。今據補。

〔六〕漢之趙國北有信都真定常山中山　「趙國北有信都」六字原脱，據漢書卷二八下地理八下補。

〔七〕涿郡之高陽　「高陽」原作「高陵」。按高陵爲左馮翊屬縣，與此隔壤，此「陵」爲「陽」之誤。今據漢書卷二八下地理志八下「又得涿郡之高陽、鄚、州鄉」句改。

〔八〕東有廣平鉅鹿清河河間　「東有」與「清河」原脱，據漢書卷二八下地理八下補。

〔九〕趙郡常山　「常山」二字原脱，據舊唐書卷三九地理志二鎮州、通典卷一七八州郡典八古冀州及九域志卷二、宋史卷八六地理志二真定府條補。

〔一〇〕故安　各本並作「固安」。按故安縣漢置，歷東漢、魏、晉不改，至北魏始改名固安，此作「固安」非是。今據元本及漢書卷二八上地理志八上、後漢書卷三三郡國志五涿郡條改。下同改。

〔一一〕盡河東河内　「河東」原脱，據漢書卷二八下地理志八下補。

〔一二〕文城　原作「交城」，據元本、馮本、慎本改。按新唐書卷三九地理志三、舊唐書卷三九地理志二及九域志卷一〇省廢州軍慈州都作「文城郡」，皆可證。下同改。

〔一三〕陜郡之河北　「郡」原誤作「鄂」，按通典卷一七八州郡典八古冀州作「陜郡之河北地」。以地望準之，是。今據改。

〔一四〕漢之河内　「河内」原作「河南」，據漢書卷二八下地理志八下改。

〔一五〕其地淪没於劉元海　「劉元海」即劉淵，通典避唐高祖諱改稱字。通考沿襲舊文未改。見魏書卷九五劉淵傳及通鑑卷八五晉紀七。下同。

〔一六〕遼將張穀又以平州來降　「張穀」，各本同。按宋史、金史作「張覺」。説見本書卷三一五校記〔一〇三〕。

〔一七〕邘　原作「邗」，據馮本、慎本及左傳僖公二十四年改。按水經注卷九沁水篇載，邘水南流徑邘城西。又卜辭有「盂方」，王國維謂即邘國，其地在野王。此作「邗」，字形相近而誤。

〔一八〕雍　原作「尹」，據左傳僖公二十四年及本編下文改。

〔一九〕常山郡　「常山」原作「恒山」，漢書卷二八上地理志八上張晏注曰：「恒山在西，避文帝諱，故改曰常山。」

〔二〇〕蒲反　原作「蒲坂」，據漢書卷二八上地理八上河東郡條改。按蒲坂縣秦置，西漢改爲蒲反，東漢又復舊，見後漢書卷二九郡國志一。

〔二一〕字　原作「宇」，據馮本、慎本及漢書卷二八下地理志八下右北平郡條改。

〔二二〕文城　原誤作「交城」，據元本、馮本、慎本改。按漢書卷二八下遼西郡領縣亦作「文城」。

〔二三〕博陵郡　「郡」原作「國」，據晉書卷一四地理志上博陵郡條改。

〔二四〕鄚　原作「鄭」，據元本及晉書卷一四地理志上河間國條改。下同改。

〔二五〕安邑　原作「安喜」。按「安喜」爲中山國屬縣，已見上文，此不當重出。今據晉書卷一四地理志上河東郡條改。

〔二六〕北新城　「城」字原脱，據晉書卷一四地理志上高陽國條補。

〔二七〕當城　原作「富城」。按代郡有當城無富城，富城乃東平國領縣。此「富」爲「當」之形訛，據晉書卷一四地理志上代郡條改。

〔二八〕安樂　原作「安國」。按「安國」屬博陵國，已見上文，此不應重出。今據晉書卷一四地理志上燕國條改。

〔二九〕恒山郡　「恒山」原作「常山」。按隋書卷三〇地理志中恒山郡真定縣下云：舊置常山郡，開皇初郡廢，大業初置恒山郡。今據改。

〔三〇〕柏仁　各本並作「柏人」。按「柏人」爲西漢舊縣名，東魏時已改作「柏仁」，此不當再書「柏人」。今據元本及隋書卷三〇地理志中襄國郡條改。

〔三一〕魯城　原作「曾城」，據隋書卷三〇地理志中河間郡、元和志卷一八滄州條改。

〔三二〕趙之東垣邑也　「東垣」原作「東恒」，據史記卷八漢高祖紀高帝十一年、卷四三趙世家及漢書卷二八下地理志八下真定國真定縣條改。

〔三三〕復置恒山郡　「恒山」原作「常山」，據隋書卷三〇地理志中改。

〔三四〕「唐乾元中復爲恒州」至「元和中改爲鎮州」　此段文字有舛誤。考舊唐書卷三九地理志二鎮州下云：義旗初，復置恒州。天寶元年，改爲常山郡。乾元元年，復爲恒州。元和十五年，改爲鎮州。又平山下云：「至德元年，改爲平山縣，仍以恒州爲平山郡。」復參考新唐書卷三九地理志三、寰宇記卷六一鎮州條，疑此處應如下文：「天寶初，改爲常山郡。至德元年，改爲平山郡。乾元元年，復爲恒州。元和十五年，改爲鎮州。」

〔三五〕獲鹿　原作「鹿泉」，據新唐書卷三九地理志三、舊唐書卷三九地理志二鎮州及舊唐書卷九玄宗紀下天寶十五載三月己亥條改。按下文宋「獲鹿」注云「唐縣」可證。

〔三六〕平山　原作「房山」，據舊唐書卷三九地理志二、新唐書卷三九地理志三鎮州條改。

〔三七〕晉改爲常州順國軍　「順國軍」，五代會要卷二四、通鑑卷二八三後晉紀四天福七年正月丙寅條同。按新五代史卷六〇職方考鎮州下載：「故曰成德軍。梁初以『成』音犯廟諱，改曰武順。唐復曰成德，晉又改曰順德。」寰宇記卷六一鎮州條云：「晉天福七年，改爲恒州順德軍，以安重榮叛命初平故也。」復按新五代史卷五一安重榮本傳，亦謂「改成德軍爲順德」。疑作「順德」是。

〔三八〕三關置方田水耨　「田」原作「臼」，據元本、馮本改。按宋史卷九五河渠志塘濼有劉平奏「開方田，隨田塍四面穿溝渠」之語，可證。

〔三九〕領縣九　按下列實領縣數僅八縣，以宋會要方域五之三一、九域志卷二、輿地廣記卷一一、宋史卷八六地理志二真定府勘校，知漏去行唐一縣。

〔四〇〕八年復置井陘縣　「置」原作「治」。按宋會要方域五之三〇、九域志卷二、宋史卷八六地理志二真定府井陘縣下並云：八年復置，徙治天威軍。今據改。

〔四一〕即縣治置軍使　「置」原誤作「軍」。按「治軍軍使」不成句，蓋涉下而誤。今據九域志卷二真定府縣八下、宋史卷八六地理志二真定府井陘縣條改。

〔四二〕行唐　二字原脱，據宋代諸志補。説見本卷校勘記〔三九〕。

〔四三〕常山郡故城光武征彭寵生明帝於此　「常山郡故城」，通典卷一七八州郡典八趙州、寰宇記卷六一鎮州元氏縣條「城」下俱有「在今縣西」四字。又同上二書及後漢書卷一〇光烈陰皇后傳「生」上有「陰后」二字。

〔四四〕汶水　原作「汶水」，形近而訛，據漢書卷二八上地理志八上常山郡石邑縣、九域志卷二、金史卷二五地理志中真定府欒城縣條改。

〔四五〕自北齊之滅衣冠士人多遷關内唯伎巧商販及樂户移實郡郭由是人情險詖至今好訟　此三十五字原爲大字，依本書文例，改爲小字注文。

〔四六〕西門渠　「渠」字原脱，據元本、馮本、慎本補。按西門渠係戰國魏西門豹爲鄴令時所開，見史記卷一二六滑稽列傳、後漢書卷五安帝紀。

〔四七〕漢蕩陰縣　「蕩陰」原作「湯陰」，據漢書卷二八上地理志八上河内郡條改。

〔四八〕永定唐縣梁改長平後唐復　元本、馮本、慎本同。按九域志卷二、輿地廣記卷一一、宋朝事實卷一八相州安陽下俱云：天聖七年，改永定縣爲永和。熙寧六年，省永和縣爲鎮入安陽。宋史卷八六地理志二相州安陽下亦有熙寧五年，省永和縣之文。據此，則此處「永定」當作「永和」，又「後唐復」下失書「熙寧省永和縣入安陽」一節。

〔四九〕襄國因山憑險　「憑」字原無，據元和志卷一五、通典卷一七八州郡典八、輿地廣記卷一一邢州龍岡縣條補。

〔五〇〕内邱　原作「内黄」，據元和志卷一五、舊唐書卷三九地理志二、新唐書卷三九地理志三邢州條改。按「内黄」已見上文相州下，此不應重出。

〔五一〕梁保義軍節度　「義」原作「乂」，據五代會要卷二四、新五代史卷六〇職方考三、輿地廣記卷一一邢州條改。

〔五二〕漢南繺縣地　「南繺」原作「南欒」，「南地」字原無。按「南欒」之名，魏太和時始見，漢代並無此名。檢漢書卷二八上地理志八上鉅鹿郡下正作「南繺」。又元和志卷一五、寰宇記卷五九、輿地廣記卷一一邢州鉅鹿縣條俱謂

「漢南䜌縣地」。今據以改、補。

〔五三〕熙寧六年　「六年」原作「初」。按宋會要方域五之三四、續資治通鑑長編紀事本末卷七七、九域志卷二、宋史卷八六地理志二內丘下皆有「熙寧六年省堯山入內邱」之文。今據改。

〔五四〕置中山尹　「尹」原作「郡」。按晉書卷一二三慕容垂載記云：「垂定都中山，以中山尹封衡爲吏部尚書。」元和志卷一八、寰宇記卷六一定州下亦作「尹」。今據改。

〔五五〕屬河北道　「道」字原脱，據舊唐書卷三九地理志二、新唐書卷三九地理志三、元和志卷一八補。

〔五六〕唐縣　原作「唐昌」。按舊唐書卷三九地理志二、新唐書卷三九地理志三、元和志卷一八定州陘邑下並云：「天寶元年，改唐昌爲陘邑。」二者實爲一地，下文有「陘邑」，同上書有「唐縣」。知唐昌係唐縣之誤，今據改。

〔五七〕曲陽　原作「恒陽」，通典卷一七一州郡典一同。按舊唐書卷三九地理二定州典陽下載：「漢上曲陽縣，隋改爲恒陽。元和十五年，改爲曲陽。」新唐書卷三九地理三定州曲陽下亦云：「本恒陽，元和十五年更名。」據此，則通典作恒陽不誤，以杜佑「書州郡，皆唐天寶以前」。然通考忽視地名沿革之變化，仍照抄通典，再書更名前之舊縣名。这不僅與元和更名的歷史事實不符，也與馬氏在輿地考一總叙後所云「唐之中世以迄於宋，沿革多矣，故今所述州郡，則皆以宋史爲據」的修志準則相違。概言之，原刊此處應以曲陽爲是。今據新、舊唐書地理志改正。

〔五八〕有盧水　漢書卷二八下地理志下中山國盧奴縣注亦同。寰宇記卷六二、九域志卷二定州安喜、輿地廣記卷一一、金史卷二五中山府安喜下俱作「盧奴水」。寰宇記云：「城內西北隅有水淵而不流，色正黑。或云黑水曰盧，不流曰奴，故以取名。」

〔五九〕以北平寨建軍　「平」原誤作「軍」，「軍」原誤作「州」，並據宋會要方域五之三一、皇宋十朝綱要卷四、九域志卷

二、宋史卷八六地理志二北平軍條改。

〔六〇〕四年即縣治置軍使　「四年」二字原脱，據同上書補。

〔六一〕周爲畿内及衛邘雍三國　「邘」原作「邗」，今改正，説見本卷校勘記〔一七〕。下注文同改，因及注音字「干」改作「于」。

〔六二〕襄王賜文公陽樊温原欑茅之田　「温」原作「隰」，「欑」原作「攢」，「茅」原作「茆」，並據左傳僖公二十五年改。

〔六三〕阻其山保之　「其」原作「共」，據元本、馮本、慎本改。按史記卷六秦始皇本紀有「阻其山以保魏之河内」句，可證。

〔六四〕宋爲河内郡團練　「宋」字原脱，據本書文例及宋史卷八六地理二懷州條補。按宋代州分節度、防禦、團練、刺史四等，此與宋制合。

〔六五〕即魏文帝奉漢獻帝爲山陽公居濁鹿之地　「奉」原作「封」，「爲山陽公」四字原脱，「濁」原作「獨」。按後漢書卷九獻帝紀載：延康元年冬十月乙卯，皇帝遜位，魏王丕稱天子，奉帝爲山陽公，都山陽之濁鹿城。魏志卷二文帝紀同；通鑑卷六九魏紀亦有「奉漢帝爲山陽公」語。今並據以改、補。

〔六六〕戰國時屬魏　「魏」原作「衛」，據元和志卷一六、寰宇記卷五六、輿地廣記卷一一衛州條改。

〔六七〕秦并天下爲河東三川二郡之地　「河東」原作「東郡」，據本卷卷首古冀州總叙及元和志卷一六、寰宇記卷五六衛州條改。

〔六八〕宣帝復爲廣平國　「國」字原脱，據漢書卷二八下地理志八下廣平國及元和志卷一五、通典卷一七八洺州條補。

〔六九〕漢爲涿郡地　「郡」原作「州」，據漢書卷二八上地理志二八上改。按漢無涿州。

〔七〇〕有蕪蔞亭　「蕪蔞」原作「蕪婁」，據馮本、慎本改。按元和志卷一七、寰宇記卷六三、輿地廣記卷一一深州饒陽下都作「蕪蔞」。

〔七一〕以深州樂壽來屬　「深州」原作「新州」，據本編上文深州沿革「至道初，以樂壽隸瀛州」語及宋會要方域五之二八、九域志卷二、宋史卷八六地理志二樂壽條改。

〔七二〕舊名關南慶曆八年始置高陽關路安撫使　按原刊有脱文，考宋史卷八六地理志二河間府「舊名關南」下有「太平興國七年，改名高陽關」之文；隆平集卷一郡縣、長編卷二三、宋史卷四太宗紀亦云「太平興國七年，改關南爲高陽關」。此脱載「改關南爲高陽關」，即書「置高陽關路安撫使」，嫌無所承。

〔七三〕統瀛莫雄貝冀滄永静保定乾寧信安一十州軍　「軍」字原脱，據宋史卷八六地理志二河間府條補。

〔七四〕治歸義縣　「治」原作「置」。據新五代史卷六〇職方考、寰宇記卷六七、輿地廣記卷一〇雄州條改。

〔七五〕政和間爲永清郡　「郡」字原脱，據宋會要方域五之二七、輿地廣記卷一〇、宋史卷八六地理志二霸州條補。宋志云：「政和三年，賜郡名曰永清。」

〔七六〕莫　原作「鄚」，據舊唐書卷三九地理志二、新唐書卷三九地理志三莫州條改。按舊志云：「開元十三年，以『鄚』字類『鄭』字，改爲『莫』。」下文「易水之在鄚」，同改。

〔七七〕以清苑置保州　「清苑」原作「清遠」。按「清遠」屬廣南東路廣州，與此遥隔，作「清遠」顯誤。今據宋會要方域五之三二、九域志卷二、宋史卷八六地理志二保州條訂改。

〔七八〕有唐河　「唐河」原作「塘河」，據九域志卷二祁州蒲陰及方輿紀要卷一二保定府唐縣條改。

〔七九〕漢高祖置爲信都國　「國」原作「郡」，據元本及漢書卷二八下地理志八下、輿地廣記卷一〇冀州條改。

〔八〇〕慶曆八年　原作「宣和間」，據長編卷一六二慶曆八年春正月壬寅條及宋會要方域五之二、九域志卷二、宋史卷八六地理志二冀州條改。

〔八一〕元豐間　九域志卷二、輿地廣記卷一〇、宋朝事實卷一八冀州下並作「皇祐四年」。疑是。

〔八二〕有廣川城　「廣川」原作「廣武」，據隋書卷三〇地理志中信都郡棗强及通典卷一七八州郡典八、輿地廣記卷一〇冀州棗强縣條改。按寰宇記卷六三冀州下亦作「廣川」，引縣道記云：「今棗强東北十八里有廣川王故城。」

〔八三〕北齊改爲趙州　「北齊改」三字原脱，據北史卷七齊宣帝紀及舊唐書卷三九地理志二、元和志卷一七、通典卷一七八州郡典八趙州條補。

〔八四〕熙寧省元祐復　元本、馮本、慎本同。按宋會要方域五之三二慶源府柏鄉、贊皇縣，宋史卷八六地理志二慶源府高邑下俱云：熙寧五年，省柏鄉、贊皇二縣爲鎮入焉，元祐元年復。九域志卷二、輿地廣記卷一一高邑下亦云，省柏鄉、贊皇二縣爲鎮入高邑，而不云省高邑。據此，則省、復當是柏鄉、贊皇二縣，非高邑也，此處有脱誤。

〔八五〕有敦與山　元和志卷一七、寰宇記卷六〇趙州臨城下同。九域志卷二趙州臨城、金史卷二五地理志中沃州臨城作「敦輿山」。

〔八六〕有大陸澤　「有」原作「爲」。按作「爲」義不可通，今據本書文例改。

〔八七〕本唐莫州清苑縣　「清苑」原作「清遠」，今改。説見本卷校記〔七七〕。

〔八八〕置滿城縣　「滿城」各本並誤作「蒲城」，據元和志卷一八、寰宇記卷六七、九域志卷一〇易州條改。下同改。

〔八九〕景德元年并縣改　諸本並同。按輿地廣記卷一二安肅軍安肅縣云：「景德元年，改軍與縣皆爲安肅焉。」宋會要方域五之三四、九域志卷二同。此處語意不明。

〔九〇〕政和三年賜郡名曰乾寧　「政和三年」原脱，據宋朝事實卷一八、輿地廣記卷一〇、宋史卷八六地理志二清州條補。

〔九一〕莞蒲蚌蛤　「莞」原作「也」。通考考證云：「刊本『莞』訛『也』，據宋史改。」今從改。

〔九二〕本霸州淤口寨　「淤口」原作「游口」，據宋會要方域五之三〇、九域志卷二、輿地廣記卷一〇、宋史卷八六地理志二信安軍條改。

〔九三〕屬河北道　「屬」字原脱，據本書文例補。

〔九四〕亦曰在衞水常水之間　「常水」即「恒水」，蓋宋避真宗諱改。下文「其山曰常」同。

〔九五〕赫連勃勃　原脱一「勃」字，據晉書卷一三〇、魏書卷九五、北史卷九三赫連勃勃本傳補。按元和志卷一三、寰宇記卷四〇并州下亦俱作「赫連勃勃」。

〔九六〕分坼不可詳也　「坼」原作「拆」，據元本、馮本、慎本改。

〔九七〕當是徙於此也　「是」原作「時」，據通典卷一七九州郡典九及文義改。「也」原作「地」，據元本、馮本、慎本改。

〔九八〕夏靈　左傳昭公元年作「夏虚」。

〔九九〕宜速迎尚并力觀變　「宜」字原無，據元和志卷一三太原府、通典卷一七九州郡典九、寰宇記卷四〇并州條補。又「尚」原作「紹」，據馮本、慎本改。按三國志卷二六牽招傳、魏書卷三二高幹傳都作「尚」，足證。

〔一〇〇〕盂　原作「孟」，據慎本及元和志卷一三、舊唐書卷三九地理志二太原府改。

〔一〇一〕交城屬大通監　「大通監」原作「大遼監」。按宋無大遼監，作「遼」誤。今據宋會要方域六之四、九域志卷四、宋史卷八六地理志二及下文大通監條改。

〔一〇二〕昔高辛氏遷閼伯於商邱主辰　「辰」原作「參」。按左傳昭公元年條云：「遷閼伯於商丘，主辰。商人是因，故辰爲商星。」杜預注曰：「商人，湯先相土封商丘，因閼伯故國，祀辰星。」是「辰星」即「商星」，「參」乃「辰」或「商」之訛，今據改。

〔一〇三〕遷實沉於大夏主參　「參」原作「商」，據左傳昭公元年條改。

〔一〇四〕有胡甲水　水經注卷六汾水篇作「侯甲水」，云「水發源祁縣胡甲山」。按「侯」、「胡」音轉字通。

〔一〇五〕上黨者言其地極高與天爲黨　此十二字，依本書文例改爲小字注文。

〔一〇六〕兼提舉澤絳州威勝軍屯駐泊本城兵馬巡檢事　宋史卷八六地理志二隆德府「澤」下有「晉」字。

〔一〇七〕建中靖國初陞爲隆德府　按宋會要方域五之四、宋史卷八六地理志二隆德府下俱云：建中靖國元年，改爲隆德軍，崇寧三年，陞隆德軍爲隆德府。宋朝事實卷一八、輿地廣記卷一八潞州亦有「建中靖國元年，改隆德軍」之文。此處有脱誤。

〔一〇八〕陞爲慶祚軍　「慶祚」原作「慶源」，「軍」字原脱。按「慶源」係由趙州升軍，在崇寧四年，屬河北西路；「慶祚」係由趙城升軍，在政和三年，屬河東路。此誤「慶祚」爲「慶源」，又脱一「軍」字。今據宋朝事實卷一八、宋史卷二一徽宗紀、卷八六地理志二及續通鑑卷九一宋紀九一政和三年秋七月癸未條改、補。

〔一〇九〕其城石門關　元本、馮本、慎本並同。按「其城石門關」不成句，考水經注卷一三㶟水篇載：「祁夷水又東北徑蘭亭南，又東北徑石門關北。」寰宇記卷四九代州崞縣下云：「石門關在縣西北八十里。」兩書所記方位相符。又新唐書卷三九地理志三代州崞縣下亦謂「有石門關」。疑此處「城」下脱「西北有」三字。

〔一一〇〕畢萬　二字原倒，據上下文及左傳閔公元年條乙正。

〔一一一〕有嬀汭水　「有」字原脱，據九域志卷三、金史卷二六地理志下及本書注例補。

〔一一二〕漢解縣故城在今縣東南　「在」字原脱，「南」原訛作「西」，並據元和志卷一二、輿地廣記卷一二臨晉縣條補、改。元和志云：「漢解縣城在縣東南十八里。」

〔一一三〕漢舊縣　「漢舊」二字原倒，據元和志卷一二、通典卷一七九州郡典九河中府猗氏縣條乙正。按漢書卷二八上河東郡領縣有猗氏縣。

〔一一四〕左傳晉文公從秦反國　「秦」原作「晉」，據左傳僖公二十四年改。

〔一一五〕宋爲防禦　「禦」下原有「郡」字，據馮本及九域志卷三、宋史卷八七地理志三解州條删。按宋制，州之等級有四：曰節度州，曰防禦州，曰團練州，曰刺史州。未有稱「防禦郡」者，蓋自唐改郡爲州以後，郡已名存實亡。

〔一一六〕直屬京師　「直」原作「置」，元本作「且」，據馮本、慎本及上文改。按長編卷八二真宗大中祥符七年夏四月庚午條有「詔慶成軍增置官吏，許直達朝廷」之文，可證。

〔一一七〕以忻川水爲名　此六字誤入正文，與本書文例不合，改爲小字注文。

〔一一八〕靖康後　「靖康」原作「清康」，據元本、馮本、慎本改。

〔一一九〕元豐八年復置州縣並復　元本、馮本、慎本同。按宋會要方域六之七遼州下作「复置州，縣復來隸」。九域志卷四、宋史卷八六地理志二遼州俱作「復置州，縣、鎮並復，來隸」。則此處有脱誤。

〔一二〇〕有管涔山劉曜隱處　「管涔山」原作「管岑山」，據水經注卷六汾水篇、九域志卷四、輿地廣記卷一九憲州静樂縣條改。又「隱」原作「敗」，據晉書卷一〇三劉曜載記及元和志卷一四嵐州宜芳縣條改。按太平御覽卷四五地部一〇管涔山條引前趙録有「劉雲海族子曜嘗隱避於管涔山」文，亦可證。

〔一二一〕趙武靈王破樓煩而取其地　「趙武靈王」，馮本、慎本及元和志卷一四嵐州、方輿紀要卷四〇太原府静樂縣條同。元本及寰宇記卷四一嵐州作「趙惠文王」。按史記卷四三趙世家載，破樓煩係趙武靈王時，則原刊及馮、慎本是，元本誤。

〔二二〕咸平二年　「二」，馮本、慎本及宋會要方域六之六同。長編卷四六、皇宋十朝綱要卷三均作「三」。

〔二三〕隋置岢嵐鎮　「隋置」二字原闕。按元和志卷一四嵐州嵐谷縣云：「隋大業三年，置岢嵐鎮。」寰宇記卷五〇岢嵐軍作「隋大業中置岢嵐鎮」。方輿紀要卷四〇太原府岢嵐州亦謂「隋爲静樂縣地，又置岢嵐鎮於此」。本編上文已有「故郡城魏置」句，今爲上下詞義相貫，並参以上諸志補「隋置」二字。

〔二四〕唐又置軍　「唐」字原闕，據元和志卷一四、舊唐書卷三九地理志二、新唐書卷三九地理志三嵐州嵐谷縣條補。「又」原作「交」，據元本、馮本、慎本改。

〔二五〕石磴縈委若羊腸焉　諸本並同。按水經注卷六汾水篇云：「漢高帝十一年，封靳彊爲侯國。後立屯農，積粟在斯，謂之羊腸倉。山有羊腸坂，石磴縈委，若羊腸焉。」輿地廣記卷一九嵐州宜芳下引文同。據此，則「石磴」上脱「山有羊腸坂」句。

〔二六〕以蔚汾水西與黄河合因以爲名　「蔚汾」下諸本並衍「二」字，據元和志卷四一、九域志卷四嵐州合河縣、方輿紀要卷四〇岢嵐州興縣條删。按蔚汾水乃一條水，非兩水名。

〔二七〕二漢屬西河郡有南單于庭　「有」字原無。按「南單于庭」與下句不相統承，檢寰宇記卷四二石州下云：「兩漢爲西河郡地。有南單于庭，即左國城。前趙記曰，今離石左國單于所徙是也。」又於石城縣下云：「後漢末荒廢，爲南單于庭左國城。」本編下文離石注亦有「後南單于庭左國城在此」句。今爲上下文義貫連，據寰宇記補「有」字。

〔二八〕以大通監綿上縣來隸　「大」下原有「道」字。按宋無「大道通監」之名，「道」當是衍文。今據元本、馮本、慎本及宋會要方域六之九、九域志卷四、宋史卷八六地理志二威胜軍綿上縣條删。

〔一二九〕漳水一出樂平縣少山　「少山」諸本並作「小山」。按水經注卷一〇清漳水篇云：「清漳水出上黨西北少山。」元和志卷一三、寰宇記卷四〇并州樂平縣亦均作「少山」。今據改。

〔一三〇〕築長城於草城川口以爲控扼　「長」原作「畏」，形近而訛，據元本、馮本、慎本改。

〔一三一〕桔槔　「槔」原作「桿」，字形相近而訛，據九域志卷四、宋史卷八六地理志二火山軍條改。

〔一三二〕析嵐州地置定羌軍　「嵐州」原作「憲州」，據九域志卷四、宋史卷八六地理志二、宋朝事實卷一八保德軍條改。

〔一三三〕至慕容雲爲馮跋所滅　「慕容雲」原作「慕容寶」。按馮跋滅後燕，在公元四〇七年，其時慕容寶已死十餘年，作「慕容寶」顯誤。今據晉書卷一二四慕容雲傳、魏書卷七九、北史卷九三馮跋傳改。

〔一三四〕或爲柳城郡　「郡」字原脱，據舊唐書卷三九地理志二、新唐書卷三九地理志三營州條及本書文例補。

〔一三五〕骨咄　元本、馮本、慎本並同。新唐書卷三九地理志三營州條土貢「骨」上有「皮」字。

〔一三六〕有青山　「有」字原無，據本書文例補。

〔一三七〕又有漢交黎縣故城在東南　「交黎」原作「夫黎」，據漢書卷二八下地理志八下遼西郡、輿地廣記卷一二河北路化外州營州城條改。按漢無夫黎縣。

〔一三八〕秦築長城　「秦」字原脱，據通典卷一七八州郡典八平州盧龍、寰宇記卷七〇平州、輿地廣記卷一二河北路化外州平州石城縣條補。

〔一三九〕漢遼爲界　諸本並同。按「漢遼爲界」不成句，上文云：「漢遼西郡故城在今郡東。」寰宇記卷七〇平州盧龍云：「遼西城，漢爲郡於此，廢城在今郡東。」兩處行文雖略有差異，然所記實同。疑此處有脱誤。

〔一四〇〕盧龍塞在城西北二百里　「西北」二字原倒，據通典卷一七八州郡典八、寰宇記卷七〇平州條乙正。

〔一四一〕後周改安州爲玄州　「玄州」原作「元州」，清避聖祖諱改。今據隋書卷三〇地理中安樂郡條改回。下同改。

〔一四二〕秦置漁陽郡　「郡」上原有「縣」字。據通典卷一七八州郡典八、寰宇記卷七〇薊州及輿地廣記卷一二河北路化外州薊州條删。

〔一四三〕漢舊縣　「漢舊」二字原倒，據本書注文例改。

〔一四四〕唐在遼東於柳城郡東置祠遥禮　元本、馮本、慎本並同。通典卷一七八州郡典八幽州下「唐在遼東」作「山在遼東」，又「於」上有「今」字。按「山在遼東」，與周禮職方「其山曰醫無閭」下鄭氏注「醫無閭在遼東」句相符。疑原刊有脱誤。

〔一四五〕河在滄州無棣縣界　按「滄州」即「景城郡」。本書輿地考注地名的所在地，一般都是注所在地的郡名，或注今郡某地，少見如此處所注「河在滄州無棣縣界」者。

〔一四六〕置玄菟　「玄菟」原作「元菟」，清人諱改。今據漢書卷二八下地理志八上玄菟郡條改回。下同改。

〔一四七〕天寶元年曰歸德郡　「曰」原作「屬」，據元本、馮本、慎本改。按新唐書卷三九地理志三、輿地廣記卷一二幽州幽都縣俱作「曰」，可證。

〔一四八〕又漢安樂縣古城在西北　「安樂」二字原倒，據漢書卷二八下地理志八下漁陽郡、寰宇記卷六九幽州潞縣條乙正。按漢樂安縣爲千乘郡屬縣，在青州境内，與此地望不合。

〔一四九〕唐初名曰固節　新唐書卷三九地理志三、寰宇記卷六九、輿地廣記卷一二幽州良鄉下「唐初」均作「聖曆元年」。疑是。

〔一五〇〕淮南子云天下九塞　「九」下原衍「關」字，據淮南子卷四地形訓删。按吕氏春秋卷一三有始亦作「九塞」。

〔一五一〕至宋僅得歸義一縣以置雍州　元本、馮本、慎本並同。按新五代史卷六〇職方考雄州、卷一二世宗紀俱謂顯德六年，克瓦橋關置雄州。輿地廣記卷一〇雄州歸信下同，云：「皇朝太平興國元年，改爲歸信。」據此，則原刊「宋」當作「周」，「雍」當作「雄」。

〔一五二〕「順州在范陽郡城唐天寶初置尋又改爲順義歸化二郡」至「賓義懷柔」　元本、馮本、慎本並同。按此條係順州與歸順州兩條相混之文。檢舊唐書卷三九地理志二順州云：貞觀六年置，寄治營州南五柳城。天寶元年，改爲順義郡。乾元元年，復爲順州。舊領縣一，賓義。又歸順州下云：開元四年置，天寶元年，改爲歸化郡。乾元元年，復爲歸順州。領縣一，懷柔。寰宇記卷七一同。新唐書卷四三下地理志七下亦云：順州順義郡，縣一，賓義；歸順州歸化郡，縣一，懷柔。由以上諸志所記，知此處所云之「歸化郡」，應屬歸化州條，乃歸化州之郡名也；所云「領縣二」，其中「懷柔」亦歸化州之屬縣。因原刊漏去歸化州，遂誤移於順州之下，致成張冠李戴之謬耳。

〔一五三〕麝香　「香」字原脱，據新唐書卷三九嬀州土貢、寰宇記卷七一嬀州土産條補。

〔一五四〕有涿鹿山　「涿鹿」原作「涿泉」，據史記卷一五帝紀及水經注卷一三㶟水篇改。

〔一五五〕阪泉地　原作「阪泉池」，據馮本、慎本及史記卷一五帝紀改。按帝王世紀曰，黄帝所都「有蚩尤城、阪泉地、黄帝祠」。

〔一五六〕在故都西南新城一名平城也　「都」原作「郡」，據馮本、慎本改。又「新」原作「故」，「也」原作「地」，並據史記卷五秦本紀及寰宇記卷五一朔州條改。

〔一五七〕即今郡城也　「郡」原作「故」，據元本、馮本、慎本改。

〔一五八〕雲中今馬邑　各本並同。通典卷一七九州郡典九雲州下注云：「雲中，今馬邑郡北。」大清一統志大同府代州條謂「秦、漢所置雲中郡及縣，俱在大同府西北塞外」。按兩書所云均與地望合，疑此處有脱文。

〔一五九〕單于臺在今縣西北百餘里　「百餘里」，通典卷一七九州郡典九雲中縣注同。今本元和志卷一四雲中縣作「四十里」。寰宇記卷四九雲中縣、嘉慶一統志卷一六〇歸化城六古蹟單于城下引元和志都説「單于臺在縣西北四百二十里」。未詳孰是。

〔一六〇〕得滿城南境以益保州　「滿城」原作「蒲城」。按作「蒲城」誤，今改正，説見本卷校勘記〔八八〕。

〔一六一〕古武遂也　「武遂」原作「遂武」。按史記卷四三趙世家載：「悼襄王二年，李牧將，攻燕，拔武遂、方城。」正義引括地志云：「易州武遂，戰國時武遂城也。」卷八一李牧傳及寰宇記卷六七易州下俱作「武遂」。今據以乙正。

〔一六二〕升威塞軍節度　「威塞軍」原作「威勝軍」。按威勝軍已見本編上文，此係重出。考新五代史卷六〇職方考、五代會要卷二四、九域志卷一〇、遼史卷四一地理志五奉聖州條皆作「威塞軍」。今據改。

〔一六三〕礬山　原作「礬石」，據新唐書卷三九地理志三新州、遼史卷四一地理志五奉聖州、金史卷二四地理志上德興府條改。按山出白緑礬，故名。

〔一六四〕單于大都護府　「護」原作「督」，據本條下文及舊唐書卷三九地理二、通典卷一七九州郡典九、新唐書卷三七地理一單于大都護條改。

〔一六五〕有金河上承紫河及像水　「上承」原作「土城」，文義不順，據通典卷一七九州郡典九單于大都護府及方輿紀要卷四四大同府金河條改。

〔一六六〕有李陵臺王昭君臺　「有」字原無，據本書文例補。又「臺」，上引通典作「墓」。

卷三百十七　輿地考三

古兗州

禹貢曰：「濟河惟兗州。東南據濟水，西北距河也。濟水及河，並具註序目篇。九河既道，河水分爲九，各從其道也。九河已具註序目。雷夏既澤，雍、沮會同。雷夏，澤名，在今濮陽郡雷澤縣。言此澤還復其故，而雍、沮二水同會其中也。沮音千余反。厥土黑墳，色黑而墳起也。厥草繇，厥木條。繇，悦茂也。條，條暢也。繇音遥。浮於濟、漯，達於河。」浮，以舟渡也。濟水已具註序目篇。漯水在漢時之東郡東武陽縣，今魏郡莘縣有東武陽城〔一〕，無此水矣。因水入水曰達。漯音他合反〔二〕。舜置十二牧，兗其一也。周禮職方曰：「河東曰兗州。其山曰岱〔三〕，泰山，今魯郡界。藪曰大野，一名鉅野澤，在今東平郡鉅野縣。川曰河、泲，浸曰盧、濰。盧水在濟陽郡盧縣。濰水在今高密郡莒縣。與禹貢不同。濰音維。其利蒲、魚。人二男三女。畜宜六擾，六擾，六畜。穀宜四種。」黍、稷、稻、麥。蓋以沇水爲名。又兗之爲言端也，信也。端言陽精端端，故其氣殲殺也。其在天文，營室、東壁則衛之分野，漢之東郡及魏郡之黎陽，皆其分野。今靈昌、濮陽之東北境〔四〕，濟陽之西北境，博平之西南境皆是。兼得魏、宋、齊、趙之交。漢之酸棗縣，今靈昌之西境，宜屬魏。漢之東平及東郡之須昌、壽張，今東平及濮陽之東南境〔五〕，皆宜屬宋。漢之泰山，渤海之高樂、高城、重合、陽信、平原，今濟陽之東南境，平原〔六〕、樂安、景城之南境，博平之東境，皆宜屬齊。漢之信都、清河、渤海郡南至浮水，今清河博平之北境，景城之北境，皆宜屬趙。秦平天下，置郡，此爲東郡、今靈昌、濮陽、濟陽、魏郡、博平皆是。碭郡之東北境，今東平郡。齊郡之北境，今平原、樂安郡。鉅鹿、上谷二郡之東境。今清河、景城郡是。漢武置十三州，此爲兖州。領郡、國八。後漢並因前代。理昌邑，今魯郡金鄉縣也。魏、晉亦置兖州，領郡、國八，理廩邱，今濮陽郡雷澤縣。永嘉之後，陷於石勒。宋武平河南，又得其地，置兖州。領郡六。初理滑臺，後理瑕邱。滑臺，今靈昌郡。瑕邱，今魯郡縣。自二漢以後立兖州〔七〕，非悉是古州疆域，所領郡國，東境兼入青州之地，西境則入豫州之地〔八〕。宋末，其地入後魏，自後分割不可詳焉。唐分置十五部，此爲河南道。靈昌、濮陽、濟陽、東平等郡皆是也，河北道，清河、魏郡、博平、平原、樂安〔九〕、景城等郡是也。梁時滄、德二州爲唐所有，末年貝、博二州爲唐所取。唐滅梁，傳晉、漢、周，皆有其地。宋以魏、博、貝、滄、海、棣爲河北東路，濮、鄆、濟爲京東西路，滑爲京西北路。靖康後，没於金。

兖州舊疆界於河、濟，地非險固，風雜數國。魏、晉、宋、齊、趙五國之地。秦、漢以降，政理混同，人情樸厚，俗有儒學。及西晉之末，爲争戰之地，三百年間，傷夷特甚。自宇内平一，又如近古之風焉。

古兖州歷代沿革之圖

春秋時可考者十國。

衛南境是。　齊南境是。　須句　宿　南燕　胙　遂　郜　郕　任

秦時爲郡五。

東郡　碭郡東北境是。　齊郡北境是。　鉅鹿東境是。　上谷東境是。

漢時爲郡國八，縣一百三十五。

東郡二十二縣濮陽　觀〔一〇〕　聊城　頓邱　發干〔一一〕　范　茌平　博平　黎　清　東阿　離狐　臨邑　利苗　須昌　壽良　樂昌　陽平　白馬　南燕　東武陽　廩邱

魏郡東境是。縣見冀州。

泰山郡二十四縣奉高　博　茌　盧　肥成　蛇邱　剛　柴　蓋　東平陽　梁父　萊蕪　鉅平　嬴　牟　蒙陰　華　寧陽　乘邱　南武陽　富陽　桃山　桃鄉　式

濟陰郡九縣定陶　冤句　呂都　葭密　成陽　鄄城　句陽　秺　乘氏

平原郡十九縣平原　鬲　高唐　重邱　平昌　羽般　樂陵　祝阿　安　瑗　阿陽　漯陰　朸　富平　安德　合陽　樓虛　龍頟

清河郡十四縣清陽　𢘻題　繹幕　靈　厝　鄃　貝邱　信成　東陽　信鄉　繚　棗強　復陽　東武城

東平國七縣無鹽　任城　樊　東平陸　章　亢父　富城

勃海郡二十六縣浮陽　陽信　東光　阜城　千童　重合　南皮　定　章武　東平舒　中邑　高成　高樂　參户　成平　柳　臨樂　重平　安次　束州　修市　建成　景成　文安　章鄉　蒲領

千乘郡十五縣〔一二〕千乘　東鄒　濕沃　平安　博昌　蓼城　建信　狄　琅槐　樂安　被陽　高昌　繁安　高宛〔一三〕　延鄉

晉時爲郡國十二，縣八十三。

任城國三縣任城　亢父　樊

濮陽國四縣濮陽　廩邱　白馬　鄄城

濟陰郡〔一四〕九縣定陶　乘氏〔一五〕　句陽　離狐　宛句〔一六〕　己氏　成武　單父　城陽

濟北國五縣盧　臨邑　東阿　穀成　蛇邱

東平國七縣須昌　壽張　剛平　東平陸　富城　范　無鹽

陽平郡七縣元城　館陶　清泉〔一七〕　東武陽　發干　陽平　樂平

高平國七縣昌邑　鉅野　方與　南平陽　湖陸　高平　金鄉

樂陵國五縣厭次　陽信　漯沃　新樂　樂陵

清河國六縣清河　靈　繹幕　貝邱　鄃　東武城

平原國九縣平原　高唐　茌平　博平　西平昌　安德　般　鬲　聊城

渤海郡十縣南皮　東光　浮陽　饒安　阜城　重合　蓨　廣川　高城　東安陵

泰山郡十一縣奉高　博　萊蕪　梁父　山茌〔一八〕　南武陽　新泰　嬴　牟〔一九〕　鉅平　南城〔二〇〕

隋時爲郡七，縣七十一。

東郡九縣白馬　靈昌　衛南　濮陽　離狐　匡城　胙城　韋城　封邱

東平郡六縣鄄城　須昌　鄆城　宿城　雷澤　鉅野

濟北郡九縣盧　范　陽穀　東阿　平陰　長清　濟北　壽張　肥城

武陽郡十四縣貴鄉　元城　繁水　魏　莘　頓邱　觀城　臨黄　武陽　武水　館陶　堂邑〔二一〕　冠氏　聊城

平原郡九縣安樂　平原　將陵　平昌　胡蘇　長河　弓高　東光　般

渤海郡十縣陽信　樂陵　滴河〔二二〕　厭次　蒲臺　饒安　無棣　鹽山　南皮　清池

清河郡十四縣清河　清陽　武城〔二三〕　歷亭　漳南　鄃　臨清　清泉　清平　高唐　經城　宗城　博平　茌平

唐時爲州十二，縣七十九。

滑州七縣　濮州五縣　濟州五縣　魏州十縣　博州六縣　鄆州五縣　德州七縣　棣州五縣　滄州十二縣　貝州九縣　澶州三縣　景州五縣

宋時爲州十四，縣七十三。

滑州四縣　濮州四縣　濟州四縣　魏州十七縣　博州四縣　鄆州六縣　德州五縣　棣州三縣　濱州二縣　滄州七縣　恩州五縣　澶州七縣　景州三縣　通利軍二縣

滑州　其地得豕韋氏之國。豕韋氏，彭姓之國，祝融之後陸終第三子白堅封爲彭〔二四〕。春秋時屬衛，戰國亦屬衛，其西境屬魏。秦、二漢置東郡。晉爲陳留、濮陽二國。宋武平河南，置兖州，以爲邊鎮。領郡六，理於此。自晉末武帝作相，平慕容超之後，盡得河南之北境，置守在此。後屬後魏，亦爲東郡。其城古滑臺，城甚固。宋文帝遣將王玄謨攻圍之二百餘日，不拔。隋初置杞州，後爲滑州，又改爲兖州，尋廢兖州，置東郡。唐爲滑州，或爲靈昌郡，義成軍節度。屬河南道。後改宣義軍。領縣七。白馬、胙城、韋城、衛南、匡城、酸棗、靈昌。梁以酸棗、匡城二縣，屬開封府。後唐復爲義成軍。晉以衛南屬澶州，以衛州黎陽來屬。宋太平興國初，改武成軍〔二五〕，爲輔郡，屬京西路。端拱初，以黎陽置通利軍，後又爲靈河郡，武成軍節度。熙寧五年廢州，以其地隸開封府。元豐四年復之，屬京西北路。建炎初，没於金。劉豫僭位，爲涼平府。金人隸山東大名府路，又以韋城爲黄河滱廢，撥大名府内黄來隸。　貢絹。　領縣四，治白馬。　白馬，春秋衛國曹邑。「狄滅衛，衛人立戴公，以廬於曹〔二六〕」，即此地，酈生言「守白馬之津」是也。中有白馬山、黄河、黎陽津、靈河津、金隄、滑臺。　韋城，古豕韋國。有濮水。胙城，古南燕國，姞姓。漢南燕縣。　靈河。隋靈昌縣，後唐改。熙寧初，廢爲鎮，隸白馬縣。

濮州　顓頊及昆吾氏之墟也，故謂之帝邱。今濮陽縣也。昆吾氏當夏、殷之世。春秋及戰國初，爲衛國之都。春秋經曰：「衛遷於帝邱。」後爲宋所侵，盡亡其邑，獨有濮陽。秦滅濮陽，置東郡。二漢屬東郡、濟陰二郡地。晉分置濟陰郡〔二七〕、濮陽國，兼置兗州。領郡、國八，治於此〔二八〕。後魏爲濮陽郡，後周因之。隋初郡廢，置濮州。煬帝初州廢，以其地入東郡、東平、濟北三郡。唐復置濮州，或爲濮陽郡。屬河南道。領縣五。鄄城、雷澤、范、臨濮、濮陽。晉以濮陽屬澶州。宋因之，屬京東路，爲濮陽郡，團練。建炎二年，没於金。金隸山東大名府路。　貢絹。　領縣四，治鄄城。　鄄城，漢縣。有旄邱、陶邱、黄河、金隄。　雷澤，舜漁於雷澤，即此。本夏澤，以其有雷神故名。古郕伯國。隋縣。金人僞廢雷澤、臨濮二縣爲鎮，隸鄄城〔二九〕。　臨濮，唐縣。有清邱。左傳「宋、晉盟於清邱」是也〔三〇〕。　范。春秋范宣子邑。隋縣。

濟州　戰國初，齊、衛之境。秦屬東郡。漢末，屬東郡、泰山二郡地。後漢屬東郡及濟北國，晉同。宋爲濟北郡，後魏因之。隋初置濟州，煬帝時復爲濟北郡。唐武德四年平王世充〔三一〕，改爲濟州。或爲濟陽郡。郡治即古碻磝城，元魏所築〔三二〕。屬河南道。　領縣五。盧、平陰、陽穀、東阿、長清。後廢。周復置，以鄆州之鉅野、鄆城、兗州之任城、金鄉四縣隸之。宋因之，爲上州，防禦。屬京東路。靖康二年，高宗自濟入南京即位。後陷於金，金隸山東西路。貢阿膠。領縣四，治鉅野。鉅野，有大野澤，魯獲麟之地。漢縣。有蚩尤墓。鄆城，隋縣。有馬頰河、濮水、洮溝、青陵臺。任城，古任國，太皞之後所封地。漢縣。有女媧陵、邾婁城。有承山〔三三〕、泗水、新河。金鄉。古緡國。後漢縣，因穿山得金而置〔三四〕。晁補之云：平土淺山無金，此獨有金。唐置金州，尋廢。紹興十二年河决，惟金鄉獨存。金人僞移州治於此。

魏州　夏觀扈之國。春秋晉地。戰國時屬魏〔三五〕。秦屬東郡。二漢屬魏、東二郡地。二漢、魏、晉之魏郡，皆今鄴郡地。魏分置陽平郡，晉因之。宋文帝置東陽平郡，後魏因之。後周置魏州，隋改爲武陽郡。唐武德四年，討平竇建德，改置魏州。龍朔二年，改爲冀州，改魏州爲冀州。仍置大都督府，其魏、貝、博、棣、滄、德六州，並隸焉。尋復舊。開元二十八年九月，刺史盧暉移通濟渠〔三六〕，自石灰窠引流至州城西，都注魏橋，夾州製樓百餘間，以貯江、淮之貨。或爲魏郡。屬河北道〔三七〕。領縣十。貴鄉、元城、館陶、魏、頓邱、昌樂、臨黄、莘、朝城、冠氏。梁爲天雄軍節度。後唐爲東京興唐府〔三八〕，俄改鄴都，以貝州臨清來屬。晉爲廣晉府，以臨清屬澶州。漢爲大名府。周罷都，復爲天雄軍，又以貝州之永濟、宗城、經城，相州之内黄、成安〔三九〕、洹水，博州之清平七縣來屬。宋慶曆八年，始置大名府路安撫使，號北京，統大名，澶、懷、衛、德、博、濱、棣八州〔四〇〕。屬河北路。建炎二年，没於金。四年，金立劉豫，僭號齊。尋還於汴，省北京爲山東大名府。其後以内黄隸滑州，以成安、宗城二縣隸洺州，以臨清屬恩州。紹定六年，淮東制臣許國遣李全之將彭義斌自青崖崮攻大名，下之，以義斌爲守，未幾復失。貢花紬、綿紬、平紬、紫草。領縣十七，治大名。大名，後魏貴鄉縣，後唐改廣晉，漢改今名。有屯氏河，大河故瀆〔四一〕，俗曰王莽河。元城，隋縣，後唐改興唐，晉復。有沙麓山及馬陵，孫臏書木殺龐涓之所。南樂，唐昌樂縣，後割隸開德府。魏，隋縣。有漳河。館陶，漢縣。西北有陶邱，古置館其側。冠氏，隋縣。有弇水、北沙河。莘，隋縣。有泉原河。朝城，唐縣。崇寧間，割隸開德府。夏津，隋縣。有屯氏河、閏溝河。臨清，隋縣。有御河、張甲河。永濟，唐縣。有永濟渠。熙寧五年省隸臨清。宗城，隋縣。有張甲河、張渠。經城，隋縣。熙寧六年，省爲鎮入宗城〔四二〕。清平，隋縣。有新渠、金堤。內黃，隋縣。河以北爲內，以南爲外；陳留有外黃，此爲內黃。成安，有安陽河〔四三〕、漳河、蚩尤冢。洹水。後周縣。熙寧六年，省爲鎮〔四四〕，隸成安。

博州　春秋時，齊之西界聊攝地也。戰國時，爲衛、齊、趙三國之交。秦屬東郡。漢爲東郡、平原、清河三郡境。後漢屬東郡、平原二郡地。晉屬平原國。宋分置魏郡。後魏因之，其後置南冀州。隋初廢，後置博州。煬帝初州廢，以其地屬武陽郡。唐復置博州，或爲博平郡。屬河東道。領縣六。聊城、博平、清平、堂邑〔四五〕、高唐、武水。周廢武水縣入聊城。宋爲防禦，以清平縣隸大名。屬河北路。淳化三年，以河決，移治於孝武渡西。建炎後，没於金。金屬山東西路。嘉定十二年，淮東制置賈涉納降恩、博、景、德四州，旋失之。貢平紬。領縣四，治聊城。聊城，漢縣。有微子城、黃河、金沙水。堂邑，漢縣。有黃河。高唐，漢縣。有鳴犢河〔四六〕。博平。唐縣。有漯河。

鄆州　春秋時，爲魯之附庸須句國也。左傳「伐邾，取須句」是也。戰國時屬宋〔四七〕。秦屬碣石郡〔四八〕。漢屬東郡、東平國地，後爲東平國。晉、宋、後魏並因之。後周宣帝置魯州，尋廢。隋又置鄆州，煬帝初爲東平郡。治古須句縣。唐爲鄆州，或爲東平郡。屬河南道。領縣五。須昌、鉅野、宿城、壽張、鄆城。後爲天平軍節度。周以鄆城、鉅野二縣屬濟州。宋因之，後改爲東平府，屬京東西路。置安撫使。大觀元年，陞大都督府〔四九〕。建炎後，没於金。金隸山東西路。嘉定十三年，僞節度使王福以鄆降，河東北俱震，後復失。　貢絹、阿膠。領縣六，治須城。　須城，秦須昌縣，後唐改。有梁山、濟水、清河。中都，唐縣。有汶水、大野陵〔五〇〕。金改爲汶陽縣。壽張，漢縣。有梁山、濟水。東阿，秦縣。有吾山、穀城山、黄河、阿井。陽穀，隋縣。景德三年，徙治孟店。平陰。古肥子國。隋縣。

德州　春秋及戰國皆屬齊。秦置齊郡。漢高帝分置平原郡，後漢因之。晉爲平原國。宋爲平原郡，後魏、後周同。隋初廢，後置德州。煬帝初，復爲平原郡。唐平竇建德，復置德州，其後或爲平原郡。屬河北道。宋同。領縣七。安德、安陵、平原、蓨、平昌、將陵、長河。周以景州安陵來屬，廢長河。宋因之，建炎二年，没於金。金隸山東東路。　貢絹。　領縣五，治安德。　安德，漢縣。古馬頰、覆釜二河在此。平原，漢舊縣。鄃縣故城在其地。有黄河、金河。德平，漢平昌縣，梁改。熙寧六年，省爲鎮入安德。將陵，隋縣。景德元年，移治西長河〔五一〕。安陵。後魏縣。景祐二年，廢入將陵。

棣州　春秋、戰國屬齊。秦爲齊郡之地。漢屬平原、渤海、千乘三郡地。後漢爲平原郡、樂安國。晉爲樂陵、樂安二國地。宋爲樂陵郡。後魏又爲樂陵、樂安二郡地。隋屬渤海郡。唐武德四年，分置棣州。或爲樂安郡。屬河北道。宋同。領縣五。厭次、商河、陽信、渤海、蒲臺。周以蒲臺、渤海二縣置濱州。宋因之，建隆二年，升爲團練，俄爲防禦。大中祥符八年，移治陽信縣界八方寺。建炎二年，没於金。　貢絹。　領縣三，治厭次。　厭次，漢縣。有通海故關〔五二〕。商河，隋縣。有馬頰河。陽信。漢縣。有鉤盤河。

濱州　本棣州蒲臺、渤海縣，後唐以其地斥鹵，置榷鹽務。漢改贍國軍，周建爲州。宋因之，屬河北道。　貢絹。　領縣二，治渤海。　渤海，唐縣。舊黄河在縣西北，後河水移道。有秦蒲臺、豆子坑。　招安。熙寧六年省〔五三〕，元豐復。有儒山、沙河。

滄州　春秋、戰國時，爲齊、趙二國之境〔五四〕。秦鉅鹿、上谷二郡地。漢高帝置渤海郡，後漢、晉因之。宋文帝置樂陵郡，孝武分置渤海郡。後魏因之，太武初，改渤海郡爲滄水郡。孝文帝時復舊，至孝明帝，分瀛、冀二州置滄州及浮陽、樂陵、安德三郡〔五五〕。隋初郡廢，後以其地置棣州。煬帝改爲滄州，尋爲渤海郡。唐爲滄州，或爲景城郡。屬河北道。宋同。　領縣十二。長蘆、樂陵、鹽山、清池、南皮、東光、景城、弓高、饒安、臨津、魯城、無棣。　後爲横海軍節度，又改義昌軍。　梁改順化軍，後唐復爲横海軍。　周廢長蘆、乾符二縣入清池。　宋因之。　九河悉在州境，州居九河下流。　從州取海上路，趨平州，入符家寨，則咫尺幽薊矣。雄、霸之間，即景德虜騎東歸之路也。　建炎三年，没於金。　嘉定十三年，淮東制置賈涉收復，旋失。　貢大絹、柳箱。　領縣七，治清池。　清池，漢浮陽縣地。有浮水〔五六〕、徒駭河、長蘆河、衡漳河、乾符寨。　樂陵，漢縣。有鬲津、馬頰、鉤盤河。熙寧二年，徙樂陵縣治咸平鎮〔五七〕。　南皮，漢縣。有大小台山、永濟河、漯河。　無棣，隋縣。有蒲縈臺，秦始皇縈蒲繫馬之地。有老烏山、鬲津河、無棣河。治平元年，徙無棣縣治保順軍，即縣治置軍使，隸州〔五八〕。　饒安，漢縣。有胡河、無棣河。熙寧五年，省爲鎮入清池。　鹽山，隋縣。有毛氏河。　臨津。唐縣。熙寧六年，省爲鎮入南皮。

恩州　兖、冀二州之境。　河自大伾山北過洚水，至於大陸。按括地志云〔五九〕：「枯洚渠在經城縣界，北入信都郡界。」又按：經城縣在郡治西北五十四里〔六〇〕。今郡治乃在洚水之東，古兖州之域。其在洚水之西諸縣，是古冀州之域〔六一〕，即此地界也。　春秋時屬齊，其後屬晉。七國時屬趙。秦爲鉅鹿郡，漢分置清河郡。後漢爲清河國，晉因之。後魏、北齊並爲清河郡。後周因之，兼置貝州。隋初郡廢，煬帝初，復置清河郡而廢州。唐爲貝州，或爲清河郡。屬河北道。宋同。領縣九。清河、清陽、武城〔六二〕、夏津、漳南、宗城〔六三〕、臨清、經城、歷亭。後唐以臨清改屬興唐府。晉爲永清軍節度。周爲防禦。宋復爲節度，以永濟、宗城、經城等三縣，屬大名府。慶曆八年，改爲恩州，永清軍節度。建炎後，没於金，隸山東大名府路〔六四〕，以大名府臨清縣來屬。貢絹、白氈。領縣五，治清河。清河，漢縣。端拱元年，徙治永寧鎮。淳化五年，徙今治。清陽，漢曰貝邱。隋縣。熙寧四年〔六五〕，廢入清河。武城，漢曰東武城縣。七國時，趙封平原君於此。有絃歌臺。漳南，漢東陽縣，隋改。在漳水之南。至和元年，廢入歷亭。歷亭。隋縣。

澶州　唐武德四年，析黎州之澶水，魏州之頓邱、觀城置。貞觀元年州廢，縣還故屬。大曆七年，田承嗣表以魏州之頓邱、臨黄復置。屬河北道。宋同。領縣三。見上。晉爲鎮寧軍節度，以廣晉府之臨河，濮州之濮陽來屬。雍熙中，以滑州之衛南、黎陽二縣來屬。端拱初，以黎陽隸通利軍〔六六〕，又廢臨黄入觀城。慶曆四年，徙清豐縣治德清軍，即縣置軍使，隸州。熙寧六年，省頓邱縣入清豐。崇寧四年，建州爲北輔。五年，陞爲開德府，以大名府朝城、南樂兩縣來屬。靖康後，没於金。金爲開州，屬山東大名府路。紹興間，臨河、衛南二縣，爲黄河水渰廢。貢莨莠席、南粉。領縣七，治濮陽。濮陽，漢縣。有衛陽山、鮒嵎山〔六七〕、黄河、淇河、瓠子口。觀城，隋縣。有黄河、皇源河〔六八〕。臨河，隋縣。有旄邱、淇水、永濟渠、澶淵。清豐，唐縣。有廣陽山、黄河。衛南，隋縣。有九里溝。朝城，有武河、黄河。南樂。有大河故瀆、枯繫河、金堤。

景州　唐貞元元年〔六九〕，析滄州之弓高、東光、臨津置。長慶元年州廢，縣還滄州。二年，復以弓高、東光、臨津、南皮、景城置。大和四年，州又廢，縣還滄州。景福元年復置，屬河北道。宋同。領縣五。見上。周降爲定遠軍，屬滄州，以安陵隸德州，廢弓高。宋太平興國六年，以軍直屬京。淳化元年，以冀州阜城來屬，省弓高爲鎮。景德元年，改爲永静軍。靖康後，没於金。金爲景州，仍割冀州蓨縣來屬。貢簟。領縣三，治東光。東光，漢縣。有永濟渠、漳河。將陵，有永濟渠、鉤盤河。阜城。漢縣。有衡漳河。

通利軍　宋端拱元年，以澶州黎陽縣建爲軍，屬河北路。天聖四年，以衛州衛縣隸軍〔七〇〕。熙寧三年廢，以二縣隸衛州。元祐元年，復爲軍。政和五年，陞爲濬州，號濬川軍節度〔七一〕，又改爲平川軍。靖康後，没於金。領縣二，治黎陽。黎陽，漢縣。有大伾山、枉人山、倉城、黎陽津。衛。有蘇門山、鹿臺、糟邱酒池。

古青州

禹貢曰：「海、岱惟青州。孔安國以爲東北據海，西南距岱。此則青州之界，東跨海矣。其界蓋從岱山東歷密州，東北經海曲、萊州，越海分遼東、樂浪、三韓之地，西抵遼水也。嵎夷既略，濰、淄其道。嵎夷，地名，即陽谷所在也。略，言用功少也。濰、淄二水名，皆復古道。濰水出今高密郡莒縣濰山。淄水，今淄川縣。厥土白墳，海瀕廣潟。瀕，水涯也。潟，鹵鹹之地。瀕音頻，又音賓。潟音昔。萊夷作牧。萊山之夷地，宜畜牧。今東萊郡〔七二〕。浮於汶，達於濟。」汶水出今魯郡萊蕪縣界，言渡水西達於濟。舜分青州爲營州，皆置牧。鄭玄云：「舜以青州越海，分置營州。」其遼東之地安東府，宜禹貢青州之域也。周以徐州合青州，其土益大。周之青州，兼有徐、兖二州之分。周禮職方曰：「正東曰青州，其山曰沂，藪曰孟猪，沂山，在今瑯琊郡沂水縣，即沂水所出也。孟猪，澤名，今睢陽郡宋城縣，即明猪。屬禹貢豫州，與職方山藪不同也。川曰淮、泗，浸曰沂、沭。沭水出東海郡沭陽縣。沭音述。其利蒲、魚。人二男三女。畜宜鷄、狗，穀宜稻、麥。」蓋以土居少陽，其色爲青，故曰青州。在天官，虛、危則齊之分野。漢之淄川、東萊、瑯琊、高密、膠東、濟南，皆其分也。秦平天下，置郡，此爲齊郡、今北海、濟南、淄川、東萊、東牟等郡地是。瑯琊之東境、今高密郡地也。遼東。今安東府。秦亂，項羽宰割天下，以其地爲國，曰膠東、以田市爲王，理即墨，今東萊郡縣。齊、以田都爲王，理臨淄，今北海郡縣地也。濟北。以田安爲王，理博陽，謂之三齊。漢武置十三州，此亦爲青州，領郡、國有六。後漢因之，領郡、國五，理臨淄，今北海郡縣是也。魏、晉亦因之。領郡、國六。晉又置平州，領郡、國五，理昌黎〔七三〕，今安東府也。懷帝末，没於石勒、慕容皝。及慕容恪滅冉閔，剋青州。至苻氏平燕，復有其地。及苻氏敗後，刺史苻朗以州降晉，晉以爲幽州。以辟閭渾爲刺史，鎮廣固。安帝時，平州又陷於慕容垂。其青州又爲慕容德所據，復改爲青州。慕容超移青州於東萊。後爲劉裕所剋，復置青州。時以羊穆之爲刺史，鎮廣固。平州自慕容垂後，又没於馮跋，旋爲後魏所有。其青州，宋分爲青、冀二州，青領郡九，理臨淄。冀領郡九，理歷城。今濟南郡縣。後入後魏。其後分析，不可具舉。唐分置十五部，此爲河南道、北海、濟南、淄川、東萊、高密。河北道。今安東府〔七四〕。宋爲東京路，建炎後，没於金。

青州古齊，號稱强國，憑負山海，擅利鹽鐵。管仲謂楚師曰：「我齊東至於海，西至於河，南至於穆陵，北至於無棣。」穆陵山，在今瑯琊郡沂水縣界。無棣，今景城郡縣。又燕王謂蘇代曰：「吾聞齊地清濟、濁河可以爲固〔七五〕，長城、巨防可以爲塞。」今濟陽郡盧縣界有防門山，又有長城東至海。太公用之而富人，管仲資之以興霸。人情變詐，好行機術，豈因輕重而爲弊乎！固知導人之方，先務推以誠信。漢高帝謂婁敬曰：「齊虜以口舌得官。」又汲黯斥公孫弘曰「齊人多詐」也〔七六〕。逮於漢氏，封立近戚。漢初，田肯説高帝曰：「齊，東有瑯琊、即墨之饒，南有泰山之固，西有濁河之險，北有渤海之利。隔懸千里，齊得十二焉。故號東西秦，非親子弟勿王。」武帝臨極，儒雅盛興。晉惠之後淪没，僭僞慕容建國，二代而亡。今古風俗頗革，亦有文學。唐初立都督府，命親王鎮之。

古青州歷代沿革之圖

春秋時可考者五國。

齊　莒　萊　牟　譚

秦時爲郡三。

齊郡　瑯琊郡東境是。　遼東郡

漢時爲郡、國十二，縣一百八十六。

北海郡二十六縣營陵　劇魁　安邱　瓡　淳于　益　平壽　都昌　平望　羊石　平的　柳泉　壽光　樂望　饒　斟　桑犢　平城　密鄉　新成　樂都　石鄉　上鄉　成鄉　膠陽　劇

高密國五縣高密　昌安　石泉　夷安　成鄉

膠東國八縣即墨　昌武　下密　壯武〔七七〕　郁秩〔七八〕　挺　觀陽　鄒盧〔七九〕

淄川國三縣劇　東安平　樓鄉〔八〇〕

濟南郡十四縣鄒平　臺　梁鄒　土鼓　於陵　陽邱　東平陵　般陽　菅　朝陽　歷城　猇　著　宜成

齊郡十二縣臨淄　昌國　利　西安　鉅定　廣　廣饒　昭南　臨朐　北鄉　平廣　臺鄉

瑯琊郡五十一縣東武　不其　海曲　贛榆　朱虛　諸　梧成　靈門　姑幕　雲　虛水　臨原　瑯琊　祓　柜　缾　邞　雩叚〔八一〕　黔陬　箕　計斤　稻　臯虞　平昌　長廣　橫　東莞　魏其　昌　兹鄉　昆山　參封　稗　高廣　高鄉　柔　即來　麗武鄉　伊鄉　新山　高陽　駟望　安邱　折泉　博石　房山　慎鄉　高陵　臨安　石山

城陽國四縣莒　陽都　東安　慮

東萊郡十七縣掖　腄　平度　黄　臨朐　曲成　牟平　東牟　㡉　育犁　昌陽　不夜　當利　盧鄉　陽樂　陽石　徐鄉

遼東郡十八縣襄平　新昌　無慮　望平　房　候城　遼隊　番汗　險瀆　遼陽　居就　高顯　安東　武次　平郭　文　沓氏　西安平

樂浪郡二十五縣朝鮮　䛁邯　浿水　含資　黏蟬　遂成　增地　帶方　駟望　東暆　海冥　列口　長岑　屯有　昭明　鏤方　提奚　渾彌　吞列　不而　蠶台　前莫　邪頭　昧　華麗　夫租〔八二〕

玄菟郡三縣高句驪　上殷台　西蓋馬

晉時爲郡、國十一，縣六十九。

齊國五縣臨淄　廣饒　東安平　西安　昌國

濟南郡五縣平壽　下密　膠東　即墨　祝阿

樂安國八縣高苑　臨濟　博昌　利益　蓼城　鄒　壽光　東朝陽

長廣郡三縣不其　長廣　挺

城陽郡十縣莒 姑幕 諸 昌安 淳于 東武 高密 壯武 黔陬 平昌
東莞郡八縣東莞 朱虛 營陵 安邱 蓋 臨朐 劇 廣
東萊國六縣掖 當利 盧鄉 曲城 黄 惤
遼東國八縣襄平 汶〔八三〕 新昌 力城 安市 居就 樂就 西安平
玄菟郡三縣望平 高句驪 高顯
樂浪郡六縣朝鮮 屯有 渾彌 遂成 鏤方 駟望
帶方郡七縣帶方 列口 南新 長岑 提奚 含資 海冥

隋時爲郡四，縣三十六。

北海郡十縣益都 臨淄 千乘 博昌 壽光 臨朐 都昌 北海 營邱 下密
齊郡十縣歷城 祝阿 臨邑 臨濟 鄒平 章邱 長山 高苑 亭山 淄川
高密郡七縣諸城 東莞 郚城 瑯琊 高密 膠西 安邱
東萊郡九縣掖 膠水 盧鄉 即墨 觀陽 昌陽 黄 牟平 文登

唐時爲州八，縣三十四。

青州七縣 濰州二縣 齊州八縣 淄州五縣 登州四縣 密州四縣 萊州四縣 安東大都護府

宋時爲州七，縣三十。

青州六縣 濰州三縣 齊州四縣 淄州四縣 密州五縣 萊州四縣 登州四縣

青州　少皞之世有爽鳩氏，虞、夏時有季萴〔八四〕，仕側反。湯末有逢公伯陵逢音蒲江反。殷末有蒲姑氏，皆爲諸侯國於此地。周成王時，蒲姑氏與四國作亂，成王滅之，以封太公，是爲齊國，所謂營邱，後徙都臨淄，亦其地。今臨淄縣。秦屬齊郡。漢置北海郡。晉爲北海、樂安二國之地，兼置青州。領郡、國五，理於此。永嘉末，陷於石勒。冉閔亂，段龕據之。慕容恪攻圍數月而剋。其後南燕慕容德，建都於此。慕容德初議所都，尚書潘聰曰：「青、齊沃壤，號曰東秦。地方千里〔八五〕，四塞之固，負海之饒，可謂用武之國。廣固者，曹嶷之所營，山川險峻，足爲帝王之都。」從之。至慕容超，宋武帝來伐，超固守，攻圍七月而拔之。宋置青州。領郡九，理於此。後入後魏，又置青州。宋將沈文秀爲青州刺史，守東陽城，爲後魏將慕容白曜攻圍三年，無救而陷。後周置齊郡。隋文帝初郡廢，煬帝初州廢，置北海郡。唐爲青州，或爲北海郡。屬河南道。爲平盧軍節度。領縣七。益都、北海、臨淄、壽光、千乘、博昌、臨朐。晉爲防禦。漢復爲平盧軍節度。宋改爲鎮海軍。建隆三年，以北海縣置軍，屬京東路。慶曆二年，置京東東路安撫使。郡東北至海，故曰北海。青、齊鹽利被天下，盜賊所聚。建炎三年，没於金。金爲益都府，隸山東路。嘉定十二年，僞守張林以所部濱、棣、淄川來降，濟、沂、莒州亦降，俄復叛。十五年，山東忠義李全居青州以自守，後亦叛。　貢仙紋綾、梨、棗。　領縣六，治益都。　益都，晉廣固城在縣西四里，曹嶷所築，有大澗甚廣，故名廣固城。有南山、堯山、淄、澠水、平盧水。臨淄，齊國都。一名營邱，爲海、岱間一都會。有牛山、愚公谷〔八六〕、葵邱。臨朐，古伯氏駢邑。有臨朐山〔八七〕。壽光，漢舊縣。古紀國城在縣南〔八八〕。有斟灌城、寒浞國。博興，漢博縣，後唐改。有濟水、時水、海浦。千乘。漢博縣，後唐置。有濟水、時水、海浦。

濰州　唐武德二年，以青州之北海、營邱、下密置濰州。八年州廢，復隸青州。宋建隆三年，以青州北海縣建爲北海軍，又置昌邑縣隸之。乾德三年，陞爲濰州，又增昌樂縣。爲上州，團練，屬京東路。建炎二年，没於金。金隸山東東路。貢綜絲絁。領縣三，治北海。北海，唐縣。有濰水。昌邑，隋都昌縣，唐廢。建隆三年，復置。昌樂。唐營邱縣，後廢。乾德中，復置安仁縣，更今名〔八九〕。有方山、聚角山〔九〇〕、丹水、朐水。

齊州　春秋、戰國並屬齊。秦屬齊郡。漢韓信伐齊，至歷下，即其地也。文帝分置濟南國，景帝改爲濟南郡、樂安郡。後周亦有濟南郡。隋初廢，煬帝初，置齊州。唐復爲齊州，或爲臨淄郡，復改爲濟南郡。屬河南道。領縣八。歷城、臨濟、章邱、豐齊、禹城、臨邑、全節、亭山。宋屬京東路。咸平四年，廢臨濟。景德三年，以章邱置清平軍〔九一〕。熙寧三年廢軍，復爲縣，隸齊州。政和六年，陞爲濟南府，興國軍節度。齊當天中，由腹齊也。建炎二年，守逆豫以州降，遂没於金。金隸山東東路〔九二〕。嘉定十三年，僞守王斌以城來降，旋復失。貢綿、絹、陽起石、防風。領縣四，治歷城。歷城，漢縣。有故譚國城、歷山、華不注山。禹城，古祝國。唐縣。有禹息城、黎齊關。長清，隋縣。至道二年，徙城於刺榆店。有磨笄山、石茀、四口關。臨邑。漢縣。建隆元年，河決公乘渡口，壞縣城。三年，移孫耿鎮〔九三〕。

淄州　禹貢曰「濰、淄既道」，即其地也。春秋、戰國皆齊地。秦屬齊郡。漢屬濟南、樂安二國之地，又置淄川國〔九四〕。晉屬樂安國。後魏置東清河郡，北齊廢之。隋置淄州，煬帝初，併其地入齊郡。唐復置淄州，或爲淄川郡。屬河南道。領縣五。淄川、長山、鄒平、高苑、濟陽。宋屬京東路。景德三年，以高苑置宣化軍。熙寧三年廢軍，復爲縣，隸州。建炎二年，没於金。貢綾、防風、長理石。領縣四，治淄川。淄川，漢般陽縣。有淄水。萊蕪縣故城在東南，漢淄川國亦在此。古齊長城。長山，漢於陵縣。陳仲子隱處。有長白山、粟水〔九五〕。鄒平，漢縣。有濟水、系河。高苑。漢縣。有黄河、濟河。

密州　戰國屬齊。秦屬瑯琊郡。漢屬高密國、城陽國地。後漢屬瑯琊郡、北海國地。晉屬城陽郡。後魏復置高密郡，後置膠州。隋初爲密州，以密水爲名。煬帝後改爲高密郡。唐因之，屬河南道。領縣四。諸城、安邱、高密、莒。漢爲防禦，周爲軍事。宋復爲防禦，屬京東道。開寶五年，陞爲安化軍節度。建炎元年，没於金。金隸山東路。嘉定十二年，賈涉命李全取濰、密，旋復失。貢絹、牛黄。領縣五，治諸城。諸城，隋縣。有瑯琊山。安邱，古根牟國。有劉山、安邱山、浯水〔九六〕、汶水、濰水。莒，春秋莒國。有洺水、濰水、沭水、浯水。高密，春秋晏平仲所食之邑。隋縣。有密水、膠水。膠西。本板橋鎮。元祐三年，置爲縣，置知縣兼臨海軍使。

萊州　春秋時萊子國也，禹貢「萊夷作牧」是也。齊侯遷萊子於郳，在齊國之東，故曰東萊。戰國屬齊。秦屬齊郡〔九七〕。兩漢爲東萊郡。晉爲東萊國。宋爲東萊郡。後魏復爲東萊郡，後置光州。隋改爲萊州，煬帝改爲東萊郡。唐爲萊州，或爲東萊郡。屬河南道。領縣四。掖、即墨、膠水、昌陽。宋因之，爲防禦使。屬京東道。建炎三年，没於金。金隸山東東路。隸招遠縣〔九八〕。貢牛黄、海藻、牡蠣、石器。領縣四，治掖。掖，漢縣。有萬里沙，漢武帝所禱。萊陽，漢昌陽縣，後唐改。有高麗山、七子山、五龍水。膠水，隋縣。有明堂山、金泉山、膠水。即墨。漢縣。有古不其城、牢山、不其山、天室山〔九九〕、沽水〔一〇〇〕。

登州　春秋牟子國也。戰國屬齊。秦屬齊郡。漢以下並屬東萊郡。唐武后分萊州，置登州。或爲東牟郡。屬河南道。領縣四。宋同。宋爲防禦，屬京東路。州三面距海，祖宗時，海中諸國朝貢皆由登、萊。常屯重兵，習水戰，爲京東捍屏。建炎三年，没於金。金隸山東東路。嘉定十三年，賈涉取登、萊，旋失之。貢金、牛黃、石器。領縣四，治蓬萊。蓬萊，名不夜城，春秋時萊子所置，以日夜出，故名。有羽山、九目山〔一〇一〕、之罘水，駞基、沙門二寨。黃，漢縣。有萊山、黃水。牟平，漢縣。有東牟山、之罘山、清陽水。僞齊僞爲寧海軍，金僞陞爲州。文登。北齊縣。有文登山、成山、昌陽水。金人屬寧海。

安東大都護府　舜分青州爲營州，置牧，宜遼水之東是也。春秋、戰國屬燕。秦立遼東郡，漢因之，東通樂浪。本朝鮮國。武帝元封三年，朝鮮人斬其王而降，以其地爲樂浪、玄菟等郡，後又置帶方郡，並在遼水之東〔一〇二〕。晉因之，兼置平州。領郡、國五，治於此。自後漢末，公孫度自號平州牧，及其子康，康子淵，並擅據遼東，東夷九種皆服事之。魏置東夷校尉，居襄平，而分遼東、昌黎、玄菟、帶方、樂浪五郡爲平州，後還合幽州。及淵滅後，有護東夷校尉居襄平。晉咸寧二年，分昌黎、遼東、玄菟、帶方、樂浪等郡、國五置平州，以慕容廆爲刺史，屬永嘉之亂，爲衆所推。及其孫儁，移都於薊。其後慕容垂子寶，又還於和龍。後魏時，高麗國都其地。唐總章元年，李勣平高麗，得城百七十六，分其地爲都督府九，州四十二，縣一百，置安東都護府於平壤城以統之，用其酋渠爲都督、刺史、縣令。上元二年，徙遼東故城。儀鳳二年，又徙新城。聖曆元年，更名安東都督府〔一〇三〕。神龍元年，復故名。開元二年，徙於平州。天寶二年，又徙於遼西故郡城。至德後廢。領羈縻州十四。

古徐州

禹貢曰：「海、岱及淮惟徐州。東至海，北至岱，南及淮。淮、沂其乂，蒙、羽其藝。淮、沂二水已理，蒙、羽二山皆可種藝。蒙山在瑯琊郡費縣。羽山，在東海郡朐山縣。淮水出今淮安郡桐柏山，沂出瑯琊郡沂水縣是也。厥土赤埴，草木漸苞。埴，黏土也〔一〇四〕。漸苞，言相漸及苞裹而生。羽畎夏翟，嶧陽孤桐。羽畎，羽山之谷也，出夏翟。翟雉之羽可爲旌旄者也。嶧山之陽，有特生之桐，可中琴瑟〔一〇五〕。嶧山，在今魯郡鄒縣也。浮於淮、泗，達於河。渡二水而入於河也。亦舜十二牧之一。周併徐州屬青州〔一〇六〕，今分入兗州之域。蓋取舒緩之義，或云因徐邸以爲名。在天文，奎、婁則魯之分野，漢之東海，南有泗水，至淮，得臨淮之下相、睢陵、僮、取慮，皆其分也。今魯郡之東南境，及瑯琊之南境，東海、臨淮之北境，皆其地。慮音閭。兼得宋、齊、吴之交。漢之楚國、山陽，今彭城及魯郡之西境，皆宜屬宋。漢之瑯琊、泰山，今瑯琊之北境，魯郡之北境，宜屬齊。漢臨淮之南境，宜屬吴也。秦平天下，置郡，此爲泗水、今臨淮、彭城郡是也。瑯琊之西境、今瑯琊郡。薛郡。今魯、東海等郡。漢又加置東海郡。漢武帝置十三州，還以其地爲徐州。領郡、國四。後漢並因前代。理於郯〔一〇七〕，今臨淮郡下邳縣。魏、晉亦曰徐州。領郡、國七，理彭城，今郡。自元帝渡江，徐州所得，唯半而已。餘並没於石氏。宋初因之，領郡十三，理彭城。明帝初，地入於後魏，其後不可詳焉。唐分置十五部，此爲河南道。彭城、臨淮、魯郡、東海、瑯琊郡。唐末，海、泗二州爲楊行密所據。後爲南唐所有〔一〇八〕。周世宗伐南唐，取二州。宋分爲京東路、沂。京西路、徐、兗。淮東道。海、泗。建炎後，没於金，惟海、泗二州屢得屢失。紹興議和，卒割以遺金。

徐方，鄒、魯舊國，漢興猶有儒風。自五胡亂華，天下分裂，分居二境，尤被傷殘。彭城要害，藩捍南國，必爭之地〔一〇九〕，常置重兵。數百年中，無復講誦。況今去聖久遠，人情遷蕩。大抵徐、兗，其俗略同。

古徐州歷代沿革之圖

春秋時可考者十四國。

魯　薛　邾　滕　徐　鄫　鄅　紀　郳　蕭　宋南境。牟　顓臾　偪陽

秦時爲郡三。

泗水郡　薛郡　瑯琊郡西境是。

漢時爲郡國八，縣一百有六。

東海郡三十八縣郯　蘭陵　襄賁　下邳　良成　平曲　戚　朐　開陽　祝其　費　利成　海曲　蘭祺　繒　南城　山鄉　建鄉　即丘　于鄉　臨沂　厚丘　容丘　東安　合鄉　承　建陽　曲陽　司吾　平曲　都陽　陰平　郚鄉　武陽　新陽　建陵　昌慮　都平

臨淮郡二十九縣徐　取慮　淮浦　盱眙　厹猶　僮　射陽　開陽　贅其　西平　高山　睢陵　鹽瀆　淮陰　淮陵　下相　富陵　東陽　播旌　蘭陽　高平　開陵　昌陽　廣平　樂陵　襄平　海陵　輿　堂邑

山陽郡二十三縣昌邑　成武　湖陵　東緡　方與　橐　鉅野　單父　都關　城都　薄　黃　爰戚　郜成　中鄉　平樂　鄭　瑕邱　淄鄉　栗鄉　曲鄉　南平陽　西陽

瑯琊郡南境是。縣見青州。

泰山郡南境是。縣見兖州。

楚國七縣彭城　留　梧　傅陽　呂　武原　淄邱

沛郡東境是。縣見豫州。

魯國〔一〇〕六縣魯　卞　汶陽　蕃　騶　薛

泗水國三縣凌　泗陽　于

晉時爲郡國四，縣三十五。

彭城國七縣彭城　留　廣戚　傅陽　武原　吕　梧

魯郡七縣魯　汶陽　卞　騶　蕃　薛　公丘

東海郡十二縣郯　祝其　朐　襄賁　利城〔一一〕　贛榆　厚丘　蘭陵　承　昌慮　合鄉　戚

瑯琊郡九縣開陽　臨沂　陽都　繒　即丘　華　費　東安　蒙陰

隋時爲郡四，縣三十三。

彭城郡十一縣彭城　蘄　穀陽　沛　留　豐　蕭　滕　蘭陵　符離　方與

魯郡十縣瑕丘　任城　鄒　曲阜　泗水　平陸　龔丘　梁父　博城　嬴

下邳郡七縣宿豫　夏丘　徐城　淮陽　下邳　良城　郯

東海郡五縣朐山　東海　漣水　沭陽　懷仁

唐時爲州六，縣三十七。

徐州七縣　泗州六縣　兖州十一縣　海州四縣　宿州四縣　沂州五縣

宋時爲州八，縣二十七。

徐州五縣　淮陽軍二縣　泗州三縣　兖州七縣　海州四縣　沂州五縣　漣水軍一縣　宿州五縣

徐州　古大彭之國。春秋、戰國爲宋地。春秋經曰：「圍宋彭城。」即宋本邑。後屬楚，謂之西楚，項羽建都於此。秦屬泗水郡。漢爲楚國、沛郡地。後漢及晉，並爲彭城國。晉立徐州，以爲重鎮。領郡、國七，治於此地。宋因之，領郡十二，治同。又爲彭城、沛二郡地。文帝元嘉中，王玄謨上表曰：「彭城南屆大淮，左右清、汴，表裏京甸，捍接邊境，城隍峻整，襟衛周固。又自淮以西，襄陽以北，經塗三千，達於濟、岱，六州之人，三十萬户，常得安全〔一二二〕，實由此鎮。」後魏大將尉元上表曰：「彭城，宋之要蕃，南師來侵，莫不因之以陵諸夏。」輿地志云：「郡城由來，非攻所能拔〔一二三〕。」言其險固也。後魏得之，置徐州，兼立東南道行臺。後周立總管府。大將王軌破陳軍於呂梁，擒吴明徹，悉降其衆也。隋改彭城郡。唐爲徐州，或爲彭城郡，武寧軍節度。屬河南道。領縣七。彭城、沛、蘄、蕭、豐、滕、符離。宋屬京東路。太平興國七年，以下邳、宿遷二縣建淮陽軍。元豐初，改屬京東西路。按爾雅「濟東曰徐州」者，商無青，并青於徐也；周禮「正東曰青州」者，周無徐，并徐於青也。今以周九州考之，青州得沂山及沂、泗、淮三水〔一二四〕，兖州得大野，無復古徐州矣。今州即古彭城地也，三面阻水，獨其南可通車馬〔一二五〕。紹興後，没於金。金隸山東西路。貢雙絲綾、紬、絹。領縣五，治彭城。彭城，古大彭國。有猴水〔一二六〕、泗水、沛澤。又有項羽及宋武戲馬臺〔一二七〕。沛，漢縣。有沛宫，高祖置酒之所。有泗水、泡水、漷水。蕭，古蕭叔國。漢縣。有智井〔一二八〕。滕，古滕及小邾二國地。有桃山、抱犢山、漷水。豐。漢縣。有始皇厭氣臺。

淮陽軍　本徐州下邳縣。後漢爲下邳國。梁爲武州。唐置邳州，後屬泗州，又屬徐州。宋太平興國間，建爲軍，並以泗州宿遷來屬。屬京東東路。其地三面阻水。建炎三年，没於金。金改爲邳州，隸山東西路。貢絹。領縣二，治下邳。下邳，夏時爲邳國。漢楚王信所都。有嶧陽山、磐石山、艾山〔一二九〕、沂水、泗水、沭水、睢水。宿遷。春秋時，鍾吾子國。東晉置宿遷郡，唐縣〔一三〇〕。有泗水、氾水。

泗州　古徐州地。春秋爲魯國地。戰國魯、宋、吴三國之境。秦屬泗水郡。漢屬臨淮、東海、沛三郡地。後漢以其地合於下邳國，兼置徐州。領郡國五〔二一〕，治於此。宋爲南彭城、下邳二郡地。後魏亦爲下邳郡，兼置南徐州。東魏改爲東楚州。後周改爲泗州。隋改爲下邳郡。唐爲泗州，或爲臨淮郡。屬河南道。領縣六。臨淮、宿遷、下邳、漣水、虹、徐城。唐末，爲楊行密所有，周世宗伐南唐而取之〔二二〕。宋建隆二年，廢徐城縣。乾德元年，以楚州之盱眙、濠州之招義二縣來屬。太平興國三年，以漣水縣屬漣水郡。七年，以下邳、宿遷二縣隸淮陽軍。屬河東路。紹興以來，屢爲金所據，攻奪不休。十二年，和議成，割以遺金。金隸河南路。二十一年，忠義人夏俊收復。隆興再和，復割以遺金。而盱眙、招信二縣，並揚州之天長置盱眙軍。紹定間，又改招信軍。貢絹。領縣三，治臨淮〔二三〕。臨淮，唐縣。景德三年，移治徐城驛。有淮水、磬石山。盱眙，漢縣。有義帝祠、都梁山、盱眙山、龜山、淮水。招信。唐招義縣，太平興國初改。建炎四年，以屬濠州。

兗州，治瑕邱縣。始禹導沇水而爲濟，截河南渡，東流與荷澤、汶水會，又東北入於海。兗州在濟、河之間，因濟水發源爲名，今郡理乃非境也〔二四〕。至周置兗州，始兼得今郡之地。而濟水自王莽末入河，同流於海，則河南之地無濟水矣。自後所立，皆襲舊名，兼有濟南、濟北、濟陽、濟陰郡國，蓋建置之際，未之審詳也。古少皞之墟也。禹貢徐、兗二州之域。任城、龔邱縣即兗州界，餘並徐州域。春秋及戰國並魯國，亦邾國之境。邾國，黄帝之後，陸終之子曹姓所封也。今鄒縣也。今黄州亦邾國之地，陸終之後所封，蓋陸終有六子，各爲國也。任國，太皞之後，風姓，今任城是也〔二五〕。後亦爲宋、齊所侵，東嶽泰山在焉。秦爲薛郡〔二六〕。漢高后更爲魯國及泰山、山陽郡地〔二七〕。後漢爲任城國、山陽、泰山郡地，兼置兗州。領郡、國八，理於此。晉改爲魯郡。宋爲泰山、高平、魯三郡地及兗州。領郡六，理於此。後魏亦爲魯郡。北齊改爲任城郡。隋初置兗州，煬帝改爲魯郡。唐初，僞魯徐圓朗都之，剋平後改爲兗州，後爲魯郡，後爲泰寧軍節度。屬河南道。領縣十一。瑕邱、泗水、鄒、曲阜、萊蕪、任城、金鄉、方興、中都、龔邱、乾封。後唐以魚臺屬單州。周爲防禦，以任城、金鄉屬濟州。宋建隆元年，復爲節度。大中祥符元年，陞爲大都督府〔一二八〕。政和八年，陞爲襲慶府〔一二九〕。屬京東西路。建炎後，没於金。金隸山東西路。貢大花綾、墨、雲母、紫石英〔一三〇〕、防風、茯苓。領縣七，治瑕邱。瑕邱，漢縣。有磁陽山、泗水、洸水。仙源，黄帝所生之地，亦爲少昊之墟。古魯國都曲阜縣，大中祥符五年改。有壽邱、洙水、泗水、慶源河、孔子宅、矍相圃、窮桑、大庭氏之庫。奉符，唐乾封縣。開寶五年，移治岱嶽鎮。大中祥符元年改。有泰山、社首、徂徠、亭亭、石閭、高里山〔一三一〕。僞齊改泰安軍，金僞陞州。鄒，古邾國。漢縣。有嶧山、鳧山。萊蕪，唐縣。有肅然山。金屬泰安州。龔邱，隋縣。有讙水。泗水。魯下邑。隋縣。有尼邱、陪尾、云云、新甫山，菟裘城、郰城。

海州　春秋及戰國爲魯之東境，後屬秦，爲薛郡地，後分薛郡爲郯郡。漢改郯爲東海郡，後漢及晉因之。宋亦然，兼僑立青、冀二州。梁置南、北二青州，後入後魏。東魏改爲海州。隋改爲東海郡。唐爲海州，或爲東海郡。屬河南道。領縣四。朐山、東海、沭陽〔一三二〕、懷仁。宋爲團練，屬淮東路。建炎後，陷於金。紹興十年，韓世忠遣王勝收復。十一年，張浚夷其城，遷其民於鎮江。三十一年，張子蓋帥諸將死戰，大敗虜師。隆興初，魏瞰下海州，虜攻之不剋，湯思退割以遺虜。金人隸山東東路，又撥漣水縣來隸。嘉定十二年〔一三三〕，制臣賈涉遣李全收復。貢絹、獐皮、鹿皮。領縣四，治朐山。朐山，後周縣。有秦始皇立石海上，以爲秦東門。有羽山。東海，隋縣。有蒼梧山、捍海堰。懷仁，後魏縣。有祝其城、夾谷。沭陽。後周縣。有沭水〔一三四〕。

沂州　春秋時，齊、魯二國之地。戰國屬齊、魯二國之境。秦琅琊郡。漢爲東海、琅琊二郡地，後置琅琊國。魏、晉亦置琅琊國。宋爲琅琊郡，齊不得其地。後魏置北徐州，後周改爲沂州。隋復爲琅琊郡。唐爲沂州，或爲琅琊郡。屬河南道。領縣五。臨沂、沂水、新泰〔一三五〕、承〔一三六〕、費。宋爲防禦，屬京東路。建炎以後，没於金。金隸山東東路。　貢仙靈脾、紫石英、茯苓、鍾乳石。領縣五，治臨沂。　臨沂，漢縣。有羽山、沂水、沭水。沂水，隋縣。有穆陵山。齊南界有大峴山，險固處慕容超不能據，故敗。費，古費國。唐縣。有蒙山、東蒙山。承。春秋鄫子國。唐縣。有抱犢山、偪陽城。新泰。晉縣。有具山、敖山。

漣水軍　本泗州漣水縣地。宋太平興國三年，建爲軍。熙寧五年，廢爲縣，屬楚州。元祐二年，復爲軍，屬淮東路。紹興十一年，没於金，三十二年收復，依舊隸楚州。又隸海州，以去海州二百四十里不便，陞軍。縣一。　漣水縣。隋縣。有北漣水。金隸海州。

宿州　本徐、泗二州地。唐元和四年，析徐州之符離，泗州之虹置。太和三年州廢，七年復置。初治虹，後徙治符離。屬河南道。領縣四。符離、虹、蘄、臨渙。宋建隆元年，陞爲防禦。開寶五年，建爲保静軍節度。屬淮東路。建炎後，没於金。金隸河南路。隆興初，張俊督師復虹縣，隨師潰，地再失。　貢絹。領縣五，治符離。　符離，北齊縣。有諸陽山、睢水〔一三七〕、靈壁城。虹，漢縣。有睢水、垓下。蘄，隋縣。有渙水、渦水。臨渙，舊隸徐州，元和後來屬。有嵇山、汴河、淝水。靈壁。本虹縣之靈壁鎮，元祐元年，陞爲縣。

校勘記

〔一〕今魏郡莘縣有東武陽城　「城」原作「縣」，據舊唐書卷三九地理志二、新唐書卷三九地理志三、通典卷一八〇州郡典一〇魏州莘縣、寰宇記卷五四魏州朝城縣條改。

〔二〕漯音他合反　此下原有「浮於汶達於濟」正文六字及「汶水出今魯郡萊蕪縣界言渡水西達於濟」注文十七字。按「浮於汶達於濟」乃禹貢青州節下文字，與此無涉，通考誤録。今據删，十七字注文亦並删。

〔三〕其山曰岱　「曰」字原脱，據周禮職方及下文「藪曰大野，川曰河、泲，浸曰盧、濰」並列句例補。

〔四〕今靈昌濮陽之東北境　「東北」原作「西北」，通典卷一八〇州郡典一〇同。按作「西北」，與下文「濟陽之西北境，博平之西南境」不相應。準之地望，亦不合。今訂改。

〔五〕漢之東平及東郡之須昌壽張今東平及濮陽之東南境　「須昌」原作「西昌」，據漢書卷二八上地理八上東郡領縣改。又下一「及」字原作「之」。按「之濮陽之東南境」不成句，據通典卷一八〇州郡典一〇改。

〔六〕平原　原誤作「平安」，據馮本及舊唐書卷三九地理志二、新唐書卷三九地理志三、宋史卷八六地理志二德州條改。

〔七〕自二漢以後立兖州　「立」原作「其」，據元本、馮本、慎本改。

〔八〕西境則入豫州之地　「豫州」原作「荆河州」。按杜佑通典避唐代宗之諱，改豫州爲荆河州。錢大昕謂：馬端臨修文獻通考，「雖承通典舊文，而改荆河爲豫，得其當矣」，而仍有「數處猶沿杜本之舊」。今求全書一致，凡通考漏改「荆河爲豫」處，悉改之。通書準此，不復別出校記。

〔九〕樂安　原作「樂平」，據舊唐書卷三九地理志二、新唐書卷三九地理志三、宋史卷八六地理志二棣州條改。按「樂平」屬河東道。

〔一〇〕觀　「觀」上原衍「畔」字。漢書卷二八上地理志八上東郡條同，標點本漢志一五五七頁二行校勘記云：「陳景雲、王先謙都説『畔』字衍。」又吴卓信漢書地理志補注亦謂：「陳景雲漢書舉正『畔』字衍。恩澤侯表、溝洫志及翟方進傳可證。」今據删。

〔一一〕發干　「干」原作「十」，據元本、馮本、慎本及漢書卷二八上地理志八上東郡條改。

〔一二〕千乘郡十五縣　「十五」原作「十四」。按此下所列縣數，實爲「十五」，與漢書卷二八上地理志八上千乘郡所領縣正合。今據改。

〔一三〕高宛　原作「高苑」，據元本、馮本、慎本及漢書卷二八上地理志八上千乘郡條改。

〔一四〕濟陰郡　原誤作「濟陽郡」。按晉書卷一四地理志上原亦作「濟陽郡」，標點本晉志據錢大昕廿二史考異説訂正。今從改，參彼校勘記〔一五〕。

〔一五〕乘氏　原誤作「欒氏」，據馮本、慎本及晉書卷一四地理志上濟陰郡條改。

〔一六〕宛句　原作「宛邱」。按晉書卷一四地理志上濟陰郡下作「宛句」，晉書卷七〇卞壼傳、漢書卷二八上地理志八上、後漢書卷三一郡國志三、宋書卷三五州郡志一、魏書卷一〇六中地形志中並作「冤句」。是「宛句」亦作「冤句」，作「宛丘」誤，今據晉志改。

〔一七〕清泉　晉書卷一四地理志上陽平郡條同，標點本晉志校勘記〔一一〕引考異云：本清淵，避唐諱改。按通考承舊文。

〔一八〕山茌　原作「山荏」，據馮本及晉書卷一四地理志上泰山郡條改。晉書注云：「茌山在東北。」

〔一九〕牟　「牟」上原衍「東」字。按晉書卷一四地理志上泰山郡下原亦衍「東」字，標點本晉志據錢大昕説删，見彼校記〔二〇〕。今從删。

〔二〇〕南城　「南」下原衍「武」字。按晉書卷一四地理志上泰山郡條原亦衍「武」字，標點本晉志據考異卷一九訂正。今從删，參彼校記〔一九〕。

〔二一〕堂邑　原作「堂氏」，據隋書卷三〇地理志中武陽郡、元和志卷一六、舊唐書卷三九地理志二博州條改。按堂邑縣以縣西堂邑故城爲名。

〔二二〕滴河　原作「商河」，據元本、馮本、慎本及隋書卷三〇地理志中渤海郡條改。按宋始改「滴河」爲「商河」。

〔二三〕武城　原作「武成」。按隋書卷三〇地理志中清河郡下作「武城」，云：「舊曰東武城。開皇初，改武城爲清河縣，於此置武城。」舊唐書卷三九地理志二、新唐書卷三九地理志三貝州條亦均作「武城」。今據改。

〔二四〕祝融之後陸終第三子白堅封爲彭　「白堅」，元本、馮本、慎本並作「白翦」，通典卷一八〇州郡典一〇滑州下同。按史記卷四〇楚世家「三曰彭祖」下集解引虞翻曰：「名翦，爲彭姓，封於大彭。」索引引系本云：「三曰籛鏗，是爲彭祖。」正義引括地志云：「虞翻云名翦。神仙傳云彭祖諱鏗，帝顓頊之玄孫。」又史記卷六秦始皇本紀「始皇還過彭城」下正義引搜神記亦云：「陸終第三子曰籛鏗，封於彭，爲商伯。」據此，則陸終第三子無名「白堅」、「白翦」者，疑此「白」乃「曰」、「名」之訛。

〔二五〕改武成軍　「武成」原作「武定」，據下文「後又爲靈河郡武成軍節度」句及九域志卷一、輿地廣記卷九、宋史卷八五地理志一滑州條改。

〔二六〕衛人立戴公以廬於曹　「以」字原脱，據左傳閔公二年補。

〔二七〕晉分置濟陰郡　「濟陰」原誤作「濟陽」。今訂正，説見本卷校勘記〔一四〕。

〔二八〕領郡國八治於此　此七字原爲正文，據本書文例，改作小字注文。

〔二九〕金人僞廢雷澤臨濮二縣爲鎮隸鄄城　「臨濮」原作「臨漢」，據馮本、慎本改。按金史卷二六地理志下、寰宇記卷一四、九域志卷一、宋史卷八五地理志一濮州下都作「臨濮」。又「隸」原作「棣」，據上引金志及文義改。

〔三〇〕左傳宋晉盟於清丘是也　「也」字原無，據通典卷一八〇州郡典一〇濮州臨濮條及文義補。

〔三一〕唐武德四年平王世充　「平」字原脱，據通典卷一八〇、寰宇記卷一四濟州條補。

〔三二〕郡治即古碻磝城元魏所築　此十一字原爲正文，據本書文例，改作小字注文。

〔三三〕有承山　「承山」，金史卷二五地理志中同。元和志卷一〇兗州任城、嘉慶一統志卷一八三濟寧直隸州並作「承注山」，九域志卷一、寰宇記卷一四濟州任城下又作「承匡山」。

〔三四〕後漢縣因穿山得金而置　「後」字原脱，「穿」原作「事」。按後漢書卷三一郡國志三山陽郡領縣有金鄉，注引晉地道記曰：「縣多山，鑿而得金，故曰金山。」元和志卷一〇、寰宇記卷一四金鄉下並云：「後漢於今兗州任城縣西南七十五里置金鄉縣，蓋因穿山得金，故曰金鄉。」今據以補、改。

〔三五〕戰國時屬魏　元和志卷一六魏州下作「戰國時爲衛、魏二國地」。

〔三六〕刺史盧暉移通濟渠　「通濟渠」，通典卷一八〇州郡典一〇及唐會要卷八七漕運、寰宇記卷五四魏州條同。新唐書卷三九地理志三魏州貴鄉作「永濟渠」，方輿紀要卷一六大名府御河同新志。按通鑑卷二七五後唐紀四明宗天成二年夏四月庚寅條，「永濟渠爲之變赤」句下胡注亦謂：「唐開元二八年，魏州刺史盧暉徙永濟渠。」疑作「永濟渠」是。

〔三七〕屬河北道　「河北」原作「河東」，據舊唐書卷三九地理志二、新唐書卷三九地理志三、元和志卷一六改正。

〔三八〕後唐爲東京興唐府　「東京」下原衍「後」字，據新五代史職方考删。

〔三九〕相州之内黄成安　「成安」原作「咸安」，形近而訛，據元和志卷一六相州、寰宇記卷五四魏州、九域志卷一、宋史卷八六地理志二大名府成安條改。

〔四〇〕統大名澶懷衛德博濱棣八州　「衛」原作「魏」。按上文魏州下已云「後唐改曰興唐府，晉曰廣晉府，漢爲大名府」。新五代史卷六〇職方考魏州、輿地廣記卷五大名府條同。是魏州與大名府爲一地之更名，不當既書大名，又書魏州。檢宋史卷八六地理志二河北路大名府下正作「衛」。今據改。

〔四一〕有屯氏河大河故瀆　「有」字原無，據本書注文例補。又「故」下原脱「瀆」字，據元和志卷一六、寰宇記卷五四魏州、九域志卷一大名府條補。

〔四二〕熙寧六年省爲鎮入宗城　「宗城」原作「京城」，據上文及宋會要方域五之一二、九域志卷一、輿地廣記卷五、宋史卷八六地理志二大名府條改。

〔四三〕有安陽河　「安陽」下原衍「縣」字，據九域志卷一大名府成安縣條删。

〔四四〕熙寧六年省爲鎮　「六年」原作「初」。按長編卷二四八、續資治通鑑長編紀事本末卷七七神宗皇帝州縣廢復俱載：熙寧六年十二月，「廢大名府大名、洹水、經城縣並爲鎮」。九域志卷一、輿地廣記卷五、宋史卷八六地理志二大名府成安縣亦並作「熙寧六年」。今據改。

〔四五〕堂邑　原誤作「唐邑」，據舊唐書卷三九地理志二、新唐書卷三九地理志三、元和志卷一六、通典卷一八〇州郡典一〇博州條改正。

〔四六〕有鳴犢河　「鳴犢」諸本並作「烏犢」，據漢書卷二八上地理志八上清河郡靈縣、卷二九溝洫志及九域志卷二、金史卷二五地理志中博州高唐縣條改。

〔四七〕戰國時屬宋　「宋」，通典卷一八〇州郡典一〇同。元和志卷一〇、寰宇記卷一三鄆州作「魏」。

〔四八〕秦屬碭石郡　諸本同。按史記卷六秦始皇本紀「三十六郡」下集解注有碭郡無碭石郡。本卷總叙古兖州秦有「東郡、碭郡、鉅鹿、上谷」五郡，亦無「碭石」。又寰宇記卷一三、輿地廣記卷七鄆州下俱謂「秦屬碭郡」。

〔四九〕「宋因之後改爲東平府」至「大觀元年陞大都督府」　諸本並同。按宋會要方域五之一七、皇宋十朝綱要卷一五、宋史卷八五地理志一並謂宣和元年，改鄆州爲東平府，且置「改東平府」於「陞大都督府」之後。疑此處有脱誤。

〔五〇〕大野陵　九域志卷一鄆州中都縣、金史卷二五地理志中東平府汶上縣均作「大野陂」，當是。

〔五一〕景德元年移治西長河　檢宋史卷八六地理志二永静軍將陵縣、嘉慶一統志卷一六三濟南府二將陵故城條作「景祐元年，移治於長河鎮」。按宋無「西長河」，疑原刊有誤。

〔五二〕有通海故關　諸本並脱「通海」二字。按元和志卷一七、寰宇記卷六四棣州厭次條「故」上都有「通海」二字，云：「通海故關，在縣西南四十里。」今據補。

〔五三〕熙寧六年省　「六」諸本並作「二」，據宋會要方域五之二八、九域志卷二、宋史卷八六地理志二賓州招安條改。

〔五四〕爲齊趙二國之境　「國」諸本並作「州」。按「齊、趙」乃國名，非指州。今據通典卷一八〇州郡典一〇、寰宇記卷六五、輿地廣記卷一〇滄州條改。

〔五五〕分瀛冀二州置滄州及浮陽樂陵安德三郡　「安德」諸本並作「德安」。按魏書卷一〇六上地形志上滄州載：「領郡三，浮陽郡、樂陵郡、安德郡。」元和志卷一七德州條云：「後魏文帝於今州置安德郡，隋改爲德州。」又通典卷一八〇州郡典一〇、寰宇記卷六五亦俱作「安德」。則此處「德安」爲「安德」之倒。今據以乙正。

〔五六〕有浮水　「浮水」原作「洛水」，據元和志卷一八、九域志卷二、金史卷二五地理志中、方輿紀要卷一三滄州條改。按「浮水」亦作「浮陽水」。

〔五七〕徙樂陵縣治咸平鎮　「縣」諸本並作「郡」。按此條正文爲「樂陵縣」，注文又作「樂陵郡」，自相矛盾。檢九域志卷二、輿地廣記卷一〇、宋史卷八六地理志二滄州樂陵縣都説徙縣治咸平鎮。今據改。

〔五八〕即縣治置軍使隸州　「隸」原作「棣」，涉上而誤，據九域志卷二、宋史卷八六地理志二滄州無棣條改。宋志云：「徙無棣縣治保順軍，即縣治置軍使。」

〔五九〕按括地志云　「括地志」原作「驗地志」。按通典避德宗嫌諱改作「檢地志」，通考沿襲舊文，又抄爲「驗地志」。今復改作「括地志」。

〔六〇〕經城縣在郡治西北五十四里　「縣」原作「云」。按「經城云」讀不通，今據通典卷一八〇州郡典一〇貝州條及文義改。

〔六一〕是古冀州之域　「古」原作「故」，據上文改。

〔六二〕武城　「武城」諸本並誤作「武陵」。按唐貝州屬縣有「武城」無「武陵」，作「武陵」誤。今據舊唐書卷三九地理志二、新唐書卷三九地理志三、通典卷一八〇州郡典一〇貝州及宋史卷八六地理志二恩州條改。

〔六三〕宗城　「宗城」原作「宋城」，通典同。按「宋城」屬河南道宋州，與此隔壤，「宋」當是「宗」之形訛。今據舊唐書卷三九地理志二貝州條改。下文「宋以永濟、宗城、經城等三縣屬大名府」句可證。

〔六四〕隸山東大名府路　按本書文例，「隸」上當有「金」字。以後有類此者不再出校記。

〔六五〕熙寧四年　「四年」諸本並誤作「元年」，據續資治通鑑長編紀事本末卷七七州縣廢復及宋會要方域五之二九、九域志卷二、輿地廣記卷一〇、宋史卷八六地理志二恩州清河條改正。

〔六六〕以黎陽隸通利軍　「黎陽」原作「黎州」，據元本、馮本、慎本及下文改。

〔六七〕鮒鰅山　原作「鮒鍋山」。按山海經卷一三海内東經作「鮒魚山」、「鮒隅山」，又作「鮒鯛山」。水經注卷一七沔水篇作「鮒鰅山」。九域志卷二澶州濮陽、輿地廣記卷一〇開德府濮陽縣、嘉慶一統志卷三五大名府並作「鮒鯛山」。據此，則「鮒鯛」或作「鮒魚」、「鮒鰅」、「附隅」，而作「鮒鍋」誤。今據水經注改。

〔六八〕皇源河　諸本並同。九域志卷二澶州觀城、金史卷二六地理志下開州觀城下有「泉源河」，無「皇源河」。疑此處「皇」爲「泉」之誤。

〔六九〕唐貞元元年　「元年」，元和志卷一八景州、寰宇記卷六八定遠軍均作「二年」，新唐書卷三九地理志三景州作「三年」。

〔七〇〕以衛州衛縣隸軍　「縣」上「衛」字原脱，據長編卷一〇四仁宗天聖四年十二月丁亥條及宋會要方域五之三一衛州、宋史卷八六地理志二濬州條訂補。

〔七一〕號濬川軍節度　「濬川」原作「濬州」，形近而誤，據馮本及皇宋十朝綱要卷一五、宋史卷八六地理志二濬州條改。

〔七二〕此下脱「浮於汶達於濟」正文六字及「汶水出今魯郡萊蕪縣界言渡水西達於濟」注文十七字。按此正文與注文，本禹貢青州節下文字，通考誤録入古兖州所引禹貢文中。今據禹貢及本書輿地考纂例移補於此。參見本卷校勘記〔二〕。

〔七三〕理昌黎　「理」原作「里」，據馮本、慎本改。

〔七四〕今安東府　「今」字原脱，其與「安東府」三字均爲小字注而誤入正文，今並據本書注例及通典卷一八〇州郡典一〇補、改。

〔七五〕燕王謂蘇代曰吾聞齊地清濟濁河可以爲固　「蘇代」原作「蘇秦」，「齊地」原作「秦地」，據史記卷六九蘇秦列傳蘇代事略及元和志卷一〇、寰宇記卷一八青州臨淄縣條改。

〔七六〕又汲黯斥公孫弘曰齊人多詐也　諸本並同。史記卷一一二公孫弘本傳「弘」下有「曰」字，通典卷一八〇州郡典一〇古青州風俗「弘」下有「云」字。按有「曰」或「云」義更順。今據史記補「曰」字。

〔七七〕壯武　原作「北武」，據馮本、慎本及漢書卷二八下地理志八下膠東國條改。

〔七八〕郁秩　原作「都秩」，據漢書卷二八下地理志八下膠東國條改。

〔七九〕鄒盧　原作「郡盧」，據漢書卷二八下地理志八下膠東國條改。

〔八〇〕樓鄉　原作「槅鄉」，據漢書卷二八下地理志八下甾川國條改。

〔八一〕雩叚　原作「雩段」，據馮本、慎本改。

〔八二〕夫租　原作「夫須」，據馮本、慎本及漢書卷二八下地理志八下樂浪郡條改。

〔八三〕汶　原作「文」，據元本、馮本、慎本及晉書卷地理志一四上遼東國條改。

〔八四〕虞夏時有季萴　「萴」原誤作「前」，據馮本、慎本及左傳昭公二十年改。

〔八五〕地方千里　晉書卷一二七慕容德載記及元和志卷一〇青州廣固城、寰宇記卷一八青州益都縣並作「土方二千里」。

〔八六〕愚公谷　諸本並作「愚山谷」，據水經注卷二六淄水篇及元和志卷一〇、寰宇記卷一八青州臨淄條改。按愚公谷「以愚公隱居得名」。

〔八七〕有臨朐山　「有」原作「領」。按作「領」不成句，據元本、慎本改。

〔八八〕古紀國城在縣南　「南」諸本並作「西」。按史記卷一一孝景本紀「菑川王賢」下正義引括地志云：「菑州縣也。故劇城在青州壽光縣南三十一里，故紀國。」寰宇記卷一八青州壽光下云：「紀城，古紀侯之國，姜姓也。今廢城在縣南。」元于欽齊乘卷四古蹟亦謂，紀城在壽光縣南三十里。足證此「西」爲「南」之誤，今訂改。

〔八九〕乾德中復置安仁縣更今名　「安仁縣」三字原脱，據宋會要方域五之一五、九域志卷一、輿地廣記卷六、宋史卷八五地理志一濰州昌樂條補。又「今名」二字原脱，據元本、馮本、慎本及同上書補。

〔九〇〕聚角山　金史卷二五地理志中濰州昌樂下同。寰宇記卷一八濰州昌樂下作「叢角山」，云「在州東五十里。山有三峰，如叢角」。九域志卷一濰州昌樂下亦作「叢角山」。疑是。

〔九一〕以章邱置清平軍　「章邱」諸本原作「章州」，據長編卷六二真宗景德三年夏四月己卯條及宋會要方域五之一五、宋史卷八五地理志一濟南府章丘條改。

〔九二〕金隸山東東路　「東路」二字原脱，據金史卷二五地理志中補。

〔九三〕三年移孫耿鎮　諸本「年」下並衍「後」字，據宋會要方域五之一五、宋史卷八五地理志一、方輿紀要卷三一濟南府臨邑縣條删。

〔九四〕又置淄川國　「淄川」原作「淄州」，據馮本及漢書卷二八下地理志八下、輿地廣記卷六淄州淄川縣條改。按下文淄川注有「漢淄川國亦在此」句，可證。

〔九五〕粟水　元本及九域志卷一五淄州長山縣下同。馮本、慎本及金史卷二五地理志中淄州長山條作「栗水」。按水經注卷一三濼水篇云：「粟水出滄河。」底本似不誤。

〔九六〕浯水　諸本並作「涪水」。按漢書卷二八上地理志八上琅邪郡靈門縣下載：「壺山，浯水所出。」水經注卷二六濰水篇云，浯水入荆水。又元和志卷一一密州輔唐、寰宇記卷二四密州安邱俱有「浯水堰」。今據改。

〔九七〕戰國屬齊秦屬齊郡　「齊秦」二字原倒，據馮本及通典卷一八〇州郡典一〇、輿地廣記卷六萊州條乙正。按漢書卷二八上地理志八上齊郡、寰宇記卷二〇萊州條並謂「秦置齊郡」，可參證。

〔九八〕隸招遠縣　按此四字與上文不相統承，且與本書纂例相違，疑爲舛文。

〔九九〕天室山　諸本並誤作「天寶山」，據寰宇記卷二〇、九域志卷一、金史卷二五地理志中萊州即墨縣條改。按漢書卷二八下地理志八下膠東國即墨縣「有天室山祠」，可證。

〔一〇〇〕沽水　諸本並誤作「活水」，據九域志卷一、金史卷二五地理志中、輿地廣記卷六萊州即墨縣條改。按沽水即古姑水，左傳昭公二十年有「姑、尤以西」句，係指此，杜預注：「姑、尤，齊東界。」

〔一〇一〕九目山　原作「九月山」，據馮本、慎本及隋書卷三〇地理志中東萊郡牟平縣、寰宇記卷二〇卷登州蓬萊縣條改。

〔一〇二〕本朝鮮國武帝元封三年朝鮮人斬其王而降以其地爲樂浪玄菟等郡後又置帶方郡並在遼水之東　此四十字原爲正文，據本書文例，改爲小字注文。

〔一〇三〕更名安東都督府　「督」各本原作「護」。按作「都護府」，與上文李勣平高麗，「置安東都護府」相重；與下文「神龍元年復故名」相抵牾。檢新唐書卷三九地理三，該條則謂「更名安東都督府」，作「督」是。今據改。

〔一〇四〕殖黏土也　「土」字原脱，據馮本及尚書禹貢僞孔傳、漢書卷二八上地理八上顔師古注補。

〔一〇五〕可中琴瑟　「可」上各本原有「音」字，據元本、馮本、慎本及尚書禹貢僞孔傳删。

〔一〇六〕周併徐州屬青州　「周」原訛「州」，據元本、馮本、慎本及晉書卷一五地理志下徐州條改。

〔一〇七〕理於郯　「郯」原作「剡」，據馮本、慎本改。按漢書卷二八上地理志八上、後漢書卷三一郡國志三東海郡條並作「郯」。

〔一〇八〕後爲南唐所有　「所有」二字原脱，據新五代史卷六〇職方考、十國春秋十國地理表上補。按新五代史卷六二南唐世家李景傳有「請割壽、濠、泗、楚、光、海六州」之文，可參證。

〔一〇九〕藩捍南國必争之地　「國」原作「方」，「地」原作「國」，據通典卷一八〇州郡典一〇、輿地廣記卷一古徐州、方輿紀要卷二九徐州條改。紀要引陳顧野王曰：「彭城險固，繇來非攻所能拔，且其地形都要，不特捍蔽南國，爲必争之地。而自昔東南用兵，莫不繇此。」

〔一一〇〕魯國　原作「魯郡」，據漢書卷二八下地理志八下、後漢書卷三〇郡國志二改。按魯國原係秦之薛郡，高后元年改。

〔一一一〕利城　原作「利成」，據元本及晉書卷一五地理志下東海郡條改。

〔一一二〕常得安全　「安全」原作「全安」，據元和志卷九、通典卷一八〇州郡典一〇、方輿紀要卷二九徐州條改。

〔一一三〕郡城由來非攻所能拔　諸本並同。元和志卷九、通典卷一八〇州郡典一〇「郡」上都有「輿地志云」四字，方輿紀要卷二九徐州「郡」上有「陳顧野王曰」五字。按陳顧野王即輿地志的作者，兩書所引實同。則此處「郡」上有脫文。今據補「輿地志云」四字。

〔一一四〕青州得沂山及沂泗淮三水　「沂」原作「泝」，據馮本、慎本及周禮職方改。

〔一一五〕獨其南可通車馬　「車」原作「軍」，據元本、馮本、慎本改。

〔一一六〕有猴水　「猴水」各本同，通典卷一八〇州郡典一〇徐州彭城作「候水」。

〔一一七〕又有項羽及宋武戲馬臺　元本、馮本、慎本並同。按諸史志但云「有項羽戲馬臺」而不云「宋武戲馬臺」。元和志卷九徐州彭城云：「戲馬臺在縣東南二里，項羽所造，戲馬於此。宋公九日登戲馬臺即此。」通典卷一八〇州郡典一〇彭城載：「有項羽戲馬臺，宋武又戲馬焉。」寰宇記卷一五彭城縣戲馬臺下謂：「宋武北征至彭城，遣長史王虞等立第舍於項羽戲馬臺。」大清一統志徐州府戲馬臺條則說「劉裕至彭城，九日大會賓僚，賦詩於此。」據此，則原刊謂「有宋武戲馬臺」不確。

〔一一八〕有智井　「智井」原作「貨井」。按左傳宣公十二年載：楚子伐蕭，還無社與司馬卯言：「目於智井而拯之。」元和志卷九、寰宇記卷一五徐州蕭縣亦俱作「智井」。此「貨」爲「智」之形訛，今據改。

〔一一九〕艾山　諸本並誤作「文山」，據水經注卷二五沂水篇及九域志卷一淮陽軍下邳條改。又嘉慶一統志卷一〇〇徐州府下亦作「艾山」，謂「艾山在邳州北五里，以産艾故名」。

〔一二〇〕東晉置宿遷郡唐縣　「宿遷郡」，考之史籍，東晉無此郡名，只有宿預縣。據宋書卷三五州郡一淮陽太守下云：「宿預令，晉安帝立。」其改「宿預」爲「宿遷」者，係唐人避代宗李豫諱改。馬氏通考此處沿用唐史舊文。參見本書卷三一五輿地考一校勘記〔四三〕。

〔一二一〕領郡國五　「國」字原脫，「五」原作「四」，據後漢書卷三一郡國志三徐州刺史部補、改。

〔一二二〕周世宗伐南唐而取之　「伐」原作「代」，據元本、馮本、慎本改。

〔一二三〕治臨淮　宋史卷八八地理志四泗州同。九域志卷五、輿地廣記卷二〇泗州、嘉慶一統志卷一三四泗州直隸州並謂「治盱眙」，一統志云：「按九域志，州治盱眙縣。蓋自景德中臨淮縣移治後，州亦移治，宋史但云治臨淮，誤。」疑作「治盱眙」是。

〔一二四〕今郡理乃非境也　「非」原作「北」，據元本、馮本、慎本及元和志卷一〇兖州條改。

〔一二五〕今任城是也　「城」字原脱，據馮本及左傳僖公二十一年杜注「任，今任城是也」句補。

〔一二六〕秦爲薛郡　「薛郡」原作「薛縣」，據漢書卷二八下地理志八下、後漢書卷三〇郡國志二魯國改。

〔一二七〕漢高后更爲魯國及泰山山陽郡地　「魯國」原作「魯郡」，據漢書卷二八下地理志八下、後漢書卷三〇郡國志二魯國改。下文有「晉改爲魯郡」之語，可參證。

〔一二八〕陞爲大都督府　「府」字原脱，據宋大詔令集卷一五九陞兖州爲大都督府詔大中祥符元年十月丁巳「……兖州宜陞爲大都督府」及宋會要方域五之一六襲慶府、九域志卷一兖州所載「大中祥符元年陞大都督府」之文補。

〔一二九〕陞爲襲慶府　「襲慶府」，原作「龔慶府」，各本並同。按宋無龔慶府之名，考宋會要方域五之一六襲慶府下載：「舊兖州……大中祥符元年陞爲大都督府，政和八年陞爲襲慶府。」下文述其陞府及府名襲慶之緣由曰：「政和八年八月二十五日，知梁山軍韓瑜奏：『通典，元天大聖后夢感天人，誕育聖祖于壽丘，實今兖州。大中祥符間，改曲阜縣爲仙源，兹乃國家席慶福地。太宗始封此邦，聖祖真蔭，流光無極，乞陞兖州爲府，冠以美名。』詔升爲襲慶府。」又宋史卷二一徽宗本紀、卷八五地理一、續通鑑卷九三、宋朝事實卷一八、輿地廣記卷七亦皆有兖州陞襲慶府之文。據此，則原刊「龔」明爲「襲」之形訛。今據改。

〔一三〇〕紫石英　原誤作「紫金石」，據宋史卷八五地理志一襲慶府、寰宇記卷二一、九域志卷一兖州土貢改。按元本、馮本、慎本作「紫英石」，亦誤。

〔一三一〕有泰山社首徂徠亭亭石閭高里山　「亭」下原脱一「亭」字。按水經注卷二四汶水篇載：「汶水又西南經亭亭山東。」又寰宇記卷二一兖州乾封、九域志卷一兖州、金史卷二五地理中泰安州奉符縣下並有「亭亭山」。今據補。

〔一三二〕沭陽　原作「沐陽」，據馮本及舊唐書卷三八地理志一、新唐書卷三八地理志二、元和志卷一一、寰宇記卷二二海州條改。下同。

〔一三三〕嘉定十二年　「十二」諸本並作「十三」，據齊東野語卷九及宋史卷八八地理志四、嘉慶一統志卷一〇五海州條改。按宋史卷四七六李全傳有嘉定十二年六月，「金元帥張林以青、莒、密、登、萊、濰、淄、濱、棣、寧海、濟南十二州來歸」之文，可證。

〔一三四〕有沭水　「沭水」諸本並作「汶水」。按水經注卷二六沭水篇云：「沭水出瑯邪東莞縣西北山。」元和志卷一一、九域志卷五海州沭陽縣亦俱作「沭水」。今據改。

〔一三五〕新泰　原作「新太」，據舊唐書卷三八地理志一、新唐書卷三八地理志二、元和志卷一一沂州條改。下同改。

〔一三六〕丞　原作「承」，舊唐書卷三八地理志一同。按新唐書卷三八地理志二沂州、方輿紀要卷三二、大清一統志兖州府嶧縣條都作「丞」。紀要云：「丞城在縣西北一里。漢置丞縣，以丞水所經而名。『丞』讀『拯』，俗作『承』，誤也。」清徐松也説：「丞縣以丞水得名，作『承』者誤。」今據改。下同改。

〔一三七〕睢水　原誤作「淮水」，據元本、馮本、慎本改。按水經注卷二四睢水篇有「睢水又東徑符離縣故城北」之語。又元和志卷九、九域志卷五、輿地廣記卷二〇宿州符離縣亦皆有「睢水」，足證。

卷三百十八　輿地考四

古揚州

禹貢曰：「淮、海惟揚州。北距淮，東南距海。舊曰南距海，今改爲東南。具註序目篇。彭蠡既瀦，陽鳥攸居。彭蠡，澤名，今在潯陽郡彭澤縣。水所停曰瀦。陽鳥，隨陽之鳥也。言彭蠡之水既聚，則陽鳥所共居之。陽鳥，鴻鴈之屬。三江既入，震澤底定。三江，謂北江、中江、南江也。震澤，吴太湖名，今吴興郡界。底，致也。篠簜既敷，篠，竹箭〔一〕。簜，大竹也。敷，謂布地而生。草夭木喬。夭，盛貌。喬，高也。夭音於驕反。厥土塗泥。地界濕。島夷卉服。海曲謂之島。島夷，海中之夷〔二〕。卉服，絺葛之屬也。卉，許貴反。沿於江海，達於淮、泗。」順流而下曰沿。沿江入海，自海入淮，自淮入泗。舜置十二牧，揚州其一。周禮職方曰：「東南曰揚州。其山曰會稽，今在會稽郡山陰縣。藪曰具區，川曰三江，浸曰五湖。川，水之通流者也。五湖，在吴郡、吴興、晉陵三郡。其利金、錫、竹箭。民二男五女。畜宜鳥獸，鳥，孔雀、翡翠之屬。獸，犀、象之屬。穀宜稻。」揚州，以爲江南之氣躁勁，厥性輕揚，亦曰州界多水，水波揚也。在於天官，斗則吴之分野，漢之會稽、九江、丹陽、章郡〔三〕、廬江、廣陵、六安、臨淮，皆其分也。今廣陵、淮陰、鍾離、壽春、永陽、歷陽、廬江、同安、宣城、丹陽、晉陵、吴郡、吴興、餘杭、新定、新安、會稽、餘姚、臨海、縉雲、永嘉、東陽、信安、鄱陽、潯陽、章郡、臨川、廬陵、宜春、南康、建安、長樂、清源、漳浦、臨汀等郡地也。按吴國之分，雖强盛之時，殊不全得揚州之地。今配星次，且約漢書。其歷代所屬，則各具於諸郡。兼得楚及南越之交。漢之江夏、汝南地，今蘄春、弋陽，宜屬楚。漢之南海地，今潮陽，宜屬越之地。亦古荒服之國〔四〕。春秋時，屬吳、越二國。越滅吳，盡并其地。戰國時屬楚。秦兼天下，置郡，此爲九江、今廣陵、淮陰、鍾離、壽春、永陽、歷陽、廬江、同安、蘄春、弋陽、鄱陽、章郡、臨川、廬陵、南康、宜春等郡是。鄣、今宣城、新安、新定、丹陽郡之西境及吳興郡之西境，皆是。會稽、今丹陽郡之東境，晉陵、吳郡、餘杭、會稽、餘姚、東陽、信安、縉雲、臨海、永嘉、吳興郡之東境，皆是。閩中、今建安、長樂、清源、漳浦、臨汀等郡，皆是。南海郡之東境。今潮陽郡是。漢改九江曰淮南國，及封皇子長爲淮南王，封劉濞爲吳王，二國盡得揚州之地。武帝置十三州，此爲揚州。領郡六。後漢因之。理歷陽。漢末移理壽春。劉繇又移理曲阿。歷陽、壽春並今郡縣。曲阿今丹陽郡丹陽縣。濞，疋備反。三國時，淮南屬魏，而江南屬吳也。魏、晉亦置揚州。理壽春。平吳，領郡十八，理建業，今丹陽郡江寧縣。元帝渡江，揚州遂爲王畿，領江東、浙江地。宋孝武分浙江東爲東揚州。後罷揚州，以其地爲王畿，而東揚州直云揚州，尋復舊。領郡十八，理建康，即建業。順帝改刺史曰牧。又分置南兗州、領郡九，理廣陵。南徐州、領郡十七，理京口，今丹陽郡。南豫州、領郡十三，理歷陽。江州。領郡九，理湓陽〔五〕。齊並因前代，唯徙置豫州、領郡二十一〔六〕，理壽春。北兗州、領郡七，理淮陰，今郡。北徐州。領郡五，理鍾離，今郡。梁、陳分裂，不可詳焉。唐分置十五部，此爲淮南道、廣陵、廬江、蘄春、同安、永陽、鍾離、壽春、淮陰、歷陽、弋陽。江南道、丹陽、晉陵、吳郡、餘杭、會稽、餘姚、東陽、新定、信安、吳興、縉雲、臨海、永嘉、新安、長樂、清源、建安、臨汀、漳浦、潮陽。江南西道。宣城、章郡、鄱陽、南康、臨川、廬陵、潯陽、宜春。五代淮南、江東西爲南唐，兩浙爲吳越，閩爲王氏。其後南唐取閩，至宋開寶八年，取南唐，太平興國三年，吳越納土，始盡有揚州之地，爲淮南東、西路，浙東、西路，江東、西路，福建路。

揚州人性輕揚，而尚鬼好祀。每王綱解紐，宇内分崩，江、淮瀕海，地非形勢，得之與失，未必輕重，故不暇先争。然長淮、大江皆可拒守。吴、晉、宋、齊、梁、陳皆緣江、淮要害之地置兵〔七〕。閩、越遐阻，僻在一隅，憑山負海，難以德撫。漢武帝時，朱買臣上言：「東越王數反，居泉山之上，一人守險，千人不得上。」永嘉之後，帝室東遷，衣冠避難，多所萃止，藝文儒術，斯之爲盛。今雖閭閻賤品，處力役之際，吟咏不輟，蓋亦因顔、謝、徐、庾之風焉。

古揚州歷代沿革之圖

春秋時可考者十二國。

吴　越　楚東境是。　舒　黄　紘　蓼　巢　蔣　六　桐　鍾離

秦時爲郡五。

九江郡　障郡　閩中郡　會稽郡　南海郡東境是。

漢時爲郡國七，縣九十七。

廬江郡十二縣舒　居巢　龍舒　臨湖　雩婁　襄安　尋陽〔八〕　灊　皖　湖陵　松滋　樅陽

九江郡十五縣壽春邑　浚遒〔九〕　成德　橐皋　陰陵　歷陽　當塗　鍾離　合肥　東城　博鄉　曲陽　建陽　全椒　阜陵

會稽郡二十六縣吴　曲阿　烏傷　毗陵　餘暨　陽羨　諸暨　無錫　山陰　句章　丹徒　餘姚　婁　上虞　海鹽　剡　由

拳　太末　烏程　鄮　餘杭　鄞　錢唐〔一〇〕　富春　冶　回浦

丹陽郡十七縣宛陵　於潛　江乘　春穀　秣陵　故鄣　句容　涇　丹陽　石城　湖孰〔一一〕　陵陽　蕪湖　黟　溧陽　歙　宣城

豫章郡十八縣南昌　廬陵　彭澤　鄱陽　歷陵　餘汗　柴桑　艾　贛　新淦　南城　建成　宜春　海昏　雩都　鄡陽　南壄　安平

廣陵國四縣廣陵　江都　高郵　平安

六安國五縣六　蓼　安豐　安風　陽泉

臨淮郡南境。縣見徐州。

江夏郡東境是。縣見荊州。

南海郡東境是。縣見南粵。

晉時爲郡國二十二，縣二百有五。

廣陵郡八縣淮陰　射陽　輿　海陵〔一二〕　廣陵　鹽瀆　淮浦　江都

臨淮郡十縣盱眙　東陽　高山　贅其　潘旌　高郵　淮陵　司吾　下相　徐

淮南郡十六縣壽春　成德　下蔡　義城　西曲陽　平阿　歷陽　全椒　阜陵　鍾離　合肥　逡遒　陰陵　當塗　東城　烏江

廬江郡十縣陽泉　舒　灊　皖　潯陽　居巢　臨湖　襄安　龍舒　六

弋陽郡七縣西陽　軑　蘄春　邾　西陵　期思　弋陽

丹陽郡十一縣建鄴　江寧　丹陽　于湖　蕪湖　永世　溧陽　江乘　句容　湖熟　秣陵

宣城郡十一縣宛陵　宣城　陵陽　安吳　臨城　懷安　石城　涇　春穀　廣德　寧國

新安郡六縣始新　遂安　黟　歙　海寧　黎陽

鄱陽郡八縣廣晉　鄱陽　樂安　餘汗　鄡陽　歷陵　葛陽　晉興

毘陵郡七縣丹徒　曲阿　武進　延陵　毘陵　既陽　無錫

吳郡十一縣吳　嘉興　海鹽　鹽官　錢塘　富陽　桐廬　建德　壽昌　海虞　婁

吳興郡十縣烏程　臨安　餘杭　武康　東遷　於潛　故鄣　安吉　原鄉　長城

會稽郡十縣山陰　上虞　餘姚　句章　鄞　鄮　始寧　剡　永興　諸暨

臨海郡八縣章安　臨海　始豐　永寧　寧海　松陽　安固　橫陽

東陽郡九縣長山　永康　烏傷　吳寧　太末　信安　豐安　定陽　遂昌

豫章郡十六縣南昌　海昏　新淦　建城　望蔡　艾　康樂　豐城　永修　建昌　吳平　豫章　彭澤　新吳　宜豐　鍾陵

臨川郡十縣臨汝〔一三〕　西豐　南城　東興　南豐　永成〔一四〕　宜黃　安浦　西寧　新建

廬陵郡十縣西昌　高昌　石陽　巴邱　南野　東昌　遂興　吉陽　興平　陽豐

安成郡七縣平都　宜春　新喻〔一五〕　永新　安復〔一六〕　萍鄉　廣興

南康郡五縣贛　雩都　平固　南康　揭陽

晉安郡八縣原豐　新羅　宛平　同安　候官　羅江　晉安　温麻

建安郡七縣建安　吴興　東平　建陽　將樂　邵武　延平

隋時爲郡二十七，縣一百二十二。

江都郡十六縣江陽　江都　海陵　寧海　高郵　安宜　山陽　盱眙　鹽城　清流　全椒　六合　永福　句容　延陵　曲阿

鍾離郡四縣鍾離　定遠　化明　塗山

淮南郡四縣壽春　安豐　霍邱　長平

弋陽郡六縣光山　樂安　定城　殷城　固始　期思

歷陽郡二縣歷陽　烏江

廬江郡七縣合肥　廬江　襄安　慎　霍山　潩水　開化

同安郡五縣懷寧　宿松　太湖　望江　同安

蘄春郡五縣蘄春　浠水　蘄水　黄梅　羅田

丹陽郡三縣江寧　當塗　溧水

宣城郡六縣宣城　涇　南陵　秋浦　永世　綏安

新安郡三縣休寧　歙　黟

鄱陽郡三縣鄱陽　餘干　弋陽

毘陵郡四縣晉陵　江陰　無錫　義興

吳郡五縣吳　崑山　常熟　烏程　長城

遂安郡三縣雉山　遂安　桐廬

餘杭郡六縣錢唐〔一七〕　富陽　餘杭　於潛　鹽官　武康

永嘉郡四縣括蒼　永嘉　松陽　臨海

會稽郡四縣會稽　句章　剡　諸暨

東陽郡四縣金華　永康　烏傷　信安

豫章郡四縣豫章　豐城　建昌　建城

九江郡二縣湓城　彭澤

臨川郡四縣臨川　南城　崇仁　邵武

廬陵郡四縣廬陵　泰和〔一八〕　安復〔一九〕　新淦

宜春郡三縣宜春　萍鄉　新喻

南康郡四縣贛　虔化　雩都　南康

建安郡四縣閩　建安　南安　龍溪

義安郡五縣海陽　程鄉　潮陽　海寧　萬川

唐時爲州四十一，縣二百有九。

揚州七縣　楚州五縣　濠州三縣　壽州五縣　滁州三縣　和州三縣　廬州五縣　舒州五縣　蘄

州四縣　光州五縣　宣州十縣　昇州四縣　池州四縣　歙州六縣　饒州五縣　信州四縣　潤州六縣　常州五縣　蘇州七縣　湖州五縣　杭州八縣　睦州六縣　越州七縣　明州四縣　台州五縣　處州六縣　温州四縣　婺州七縣　衢州四縣　江州三縣　洪州七縣　撫州四縣　吉州五縣　袁州三縣　虔州七縣　建州五縣　福州十縣　泉州四縣　漳州三縣　汀州三縣　潮州三縣

宋時爲州五十九，縣二百有九。

揚州三縣　泰州四縣　通州二縣　真州二縣　高郵軍二縣　楚州四縣　濠州二縣　壽州五縣　滁州三縣　和州三縣　廬州三縣　無爲軍三縣　舒州五縣　蘄州四縣　光州四縣　寧國府六縣　建康府五縣　池州六縣　太平州三縣　廣德軍二縣　徽州六縣　饒州六縣　信州六縣　鎮江府四縣　常州四縣　江陰軍一縣　平江府五縣　嘉興府四縣　湖州六縣　臨安府九縣　嚴州六縣　紹興府八縣　慶元府六縣　台州五縣　處州六縣　温州四縣　婺州七縣　衢州五縣　江州五縣　南康軍三縣　隆興府八縣　撫州四縣　吉州八縣　袁州四縣　贛州十縣　瑞州三縣　建昌軍四縣　臨江軍三縣　南安軍三縣　建寧府四縣　福州十一縣　泉州七縣　漳州四縣　汀州六縣　南劍州五縣　邵武軍四縣　興化軍三縣　潮州三縣　梅州一縣

揚州　春秋時屬吴，故左傳云「吴城邗溝，邗音寒。以通江、淮」是也。吴滅屬越，越滅屬楚。秦滅楚，屬九江郡。漢爲廣陵國，後屬荆國，後更屬吴。景帝更名江都國，武帝更名廣陵國。後漢爲廣陵郡。魏爲重鎮，文帝黄初六年，征吴，幸廣陵故城，臨江觀兵，見江濤，嘆曰：「天所以限南北也！」使張遼乘舟，與曹休至海陵。是歲，遼薨於江都。後屬吳。孫亮建興二年，使衛尉馮朝城廣陵。晉亦爲廣陵郡。東晉末，以廣陵控接三齊，故青、兖二州刺史皆鎮於此。宋亦置廣陵郡，文帝兼置南兖州。領郡九，理於此。齊並因之。梁亦曰南兖州。北齊改爲東廣州。陳復曰南兖州〔二〇〕。後周改爲吳州。隋初爲揚州，置總管府。煬帝初府廢，又爲江都郡，後帝徙都而喪國焉。煬帝置江都太守，秩與京尹同。唐初爲兖州，後改爲邗州，後又改爲揚州，爲大都督府。其後或爲廣陵郡。屬淮南道，置大都督府〔二一〕，淮南節度。領縣七。江都、江陽、海陵、高郵、六合、揚子、天長。吳改江都府，置興化縣。南唐以海陵、興化二縣屬泰州。周復爲大都督府〔二二〕，節度。宋因之，屬淮東路。開寶四年，以高郵置軍。雍熙二年，以揚子屬建安軍。至道二年，又以六合隸建安。元祐初，領淮南東路兵馬鈐轄。中興後，本路安撫及兩淮制置司。貢白苧布、莞席、銅鏡。領縣三，治江都。江都，隋縣。有蕪城、吳公臺、雷塘。廣陵，唐江陽縣，南唐改。有召伯埭、邗溝。熙寧五年，廢入江都。天長。唐縣。僞唐置建武軍，又改雄州。周改天長軍。宋至道時，軍廢爲縣。有瓜步山、六合山、赤岸山、石梁山。中興後，割隸盱眙軍。

泰州　本唐揚州海陵縣。南唐置州，以揚州之興化，楚州之鹽城二縣來屬。周爲團練。宋降爲軍事，屬淮東路。後復以鹽城隸楚州。貢隔織。領縣四，治海陵。海陵，漢縣。有孤山、大海、運河。興化，僞吳縣。有千人湖。泰興，僞唐縣。乾德二年，移治柴墟鎮。如皋。僞唐縣。

通州　本唐鹽亭場，南唐立爲静海制置院。周陞爲静海軍，屬揚州，俄改爲州，析其地爲静海、海門二縣以隸焉。州之東北正係海口，南接大江。宋因之，屬淮東路。貢獐皮、鹿皮、鰾膠。領縣二，治静海。静海，周縣。有狼山、蔡港、餘慶、石港、西寨五寨。海門。周縣。

真州　本唐揚州揚子縣之白沙鎮，南唐改迎鑾鎮〔二三〕。宋乾德二年，陞爲建安軍。雍熙二年，以永正來屬〔二四〕。至道二年，又以六合隸焉。大中祥符六年，建爲真州。貢麻紙。領縣二，治永正。永正，唐揚子縣，僞唐改，後復爲揚子。有運河、淮子河。六合。隋縣。有瓜步山、六合山、楊葉山、赤岸山、石梁溪。

高郵軍　本唐揚州高郵縣。宋開寶四年，建爲軍。屬淮東路。地形四隅皆低，爲沮洳蒲葦之澤，城基特高，狀如覆盂。建炎二年，陞爲承州，割泰州興化來隸。領縣二，治高郵。高郵，漢縣。興化。見泰州下。

楚州　春秋時屬吳，吳將伐齊，自廣陵掘江通淮，即此也。戰國時屬楚。秦屬九江郡。漢屬臨淮郡。後漢屬廣陵郡、下邳國。晉屬臨淮、廣陵二郡地。東晉爲重鎮，元帝以劉隗屯守。穆帝時，中郎將荀羡北征詩序云：「淮陰舊鎮，地形都要，水陸交通，易以觀釁。沃野有開殖之利，方舟運漕，無地屯兵〔二五〕。」乃營立城池焉。安帝時，立山陽郡。宋因之。北對清、泗，臨淮守險，有陽平石鼈〔二六〕，田稻豐饒。其後僑立兗州。入齊〔二七〕，因以兗州爲重鎮。梁初得之，後入後魏。隋初廢山陽郡，後置楚州。煬帝初州廢，并入江都郡。唐武德四年，爲東楚。八年，改爲楚州。或爲淮陰郡。屬淮南道。領縣五。山陽、鹽城、盱眙、淮陰、安宜。吳順化軍節度。南唐以鹽城屬泰州。周爲防禦。宋乾德元年，以盱眙屬泗州。開寶九年，以鹽城還隸。屬淮東路。建炎間，金人陷揚、承二鎮，楚勢孤危。紹興以來，屢戰屢失，末年乃復。寶慶間，以逆全之亂，降爲淮安軍，又以寶應縣爲寶應州。貢紵布。領縣四，治山陽。山陽，漢射陽縣地。有石鼈山〔二八〕、淮水、漣河。淮陰，唐縣。有淮水、沙河、鹽瀆。寶應，本安宜縣，唐寶應年間改。有運河、白水陂。鹽城。唐縣。有射陽湖、九鹽場。

濠州　春秋末鍾離子之國。昔禹會諸侯於塗山，即其地也。今鍾離縣西百里有塗山是也。左傳註曰：「山在壽春縣東北。」太康地記云：「塗山，古當塗國。」應劭曰：「禹所聚會塗山侯國〔二九〕，即此也。舊有當塗縣，晉安帝立馬頭郡，北齊因之，隋改爲塗山縣。今廢。魯成公時，叔孫僑如會吳於鍾離。昭公時，楚子爲舟師以略吳疆，吳遂滅巢及鍾離而還。楚平王時，吳之邊邑卑梁女子，與楚邊邑鍾離小僮爭桑，兩家交怒相攻，遂滅卑梁人。卑梁大夫怒，發邑兵攻鍾離。楚王聞之，怒，發國兵滅卑梁。吳王聞之大怒，亦發兵，使公子光攻楚，遂滅鍾離、居巢，楚恐而城郢。則鍾離互爲吳、楚之邊邑。戰國時屬楚。秦屬九江郡，二漢因之。晉初屬淮南郡，後僑置徐州。安帝時，置鍾離郡。宋、齊因之，兼置徐州，領郡理於此。亦爲重鎮。明帝時，頻爲後魏攻圍，徐州刺史蕭惠休、蕭坦守，不下而退。梁因之。北齊改鍾離郡爲西楚州。隋改曰濠州，因濠水爲名。濠音豪。煬帝復置鍾離郡。唐爲濠州，或爲鍾離郡。屬淮南道。領縣三。鍾離、招義、定遠。宋乾德元年，以招義屬泗州。爲團練，屬淮西路。乾道初，移戍藕塘。開禧城定遠，嘉定復舊。貢絹、糟魚。領縣二，治鍾離。鍾離，漢舊縣。有袁術所築公路城〔三〇〕；荆山堰及梁武帝築浮山堰基〔三一〕。有濠水，莊周觀魚處。定遠。漢曲陽縣。有古陰陵城，即漢兵追項羽，羽失道之所。

壽州　戰國時楚地。秦兵擊楚，楚考烈王東徙，都壽春，命曰郢，即此地也。今郡羅城，即考烈王所築。今郡子城，即宋武帝所築。秦滅楚，虜王負芻，其地爲九江郡。江自廬江分爲九道。後項羽封英布爲九江王，都六，即此也。漢高帝更名淮南國，武帝復爲九江郡。後漢因之，兼置揚州。領郡六，理於此。袁術爲曹公所擊，敗奔九江，後遂僭號，以九江太守爲淮南尹。魏曰淮南郡，仍舊揚州爲重鎮。毌邱儉、諸葛誕爲刺史，皆鎮於此。三國時，江、淮爲戰爭之地，其間數百里，無復人居。晉平吴，其人各還本故，復立爲淮南郡，兼置揚州。領郡十八，理於此。其後中原亂，胡寇屢南侵，又以蘇峻、祖約之亂，淮南人南渡江者轉多，乃於江南僑立淮南郡及當塗、逡遒等縣。逡七循反。遒音秋。東晉亦爲重鎮。明帝時，祖約爲守，後陷石勒。季龍死後，復理之。今郡西十五里，即謝玄破苻融之處〔三二〕。晉伏滔云：「彼壽春者，南引汝、潁之利〔三三〕，東連三吴之富。北接梁、宋，平途不過七日；西接陳、許，水陸不出千里，外有江湖之阻，内有淮、淝之固〔三四〕。龍泉之陂，良田萬頃；舒六之貢〔三五〕，利盡蠻越也。」宋屬淮南郡。初，晉元帝永昌中，豫州刺史祖約鎮於此。後或理江北，或理江南，無定所也。至宋義熙十二年，劉義慶又鎮此，以撫邊荒，扞禦疆場。齊因之，兼置豫州，領郡理於此。爲重鎮。齊高帝初，遣垣崇祖鎮壽陽，謂之曰：「我新有天下，後魏必以送劉昶爲辭〔三六〕。壽春賊之所衝，深爲之備。」俄而魏大將王肅送劉昶，兵二十萬掩至而敗還。後魏曰揚州。蕭齊東昏永元初，守將裴叔業以城叛降後魏。梁置南豫州。武帝普通七年剋之，擒魏將李憲，尋改爲南豫州。後周曰揚州。隋文帝改曰壽州，煬帝初，復爲郡。唐爲壽州，或爲壽春郡。屬淮南道。領縣五。壽春、安豐、霍邱、盛唐、霍山。吴忠正軍節度。周以潁州下蔡來屬，徙州治焉，在淮北。宋因之。開寶中，廢霍山、盛唐。政和六年，陞爲壽春府。屬淮西路。八年，以府之六安縣即霍山。爲六安軍〔三七〕。中興後，下蔡没於金，以安豐縣爲軍，四縣並隸焉。貢葛布、石斛。領縣五，治下蔡。下蔡，古蔡國。唐縣。有硤石山。壽春，隋縣。有八公山、淮水、肥水。安豐，漢縣。有芍陂、灌水、九井、蓼城。霍邱，隋縣。有安陽山、豐水、決水。六安。唐縣。有霍山、大別山。

滁州　戰國時屬楚。秦及二漢，九江郡之地。晉屬淮南郡。宋屬新昌郡。齊置南譙郡。梁屬南譙州。梁末屬北齊，兼置新昌郡，又徙南譙州於新昌，即今郡是也。隋初廢新昌郡，改南譙爲滁州。煬帝初州廢，併其地入江都郡。唐復置滁州，或爲永陽郡。屬淮南道。領縣三。宋同。宋因之，屬淮東路。貢絹。領縣三，治清流。清流，隋縣。有清流水、滁水、瑯琊山。全椒，漢縣。梁置北譙郡，北齊改爲臨滁郡，隋復爲縣。來安。即唐永陽縣，僞唐改。有八石山〔三八〕、來安水。

和州　戰國時楚地。秦屬九江郡。二漢因之，漢末兼置揚州。領郡六。自壽春徙治於此。吴爲重鎮。築濡須塢，魏屢攻圍不拔。晉爲淮南郡地，東晉爲歷陽郡。宋因之，兼置南豫州。領郡十三，治於此。齊、梁並因之。梁末，屬北齊，置和州及歷陽郡。隋煬帝初州廢，而歷陽郡如故。唐復爲和州，或爲歷陽郡。屬淮南道。領縣三。宋同。宋屬淮西路。建炎後，爲姑熟〔三九〕、金陵藩屏，北距北界二百二十五里。貢紵布、練布。領縣三，治歷陽。歷陽，漢縣。有濡須水、合山、古梁山寨。烏江，本烏江亭。漢東城縣。梁置江都郡，北齊改爲密江郡〔四〇〕，陳臨江郡，後周烏江郡〔四一〕，隋後爲縣。有項亭。含山。唐縣。有大峴亭。

廬州　古廬子國。春秋舒國之地。昔成湯放桀，周芮伯命巢，左傳曰「自廬以往」，又曰「徐人取舒」，舒國，今舒城縣。皆此地也。戰國時屬楚地。秦屬九江郡。漢爲廬江、九江二郡，後漢亦然。魏爲重鎮，使張遼守之，孫權率十萬衆攻圍，遼以八百人破之。明帝時，以滿寵都督揚州諸軍，鎮於此。寵上表言，合肥西北三十里有奇險可依，更立城名新城。孫權欲攻圍新城，以其遠水，積二十餘日，不敢下船而退。晉爲淮南、廬江二郡地。梁置汝陰郡及南豫州，尋改爲合州，爲重鎮。隋初，爲廬江州，煬帝初州廢，置廬江郡。唐爲廬州，或爲廬江郡。屬淮南道。領縣五。合肥、慎、巢、廬江、舒城。吴昭順軍節度。周改保信軍。宋因之，屬淮西路。太平興國三年，以巢、廬江二縣屬無爲軍〔四二〕。中興後，置本路安撫使。貢紗、絹、蠟、石斛。領縣三，治合肥〔四三〕。合肥，漢縣。夏水出城父東南〔四四〕，與肥水合入巢湖。有濡須水。北齊分置北陳郡。慎，楚白公勝邑。隋縣。有滁水。舒城〔四五〕。古舒國。唐縣。有龍舒水。

無爲軍　宋太平興國三年，以廬州巢縣無爲鎮建爲軍，以巢、廬江二縣來屬。屬淮西路〔四六〕。貢絹。領縣三，治無爲。　無爲，有梅山、江水、焦水。巢，古巢伯國。漢居巢縣。有東關山、居巢山、直湖。廬江。漢龍舒縣，隋改今名。

舒州　古皖國也，春秋時，有皖國。史記：「皖，夏姓，皋陶之後。」亦舒國之地。説見廬州。戰國時屬楚。秦屬九江郡。二漢屬廬江郡。獻帝時，吴克皖城，遂爲重鎮。晉安帝置晉熙郡，宋、齊皆因之。梁置豫州，後改爲晉州。北齊改曰江州。陳又曰晉州。隋初曰熙州，煬帝置同安郡。唐爲舒州，或爲同安郡。屬淮南道。領縣五。宋同。宋屬淮西路，爲德慶軍節度。紹興十七年，改安慶軍。慶元元年，陞爲府。貢白紵、白朮。領縣五，治懷寧。　懷寧，晉縣。有天柱山、皖水。宿松，隋縣。有雷水。江水自鄂陵分爲九派，會於此縣界洲上，三百餘里合流，謂之九江口，東得武林洲，即桑落洲之尾。望江，漢皖縣地。晉大雷戍在此。陳置大雷郡。太湖，隋縣。有司空山、太湖。桐城。唐縣。有盛唐山、大江、樅陽水。

蘄州　春秋以來，皆楚地。秦屬九江郡。二漢屬江夏郡。吴爲蘄春郡。晉省，屬弋陽郡。北齊置雍州，後周改曰蘄州。隋煬帝初州廢，置蘄春郡。唐復爲蘄州，或爲蘄春郡。屬淮南道。領縣四。宋同。宋屬淮西路。元祐八年，又以蘄水縣石橋鎮爲羅田縣。　貢紵布、簟。領縣五〔四七〕，治蘄春。　蘄春，漢縣。北齊置齊昌郡。有新水、温水。黄梅，隋縣。有黄梅水。蘄水，唐縣。有蘭溪水。廣濟。唐縣。有蔡山，出大龜。又有積布山、青林湖。

光州　春秋時黄國也，亦絃國之地。魯僖公五年，楚人滅絃。絃在弋陽軑縣。軑，徒計反。秦屬九江郡。二漢屬汝南、江夏二郡。魏分置弋陽郡，晉、齊皆因之。梁末，置光州。後魏置弋陽郡。北齊爲南郢州。後周爲淮南郡。隋煬帝初，爲弋陽郡。唐爲光州，或爲弋陽郡。屬淮南道。領縣五。定城、固始、光山、仙居、殷城。宋廢商水縣入固始。屬淮西路，爲光山軍節度。紹興末，改蔣州，尋復舊。貢石斛、葛布。領縣四，治定城。定城，古黄國。漢弋陽縣故城。有淮水。光山，古絃國。漢西陽縣。晉光城縣。有光山、柴水。固始，楚孫叔敖所封寢邱之地。北齊置北建州。後周置澮州。仙居。古絃子國。唐縣。

寧國府　春秋時屬吳，後屬越，越滅屬楚。秦屬鄣郡。二漢爲丹陽郡。吳爲重鎮。孫晧時，以何植爲牛渚督。晉師來伐，遣王渾向牛渚。晉武帝分置宣城郡。丹陽郡移於建康是也。宋、齊、梁、陳皆因之。陳以爲重鎮。隋平陳，廢郡，置宣州，煬帝改爲宣城郡。唐爲宣州，或爲宣城郡。屬江南道。領縣十。宣城、涇、溧水、太平、當塗、南陵、綏安、寧國、溧陽、青陽。吳寧國軍節度使。南唐分入江寧，而此州領縣六。宋因之，屬江東路。開寶末，以廣德、蕪湖、繁昌來屬。太平興國二年，以蕪湖、繁昌屬太平州。四年，以廣德置軍。乾道二年，陞爲寧國府。貢紵布、黄連、筆。領縣六，治宣城。宣城，漢縣。有昭亭山、句溪。涇，漢縣。有涇水。南陵，梁縣。有漳淮水。寧國，唐縣。太平，唐縣。旌德。唐縣。

建康府　本潤州江寧縣。唐至德二載，以縣置昇州，上元二年廢。光啓三年，復以潤之上元、句容，宣之溧陽、溧水四縣置昇州。屬江南道。吳爲金陵府。南唐改江寧府，置蕪湖、銅陵、繁昌三縣；又以宣州之當塗、廣信來屬。尋以當塗爲雄遠軍，復以池州之青陽來屬。宋平江南，復爲昇州節度，以廣德、蕪湖、繁昌屬宣州，青陽、銅陵屬池州。天禧二年，升爲江寧府，建康軍節度〔四八〕。屬江東路。建炎三年，改爲建康府，即府治建行宫，沿江置江東安撫制置司。貢筆。領縣五，治上元、江寧。上元，唐縣。有蔣山、鷄籠山、方山、幕府山、青溪、玄武湖。江寧，唐縣。有慈姥山、鳳臺山、秦淮、白鷺洲。溧陽，漢縣。有平陵山、二鶴山。溧水，隋縣。有丹陽湖、石臼湖。句容。漢縣。有茅山鎮。天禧間，改名常寧。有茅山、華陽洞。

池州　本宣州地。唐武德四年，以宣州之秋浦、南陵二縣置。貞觀元年州廢，縣還隸宣州。永泰元年，復析宣州之秋浦、青陽，饒州之至德即建德。置。屬江南道。領縣四。秋浦、至德、青陽、石埭。南唐爲康化軍節度，後爲軍事，以青陽隸江寧。開寶末，以昇州之青陽、銅陵二縣〔四九〕；太平興國三年，以江州之東流縣並來屬〔五〇〕。屬江東路。貢紙、紅白薑。領縣六，治貴池。貴池，隋秋浦縣，吴改。有秀山、貴池。青陽，唐天寶中〔五一〕，析涇、南陵、秋浦置。有九華山、五溪水。建德，唐析鄱陽、秋浦置至德縣，隸饒州。吴改今名。石埭，唐析青陽、秋浦置。銅陵，南唐縣。有銅官山。東流。南唐縣。

太平州　本宣州地。南唐於江寧、當塗置新和州，後改雄遠軍。宋開寶八年，改平南軍。太平興國二年，陞爲太平州，又以宣州之蕪湖、繁昌二縣隸焉。屬江東路。貢紗。領縣三，治當塗。當塗，晉縣。有牛渚山、采石磯、九井山、姑熟溪。蕪湖，南唐縣。繁昌。南唐縣。有大江。

廣德軍　本宣州廣德縣地。宋太平興國四年，建爲軍。端拱元年，以郎步鎮爲建平縣，隸焉。屬江東路。貢茶芽。領縣二，治廣德。廣德，唐縣。有丹井山、桐水。建平。宋縣。有南漪湖〔五二〕。

徽州　春秋時屬吴，後屬越，越滅屬楚。秦屬障郡。二漢屬丹陽郡。吴孫權分丹陽立新都郡。晉平吴，改曰新安，宋、齊並因之。隋平陳，置歙州。煬帝初州廢，置新安郡。唐爲歙州，或爲新安郡。屬江南道。領縣六。宋同。宋屬江東路。宣和三年，改爲徽州。貢白紵、紙。領縣六，治歙。歙，漢縣。有靈山。休寧，隋縣。有浙溪水。績溪，唐析歙縣置。有三天子障山。黟，隋縣。祈門〔五三〕，唐析黟及饒之浮梁置。婺源，唐縣。有婺水。

饒州　春秋時楚之東境，後屬吴。楚昭王時，吴伐楚取番是也。戰國屬楚。秦屬九江郡。二漢屬豫章郡。吴主孫權分置番昜郡。初治番昜縣，後徙治吴芮故城。晉、宋、齊因之。梁置吴州，陳廢。隋置饒州，以其産物豐饒。煬帝初，置番昜郡。唐復爲饒州，或爲番昜郡。屬江南道。領縣五。番昜、樂平、弋陽、餘干、浮梁。乾元元年，以弋陽屬信州。南唐置德興縣。宋端拱元年，陞安仁場爲縣。屬江東路。貢麩金、竹簟。領縣六，治番昜。番昜，漢縣。有番江、彭蠡湖。餘干，漢餘汗縣，隋改今名。有餘干水。浮梁，唐縣。有新昌水。樂平，唐縣。有樂安江。德興，南唐縣。有銀山、洎溪。安仁。宋縣。有安仁港。

信州　唐乾元元年，析饒州之弋陽，衢州之常山、玉山及建、撫之地置。屬江南道。領縣四。上饒、貴溪、弋陽、玉山。南唐置鉛山縣。宋開寶八年，平江南，以鉛山直屬京，後還隸焉。淳化五年，陞弋陽之寶豐場爲縣；景祐元年，廢爲鎮；康定復，慶曆又廢。熙寧七年，以上饒縣永豐鎮爲縣。屬江東路。貢蜜、葛粉、水晶器。領縣六，治上饒。上饒，本隸饒州，後省入弋陽，乾元元年復置〔五四〕。有靈山、上饒江。玉山，唐析常山、須江及弋陽置。有懷玉山、上干溪〔五五〕。弋陽，隋縣。有葛溪、弋溪。貴溪，唐析弋陽置。有龍虎山。鉛山，南唐縣。有桐源水。永豐。有永豐溪〔五六〕。

鎮江府　春秋時屬吴，戰國屬越，後屬楚。秦爲會稽、障二郡之境。自句容以西屬障郡，以東屬會稽郡。漢初爲荆國，荆王劉賈墓在今郡城内。吴王濞疋備反。反〔五七〕，後屬江都國。武帝分屬丹陽、會稽二郡地。後漢爲丹陽、吴二郡之地。吴主孫權初，鎮丹徒，謂之京城，後都於秣陵，改爲建業。至孫皓，爲晉將王濬所滅。晉平吴，爲毘陵、丹陽二郡地，兼置揚州。領郡十八，理於建業，即江寧縣。元帝渡江，都建業，改丹陽太守爲丹陽尹。爾雅曰：「絶高爲京。」其城因山爲壘，緣江爲境，似河内郡，内鎮優重。宋置南東海郡及南徐州，領郡十七，理於此。而揚州如舊。齊、梁以後並因之，以至於陳，京口常爲重鎮。隋大將賀若弼自廣陵來襲，陷之，遂滅陳。隋平陳，郡廢，於石頭城置蔣州，又廢南徐州爲延陵鎮，後又分置潤州於鎮城。州東有潤浦。煬帝初，州廢。延陵、曲阿、句容等縣悉屬江都郡，而江寧縣則屬丹陽郡地。唐初，輔公祏據之〔五八〕。克平，合舊丹陽、南徐之地，併爲潤州。或爲丹陽郡，鎮海軍節度。屬江南道。領縣六，丹徒、句容、丹陽、延陵、江寧、金壇。南唐以上元、句容隸江寧。宋開寶八年，改鎮江軍。政和三年，陞爲府。屬浙西路。貢羅、綾。領縣四，治丹徒。

丹徒，古朱方邑，吴以予齊慶封者。唐縣。有北固山、京江。延陵，晉縣。有句曲山。熙寧五年，省爲鎮入丹陽。丹陽，唐縣。有蒜山、金山、揚子江、練湖。金壇。唐縣。有茅山、方山、荆溪。

常州　春秋時吴地。戰國時屬越，後屬楚。秦、漢會稽郡之地。後漢順帝以後，屬吴郡。吴分吴郡、無錫以西爲屯田，置典農校尉。晉武帝省校尉，以屬毘陵郡。其後東海王越嫡子毘封於毘陵，元帝以毘諱改爲晉陵郡。宋、齊因之。隋平陳，廢晉陵郡，置常州。或曰常州置於常熟縣，故因以爲名。煬帝初州廢，又置毘陵郡。唐爲常州，或爲晉陵郡。屬江南道。領縣五。武進、義興、無錫、晉陵、江陰。吴以江陰爲郡。宋因之，屬浙西路。貢白紵、紗、席。領縣四，治晉陵、武進。晉陵，本名延陵。季子所居。有墓，有太湖。武進，晉縣。有滆湖〔五九〕。無錫，漢縣。太伯所居。又楚春申君之邑。宜興。唐義興縣，太平興國初改。有君山、運河、太湖、陽羨溪、長橋。

江陰軍　唐武德三年，以晉陵郡之江陰縣置暨州，九年廢。吴復以其地置江陰軍。宋因之，屬浙西路。熙寧四年，復廢爲縣，隸常州。建炎後，復置。領縣一。江陰。梁縣。有秦望山、芙蓉湖。

平江府　春秋吴國之都也。自闔閭以後，並都於此。其南百四十里，與越分境。吴伐越，越禦之於檇李，則今嘉興縣之地。檇李城在嘉興縣南三十七里。戰國時屬越，後屬楚。秦置會稽郡。項羽初起，殺會稽太守殷通，即此地。漢亦爲會稽郡，後順帝分置吴郡。晉、宋亦爲吴郡，與吴興、丹陽爲三吴。齊因之。陳置吴州。隋平陳，改曰蘇州。因姑蘇山爲名。煬帝初，復曰吴州，尋爲吴郡。唐爲蘇州，或爲吴郡。屬江南道。領縣七。吴、長洲、常熟、嘉興、海鹽、華亭、崑山。梁時，吴越王錢鏐奏置吴江縣。後唐爲中吴軍節度。晉時以嘉興、海鹽、華亭三縣置秀州。宋改爲平江軍，屬浙西路。政和三年，陞爲府。貢葛、蛇床子、白石脂、花席。領縣五，治吴、長洲。吴，漢縣。有虎邱山、胥山、洞庭山、太湖、松江。長洲，唐縣。有松江、運河。崑山，梁縣。常熟，隋縣。有虞山、大江、運河。吴江。梁縣。有吴江、運河。

嘉興府　晉天福中，吴越王錢元瓘，奏以蘇州嘉興、海鹽、華亭置秀州，又置崇德縣。宋因之。政和七年，賜郡名曰嘉禾。屬浙西路。慶元元年，以孝宗誕聖之地，陞爲嘉興府。貢綾。領縣四，治嘉興。嘉興，唐縣。本吴得嘉禾之地。有胥山、檇李城。海鹽，唐縣。有陸里山、當湖、鹽場三。華亭，唐縣。有金山、松陵江、華亭谷、鹽場三。崇德。晉縣。有語兒亭、運河。

湖州　春秋時屬吳，吳滅屬越，越滅屬楚，兼得古之防風國。史記曰：「汪罔氏之君，守封禺之山。」汪罔即防風氏。秦爲會稽、障二郡之境，漢亦同。後漢屬吳郡。吳分吳、丹陽二郡，置吳興郡。晉、宋、齊因之。梁末，改爲震州，後復爲吳興郡。隋平陳，郡廢，置湖州。其名震州、湖州，皆因州東有太湖，一名震澤故也。震澤又名具區澤。煬帝初，廢湖州，分其地入餘杭及吳二郡。唐復置湖州，或爲吳興郡。屬江南道。領縣五。烏程、德清、武康、安吉、長城〔六〇〕。周爲宣德軍節度。宋太平興國七年，析烏程置歸安縣。後爲昭慶軍節度，屬浙西路。　貢白紵、漆器。　領縣六，治烏程、歸安。　烏程，秦、漢舊縣。有卞山、杼山、具區藪、苕溪、霅溪、白蘋洲。歸安，有三山、吳興塘〔六一〕。武康，古防風國。有前溪、餘不溪〔六二〕。安吉，故障縣地。有天目山、苕水、楊子湖。長興〔六三〕，唐縣。有大雷山、箬溪、荆渚、顧渚。德清。唐縣。有苧溪。

臨安府　春秋越國之西境，越國西北至語兒，在今吳郡嘉興縣南，與吳分界。後屬楚。按周顯王四十六年，楚威王伐越，破之，殺其王無彊，盡取其地，至於浙江之北。秦、漢並屬會稽郡。後漢順帝以後，屬吳郡。晉屬吳興、吳二郡地，宋、齊、梁因之。陳以爲錢塘郡。隋平陳，置杭州。煬帝初州廢，置餘杭郡。唐爲杭州，或爲餘杭郡，大都督，鎮海軍節度。屬江南道。領縣八。錢塘、富陽、新安、於潛、唐山、紫溪、鹽官、新城。宋淳化五年，改寧海軍節度；陞南新場爲縣。屬浙西路，領浙西兵馬鈐轄。熙寧五年〔六四〕，省南新縣爲鎮，入新城。建炎三年，高宗自建康幸杭，陞臨安府，以爲行在所，以州治爲行宮，以祥符寺基改建府治。紹興五年兼浙西安撫使〔六五〕。　貢綾、藤紙。　領縣九，治錢塘、仁和。　錢塘，漢縣。有靈隱山、胥山、秦望山、錢塘湖。仁和，梁錢江縣，宋改。於潛，隋縣。有天目山。餘杭，漢縣。有由拳山。富陽，晉縣。有陽平山。鹽官，唐縣。有臨平湖。臨安。唐縣。梁時，吳越王奏置衣錦軍。宋改順化軍，後廢軍復爲縣〔六六〕。昌化，唐唐山縣。有紫溪。新城。唐縣。

嚴州　春秋時屬吳，後屬越，又屬楚。秦爲障郡地。漢爲丹陽郡地。後漢以後，並屬吳郡。梁、陳爲新安郡。隋平陳，廢郡，置睦州。以俗阜人和，内外輯睦爲義。煬帝置遂安郡。唐置睦州，或爲新定郡。屬江南道。領縣六。宋同。宋爲遂安軍節度，宣和元年，陞建德軍節度〔六七〕；三年，改爲嚴州。屬浙西路。貢白紵、簟。領縣六，治建德。建德，唐縣。有烏龍山、七里瀨。桐廬，隋縣。有桐君山、嚴子陵釣臺、桐溪。壽昌，唐縣。有蘘山、壽昌溪。遂安，隋縣。有武强溪。分水，唐縣。有天目溪。青溪。唐縣。有新安江。

紹興府　禹會諸侯於會稽之山。至少康，封少子無餘於會稽，號曰於越，即此地。至周顯王時，爲楚所破。其浙江南之地，越猶保之，而臣服於楚。秦屬會稽郡，漢因之。後漢順帝時，分浙江以西爲吳郡，以東爲會稽郡。晉爲會稽國。宋爲會稽郡，常置東揚州，治於此。尋罷州。齊因之。梁又加置東揚州。隋平陳，改爲吳州〔六八〕，置總管府。煬帝時，復爲會稽郡。唐爲越州，或爲會稽郡，鎮東軍節度。屬江南道。領縣七。會稽、山陰、諸暨、剡、餘姚、蕭山、上虞。晉時，吳越王錢元瓘奏置新昌縣。宋大觀初，陞爲帥府，屬浙東路，領浙東兵馬鈐轄。紹興初，陞爲紹興府，置浙東安撫司。貢越綾、輕庸紗、紙。領縣八，治會稽、山陰。會稽，隋縣。有會稽山、秦望山、射的山、若耶溪、禹穴。山陰，唐縣。有塗山、龜山、蘭渚、鑒湖。嵊，唐剡縣，宣和間改。有剡溪〔六九〕。諸暨，漢縣。有浣江、暨浦。上虞，唐縣。有上虞江、運河。餘姚，唐縣。有餘姚江。蕭山，唐縣。有浙江、運河。新昌。晉縣。有沃洲山。

慶元府　本會稽郡之鄮縣，鄮，莫候反。唐開元中，分置明州，或爲餘姚郡，以境内四明山爲名。屬江南道。領縣四。鄮、奉化、慈溪、翁山。梁時，吴越王錢鏐奏置望海縣。宋爲奉國軍節度，屬浙東路。熙寧六年，析鄮縣地置昌國縣。紹熙五年，陞爲慶元府。置沿海制置司〔七〇〕。貢綾、乾山蕷、烏鰂魚骨。領縣六，治鄞。鄞，古甬東地，唐鄮縣。有四明山、廣德湖。奉化，唐縣。慈溪，唐縣。有句餘山。象山，唐縣。定海，梁望海縣，宋改。有候濤山、大浹水。昌國。居海心。

台州　春秋及戰國時屬越。秦屬閩中郡〔七一〕，亦東甌之境。武帝時，閩越圍東甌〔七二〕，徙國於江、淮之間。其地屬會稽郡東部都尉。治於此。後漢亦屬會稽郡。吴置臨海郡，晉、宋、齊、梁因之。隋平陳廢，屬永嘉郡。唐武德四年，平李子通，置海州。五年，改爲台州。因天台山爲名。或爲臨海郡。屬江南道。領縣五。宋同。宋屬浙東道。貢甲香、金漆、鮫魚皮。領縣五，治臨海。臨海，吴縣。有括蒼山、始豐溪。黄巖，唐縣。有黄巖山。天台，唐唐興縣，梁改今名。有天台山。仙居，唐樂安縣，宋改。有永安溪。寧海。唐縣。有桐柏山。

處州　春秋、戰國時並屬越。秦、漢屬會稽郡，亦東甌之地。晉分置永嘉郡，宋、齊因之。隋平陳，改爲處州。煬帝時，復置永嘉郡。唐改爲處州，或爲縉雲郡。因山爲名。屬江南道。領縣六。宋同。宋屬浙東路。貢綿、黄連。領縣六，治麗水。麗水，唐縣。有括蒼山、麗溪、惡溪。龍泉，唐縣。遂昌，唐縣。有梧桐溪。縉雲，唐縣。有縉雲山、好溪。青田，唐縣。有青田溪。松陽。吴縣。有玉桂山。

温州　春秋、戰國時並屬越。秦、二漢爲會稽郡之東境。晉爲臨海郡地，明帝分屬永嘉郡。宋以後因之。隋平陳廢，煬帝初，又屬永嘉郡。唐上元二年，分置温州。或爲永嘉郡。屬江南道。領縣四。永嘉、安固、橫陽〔七三〕、樂城。晉爲靜海軍節度。宋屬浙東路。貢鮫魚皮、蠲紙。領縣四，治永嘉。永嘉，東甌地。隋縣。有石室山、永嘉江。瑞安，唐縣。有仙巖山。樂清，唐樂城縣，梁時改。平陽，唐橫陽縣，梁改。

婺州　春秋、戰國時並越地。秦屬會稽郡。二漢置會稽西部都尉。治於此。吳置東陽郡，晉、宋、齊皆因之。梁、陳置金華郡。隋平陳，置婺州。以當天文婺女之分爲名。煬帝初州廢，置東陽郡。唐爲婺州，或爲東陽郡。屬江南道。領縣七。宋同。晉爲武勝軍節度。宋改保寧軍節度，屬浙東路。貢綿、藤紙。領縣七，治金華。金華，隋縣。有金華山、東陽江。東陽，唐縣。義烏，唐縣。有義烏溪。蘭溪，唐縣。有蘭溪。永康，隋縣。有永康溪。武義，吳縣。浦江。唐浦陽縣。有浦陽江。

衢州　本婺州地，唐武德四年，平李子通，分置衢州。州西有三衢山。七年廢。垂拱二年，復置衢州。或爲信安郡。屬江南道。領縣四。西安、龍邱、須江、常山。宋太平興國六年，陞開化場爲縣。屬浙東路。貢綿、藤紙。領縣五，治西安。西安，唐縣。有信安溪。江山，唐須江縣，錢王改。有騎石山、江郎山。龍游，唐龍邱縣，錢王改。有姑蔑城。常山，唐縣。有三衢山、穀江。開化。有馬金溪。

江州　禹貢荆、揚二州之境。禹貢揚州曰「彭蠡既豬」，荆州曰「九江孔殷」。今彭蠡湖在郡之東南，五十二里。九江在郡之西北。今九江在郡鎮之北，彭蠡在今迤東。江水西自江夏郡永興縣流入。尚書禹貢曰：「九江孔殷。」孔安國註云：「江分爲九道，甚得地勢之中。」按張須九江圖云：「九江參差，隨水勢而分。其間有洲，或長或短，百里至五十里。始別於鄂陵，終會於江口。一云白烏江，二云白蚌江，三云烏土江，四云嘉靡江，五云畎江，六云三里江，七云菌洲江，八云沙提江，九云廩江。」潯陽記云：「九江在潯陽郡北〔七四〕，五里名曰烏江，遠則百餘里，是大禹所疏，桑落洲上下三百餘里合流〔七五〕。」則彭蠡以東爲揚州，九江以西爲荆州。春秋屬楚。秦屬九江郡。二漢屬廬江、豫章二郡地。晉初，屬廬江、武昌二郡，後割荆、揚二州而置江州，初理豫章，後理於此。後又置尋陽郡〔七六〕。宋、齊亦爲尋陽郡，皆置江州。領郡九，理於此。中流襟帶，常爲重鎮。隋置九江郡。唐改爲江州，或爲潯陽郡。屬江南道。領縣三。潯陽、彭澤、都昌。南唐爲奉化軍節度，置瑞昌、湖口、東流三縣。宋太平興國三年，陞星子鎮爲縣，以東流屬池州。七年，以星子、都昌二縣隸南康軍。屬江東路。中興後，改屬江西路。其地本武昌之柴桑縣，後以江北之潯陽，並柴桑而立郡，又自江北徙治江南，改爲江州，實非古江州也。今州在江之南，潯水在蘄州，亦不得爲潯陽矣。朱文公九江辨最詳。貢雲母、石斛。領縣五，治德化。德化，唐潯陽縣，南唐改。有九江、廬山、柴桑山、大孤山、栗里。彭澤，隋縣。有馬當山、石門山、小孤山。德安，南唐縣。有石鼓山、敷淺水〔七七〕。瑞昌，南唐縣。湖口。南唐縣。有孤山、大江。

南康軍　宋太平興國七年，以江州星子縣建爲軍，又以都昌及洪州建昌二縣來屬。屬江東路。貢茶芽。領縣三，治星子。星子，本星子鎮。有廬山、宮亭湖、彭蠡湖。都昌，唐縣。有蘇山、五柳館。建昌。

洪州　春秋、戰國時並屬楚。秦爲九江郡。漢改九江郡爲淮南國。漢高帝分淮南國置豫章郡，唐南康、廬陵、宜春、鄱陽、潯陽、臨川、豫章郡地，盡屬漢豫章。吳芮爲長沙王，兼得其地。後漢亦爲豫章郡，晉因之。東晉置江州。始於此。宋、齊以後，並爲豫章郡。隋平陳廢郡，置洪州。煬帝初廢州，置豫章郡。唐爲洪州，或爲豫章郡，後避代宗諱，止稱章郡。上都督府〔七八〕，鎮南軍節度。屬江南道。領縣七。南昌、豐城、高安、建昌、新吳、武寧、分寧。南唐以高安屬筠州，又置靖安縣。宋太平興國六年，析南昌置新建縣。七年，以建昌屬南康軍。

屬江西路。領江西路安撫兵馬鈐轄〔七九〕。　貢葛。　領縣八，治南昌、新建。　南昌，唐縣。有南昌山、武陽水、宫亭湖。　新建，有西山、章水。　奉新，唐新吴縣，南唐改。有華林山。　豐城，晉縣。有豐水。　分寧，唐縣。有旌陽山、修水。　靖安，南唐縣。　武寧，唐縣。有東津水。　進賢。崇寧二年，以南昌縣進賢鎮陞爲縣。

撫州　戰國時屬楚。秦屬九江郡。二漢屬豫章郡。吴分置臨川郡，晉、宋、齊、梁、陳皆因之。隋平陳，置撫州。煬帝時廢州，置臨川郡。唐爲撫州，或爲臨川郡。屬江南道。領縣四。臨川、南城、崇仁、南豐。吴昭武軍節度。南唐以南城置建武軍。宋開寶三年，陞宜黄場爲縣〔八〇〕。淳化二年，以南豐屬建昌軍。五年，陞金谿場爲縣。屬江西路。　貢葛。　領縣四，治臨川。　臨川，隋縣。有臨川水。　崇仁，隋縣。有寶唐水。　宜黄，宋縣。有宜黄水。　金谿。宋縣。有金谿。

吉州　戰國時屬楚。秦屬九江郡。二漢屬豫章郡。孫策分置廬陵郡，晉、宋、齊、梁、陳皆因之。隋平陳，置吉州。煬帝初州廢，置廬陵郡。唐爲吉州，或爲廬陵郡。屬江南道。領縣五。廬陵、新淦、太和、安福、永新。南唐置龍泉縣。宋雍熙元年，析廬陵置吉水縣。淳化三年，以新淦屬臨江軍。至和元年，析吉水縣地置永豐縣。熙寧四年，以龍泉縣萬安鎮爲縣。屬江西路。　貢紵布、葛。　領縣八，治廬陵。　廬陵，隋縣。有玉笥山、贛山。　吉水，宋縣。有仁山、吉水。　安福，隋縣。有鐏山、大泉。　太和，隋縣。有遂興水。　龍泉，南唐縣。有龍泉江。　永新，唐縣。有勝業水。　永豐，宋縣。有報恩江。　萬安。宋縣。有雲洲。

袁州　戰國時屬楚。秦屬九江郡。二漢屬豫章郡。吴分置安成郡，晉、宋、齊以下皆因之。隋平陳，置袁州。煬帝初廢州，置宜春郡。唐爲袁州，或爲宜春郡。屬江南道。領縣三。宜春、萍鄉、新喻。　宋開寶末，以筠州萬載來屬。雍熙元年，析宜春置分宜縣。淳化三年，以新喻屬臨江軍。屬江西路。貢紵布。領縣四，治宜春。宜春，隋縣。有袁山、仰山、宜春水。分宜，宋縣。有昌山〔八一〕、昌江。萍鄉，吳縣。有萍實里。萬載。南唐縣，宣和時改爲建城，紹興後復。

贛州　戰國時屬楚。秦屬九江郡。二漢屬豫章郡。吳屬廬陵郡。晉平吳，置南康郡。宋爲南康國。齊、梁、陳皆爲南康郡。隋平陳，置虔州。煬帝初州廢，置南康郡。唐爲虔州，或爲南康郡。屬江南道。領縣七。贛、虔化、南康、雩都、信豐、大庾、安遠。後唐爲昭信軍節度。南唐置瑞金、龍南、石城、上猶四縣。宋太平興國中，析贛縣之七鄉於險江鎮置興國縣，又析雩都縣之六鄉於九州鎮置會昌縣。淳化元年，以大庾、上猶、南康三縣置南安軍。屬江西路。紹興二十三年〔八二〕，改爲贛州。貢白紵。領縣十。贛，漢縣。有崆山、玉房山〔八三〕、章水、貢水。安遠，唐縣。有廉水、安遠水。雩都，漢縣。有雩山。虔化，隋縣。有虔化水。信豐，唐縣。有廩山、夢水。龍南，南唐縣，宣和間改爲虔南。瑞金，南唐縣。有綿江。興國，宋縣。有平江。會昌，宋縣。有滎陽水。石城。南唐縣。

筠州　南唐以洪州高安置州，仍置上高、萬載、清江三縣，隸之。宋開寶末，以萬載屬袁州。太平興國六年，析高安置新昌縣。淳化三年，以清江屬臨江軍。屬江西路。貢紵。領縣三，治高安。高安，唐縣。有濁水、鐘口江。上高，南唐縣。有蒙山。新昌。宋縣。有黃檗山〔八四〕、大江。

建昌軍　南唐以撫州南城縣置建武軍。宋太平興國四年，改爲建昌軍。淳化二年，以撫州南豐來屬。紹興八年，增置廣昌、新城兩縣。屬江西路。貢絹。領縣四，治南城。南城，漢縣。有麻姑山、盱水、飛猿水。南豐，唐縣。有梅嶺。廣昌，新城。

臨江軍　宋淳化三年，以筠州清江縣建爲軍，以吉州之新淦、袁州之新喻二縣來屬。屬江西路。貢絹。領縣三，治清江。　清江，南唐縣。有大江。　新淦，漢縣。有玉笥山、閤皂山、淦水〔八五〕。　新喻。吳縣。有袁水、武析水。

南安軍　宋淳化元年〔八六〕，以虔州大庾縣建爲軍，又以南康、上猶二縣隸之。屬江西路。　貢紵。領縣三，治大庾。　大庾，唐縣。有大庾嶺、橫浦關。　南康，晉縣。有聶都山。　上猶。南唐縣，嘉定四年，改爲南安。

建寧府　本閩越地。秦屬閩中郡。漢屬會稽郡，後漢因之。吳分置建安郡，晉、宋、齊、梁並因之。陳屬閩州，後又屬豐州。隋平陳，屬泉州。煬帝初，置閩州，尋置建安郡而屬焉。唐武德四年，置建州，以建溪爲名。或爲建安郡。屬江南道。領縣五。建安、邵武、浦城、建陽、將樂。閩王氏爲鎮武軍節度，增松溪縣。南唐改永安軍，又改忠義軍，置歸化、建寧二縣。宋太平興國四年，以將樂屬南劍州；五年，以邵武、歸化、建寧三縣屬邵武軍。端拱元年，陞爲建寧軍節度。淳化五年，陞崇安場爲縣。咸平五年〔八七〕，陞關隸鎮爲縣。治平三年，析建安、建陽、浦城地置甌寧縣。紹興三十二年，陞爲建寧府。屬福建路。貢火前、石乳、龍茶。領縣七，治建安。　建安，漢縣。有茶山、建安水。　浦城，唐縣。有夢筆山、柘溪。　建陽，唐縣。有建陽溪。　松溪，閩縣。　崇安，有武夷山、漢祀山。　政和，甌寧。

福州　亦閩越地。秦爲閩中郡。漢高帝立無諸爲閩越王，都於此。及武帝時，閩越反，滅之，徙其人於江、淮間，盡虛其地。後有遁逃山谷者頗出，立爲治縣地，蓋以越王治鑄爲名。屬會稽郡，又名其地爲東治縣。後漢改爲侯官都尉，屬會稽郡。後分治地爲會稽東、南二部都尉，此爲南部都尉。東部今臨海郡是也。晉置晉安郡，宋、齊因之。陳置閩州，後又改爲豐州。隋平陳，改爲泉州。煬帝初州廢，改爲建安郡。唐初爲建州，後此置泉州，移建州於建安縣置。後此復爲閩州。移泉州於晉江縣。開元十三年，改爲福州。或爲長樂郡，中都督府〔八八〕，威武軍節度。屬江南道。領縣十。閩、侯官、長樂、福唐、連江、長溪、古田、梅溪、永泰、尤溪。閩王氏置寧德縣。南唐得尤溪，以屬劍州。晉末，地入錢氏。周改彰武軍。宋爲威武軍，屬福建路。太平興國五年，析閩縣置懷安。貢荔枝、圓眼、鹿角菜、紫菜、紅花、蕉布。領縣十二，治閩、侯官。閩，隋縣。有南臺江、越王山、長樂山。侯官，唐縣。有螺江、閩山、福山。福清，唐福唐縣，晉更今名。有練門江。連江，唐縣。有連江。古田，唐縣。永泰，唐縣。崇寧間，改爲永福。長溪，唐縣。有白水江。羅源〔八九〕，唐縣。乾興元年，改爲羅源。閩清，唐梅溪縣，閩改。寧德，閩縣。有大海。懷安。宋縣。有洪塘江。

泉州　秦、漢土地與長樂郡同。晉爲晉安郡，宋、齊以後因之。自隋以來，屬泉州。唐神龍以後，始移置泉州於此。或爲清源郡。屬江南道。領縣四。晉江、南安、莆田、仙遊。閩王氏置同安、清溪、永春、德化、長泰五縣。南唐爲清源軍節度。宋太平興國初，改平海軍〔九〇〕。四年，以莆田、仙遊二縣屬興化軍。五年，以長泰屬漳州。六年，析晉江置惠安〔九一〕。屬福建路。貢綿、蕉、葛。領縣七，治晉江。晉江，唐縣。有泉山、晉江。東安，宋縣。有洛陽江。清溪，閩縣。有廬山、溪水〔九二〕。南安，隋縣。有桃林溪。永春，閩桃源縣。德化，閩縣。有赤水鐵場〔九三〕。同安。閩縣。有東、西溪。

漳州　歷代土地與長樂郡同。唐分其地置漳州，或爲漳浦郡。屬江南道。領縣三。漳浦、龍溪、龍巖。南唐改南州，尋以泉州長泰來屬。宋復爲漳州，屬福建路。貢甲香、鮫魚皮。領縣四，治龍溪。龍溪，梁縣。有九龍山。漳浦，唐縣。有李澳溪。龍巖，唐縣。長泰。閩縣。

汀州　歷代土地與長樂郡同。晉分建安郡置晉安郡，又立新羅縣，汀州始基於此。唐開元二十六年，開撫、福二州山洞置汀州〔九四〕。因長汀以爲名。或爲臨汀郡。屬江南道。領縣三。長汀、寧化、沙。閩以沙縣屬南劍州。宋淳化五年，以上杭、武平二場並爲縣。元符元年〔九五〕，析長汀、寧化置清流縣。紹興三年，以蓮城堡爲縣〔九六〕。汀在山谷斗絶之地，溪水自北發源，至州境而東，遂南流入海。是天下之水皆東，惟汀水獨南。南，丁位也，以水合丁爲文。屬福建路。貢蠟燭。領縣六，治長汀。長汀，唐縣。有鄞江溪。寧化，唐縣。上杭，武平，清流，蓮城。

南劍州　閩以建州永平鎮置鐔州及龍津縣，後州廢。南唐改延平鎮，俄置爲劍州，以汀州之沙縣、福州之尤溪來屬；又陞永順場爲順昌縣。宋太平興國四年，加「南」字，以建州將樂隸焉。屬福建路。貢土茴香。領縣五，治劍浦。劍浦，南唐縣。有延平津。順昌，南唐縣。沙，唐縣。有沙水。尤溪，唐縣。將樂。唐縣。有將溪。

邵武軍　宋太平興國五年，以建州邵武縣建爲軍，仍以歸化、建寧二縣來屬。六年，又析邵武置光澤。屬福建路。貢紵。領縣四，治邵武。邵武，隋縣。有邵武溪。光澤，有紫溪。泰寧，建寧。南唐縣。

興化軍　宋太平興國四年，以泉州游洋、百丈二鎮地置太平軍〔九七〕，尋改；又以莆田、仙遊二縣來屬；又析莆田置興化。屬福建路。貢綿、葛布。領縣三，治莆田。莆田，唐縣。有壺公山、大海〔九八〕。仙遊，唐縣。有大目溪。興化。有百丈溪、游洋溪。

潮州　亦古閩越地。秦屬南海郡，秦末屬尉佗。漢初屬南越，後亦屬南海郡。後漢因之。晉置東官郡，又分置義安郡。宋、齊因之。梁置東揚州，後改爲瀛州，及陳而廢。隋平陳，置潮州。煬帝初，置義安郡。唐復爲潮州，或爲潮陽郡。屬嶺南道。領縣三。海陽、潮陽、程鄉。南漢以程鄉置恭州。宋因之。宣和三年，割海陽三鄉置揭陽縣。屬廣南東路。貢蕉布、甲香、鮫魚皮。領縣三，治海陽。海陽，晉縣。有翔鳳山、孱水、惡溪。潮陽，唐縣。有曾山、濁溪。揭陽。宋縣。

梅州　南漢以潮州程鄉縣置恭州。宋開寶四年，改爲梅州。屬廣東路。貢銀、布。領縣一。程鄉。南齊縣。有西陽山、程江。

校勘記

〔一〕竹箭　二字原倒，據尚書禹貢僞孔傳及下文乙正。

〔二〕島夷海中之夷　「島」字原脱，據尚書禹貢孔穎達疏補。

〔三〕章郡　應作「豫章郡」，蓋唐杜佑避代宗李豫諱，省稱章郡。通考沿襲舊文未改。下文同。

〔四〕亦古荒服之國　「荒服」諸本原作「流服」。按晉書卷一五地理志下揚州作「荒服」。今據改。

〔五〕理溢陽　諸本同。按宋書卷三六州郡志二江州云：「初治豫章，成帝咸康六年，移治尋陽，庾翼又治豫章，尋還尋陽。」南齊書卷一四州郡志上江州亦作治尋陽，謂「義熙後，還尋陽」。是宋、齊時江州與尋陽郡同治柴桑縣。

至梁太清中，始徙治湓城。此作「理湓陽」誤。

〔六〕領郡二十一　「二十一」三字原脱，據南齊書卷一五州郡志上豫州下實領郡數補。

〔七〕吴晉宋齊梁陳皆緣江淮要害之地置兵　「兵」字諸本俱無。按本句語意未竟，今據通典卷一八二州郡典一二及文義補。

〔八〕尋陽　原作「潯陽」，據元本、馮本、慎本及漢書卷二八上地理志八上廬江郡條改。

〔九〕浚遒　原作「逡遒」，據漢書卷二八上地理志八上九江郡條改。

〔一〇〕錢唐　原作「錢塘」。按錢唐縣秦置，至唐以「唐爲國號，始加土爲『錢塘』」。此處作「塘」非是。今據漢書卷二八上地理志八上會稽郡條改。

〔一一〕湖孰　原作「湖熟」，據漢書卷二八上地理志八上丹揚郡條改。按後漢始改「湖孰」爲「湖熟」。

〔一二〕海陵　諸本並作「海陽」。按晉書卷一五地理志下廣陵郡領縣亦訛爲「海陽」，標點本晉志據馬校改。見彼校勘記〔七〕。今從改。

〔一三〕臨汝　諸本並作「臨江」。按晉書卷一五地理志下臨川郡屬縣無「臨江」，有「臨汝」，爲該郡治所。此「臨江」爲「臨汝」之誤，今據改。

〔一四〕永成　原作「永城」，據元本、馮本、慎本及晉書卷一五地理志下臨川郡條改。

〔一五〕新喻　晉書卷一五地理志下安成郡統縣作「新諭」。按元和志卷二八袁州新喻下云：「本漢宜春縣地，吴孫皓分置新渝縣，因渝水爲名。天寶後相承作『喻』，因聲變也。」新唐書卷四一地理志五袁州新喻縣亦謂：本作「渝」，天寶後相承作「喻」。

〔一六〕安復　原作「安福」，據元本、馮本、慎本及晉書卷一五地理志下安成郡條改。

〔一七〕錢唐　原作「錢塘」，據隋書卷三一地理志下餘杭郡條改。參見本卷校記〔一〇〕。

〔一八〕泰和　原作「太和」，據隋書卷三一地理志下廬陵郡條改。

〔一九〕安復　原作「安福」，據隋書卷三一地理志下廬陵郡條改。參見本卷校記〔一六〕。

〔二〇〕陳復曰南兗州　「陳」字諸本並闕。按隋書卷三一地理志下江都郡、輿地廣記卷二〇揚州俱云：「梁置南兗州，後齊改爲東廣州。陳復曰南兗，後周改爲吳州。」嘉慶一統志卷九六揚州府下亦有「陳太建中，復爲南兗州」之文。今據補。

〔二一〕置大都督府　「府」字原無。據上文及舊唐書卷四〇地理志三、新唐書卷四一地理志五、寰宇記卷一二三揚州條補。

〔二二〕周復爲大都督府　「府」字諸本並無，據紀勝卷三七揚州、方輿紀要卷二三揚州府條補。紀勝云：「周仍爲節度，大都督府。」

〔二三〕南唐改迎鑾鎮　「南唐」，宋史卷八八地理志四、輿地廣記卷二二真州條同，寰宇記卷一三〇建安軍作「吳順義二年」。按王象之於紀勝卷三八真州沿革及古蹟白沙鎮下，據通鑑、儀真志、五代史等史志，對此作了精詳的考辯，指出：「廣記以爲南唐所改，已是差互，而寰宇記以爲在順義二年，年月亦非是。當書曰『吳順義四年，改白沙鎮曰迎鑾鎮』。」其説頗有説服力，詳見該條。

〔二四〕以永正來屬　「永正」原作「永貞」，宋避仁宗諱改。下同。

〔二五〕無地屯兵　諸本同，通典卷一八一州郡典一一楚州下亦同。按「無地屯兵」，與上文歧意。考南齊書卷一四州郡志北兗州、紀勝卷三九楚州風俗形勝引晉荀羨北征詩序均作「無他屯阻」，嘉慶一統志淮安府形勢引北征議作「亦無他阻」。兩處行文雖異而其義實同，疑原刊有誤。

〔二六〕北對清泗臨淮守險有陽平石鼈　「北對」各本原作「齊扼」，「陽平」二字原倒，並據標點本南齊書卷一四州郡志上北兗州條乙正。按南齊志「陽平」原亦互倒，標點本據錢大昕説改。見彼校記〔一一〕。

〔二七〕入齊　諸本原誤作「齊郡」。義不通，今據寰宇記卷一二四楚州條改。

〔二八〕有石鼈山　諸本「山」字並脱，據元和志闕卷逸文卷二、寰宇記卷一二四、九域志卷五楚州山陽縣條補。

〔二九〕禹所聚會塗山侯國　諸本同。按漢書卷二八上地理志八上九江郡當塗下應劭注「聚」作「娶」，又「娶」下無「會」字，則原刊有誤。

〔三〇〕有袁術所築公路城　「公路城」三字原脱，據通典卷一八一州郡志一一濠州鍾離、大清一統志鳳陽府鳳陽縣條補。一統志云，公路城有三：一是泗州之公路城；一是陳州府之公路城；一是鳳陽府鳳陽縣之公路城，此城乃「袁術據淮南時所築」。

〔三一〕荆山堰及梁武帝築浮山堰基　諸本並同。按梁書卷一八康絢傳載：梁武帝天監十三年「魏降人王足陳計，求堰淮水以灌壽陽。足引北方童謡曰：『荆山爲上格，浮山爲下格，潼、沱爲激溝，並灌鉅野澤。』高祖以爲然。」元和志卷九濠州鍾離縣荆山堰下云：「在郡城西一百二十二里。」又招義縣浮山堰下云：「在縣西北六十里。梁天監十三年，與荆山堰同時修築。」通鑑卷一四七梁紀三天監十三年冬十月、寰宇記卷一二八濠州鍾離、方輿紀要卷二一鳳陽府鳳陽縣亦俱謂梁武帝天監十三年築「荆山堰」。據此，則「荆山堰及」四字當置於「梁武帝築」之下。

〔三二〕即謝玄破苻融之處　「謝玄」原作「謝元」，清人諱改。今據晉書卷七九謝玄本傳改回。下同。

〔三三〕南引汝潁之利　「汝潁」，通典卷一八一州郡典一一壽州同。晉書卷九二伏滔傳、方輿紀要卷二一壽州下並作「荆汝」。寰宇記卷一二九作「終汝」。

〔三四〕内有淮淝之固　「有」諸本並同。按晉書卷九二伏滔傳及寰宇記卷一二九、方輿紀要卷二一壽州條作「保」。

〔三五〕舒六之貢　「六」原作「吴」，據晉書卷九二伏滔傳改。

〔三六〕後魏必以送劉昶爲辭　「劉昶」下原衍「兵」字，據元本、馮本、慎本删。按南齊書卷二五、南史卷二五垣崇祖傳都無「兵」字，可證。

〔三七〕八年以府之六安縣即霍山爲六安軍　「八年」原脱，「六安」原作「六合」，並據宋會要方域六之一八壽春府六安軍及宋史卷二一徽宗紀重和元年二月、卷八八地理志四壽春府條補、改。

〔三八〕有八石山　「八」字原脱，據馮本、慎本補。按九域志卷五、紀勝卷四二滁州來安縣並有「八石山」。

〔三九〕爲姑熟　「姑熟」原誤作「如熟」，據元本、馮本、慎本改。按紀勝卷四八和州景物上梁山下有謂歷陽梁山、姑熟博望山，「隔江相對如門。自六代爲郡，皆於此屯兵捍衛」之文。

〔四〇〕北齊改爲密江郡　「密江郡」諸本同，通典卷一八一州郡志一一、舊唐書卷四〇地理志三和州烏江下亦同。按隋書卷三一地理志下歷陽郡烏江及寰宇記卷一二四、輿地廣記卷二一、紀勝卷四八和州烏江縣下都作「齊江郡」。疑作「齊江郡」是。

〔四一〕後周烏江郡　「烏江郡」諸本並同。王仲犖北周地理志卷六云：「通典州郡典：周改爲『烏江郡』。按隋書地理志作『周改爲同江郡』，舊唐志作『改爲問江郡』，並誤。今從通典。」今按輿地廣記卷二一、紀勝卷四八和州烏江條亦作「周改爲同江郡」。

〔四二〕以巢廬江二縣屬無爲軍　「屬」原作「置」。按本編下文無爲軍下云：「宋太平興國三年，以廬州巢縣無爲鎮建爲軍，以巢縣、廬江二縣來屬。」九域志卷五廬州下同。輿地廣記卷二一無爲軍及巢、廬江縣條亦云「來屬」。今據改。

〔四三〕治合肥　「合肥」原作「合淝」，據上文及宋史卷八八地理四廬州條改。下同改。

〔四四〕夏水出城父東南　「父」原作「又」，「南」字原無，並據漢書卷二八上地理志八上九江郡合肥下應劭注、水經注卷三二施水篇及通典卷一八一州郡典一一、紀勝卷四五廬州合肥縣條改、補。

〔四五〕舒城　「城」諸本並脱，據上文及寰宇記卷一二六、九域志卷五、輿地廣記卷二一、宋史卷八八地理志四廬州條補。

〔四六〕屬淮西路　「屬」字原脱，據本書文例補。

〔四七〕領縣五　下列實領縣數爲四，按本書文例，沿革中所載來屬之縣及新置之縣，都一概列入現領縣數之下。此處脱書元祐八年所建之「羅田縣」。

〔四八〕建康軍節度　「軍」諸本並脱，據宋大詔令集卷一五九建昇州爲建康軍江寧府詔及宋會要方域六之二四、十朝綱要卷三、九域志卷六江寧府、紀勝卷一七建康府條補。

〔四九〕以昇州之青陽銅陵二縣　「二縣」兩字各本原無。據九域志卷六池州縣六下「開寶八年以昇州青陽、銅陵二縣，太平興國三年以江州東流縣，並隸州」之文補。

〔五〇〕太平興國三年以江州之東流縣並來屬　「太平興國三年以」七字原脱，「流」下「三」字衍，又「東流縣」下脱「並」字，均據寰宇記卷一〇五、九域志卷六、宋史卷八八地理四池州條删、補。

〔五一〕唐天寶中　諸本同。按舊唐書卷四〇地理志三、新唐書卷四一地理志五、寰宇記卷一〇五、紀勝卷二二池州青陽條並作「元年」。疑是。

〔五二〕有南渏湖　「南渏湖」諸本並同。按新定九域志卷六廣德軍、方輿紀要卷二九廣德州建平縣俱作「南碕湖」，紀要云：「南碕湖在縣西南十里，承桐川下流，俗謂之南湖。」紀勝卷二四廣德軍景物下作「南漪湖」，注云：「在建平，即桐水下流。」是「碕」一作「漪」，疑此處作「渏」誤。

〔五三〕祈門　新唐書卷四地理志五歙州領縣同。按元和志卷二八歙州領縣作「祁門」，云：本古昌門地，刺史長孫全緒因其舊城置縣，以縣東北一里有祁山，因改爲祁門縣。九域志卷六歙州、宋史卷八八地理四徽州領縣亦俱作「祁門」。疑作「祁門」是。

〔五四〕乾元元年復置　「復」字諸本並脱。按上文信州上饒下注云：「本隸饒州，後省入弋陽。」是此縣於乾元元年之前已置。檢新唐書卷四一地理志五信州上饒載：「武德四年置，隸饒州。七年省入弋陽，乾元元年復置。」元和志卷二八、紀勝卷二一信州上饒亦俱謂乾元元年復置。今據補。

〔五五〕上干溪　諸本並作「上于溪」，形近而訛，據寰宇記卷一〇七、九域志卷六信州玉山縣、紀勝卷二一信州景物下改。

〔五六〕有永豐溪　「永」諸本並脱，據寰宇記卷一〇七、九域志卷六、輿地廣記卷二四信州永豐縣條、紀勝卷二一信州景物下補。

〔五七〕吴王濞疋備反反　「王」原作「主」，據元本、馮本、慎本改。按漢書卷三五劉濞傳有「乃立濞於沛，爲吴王」之語，可證。

〔五八〕輔公祏據之　「輔公祏」原作「輔公柘」，據元本、馮本、慎本改。按舊唐書卷五六、新唐書卷八七並有輔公祏傳，所載與此相符。

〔五九〕有漏湖　「漏湖」諸本並訛作「漏河」。據通典卷一八二州郡典一二、寰宇記卷九二、九域志卷五、紀勝卷六常州景物上改。寰宇記云：「按圖經，昔有隔家，將龍卵抱歸，遂陷此湖，故名。」

〔六〇〕長城　原作「長興」，據新唐書卷四一地理志五、舊唐書卷四〇地理志三、元和志卷二五湖州條改。

〔六一〕歸安有三山吴興塘　此條原置於武康之後，今據上文湖州「治烏程、歸安」句，改移於武康前。按宋歸安與烏程同爲湖州治所。

〔六二〕餘不溪　原誤作「餘杭溪」，據元本、馮本、愼本改。按寰宇記卷九四湖州武康縣下云：「餘不溪在縣東二十四里。餘不溪者，其水清與餘杭不溪類也。」

〔六三〕長興　本長城縣，避後梁廟諱改曰長興。下同。

〔六四〕熙寧五年　「熙寧」原作「崇寧」，據長編卷二三七熙寧五年八月及九域志卷五杭州、紀勝卷二臨安府新政縣、宋史卷八八地理志四臨安府條改。

〔六五〕紹興五年兼浙西安撫使　「紹興五年」諸本並脱。按乾道臨安志卷第二歷代沿革：「紹興五年三月十四日指揮，臨安府車駕駐蹕之地，宜增重事權，依舊浙西安撫使云。」紀勝卷二引臨安志同。宋史卷八八地理志四臨安府下「兼」上亦有「紹興五年」四字。今據補。

〔六六〕後廢軍復爲縣　「復」原作「後」，據馮本及紀勝卷二、宋史卷八八地理志四臨安府臨安縣、嘉慶一統志卷二八三杭州府條改。

〔六七〕陞建德軍節度　「節度」二字原脱，據紀勝卷八嚴州、宋史卷八八地理志四建德府、嘉慶一統志卷三〇二嚴州府條補。

〔六八〕隋平陳改爲吴州　「吴州」諸本並作「越州」。按隋書卷三一地理志下會稽郡下云：「平陳，改曰吴州，置總管府。大業初府廢，置越州。」元和志卷二六、通典卷一八二越州、紀勝卷一〇紹興府下也俱作「吴州」。今據改。

〔六九〕有剡溪　「有」原作「爲」。按「爲剡溪」讀不通，今據元和志卷二六、九域志卷五越州剡縣條改。

〔七〇〕紹熙五年陞爲慶元府置沿海制置司　諸本同。按宋史卷八八地理志四慶元府云：「紹興初，置沿海制置使。紹熙五年，以寧宗潛邸，陞爲府。」紀勝卷一一慶元府、大清一統志寧波府下亦俱謂紹興三年置沿海制置使，紹熙五年陞府。據此，則「陞府」云云當置於「置司」之後；又脱書「置司」之年月。

〔七一〕秦屬閩中郡　「秦」下原衍「漢」字，「閩中」原作「會稽」，據元和志卷二六、寰宇記卷九八、紀勝卷一二台州條删、改。按紀勝辯之已悉，見該條。

〔七二〕閩越圍東甌　「圍」原誤作「爲」，據元本、馮本、慎本改。

〔七三〕横陽　原作「横楊」，據舊唐書卷四〇地理志三、新唐書卷四一地理志五、元和志卷二六、寰宇記卷九九温州條改。下同改。

〔七四〕九江在潯陽郡北　「陽」諸本並脱，據本書卷三一九古豫州「九江孔殷」下注，「今潯陽郡西北」句補。

〔七五〕「五里名曰烏江」至「桑落洲上下三百餘里合流」　按此段文字有脱誤，考寰宇記卷一一一江洲德化縣、方輿紀要卷八三江西一大川九江下所引潯陽記之文「五里名曰烏江」都作「去州五里，一名白馬江」。又「桑落洲上下三百餘里合流」，方輿紀要作「至桑落洲合流」。

〔七六〕後又置尋陽郡　「尋陽」原作「潯陽」。按晉書卷一五地理志下揚州云：「永興元年，分廬江之尋陽、武昌之柴桑二縣置尋陽郡，屬江州。」宋書卷三六州郡志二江州同。又南齊書卷一四州郡志上江州、隋書卷三一地理志下九江郡並作「尋陽」。今據改，參本卷校記〔八〕。下同。

〔七七〕敷淺水　原作「敷山水」，據馮本、慎本改。按寰宇記卷一一一江州德安、紀勝卷三〇江州景物下並有敷淺水。寰宇記云：「即尚書敷淺原也。」

〔七八〕上都督府　「上」原作「大」，據元本、馮本、慎本改。又「府」字原脱，據舊唐書卷四〇地理志三、新唐書卷四一地理志五洪州條改、補。

〔七九〕領江西路安撫兵馬鈐轄　諸本並同。按宋史卷八八地理志四隆興府「領」上有「舊」字，又紀勝卷二六隆興府下云：太平興國元年，以爲江南西路兵馬鈐轄。據此，則此處有脱誤。

〔八〇〕宋開寶三年陞宜黄場爲縣　「開寶三年」，九域志卷六、宋朝事實卷一八、宋史卷八八地理志四撫州宜黄下同。寰宇記卷一一〇、紀勝卷二九撫州宜黄下作「乾德六年」。

〔八一〕有昌山　「昌山」諸本並作「昌水」。按寰宇記卷一〇九、九域志卷六、輿地廣記卷二五袁州分宜縣及紀勝卷二八袁州景物上、嘉慶一統志卷三二六袁州府下都作「昌山昌江」。寰宇記云：「昌山在州東六十里，舊名傷山，後改曰昌山。」又云：「梁大同二年廢，時人以傷非善徵，乃改爲昌山。」今據改。

〔八二〕紹興二十三年　「三」諸本並作「二」，據繫年要録卷一六四、宋史卷三一高宗紀紹興二十三年二月及宋會要方域六之二五、紀勝卷三二贛州條改。紀勝云：「紹興二十三年，校書郎董德元言：『虔州謂之虎頭城，非佳名也。今天下舉安，獨此郡有小警，意其名有以兆之。』既而改名贛州。」

〔八三〕玉房山　「山」諸本原無。按寰宇記卷一〇八虔州贛縣下云：「原名赤石山，唐天寶六年敕改爲玉房山。」紀勝卷三二贛州景物下亦作「玉房山」，引南康紀云：「大石連聳，有玉房瓊室。」今據補。

〔八四〕有黄麋山　諸本並同。按九域志卷六筠州新昌縣、紀勝卷二七瑞州景物下、嘉慶一統志卷三二五瑞州府皆有

「黄蘖山」無「黄麋山」。疑「麋」爲「蘖」之訛。

〔八五〕淦水　諸本並作「滏水」，據漢書卷二八上地理志八上豫章郡新淦縣應劭注、水經注卷三九贛水篇及九域志卷六、紀勝卷三四臨江軍景物上、嘉慶一統志卷三三四臨江府條改。

〔八六〕宋淳化元年　「淳化」原作「乾化」。按宋無「乾化」紀年，今據九域志卷六、輿地廣記卷二五、紀勝卷三六、宋史卷八八地理志四南安軍條改。

〔八七〕咸平五年　「五年」，宋朝事實卷一九建州、紀勝卷一二九建寧府政和縣下引國朝會要同。九域志卷九建州、宋會要方域七之一一、宋史卷八九地理志五建寧府政和縣下均作「三年」。

〔八八〕中都督府　「中」原作「大」，「府」字原脱，並據舊唐書卷四〇地理志三、新唐書卷四一地理志五、元和志卷二九福州條改、補。

〔八九〕羅源　原作「永正」，據本條注文及宋會要方域七之一〇、九域志卷九、紀勝卷一二八福州懷安縣條改。按以上諸志並有「天禧五年，改永貞縣爲永昌，乾興元年改今名」之文。考異卷六九引三山志亦謂「天禧五年改爲永昌縣，避皇太子名，乾興元年改爲羅源」。則此處有脱文。

〔九〇〕宋太平興國初改平海軍　「宋太平興國初」，宋史卷八九地理志五泉州同。宋會要方域五之五、九域志卷九、廣記卷三四泉州作「太平興國三年」。紀勝卷一三〇泉州條作「宋太祖時」。考宋史卷四八三陳洪進傳云：「太祖取荆湖，洪進大惧，請命於朝，乃改清源軍爲平海軍，拜洪進爲節度使。」又據長編卷五載：「乾德二年春正月庚子，改清源軍爲平海軍，命陳洪進爲節度使。」據此，則改軍名當在宋太祖乾德時。

〔九一〕六年析晉江置惠安　「晉江」原作「晉安」，據宋會要方域七之一一、寰宇記卷一〇二、輿地廣記卷三四、宋史卷八九地理志五泉州惠安條改。

〔九二〕有廬山溪水　「水」諸本並脱，據九域志卷九、輿地廣記卷三四泉州清溪條補。

〔九三〕有赤水鐵場　「鐵場」二字原無，據九域志卷九、宋史卷八九地理志五泉州德化條補。

〔九四〕唐開元二十六年開撫福二州山洞置汀州　「二十六年」，通典卷一八二州郡典一二同，元和志卷二九汀州作「二十一」，舊唐書卷四〇地理志三、新唐書卷四一地理志五汀州並作「二十四」。紀勝卷一三二汀州條認爲以上三説各有所據，云：「象之謹按，開元二十一年福州所奏，得避役百姓三千餘户，乃在潮、廣、福之間；而開元二十四年，於撫、福二州開置山洞，與二十一年地理小有不同。自開元二十一年建議，至二十四年成郡，二十六年又分他郡之地以益之，三者所書雖有不同，大率不過置郡之一節耳。」

〔九五〕元符元年　「元年」，諸本並誤作「五年」，據長編卷五〇〇哲宗元符元年秋七月乙卯、紀勝卷一三二汀州清流下引國朝會要、宋史卷八九地理志五汀州條改。

〔九六〕以蓮城堡爲縣　「蓮城堡」原作「連城堡」，據馮本、慎本及紀勝卷一三二汀州蓮城條改。紀勝云：本長汀縣之蓮城村，紹興三年，割古田置蓮城縣。又引鄞江志云：「四山環遶，簇簇如蓮，因以爲名。」下「連城」同改。

〔九七〕以泉州游洋百丈二鎮地置太平軍　「二」原作「三」。按作「三」，與所列實際鎮數不符。今據九域志卷九、廣記卷三四、紀勝卷一三五、宋史卷八九地理志五興化軍條改。

〔九八〕有壺公山大海　「大」原作「入」。按作「入海」不可解，檢九域志卷九興化軍莆田縣下「入海」正作「大海」。又寰宇記卷一〇二興化軍條云「東至海七十里，南至海四十里」；嘉慶一統志卷四二七興化府亦有「海在蒲田縣東南一百里」之文。則此處作「入海」顯誤，今從九域志改。

卷三百十九　輿地考五

古荊州

禹貢曰：「荊及衡陽惟荊州。北據荊山，山在今襄陽郡南漳縣。南及衡山之陽也。衡山在今衡陽郡湘潭縣。江、漢朝宗于海。江、漢二水歸入於海。九江孔殷，孔，甚也。殷，中也。言江於此州界分爲九道，甚得地勢之中。今潯陽郡西北。沱、潛既道，雲土夢作乂〔一〕。沱、潛，二水名。自江出爲沱，自漢出爲潛。雲夢，澤名也。今在安陸郡。言二水既從其道，則雲夢之土可爲耕作畎畝之治。浮於江、沱、潛、漢，逾于洛，至于南河。」逾，越也。言渡四水而越洛，乃至南河也。南河即在冀州南。舜置十二牧，荊州其一。周禮職方曰：「正南曰荊州，爾雅曰：「漢南曰荊州。」其山曰衡，藪曰雲夢，川曰江、漢，浸曰潁、湛。衡山在湘南。雲夢在華容。潁水出陽城陽乾山〔二〕，宜屬豫州，在此非也。湛，未詳。其利丹、銀、齒、革。民一男二女。畜及穀宜與揚州同。」荊，强也，言其氣躁强；亦言荊，驚也。或取名於荊山焉。蓋蠻夷之國，槃瓠之種，昔高辛氏有畜犬，曰槃瓠，帝妻以少女。其子孫滋蔓，號曰「蠻夷」，今長沙武陵蠻是也。詩人所謂蠻荊也。夏、商以來，最爲邊患。周宣王中興，乃命方叔南伐蠻方，故詩曰「蠻方來威」，又曰「蠢爾蠻荊，大邦爲讎」。春秋至戰國時，並爲楚地。其在天文，翼、軫則楚之分野，漢之南郡、江夏、零陵、桂陽、武陵、長沙，皆其分也。今夷陵、巴東、江陵、竟陵、富水、義陽之東境，安陸、齊安、漢陽、江夏、巴陵、長沙、衡陽、零陵、江華、桂陽、連山、邵陽、武陵、澧陽、黔中、寧夷、盧溪、盧陽、靈溪、潭陽、清江等郡地是也。

兼得韓、秦之交。漢之南陽之地，今宜陽之西，要宜屬韓。漢牂牁之地，今播川、義泉、涪川、夜郎、溱溪宜屬秦。秦平天下，置郡，此爲南郡、今江陵、夷陵、巴東、竟陵、富水、安陸、齊安、漢陽、江夏、清江等郡地是也。黔中、今武陵、澧陽、黔中、寧夷〔三〕、盧溪、盧陽、靈溪、潭陽等郡地皆是也。漢改秦黔中郡爲武陵郡，即今武陵郡是。長沙、今長沙、巴陵、衡陽、零陵、江華、桂陽、連山、邵陽等郡是。南陽之東境。今義陽、漢東等郡是。漢武置十三州，此爲荊州。領郡、國八。其五溪中地，歸漢以後，歷代開拓，今播川、涪川、夜郎、義泉、龍溪〔四〕、溱溪等郡地。後漢並因之。初理武陵郡漢壽縣。今武陵郡武陵縣也。後理南郡，今江陵郡是。漢末，曹公赤壁敗後，遂與吳、蜀三分其地。北境屬魏，西境屬蜀，東境屬吳〔五〕。及劉備歿後，所分之地悉復屬吳，而荊州南北雙立。魏荊州理宛，今南陽郡。吳荊州理江陵，今郡也。晉亦置荊州。領郡十九〔六〕。初理襄陽，平吳，理南郡，今江陵郡。王敦爲刺史，理武昌，今江夏郡縣也。其後遷徙無常處。自王抗以後，復理江陵，不復移改。宋分置荊州、領郡十二，理南郡。司州、領郡四，理義陽，今郡。郢州、領郡六，理南郡。雍州、領郡十〔七〕，理襄陽，今郡地。刺史所理則在古豫州境，其統領郡縣，則古荊州之境。湘州。領郡十，理長沙，今郡。齊並因之。州境之內，含帶蠻蜑，音但。土地遼落，稱爲殷曠。江左大鎮，莫過荊、揚，故謂荊州爲陝西也。以比周、召分陝之義。其後割裂，不可詳也。唐分置十五部，此爲山南東道、江陵、竟陵、富水、夷陵、巴東、武陵、澧陽等郡地是也。江南西道、長沙、零陵、桂陽、江夏、江華、衡陽、巴陵、邵陽是也。黔中道，黔中、盧溪、盧陽、寧夷、清江、潭陽、龍溪、義泉、靈溪、涪川、溱溪、播川、夜郎。兼分入淮南道安陸、義陽。及嶺南道。連山。宋乾德元年，平荊湖。湖南、北。三年平蜀，夔路。始盡得古荊州之地。後爲荊湖北路、荊湖南路及夔路之施、黔、思、播等州云。

古荆州歷代沿革之圖

春秋時可考者十三國。

楚　夔　邔　黄　鄖　申　麇　羅　巴　穀　州　權　鄀

秦時爲郡三。

南郡　長沙郡　黔中郡南陽南境是。

漢時爲郡國六，縣七十九。

南郡十八縣江陵　臨沮　夷陵　華容　宜城　郢　邔　當陽　中廬　枝江　襄陽　編　秭歸　夷道　州陵　鄀　巫　高成

江夏郡十四縣西陵　竟陵　西陽　襄　邾　軑　鄂　安陸　沙羨　蘄春　鄳　雲杜　下雉　鍾武

長沙國十三縣臨湘　羅　連道　益陽　下雋　攸　酃　承陽　湘南　昭陵　荼陵　容陵　安成

武陵郡十三縣索　孱陵　臨沅　沅陵　鐔成　無陽〔八〕　遷陵　辰陽　酉陽　義陵　佷山　零陽　充

桂陽郡十一縣郴　臨武　便　南平　耒陽　桂陽　陽山　曲江　含洭　湞陽　陰山

零陵郡十縣零陵　營道　始安　夫夷　營浦　都梁　泠道　泉陵　洮陽　鍾武

牂牁郡東北境是。縣見梁州。

晉時爲郡國十五，縣一百一十三。

南郡十一縣江陵　編　當陽　華容　鄀　枝江　旌陽　州陵　監利　松滋　石首

襄陽郡八縣宜城 中廬 臨沮 邔 襄陽 山都 鄧城 鄾
宜都郡三縣夷陵 夷道 佷山
江夏郡七縣安陸 雲杜 曲陵 平春 鄳 竟陵 南新市
武昌郡七縣武昌 柴桑 陽新 沙羨 沙陽 鄂 官陵
長沙郡十縣臨湘 攸 下雋 醴陵 瀏陽 建寧 吴昌 羅 蒲圻 巴陵
衡陽郡九縣湘鄉 重安 湘南 湘西 烝陽 衡山 連道 新康 益陽
零陵郡十一縣泉陵 祁陽 零陵 營浦 洮陽 永昌 觀陽 營道 舂陵〔九〕 泠道 應陽
武陵郡十縣臨沅 龍陽 漢壽 沅陵 黚陽〔一〇〕 酉陽 鐔城 沅南 遷陵 舞陽
湘東郡七縣酃 茶陵 臨蒸 利陽 陰山 新平 新寧
桂陽郡六縣郴 耒陽 便 臨武 晉寧 南平
邵陵郡六縣邵陵 都梁 夫夷 建興〔一一〕 邵陽 高平
建平郡八縣巫 北井 泰昌〔一二〕 信陵 興山 建始 秭歸 沙渠
天門郡五縣零陽 漊中 充〔一三〕 臨澧 澧陽
安豐郡五縣安風 雩婁 安豐 蓼 松滋

隋時爲郡二十，縣一百有八。

南郡十縣江陵 長楊 宜昌 枝江 當陽 松滋 長林 公安 安興 紫陵

夷陵郡三縣夷陵　夷道　遠安

襄陽郡十一縣襄陽　安養　穀城　上洪　率道　漢南　陰城　義清　南漳　常平　鄀

竟陵郡八縣長壽　藍水　蓊川　漢東　清騰　樂鄉　豐鄉　章山

沔陽郡五縣沔陽　監利　竟陵　甑山　漢陽

安陸郡八縣安陸　孝昌　吉陽　應陽　雲夢　京山　富水　應山

永安郡四縣黃岡　黃陂〔一四〕　木蘭　麻城

江夏郡四縣江夏　武昌　永興　蒲圻

義陽郡五縣義陽　鍾山　羅山　禮山　淮源

長沙郡四縣長沙　衡山　益陽　邵陽

衡山郡四縣衡陽〔一五〕　洣陰　湘潭　新寧

巴陵郡五縣巴陵　華容　沅江　湘陰　羅

零陵郡五縣零陵　湘源　永陽　營道　馮乘

熙平郡九縣　桂陽　陽山　連山　宣樂　游安　熙平　武化　桂嶺　開建

武陵郡二縣武陵　龍陽

澧陽郡六縣澧陽　石門　孱陵　安鄉　崇義　慈利

桂陽郡三縣郴〔一六〕　臨武　盧陽

沅陵郡五縣沅陵　大鄉　鹽泉　龍檦〔一七〕　辰溪

黔安郡二縣彭水　涪川

清江郡五縣鹽水　巴山　清江　開夷　建始

唐時爲州三十四，縣一百三十七。

荆州七縣　峽州四縣　歸州三縣　復州三縣　郢州三縣　襄州七縣　安州六縣　黄州三縣　沔州二縣　鄂州五縣　申州三縣　潭州六縣　岳州五縣　衡州六縣　永州四縣　道州四縣　郴州八縣　連州三縣　邵州二縣　朗州二縣　澧州四縣　辰州五縣　沅州三縣　黔州六縣　思州四縣　施州二縣　珍州四縣　播州三縣　夷州五縣　溱州二縣　錦州五縣　溪州二縣　費州四縣　業州二縣

宋時爲州三十四，縣一百二十八。

江陵府八縣　荆門軍二縣　峽州四縣　歸州三縣　復州二縣　郢州二縣　德安府五縣　黄州三縣　漢陽軍二縣　鄂州七縣　興國軍三縣　信陽軍二縣　潭州十二縣　岳州五縣　衡州五縣　永州三縣　全州二縣　道州四縣　郴州四縣　桂陽軍三縣　連州三縣　邵州三縣　武岡軍三縣　鼎州四縣　澧州四縣　辰州四縣　沅州四縣　靖州三縣　黔州二縣　思州三縣　施州二縣　珍州二縣　播州三縣

江陵府　春秋以來，楚國之都，謂之郢都，西通巫、巴，東接雲夢，亦一都會也。秦置南郡。漢高帝改爲臨江郡，景帝改爲臨江國，後復故。後漢因之。其地居洛陽正南，章帝徙鉅鹿王恭爲江陵王，三公上言：江陵在京師正南，不可以封。乃徙爲六安王〔一八〕。蜀先主得之，以麋芳爲南郡太守。後屬吳，麋芳以郡來降，關羽因此遂敗。常爲重鎮。吳師來伐，當陽侯杜元凱向江陵，斬其督伍延〔一九〕。晉平吳，置南郡及荆州。領郡十九，理於此。東晉以爲重鎮，桓沖屯上明〔二〇〕，使劉波守江陵。宋、齊並因之。宋領郡十二，齊領郡十。梁元帝都之，爲西魏所陷，大將于謹平之。遷後梁居之，爲藩國，又置江陵總管府。隋并梁，置江陵總管府如故，後改爲荆州。煬帝初，復爲南郡。唐爲荆州，或爲江陵郡，後改爲江陵府，荆南節度。屬山南道。領縣七。江陵、枝江、松滋、石首、當陽、公安、長林。梁以復州監利來屬。宋乾德三年，陞白伏巡爲潛江縣〔二一〕，白臼巡爲建寧縣，萬庾巡爲萬庾縣，白沙院爲玉沙縣，萬庾尋廢。開寶五年，以長林、當陽二縣屬荆門軍。至道三年，以玉沙隸復州。屬荆湖北路，領本路兵馬鈐轄。中興後，本路安撫、制置置司。貢綾、紵、碧澗茶芽、柑橘。領縣八，治江陵。江陵，故楚郢都。漢縣。有息壤、紀南城、梅回洲〔二二〕、渚宮。枝江，故羅國地。唐縣。有九十九洲。公安，隋縣。有吕蒙城、油水、涔港。松滋，晉縣。有蜀江、巴山。監利，隋縣。有乾溪。石首，唐縣。有石首山、大江。建寧，宋縣。有鹿角山。潛江。宋縣。有曹河。

荆門軍　宋開寶五年，以江陵府荆門鎮建爲軍，以長林、當陽二縣來屬；後廢，仍隸江陵。元祐間，復置軍。屬荆湖北路。領縣二，治長林。長林，隋縣。有紫蓋山。當陽。漢縣。有沮水。

峽州　春秋、戰國時，並楚地。秦將白起攻楚，燒夷陵，即其地也。秦、二漢並爲南郡地。魏武平荆州，置臨江郡。後蜀先主改爲宜都郡。吳改夷陵爲西陵，常爲重鎮。陸遜疏：「夷陵要害，國之關限。若其失之，非損一郡，荆州可憂。」晉、宋、齊並爲宜都郡。梁改置宜州。西魏改曰拓州。後周改爲峽州。陳常得之，爲重鎮。隋開皇中，伐陳。陳人守荆門、狼尾灘〔二三〕，並宜都縣界。安蜀城，夷陵縣界也。唐爲峽州，或爲夷陵郡，郡城即陸抗攻步闡，拒晉師之壘。以扼三峽之口，故爲峽州。西通蜀江。屬山南道。領縣四。夷陵、宜都、長陽〔二四〕、遠安。宋爲峽州。屬荆湖北路。貢五加皮、芒硝、杜若。領縣四，治夷陵。夷陵，晉縣。有虎牙山、黄牛山、三游洞。長陽，隋縣。有佷山、長陽溪〔二五〕、渚江〔二六〕。宜都，唐縣。有荆門山、羊腸山、狼尾灘。遠安。後周縣。有宜陽山、清溪。

歸州 歷代土地與雲安郡同，夔州。唯秦時屬南郡，二漢爲南郡。吴置建平郡，以爲重鎮。其地險固。孫皓末，晉將王濬自蜀沿流伐吴。吴之守將吾彦表謂皓曰：「請建平增兵，若建平不下，晉師終不敢過。」皓不從。即秭歸縣界也。晉亦爲建平郡，宋、齊皆因之。隋屬巴東郡。唐武德二年，分夔州秭歸、巴東二縣置歸州，或云因歸國爲名。後爲巴東郡。古夔子國城，在郡東二十里。屬山南道。領縣三。宋同。宋屬荆湖北路。貢紵。領縣三，治秭歸。秭歸，隋縣。有夔子城、大江。興山，唐縣。有玉虚洞。巴東。隋縣。有石門山、大江。

復州 春秋以來，爲楚地。秦屬南郡。二漢屬南郡、江夏二郡地〔二七〕。晉置竟陵郡，宋、齊因之。後周以其地置郢、復二州。隋煬帝初州廢，於舊郢州置竟陵郡，今富水郡地。於舊復州置沔陽郡。唐改爲復州，或爲竟陵郡。屬山南道。領縣三。監利、沔陽、竟陵。梁以監利入江陵府。晉爲防禦。宋至道三年，以江陵府玉沙來屬。屬荆湖北路。寶元二年，廢沔陽入玉沙。領縣二，治景陵。景陵，晉縣。有漢水、雲夢城。玉沙。宋縣。有沔水〔二八〕、夏水。

郢州 歷代所屬與竟陵郡同。二漢屬江夏郡。晉、宋、齊爲竟陵郡地。梁南司、北新二州之境。西魏分屬安州。後周分置石城郡，後於石城郡置郢州。隋煬帝初州廢，置竟陵、安陸二郡〔二九〕。唐併二郡爲温州，或爲郢州，或爲富水郡〔三〇〕。屬山南道。領縣三。長壽、京山、富水。周廢富水入京山。宋爲防禦。屬京西南路。

貢白紵。領縣二，治長壽。

長壽，晉縣。有漢水。京山。隋縣。有漳河、富河。

德安府　春秋䢵子之國，「䢵」或作「鄖」。雲夢之澤在焉。後楚滅䢵，封鬭辛爲鄖公，即其地也。秦屬南郡。二漢屬江夏郡。晉初亦屬江夏郡，後分置安陸郡。宋、齊因之。梁置南司州。西魏置安州總管府。後周置溳州及安陸郡。隋初廢，煬帝初復爲安陸郡。唐爲安州，或爲安陸郡。郡城臨溳水。屬淮南道。領縣六。安陸、吉陽、應山、應城、雲夢、孝昌。後唐安遠軍節度。周以郢州汊川來屬〔三一〕。宋建隆元年，復爲建安軍。開寶中，廢吉陽。太平興國二年，以漢川屬漢陽軍。宣和元年，陞爲德安府。屬荆湖北路。

貢青紵。領縣五，治安陸。

安陸，漢縣。有陪尾山、溳水、雲夢澤。孝感，後唐縣。有環水。雲夢，西魏縣。應城，唐縣。有波河〔三二〕。應山。隋縣。有漻水〔三三〕。

黄州　春秋時邾國之地，今郡東南百二十里，臨江與武昌相對有邾城，史記曰：「黄帝之末孫有陸終者，産六子，第五別爲曹姓，歷代不絶。至武王伐紂之後，封其裔子挾於邾，爲諸侯。」即此也。後爲黄國之境。戰國時屬楚。秦爲南郡。二漢爲江夏郡。魏亦爲重鎮。魏文帝黄初中，吴揚聲欲獵江北，豫州刺史滿寵度必襲西陽，爲之備。孫權聞之乃退。吴後得邾城。孫權赤烏中，使陸遜攻邾〔三四〕，常以三萬兵守之。晉爲西陽國。宋爲西陽郡。齊又分置齊安郡。北齊置衡州，領齊安一郡。陳廢衡州。後周又置衡州及黄州。隋初，改衡州爲黄州。煬帝初州廢，置永安郡。唐爲黄州，或爲齊安郡。屬淮南道。領縣三。宋同。宋屬淮西路。

貢紵布、連翹。領縣三，治黄岡。

黄岡，隋縣。有大江。黄陂，後周縣。有武湖、松湖。麻城。隋縣。有永泰河。

漢陽軍　春秋鄖國之地。戰國時屬楚。秦屬南郡。二漢江夏郡。魏初爲重鎮。曹公定荆州後，以文聘爲江夏太守，守沔口，止石梵〔三五〕，吴軍來攻，不克。後屬吴，亦爲重鎮。孫權嘉禾中，陸遜屯江夏、沔口。晉、宋以來，並屬江夏郡。後周置復州。隋煬帝初，改爲沔州，尋改爲沔陽郡，則通有今竟陵郡之地。唐武德中，討平朱粲，析爲沔州。或爲漢陽郡。屬淮南道。領縣二。宋同。後廢州，以漢陽隸鄂州，汊川隸安州。周平淮南得其地，建爲軍。宋因之，屬湖北道。領縣二，治漢陽。漢陽，隋縣。有赤壁、沔水、灄水。漢川。唐汊川縣，宋時改。

鄂州　自春秋以來皆屬楚，有江、漢二水。在州西合。秦屬南郡。漢高祖置江夏郡。應劭曰：「沔水自江別至南郡華容爲夏水，過郡入江〔三六〕，故曰江夏。」後漢因之，荆州牧劉表將黄祖守在此。按吴志孫策表曰：「臣到沙羨縣祖屯處，破之。」吴分江夏孫權初城江夏。更置武昌郡，孫權常都之，孫皓又徙都之，常爲重鎮。孫權甘露初，城武昌，陸遜、諸葛恪、滕牧皆屯焉。及晉伐吴，使王戎襲武昌，胡奮襲江夏。歷代亦爲兵衝，其地亦曰夏口，東晉孝武時，桓石仁屯守〔三七〕。亦曰魯口。以對魯山岸爲名也。晉、宋並爲江夏、武昌二郡。宋兼置郢州。領郡六，理於此。齊因之，亦爲重鎮。劉懷珍言於高帝曰：「夏口兵衝要地，宜得其人。」遂令柳崇鎮兵〔三八〕。其後梁武帝自襄陽起兵東下，攻圍凡百餘日方降〔三九〕。梁末，北齊得之，遣慕容儼守。陳霸先將侯瑱攻圍，六月餘不下。後三國和通，乃歸梁。瑱，他甸反〔四〇〕。梁分置北新州，尋分北新置土、富、徊、泉、濠五州〔四一〕。隋平陳，改置鄂州。煬帝初州廢，置江夏郡。唐武德中，平蕭銑，改爲鄂州。或爲江夏郡，大都督，武昌軍節度。屬江南道。領縣七。江夏、永興、唐年、漢陽、武昌、蒲圻、汊川。唐末，屬湖南馬氏。後入南唐，置嘉魚、永安、通山三縣。周以漢陽、汊川屬漢陽。宋乾德五年，置大冶縣。太平興國三年，以永興、通山、大冶三縣屬興國軍。仍爲武昌節度，屬湖北路。熙寧五年，陞崇陽縣通城鎮爲縣。嘉定十五年，以武昌縣陞爲壽昌軍。貢銀。領縣七，治江夏。江夏，晉縣。有黃鶴山、鸚鵡洲、鄂渚。武昌，吴縣。有樊山、西塞山、崢嶸洲。蒲圻，吴縣。有赤壁。嘉魚，南唐縣。有蒲圻湖。崇陽，唐唐年縣，宋改。有壺頭山。咸寧，南唐永安縣，宋改。有牛鼻潭。通城。宋縣。有太平港。

興國軍　宋太平興國二年，以鄂州永興、通山、大冶三縣置軍。屬江西路。貢紵。領縣三，治永興。永興，隋縣。有闔閭山、大江。大冶，南唐縣。通山。南唐縣。有九宫山。

信陽軍　春秋時申國之地，或曰申國，在今南陽郡南陽縣。其後屬楚。秦屬南陽郡。二漢爲南陽、江夏二郡。魏分南陽置義陽郡。晉、宋並因之，宋又置司州。領郡四〔四二〕，治於此。齊並因之。有三關之隘，今義陽縣界有故平靖關，其武陽、黃峴二關，在安陸郡應山縣界也。北接陳、汝，控帶許、洛。宋、齊以來，常爲邊鎮。梁曰北司州，後復置司州。梁天監二年，爲魏將元英所陷。後魏改爲郢州。後周改爲申州。隋煬帝改爲義州，尋爲義陽郡。唐爲申州，或爲義陽郡。屬淮南道。領縣三。義陽、羅山、鍾山。宋開寶九年，降爲義陽軍，廢鍾山、羅山二縣〔四三〕。太平興國元年，改爲信陽軍。雍熙二年，復置羅山。屬京西北路。貢紵布。領縣二，治信陽。信陽，魏義陽縣。有溮水、桐柏山、淮水。羅山。隋縣。

潭州　古三苗國之地。自春秋以來，爲黔中地，楚國之南境。秦爲長沙郡。有萬里沙祠，故曰長沙。漢爲長沙國，初封番君吴芮爲長沙王，都於此。及景帝，封子發又爲長沙王。後漢復爲長沙郡，晉因之。宋長沙國，兼置湘州。領郡十，治於此。齊因之，又爲長沙郡。湘川之奥，人豐土闢，南通嶺嶠，脣齒荆、雍，亦爲重鎮。梁、陳以來，皆因而不改。隋平陳，置潭州。取昭潭爲名。煬帝初州廢，置長沙郡。唐爲潭州，或爲長沙郡。屬江南道。領縣六。長沙、湘潭、湘鄉、益陽、醴陵、瀏陽。唐末，馬氏據其地，建爲武安軍節度；梁以衡州攸縣來屬。宋乾德元年，平湖南，降爲防禦。太平興國二年，析長沙六鄉置寧鄉縣。端拱元年，復武安節度。淳化四年，以衡州衡山、岳州湘陰並來屬。熙寧六年，置安化縣。元符元年，以長沙縣五鄉、湘潭縣兩鄉爲善化縣。屬荆湖南路。　貢葛、茶。　領縣十二，治長沙、善化。　長沙，隋縣。有岳麓山、湘水、潙水、橘洲。　湘潭，唐縣。有碧泉。　益陽，漢縣。有五溪山、益水。　湘陰，唐縣。有漣水、汨水。　醴陵，唐縣。有王喬山。　瀏陽，唐縣。有因水。　攸，唐縣。有雲陽山、攸水。　衡山，晉縣。有衡山、武陽山。　安化，有浮青山、資江。　湘鄉，唐縣。有漣水〔四四〕。　寧鄉，有大潙山、潙水。　善化。

岳州　古蒼梧之野，蒼梧野不止於此，郡界側近之地皆是。　亦三苗國之地，亦古麇子國；春秋文公十一年〔四五〕，楚子伐麇，即此地也。凡今長沙、衡陽諸郡，皆古三苗之地。　青草、洞庭湖在焉。二湖相連，青草在南，洞庭在北。　春秋、戰國時，並屬楚，亦古羅國之地，楚辭之言汨羅是也。羅縣北有汨水。汨音覓。　秦屬長沙郡，二漢皆因之。　吴因之，爲重鎮。建安中，孫權使魯肅，孫皓時，滕牧、萬彧皆屯於此。　晉因之，東晉亦爲重鎮。使陶侃鎮守此。　宋分置巴陵郡，齊因之。　梁置巴州，湘東王遣陸法和等據赤亭，擒侯景將任約於此。今郡西華容界有赤亭城是也。城近赤亭湖，因以爲名。　隋平陳，改爲岳州〔四六〕。煬帝初，改爲羅州，尋爲巴陵郡。　郡人董景珍等，以羅縣令蕭銑爲主，起兵於此。　唐武德四年，平蕭銑，復爲岳州。　或爲巴陵郡。　屬江南道。　領縣五。巴陵、華容、沅江、湘陰、昌江。　宋乾德元年，以湘陰隸岳州〔四七〕。　淳化五年，陞王朝場爲縣。　屬荆湖北路。　貢紵。　領縣五，治巴陵。

巴陵，吴縣。有湘水、君山、洞庭湖。華容，唐縣。有赤沙湖。沅江，隋縣。有楓山、沅水。平江，唐昌江縣，後唐改。有昌江山、汨水。臨湘。即王朝縣。有城陵山、大江。

衡州　春秋以來屬楚。秦屬長沙郡。漢屬長沙國、桂陽郡地。後漢屬長沙、桂陽二郡地。吴以其地置衡陽、湘東二郡，晉因之。宋爲衡陽國及湘東郡，齊以下皆因之。齊嘗改衡陽國爲郡。隋平陳，省湘東、衡陽二郡置衡州。煬帝初州廢，置衡山郡。唐爲衡州，或爲衡陽郡。屬江南道。領縣六。衡陽、湘潭、耒陽、攸、常寧〔四八〕、茶陵。梁以攸縣屬潭州。宋乾德三年，陞安仁場爲縣。淳化四年，以衡山隸潭州。屬荆湖南路。貢麩金、犀。領縣五，治衡陽。衡陽，唐縣。有岣嶁山、茶溪、蒸水、酃湖〔四九〕。茶陵，唐縣。有雲陽山、炎帝陵。耒陽，唐縣。有耒水、歷水、杜甫墓。常寧，唐縣。有春水〔五〇〕、宜溪。安仁。有小江水。

永州　春秋楚國之南境。秦屬長沙郡。漢武置零陵郡，後漢及晉皆因之。宋爲零陵國。齊爲零陵郡，梁、陳皆然。隋平陳廢，置永州。煬帝初州廢，置零陵郡。唐爲永州，或爲零陵郡。屬江南道。領縣四。零陵、祁陽、湘源、灌陽。晉以湘源、灌陽二縣屬全州。宋雍熙元年，陞東安場爲縣。屬荆湖南路。貢葛、石燕。領縣三，治零陵。零陵，隋縣。有瀟水。祁陽，唐縣。有浯溪。東安。有大、小陽江〔五一〕。

全州　晉天福中，馬希範奏以永州湘源縣置州，以灌陽來屬。宋因之，屬荆湖南路。貢葛、零陵香。領縣二，治清湘。清湘，隋湘源縣，晉改。有湘山、乳穴。灌陽。隋縣。有灌水。

道州　舜封象有鼻國，即此也。春秋時楚地。秦屬長沙郡〔五二〕。漢初屬長沙國，後屬零陵郡。後漢、魏、晉皆因之。宋、齊爲營陽郡。梁改營陽爲永陽郡。隋平陳，郡廢，悉併其地置永州。煬帝初州廢，屬零陵郡。唐平蕭銑，割其地置營州。武德五年，改爲南營州。貞觀八年，改爲道州。或爲江華郡。有都龐嶺〔五三〕，今謂之永明。有甿渚嶺，今謂之白芒，即五嶺之二也。屬江南道。領縣四。營道、延唐、江華、永明。宋因之，屬荆湖南路。

貢白紵、零陵香。領縣四，治營道。

營道，唐縣。有營水、沱水。寧遠，唐延唐縣，宋改。有九疑山、泠道水。永明，唐縣。有營水。江華。唐縣。有吴望山、沱水。

郴州　春秋、戰國時皆楚地。秦屬長沙郡。項羽徙義帝都郴，即此地。漢初，以其地爲桂陽郡，即長沙之南境。後漢、晉、宋、齊皆因之。陳以其地爲桂陽、盧陽二郡〔五四〕。隋平陳，廢二郡，置郴州。煬帝初州廢，復置桂陽郡。唐爲郴州，或爲桂陽郡。屬江南道。領縣八。郴、高亭〔五五〕、資興、義章、藍山、義昌、高平〔五六〕、臨武。晉改爲敦州，廢臨武、高平二縣，以其地入桂陽監；又廢資興縣。漢復爲郴州。宋景德二年〔五七〕，以藍山屬桂陽監。嘉定四年〔五八〕，析郴縣置資興縣。屬荆湖南路。

貢紵。領縣五，治郴。

郴，漢縣。有郴水、淥醽水。桂陽，唐義昌縣，宋改〔五九〕。有耒水。宜章，唐義章縣，宋改〔六〇〕。有章水。永興，有安陵水。資興。

桂陽軍　唐於郴州境置監，掌鑄錢。宋因之，主銀冶。景德元年，以郴州藍山縣來屬。天禧三年，置平陽縣。紹興間，又割平陽縣析置臨武縣。屬荆湖南路。

領縣三，治平陽。

平陽，隋縣。有芙蓉山。藍山，唐縣。臨武。

連州　春秋楚地。秦屬長沙郡之南境。二漢屬桂陽郡。吴屬始興郡，晉因之。宋明帝置宋安郡，後省屬廣興郡。宋改始興爲廣興，今始興郡也。齊復屬始興郡。梁又分爲陽山郡。隋平陳〔六一〕，郡廢。隋煬帝初，置熙平郡。唐改爲連州，或爲連山郡。屬嶺南道。領縣三。宋同。宋開寶四年，以廣州洽光來屬。六年，以洽光隸英州。屬廣東路。貢紵布、官桂、鍾乳。領縣三，治桂陽。 桂陽，漢縣。有湟水、海陽湖。 陽山，晉縣。有茂溪山。 連山。隋縣。有銅山、乳穴。

邵州 春秋、戰國時皆屬楚。秦屬長沙郡。漢屬長沙國、零陵郡地。後漢屬長沙、零陵二郡地。吴置邵陵郡，分零陵北部都尉置。晉、宋、齊、梁、陳皆因之。隋平陳，廢邵陵，併入長沙郡。唐復分置邵州，或爲邵陽郡。屬江南道。領縣二。邵陽、武岡。宋熙寧五年，收復梅山，以其地置新化縣。元豐四年，以溪洞徽州爲蒔竹縣，隸州。崇寧四年，以蒔竹縣之臨口寨爲臨岡縣。五年，別爲武岡軍。屬荆湖南路。貢犀角、銀。領縣三，治邵陽。 邵陽，晉縣。有武陵水、桃花源。 新化，有惜、濱水等五寨〔六二〕。 蒔竹。有蒔竹水。

武岡軍 本唐邵州武岡縣，隋爲武攸縣。崇寧五年，陞爲軍，以蒔竹分爲綏寧、臨岡二縣隸焉。屬荆湖南路。領縣三，治武岡。 武岡，唐縣。有齊水。 綏寧，臨岡。故臨口寨，後又改爲新寧縣。

鼎州 春秋、戰國時，皆屬楚地。秦昭王置黔中郡。漢高更名武陵郡，後漢、魏、晉皆因之。本名義陵郡〔六三〕，在辰陽縣，與夷相接。武陵記桃花源，即此地也。宋、齊亦曰武陵郡。梁置武州，後改曰沅州。隋平陳，改爲朗州。煬帝初州廢，置武陵郡。唐爲朗州，或爲武陵郡。屬江南道。領縣二。武陵、龍陽。後唐爲武正軍節度，又改武平軍〔六四〕。周爲大都督。宋析武陵置桃源縣，又置沅江縣〔六五〕。大中祥符五年，改爲鼎州。乾道元年，陞爲常德府，領本軍節度。屬荆湖北路。 貢紵布、練布。領縣四，治武陵。 武陵，隋縣。有武陵山、沅水、滄浪水、杜渚、芷江。 桃源，宋縣。有桃源山、夷溪、延溪。 龍陽，吴縣。有鼎水、西水、橘洲。 沅江。

澧州　春秋時楚地。秦屬黔中郡。二漢屬武陵郡，兼置荆州。領郡七〔六六〕，治於此。吴分置天門郡，晉、宋、齊皆因之。隋平陳，置松州，尋改爲澧州〔六七〕。煬帝初，爲澧陽郡。唐爲澧州，或爲澧陽郡。屬江南道。領縣四。宋同。宋屬荆湖北路。　貢綾、竹簟。領縣四，治澧陽。　澧陽，晉縣。有大浮山、崇山、澧水。安鄉，隋縣。有澧水、澹水。石門，隋縣。有茹溪。慈利。隋縣。有漊水。

辰州　古蠻夷之地，春秋楚國之境。秦屬黔中郡。漢屬長沙、武陵二郡地。後漢發南郡人入武谿，擊諸蠻，不克。後馬援至臨沅而擊諸蠻，破之，此其地也。後亦屬武陵郡。晉、宋、齊並爲武陵郡地。隋分置辰州〔六八〕，煬帝初，爲沅陵郡。唐爲辰州，或爲盧溪郡。屬江南道。領縣五。沅陵、溆浦、辰溪、盧溪、麻陽。宋太平興國七年，置招諭縣。熙寧七年，以麻陽、招諭二縣隸沅州。屬荆湖北路。　貢光明朱砂、水銀。領縣四，治沅陵。　沅陵，漢縣。有壺頭山、沅江。溆浦，唐縣。有溆水。辰溪，隋縣。有辰溪。盧溪。唐縣。有武山、武溪。

沅州　古蠻夷之境，楚國黔中之地。秦屬黔中郡。二漢屬武陵郡，在巫水之陽。隋屬沅陵郡。唐爲巫州，天授中，以巫山不在州界，改爲沅州。開元十二年，復爲巫州。或爲潭陽郡。屬江南道。領縣三。龍標、朗溪、潭陽。宋熙寧七年，章惇收復其地，以潭陽縣地置盧陽縣，以辰州麻陽、招諭二縣來屬。八年，併錦州寨人户及廢招諭入麻陽縣。元豐三年，併鎮江寨人户入黔江城，爲黔陽縣。五年，陞舊渠陽寨爲縣。屬荆湖北路〔六九〕。　貢水銀、朱砂。領縣四，治盧陽。　盧陽，唐錦州屬縣。有錦水、盧水。麻陽，唐縣。黔陽，渠陽。

靖州　秦、漢黔中地，唐爲夷、播、敘三州之境〔七〇〕。後周時，節度使周行逢死，敘州刺史鍾存志奔武陽，而楊正岩以十洞稱徽、誠二州。宋熙寧九年，十洞酋長楊通蘊送款内附。楊通寶來貢，朝廷以通寶爲誠州刺史。其子珫復爲誠州刺史，又詔於武岡之西，作城在渠河之陽，爲誠州。廢爲渠陽軍，尋廢爲寨，隸沅州。復置誠州，後改爲靖州，蓋自崇寧再歸職方。屬荆湖北路。貢白絹。領縣三，治永平。

永平，本渠陽縣。有渠河。崇寧三年改。會同，本三江縣，崇寧二年改。通道。本羅蒙縣，崇寧二年改。

黔州　古蠻夷之國，春秋、戰國皆楚地。秦惠王欲楚黔中地，以武關地易之，即此是也，通謂之五溪。五溪謂酉、辰、巫、武、陵等五溪也。古老相傳云，楚子滅巴，巴子兄弟五人，流入黔中，各爲一溪之長。一説云，五溪蠻皆槃瓠子孫，自爲統長，非巴子也。秦屬黔中郡。漢屬武陵郡，後漢因之，晉、宋、齊亦然。後周武帝時，蠻帥以其地歸附，遂置奉州，後改爲黔州。隋初亦置黔州，煬帝初，爲黔安郡。唐復爲黔州，或爲黔中郡。屬江南道。領縣六。彭水、洋水、黔江、洪杜、信寧、都濡〔七一〕。孟蜀爲武泰軍節度，宋平蜀因之。嘉祐八年，廢洪杜、洋水、都儒、信寧四縣入彭水。後陞爲紹慶府。此州羈縻之州凡五十六。思州領縣二，費州領縣二，並州遣牙校治事。播州領縣二，夷州領縣四，並領以酋長，其餘南寧等州並群蠻所處，地連溪峒，控邊而甚廣。屬四川夔州路。貢朱砂、蠟。領縣二，治彭水。

彭水，漢酉陽縣，隋改。有壺頭山、巴江、彭水、朗溪。黔江。唐縣。

思州　歷代土地與黔中郡同。隋屬清江郡。唐武德元年〔七二〕，以地當牂牁之衝要，遂置務州。貞觀八年〔七三〕，改爲思州。或爲寧夷郡。屬江南道。領縣四。務川〔七四〕、寧夷、思邛、思王。宋初爲羈縻州，隸黔州。大觀元年，蕃部長田祐恭願爲王民，始建州，領務川、邛水、安夷三縣。宣和四年，廢州及務川縣，以務川城爲名；邛水、安夷二縣並作堡，隸黔州。紹興二年，復置思州，就以田氏爲守。

施州　春秋巴國之境，七國時，楚國巫郡之地。秦屬南郡，二漢因之。後周置亭州及業州。隋煬帝初，併置庸州，尋廢，置清江郡。唐爲施州，或爲清江郡。屬江南道。領縣二。清江、建始。宋屬四川夔州路。貢黄連、木藥子。領縣二，治清江。清江，漢巫縣地。有夷水，一名清江，廩君乘土船於此地。建始。漢巫縣地。

珍州　古蠻夷之地，唐貞觀七年〔七五〕，開山洞置珍州。或爲夜郎郡。屬江南道。領縣四。營德、夜郎、麗皋、樂源。憲宗時廢屬溱州。五代復爲蠻夷。宋賜名珍州，後改爲西高州。徽宗時，大駱解上下族帥駱世華、駱文貴獻其地，立珍州，亦曰樂源郡。宣和三年，承州廢，以綏陽縣來隸。屬四川夔州路。領縣二，治樂源。樂源，綏陽。

播州　古蠻夷之域，黔中郡地，夜郎國之東南隅也。漢屬牂牁，其後無聞。唐以隋牂牁縣置播州，或爲播川郡。屬江南道。領縣三。遵義、帶水、芙蓉。宋大觀二年，南平夷人楊文貴等獻其地〔七六〕，建爲州，領播川、琅川、帶水三縣。宣和三年，廢爲城，隸南平軍。

夷州　徼外蠻夷之地。漢屬牂牁郡。歷代恃險，不聞臣附。隋煬帝時，始屬明陽郡。唐武德四年，以思州之寧夷縣置。貞觀元年州廢，四年復以黔州之都上縣開南蠻置。十一年，徙治綏陽。與費州同置。或爲義泉郡。屬江南道。領縣五。綏陽、都上、義泉、洋川〔七七〕、寧夷。宋爲羈縻州，大觀三年，酋長獻其地，建爲承州。領縣五，與唐同。宣和三年，廢州及都上等縣，以綏陽縣隸珍州。

溱州　古蠻夷之地，唐貞觀十六年，開山洞置溱州。或爲溱溪郡。屬江南道。領縣二。營懿、扶歡。

宋爲羈縻，仍領前二縣。熙寧七年招納，置營懿等寨，隸恭州。後隸南平軍。大觀二年，別置溱州及溱溪、夜郎兩縣。宣和三年，廢州及縣，以溱溪寨爲名，隸南平軍。

錦州　歷代土地與辰州同。唐垂拱二年，以辰州麻陽縣地及開山洞置錦州。或爲盧陽郡。屬江南道。領縣五。盧陽、洛浦、招喻〔七八〕、常豐、渭陽。宋無此州，其地則入辰、沅二州。

溪州　歷代土地與辰州同。唐天授二年，析辰州置。或爲靈溪郡。屬江南道。領縣二。大鄉、三亭。宋無此州。

費州　古蠻夷之國，漢屬牂牁郡。山川險阻，爲俚獠所居，多不賓附。至後周，始置爲費州，因水爲名〔七九〕。唐貞觀四年，析思州之涪川、扶陽，開南蠻置〔八〇〕。或爲涪川郡。屬江南道。領縣四。涪川、多田、扶陽、城樂。宋無此州。

業州　古蠻夷之地，唐長安四年，以沅州之夜郎、渭溪二縣置舞州。開元十三年，以「舞」、「武」聲相近，更名鶴州。二十年，又名業州。大曆五年，又更名獎州，或爲龍溪郡。屬江南道。領縣二。峨山、渭溪。宋無此州。

校勘記

〔一〕雲土夢作乂　「雲土夢」漢書卷二八上地理志八上作「雲夢土」。後人注釋有分歧，或謂「雲土夢」爲一澤名，或爲二澤之名。

〔二〕潁水出陽城陽乾山　「陽乾山」諸本並作「乾山」。按水經注卷二二潁水篇云：「潁水有三源，右源出陽乾山潁谷。」又漢書卷二八上地理志八上「浸曰潁」下師古注及元和志卷五河南府潁陽縣都作「陽乾山」。今據補。

〔三〕寧夷　諸本原誤作「寧陵」，據上下文及舊唐書卷四〇地理三、新唐書卷四一地理五、九域志卷一〇思州條改。

〔四〕龍溪　各本同，元和志卷三〇、新唐書卷四一地理五、寰宇記卷一二三亦同。舊唐書卷四〇地理三、通典卷一八三州郡典一三作「龍標」。

〔五〕東境屬吴　各本並同。通典卷一八三州郡典一三古荆州總叙「東境」下有「南境」二字。以地望準之，通典所云是。

〔六〕領郡十九　諸本同。按晉書卷一五地理志下荆州總叙云：「統郡二二。」

〔七〕領郡十　宋書卷三七州郡志三雍州刺史下作「領郡一七」。

〔八〕無陽　原作「舞陽」，據元本及漢書卷二八上地理志八上武陵郡條改。按晉始改無陽爲舞陽。

〔九〕舂陵　諸本並作「春陽」，據宋書卷三七州郡志三營陽太守舂陵令、南齊書卷一五州郡志下營陽郡舂陵條改。按晉書卷一五地理志下亦誤「陵」爲「陽」，標點本晉志已改正。見彼校記〔一六〕。

〔一〇〕黚陽　諸本並作「黔陽」，據晉書卷一五地理志下武陵郡、宋書卷三七州郡志三武陵太守條改。宋志云：「黚陽長，二漢無，晉太康地志有。」按水經注卷三六延江水篇亦謂「酉水北岸有黚陽縣」，可證。

〔一一〕建興　諸本並作「秭歸」。按「秭歸」爲建平郡屬縣，此不應重出。今據晉書卷一五地理志下、宋書卷三七州郡志三、南齊書卷一五州郡志下邵陵郡條訂改。

〔一二〕泰昌　諸本並作「秦昌」，晉書卷一五地理志下建平郡條同。按水經注江水篇載：「江水又南逕建平郡泰昌縣南。」宋書卷三七州郡志三建平郡下亦作「泰昌」，云「泰昌令，晉太康地志有」。隋書卷二九地理志上巴東郡、寰宇記卷一四八夔州作「大昌」，蓋北周避宇文泰諱已改。則此「秦」當是「泰」之形誤。今據改。

〔一三〕充　原作「兖」，據晉書卷一五地理志下天門郡條改。

〔一四〕黄陂　原誤作「黄陵」，據隋書卷三一地理志下永安郡、元和志卷二七、寰宇記卷一三一黄州條改。

〔一五〕衡陽　原作「衡山」。按「衡山」已見上文長沙郡下，作「衡山」誤。今據隋書卷三一地理志下衡山郡衡陽條改。

〔一六〕郴　原作「林」，據元本、馮本及隋書卷三一地理志下桂陽郡條改。

〔一七〕龍檦　原作「龍標」，據馮本、慎本及隋書卷三一地理志下沅陵郡條改。

〔一八〕乃徙爲六安王　「六安」原作「安陸」。按後漢書卷三章帝紀元和二年五月戊申：「徙江陵王恭爲六安王。」卷八〇孝明八王列傳彭城靖王恭傳云：「元和二年，三公上言：江陵在京師正南，不可以封。乃徙爲六安王。」今據改。

〔一九〕靳其督伍延　「伍延」原訛作「任延」，據三國志卷四八三嗣主傳、通鑑卷八一晉武帝太康元年正月甲戌條改。按「任延」已於東漢明帝永平年間病逝。

〔二〇〕桓沖屯上明　「屯」原作「理」，據元本、馮本、慎本改。按晉書卷七四桓沖傳有「於是移鎮上明，使冠軍將軍劉波守江陵」之文，可參證。

〔二一〕陞白伏巡爲潛江縣　「白伏巡」諸本並作「白秋巡」。按紀勝卷六四江陵府潛江縣引江陵志、隆平集卷一郡縣都作「白洑巡」，宋史卷八八地理志四作「白伏巡」。是「伏」一作「洑」，作「秋」誤。今據宋志改。

〔二二〕梅回洲　諸本並作「梅四洲」，據水經注卷三四江水篇、寰宇記卷一四六荆州、方輿紀要卷七八荆州府江陵縣條改。

〔二三〕狼尾灘　原誤作「狼尾於」，據元本、馮本、慎本及下文宜都縣注改。按水經注卷三四江水篇及寰宇記卷一四七峽州引宜都記都作「狼尾灘」。

〔二四〕長陽　原作「長楊」，據元本、馮本、慎本及舊唐書卷三九地理志二、新唐書卷四〇地理志四峽州條改。下同。

〔二五〕長陽溪　原作「長山溪」，據元本、馮本、慎本改。按方輿紀要卷七八彝陵長陽縣亦謂有長陽溪，云：「隋長陽縣，以長陽溪而名。」

〔二六〕渚江　原作「渚汕」，據元本、馮本、慎本改。

〔二七〕二漢屬南郡江夏二郡地　「二漢屬南郡」五字原無，據通典卷一八三州郡典一三、輿地廣記卷二七復州條補。

〔二八〕有沔水　「沔」下原衍「陽」字，據水經注卷二七沔水篇及元和志卷二一、紀勝卷七六復州景物上删。

〔二九〕置竟陵安陸二郡　「安陸」原作「安陵」。按隋無「安陵郡」，此「陵」乃涉上而誤。今據隋書卷三一地理志下安陸郡、通典卷一八三州郡典一三、寰宇記卷一四四郢州條改。

〔三〇〕或爲富水郡　「富水郡」，諸本並誤作「富川郡」，據舊唐書卷三九地理志二、新唐書卷四〇地理志四、元和志卷二一、九域志卷一郢州條改。

〔三一〕周以郢州汉川來屬　「汉川」原作「汶川」，據本編下文及新五代史卷六〇職方考、寰宇記卷一三一、紀胜卷七九漢陽軍條改。按汉川縣唐置。因汉水爲名。

〔三二〕有波河　「波河」，九域志卷六安州應城作「汥河」。

〔三三〕有漻水　「漻水」原作「廖水」，據元本及水經注卷三二漻水篇、九域志卷六、輿地廣記卷二七安州應山縣條改。水經注云：「漻水出江夏平春縣西，南過安陸，入於溳。」

〔三四〕孫權赤烏中使陸遜攻邾　「攻邾」諸本並同。三國志卷四七吳主傳作「城邾」。按原刊上句正文有「吳後得邾城」句，下文又有「常以三萬兵守之」之語。尋文義，當以吳主傳所云「城邾」爲切。

〔三五〕止石梵　「止」原作「上」，據三國志卷一八文聘傳改。

〔三六〕過郡入江　「過郡」二字原脱，據漢書卷二八上地理志八上江夏郡下應劭注補。寰宇記卷一一二鄂州引應劭注亦有「過郡」二字。

〔三七〕桓石仁屯守　「桓石仁」原作「桓石民」，通典避唐太宗諱改。通考仍舊文。按晉書卷七四有桓石民傳。

〔三八〕遂令柳崇鎮兵　「柳崇」原作「柳世隆」，杜佑避唐太宗和玄宗諱，省作「柳崇」，通考這裏沿通典之舊文。柳世隆南齊書卷二四、南史卷三八俱有傳。

〔三九〕攻圍凡百餘日方降　「百餘日」諸本並同。通典卷一八三州郡典一三、寰宇記卷一一二鄂州下都作「二百餘日」。

〔四〇〕瑱他甸反　「瑱」上原有「侯」字，「甸」原作「典」，並據通典卷一八三州郡典一三鄂州條删、改。

〔四一〕尋分北新置土富佪泉濠五州　「濠」，通典卷一八三州郡典一三鄂州及方輿紀要卷七六、嘉慶一統志卷三三五武昌府同，隋書卷三一地理志下江夏郡、寰宇記卷一一二鄂州作「豪」。又「佪」，上引隋志、嘉慶一統志作「洄」。

〔四二〕領郡四　「郡」原作「縣」。按宋書卷三六州郡志二云司州「領郡四、縣二十」，通典卷一八三州郡典一三申州下亦作「領郡四」。今據改。

〔四三〕廢鍾山羅山二縣 「鍾山」二字原脱。按此云廢二縣，實則僅列羅山一縣，以九域志卷一、紀勝卷八〇、宋史卷八五地理志一信陽軍勘校，知漏去「鍾山」一縣。今據補。

〔四四〕有漣水 「漣水」原作「溥水」，據慎本改。按水經注卷三八漣水篇云：「漣水東入衡陽湘鄉縣，又屈徑其縣東而入於湘南縣。」又元和志卷二九、九域志卷六、輿地廣記卷二六潭州湘鄉縣均有「漣水」，足證。元本、馮本「漣」並誤作「漙」。

〔四五〕春秋文公十一年 「一」原脱，據左傳補。

〔四六〕隋平陳改爲岳州 「岳州」諸本並作「鄂州」，據隋書卷三一地理志下巴陵郡、元和志卷二七、紀勝卷六九岳州條改。

〔四七〕以湘陰隸岳州 「岳州」原作「潭州」，據寰宇記卷一一四潭州、九域志卷六岳州、宋史卷八八地理志四潭州條改。按本編上文潭州下有「淳化四年，以岳州湘陰縣隸潭州」句，可參證。

〔四八〕常寧 原作「常陵」。按舊唐書卷四〇地理志三衡州常寧下載：吴分耒陽立新寧縣，天寶元年，改爲常寧。新唐書卷四一地理志五、元和志卷二九、通典卷一八三州郡典一三衡州下都作「常寧」。今據改。

〔四九〕酃湖 諸本並作「酃水」，據元和志卷二九、輿地廣記卷二六衡州衡陽縣、紀勝卷五五衡州景物上、嘉慶一統志卷三六三衡州府條改。一統志引湘中記云：「衡陽縣東二十里有酃湖，周二十里，深八尺茫然緑色，土人取以釀酒。」

〔五〇〕有舂水 「舂水」諸本並作「春水」。按水經注卷三八湘水篇云：「舂水又北徑新寧縣東。」嘉慶一統志卷三六三衡州府下亦謂：「春水在常寧縣東，今名焦源河。」此「春」爲「舂」之形訛，今改正。

〔五一〕有大小陽江　「大小陽江」諸本並作「大陽小江」。按寰宇記卷一一六、紀勝卷五六永州俱云：大陽山在州西二百四十里，其山在大陽水際。嘉慶一統志卷三七永州府：「大陽江在東安縣南。九域志，縣有大小陽江。」同治永州府志卷二上東安縣載：「清溪江，一名大陽江者，九域志云東安有大、小陽江，小陽江未詳爲今何水。」此「陽小」爲「小陽」之倒置，今據以乙正。

〔五二〕秦屬長沙郡　「郡」原作「國」。按秦制不設侯國，此「國」爲「郡」之誤。據元本、馮本、慎本及漢書卷二八下地理志八下長沙國條注「秦郡，高帝五年爲國」句改。

〔五三〕有都龐嶺　「有」原作「漢」，據本書注文例改。

〔五四〕陳以其地爲桂陽盧陽二郡　「盧陽」原作「廬陽」，據隋書卷三一地理志下桂陽郡盧陽縣、舊唐書卷四〇地理志三郴州義昌縣、輿地廣記卷二六郴州桂陽縣條改。

〔五五〕高亭　諸本並作「南亭」。按唐郴州屬縣有「高亭」無「南亭」。舊唐書卷四〇地理志三郴州高亭云：「開元十三年，宇文融析郴縣北界四鄉置安陵縣。天寶元年，改爲高亭，取縣東山名。」新唐書卷四一地理志五、元和志卷二九、唐會要卷七一郴州統縣亦俱作「高亭」。今據改。

〔五六〕高平　舊唐書卷四〇、元和志卷二九、新唐書卷四一郴州統縣皆無「高平」而有「平陽」。舊唐書平陽下云：「晉分郴置平陽郡及縣，陳廢。後蕭銑復分郴置。武德七年省，八年復置。」唐會要卷七一郴州領縣有「南平」。按諸志分歧，未審孰是。

〔五七〕宋景德二年　「二年」諸本同。本編下文桂陽軍條及九域志卷六、輿地廣記卷二六桂陽監、紀勝卷六一桂陽軍都作「元年」、宋史卷八八地理志四桂陽軍作「三年」。

〔五八〕嘉定四年　「四年」，宋史卷八八地理志四、方輿紀要卷八二郴州興寧下俱作「二年」。紀勝卷五七郴州資興條作「寧宗開禧、嘉定間」。

〔五九〕唐義昌縣宋改　諸本並同。按宋史卷八八地理志四郴州桂陽縣云：「唐義昌縣，後唐改郴義。太平興國初，又改。」寰宇記一一七、九域志卷六、輿地廣記卷二六郴州桂陽下亦謂「太平興國元年，改郴義縣爲桂陽」。據此，則此處脱後唐改郴義一節。

〔六〇〕唐義章縣宋改　「義章」原作「義昌」。按寰宇記卷一一七、九域志卷六、輿地廣記卷二六、宋史卷八八地理志四郴州宜章條俱謂：唐義章縣，宋太平興國初改。今據以乙正。

〔六一〕隋平陳　「隋平」二字原無。檢隋書卷三一地理志下熙平郡桂陽下云：「梁置陽山郡。平陳，郡廢。」紀勝卷九二連州、嘉慶一統志卷四五五連州直隸州條亦作「隋平陳，郡廢」。今據補。

〔六二〕有惜濱水等五寨　諸本同。按九域志卷六邵州新化云：「有惜溪、拓溪、暮溪、深溪、雲溪五寨。有長龍山、濱水。」宋史卷八八地理志四寶慶府新化謂：「有惜溪、拓溪、藤溪、深溪、雲溪五寨。」兩志所記五寨之名雖有差異，然均未將「濱水」列入五寨之内。疑原刊有誤。

〔六三〕本名義陵郡　「郡」，諸本並脱，據通典卷一八三朗州、輿地廣記卷二七鼎州武陵縣條補。二書並引晉趙欽問潘京之文，曰：「貴郡何以名武陵？」京云：「鄙郡本名義陵郡，在辰陽縣界，與夷相接。」

〔六四〕後唐爲武正軍節度又改武平軍　諸本同。按新五代史卷六〇職方考朗州、十國春秋卷一一三十國藩鎮表武平軍、方輿紀要卷七州域形勢七並云「後唐置武平軍節度」而不云置「武正軍」。十國藩鎮表云：「後唐以朗州爲武平軍，以文昭王爲武安、武平節度使。周廣順二年，升武平在武安軍上，以劉言爲節度使。」疑此處有脱文。

〔六五〕又置沅江縣　按輿地廣記卷二八岳州沅江下云：隋改安樂曰沅江。唐因之，乾寧中改曰橋江。皇朝乾德元年，復曰沅江。紀勝卷六八、嘉慶一統志卷三六四常德府沅江縣同。方輿紀要卷八常德府沅江縣謂「五代初，又改曰沅江縣，宋因之」。疑「置」上脱「復」字。

〔六六〕領郡七　原作「領縣八」，據漢書卷二八上、後漢書卷三二郡國志四荆州刺史部「郡七，縣、邑、侯國百一十七」句改。

〔六七〕尋改爲澧州　「澧州」諸本並作「潭州」，據隋書卷三一地理志下澧陽郡及輿地廣記卷二七、紀勝卷七〇澧州條改。按澧州在澧水之北，故以爲名。

〔六八〕隋分置辰州　「置」諸本並脱，據隋書卷三一地理志下沅陵郡及輿地廣記卷二八、紀勝卷七五辰州條補。

〔六九〕屬荆湖北路　「路」原作「道」。按「道」爲唐地方區劃名，宋已改爲路制。今據九域志卷六、宋史卷八六地理志四沅州條改。

〔七〇〕唐爲夷播敘三州之境　「三」各本原作「二」，據舊唐書卷四〇地理三、新唐書卷四一地理五改。

〔七一〕都儒　宋會要方域一二之一六、九域志卷八黔州同。舊唐書卷四〇地理志三、新唐書卷四一地理志五、元和志卷三〇、通典卷一八三州郡典一三、寰宇記卷一二〇、輿地廣記卷三三、宋朝事實卷一九黔州、宋史卷八九地理志五紹慶府彭水下並作「都濡」。元和志云：「都濡本貞觀二十年析盈隆縣置，以縣西北六十里有都濡水爲名也。」疑當作「都濡」。

〔七二〕唐武德元年　「元年」諸本同，舊唐書卷四〇地理志三、新唐書卷四一地理志五、紀勝卷一七八思州條俱作「四年」。

〔七三〕貞觀八年　「八」，舊唐書卷四〇地理志三、新唐書卷四一地理志五、元和志卷三〇思州作「四」。

〔七四〕務川　原作「務州」，據馮本、慎本改。按本編下文及新、舊唐書地理志都作「務川」，皆可證。

〔七五〕唐貞觀七年　「七年」諸本同。按舊唐書卷四〇地理志三珍州云：「貞觀十六年置，天寶元年，改爲夜郎郡。」元和志卷三〇珍州下亦云：「貞觀十六年置」。疑是。

〔七六〕南平夷人楊文貴等獻其地　「楊文貴」原誤作「楊友貴」，據輿地廣記卷三三遵義軍、宋史卷八九地理志五播州及方輿紀要卷七〇遵義府條改。紀要云：「南平蠻人楊文貴獻地，因置州，亦曰樂源郡。」

〔七七〕洋川　原作「牂川」，據馮本、慎本及新唐書卷四一地理志五、舊唐書卷四〇地理志三、元和志卷三〇夷州條改。

〔七八〕招喻　元和志卷三〇、通典卷一八三州郡典一三錦州下同。舊唐書卷四〇地理志三、新唐書卷四一地理志五、輿地廣記卷二八錦州統縣並作「招諭」。疑作「招諭」是。

〔七九〕因水爲名　此四字原誤入正文，今據本書注例及通典卷一八三州郡典一三費州條改爲小字注文。

〔八〇〕析思州之涪川扶陽開南蠻置　諸本原脱「開」字。按「南蠻置」與上文不相連貫，且有難解處。檢新唐書卷四一地理志五費州條云：「貞觀四年，析思州之涪川、扶陽，開南蠻置。」今據補。

卷三百二十　輿地考六

古豫州

禹貢曰："荆河惟豫州。西南至荆山〔一〕，今襄陽郡南漳縣界，北距河也。伊、洛、瀍、澗既入于河，伊出今河南府伊闕縣陸渾山。洛出今上洛郡洛南縣冢領山。瀍出今河南縣穀城山。澗出澠池山〔二〕。四水皆入河也。滎、波既豬，滎，本沇水溢出，在今滎陽郡滎澤縣也。波亦水名，言其水並已遏聚矣〔三〕。一説，謂滎水之波也。今沇水不過河。道菏澤，被孟豬。菏澤在今魯郡方與縣。孟豬亦澤名，在今睢陽郡虞城縣，即孟豬澤也。言菏澤水衍溢，則使被及孟豬，不常入也。道音導。菏音柯。厥土惟壤，下土墳壚。高地即壤，下土即墳。壚，壚土之剛黑者。墳，扶粉反。壚音盧。浮於洛，達於河〔四〕。"因洛入河。舜爲十二牧之一。周禮職方："河南曰豫州，其山曰華，即今華陰郡山也。連延東出，故屬豫州。藪曰圃田，在今滎陽郡中牟縣。川曰滎、雒，滎，即滎澤。洛，即洛川，今福昌縣界。浸曰波、溠。出黄山，在今漢東郡棗陽縣界東北。又云波水出歇馬嶺，即應劭所謂孤山，在今臨汝郡魯山縣西北。溠音莊亞反。其利林、漆、絲枲〔五〕。人二男三女。畜宜六擾，馬、牛、羊、豕、犬、鷄也。謂之擾者，言人所馴養也。穀宜五種。"黍、稷、稻、菽、麥。豫州在九州之中，言常安逸也。又云逸者，舒也，言稟中和之氣，性理安舒也。其在天官，柳、七星、張則周之分野，漢之河南、雒陽、穀城、平陰、偃師、鞏、緱氏，皆其分也。今河南府之河南、雒陽、偃師，東至緱氏、鞏縣，南得伊闕也，北至於河。房、心則宋之分野，漢之沛、梁、濟陰，皆其分也。今睢陽、譙郡、濟陰地也。觜觿、參則魏之分野，漢之高陵以東，及陳留、汝南之召陵、濦强、新汲、西華、長平，潁川之舞陽、郾、許、鄢陵，河南之開封、中牟、陽武、酸棗〔六〕、卷，皆其分也。今弘農郡之北境，滎陽之東北境，潁川之東境，淮陽之北境，汝南之北境并陳留郡地也。角、亢、氐則韓之分野。漢之南陽，及潁川之父城、定陵、襄城、潁陽、潁陰、長社〔七〕、陽翟、郟，東接汝南，西接弘農，兼得新安、宜陽，皆其分也。今陝郡之河南地，河南府之西境，南境、東境，滎陽、臨汝、潁川之西境，漢東、淮安、南陽、武當等郡也。兼得秦、楚之交。漢之弘農故關以西，今弘農郡之南境，宜屬秦。漢之汝南，今汝陰、汝南之南境，淮陽之南境；漢之南郡北境，今襄陽郡地，並宜屬楚也。秦分天下置郡，爲三川、今河南府、陝郡之河南地，弘農、臨汝、滎陽、陳留等郡地是也。碭、今睢陽〔八〕、譙郡、濟陰等郡地是也。潁川，今潁川、淮陽、汝陰、汝南等郡地是也。南陽郡之東境、北境，今漢東、淮安、南陽、武當等郡地是也。南郡之北境。今襄陽郡。漢武置十三州，此爲豫州。領郡、國五。其今河南府、陝郡、弘農之地，則屬司隸；陳留、濟陰則屬兖州也。後漢爲司隸、理洛陽。豫州，理於譙，領郡、國六。譙，今譙郡是也。魏亦同。理汝南安城，今汝南吴房縣也。晉分置司州領郡十一，理洛陽。及豫州，領郡、國十，理梁國項，今淮陽郡項城縣也。永嘉之亂，豫州没於劉、石、苻、姚。宋初有其南境，置豫州。領郡十，理汝南郡，即今郡。宋文帝元嘉中全盛得之，後失。後魏以後，分裂不詳焉。唐分置十五部，此爲都畿、河南府、陝郡、臨汝、滎陽等郡。河南道，陳留、睢陽、濟陰、譙郡、潁川、淮陽、汝陰、汝南等郡。兼分入山南東道淮安、南陽、襄陽、漢東、武當。及河東道。弘農。五代並都於汴。宋因之，其豫州之境，俱爲京師輔郡，置京東路、開封、單、拱、應天、曹、廣濟。京西路，河南、汝、鄭、許、鄧、襄陽、均、陳、潁、蔡、唐、隨、棗陽、光化。兼得陝西路、陝、虢。淮東路。亳。南渡後，俱没於金，惟得京西之襄陽、均、隨、棗陽光化而已。

荆河之間，四方輻輳，故周人善賈，趨利而纖嗇。韓國分野，亦有險阻。蘇秦謂韓宣王曰：「韓北有鞏、成皋之固，西有宜陽、商阪之塞，東有宛、穰、淯水〔九〕，南有徑山也。鞏、成皋，則今鞏縣、汜水也。宜陽、商阪即今福昌山及商山也。宛、穰，南陽界。徑山，密縣界。自東漢、魏、晉宅於洛陽，永嘉以後，戰爭不息。元魏徙居，纔過三紀，逮乎二魏，爰及齊、周，河、洛、汝、潁，迭爲攻守。夫土中，風雨所交，宜乎建都立社，均天下之漕輸，便萬國之享獻。不恃隘害，務修德刑，則卜世之期，可延久也。

古豫州歷代沿革之圖

春秋時可考者四十國。

周 鄭 宋 陳 曹 許 蔡 虞 虢 祭 劉 單 杞 蘇 甘 管 芮 郜 滑 頓 胡
沈 鄧 唐 隨 賴 戴 江 項 厲 應 息 葛 焦 道 柏 夷 房 亳 楚北境是。

秦時爲郡五。

三川郡 碭郡 潁川郡 南陽郡東北境是。 南郡北境是。

漢時爲郡國八，縣一百八十六。

潁川郡二十縣陽翟 昆陽 潁陽 定陵 長社 新汲 襄城 郾 郟 陽城 綸氏 舞陽 潁陰 密高 許 鄢陵 臨潁
父城 成安 周承休

河南郡二十二縣雒陽 滎陽 偃師 京 平陰 中牟 平 陽武 河南 成皋 苑陵 緱氏 卷 原武 鞏 穀成 故市
密 新城 開封 梁 新鄭

陳留郡十七縣陳留　小黄　成安　寧陵　雍邱　酸棗　東昏　襄邑　外黄　封邱　長羅　尉氏　傿　長垣　平邱　濟陽　浚儀

汝南郡三十七縣平輿　陽安　陽城　濦强　富波　汝陽　鮦陽　吴房　安成　慎陽　南頓　朗陵　細陽　宜春　汝陰　新蔡　新息　灈陽　期思　項　慎　召陵　弋陽　西平　上蔡　寖〔一〇〕　西華　長平　宜禄　新郪　歸德　新陽　安昌　安陽　博陽　成陽　定陵

沛郡三十七縣相　龍亢　竹　穀陽　蕭　向　銍　廣戚　下蔡　豐　夏邱　鄲　譙　蘄　虹　輒與　山桑　公邱　符離　敬邱　洨　扶陽　沛　芒　建城　城父　建平　鄼　栗　祁鄉　高　高柴　漂陽〔一一〕　平阿　東鄉　臨都　義成

南陽郡三十六縣宛　犨　杜衍　酇　育陽　博山　涅陽　陰　堵陽　穰　雉　山都　蔡陽　新野　筑陽　棘陽　武當　舞陰　西鄂　朝陽　酈　安衆　冠軍　比陽　平氏　隨　葉　鄧　魯陽　舂陵　新都　湖陽　紅陽　樂成　博望　復陽

梁國八縣碭　甾　杼秋　蒙　已氏　虞　下邑　睢陽

淮陽國九縣陳　苦　陽夏　寧平　扶溝　固始　圉　新平　柘

漢中郡北境是。縣見梁州。

南郡北境是。縣見荆州。

弘農郡東境是。縣見雍州。

晉時爲郡國十四，縣一百三十七。

河南郡十二縣洛陽　河南　鞏　河陰　新安　成皋　緱氏　陽城　新城　陸渾　梁　陽翟

滎陽郡八縣滎陽　京　密　卷　陽武　苑陵　中牟　開封

弘農郡六縣弘農　湖　宜陽　陜　黽池　華陰

陳留國十縣小黄　浚儀　封丘　酸棗　濟陽　長垣　雍丘　尉氏　襄邑　外黄

梁國十二縣睢陽　蒙　虞　下邑　寧陵　穀熟　陳　項　長平〔一二〕　陽夏　武平　苦

汝南郡十五縣新息　南安陽　安成　慎陽　北宜春　朗陵　陽安　上蔡　平輿　定潁　灈陽　南頓　汝陽　吴房　西平

南陽國十四縣宛　西鄂　雉　魯陽　犨　淯陽　博望　堵陽　葉　舞陰　比陽　涅陽　冠軍　酈

譙郡七縣譙　城父　酇　山桑　龍亢　蘄　銍

汝陰郡八縣汝陰　慎　原鹿　固始　鮦陽　新蔡　宋　褒信

潁川郡九縣許昌　長社〔一三〕　潁陰　臨潁　郾　邵陵　鄢陵　新汲　長平

濟陽郡西境是。縣見兗州。

義陽郡十二縣新野　穰　鄧　蔡陽　隨　安昌　棘陽　厥　西平氏　義陽　平林　朝陽

順陽郡八縣酇　順陽　南鄉　丹水　武當　陰　筑陽　析

襄城郡七縣襄城　繁昌　郟　定陵　父城　昆陽　舞陽

沛國九縣相　沛　豐　筑邑〔一四〕　符離　杼秋　洨　虹　蕭

隋時爲郡十七，縣一百四十八。

河南郡十八縣河南　洛陽　閿鄉　桃林〔一五〕　陜　熊耳　澠池　新安　偃師　鞏　宜陽　壽安　陸渾　伊闕　興泰　緱

氏　嵩陽　陽城

滎陽郡十一縣管城　汜水　滎澤　原武　陽武　圃田　浚儀　酸棗　新鄭　滎陽　開封

梁郡十三縣宋城　襄邑　寧陵　虞城　穀熟　陳留　雍邱　下邑　考城　楚邱　碭山　圉城　柘城

汝南郡十一縣汝陽　城陽　真陽　新息　褒信　上蔡　平輿　新蔡　朗山　吴房　西平

潁川郡十四縣潁川　襄城　汝墳〔一六〕　葉　北舞〔一七〕　郾城　繁昌　臨潁　尉氏　長葛　許昌　㶏强　扶溝　鄢陵

濟陰郡九縣濟陰　外黄　濟陽　成武　冤句　乘氏　定陶　單父　金鄉

譙郡六縣譙　酇　城父　谷陽　山桑　臨渙

汝陰郡五縣汝陰　潁陽　清邱　潁上　下蔡

淮陽郡十縣宛邱　西華　溵水　扶樂　太康　鹿邑　項城　南頓　鄲　鮦陽

淮安郡七縣比陽　平氏　真昌　顯岡　臨舞　慈邱　桐柏

淯陽郡三縣武川　向城　方城

弘農郡四縣弘農　盧氏　長泉　朱陽

舂陵郡六縣棗陽　舂陵〔一八〕　清潭　湖陽　上馬　蔡陽

襄城郡八縣承休　梁　郟城　陽翟　汝源　汝南　魯　犨城

南陽郡八縣穰　新野　南陽　課陽　順陽　冠軍　菊潭　新城

漢東郡八縣隨　土山　唐城　安貴　順義　平林　上明　光化

淅陽郡七縣南鄉 內鄉 丹水 武當 均陽 安福 鄖鄉

唐時爲州十八，縣一百二十五。

河南府二十縣 陝州六縣 虢州六縣 汝州七縣 鄭州七縣 汴州六縣 宋州八縣 單州四縣 亳州七縣 曹州五縣 許州九縣 陳州六縣 潁州四縣 蔡州十縣 唐州七縣 鄧州六縣 均州三縣 隨州四縣

宋時爲州二十二，縣一百二十七。

河南府十九縣 陝州八縣 虢州四縣 汝州六縣 鄭州五縣 開封府十六縣 應天府七縣 單州四縣 拱州二縣 亳州七縣 曹州四縣 廣濟軍一縣 許州七縣 陳州五縣 潁州四縣 蔡州十縣 唐州五縣 鄧州五縣 均州二縣 襄陽府六縣 隨州四縣 棗陽軍一縣 光化軍一縣

河南府 凡河北諸縣，並冀州之域，餘則豫州之域。今治河南、洛陽二縣。 蓋周之舊都。昔武王剋殷，定鼎於郟鄏。至成王，營成周，卜澗水東、瀍水西而宅洛邑，是爲王城。郟鄏，陌名。漢孔安國云：「王城，今河南城。」周靈王時，穀、雒鬬，毀王宮，則左傳齊莊公遺師城郟是也。在今城之西。按此穀水本澗水，自後遂更名矣。經今城之苑中，入於洛。 又於瀍水東卜，亦吉，遷殷頑民居之。孔安國云：「將定下都，遷殷人，故并卜之也。」平王因犬戎之亂，自酆東遷而居王城，則東周之始王也。至敬王，與王子朝爭立，出奔晉。定公使魏舒率諸侯之大夫會於狄泉，以其地本成周之城，而居敬王。按在今洛陽之城東三十餘里故城是，則周之下都也，有狄泉在城中。然而成周是王城、下都之總號，故左氏傳曰「萇弘云，西王天棄之，東王必大克」。時子朝居王城，故曰西王，敬王居狄泉，在王城之東，故曰東王。至考王〔一九〕，封其弟桓公於河南，以續周公之官職。至孫惠公，乃封少子於鞏，號東周惠公。按此時又別稱東周也。王赧立，赧，尼板反。東、西周分理，又徙都西周。則王城也。初，平王時，雒邑與宗周，宗周，鎬京也。通封畿，東西長，南北短，長短相復爲千里。後爲諸侯所侵，比周之亡，七城而已。河南、洛陽、新城〔二〇〕、平陰、偃師、鞏、緱氏也。按七邑之境，西自今河南、洛陽，南自伊闕、緱氏，東得鞏縣，北至於河。秦平天下，置三川郡。漢高帝置河南郡。領縣二十二。後漢改爲河南尹，領縣二十。兼置司隸。領郡七，理於此。魏、晉郡因之，兼置司州。領縣十一，理於此。後魏孝文自代徙都之，亦爲河南尹。至東、西魏，分有其地。北齊爲洛州。石季龍已爲洛州，至齊又改名焉。齊滅，屬後周。當東、西魏及齊、周之時，二境交爭，攻戰邊鎮，俱在於此。隋初爲洛州，煬帝之初，移都創制，復曰豫州，尋改爲河南郡，置尹。唐平僞鄭王充，置洛州。開元元年，改爲河南府。凡周、漢、魏、晉、後魏、隋至唐，並爲帝都。周謂平王以下，漢謂後漢，晉謂西晉也。今號爲東京，後改號東都。按故都城，自周氏至大業以前，常爲都邑。今都城即隋煬帝大業元年所築。屬河南道。領縣二十。河南、洛陽、偃師、陸渾、伊闕、新安、鞏、緱氏、陽城、登封、壽安、密、河清、澠池、福昌、長水、永寧、潁陽、伊陽、王屋。漢乾祐中，置望陵縣〔二一〕。周顯德中，廢陽城縣。宋乾德初，廢望陵。景德四年，陞永安鎮爲縣。屬京西路，號西京。熙寧後，以王屋縣隸孟州；伊闕、緱氏二縣，並省爲鎮。建炎後，没於金。紹興間講和，歸我河南地，遣使者祀陵寢。既而金復取河南。金改永安爲芝田縣，以密縣屬鄭州，永寧縣爲嵩州，改壽安縣爲宜陽縣，伊陽縣爲嵩州〔二二〕，河清縣爲孟津縣〔二三〕，又陞龍開、小水、福昌三鎮並爲縣。貢密、蠟、甆器。領縣十九，治河南、洛陽。河南，古郟鄏地，是爲王城。後漢縣。有闕塞山，俗曰龍門。有洛、伊、瀍三水。有穀城山〔二四〕，瀍水所出。有金墉城。洛陽，古成周地。有邙山。東北有孟津，武王會諸侯處。有後漢明、章二帝陵。永安，本永安鎮，宋以陵寢所在，陞爲縣。登封，唐縣。有中岳嵩高山、少室山。有鬼谷、潁川、測景臺、石羊關。壽安，隋縣。有澠水。又有九曲城，高齊置以備周。伊闕，古戎蠻子國〔二五〕，隋縣。有陸渾山，伊水所出；伊闕山、鼓鐘山、伊水、涓陽水〔二六〕、陸渾關。永寧，隋縣。有三崤山，晉敗秦師處。有熊耳山、嶕嶢山〔二七〕、穀水、高門關、松陽關、鵜鶘關。又有回溪，馮異敗師處。長水，漢盧氏縣地。唐縣。有天壇山。新安，漢縣。縣東北一里有漢故函谷關。其秦關在今靈寶縣，漢武帝時樓船將軍楊僕數有大功，恥爲關外人，上書乞移關，以家財給其用，乃徙於新安。項羽坑秦降卒於新安城南，即此地也。福昌，唐縣。有女几山、金門山。城東南北三面峭絶天險，後周置兵於此，備齊。伊陽，古陸渾氏之地。唐縣。有伊水、三塗山。後周置兵於此，備齊。鞏，春秋時鞏國。戰國時有東、西周，此即東周所居，漢爲縣。有鮪渚。密，古密國，亦鄶國。有大騩山、鄶水。後隸鄭州。澠池，秦昭王與趙惠文王會處。漢縣。緱氏，古滑國。漢縣。有緱氏山、轘轅坂〔二八〕。潁陽，夏之綸國。唐縣。有八風灘〔二九〕、大谷口〔三〇〕。王屋，古召康公之邑。有王屋山、中條山、析城山。北齊置懷州。縣東二十里齊子嶺〔三一〕，周、齊分境處。後周置王屋郡。偃師，帝嚳所都，亦古亳邑。商有三亳，成湯居西亳，此即一也。至盤庚，又自河北徙治於此亳，改國號殷。有首陽山、尸鄉。周武王伐紂，回師息戎，遂名偃師焉。漢爲縣。河清，唐縣。南臨黄河。宋開寶初，移治於白波鎮〔三二〕。

陝州，凡河北諸州縣，並冀州之域；餘則豫州之域。今治陝縣。周公、召公分陝之所。陝東，周公主之。陝西，召公主之。春秋虢國之地，所謂北虢也。虢仲國，今平陸縣。戰國時屬韓。秦屬三川郡。漢屬弘農郡，後漢因之。後魏置陝州及恒農郡〔三三〕。後周又置陝州及崤郡。置兵於此，備齊。隋文帝時，郡廢。煬帝初州廢，以其地屬河南郡，後置弘農宮。唐復爲陝州，爲大都督府，保義軍節度。天祐元年，爲興唐府。哀帝初，復故。屬河南道。領縣六。陝、硤石、靈寶、夏、芮城、平陸。梁改鎮國軍，後唐復。宋太平興國初，改保平軍。三年，以虢州閿鄉、湖城二縣來屬。熙寧六年，省硤石縣爲石壕鎮入陝。屬陝西永興軍路。靖康二年，没於金。建炎二年，石壕尉李彦先舉兵收復，與金拒，再踰年復失。紹興十一年，吴璘下陝，三十二年，王庶復陝，旋皆失之。金隸河南路，又撥平陸、芮城、夏三縣隸解州。　貢紬、絁〔三四〕、括蔞根、柏子仁。領縣八，治陝。　陝，唐縣。有女几山、金門山、虢山、橐水。平陸，春秋晉畢萬之邑。唐縣。有閑原，即虞、芮遜地之所。芮城，古芮伯國。後周縣。有浢水、中條山、薄山、方山。靈寶，唐縣。有柏谷水、桃林塞、古函谷關、浢津關。硤石，唐縣。宋移治石壕鎮，析河南府永寧縣之胡郭管入焉，俄復徙今治。有底柱山、二崤山、硤石水。熙寧間，廢入陝。夏，後魏縣。有涑川、巫咸各水〔三五〕。閿鄉，隋縣。有潼關、大谷關〔三六〕、小谷關。湖城，唐縣。有荆山、鳳林泉。

虢州　春秋時虢國地。北虢，今陝郡平陸縣。東虢，在今滎陽縣。西虢，在今扶風郡縣也。晉滅虢，其地屬晉。戰國時，屬秦、魏二國之境，後屬三川郡。漢武置弘農郡，後漢因之。魏改恒農，避靈帝諱〔三七〕。晉復爲弘農郡。後魏置西恒農郡，後周廢之。隋煬帝又置弘農郡，恭帝時，改爲鳳林郡。唐武德元年，改爲鼎州。貞觀八年〔三八〕，改虢州。其後或爲弘農郡。屬河南道。領縣六。弘農、閿鄉、湖城、朱陽、玉城、盧氏。宋以湖城、閿鄉二縣屬陝州。屬陝西永興軍路。建炎二年，没於金。三年，陝州都統邵興收復，既而復失。金隸京兆府路。　貢麝香、地骨皮、硯。領縣四，治虢略。　虢略，唐弘農縣，至道三年改。有衙嶺山〔三九〕、燭水〔四〇〕。朱陽，後魏縣。有柏谷、湖水〔四一〕。盧氏，漢縣。有熊耳山，洛水出焉。玉城。隋縣。熙寧四年，廢爲鎮入虢略。崇寧三年，以欒川鎮爲欒川縣。

汝州　在周爲王畿。春秋時，戎蠻子之邑，亦楚、鄭二國之境。七國時屬韓。秦屬三川郡。漢屬河南、潁川二郡地，後漢因之。魏、晉屬河南、舞陽二郡地。後魏屬汝北郡。後周屬南襄城郡。隋初，置伊州。煬帝初，改爲汝州，後廢州，以其地分屬襄城、潁川二郡。唐爲汝州，或爲臨汝郡。屬河南道。領縣七。梁、襄城、郟城、魯山、葉、龍興、臨汝。梁爲防禦。周廢臨汝縣。宋爲輔州，政和中，陞陸海軍節度。屬京西北路。建炎元年，没於金。金隸河南路。貢絁、紬。領縣六，治梁。梁，漢舊縣。戰國時，謂之南梁，以别大梁、少梁。古蠻戎子國。縣東有陽人聚，秦滅東周，徙其君於陽人，即此地，又孫堅大破董卓之所。有廣成城、崆峒山、狼皋山〔四二〕。葉，古應國。又楚葉公邑。有方城山、滍水；昆陽城，光武敗王尋之所。郟城，漢郟縣，隋改。崇寧三年〔四三〕，割隸潁昌府。龍興，唐縣。有漦龍城。襄城，漢縣。有不羹城，楚靈王所築。魯山。隋縣。有堯山、滍水〔四四〕、鵶河。

鄭州　古高辛氏火正祝融之墟。周初，封管叔於此。又曰虢、鄶之地。鄭武公與平王東遷，武公滅兩國而遷都焉。後鄭爲韓所滅，韓又徙都之，其東境屬魏。秦屬三川郡。漢屬河南郡。後漢因之，分置滎陽郡。宋亦然。後魏爲東恒農郡。東魏置廣武郡。後周置滎州，後改爲鄭州。隋置管州；煬帝初，復爲鄭州，尋廢州，置滎陽郡。唐因之，屬河南道。領縣七。管城、滎澤、原武、陽武、滎陽、新鄭、中牟。梁爲防禦，以陽武、中牟二縣屬開封府。宋爲奉寧軍節度〔四五〕。熙寧五年，廢州，以縣屬開封。元豐八年，復之。崇寧四年，建爲西輔，屬京西北路，又以河南、密縣來隸。建炎二年，没於金。金隸河南路，又以潁昌府陽翟縣爲州，割新鄭隸之。貢絹、麻黄。領縣五，治管城。管城，周初管國。隋縣。有圃田澤、牽渠。滎澤，禹貢「濟水溢爲滎」，即此地。濟水舊出河北，截河南流而爲滎澤，自王莽末濟入河，不復過河之南矣。有敖山。又有故王宫城，晉侯作王宫於踐土，公朝於王所，即此地。原武，漢縣。新鄭，黄帝都於有熊之地，其後鄭及韓皆都此地。隋爲縣。有溱、洧、潩三水。滎陽。

漢縣。有鴻溝，京、索水，敖倉城。

開封府　春秋時鄭地。戰國時爲魏都。魏惠王自安邑徙居大梁，即今浚儀縣也。張儀説魏哀王曰：「魏地四平，無名山大川之限。」秦屬三川郡。酈生説漢王曰：「陳留，天下之衝，四通五達之郊。」漢置陳留郡，後漢因之。晉改爲陳留國。東魏置梁州及陳留、開封二郡。北齊廢開封郡，併入陳留郡。後周改梁州爲汴州。隋廢陳留郡，煬帝初又廢州，分其地入滎陽、梁、潁川、濟陰等郡。唐復置汴州，或爲陳留郡。郡城西古城，戰國時魏惠王所築。秦攻魏，引河水灌城而拔之。有通濟渠，隋煬帝開，引黃河水以通江、淮漕運，兼引汴水，即浪宕渠也〔四六〕。浪宕，與莨蕩同。宣武軍節度。屬河南道。領縣六。開封、陳留、雍邱、浚儀、封邱、尉氏。梁都之，陞爲開封府，以滑州之酸棗、長垣，鄭州之中牟、陽武，宋州之襄邑，曹州之戴邑，許州之扶溝、鄢陵，陳州之太康九縣來屬，號東都。後唐爲汴州，宣武軍，罷東都，以酸棗、中牟、襄邑、鄢陵、太康五縣屬諸州。晉復爲開封府，號東京，以五縣還隸焉。宋因之，又置東明、咸平二縣。朱梁置建昌宮，晉爲大寧宮，皆因舊牙署改名而已。周世宗雖加營繕，猶未合古制。宋建隆三年，廣皇城之東北隅，命有司畫洛陽宮殿，按圖以脩之，自是皇居壯麗矣。崇寧四年，以襄邑縣建拱州。靖康元年，金入寇，十一月，陷京師。建炎元年，高宗即位於南京，命宗澤留守京師。二年，澤薨，命杜充、上官悟相繼留守。四年二月，卒陷於金。紹興二年，逆豫僭號，遷於汴。九年，金廢豫，以河南來歸。十年，叛盟入寇，復取之，完顏亮僞易東京爲南京。三十一年，亮自燕徙都汴，入寇遇弒。金主雍立，乃復都燕。嘉定七年，金主珣復徙汴。十二年，剋復京東、河北二府九州四十縣，未幾復失。貢方紋綾、方紋紗、蔗席、麻黃、酸棗仁。領縣十六〔四七〕，治開封、祥符。開封，唐縣。有古通津、臨蔡二關，逢池、沙海。祥符，東魏浚儀縣，宋改。有蔡水、浚水、沙臺、崇臺。尉氏，春秋鄭大夫尉氏之邑。漢縣。有逢池。陳留，有莘國城，本鄭邑，後爲陳所併，故曰陳留。唐爲縣。雍邱，古杞國。漢縣。有葵邱，齊桓會諸侯之地。又東晉初，祖逖駐兵於此。封邱，古封國。有黄池，吴夫差會諸侯地。漢縣。中牟，漢舊縣。有圃田澤。又有官渡，曹操、袁紹相拒之地。陽武，漢縣。有汝池。又有博浪沙，張良擊秦皇地。酸棗〔四八〕，漢縣，以地多棘而立名。有金隄關。長垣，隋匡城縣。孔子所厄之地。宋改今名。東明，古東昏之地，後爲東明鎮，宋初置縣。襄邑，春秋時襄牛地。漢縣。崇寧間，以縣建拱州。扶溝，漢縣。有洧水溝。鄢陵，漢縣。鄭伯克段於鄢，即此地。考城，古戴國。隋縣，梁改戴邑，後唐復。太康，漢陽夏縣，唐改。有魯溝。咸平。舊通許鎮，隸陳留。咸平五年，改縣。

應天府　高辛氏子閼伯所居商邱也。周武王克殷，以封微子啓，是爲宋國。戰國時，齊、楚、魏三分其地。秦置碭郡。漢改爲梁國，後漢因之。晉亦曰梁國。後周置梁州。隋文帝置宋州，煬帝初爲梁郡。唐復爲宋州，或爲睢陽郡。屬河南道。領縣八。宋城、襄邑、穀熟、楚邱、寧陵、下邑、柘城、虞城。梁爲宣武軍節度，以襄邑屬開封府，碭山屬輝州，以輝州楚邱來屬。後唐故歸德軍。宋陞爲應天府，號南京。屬京西路。靖康金人入京師。建炎元年四月，高宗即位於南京。十月，幸淮甸。三年，没於金。金改爲歸德府。貢絹。領縣七，治宋城。宋城，宋國都。有孟諸澤，有梁孝王兔園、鴈鶩池。漢爲睢陽縣，隋改今名。楚邱，古戎州己氏之邑。唐縣。柘城，唐縣。有柘溝。穀熟，殷之南亳，湯所都。古穀城地。隋縣。下邑，古虞國。漢縣。寧陵。古葛伯國。又魏信陵君邑。隋縣。

單州　唐光化二年，朱全忠奏以宋州碭山、虞城〔四九〕、單父，曹州之成武置輝州〔五〇〕。梁以楚邱還屬宋州。後唐改爲單州，以兗州魚臺來屬。宋因之，爲團練。屬京東西路。建炎三年，没於金。金隸河南路。 貢防風、蛇床。 領縣四，治單父。 單父，古魯邑。隋縣。有宓子賤琴臺。 碭山，隋縣。山出文石得名。漢高祖隱芒、碭山澤，即其地。 成武，隋縣。有堂溝。 魚臺。魯棠臺，隱公矢魚之所。唐縣。

拱州 本開封府襄邑縣。宋崇寧四年，建爲州，保慶軍節度，爲東輔。以開封之考城、太康，南京之寧陵、楚邱、柘城來隸。大觀四年，廢拱州，復爲襄邑縣，還隸開封。政和四年，復爲州，罷東輔。宣和二年，以襄邑、太康、寧陵爲屬縣，餘歸舊隸。六年，又以寧陵歸南京，太康歸開封，復割柘城來隸。屬京東西路。紹興後，没於金。金爲睢州，隸河南路，割東京考城縣來屬。 領縣二，治襄邑。 襄邑，見開封府。 柘城。見應天府。

亳州 周武王封神農之後於焦，即其地也。後改爲譙。春秋時，爲陳國之譙邑〔五一〕。戰國時屬宋。秦屬碭郡。漢屬沛郡。後漢爲沛國，兼置豫州。領郡六，治於此。魏置譙郡。晉因之，後置南兗州。後周爲亳州，兼置陳留郡。隋初郡廢，煬帝初州廢，復置譙郡。唐爲亳州，或爲譙郡。屬河南道。領縣七。譙、酇、城父、鹿邑、真源、永城、蒙城。 梁爲防禦，晉因之。宋大中祥符七年，建爲集慶軍節度。屬淮南東路。紹興十年，没於金。張浚、王德復取之，既而復失。金隸河南路。 貢縐紗、絹。 領縣七，治譙。 譙，周武王封神農後之地。有渦水。 城父，春秋時，陳國之夷邑。有乾溪，楚靈王敗之地。又有肥水。唐焦夷縣，後唐改。 蒙城，唐縣。有嵇山、山桑城。 酇，漢縣。有龍亢城、太邱城。 鹿邑，隋縣。有濯水。 永城，隋縣。有碭山。 衛真。古之苦縣，老子生於此。唐真源縣，宋改。有老子祠、瀨水。

曹州　昔唐堯所居，州界有堯冢。在周爲曹國之地。曹叔振鐸所封。湯伐桀，桀奔三朡〔五二〕，湯又伐之，即此地。戰國時屬宋。秦屬碭郡。漢改爲梁國，景帝分梁爲濟陰國，宣帝更名定陶，後爲濟陰郡。後漢因之。晉爲濟陽郡。後魏置沛郡及西兖州。後周改西兖爲曹州。隋爲濟陰郡。唐復爲曹州，或爲濟陰郡。屬河南道。領縣五。濟陰、考城、宛句、南華、乘氏。梁以考城屬開封府，陞爲威信軍節度。周改彰信軍〔五三〕。宋爲輔州，建中靖國元年，陞爲興仁府〔五四〕。屬京東西路。建炎三年，没於金。金隸河南路，而宛亭、南華、乘氏三縣，皆爲黄河水渰廢，乃以東明縣來屬。　貢絹、葶藶子。　領縣四，治濟陰。　濟陰，古三朡亭在縣東北。漢定陶縣地。有汜水，高帝即位之所。唐改今名，縣在濟水之南。宛亭〔五五〕，有漆園，莊周爲吏之所。今縣西南，漢光武生於此〔五六〕。唐爲縣。元祐間，改爲宛亭縣。　南華，唐縣。有沙溝、莊周釣臺。　乘氏。古乘邱地。唐爲縣。

廣濟軍　漢定陶縣。唐爲鎮，隸曹州。周建廩庾，筦榷於此。宋乾德元年，疏湝水以通漕運，置發運務。開寶九年，改爲轉運司。太平興國二年，建爲軍。四年，割曹、澶、濟、濮四州地復置縣以隸焉。屬京東西路。熙寧四年廢軍，以定陶縣隸曹州。元祐元年，復爲軍。建炎後，没於金。金領縣一。　定陶。有三朡亭、陶邱、濮水。

許州　春秋許國。七國時，爲韓、魏二國之境。秦爲潁川郡。漢高帝爲韓國，尋復故。後漢因之，獻帝都之。魏文帝受禪於此，及晉、後魏，並爲潁川郡。西魏初，得之。後入東魏，西魏將王思政鎮守，東魏軍圍之二百日，城陷，即今長葛縣界〔五七〕，故長社城。改爲鄭州。後周改曰許州。隋復爲潁川郡。唐爲許州，或爲潁川郡，忠武軍節度。屬河南道。領縣九。長社、長葛、陽翟、許昌、鄢陵、扶溝、舞陽、郾城、臨潁。梁改正國軍，以扶溝、鄢陵二縣屬開封。後唐復爲忠武軍。宋因之，元豐三年，陞爲潁昌府。崇寧四年，建爲南輔。屬京西北路。建炎二年，没於金。四年收復，未幾復失。金隸河南路，又以陽翟縣爲潁順軍。後爲鈞州，隸河南路，以鄭州新鄭來隸。　貢絹、藨席。　領縣七，治長社。　長社，唐縣。有高陽里、荀淑故宅。又有潩水。鄢城，漢縣。有長沙河、五溝水、鴻隙陂。陽翟，鄭櫟邑。漢縣。有荆山、具茨水。長葛，隋縣。有洧水。臨潁，漢縣。有豢龍城。舞陽，唐縣。有舞水、溠水。許田。魏許昌縣，漢獻帝都於此。後唐縣。熙寧四年，省爲鎮入長社。

陳州　昔庖犧氏所都，曰太昊之墟。周初，封舜後嬀滿於此，以備三恪，爲陳國。楚滅爲縣，楚頃襄王自郢徙於此。戰國時，爲楚、魏二國之境。秦屬潁川郡。漢汝南郡、淮陽國之地，後漢亦同。晉爲汝南郡、梁國二境地，兼置豫州。領郡、國十，治於此。後魏置陳郡，又置北揚州。治於此。北齊改北揚州爲信州。以百姓守信，不附侯景，故曰信州。隋置陳州，煬帝初州廢，置淮陽郡。唐爲陳州，或爲淮陽郡。屬河南道。領縣六。宛邱、項城、南頓、西華、太康、溵水。梁以太康屬開封府。晉爲鎮安軍節度。宋因之，宣和元年，陞爲淮寧府。屬京西北路。建炎二年，没於金。紹興元年復，旋失。金隸河南路。紹興三十一年，土人陳亨祖，執僞守以城來歸，旋復失。　貢紬、絹。　領縣五，治宛邱。　宛邱，陳國都。有東門池。又有固陵，高祖追及項羽處。項城，古項子國。隋縣。商水，隋縣。有章華臺、乾谿。南頓，古頓子國。後迫於陳南徙，故曰南頓〔五八〕。唐縣。西華。唐縣。

潁州　春秋時胡子國也。戰國時屬楚。秦爲潁川郡地。兩漢爲汝南郡地。魏置汝陰郡，司馬宣王使鄧艾屯田於此。後廢。晉武帝復置汝陰郡。後魏置潁川郡。隋復爲汝陰郡。唐爲潁州，或爲汝陰郡。屬河南道。領縣四。宋同。漢爲防禦。周爲團練，以下蔡屬壽州。宋陞汝陰縣百尺鎮爲萬壽縣。元豐二年，陞順昌軍節度。政和六年，改爲順昌府。屬京西北路。紹興後，沒於金，金隸河南路。紹興中，和議成，以河南地來歸，既而背盟入寇，劉錡大敗其師於郡城下。紹興三十一年，李貴同忠義總首孟俊取順昌，旋復失。　貢紬、絁、綿。領縣四，治汝陰。　汝陰，漢縣。有寢邱、潁水、淮水、淝水、汝水。萬壽，有潁川。宣和後，改爲泰和縣。潁上，隋縣。有潁水、淮水、雷陂塘。沈邱。唐縣。有武邱。

蔡州　春秋時，沈、蔡二國之地。戰國時，爲楚、魏二國之境。秦屬潁川郡。漢高祖置汝南郡，後漢因之，魏、晉亦曰汝南郡。宋初因之，兼置豫州，領郡十，治於此。以爲重鎮。常珍奇守之。元嘉二十六年〔五九〕，後魏太武率兵攻圍汝南，太守陳憲守拒四十餘日，魏人積屍與城齊，卒不能拔。後魏置豫州。治於此。東魏置行臺。後周置總管府，後改曰舒州，尋復曰豫州；其後改洛州爲豫州，以此爲溱州，尋改曰蔡州，後置汝南郡。隋初郡廢，煬帝初，復置汝南郡。唐爲豫州，或爲汝南郡。寶應元年，更名蔡州。屬河南道。領縣十。汝陽、朗山、遂平、上蔡、新蔡、褒信、新息、真陽、平輿、西平。漢爲防禦。宋爲淮康軍節度，屬京西北路。建炎二年，沒於金。金隸河南路。紹興八年、三十一年、開禧三年，收復凡三，皆旋失。　貢綾。領縣十，治汝陽。　汝陽，漢北宜春縣，隋改。有懸瓠城、鴻郤陂、溱水。東南有二龍鄉、月旦里。上蔡，古蔡國，蔡仲始封地。漢縣。有汝水。平輿，古沈子國。唐縣。新蔡，古呂國。隋縣。有鮦陽、葛陂。褒信，隋縣。有淮水、汝水。西平，古柏子國。唐縣。有棠谿。遂平，古房子國。唐縣。有龍泉水、溵水。確山，古道國。隋朗山縣，宋改。有淮水。真陽，漢縣。有淮水、汝水、石塘陂。新息。古息國。漢縣。有汝水。

唐州　春秋楚地。戰國時屬韓。秦、漢並南郡地，後漢亦然。晉屬南陽國。後魏置東荆州。西魏改爲淮州，爲重鎮。置兵以備東魏。隋改爲顯州，煬帝改爲淮安郡。唐爲唐州，或爲淮安郡。屬山南道。領縣七。泌陽、比陽、慈邱、桐柏、平氏、湖陽、方城。梁改爲泌州，後唐復。晉又爲泌州，漢復。周廢慈邱縣。宋陞爲團練，屬京西南路。紹興十二年，與金議和，割以遺金。紹興末，金主亮踰盟入寇，我師復唐州。隆興再和，復割以遺金。貢絹。領縣五，治泌陽。泌陽，漢舞陰縣，唐改。有泌水。桐柏，隋縣。淮水所出。湖陽，古蓼國。漢縣。方城，後魏縣。有方城山、衡山，堵水。比陽。漢縣。有比水。

鄧州　本夏禹之國。春秋時，申伯、鄧侯二國之地。戰國屬韓，後没於秦，封魏冉爲穰侯，尋屬楚。楚亡，秦置南陽郡，兩漢因之。晉爲南陽國及順陽、義陽二郡之境。宋、齊並爲南陽郡。後魏置荆州。西魏爲重鎮。置兵以備齊。隋初，改爲鄧州。煬帝初，爲南陽、淯陽二郡地。唐爲鄧州，或爲南陽郡。屬山南道。領縣六。穰、南陽、向城、臨湍、内鄉、菊潭。梁爲宣化軍節度。後唐改威勝軍。周改武勝軍，廢菊潭縣。宋初，廢臨瀨縣〔六〇〕。屬京西南路。中興後，與金議和，割以遺之，與唐州同。金屬河南路。貢白菊花、花蠟燭。領縣五，治穰。穰，漢縣。有鉗盧陂、沮陽城、橘水。南陽，古申伯國。隋縣。周廢向城縣入焉〔六一〕。有菊水。内鄉，隋縣。有丹水、淅水〔六二〕。淅水，朱梁縣。有淅水、富水〔六三〕。順陽。有五龍山、丹水〔六四〕。

均州　戰國時屬韓。秦屬南陽郡。漢爲南陽、漢中二郡，後漢因之。魏屬南鄉郡。晉、宋並屬順陽郡，後置武當郡。齊於此僑立始平郡，尋改爲齊興郡。梁置興州。後周改爲豐州。隋初郡廢，改爲均州。煬帝初州廢，改爲淅陽郡。今郡城即後漢延岑築，據之。唐爲均州，或爲武當郡。屬山南道。領縣三。武當、郢鄉、豐利。宋廢豐利入郢鄉。爲武當軍節度，屬京西南路。郡當荆、襄上游，商、鄧、陝、虢要衝，吴、蜀襟喉之地。貢麝香。領縣二。治武當。武當，漢縣。有古塞城，在縣北，戰國時，楚築以備秦。其山高峻險峭〔六五〕。又有武當山。郢鄉。古麇國地。晉縣。

襄陽府

禹貢豫州之南境，南漳一縣，則荆州之域，餘並豫州之域。春秋以來楚地，秦南郡之北界。二漢屬南郡、南陽二郡地。至獻帝時，魏武始置襄陽郡，亦爲重鎮。蜀將關羽攻没于禁等七軍，兵勢甚盛。徐晃屯守，不下。曹公謂晃曰：「全襄陽，子之功也。」後孫權帥兵向西，時曹仁鎮之，司馬宣王言於魏文帝曰〔六六〕：「襄陽，水陸之衝，禦寇要地，不可失也。」晉初因之，兼置豫州。理於此。平吴後，理江陵。東晉僑置雍州。時以雍州既没，流人聚此，魏該、朱序皆鎮焉。宋文帝割荆州置雍州。領郡十七，理於此。襄陽去江陵步道五百，勢同脣齒，無襄陽則江陵受敵。自東晉庾翼爲荆州刺史，將謀北伐，遂鎮襄陽。田土肥良，桑梓遍野，常爲大鎮。北接宛、洛，跨對楚、沔〔六七〕，爲鄢、郢北門，部領蠻左。齊、梁並因之，亦爲重鎮。後梁蕭詧附庸於西魏，而都於此。西魏改曰襄州。隋復爲襄陽郡。唐因之，爲山南東道節度。屬山南道。領縣七。襄陽、南漳、鄧城、穀城、義清、樂鄉、宜城。周廢樂鄉縣。宋屬京西南路。宣和元年，陞爲襄陽府。中興後，京西安撫，京湖制置置司，領襄、隨、郢、均、房，棗陽、光化凡七郡。貢麝香、白穀、漆器。領縣六，治襄陽〔六八〕。襄陽，漢縣，在襄水之陽。有峴山、漢水、隆中、高陽池、冠蓋里、鳳林關、柳關。鄧城，古樊城〔六九〕。唐縣。有宛水、泌水。穀城，古穀伯之國。隋縣。中盧，古盧戎之國。隋義清縣，宋改。宜城，漢縣。有涑水、鄀水。南漳。隋縣。有荆山，禹貢「荆及衡陽惟荆州」，即此山，卞和得玉之所。

隨州

光化鄉在今郡東南三十餘里，則荆州之域，餘則豫州之域。春秋隨侯之國。左傳曰：「漢東之國，隨爲大。」

其後屬韓。秦、二漢並屬南陽郡。晉屬義陽郡，後分置隨郡。宋、齊因之。西魏置并州，後改曰隨州。隋分其地置漢東、春陵二郡〔七〕。唐併爲隨州，或爲漢東郡。屬山南道。領縣四。宋同。宋陞爲崇義軍節度，後改崇信軍。屬京西南路。其地因山爲郡，岩石隘狹，道路交錯，自棗陽至厲山九十九岡，昔智謀之士，多談漢東險阻如兵家詭伏奇計。又言有括囊之勢，易入而難出。嘉定十五年，以三關隸德安，置關使。貢絹、綾、葛、覆盆子。領縣四，治隨。隨，漢縣。有三鍾山、厲山、隨侯臺、九井。棗陽，隋縣。有瀘水。紹興十二年，陞爲軍。唐城，唐縣，梁改漢東，後唐復。有溠水。光化。後周縣。有錫水。

棗陽軍　本隨州屬縣。宋紹興十二年，陞軍。

光化軍　本襄陽宜城縣陰城鎮。宋初，陞爲光化軍。熙寧五年廢軍，改爲光化縣，隸襄陽。元祐初，復爲軍。領縣一。乾德。有漢江、溫水。

校勘記

〔一〕西南至荆山　「南至」二字原倒，據元本、馮本、慎本及尚書僞孔傳乙正。

〔二〕澗出澠池山　諸本「池」下原衍「縣」字，據漢書卷二八上地理志八上師古注及水經注卷一五澗水篇删。

〔三〕言其水並已遏聚矣　「遏」原作「蓄」，據元本、馮本、慎本及漢書卷二八上地理志八上師古注改。

〔四〕浮於洛達於河　「達於」二字諸本並無，據尚書禹貢補。按漢書卷二八上地理志八上作「浮於洛，入於河」，其義同。

〔五〕其利林漆絲枲　「林」各本原作「麻」，據周禮職方改。

〔六〕酸棗　諸本並作「原武」，據漢書卷二八下地理志八下、通典卷一七七州郡典七古荆河州總叙改。

〔七〕長社　原作「長杜」，據馮本、慎本及漢書卷二八上地理志八上潁川郡條改。

〔八〕今睢陽　「睢陽」諸本並作「華陽」。按唐、宋時已無華陽郡之名，此作「華陽」誤。今據舊唐書卷三八地理志一、新唐書卷三八地理志二宋州、九域志卷一應天府條改。

〔九〕東有宛穰洧水　「洧水」原誤作「有水」，據元本、馮本改。按史記卷六九蘇秦傳正作「洧水」，正義注曰：「洧水在新鄭東南，流入潁。」

〔一〇〕寢　原作「寑」，據馮本、慎本及漢書卷二八上地理志八上汝南郡條改。

〔一一〕漂陽　原作「潥陽」，形近而訛，據馮本、慎本及漢書卷二八上地理志八上沛郡條改。如淳注曰：「漂音票。」

〔一二〕長平　諸本並同。晉書卷一四地理志上亦作「長平」，標點本晉志校勘記〔一二〕長平下引馬校云：「縣已見潁川郡，此誤復出。」其説可從。

〔一三〕長社　原作「長杜」，據元本、馮本、慎本改。

〔一四〕筑邑　元本、馮本、慎本同。晉書卷一四地理志上沛國作「竺邑」。漢書卷二八上地理志八上沛郡竹縣下李奇注曰：「今竹邑。」後漢書卷三〇郡國志二沛國、三國志卷五三薛綜傳、水經注卷二四睢水篇、隋書卷三一地理志下彭城郡符離縣下注並作「竹邑」；又方輿紀要卷二一鳳陽府宿州竹邑城條云：秦曰竹邑，晉因之，亦曰竺邑。則「竹邑」一作「竺邑」，此作「筑邑」似誤。

〔一五〕桃林　原作「挑林」，形近而訛，據元本、馮本、慎本及隋書卷三〇地理志中河南郡條改。

〔一六〕汝墳　原作「冲墳」，據隋書卷三〇地理志中潁川郡條改。

〔一七〕北舞　原作「比舞」，據元本、馮本改。按隋書卷三〇地理志中潁川郡下亦作「北舞」。

〔一八〕春陵　原誤作「春陽」，據元本、馮本、慎本改。按隋書卷三一地理志下春陵郡條亦作「春陵」。

〔一九〕至考王　「考王」諸本並作「孝王」。按帝王世紀載：「考哲王封弟揭於河南，續周公之官，是爲西周桓公。」史記卷四周本紀云：定王二十八年，「思王立五月，少弟嵬攻殺思王而自立，是爲考王」。又云：「考王封其弟於河南，是爲桓公。」通典卷一七七州郡典七河南府下亦作「考王」。今據改。

〔二〇〕新城　原作「新平」，據馮本、慎本及漢書卷二八上地理志八上河南郡條改。

〔二一〕置望陵縣　「望陵縣」，「望」字原脱，據下文「宋乾德初，廢望陵」句及宋會要方域五之一一、九域志卷一河南條補。

〔二二〕「以密縣屬鄭州永寧縣爲嵩州」至「伊陽縣爲嵩州」　諸本並同。按金史卷二五地理志中載：嵩州領縣四，伊陽、永寧、福昌、長水。據此，則永寧與伊陽皆爲嵩州之屬縣，疑原刊兩「爲」字係「屬」字之誤。

〔二三〕河清縣爲孟津縣　「河清」二字原倒，據上、下文及金史卷二五地理志中、寰宇記卷五、宋史卷八五地理志一河南府條乙正。按河清縣本唐大基縣，先天元年，以避玄宗廟諱改名河清。

〔二四〕有穀城山　「有」字原脱，據通典卷一七七州郡典七河南縣條及本書文例補。

〔二五〕古戎蠻子國　「子」諸本並脱，據漢書卷二八上地理志八上河南郡新城縣、元和志卷五河南府伊闕縣、輿地廣記卷五河南府伊陽縣條補。

〔二六〕湞陽水　原作「涓陽水」，據元本、馮本、慎本改。按九域志卷一河南府伊陽縣、金史卷二五地理志中嵩州伊陽縣並有「湞水」。

〔二七〕嶕嶢山　「山」諸本並脱，據隋書卷三〇地理志中河南郡宜陽縣、九域志卷一河南府永寧縣、金史卷二五嵩州永寧縣條補。

〔二八〕轘轅坂　原作「軒轅坂」。按左傳襄公二十一年載：「使候出諸轘轅。」注曰：「轘轅，關，在緱氏縣東南。」又元和志卷五、寰宇記卷五河南府緱氏縣都作「轘轅」。今據改。

〔二九〕有八風灘　「灘」，元本、馮本、慎本作「漢」。按水經注卷一五伊水篇云：「狂水又西八風溪水注之，水北出大風山。」寰宇記卷五西京潁陽下亦云：「八風溪溪水南流，合三交水。」據此，則底本作「灘」非是，元、馮、慎本作「漢」更是差謬。

〔三〇〕大谷口　原作「大谷山」。按後漢書卷一〇二董卓傳云：「董卓遣將李傕詣〔孫〕堅求和，堅拒絶不受，進軍大谷。」注云：「大谷口在故嵩縣西北八十里。」又元和志卷五河南府潁陽縣、嘉慶一統志卷二〇五河南府亦俱作「大谷口」。今據改。

〔三一〕縣東二十里齊子嶺　「二十」原作「一十」，據元本、馮本及通典卷一七七州郡典七河南府王屋縣條改。按元和志卷五又作「十二」，與此別。

〔三二〕移治於白波鎮　「白波」諸本並誤作「白鶴」，據寰宇記卷五、宋史卷八五地理志一河南府河清縣、嘉慶一統志卷二〇六河南府條改。按宋會要方域五之一一「白波」作「白陂」，疑爲刊誤。

〔三三〕後魏置陝州及恒農郡　「陝州」諸本並作「陵州」，據魏書卷一〇六下地形志下、元和志卷六、輿地廣記卷一三陝州條改。按後魏孝文帝太和十一年置陝州。

〔三四〕貢紬絁　「絁」原作「絁」，據寰宇記卷六、九域志卷三、宋史卷八七地理志三陝州土貢改。

〔三五〕有涑川巫咸各水　「巫咸各水」諸本並同。按隋書卷三〇地理志中河東郡夏縣、寰宇記卷六、九域志卷三、輿地廣記卷一三陝州夏縣俱作「巫咸山」，而無「各水」。考水經注卷六涑水篇云：「鹽水出東南薄山，西北流徑巫咸山北。」則此處有訛誤。

〔三六〕大谷關　「谷」字原脱。按後漢書卷八靈帝紀中平元年三月戊申載：「以河南尹何進爲大將軍，將兵屯都亭，置八關都尉官。」注曰：「八關謂函谷、廣城、伊闕、大谷、轘轅、旋門、小平津、孟津。」卷一〇一皇甫嵩傳及元和志卷五河南府壽安縣八關故城、通鑑卷五八靈帝中平元年三月戊申條並作「大谷關」。今據補。

〔三七〕避靈帝諱　「靈帝」原作「獻帝」，通典卷一七七州郡七同。按此説有誤，考後漢書獻帝紀，漢獻帝名「協」，與「弘」字避改爲「恒」不相干，當是避靈帝「弘」之諱。今改正。

〔三八〕貞觀八年　「貞觀」二字諸本並脱，據舊唐書卷三八地理志一、新唐書卷三八地理志二、元和志卷六、寰宇記卷六虢州條補。

〔三九〕有衙嶺山　「衙嶺山」諸本並作「衡嶺山」。按漢書卷二八上地理志八上弘農郡弘農縣作「衙嶺」。水經注卷四河水篇引開山圖曰：「衙山在函谷山西南。」錢大昕廿二史考異卷一四亦謂「衡」當作「衙」。今據改。

〔四〇〕燭水　原作「濁水」。按漢書卷二八上地理志八上弘農郡弘農縣云：「衙山領下谷，燭水所出，北入河。」後漢書卷二九郡國志一弘農郡弘農縣、寰宇記卷六虢州恒農縣及金史卷二六虢州虢略縣亦並謂「有燭水」。據此，則作「濁水」誤，今據改。

〔四一〕湖水　原作「乃湖」，據水經注卷四河水篇及隋書卷三〇地理志中弘農郡朱陽縣、方輿紀要卷四八、嘉慶一統志卷二二〇陝州條改。河水篇云：「湖水出桃林寨之夸父山。又北徑湖縣東，北流入河。」

〔四二〕狼皋山　諸本並作「狼欒山」。按水經注卷二一汝水篇云：「汝水自狼皋山東出峽，謂之汝阨也。」又卷一五伊水篇云：「狼皋山即放皋山。」寰宇記卷八汝州梁縣、方輿紀要卷五一、嘉慶一統志卷二二四汝州下並有「狼皋山」。今據改。

〔四三〕崇寧三年　「三」諸本並同。輿地廣記卷九、宋史卷八五地理志一潁昌府郟縣、嘉慶一統志卷二二四汝州直隸州郟縣下皆作「四」。疑此處當作「四」。

〔四四〕滍水　諸本於葉縣下作「强水」，於魯山縣下作「滍水」。按水經注卷三一作滍水，云：「滍水出南陽魯陽縣西之堯山。」又云：「泜水即滍水。」寰宇記卷八汝州葉縣、九域志卷一、金史卷二五地理志中汝州魯山縣、方輿紀要卷五一裕州葉縣亦均作「滍水」。據此，則「强」、「滍」俱當改作「滍」。

〔四五〕宋爲奉寧軍節度　「奉寧」原誤作「奉國」，據宋會要方域五之一節鎮及九域志卷一、輿地廣記卷九、宋史卷八五地理志一鄭州條改。

〔四六〕「郡城西古城」至「即浪宕渠也」　此五十一字原羼入正文，今據本書注例，改復小字注文。按通典卷一七七州郡典七汴州下亦爲小字注文，可參證。

〔四七〕領縣十六　「十六」，諸本並同。按下列縣名實爲十七，檢宋史卷八五地理志一開封府領縣與實列縣名均爲「十六」，其襄邑縣屬拱州。通考襄邑下明謂「崇寧間，以縣建拱州」，又於拱州下云：「治襄邑。」據此，則襄邑乃拱州屬縣，而開封府實有縣數應以「十六」爲是。

〔四八〕酸棗　宋會要方域五之一一、宋史卷八五地理志一開封府下屬縣俱無「酸棗」有「延津」，並云：政和七年，改酸棗縣爲延津。則此處應書延津爲是。

〔四九〕虞城　原作「虞地」，據元本、馮本、慎本改。按舊唐書卷三八地理志一、新唐書卷三八地理志二、元和志卷七宋州下及本編上文並作「虞城」，皆可證。

〔五〇〕曹州之成武置輝州　「成武」二字原倒，據新五代史卷六〇職方考單州、舊唐書卷三八地理志一、新唐書卷三八地理志二、元和志卷一一曹州條乙正。按下文宋單州屬縣亦作「成武」，可參證。

〔五一〕春秋時爲陳國之譙邑　「譙邑」，通典卷一七七州郡典七同。按左傳僖公二十三年載：楚伐陳，「遂取焦、夷，城頓而還」。注曰：「焦，今譙縣也。」杜預所云「今譙縣」，蓋即秦時所置之譙縣。又元和志卷七、寰宇記卷一二亳州下云：「春秋時爲陳國之焦邑，六國時屬楚。」是此處「焦」與「譙」相混。

〔五二〕桀奔三鬷　「鬷」各本原誤作「朡」，據史記卷三殷本紀正義引括地志及後漢書卷三一郡國三濟陰郡定陶縣條改。下同改。

〔五三〕周改彰信軍　「彰信」諸本並作「彰德」。按彰德軍爲相州之軍額，與此無涉。檢新五代史卷六〇職方考曹州云：「故屬宣武軍節度。晉開運二年，置威信軍。漢初，軍廢。周廣順二年，復置彰信軍。」又五代會要卷二四、寰宇記卷一三、金史卷二五地理志中曹州、輿地廣記卷七興仁府亦俱作「彰信軍」。今據改。

〔五四〕陞爲興仁府　諸本並同。按宋會要方域五之一六、輿地廣記卷七、宋史卷八五地理志一興仁府、方輿紀要卷三三兖州府曹州下俱云：建中靖國元年，改爲興仁軍。崇寧元年，陞爲興仁府。則此處有脱誤。

〔五五〕宛亭　原作「宛句」，據馮本、慎本改。按「宛句」下云：「宋元祐間，改爲宛亭縣。」又宋史卷八五地理志一興仁府宛亭下亦謂元祐元年，改宛句爲宛亭。這裏當書「宛亭」爲是。

〔五六〕今縣西南漢光武生於此　按原刊文字不相連貫，檢後漢書卷三一郡國志三陳留郡濟陽下載：縣東南有戎城。縣都鄉有行宮，光武生。通典卷一七七州郡典七曹州冤句條「今」上有「漢濟陽縣故城」六字。又元和志卷一一曹州冤句縣濟陽故城亦云：「在縣西南五十里，漢濟陽縣也，光武以建平元年生於濟陽縣。」據此，則此處有脫文。

〔五七〕即今長葛縣界　「長葛」諸本並誤作「東葛」，據下文及元和志卷八、寰宇記卷七許州長社縣、九域志卷一潁昌府長葛縣條改。

〔五八〕後迫於陳南徙故曰南頓　「迫」諸本並作「通」。漢書卷二八上地理志八上汝南郡南頓縣下應劭注曰：「頓迫於陳，其後南徙，故號南頓，故城尚在。」元和志卷八、寰宇記卷一〇陳州南頓亦謂「古頓子國，後逼於陳，南徙，故號南頓」。按「迫」、「逼」義同，原刊作「通」誤。今據漢志改正。

〔五九〕元嘉二十六年　諸本同，通典卷一七七州郡典七荆河州、方輿紀要卷五〇汝陽縣亦同。宋書卷五文帝紀、通鑑卷一二五宋紀七及寰宇記卷一一、輿地廣記卷九蔡州汝陽並繫此事於元嘉二十七年。

〔六〇〕宋初廢臨瀬縣　「臨瀬」原作「臨湍」，據元本、馮本、慎本改。按新五代史卷六〇職方考載：「鄧州臨湍，漢改曰臨瀨。」九域志卷一、輿地廣記卷八、宋史卷八五地理志一鄧州條並有「建隆初，廢臨瀨入穰」之文，足證。

〔六一〕周廢向城縣入焉　「廢」原作「慶」，據元本、馮本、慎本及新五代史卷六〇職方考、寰宇記卷一四二鄧州條改。

〔六二〕有丹水淅水　「水淅水」三字處原爲空白，據元本、馮本、慎本補。

〔六三〕淅水朱梁縣有淅水富水　此正文二字，注文八字原爲空白，據元本、馮本、慎本補。按正文「淅水」，九域志卷一、輿地廣記卷八、宋史卷八五鄧州領縣均作「淅川」，與諸本異。

〔六四〕順陽有五龍山丹水　正文「順陽」及注文「有」、「山」二字處，原爲空白，據元本、馮本、慎本補。

〔六五〕武當漢縣有古塞城在縣北戰國時楚築以備秦其山高峻險峭　「其山高峻險峭」句與上文不連貫，似脱去一山名。考九域志卷一武當下云：「有武當山、古塞山、漢水。」從「古塞城」名來看，頗疑「古塞山」即此處脱漏之山名，其古塞城，亦似因古塞山而得名。

〔六六〕司馬宣王言於魏文帝曰　「魏文帝」原作「魏文王」。按晉書卷一晉宣帝紀、三國志卷二魏文帝紀、寰宇記卷一四五襄州下皆作「魏帝」。作「魏文帝」是，今改。

〔六七〕北接宛洛跨對楚沔　「楚沔」，南齊書卷一五州郡志下雍州序云：「北接宛、洛，跨對樊、沔，爲鄢、郢北門。」元和志卷二一、寰宇記卷一四五襄州、紀勝卷八二、嘉慶一統志卷三四六襄陽府下並作「樊沔」。

〔六八〕治襄陽　「襄陽」原誤作「襄城」，據漢書卷二八上地理志八上南郡及元和志卷二一、寰宇記卷一四五、九域志卷一襄州、宋史卷八五地理志一襄陽府條改。下同改。

〔六九〕古樊城　「樊城」諸本並作「樊邑」。按「樊邑」一名「陽樊」，左傳僖二十五年，晉侯「次於陽樊」即此。其地係春秋周京都轄邑，在今河南濟源縣之西南，與此不相涉。檢舊唐書卷三九地理志二、寰宇記卷一四五襄州鄧城俱云：漢鄧縣地，古樊城。又九域志卷一、輿地廣記卷八襄州鄧城下並有「樊城鎮」，足證此「樊邑」爲「樊城」之誤，今據改。

〔七〇〕隋分其地置漢東春陵二郡　「春陵」原作「舂陵」，據隋書卷三一地理志下春陵郡棗陽條及本卷上文隋郡縣表改。按舊唐書卷三九地理志二、通典卷一七七州郡典七隨州下亦並作「春陵郡」。

卷三百二十一　輿地考七

古梁州

禹貢曰：「華陽、黑水惟梁州。孔安國以爲東據華山之南，西距黑水也。又曰「導黑水，至於三危，入於南海」。孔安國註云：「黑水自北而南，經三危，過梁州，入南海。」鄭玄云：「按三危在鳥鼠之西，而南當岷山，又在積石之西，南當黑水祠，黑水出其南脅。」此云經三危〔一〕，彼云其出，明其乖戾。又按漢書地理志，益州郡滇池有黑水祠，而不記山之所在，即今中國無之矣。又按酈道元注水經〔二〕，鋭意尋討，亦不能知黑水所經之處。顧野王撰輿地志，以爲至僰道入江。其言與禹貢不同，未爲實録。至於孔、鄭通儒，莫知其所，或是年代久遠，遂至堙涸，無以詳焉。滇音顛。岷、嶓既藝，沱、潛既道，岷山在今通化郡汶山縣，嶓山在今漢中郡金牛縣也。言水已去，二山之土皆可種藝。沱、潛二水，理從故道也。沱水，在今濛陽郡唐昌縣。潛水未詳。蔡、蒙旅平，和夷底績。蒙、蔡，二山名。旅，陳也。旅平，言已平理而陳祭也。和夷，地名，亦已致功可耕稼也。蒙山在盧山郡。蔡山未詳。厥土青黎。」色青而細疏也。自漢川已下諸郡，皆其封域。舜置十二牧，梁州其一也。以西方金剛，其氣强梁，故曰梁州。周禮以梁州併雍州。梁州當夏、殷之間爲蠻夷之國，所謂巴、賓、彭、濮之人也。或曰：「蜀之先帝嚳封其支庶於蜀，其後稱王，長曰蠶叢，次曰伯雍，次曰魚鳧。」周末，秦惠王使司馬錯伐蜀，有其地，於天文兼參之宿，亦秦之分野，漢之巴、蜀、廣漢、犍爲、武都、牂牁、越巂等郡，今通川、潾山〔三〕、南平、涪陵、南川、瀘川〔四〕、清化、始寧、咸安、符陽、巴川、南賓、南浦、閬中、南充、安岳、盛山、雲安、犍爲、陽安、仁壽、通義、和義、資陽、南溪、武都、河池、同谷、順政、陰平、江油〔五〕、益昌、普安、巴西、梓潼、遂寧、蜀郡、德陽、濛陽、唐安、臨邛、盧山、通化、臨翼、越嶲、雲南等郡，皆是。漢之弘農郡西南境，今上洛郡。又得楚之交。漢之漢中，今漢中、洋川〔六〕、安康、房陵等郡，並宜屬楚。秦平天下，置郡，爲漢中、今漢中、洋川、安康、房陵等郡地也〔七〕。巴、今通川、潾山、南平、涪陵、南川、瀘川、清化、始寧、咸安、符陽、巴川、南浦、閬中、南充、盛山、雲安、安岳之東境，皆是。蜀，今巴西、普安、梓潼、遂寧、益昌、蜀郡、德陽、濛陽、唐安、臨邛、盧山等郡地並是。隴西郡之南境，今河池郡。内史之南境。今上洛郡。其餘土境，自漢以後，歷代開拓氐羌戎夷之地。今犍爲、陽安、安岳之西境，仁壽、通義、和義、資陽，皆故夜郎侯國；南溪、僰侯國；並漢武帝開之，置犍爲郡。今武都、同谷、順政、懷道、同昌、陰平、江油、交川、合川、通化、臨翼、江源、歸誠、静川、蓬山、恭化、維川、雲山、越嶲、雲南、洪源等郡，即漢以後所開拓也。漢武帝置十三州，此爲益州，領郡八。益之爲言隘也，言其地隘險。亦曰疆壤益大。漢既滅越，而蜀西南夷皆震恐，請吏入朝，遂置益州、越嶲等郡。王莽末，公孫述據有其地。後漢建武中，平之，置益州。領郡九，屬國三。理雒，今德陽郡縣。至獻帝末，劉備復據其地。魏末平之，遂分置梁、益二州。晉初因之，益領郡八，理成都。梁領郡八，理南鄭。後又分益州南境置寧州。領郡四，理雲南，即今郡。惠帝以後，李特據之〔八〕，至穆帝時平之。其後没於苻堅，後又復其地。安帝時，譙縱據之，後又收復。宋梁、益、寧三州，並因前代，梁領郡二十，益領郡二十九，寧領郡十五。更置秦州。領郡十四，理南鄭。齊及梁初，多因之。梁武帝天監三年，刺史夏侯道遷以所部叛降後魏〔九〕，南至劍閣，悉失之。後魏得漢中，亦曰梁州。西魏亦因之，復入於梁。西魏大統十二年，爲梁將蘭欽所陷。梁滅，再復其地。將達奚武平漢川，尉遲迥平蜀川。自是以後，所置州郡，割裂無恒，不可詳記。唐分置十五部，此爲山南西道、漢中、通川、巴川、清化、洋川、順政、河池、益昌、咸安、盛山、始寧、南平、符陽、潾山等郡，皆是。山南東道，房陵、南賓、南浦、雲安。劍南道，蜀郡、唐安、濛陽、德陽、通義、梓潼、巴西、普安、閬中、資陽、臨邛、通化、交川、越巂、南溪、遂寧、仁壽、犍爲、盧山、瀘川、陽安、安岳、洪源、陰平、同昌、江油、臨翼、歸誠、江源〔一〇〕、静川、恭化、維川、和義、雲山、蓬山、雲安、南充等郡。兼分入京畿，上洛、安康。隴右道同谷、武都、懷道、合川。及黔中道。涪陵、南川。唐末，蜀地爲王建所據。後唐滅王氏，而取其地。孟知祥復據之。至宋乾德三年，平孟蜀，始盡得梁州之地，分爲益州、利州、梓州、夔州四路云。

巴、蜀之人，少愁苦而輕易淫佚。周初，從武王勝殷。庸、蜀、羌、髳、微、盧、彭、濮人是也。東遷之後，楚子强大而役屬之。暨於戰國，又爲秦有，資其財力，國以豐贍。漢景帝時，文翁爲蜀郡守，建立學校，自是蜀士學者，比齊、魯焉。土肥沃，無凶歲。山重復，四塞險固。王政微缺，跋扈先起。公孫述、劉備、李雄、譙縱、王建、孟知祥迭據之〔一一〕，皆因中原多事。故一方之寄，非親賢勿居。

古梁州歷代沿革之圖

春秋時可考者五國。

楚西南境是。　麇　庸　巴　蜀

秦時爲郡五。

巴郡　蜀郡　漢中郡　隴西郡南境是。　内史南境是。

漢時爲郡國九，縣一百二十八。

漢中郡十二縣西城　旬陽〔一二〕　南鄭　褒中　成固　沔陽　錫　武陵　房陵　安陽　上庸　長利

廣漢郡十三縣梓潼　什方〔一三〕　涪　雒　葭明〔一四〕　郪　新都　甸氏道　緜竹　廣漢　陰平道　白水　剛氏道

蜀郡十五縣成都　郫　繁　廣都　江原　嚴道　緜虒　旄牛　臨邛　青衣　汶江　廣柔　徙　湔氏道　蠶陵

巴郡十一縣江州　臨江　枳　閬中　安漢　宕渠　魚復　充國　墊江　朐忍〔一五〕　涪陵

益州郡二十四縣滇池　雙柏　同勞　銅瀨　收靡　穀昌　秦臧　賁古　連然　俞元　葉榆　律高　不韋　雲南　邪龍　味昆澤　比蘇　建伶　毋棳〔一六〕　勝休　嶲唐　弄棟　來唯

武都郡九縣武都　上祿　故道　河池　嘉陵道　循成道　下辨道　沮　平樂道

牂牁郡十七縣故且蘭　鐔封　鱉　漏臥　談指　宛溫　毋斂　夜郎　平夷　同並　西隨　都夢　談稾　毋單　漏江　進桑　句町

越嶲郡十五縣邛都　遂久　靈關道　臺登　莋秦　大莋　姑復　三絳　定莋　會無　卑水　潛街　蘇示〔一七〕　闌　青蛉

犍爲郡十二縣僰道　江陽　武陽　南安　牛鞞　南廣　漢陽　郁鄢　資中　符　朱提　堂琅

弘農郡南境是。縣見雍州。

晉時爲郡國二十五，縣一百五十六。

漢中郡八縣南鄭　蒲池　褒中　沔陽　成固　西鄉　黃金　興道

廣漢郡三縣廣漢　德陽　五城

梓潼郡八縣梓潼　涪城　武連　黃安　漢德　晉壽　劍閣　白水

新都郡四縣雒　什方　緜竹　新都

涪陵郡五縣漢復　涪陵　漢平　漢葭　萬寧

巴郡〔一八〕四縣江州　墊江　臨江　枳

巴西郡九縣閬中　西充國　蒼溪　岐愜　平州　漢昌　宕渠　安漢　南充國

巴東郡三縣魚復　朐䏰　南浦

蜀郡六縣成都　廣都　繁　江原　臨邛　郫

犍爲郡五縣武陽　南安　僰道　資中　牛鞞

汶山郡八縣汶山　升遷　都安　廣陽　興樂　平康　蠶陵　廣柔

漢嘉郡四縣漢嘉　徙陽　嚴道　旄牛

朱提郡五縣朱提　南廣　漢陽　南秦　堂狼〔一九〕

越嶲郡五縣會無　邛都　卑水　定莋〔二〇〕　臺登

牂牱郡八縣萬壽　且蘭　談指　夜郎　毋斂〔二一〕　並渠〔二二〕　鼈　平夷

江陽郡三縣江陽　符　漢安

建寧郡十七縣味　昆澤　存䣓〔二三〕　新定　同瀨〔二四〕　漏江　牧麻　穀昌　談藁　毋單　雙柏　俞元　脩雲　連然

秦臧　泠邱　滇池

興古郡十一縣律高　句町　宛温　漏卧　勝休　鐔封　漢興　進乘　毋掇　賁古　都篖

雲南郡九縣雲平　雲南　弄棟　青蛉　邪龍　楪榆　遂久　永寧　姑復

永昌郡八縣不韋　永壽　比蘇　雍鄉　南涪　嶲唐　哀牢　博南

武都郡五縣下辨　河池　沮　武都　故道

陰平郡二縣陰平　平廣

魏興郡六縣興晉〔二五〕　安康　西城　錫　長利　洵陽

新城郡四縣房陵　綏陽〔二六〕　昌魏　沶鄉

上庸郡六縣上庸　安富　北巫　武陵　上廉　微陽

隋時爲郡三十四，縣二百一十六。

漢川郡八縣南鄭　西　褒城　城固　興勢　西鄉　黃金　難江

房陵郡四縣光遷　永清　竹山　上庸

西城郡六縣金川　石泉　洵陽　安康　黃土　豐利

漢陽郡三縣上祿　潭水〔二七〕　長道

清化郡十四縣化成　曾口　清化　盤道　永穆　始寧　其章　恩陽　長池　符陽　歸仁　安固　白石　伏虞

通川郡七縣通川　三岡　石鼓　東鄉　宣漢　西流　萬世

宕渠郡六縣流江　賨城　鄰水　宕渠　咸安　墊江

巴郡三縣巴　江津　涪陵

新城郡五縣郪　射洪　鹽亭　通泉　飛烏

巴東郡十四縣人復　雲安　南浦　梁山　秭歸　巴東　新浦　盛山　大昌　巫山　石城　臨江　武寧　務川

巴西郡十縣閬内　南部　蒼溪　南充　西水　晉城　奉國　儀隴　相如　大寅

蜀郡十三縣成都　雙流　新津　晉原　緜竹　郫　元武　雒　清城　九隴　金泉　陽安　平泉

臨邛郡九縣嚴道　名山　盧山　依政　蒲江　蒲溪　沈黎　漢源　臨邛

汶山郡十一縣〔二八〕汶山　北川〔二九〕　交川　通化　翼針　平康　翼水　江源　通軌

義城郡七縣緜谷　益昌　義城　葭萌　岐坪　景谷　嘉川

平武郡四縣江油　馬盤　平武　方維

河池郡四縣梁泉　兩當　河池　同谷

順政郡四縣順政　鳴水　長舉　脩城

武都郡七縣將利　建威　覆津　盤堤　長松　曲水　正西

宕昌郡三縣良恭　和戎　懷道

上洛郡五縣上洛　商洛　洛南　豐陽　上津

隆山郡五縣仁壽　貴平　井研　始建　隆山

瀘川郡五縣瀘川　富世　江安　合江　緜水

涪陵郡三縣石鏡　漢初　赤水

資陽郡九縣盤石　内江　威遠　大牢　普慈　安居　隆康　資陽　安岳
眉山郡八縣龍游　平羌　夾江　峨眉　通義　青神　丹稜　洪雅
犍爲郡四縣僰道　犍爲　南溪　開邊
普安郡七縣普安　永歸　黄安　陰平　梓潼　武連　臨津
遂寧郡三縣方義　青石　長江
金山郡七縣巴西　昌隆　涪城　魏城　萬安　神泉　金山
黔安郡二縣彭水　涪川
同昌郡八縣尚安　鉗川　帖夷　同昌　嘉誠　封德　常芬　金崖
越嶲郡六縣越嶲　邛都　蘇祇　可泉　臺登　邛部
牂牁郡二縣牂牁　賓化

唐時爲州六十二，縣二百九十二。

興元府六縣　洋州四縣　商州五縣　金州六縣　房州四縣　達州九縣　渠州五縣　渝州五縣　涪州五縣　瀘州六縣　巴州九縣　壁州四縣　蓬州七縣　集州三縣　合州六縣　忠州五縣　萬州三縣　閬州九縣　果州五縣　普州六縣　開州三縣　夔州四縣　嘉州八縣　簡州三縣　陵州五縣　眉州五縣　榮州六縣　資州八縣　戎州五縣　鳳州四縣　階州二縣　成州三縣　興州二縣　文州二縣　龍州二縣　利州六縣　劍州八縣　綿州八縣　梓州八縣　遂州五縣　益州十縣　漢州五縣　彭

州四縣　蜀州四縣　邛州七縣　雅州五縣　茂州四縣　維州二縣　黎州二縣　南州二縣　宕州二縣　扶州四縣　松州四縣　疊州二縣　翼州三縣　當州三縣　悉州二縣　静州三縣　柘州二縣　恭州三縣　奉州一縣　嶲州九縣

宋時爲州五十八，縣二百二十一。

興元府五縣　洋州三縣　商州五縣　金州五縣　房州二縣　達州七縣　渠州四縣　重慶府三縣　涪州五縣　瀘州三縣　巴州五縣　壁州三縣　蓬州六縣　集州二縣　合州五縣　忠州五縣　萬州二縣　閬州九縣　果州四縣　普州四縣　開州三縣　夔州二縣　嘉州六縣　簡州二縣　陵州四縣　眉州四縣　榮州五縣　資州四縣　叙州四縣　鳳州三縣　階州二縣　成州二縣　興州二縣　文州一縣　龍州二縣　利州五縣　劍州七縣　綿州八縣　潼川府九縣　遂寧府五縣　成都府九縣　漢州四縣　彭州三縣　蜀州四縣　邛州七縣　雅州五縣　茂州三縣　威州二縣　黎州二縣　永康軍二縣　石泉軍三縣　懷安軍二縣　廣安軍三縣　富順監一縣　雲安軍一縣　梁山軍一縣　大寧監一縣　南平軍二縣

興元府　春秋至戰國並楚地。秦置漢中郡，二漢因之。漢高帝始封之地。後漢末，張魯據其地，改漢中爲漢寧。魏武征漢中，走張魯，復曰漢中郡。後劉備破魏將夏侯妙才，遂有其地，以爲重鎮。先主以魏延，後主以蔣琬、姜維，相繼屯守。後聞魏將鍾會理兵關中，維表請分將護陽平關口，後主不從。魏末平蜀，又置梁州。領郡八。晉、宋、齊、梁皆爲梁州。理於此。晉初領郡八，後領郡二十。宋、齊、梁因之。宋以後，更置秦州。亦理於此，領郡十四。漢中常以巴、蜀捍蔽，故劉備初得漢中，曰：「曹公雖來，無能爲也！」是以巴、蜀有難，漢中輒没。自公孫述、劉備、李雄、譙縱據蜀，漢中皆爲所陷。氏虜鄰接，常爲威禦之鎮。蕭齊明帝初，後魏大將元英率兵十萬〔三〇〕，通斜谷，圍南鄭，刺史蕭懿守拒百餘日，不拔而退。後魏亦置梁州梁天監三年，夏侯道遷以州郡入魏。大同初，復之。元帝末，又陷於西魏〔三一〕。及漢中郡，西魏因之。後周改曰漢川郡。隋初郡廢，而梁州如故。煬帝初，州廢，復置漢川郡。唐爲梁州。開元十三年，以「梁」「凉」聲相近，更名褒州。興元元年爲府，屬山南道。山南西道節度〔三二〕。領縣五。南鄭、褒城、西、三泉、城固。王蜀改天義軍，後復。宋乾德五年，以三泉直屬京〔三三〕。至道二年，以西縣屬大安軍；三年還屬利州路。建炎二年，帶本路鈐轄、宣撫張浚積粟理財，以待巡幸，謂「前控六都之師，後據兩川之粟，左通荆、襄之財，右出秦、隴之馬，天下大計可定」。四年，兼本路經略、安撫使。後又置利州路階、成、西和〔三四〕、鳳州制置使，涇原、秦鳳路經略、安撫使。乾道四年，合爲一路，興元帥兼領之。

貢燕脂、紅花。領縣五，治南鄭。南鄭，漢縣。有梁山、巴嶺、黄牛山、褒中、汶川〔三五〕、武鄉。城固，唐縣。有黑水。褒城，隋縣。有斜水、褒谷、漢陽平關、甘亭關〔三六〕，即先主破魏夏侯淵之地。西，隋縣。有白馬山、百牢關。三泉。唐縣。

洋州　春秋、戰國皆楚地。秦屬漢中郡，二漢因之。三國時，蜀之重鎮。後主劉禪遣將軍王平守興勢，魏曹爽攻圍不克〔三七〕，即今興道縣。晉、宋、齊、梁亦屬漢中郡。西魏、後周並爲洋州因水爲名。及洋川郡〔三八〕。隋因之，煬帝初州廢，併其地入漢川郡。今漢中郡。唐復置洋州，或爲洋川郡〔三九〕。興道、西鄉、黄金、真符。蜀爲武定軍節度〔四〇〕。宋平蜀不改，又廢黄金縣。屬利州路。貢隔織。領縣三，治興道。興道，唐縣。有漢水、駱谷水、興勢山。西鄉，有巴嶺山、洋水。真符。唐縣。有寒泉山、黄金水。

商州　古商國也。春秋時，其地屬晉。所謂晉陰。戰國屬秦，即衛鞅所封商邑也。後屬内史地。漢屬弘農郡。後漢屬京兆尹〔四一〕。晉初爲京兆南部，後置上洛郡。後魏因之。西魏又置洛州。後周改爲商州。隋煬帝復置上洛郡。唐爲商州，或爲上洛郡。屬山南道，領縣五。上洛、商洛、上津、洛南、豐陽。宋因之，屬陝西永興軍路。紹興二年，守臣董先以商、虢降劉豫。六年，邵隆收復。九年，詔聽金州節制。十一年正月，折合孛堇入寇，邵隆設伏，鏖戰大捷，復入城。十二年八月，金人求商州及和尚原、方山原地。乃割商、秦之半，存上津、豐陽、天水三邑及隴西、成紀餘地，棄和尚原、方山原〔四二〕，以大散關爲界，於關内得興趙原，爲控扼之所。隆在商州披荆榛，治瓦礫，招徠離散，一旦割以遺虜，怏怏而死。三十一年十月，金州統制王彦，遣任天錫復商州。商、鄧人心，戴宋無二。尋以爲難守，棄之。貢麝香、枳殻、枳實。領縣五，治上洛。上洛，漢縣。有商山、熊耳山、嶢關、丹水〔四三〕。上津，西魏縣。有嘉魚穴、吉水。豐陽，衛鞅所封之地。後魏縣。有甲水、豐水。商洛，古商邑，禼所封。隋縣。有武關山。洛南。隋縣。有元扈山、洛水。

金州　虞舜嘗居之，謂之嬀墟。帝王世紀謂之姚墟。本曰嬀汭。戰國時屬楚。秦屬漢中郡，兩漢因之。魏以漢中遺人在東垂者置魏興郡，即其地也。晉、宋、齊因之。梁改爲南梁州。西魏改置東梁州，後因其地出金，改爲金州。隋初因之，煬帝初，改置西城郡。唐爲金州，或爲安康郡。郡臨漢江。唐末置戎昭軍節度〔四四〕。屬山南道。領縣六。西城、石泉、安康、洵陽〔四五〕、淯陽、平利。宋乾德四年，廢淯陽縣；五年，爲昭化軍節度。屬京西南路。其地爲蜀之後門，兩河、三輔之奇道，今關隘四十餘處，皆衝要。自金之變，地里至近，以萬頃池及三十六洞一帶，迂遶千一百里。萬頃池周迴七百里，俗傳春申君居也。中興後，撥隸利州路，又以商州上津、豐陽兩縣來屬。　貢麩金、麝香、枳殼、枳實、杜仲、白膠香、黃蘗。領縣五，治西城。　西城，舜所居嬀汭。唐縣。有女媧山、治水〔四六〕、吉水。　平利，唐縣。　洵陽，晉縣，宋廢淯陽縣入焉。有洵水、淯水。　漢陰，唐縣。有鳳凰山、漢江、直水。　石泉。唐縣。有漢水。

房州　古麇、庸二國之地。春秋楚子敗麇師於防渚，即此地也。戰國時楚地。秦滅趙，徙趙王遷於此地。其地四塞險固，及平天下，屬漢中郡。兩漢因之。魏文帝置新城郡。蜀將孟達降魏，爲新城守，後叛歸蜀，司馬宣王討平之。晉、宋、齊爲新城、上庸二郡地。梁末置岐州。西魏置光遷國。後周國廢，置遷州。隋煬帝初，置房陵郡。唐武德初，於竹山縣置房州。貞觀十年，移於房陵。或爲房陵郡。屬山南道。領縣四。房陵、永清、竹山、上庸。宋開寶中，廢上庸、永清。雍熙三年，陞爲保康軍節度。屬京西南路。其地東接襄、鄧，西控巴、蜀，三面阻水，四塞險固。建炎二年，嘗置金、房、開、達四州安撫使，以房隸金。未幾，又改隸利州路。　貢麝香、紵布、鍾乳、石筍。領縣二，治房陵。　房陵，漢縣。有建鼓山、房山、鴈浮山、筑水、粉水。　竹山。古庸國。有望龍山、庸城山、堵水；白馬塞，孟達嘗登之，嘆曰「此金城千里」。

達州　春秋、戰國時並屬巴國。秦屬巴郡，二漢因之。晉屬巴西郡。宋、齊爲巴渠郡。梁於此兼置萬州以州内地萬餘頃，因爲名。及東關郡。西魏改爲通州。以居四達之路，故改。隋初郡廢，煬帝初州廢，置通川郡。唐因之，屬山南道。領縣九。通川、永穆、三岡、石鼓、東鄉、宣漢、新寧、巴渠、閬英。宋乾德三年，改爲達州；五年，廢閬英、宣漢二縣。屬夔州路。　貢紬。領縣七，治通川。　通川，隋縣。有東關水。　永睦，隋縣。有七盤山、龍驤山〔四七〕、大江。　石鼓，唐縣。有巴渠江。　新寧，唐縣。有濁水山、新寧溪。　巴渠，唐縣。有鹿子山、大江。　三岡，唐縣。

有三江水〔四八〕、玉樓山、龍盤山。東鄉。西魏縣。有益遷水、下符江、建平山。

渠州　宋、齊以上，與達州同。梁置梁州。後魏置流江郡。隋初郡廢，煬帝初，置宕渠郡。唐以爲渠州，或爲潾山郡。屬山南道。領縣五。流江、潾山、大竹、潾水、渠江。宋以渠江屬廣安軍。屬梓州路。貢綿紬、買子木。領縣四，治流江。流江，漢宕渠縣故城。有宕渠山、流江。潾水，唐縣。有潾水。潾山，梁縣。有湟水。大竹。唐縣。

重慶府　古巴國，左傳曰：「巴師侵鄾。」注云：「巴國今江州縣也。其爵曰子。」謂之三巴。三巴記曰：「閬、白二水東南流，曲折三迴如巴字，故謂三巴。」秦惠王虜巴王而取其地。秦、漢並屬巴郡，晉亦屬巴郡，宋、齊因之。梁於此置楚州。隋初，改爲渝州。因渝水爲名。煬帝初州廢，置巴郡。唐爲渝州，或爲南平郡。屬劍南道。領縣五。巴、萬壽、江津、壁山、南平。宋乾德五年，廢萬壽。雍熙中，廢南平。崇寧元年，改爲恭州。淳熙中，陞爲重慶府。屬夔州路。貢葛布、牡丹皮。領縣三，治巴。巴，古巴子國。後周縣。有巴山、塗山、明月峽、涪江。江津，隋縣。有僰溪、七門灘。壁山。唐縣。有重壁山。

涪州　亦巴國之境，秦、二漢巴郡之鄙也。蜀置涪陵郡，晉、宋、齊因之。隋初屬渝州，煬帝廢渝州，屬巴郡〔四九〕。唐爲涪州，或爲涪陵郡。屬山南道。領縣五。宋同。宋屬夔州路。涪俗四種：曰夏、巴、蠻、夷。夏則中夏之人，巴則廩君之後，蠻則盤瓠之種，夷則白虎之裔。夏、巴居城郭，蠻、夷居山谷。貢絹。領縣五，治涪陵。涪陵，漢縣。有鷄鳴峽山、大江、黄石灘。賓化，唐縣。有女清山。武龍，唐縣。有內江。宣和初，改爲枳縣。樂温，唐縣。有樂温山〔五〇〕、大江、容溪。温山。唐縣。有桂溪。熙寧三年，廢爲鎮。

瀘州　古巴子之國。秦屬巴郡。漢屬犍爲郡，後漢因之。晉爲江陽郡，宋、齊因之。梁置瀘州。隋初郡廢，煬帝初，置瀘川郡。唐爲瀘州，或爲瀘川郡。屬劍南道。領縣六。瀘川、富義、涇南、江安、綿水、合江。後廢涇南。宋乾德五年，廢綿水，以富義置監。屬梓州路。宣和初，爲瀘川軍節度。政和末，守臣帶梓夔路兵馬鈐轄，仍瀘南安撫。　貢葛。　領縣三，治瀘川。　瀘川，隋縣。有汶江〔五一〕、瀘江、支江。合江，隋縣。有安樂溪。江安。隋縣。有淯井監〔五二〕、南井監。

巴州　古巴國。秦、二漢屬巴郡。晉、宋之間，爲夷獠所據，不置郡縣。宋末，於嶺之南置歸化郡，即今郡是也。齊因之。梁置歸化、木門二郡〔五三〕。後魏得其地，置太谷郡。隋初郡廢，置巴州。煬帝初州廢，置清化郡。唐因之，屬山南道。領縣九。化城〔五四〕、盤道、清化、曾口、歸仁、始寧、其章、恩陽、七盤。宋乾德四年，廢盤道、歸仁、始寧。咸平五年，以清化屬集州。屬利州路。巴江自古集來，派於郡治之右，狀如巴字，又曰字江。　貢綿紬。　領縣五，治化城。　化城，後周縣。有靈壽溪、巴江。恩陽，隋縣。有義陽山、清水。曾口，梁縣。有木蘭山。七盤，唐縣。其章。唐縣。有其章山、隆城〔五五〕。

壁州　歷代與清化郡同。唐武德八年，分巴州始寧縣之東境置壁州。或爲始寧郡。屬山南道。領縣五。諸水〔五六〕、廣納、通江、白石、東巴。宋乾德五年〔五七〕，廢廣納。開寶五年廢州，尋復。屬利州路。熙寧五年廢州，以白石、符陽二縣入通江，隸巴州。　領縣三，治通江。　通江，唐縣。有東巴山、巴字水。白石，西魏縣。有白石水。符陽。後魏縣。有符水。

蓬州　古巴國之分。秦、二漢屬巴郡。晉屬巴西郡。宋末屬歸化郡。梁置伏虞郡。後周置蓬州。

因山爲名。隋初郡廢，併其地入清化、宕渠、巴西三郡。唐復置蓬州，或爲咸安郡〔五八〕。屬山南道。領縣七。大寅、伏虞、儀隴、良山、咸安、大竹、宕渠。宋乾德三年，廢宕渠。屬利州路。貢紵絲綾、綿紬〔五九〕。領縣六，治蓬池。蓬池，唐縣。有大山〔六〇〕、蓬水。良山，唐縣。有大蓬山、綏山。熙寧間，廢爲鎮入伏虞。儀隴，梁縣。有儀隴山、流江。伏虞，隋縣。有宣漢水。蓬山，唐縣。熙寧間，廢爲鎮入營山。營山。宋縣。有營山、嘉陵水。

集州　秦屬巴郡。二漢屬廣漢、巴二郡地。晉屬巴西郡。梁置東巴州，後改爲集州；後周兼置平桑郡。隋初郡廢，煬帝初州廢，併其地入漢川、清化二郡。唐置集州，或爲符陽郡。屬山南道。領縣四〔六一〕。難江、通平〔六二〕、大牟、嘉川。宋乾德五年，廢通平、大牟。咸平五年，以嘉川屬利州，以巴州清化來屬。屬利州路。熙寧五年，廢集州，以難江縣隸巴州，仍省清化縣爲鎮，入巴州化城縣。領縣一，治難江。難江，後周縣。有小巴山、難江、宕渠水。清化。隋縣。

合州　秦、二漢屬巴郡。宋置東宕渠郡。西魏置合州。涪、漢二水合流處，因爲名。後周爲宕渠郡。隋初郡廢，改合州爲涪州。煬帝初州廢，置涪陵郡。唐爲合州，或爲巴川郡。郡城臨江。屬山南道。領縣六。石鏡、漢初、赤水、巴川、銅梁、新明。宋開寶二年，以新明屬廣安軍。屬潼川府路。貢牡丹皮、白藥子。領縣五，治石照〔六三〕。石照，西魏縣。漢時巴、蜀爭界，久不決，一朝密霧石裂，自上及下，直如引繩，遂分郡界，至今猶以爲界焉。漢初，隋縣。有嘉陵江。赤水，隋縣。有赤水。銅梁，唐縣，因山爲名。巴川。唐縣。

忠州　秦、二漢之巴郡地，晉、宋皆因之。梁置臨江郡，後周兼置臨州。隋初郡廢，煬帝初州廢，併其地入巴東郡。唐置忠州，或爲南賓郡。屬山南道。領縣五。宋同。宋屬夔州路。貢綿紬。領縣五，治臨江。臨江，漢縣。有屏風山、鳴玉溪、大江。豐都，隋縣。有平都山。墊江，隋縣。有溶溪、桂溪〔六四〕。南賓，唐縣。桂溪。唐縣。有清溪。熙寧五年，省入墊江。

萬州　秦、二漢巴郡之地。晉屬巴東郡，宋、齊因之。後周置安鄉郡，後改爲萬川郡，兼置南州。隋初郡廢，煬帝初州廢，併其地入巴東郡。唐武德初，置南浦州〔六五〕。後改爲萬州，或爲南浦郡。屬山南道。領縣三。南浦、武寧、梁山。宋開寶三年，以梁山爲軍。屬夔州路。貢金、木藥子。領縣二，治南浦。南浦，隋縣。有峨眉磧、岷江。武寧。後周縣。有金磧山、巴子城。

閬州　秦、二漢屬巴郡。宋、齊因之，居蜀、漢之半，又當東道衝要。梁置北巴州及北巴郡〔六六〕。西魏平蜀，置崇州及盤龍郡〔六七〕。隋初郡廢，煬帝初，置巴西郡。唐爲崇州，先天中，改爲閬州。或爲閬中郡。屬山南道。領縣九。閬中、蒼溪、晉安、西水、奉國、南部、新井、新政、岐坪。後唐保寧軍節度。宋改安德軍〔六八〕，屬利州路。貢蓮綾。領縣九，治閬中。閬中，唐縣。有仙穴山、閬中山、嘉陵水。新井，唐縣。有譙王城。晉安，唐縣。熙寧四年，省爲鎮入西水。新政，唐縣。有龍奔山〔六九〕、嘉陵江。蒼溪，隋縣。有雲臺山。奉國，西魏縣。有天目山。南部，後周縣。有嘉陵江。岐坪，西魏有宋王城。熙寧四年，省爲鎮入奉國〔七〇〕。西水。後周縣。有西水、掌天山〔七一〕。

果州　亦巴子國地。秦、二漢並屬巴郡。晉爲巴西郡，宋、齊因之。隋併其地入巴西郡。唐初屬崇州，武德四年，分置果州。因山爲名。或爲南充郡。屬山南道。領縣五。南充、相如、岳池、流溪、西充。宋爲團練，開寶二年〔七二〕，以岳池屬廣安軍。屬潼川路。貢絲布、天門冬。領縣四，治南充。南充，隋縣。有果山、嘉陵江。西充，唐縣。有西充山。相如，後周縣。有司馬相如故宅。流溪。唐縣。有柏郎溪。熙寧六年，省爲鎮入南充。

普州　秦時巴郡之西境及夜郎國之地。漢犍爲、巴郡之境。巴郡，秦置。犍爲，漢開〔七三〕。李雄之亂，爲羌夷所據。梁置普慈郡。後周置普州。隋煬帝初州廢，以地入資陽郡。唐復置普州，或爲安岳郡。郡城因山爲趾，四面險固。屬劍南道。領縣六。安岳、安居、普康、樂至、崇龕、普慈。宋屬潼川路。　貢葛、天門冬。領縣四，治安岳。　安岳，後周縣。有靈居山、岳陽溪。安居，隋縣。有安居水。普康，唐縣。熙寧五年〔七四〕，廢入安岳。樂至。唐縣。有龍游潭。

開州　秦、二漢屬巴郡。晉、宋以來，並屬巴東郡。後周爲周安郡〔七五〕。隋廢之，以屬巴東郡。唐置開州，或爲盛山郡。屬山南道。領縣三。宋同。宋屬夔州路。　貢白紵、車前子。領縣五〔七六〕，治開江。　開江，唐盛山縣。有盛山、叠江。萬歲，唐縣。有石門山、三朝溪。後改爲清水縣。新浦。後周縣。有叠江。慶曆四年，廢入開江。

夔州　春秋時爲夔國〔七七〕，後屬楚。秦、二漢屬巴郡。三國時爲蜀重鎮。先主自爲吴將陸遜敗於夷陵，退屯白帝，改爲永安。其後吴將全琮來襲，不克。晉、宋、齊並屬巴東郡，齊兼置巴州。梁置信州。隋亦爲巴東郡。唐武德三年〔七八〕，避皇外祖諱，獨孤信也。改信州爲夔州，其後或爲雲安郡。郡城臨江。屬山南道。領縣四。奉節、雲安、巫山、大昌。後唐寧江軍節度。宋建雲安軍〔七九〕，屬夔州路。端拱二年，以大昌屬大寧監。

貢蜜、蠟。領縣二，治奉節。　奉節，唐縣。有白帝城、諸葛亮八陣圖、三峽山、東瀼山、灩澦堆。巫山。隋縣。有巫山、高都山〔八〇〕、大江。

嘉州　故夜郎國，漢武開之，置犍爲郡。後漢、晉、宋、齊皆因之。西魏置眉州。後周改爲青州，尋又改爲嘉州，並置平羌郡。煬帝置眉山郡。唐爲嘉州，或爲犍爲郡。屬劍南道。領縣八。龍游、犍爲、玉津、羅目、夾江、峨眉、平羌、綏山。宋乾德四年〔八一〕，廢綏山，後又廢羅目、玉津。淳化四年，以眉州洪雅來屬。屬成都路。　貢麩金。　領縣六，治龍游。　龍游，漢曰青衣，隋縣。有汶江、沫江〔八二〕、堂溪。　夾江，隋縣。有洪雅江。　犍爲，隋縣。有沉犀山、道江。　平羌，後周縣。有青衣津、青神山。熙寧五年，省爲鎮入龍游。　峨眉，隋縣。有峨眉山、黑水、大度河。　洪雅。隋縣。有金山〔八三〕。

簡州　漢屬犍爲、廣漢二郡地，後漢及晉皆因之。宋、齊爲蜀、廣漢二郡地。西魏於此置資州。後周明帝移資州於資陽縣。隋置簡州，州境有賴簡池，故名。煬帝初州廢，併其地入蜀郡。唐復置簡州，或爲陽安郡。屬劍南道。　領縣三。陽安、金水、平泉。　宋乾德五年，以金水置懷安軍。屬成都路。　貢綿紬、麩金。　領縣二，治陽安。　陽安，西魏縣。有中江、赤水。　平泉。隋縣。有平泉山、絳水〔八四〕。

陵州　二漢屬犍爲、蜀二郡地，晉因之。宋、齊屬犍爲、寧蜀二郡地。梁置懷仁郡。西魏置陵州〔八五〕。因陵井爲名。　隋置崇山郡〔八六〕。唐爲陵州，或爲仁壽郡。屬劍南道。　領縣五。仁壽、貴平、井研、始建、籍。　宋爲團練。　咸平四年，廢始建。熙寧五年，廢陵州爲仙井監，以貴平、籍二縣爲鎮，入成都之廣都縣，餘二縣隸仙井〔八七〕。　屬成都府路。　貢苦藥子、續隨子。　領縣四，治仁壽。　仁壽，隋縣。有陵井〔八八〕、飛泉山、仁壽山〔八九〕。　貴平，後周縣。有貴平山、禄水〔九〇〕。　井研，隋縣。有鐵山、研井。　籍。唐縣。有梓山〔九一〕、道江、漢陽水。

眉州　漢屬犍爲郡地，後漢及晉皆因之，宋、齊亦然。梁置齊通郡及青州。西魏改青州爲眉州。因峨眉山爲名。隋煬帝以其地入眉山郡。唐復置眉州〔九二〕，或爲通義郡。屬劍南道。領縣五。通義、彭山、青神、丹棱、洪雅。宋淳化四年，以洪雅屬嘉州。陞爲防禦。屬成都路。貢麩金、巴豆。領縣四，治眉山。眉山，唐通義縣，宋改。有導江〔九三〕、難水。彭山，唐縣。有龍洲〔九四〕、魚鳧津。丹棱，隋縣。有龍鶴山。青神。西魏縣。有多棱川、魚蛇水。故青神城。

榮州　漢屬犍爲郡，後漢、晉、宋皆因之。齊置南安郡。隋屬資陽郡。唐置榮州，因榮德山爲名。或爲和義郡。屬劍南道。領縣六。旭川、威遠、公井、應靈、咨官、和義。宋乾德五年，廢和義。屬潼川路。貢班布。領縣五，治旭川。旭川，唐縣。有涓池〔九五〕。威遠，隋縣。有鐵山。應靈，唐縣。有大牢溪。資官〔九六〕，晉縣。有擁斯水〔九七〕。公井。唐縣。熙寧四年，廢爲鎮入榮德。

資州　漢屬犍爲郡，後漢、晉、宋、齊並同。西魏置資州。州城在今州西北陽安縣界。後周置資中郡。隋煬帝初，置資陽郡。唐爲資州，或爲資陽郡。屬劍南道。領縣八。盤石、資陽、內江、銀山、丹山、龍水、月山、清溪。宋乾德五年，廢月山、丹山、銀山、清溪四縣。屬潼川路。貢麩金。領縣四，治盤石。盤石，後周縣。有月山、丹神山、子規山。資陽，後周縣。有資水、萇大夫祠。內江，隋縣。有資江。龍水。隋縣。有龍溪。

敘州　故僰侯國，漢屬犍爲郡，後漢、晉、宋皆因之。梁置六同郡及戎州。隋置犍爲郡。唐爲戎州，或爲南溪郡。屬劍南道。領縣五。南溪、僰道、開邊、義賓、歸順。宋乾德中，廢開邊、歸順，又管羈縻州三十二。政和四年，改爲敘州。屬潼川路。貢葛。領縣四，治僰道。僰道，隋縣。有朱提山、黑水、伏犀灘、玉女家。政和間，改爲宜賓縣。南溪，隋縣。有銅鼓灘、石筍灘。宣化，慶符。本叙州徼外地，政和三年建，隸叙州。

鳳州　春秋氏、羌之所居。秦屬隴西郡。兩漢屬武都郡〔九八〕，晉因之。惠帝時，没於楊茂搜。後魏置固道郡，兼置南岐州。後周廢郡，置鳳州。隋煬帝初，廢州，置河池郡。唐爲鳳州，或爲河池郡〔九九〕。屬山南道。領縣四。梁泉、兩當、河池、黄花。寶曆初，省黄花縣。宋爲團練，屬秦鳳路。中興後，屬利州路。貢蜜、蠟燭。領縣三，治梁泉。梁泉，後魏縣。有長松山、黄花川、鸑鷟山、大散關。兩當，後魏縣〔一〇〇〕。有嘉陵江、兩當水。河池。隋縣。有故道水〔一〇一〕。

宋中興四朝志：大散關，隸梁泉縣，在鳳翔寶鷄縣之南，爲秦、蜀往來要道。兩山關控斗絶，出可以攻，入可以守，實表裏之形勢也。和尚原，鳳之東境，抵鳳翔不能百里。仙人關，興之東境，距利州纔七驛。自利抵劍關百里而羸，倘乘和尚原而退守仙人關，則蜀之險要所失過半。虜既得和尚原，或自梁、洋經米倉山入巴、閬，或自均、房由達州山路入夔、峽，或直攻仙人關，勢分形散，所備皆急，一處破壞，則在處震動矣。紹興間，虜攻仙人關而不能留者，以糧不濟耳。若使其治廢邑、聚散民、耕屯其間，則得吾地而可守，入吾境而可留矣。自南北講好，中分關中之界，如大散、仙人、饒風、武休，皆我朝之界也。而仙人關外，又分左右二道：自成州徑天水縣出皂郊堡，直抵秦州，昔吴璘大軍由此而出，地勢平衍，因爲壕塹，引水縱横，名曰地綱，以遏敵衝；自兩當縣直出鳳州，取大散關，距和尚原纔咫尺，虜嘗憑原下視如蟻蛭，故其勢難守，所恃緩急，有仙人關耳。

階州　古白馬氏之國，西戎之别種也。天池大澤在其西。漢武帝置武都郡，後漢因之。蜀後主時，得之。建興七年，爲諸葛亮所定。晉爲武都郡，後没於楊茂搜。後魏亦爲武都郡。西魏置武州。後周亦爲武都郡。隋初廢，煬帝又置武都郡。唐爲武州，或爲武都郡。陷西戎，後復其地。屬隴右道。領縣二。宋同。宋改爲階州，屬秦鳳路。中興後，屬利州路。

貢羚羊角、蠟燭。領縣二，治福津。

福津，唐縣。將利。後周縣。有白江。

成州　古白馬氐國。二漢屬武都郡。晉置仇池郡，後没於楊茂搜等。後魏又曰武都郡，兼置南秦州。西魏改爲成州。隋初郡廢，煬帝初，置漢陽郡。唐爲成州，或爲同谷郡。屬隴右道。領縣三。同谷、漢源、上禄。寶應元年，没土蕃。貞元五年，於同谷之西境泥公山，權置行州。咸通七年復置，徙治寶井堡〔一〇二〕。後徙治同谷，廢上禄、漢源兩縣。梁改汶州。後唐復又置栗亭縣。宋陞爲團練，入秦鳳路〔一〇三〕。中興後，屬利州路。

貢蠟燭、鹿茸。領縣二，治同谷。

同谷，西魏縣。有仇池、鳳凰潭、下辨水。栗亭。後唐縣。有仇池山。

興州　戰國時，爲白馬氐之東境。二漢屬武都郡。晉惠帝時，亦爲楊茂搜所據。其後爲梁所破，置武興蕃王國。後魏置東益州。西魏改爲興州，兼置順政郡。隋初郡廢，煬帝初復置。唐爲興州，或爲順政郡。屬山南道。領縣二。宋同。宋屬利州路，中興後，爲利西路帥治所。開禧三年，誅逆曦，改沔州。

貢蜜、蠟。領縣二，治順政。

順政，隋縣。有武興山、嘉陵江、沔水。長舉。後魏縣。有左溪水。

文州　古氐、羌之境。漢開西南夷，置陰平道，屬廣漢郡。後漢因之。蜀亦得之。後主建興七年，諸葛亮定之。其後鍾會伐蜀，姜維表請備陰平橋頭，後主不從。鄧艾自陰平、景谷步道，懸兵束馬，逕江油〔一〇四〕，出緜竹以滅蜀，即此是也〔一〇五〕。晉置陰平郡，永嘉末，没於楊茂搜。西魏平定，始置文州及盧北郡。隋廢爲縣，併屬武都郡。唐復置文州，或爲陰平郡。屬劍南道。領縣二。曲水、長松。後省長松縣。宋因之，屬利州路。貢麝香。領縣一。曲水。西魏縣。有太白山、白水。

龍州　秦、漢及魏爲無人之境，晉得之，屬陰平郡。宋、齊皆因之。後魏置江油郡。西魏置龍州。隋初郡廢，煬帝初州廢，置平武郡。唐爲龍州，或爲江油郡。屬劍南道。領縣二。宋同。宋屬利州路。政和五年，改政州。紹興五年〔一〇六〕，復爲龍州。北接文州，故於秦、隴、成、鳳實維控制，而其西北，則與松、扶接，故吐蕃、南詔爲扞禦。貢麩金、羚羊角、天雄。領縣二，治江油。江油，隋縣。有石門山、涪水〔一〇七〕。清川。唐縣。有柘溪、清水。

利州　春秋、戰國時，爲蜀侯國。自益昌之西，南至蜀州，悉爲蜀侯國之地，此蓋蜀之西境。秦滅蜀，其地入蜀郡。二漢屬廣漢郡。蜀先主分屬梓潼郡。晉屬晉壽郡，宋、齊因之。後魏立益州，世號爲小益州。梁曰黎州。西魏復曰益州，尋改爲利州。後周亦爲晉壽郡。隋初郡廢，煬帝初，置義城郡。唐爲利州，或爲益昌郡。屬山南道。領縣六。綿谷、葭萌、益昌、嘉川、胤山〔一〇八〕、景谷。後廢景谷。孟蜀昭武軍節度。宋平蜀，因之。屬利州路。貢金、銅、鐵。領縣五，治綿谷。綿谷，隋縣。有嶓冢山、綿谷山、巫峽、巴峽、明月峽。平蜀，唐胤山縣〔一〇九〕，宋改。熙寧三年，省入嘉川。葭萌，隋縣。有金鼻山。昭化，唐益昌縣，宋改。有小劍城、馬鳴閣。嘉川。西魏縣。有石燕山、東游水。

劍州　秦屬蜀郡。漢屬廣漢郡，後漢因之。晉屬梓潼郡，宋、齊亦然。梁置南梁州，後改爲安州。西魏改爲始州，兼置普安郡。隋初郡廢，煬帝初復置。唐爲始州，後改爲劍州，或爲普安郡。屬劍南道。

領縣八。普安、武連、陰平、梓潼、黄安、劍門、臨津、永歸。宋乾德五年，廢永歸。隆興二年〔一〇〕，陞爲隆慶府。屬利州路。　貢巴戟。領縣七，治普安。　普安，西魏縣。有大劍山、大劍水。　武連，西魏縣。有小潼津。　陰平，晉縣。有馬閣山、岐江。　梓潼，隋縣。有潼江。　臨津，隋縣。有義津。熙寧五年，省爲鎮入普安。　普成，唐縣。有柘溪。　劍門，唐縣。有大劍山、大劍水、小劍水、嘉陵江。

綿州　秦屬蜀郡，漢屬廣漢郡，蓋涪水之所經焉。晉、宋、齊屬梓潼郡，西魏兼置潼州。隋初郡廢，改潼州爲綿州。煬帝初州廢，置金山郡。唐爲綿州，或爲巴西郡。今郡城即漢涪縣也〔一一〕。在成都東北之要，蜀時大將常鎮之。屬劍南道。領縣八。宋同。屬成都路。　貢綾、紵布。領縣八，治巴西。　巴西，西魏縣。有盤龍山、金水、涪水。　彰明，唐昌明縣，後唐改。有靈臺山、廉水、讓水。　魏城，西魏縣。有青渠。　羅江，唐縣。有龍池山、羅璝山〔一二〕、白馬關。　神泉，隋縣。有神泉、綿水。重和元年，撥隸石泉軍。　龍安，唐縣。有松嶺關、巴西山。重和元年，撥隸石泉軍。　鹽泉，唐縣。有烏積山、柏隴水。　西昌，唐縣。有西昌山。熙寧五年，省爲鎮入龍安。

潼川府　秦屬蜀郡。二漢屬廣漢郡地〔一三〕。晉、宋、齊並屬廣漢郡。梁末置新州，西魏兼置昌城郡。隋初郡廢，改新州爲梓州。煬帝初州廢，置新城郡。唐爲梓州，或爲梓潼郡。郡城左帶涪水，右挾中江，居水陸之衝要。　劍南東川節度。屬劍南道。　領縣八。郪、射洪、通泉、鹽亭、飛烏、玄武〔一四〕、銅山、永泰。　宋乾德四年，改静戎軍，置東關縣。太平興國中，改安静軍。　端拱二年，更名劍南東川，軍額如故。　重和元年，陞爲潼川府，兼提舉梓州、果、渠、懷安、廣安兵馬巡檢盜賊公事。屬潼川府路。　貢綾、曾青、空青。領縣十，治郪。　郪，隋縣。有牛頭山、涪江、桃花溪。　中江，隋玄武縣，宋改。有玄武山。　涪城，隋縣。有方義津。　射洪，後周縣。有梓潼水、大江。通泉，隋縣。有通泉山。鹽亭，梁縣。有鹽亭水。銅山，唐縣。有銅官山。飛烏，隋縣。有飛烏山、郪江。東關，蜀招葺院〔一一五〕，宋改。永泰。唐縣。熙寧五年，廢爲鎮入鹽亭。十年，復置尉司。

遂寧府　秦屬蜀郡。漢屬廣漢郡，後漢及晉並同。宋爲遂寧郡。齊、梁置東遂寧郡。後周置遂州及石山郡〔一一六〕。隋初郡廢，煬帝初，置遂寧郡。唐爲遂州，或爲遂寧郡。屬劍南道。領縣五。方義、青石、長江、蓬溪、遂寧。前蜀武信軍節度〔一一七〕，宋因之。政和五年，陞爲遂寧府。屬潼川路。貢樗蒲綾。領縣五，治小溪。小溪，隋方義縣，宋改。有銅盤山、鶴鳴山〔一一八〕。長江，西魏縣。有明月山、鳳凰山。蓬溪，唐縣。有蓬萊山。青石，西魏縣。有青石山、涪江。遂寧。唐縣。有壁山、大安溪。

成都府　秦置蜀郡，兩漢因之。王莽末公孫述、後漢末劉備、西晉末李特、東晉末譙縱，並都於此。晉武帝改爲成都國，尋復舊。簡文時，苻堅所没，尋復。宋、齊並爲蜀郡。自魏、晉、宋、齊、梁皆爲益州。晉初領郡八，東晉領郡二十九，宋、齊、梁並同，皆理於此。梁置始康郡，西魏廢之。後周置蜀郡。隋初廢，煬帝初復置。唐爲益州，或爲蜀郡。至德二載，曰南京，陞爲成都府，劍南西川節度。屬劍南道。領縣十。宋同。五代時，王建、孟知祥據蜀，皆都其地。宋太平興國六年，降爲益州。端拱二年〔一一九〕，復爲劍南西川成都府。淳化五年，李順平，復降爲州，後復。熙寧五年，省犀浦縣爲鎮入郫；廢陵州，以貴平、籍二縣爲鎮入廣都。屬成都路，領本路兵馬鈐轄。中興後，本路安撫，四川制置總領，提舉茶馬置司。貢花羅、錦、高紵布、牋紙。領縣九，治成都、華陽。成都，漢縣。有武擔山、大江、都江。華陽，唐縣。有蜀江、濯錦江、萬里橋、石犀、石牛。郫，漢縣。有岷江、古郫城。新都，唐縣。有繁陽山。温江，唐縣。有温江、皂水。新繁，漢繁縣，前蜀改。有沱江。雙流，隋縣。有宜城山、笆水。靈池，唐縣。有武侯山。廣都。唐縣。有井河山、導江。

漢州　秦屬蜀郡。漢屬廣漢郡，後漢因之，而兼置益州。領郡、國十二，治於此。晉置新都郡。宋、齊爲廣漢郡。隋併入蜀郡。唐因之。垂拱二年，分雒縣置漢州。或爲德陽郡。益州有三蜀，廣漢是其一。屬劍南道。領縣五。雒、德陽、金堂、什邡、緜竹。宋乾德五年〔二〇〕，以金堂屬懷安軍。屬成都路。貢紵布。領縣四，治雒。雒，漢縣。有銅官山、雒水、綿水。什邡，唐縣。有綏江、雍齒城。緜竹，隋縣。有紫巖山〔二一〕、綿水、姜詩泉。德陽。唐縣。有浮中山、綿水、大江。

彭州　秦、二漢屬蜀郡。晉以後，爲蜀、遂寧二郡地。梁置東益州。後周廢州，置九隴郡。隋初郡廢，後置濛州。煬帝初州廢，併其地入蜀郡。唐因之。垂拱二年，分九隴縣置彭州。或爲濛陽郡〔二二〕。屬劍南道。領縣四。九隴、導江、濛陽、唐昌。宋乾德中，以導江屬永康軍。屬成都路。貢羅。領縣三，治九隴。九隴，唐縣。有九隴山、廣濟江。永昌，唐唐昌縣，宋改。有昌山〔二三〕、都江。濛陽。唐縣。有濛陽山、瀰濛水。

蜀州　秦、二漢屬蜀郡。晉初因之，後置晉原郡〔二四〕。宋、齊屬晉原郡。後周廢之。隋屬蜀郡，唐初因之。垂拱二年，分晉原縣置蜀州。或爲唐安郡〔二五〕。屬劍南道。領縣四。晉原、青城、新津、唐安。前蜀析青城置永康縣〔二六〕。宋因之。熙寧五年，廢永康軍，以青城縣還隸州。重和元年，割永康縣隸石泉軍〔二七〕。屬成都路。貢春羅、單絲羅。領縣四，治晉原。晉原，後周縣。有鶴鳴山、斜江。江原，唐唐安縣，宋改。有鄗江〔二八〕。新津，後周縣。有皂江。永康。有石門山、味江。

邛州　秦、漢並屬蜀郡，南有邛來山。後漢及晉皆因之。宋、齊並屬晉原郡〔二九〕。西魏置邛州。後周置臨邛郡。隋廢爲縣，併入臨邛縣。唐復置邛州，或爲臨邛郡。屬劍南道。領縣七。宋同。宋屬成都路。貢絲布。領縣七，治臨邛。臨邛，晉縣。有火井〔一三〇〕、邛池。火井，隋縣。有孤石山、火井。蒲江，隋縣。有蒲川、百丈水。依政，西魏縣。有蒲江、斜江。安仁，唐縣。有斜江。臨溪，西魏縣。有孤石山。後廢爲鎮。大邑。唐縣。有竹王祠、嘉魚穴。

雅州　秦、漢屬蜀郡。晉初屬漢嘉郡，永嘉後李雄之時，此地蕪廢。西魏置蒙山郡〔一三一〕。隋初郡廢，置雅州。煬帝初州廢，置臨邛郡。唐爲雅州〔一三二〕，或爲盧山郡。屬劍南道。領縣五。宋同。宋屬成都路。貢麩金。領縣五，領羈縻州四十四，治嚴道。嚴道，唐縣。有嚴道山、平羌水。盧山，隋縣。有盧奴山、浮圖水。名山，唐縣。有蒙山、平羌水。百丈，唐縣。有銅山。熙寧五年，省爲鎮入名山。榮經。唐縣。有榮經山〔一三三〕、邛崍山〔一三四〕。

茂州　禹貢「岷山導江」，發迹於此。本冉駹國〔一三五〕，駹，莫江反。漢武帝開其地，屬蜀郡。後漢因之。晉屬汶山郡〔一三六〕，宋、齊皆因之。梁置繩州〔一三七〕。後周改爲汶山郡。隋初，改汶州曰蜀州，尋復爲會州。煬帝初州廢，置汶山郡。唐初，爲南會州，後改爲茂州。或爲通化郡〔一三八〕。屬劍南道。領縣四。汶山、石泉、汶川、通化。宋屬成都路。熙寧九年，改汶川縣置威戎軍使，以石泉縣隸綿州。貢麝香。領縣三，治汶山。汶山，隋縣。有岷山、龍泉山。汶川，後周縣。有玉壘山、七盤山、汶江。石泉。唐縣。有蜀山。

威州　古羌夷地。昔姜維北討汶山叛羌，即其地也。隋置薛城戍。唐武德初〔一三九〕，於姜維故城置維州。或爲維川郡。貞觀元年，以羌叛州廢，縣亦省。二年復置，其後屢廢屢置。廣德元年，没吐蕃。

太和五年收復，尋棄其地。大中三年，首領以州内附。屬劍南道。領縣二。宋同。宋屬成都路。景祐三年〔一四〇〕，以與濰州聲相亂，改爲威州。　貢當歸、羌活。　領縣二，治保寧。　保寧，唐薛城縣，蜀改。有姜維山、繩橋〔一四一〕。　通化。隋縣。有蜀江。

黎州　漢沈黎郡之地。宋、齊以來並爲沈黎郡。後周置黎州。隋置登州，煬帝初廢，併其地入臨邛。唐復置黎州，或爲洪源郡。屬劍南道。領縣三。漢源、飛越、通望。後廢飛越。宋屬成都路。　貢紅椒。　領縣二，羈縻州五十四，治漢源。　漢源，唐縣。有漢水、飛越水、邛崍關。　通望。唐縣。有大渡河。

永康軍　本彭州導江縣灌口鎮，唐置鎮静軍。宋乾德四年，改爲永康軍〔一四二〕，以蜀州之青城及導江縣來隸。熙寧五年〔一四三〕，廢爲寨；九年，復即導江縣治置永康軍使〔一四四〕，隸彭州。元祐初，復故。屬成都路。　領縣二，治導江。　導江，有玉壘山、大江。　青城。有青城山、大江。

石泉軍　本綿州石泉縣。宋政和七年，建爲軍，割蜀之永康，綿之龍安、神泉來隸。宣和三年，降爲軍使，縣皆還舊隸〔一四五〕。七年，復爲軍。屬成都路。　領縣三，治石泉。　石泉，神泉，龍安。各見綿州、蜀州屬縣下。

懷安軍　宋乾德五年，以簡州金水縣建爲軍，以漢州金堂縣來屬。屬潼川路。　貢紬〔一四六〕。　領縣二，治金水。　金水，唐縣。有金臺山、中江〔一四七〕。　金堂。唐縣。有三江水〔一四八〕。

廣安軍　宋開寶二年，以合州濃洄鎮〔一四九〕、渠州新明二鎮建爲軍，以渠州之渠江、合州之新明、果州之岳池三縣來屬。屬潼川路。　貢絹。　領縣三，治渠江。　渠江，唐縣。有渠江、富靈山。　新明，唐縣。開寶六年，移治單溪鎮。岳池。唐縣。有蒙溪。

富順監　本瀘州之富義縣，掌煎鹽。宋乾德四年，陞爲富義監。太平興國元年改。屬潼川路。貢葛。領縣一。　富順。

雲安軍　宋開寶六年，以夔州雲安縣建爲軍。屬夔州路。　貢絹。領縣一。　雲安。後周縣。有朐䏰城、蜀江。

梁山軍　宋開寶三年，以萬州石氏屯田務置軍，撥梁山縣來隸。熙寧五年，又析忠州桂溪地益軍。元祐元年，還隸萬州，尋復故。屬夔路。　貢綿〔一五〇〕。領縣一。　梁山。西魏縣。有蟠龍山、蟠龍水。

大寧監　宋開寶六年，以夔州大昌縣鹽井所建爲監。端拱元年，以大昌來屬。屬夔州路。　貢蠟。領縣一。　大昌。後周縣。有九蒲山、千頃池。

南平軍　宋熙寧八年，收西蕃部，以渝州南川縣銅佛垻地置軍〔一五一〕，又割涪州隆化縣隸軍，仍省渝州南川縣爲鎮入焉。元豐元年，復置南川縣。屬夔州路。　領縣二，治南川。　南川，隆化。

南州　亦巴國之地。秦、漢巴蜀之境。唐武德三年，開南蠻置僰州。四年，改爲南州〔一五二〕。或爲南川郡。屬江南道。　貢班布。領縣二，治南川。　南川，三溪。宋無此州。

宕州　秦、漢以來，爲諸羌之地。元魏武帝時內附，封爲宕昌王。後周立宕昌國，武帝置宕州。隋置宕昌郡〔一五三〕。唐爲宕州，或爲懷道郡。屬隴右道。　領縣二，治懷道。　懷道，後周置。良恭。周陽宕縣，隋改。宋無此州。

扶州　春秋、戰國及秦皆爲氐、羌之地。二漢屬廣漢郡，後爲土谷渾所據。西魏逐吐谷渾，於此置鄧州及鄧寧郡。隋初，改爲扶州，又改曰同昌郡。唐因之。乾元後，没吐谷渾。大中二年，節度使鄭涯收復〔一五四〕。屬劍南道。領縣四，治同昌。　同昌，帖夷，尚安，有黑水，東南流入白水。鉗川。宋無此州。

松州　歷代諸羌之地。晉屬汶山郡。宋、齊亦得之。後爲西魏、後周所有。隋屬汶山、同昌二郡。唐武德元年，置松州，以扶州之嘉誠、會州之交川地置，以地産甘松故名。廣德元年，没吐蕃。其後松、當、悉、静、柘、恭、保、真〔一五五〕、霸、乾、翼、維等爲行州，以部落首領世爲刺史、司馬。屬劍南道。貢蠟、朴硝、麝香、狐尾、當歸、羌活。領縣四，治嘉誠。　嘉誠，交川，平康，本隸當州，天寶初來屬。鹽泉。宋無此州。

叠州　歷代羌戎之境。後周逐諸戎而有其地，置恒香郡〔一五六〕，後置叠州。隋屬同昌郡。唐武德二年，析洮州之合川、樂川、叠川置叠州。或爲合川郡。屬隴右道。　貢麝香。領縣二，治合川。　合川，常芬。宋無此州。

翼州　本漢蠶陵縣地，屬汶山郡，郡廢屬蜀郡。晉復屬汶山郡。後周置翼針縣及翼針郡。隋開皇初郡廢，屬會州，後屬汶山郡。唐武德元年，析置翼州。或爲臨翼郡。屬劍南道。　貢犛牛尾、麝香、白蜜。領縣三，治衛山。　衛山，翼水，漢蠶陵縣。有蠶陵山。峨和。宋無此州。

當州　本諸羌之地。後周置覃州及覃川、榮鄉二郡〔一五七〕。隋開皇初郡廢，四年州廢，屬汶山郡。唐貞觀間，析松州置當州，以地産當歸爲名。或爲江源郡。屬劍南道。　貢麩金、酥、麝香、當歸、羌活。

領縣三，治通軌。　通軌，唐置。谷和，開生羌置。利和〔一五八〕。析通軌置。宋無此州。

悉州　本生羌之地。後周置廣平、左封二郡〔一五九〕。隋開皇初並廢，屬汶山郡。唐顯慶元年，析當州置悉州，以悉唐川爲名。或爲歸誠郡。屬劍南道。　貢同當州。領縣二，治左封。　左封，本隸會州，武德初改。歸誠。宋無此州。

靜州　土地與當州同。唐置靜州，或爲靜川郡。屬劍南道。　貢麝香、犛牛尾、當歸、羌活。領縣三，治悉唐。　悉唐，靜居，清道。宋無此州。

柘州　土地與當州同。唐置柘州，或爲蓬山郡。屬劍南道。　貢同靜州。領縣二，治柘。　柘，喬珠。宋無此州。

恭州　北接吐蕃，土地與當州同。唐以靜州之廣平置恭州，或爲恭化郡。屬劍南道。　貢麝香、當歸、升麻、羌活。領縣三，治和集。　和集，博恭，烈山。宋無此州。

奉州　蠻夷之地，北連吐蕃。唐開元二十八年，以維州之定廉置。天寶八年，徙治天保軍，更郡名〔一六〇〕。廣德元年，沒吐蕃。乾元元年，嗣歸誠王董嘉俊以郡來歸，更州名〔一六一〕。後又更名古州，其後復爲保州。屬劍南道。　貢同當州。領縣一。　定廉。宋無此州。

巂州　故邛都國，謂之西南夷。史記曰：「滇之君長十數，邛最大。」漢武開之，置越巂郡，郡有巂水、越水焉。後漢、晉、宋皆因之。齊謂之獠郡。謂之越巂獠郡〔一六二〕。後周置嚴州。隋改曰西寧州〔一六三〕，後以爲巂州。煬帝改爲越巂郡。唐置巂州，或爲越巂郡。至德二載，沒吐蕃，貞元十三年收復。太和五年，爲蠻寇所破；六年，徙治臺登。屬劍南道。　貢蜀馬、絲布、花布、麩金、麝香、刀靶。領縣九，治越巂。　越巂，漢邛都縣。　昆明，漢定莋縣。　蘇祁，漢舊縣。　邛部，漢闌縣。有巂山。　會川，有瀘水，諸葛亮五月渡瀘即此。　臺登，漢舊縣。有繩水〔一六四〕。　西瀘，和集，昌明。貞觀間，開松外蠻置牢州及松外、尋聲、林開三縣。後州廢，省三縣入昌明〔一六五〕。　宋無此州。

姚州　故滇王國，漢武帝開之，置益州郡，有滇池澤焉。後漢分置永昌郡。蜀後主置雲南郡。晉因之，兼置寧州。領郡四，治於此。　宋、齊因之，領郡十五，治於此。　並爲建寧郡。唐麟德元年，於昆明之栟棟川置姚州〔一六六〕。以其人多姓姚，故名姚州。　屬劍南道。　其後没於南詔。　自巂州南至西瀘，經陽蓬、鹿谷、菁口、會川四百五十里至瀘州。　乃南渡瀘水〔一六七〕，經褒州、微州三百五十里至姚州。　州西距南詔羊苴咩城三百里，東南距安南水陸二千里。　貢麩金、麝香。　領縣三，治姚城。　姚城，故漢栟棟縣地。　瀘南，唐縣。有葱山。　長明。　宋無此州。

校勘記

〔一〕此云經三危　「經」諸本並脱，據上文及通典卷一七五州郡典五古梁州總叙補。

〔二〕又按酈道元注水經　「注」字原脱，據魏書卷八九、北史卷二七酈道元本傳及隋書卷三三經籍二補。

〔三〕今通川澻山　「今」上原衍「與」字，「山」上「澻」字原脱，並據元本、馮本、慎本及通典卷一七五州郡典五古梁州總叙删、補。

〔四〕瀘川　原作「盧川」，據下文及舊唐書卷四一地理志四、新唐書卷四二地理志六、寰宇記卷八八、輿地廣記卷三一瀘州條改。

〔五〕江油　諸本並倒，據隋書卷二九地理志上平武郡、元和志卷三三、新唐書卷四二、輿地廣記卷三二龍州條乙正。按江油縣西魏置，寰宇記卷八四龍州江油縣下云：「晉平武縣地。西魏廢帝二年，置龍州及江油縣，取江油水以稱邑兼郡。」本書「江油」幾乎都倒作「油江」，此後徑改，不再出校記。

〔六〕今漢中洋川　「漢中」二字原脱，據馮本、慎本補。

〔七〕今漢中洋川安康房陵等郡地也　「川」下原衍「郡」字，據馮本及文義删。按通典卷一七五州郡典五古梁州總叙亦無「郡」字。

〔八〕「李特據之」　以下二十四字原脱，據元本、馮本、慎本及通典卷一七五州郡典五古梁州上補。

〔九〕刺史夏侯道遷以所部叛降後魏　「後魏」諸本並作「西魏」。按梁天監三年，爲後魏宣武帝正始元年，下距西魏立國尚有數十年，不應此時便有西魏。本編下文興元府「後魏亦置梁州」下注云：「梁天監三年，夏侯道遷以州郡入魏。大同初復之。元帝末，陷于西魏。」又魏書卷七一夏侯道遷傳及通典卷一七五州郡典五古梁州總叙、紀勝卷一八三興元府條記此事亦俱作「後魏」。今訂改。

〔一〇〕江源　原作「洪源」，據舊唐書卷四一地理志四、新唐書卷四二地理志六、元和志卷三二及本卷下文當州條改。按「洪源」乃黎州之郡名，已見上文，此不當重出。

〔一一〕公孫述劉備李雄譙縱王建孟知祥迭據之　諸本同。按本編下文興元府「漢中輒没」下注文及通典卷一七六州郡典六古梁州風俗「公孫述」下並有「劉備」二字。此處脱漏，今據補。

〔一二〕旬陽　原作「洵陽」，據元本及漢書卷二八上地理志八上漢中郡條改。

〔一三〕什方　諸本同，史記卷五五留侯世家亦同。漢書卷二八上地理志八上廣漢郡作「汁方」，卷一六高惠高后文功臣表四作「汁防」，史記卷一八高祖功臣侯年表六作「汁邡」，後漢書卷三三郡國志五廣漢郡、華陽國志卷三蜀志作「什邡」。蓋異稱也。

〔一四〕葭明　原作「葭萌」，據漢書卷二八上地理志八上廣漢郡條改。按後漢改爲葭萌。

〔一五〕朐忍　原作「朐䏰」，據元本、慎本改。按漢書卷二八上地理志八上巴郡、水經注卷三三江水篇、嘉慶一統志夔州府都作「朐忍」，足證。西晉又改爲朐䏰，本卷下文雲安下有朐䏰城。

〔一六〕毋棳　諸本並作「毋掇」。按漢書卷二八上地理志八上益州郡下作「毋棳」，師古曰：「毋讀與無同。棳音之悅反，其字從木。」水經注卷三六温水篇載：「温水又東南徑興古郡之毋棳縣東。」今據改。西晉泰始五年，又改爲毋掇。

〔一七〕蘇示　原作「蘇衹」，據元本及漢書卷二八上地理志八上越嶲郡條改。按隋始有蘇衹之名。

〔一八〕巴郡　「巴」下原有「都」字。按晉書卷一四地理志上梁州有「巴郡」無「巴都郡」，云：「巴郡，秦置。」漢書卷二八地理志八上、華陽國志卷一巴志俱作「巴郡」。此「都」字衍，今據删。

〔一九〕堂狼　原作「堂琅」，據元本、馮本、慎本及晉書卷一四地理志上朱提郡條改。

〔二〇〕定筰　原作「定莋」，據元本、慎本改。按「定莋」漢縣名，晉改作「定筰」，見晉書卷一四地理志上越嶲郡條。

〔二一〕毋斂　諸本並作「毋劍」。按晉書卷一四地理志上牂柯郡條原亦作「毋劍」，標點本晉志據斠注改，見彼校勘記〔四四〕。今從改。

〔二二〕並渠　原誤作「井渠」，據元本及晉書卷一四地理志上牂柯郡條改。

〔二三〕存鄢　原作「郁鄢」，據元本、馮本、慎本改。　按晉書卷一四地理志上、華陽國志卷四南中志建寧郡條俱作「存鄢」。

〔二四〕同瀨　原作「銅瀨」，據元本、馮本、慎本及晉書卷一四地理志上、華陽國志卷四南中志建寧郡條改。

〔二五〕興晉　諸本並倒，晉書卷一五地理志下魏興郡條亦倒。　標點本晉志校勘記〔一四〕引方校云：「『晉興』當作『興晉』，見宋志三。」按方校是，又華陽國志卷二漢中志魏興郡下亦作「興晉」。今據以乙正。

〔二六〕綏陽　原作「緩陽」，據晉書卷一五地理志下、華陽國志卷二漢中志新城郡、宋書卷三七州郡志二新城太守綏陽令條改。

〔二七〕潭水　原作「鐔水」，據元本、馮本、慎本及隋書卷二九地理志上漢陽郡條改。

〔二八〕汶山郡十一縣　此云十一縣，實則僅列九縣，以隋書卷二九地理志上汶山郡條勘校，知漏去汶川、左封二縣。

〔二九〕北川　原作「比川」，據元本、慎本及隋書卷二九地理志汶山郡條改。

〔三〇〕後魏大將元英率兵十萬　「後」原作「從」，「元英」原作「元萊」，並據馮本、慎本及魏書卷一九下、北史卷一八元英傳、元和志卷二二、寰宇記卷一三三興元府條改。

〔三一〕元帝末又陷於西魏　「又」字原脱，據元本、馮本、慎本補。

〔三二〕興元元年爲府屬山南道山南西道節度　按「山南西道節度」與上句不連貫，檢新唐書卷六七方鎮四載：「廣德元年，升山南西道防禦守捉爲節度使，尋降爲觀察使。建中元年，升山南西道觀察使爲節度使。」紀勝卷一八三興元府、大清一統志漢中府條俱同。　據此，則「山南西道節度」誤倒在「興元元年爲府屬山南道」句之下，又脱「升山南西道節度」之日月。

〔三三〕以三泉直屬京　「直」字原脱，據元本、馮本、慎本補。按長編卷八乾德五年五月庚寅條：「詔興元府三泉縣直隸京師。」輿地廣記卷三二龍州三泉縣亦謂「乾德五年，以縣直隸京師」，並可證。

〔三四〕西和　「西」字原脱，據宋會要方域七之七、宋史卷八五地理五西和州條補。宋志云：西和州，舊名岷州。紹興十二年，與金人和，以「岷」犯金太祖嫌諱改名。

〔三五〕汶川　諸本同。按水經注卷二七沔水篇、寰宇記卷一三三興元府南鄭、紀勝卷一八三興元府景物上俱有「文水」（或文川）無「汶川」。寰宇記文川下引梁州記云：「范柏年漢中人。常謁宋明帝，因言及南海貪泉。帝問柏年曰：『卿鄉中有此水名否？』柏年對曰：『臣漢中唯有文川、武鄉、廉泉、讓水。』」疑此處「汶」爲「文」之訛。

〔三六〕甘亭關　「甘亭」原作「甘泉」，據元本、馮本、慎本改。按元和志卷二二、寰宇記卷一三三興元府褒城縣條亦作「甘亭」。

〔三七〕魏曹爽攻圍不克　「曹爽」原誤作「曹操」，據三國志卷四三王平傳及元和志卷二二、通典卷一七五、輿地廣記卷三二洋州興道縣條改。

〔三八〕西魏後周並爲洋州因水爲名及洋川郡　「洋州」原作「洋川」。按隋書卷二九地理志上漢川郡西鄉、舊唐書卷三九地理志二、元和志卷二二、寰宇記卷一三八俱作「洋州」。今據改。

〔三九〕或爲洋川郡　按本書文例，「郡」下應有「屬山南道領縣四」七字。

〔四〇〕蜀爲武定軍節度　「軍」原作「平」。按九域志卷八洋州下載：「僞蜀武定軍節度。皇朝景祐四年，改武康軍。」輿地廣記卷三二、宋史卷八九地理志五洋州條亦並作「武定軍節度」。今據改。

〔四一〕後漢屬京兆尹　「尹」原作「郡」。按兩漢時無京兆郡之名，檢後漢書卷二九郡國志一「京兆尹」下云：「秦內史，武帝改。」通典卷一七五州郡典五商州、元和志卷一、輿地廣記卷一三京兆府也都作「京兆尹」，並可證。

〔四二〕方山原　「原」字原脱，據上文及繫年要録卷一四六、續通鑑卷一二五宋紀高宗紹興十二年八月條補。下同。

〔四三〕丹水　諸本並作「丹山」。按漢書卷二八上地理志八上弘農郡丹水下云：「水出上雒冢領山，東至析入鈞。」水經注卷二〇丹水篇：「丹水出京兆上洛縣西北冢領山，東南流，與清池水合。」又隋書卷三〇地理志中上洛郡上洛、九域志卷三商州上洛都無「丹山」，有「丹水」。今據改。

〔四四〕唐末置戎昭軍節度　「唐末置」三字原闕，「戎昭」原作「昭戎」，並據新唐書卷六七方鎮四、新五代史職方考、紀勝卷一八九金州、嘉慶一統志卷二四一興安府條補、改。

〔四五〕洵陽　原作「洵康」，涉上而訛，據舊唐書卷三九地理志二、新唐書卷四〇地理志四、通典卷一七五州郡典五、寰宇記卷一四一金州條改。

〔四六〕治水　諸本同。按九域志卷一金州西城、寰宇記卷一四一商州洛南、方輿紀要卷五商州俱無「治水」而有「洛水」。又本篇上文商州洛南下亦謂有洛水。疑原刊「治」爲「洛」之形誤。

〔四七〕龍驤山　原作「龍襄山」，據馮本、慎本改。按寰宇記卷一三七開州永穆縣、九域志卷八、輿地廣記卷三三達州永睦縣、清嘉慶四川通志卷一八輿地志綏定府達縣都作「龍驤山」，皆可證。

〔四八〕有三江水　諸本並同。按寰宇記卷一三七達州三岡縣有三岡水，云：「三岡水，南自流江縣來，北流經縣東十里合東關水。」嘉慶一統志卷四〇九綏定府亦作「三岡水」，謂「在達縣西」。又云：「按輿圖，今有通巴河，自大竹縣東月口山發源，東北流二百餘里，至州西南四十里許，入通川江，即三岡水也。」疑此「三江水」爲「三岡水」

之誤。

〔四九〕隋初屬渝州煬帝廢渝州屬巴郡　上「屬」字原作「置」，「煬帝廢渝州」五字原無。按隋制，隋初改郡爲州，大業初改州爲郡。此云「隋初置渝州屬巴郡」，顯與隋制不符，且又有脱誤。爲上下文相貫，今據通典卷一七五州郡典五涪州下行文，並參考隋志、紀勝、方輿紀要等志書改、補。

〔五〇〕有樂温山　「樂」諸本並脱，據寰宇記卷一二〇、九域志卷八、輿地廣記卷三三、紀勝卷一七四涪州樂温縣條補。紀勝云：樂温縣「以縣南樂温山爲名」。

〔五一〕有汶江　「汶江」諸本並作「汝江」。考元和志卷三三、寰宇記卷八八、九域志卷七、紀勝卷一五三瀘州瀘川下並有汶江(或作汶水)而無汝江。作「汶江」是，今據改。

〔五二〕有淯井監　「淯井」原作「清井」。按九域志卷七瀘州監二下云：「熙寧八年，夷人獻納長寧等十州土地，隸淯井。」又云：「淯井，州西南二百六十三里。」輿地廣記卷三一、紀勝卷一六六、宋史卷八九地理志五長寧軍下亦並作「淯井監」。此「清」明「淯」之形訛，今據馮本及以上諸志改。

〔五三〕梁置歸化木門二郡　「木門」諸本並作「木蘭」。按隋書卷二九地理志上清化郡清化云：「梁置，曰伏强，有木門郡。」又寰宇記卷一三九、輿地廣記卷三二巴州下俱謂：梁置歸化、木門二郡。今據改。

〔五四〕化城　原作「化成」，據元本、慎本改。下同改。

〔五五〕隆城　諸本並作「龍城」。按魏書卷一〇一獠傳：「朝廷以梁、益二州攝險遠，乃立巴州以統諸獠。又立隆城鎮，所管獠二十萬户。」寰宇記卷一三九巴州下引後魏典略云：「此州故有隆城，堅險，因置陵州即此。」通鑑卷一五三梁紀九武帝中大通元年秋七月「又立隆城鎮」條胡三省注引宋白曰：「取其連岡地勢高隆爲名，後爲隆州。」則此「龍」爲「隆」之訛，今據改。

〔五六〕諸水　諸本並作「渚水」，據舊唐書卷三九地理志二、新唐書卷四〇地理志四、通典卷一七五州郡典五、寰宇記卷一四〇壁州條改。

〔五七〕宋乾德五年　「五年」，九域志卷一〇壁州下云：「乾德四年，省廣納、東巴二縣入通江。」寰宇記卷一四〇壁州通江縣亦作「四年」。

〔五八〕或爲咸安郡　「咸安」諸本並作「威安」，據舊唐書卷三九地理志二、新唐書卷四〇地理志四、通典卷一七五州郡典五、寰宇記卷一三九蓬州條改。按蓬州，天寶元年改爲咸安郡，至德二載又改爲蓬山郡，並無「威安郡」之名。

〔五九〕貢紵絲綾綿紬　「綿紬」原作「錦紬」，據元本、馮本、慎本改。按九域志卷八、宋史卷八九地理志五蓬州土貢俱作「綿紬」。

〔六〇〕有大山　諸本並同。按寰宇記卷一三九蓬州蓬池下載：「有大寅山、龍章山、東華山。」紀勝卷一八八蓬州景物下：「有大寅山，在蓬池縣西。」嘉慶一統志卷三九三順慶府一：有大蓬山、大寅山、大方山、大耽山。以上諸志都不云「大山」，疑此處「大」下有脱文。

〔六一〕領縣四　「四」原作「三」，據下列實領縣數改。

〔六二〕通平　諸本並作「道平」。按唐、宋集州俱無「道平」之縣名。檢新唐書卷四〇地理志四集州大牟下載：武德二年，徙静州治狄平，更狄平曰地平。永泰元年，更地平曰通平。寰宇記卷一四〇集州嘉川廢通平縣下同。九域志卷一〇集州亦有「乾德五年，省通平、大牟二縣入難江縣」之文。作「通平」是，今據改。下同。

〔六三〕治石照　「石照」諸本並同。按九域志卷七、紀勝卷一五九、輿地廣記卷三一、宋史卷八九地理志五合州條均作「石照」。紀勝引國朝會要云：「乾德三年，以翼祖嫌名改爲石照。」今據改。下同。

〔六四〕桂溪　原作「貴溪」。按寰宇記卷一四九、輿地廣記卷三二忠州桂溪縣下俱謂：「以縣界桂溪爲名。」紀勝卷一七九梁山軍景物上亦云：「舊忠州桂溪縣，以桂溪爲名。」今據改。

〔六五〕唐武德初置南浦州　「南」諸本並脱。按舊唐書卷三九地理志二、新唐書卷四〇地理志四萬州下均謂：武德二年，割信州之南浦縣置南浦州。八年州廢，九年復置，曰浦州。寰宇記卷一四九萬州同，惟「二年」作「三年」。據此，則唐武德初所置爲「南浦州」。今據補。

〔六六〕梁置北巴州及北巴郡　「北巴州」，隋書卷二九地理志上巴西郡作「南梁北巴州」，云：「梁置南梁、北巴州，西魏置隆州。」洪齮孫補梁疆域志南梁、北巴州下云：「隋志巴西部，梁置南梁、北巴州。案此蓋雙頭州郡也。一統志作『南梁』，通典作『北巴』，皆舉其半。寰宇記梁天監中立東梁州，則更誤矣。」據此，這裏應作「南梁、北巴州」。又「北巴郡」，上引隋志閬内下同。按宋書卷三七州郡志三梁州有「北巴西太守」，南齊書卷一五州郡志下梁州亦有「北巴西郡」。疑原刊與隋志「郡」上俱脱一「西」字。

〔六七〕西魏平蜀置崇州及盤龍郡　「崇州」本西魏隆州，通典避唐玄宗諱改。通考仍通典之舊文。

〔六八〕宋改安德軍　「安德」二字原倒，據九域志卷八、紀勝卷一八五、宋史卷八九地理志五閬州條乙正。

〔六九〕有龍奔山　「奔」字原脱，據元本、馮本、慎本補。按寰宇記卷八六、九域志卷八、輿地廣記卷三二閬州新政下並有「龍奔山」。

〔七〇〕西魏有宋王城熙寧四年省爲鎮入奉國　各本同。按「岐坪」下注文與通考輿地考注例不符，參元和志等志，此條注文似應書爲「宋宋安縣，後魏改。熙寧四年，省爲鎮入奉國。有西魏宋王城」。

〔七一〕掌天山　諸本同，寰宇記卷八六閬州西水縣亦同。元和志卷三三劍州臨津縣、九域志卷八閬州西水作「掌夫山」。

〔七二〕開寶二年　「二」原作「三」，據元本、馮本、慎本及九域志卷七、輿地廣記卷三一廣安軍岳池縣、紀勝卷一六五廣安軍、嘉慶一統志卷三九三順慶府改。

〔七三〕犍爲漢開　「開」諸本並作「關」，通典卷一七五州郡典五普州同。按犍爲乃漢郡名，作「關」不可通。本編下文嘉州條云：「故夜郎國，漢武開之，置犍爲郡。」漢書卷二八上地理志八上犍爲郡下亦謂：「武帝建元六年開。」又史記卷一一六、漢書卷九五西南夷傳俱稱，漢建元六年，唐蒙伐西戎，得夜郎，「乃以爲犍爲郡」。則此處「關」明爲「開」之訛，今訂改。

〔七四〕熙寧五年　諸本同，宋史卷八九地理志五普州、嘉慶一統志卷四〇七潼川府普康廢縣下亦同。九域志卷七、宋會要方域一二之一六、紀勝卷一五八、宋朝事實卷一九並作「乾德五年」。按夢溪筆談卷一二省廢州軍監縣表，將「熙寧」與「乾德」均列入表中。據此，則普康縣曾兩度被廢。

〔七五〕後周爲周安郡　「周安」諸本並作「同安」，通典卷一七五州郡典五開州同。按隋書卷二九地理志上通川郡西流縣下云：「後魏曰漢興。西魏改焉，又置開州，及周安、萬安、江會三郡。後周省江會入周安。開皇初郡並廢，大業初州廢。」寰宇記卷一三七、輿地廣記卷三三開州條亦俱謂「後周置周安郡」。則此處「同」乃「周」之形訛，今據改。

〔七六〕領縣五　按作「五」與下列實領縣數三及上文唐領縣三下注「宋同」句均不相符。疑「五」爲「三」之誤。

〔七七〕春秋時爲夔國　「夔國」各本同。按夔州無夔國而有巴子國，宋人劉昌詩在蘆蒲筆記卷四夔子國條有考證，云：「夔州，春秋時巴子國也。今人言夔州，以至文字間率曰夔子國，而不知其誤，往往以劉禹錫爲證。余考禹錫之記云：『夔，子國也。』其文意謂夔乃子國，蓋是兩句。訛以傳訛，因不復辯，殊不知夔子國今實在歸州。」

〔七八〕唐武德三年　「三年」諸本同，通典卷一七五州郡典五夔州亦同。按舊唐書卷三九地理志二、新唐書卷四〇地理志四、寰宇記卷一四八、輿地廣記卷三三都作「二年」。疑是。

〔七九〕宋建雲安軍　「建」原作「改」。按本編下文雲安軍條云：「宋開寶六年，以夔州雲安縣建爲軍。屬夔州路。」九域志卷八、紀勝卷一八二、宋史卷八九地理志五雲安軍條並同。又寰宇記卷一四七雲安軍下詳述其置軍緣由云：「皇朝乾德二年，以夔州雲安縣上水去州二百里，人户輸納不便，於本縣建一軍。從本州之所奏請也。仍領雲安一縣。」則此處作「改」非是，今訂正。

〔八〇〕高邵山　元本、馮本、慎本俱作「高郡山」。通典卷一七五州郡典五夔州巫山下作「高郁山」。寰宇記卷一四八、輿地廣記卷三三夔州巫山縣、嘉慶一統志卷四一六忠州並有「高都山」。寰宇記引江源記云：「楚詞所謂『山之陽，高丘之阻』。高丘蓋高都也。」按「邵」、「郡」、「郁」、「都」字形皆相近，容易致訛，疑作「都」是。

〔八一〕宋乾德四年　「乾德」原誤作「乾道」，據元本、馮本、慎本改。按九域志卷七、輿地廣記卷二九嘉州、紀勝卷一四六、宋史卷八九地理志五嘉定府亦並作「乾德」。

〔八二〕沬江　原作「沵江」。按漢書卷二九溝洫志載：「於蜀，則蜀守李冰鑿離堆，避沬水之害。」師古注曰：「沬音本末之末。水出蜀西南徼外，東南入江。」水經注卷三六沬水注云：沬水「東北與青衣水合」。又九域志卷七嘉州龍游縣、紀勝卷一四六嘉定府景物上並有「沬水」，無「沵水」。今據改。

〔八三〕有金山　「金山」，元本、馮本、慎本並作「金金山」。

〔八四〕絳水　原作「洚水」。按寰宇記卷七六簡州平泉縣絳水下云：「在州南，色亦如絳，故名。九州要記云，在赤水之北是也。」紀勝卷一四五簡州景物上絳水下載：「圖經云，即赤水也。方輿紀云，絳水在縣南，色澤如絳。」九域志卷七簡州平泉縣亦有絳水。作「絳水」是，今據改。

〔八五〕西魏置陵州　周書卷三閔帝紀及元和志卷三三、寰宇記卷八五陵州、輿地廣記卷三〇仙井監俱云：後周閔帝置陵州。按隋書卷二九地理志上隆山郡、紀勝卷一五〇陵州條同原刊，作「西魏置陵州」，紀勝於又置陵州下辯之曰：「象之謹按後周書陸騰傳，魏恭帝三年陵州木籠獠反，詔騰討之。是魏恭帝時已有陵州，非置於後周也。」王仲犖北周地理志卷三以爲兩者分歧在於，一是「西魏末所追稱之者」，一是「見之朝廷令文也」。王說可謂得之。

〔八六〕隋置崇山郡　「崇山郡」本隋之「隆山郡」，杜佑避唐玄宗諱改。通考此處承通典之舊文。

〔八七〕「熙寧五年」至「餘二縣隸仙井」　此段文字有訛脱。考宋史卷八九地理志五仙井監載：「熙寧五年，廢爲陵井監。宣和四年，改爲仙井監。」紀勝卷一五〇引國朝會要同。宋朝事實卷一九隆州：「熙寧五年，降隆州爲陵井監。政和三年，改爲仙井監。」據此，則熙寧五年所改爲陵井監，非仙井監；其陵井改仙井，諸志記載不一，然在徽宗之時無疑。

〔八八〕有陵井　「陵井」原作「棱井」，據馮本、慎本及上文陵州注「以陵井爲名」句改。

〔八九〕仁壽山　諸本並同。按寰宇記卷八五、九域志卷七陵州仁壽縣、紀勝卷一五〇陵州景物下俱無「仁壽山」有「仁壽水」。此「山」恐是「水」之誤。

〔九〇〕禄水　原作「禄山」。按元和志卷三三、寰宇記卷八五陵州貴平縣都作「禄水」，嘉慶一統志卷四一三資州亦謂有禄水，引舊志云：「在縣北八十里，下流合於洪溪，唐縣禄川以此得名。」今據改。

〔九一〕有梓山　諸本同。按寰宇記卷八五陵州籍縣下作「木梓山」，云：「在縣北八十里，出梓木。」紀勝卷一五〇陵州景物下、嘉慶一統志卷四一三資州亦俱作「木梓山」。疑「梓」上脱「木」字。

〔九二〕唐復置眉州　「復」字原脱，據元本、馮本、慎本補。按補「復」字，與上文「西魏改青州爲眉州」句相合。

〔九三〕有導江　「導江」原作「道江」，據元和志卷三二、寰宇記卷七四、九域志卷七眉州彭山縣條改。

〔九四〕有龍洲　「龍洲」原作「龍州」。按寰宇記卷七四眉州彭山縣作「龍洲」，引括地志云：「鼎山北有龍洲，東接導江。」作「龍洲」是，今據改。

〔九五〕有涓池　「涓池」諸本並同。按寰宇記卷八五榮州旭川縣有「滇池」，無「涓池」，云：「滇池周回三百里。水出駿馬，日行五百里。」疑作「滇池」是。

〔九六〕資官　各本原作「咨官」，據寰宇記卷八五、九域志卷七、輿地廣記卷三一、紀勝卷六〇、宋史卷八九地理五榮州條改。按唐後期改「咨官」爲「資官」。新唐書卷四二地理六榮州領縣即作「資官」。

〔九七〕有擁斯水　「擁斯水」諸本並同。寰宇記卷八五榮州資官縣下作「擁思茫水」，謂「在縣西二十里」。九域志卷七、輿地廣記卷三一榮州資官縣均作「灉斯水」。紀勝卷一六〇榮州景物下作「擁思水」。

〔九八〕兩漢屬武都郡　「兩漢」原作「西漢」，據後漢書卷三三郡國志五武都郡及通典卷一七六州郡典六、輿地廣記卷一五鳳州條改。

〔九九〕唐爲鳳州或爲河池郡　「唐爲鳳州」原作「屬山南道」。按「屬山南道」四字依通考注例，當在「或爲河池郡」下。

此乃衍文，今據元本、馮本、慎本刪。

〔一〇〇〕後魏縣　「縣」字原脱，據隋書卷二九地理志上河池郡及元和志卷二二、寰宇記卷一三四、輿地廣記卷一五鳳州兩當縣條補。

〔一〇一〕有故道水　「故道水」原作「固道水」。按水經注卷二〇漾水篇載：「兩當水出陳倉縣之大散嶺，西南流入故道川，謂之故道水。」元和志卷二二、寰宇記卷一三四鳳州河池縣、嘉慶一統志卷二三七漢中府並作「故道水」。今據改。

〔一〇二〕徙治寶井堡　「寶」諸本並脱，據新唐書卷四〇地理志四成州、方輿紀要卷五九鞏昌府成縣寶井山、嘉慶一統志同谷城條補。

〔一〇三〕入秦鳳路　依本書文例，「入」似應作「屬」。

〔一〇四〕逕江油　「江油」二字諸本並倒，據三國志卷二八鄧艾傳及元和志卷三三、輿地廣記卷三二龍州、嘉慶一統志卷三九九龍安府條乙正。按此「江油」係蜀漢所置之江油戍，爲鄧艾伐蜀之路。

〔一〇五〕即此是也　「即」原作「郡」，文義不通，據馮本及通典卷一七六州郡典六、寰宇記卷一三四文州條改。

〔一〇六〕紹興五年　「五年」諸本同，嘉慶一統志卷三九九龍安府亦同。皇宋十朝綱要卷二〇、宋史卷八九地理志五政州、續通鑑卷一〇九都作「元年」。方輿紀要卷七三龍安府作「紹興初」。

〔一〇七〕涪水　原作「流水」。按元和志卷三三、寰宇記卷八四、輿地廣記卷三二龍州江油、方輿紀要卷七三、嘉慶一統志卷三九九龍安府江油縣並有涪江，無「流水」。復按水經注卷三二涪水篇載，「涪水出廣漢屬國剛氏道徼外，東南流逕涪縣西」；「涪水又東南逕江油戍北」。則此「流」明「涪」之訛，今據改。

〔一〇八〕胤山　原作「允山」，清避世宗諱改。今據元本、馮本、慎本及舊唐書卷三九地理志二、新唐書卷四〇地理志四利州條改回。下同改。

〔一〇九〕唐胤山縣　「縣」下原衍「治」字，據元本刪。

〔一一〇〕隆興二年　「隆興」二字原倒。按宋代紀元無「興隆」者，今據馮本、慎本及宋會要方域七之七、紀勝卷一八六、宋史卷八九地理志五隆慶府條乙正。又「二年」下，上引諸志俱有「以孝宗潛邸升普安軍節度，紹熙元年」十餘字。這裏顯有脱文。

〔一一一〕今郡城即漢涪縣也　諸本「涪」下原有「城」字。按漢無「涪城縣」而有「涪縣」，見漢書卷二八上地理志廣漢郡條。又元和志卷三三、輿地廣記卷二九綿州巴西縣下亦俱謂「本漢涪縣地，屬廣漢郡」。則此處「城」字爲衍文，今據刪。

〔一一二〕羅磧山　原誤作「羅墳山」，據寰宇記卷八三、輿地廣記卷二九、方輿紀要卷六七綿州羅江縣及嘉慶一統志卷四一四綿州直隸州條改。

〔一一三〕二漢屬廣漢郡地　「廣漢」原作「廣信」，又「郡」上原有「巴西二」三字。按二漢無「廣信郡」，亦無「巴西郡」，檢元和志卷三三、輿地廣記卷三一梓州、紀勝卷一五四、嘉慶一統志卷四〇六潼川府並謂：二漢屬廣漢郡地。又宋書卷三八州郡志四巴西太守下引譙周巴記云：建安六年，劉璋分巴郡墊江以上爲巴西郡。通鑑卷六四漢獻帝建安六年秋九月「功曹巴西閻圃諫曰」下胡三省注引譙周巴記同。據此，則「廣信」乃「廣漢」之訛，「巴西二」三字當係衍文，今據以改、刪。

〔一一四〕玄武　「玄」原作「元」，清人諱改。今據九域志卷七梓州、宋史卷八九潼川府中江縣條改回。下文「元武山」亦同改。

〔一一五〕蜀招葺院　「招葺院」諸本並作「招葺縣」。按寰宇記卷八二梓州東關縣：本鹽亭縣雍江草市也，僞蜀明德四年，割樂平等三鄉立招葺院。皇朝乾德四年平蜀，升爲縣，取古關東地之名。輿地廣記卷三一梓州、紀勝卷一五四潼川府東關縣亦俱謂：蜀置招葺院。國朝乾德四年，以招葺院置東關縣。此處「招葺縣」當是「招葺院」之誤，今訂改。

〔一一六〕後周置遂州及石山郡　「石山郡」原作「興西郡」。按隋書卷二九地理志上遂寧郡方義：「梁曰小溪，置東遂寧郡。西魏改縣名焉。後周改郡曰石山。」輿地廣記卷三一遂州、紀勝卷一五五遂寧府亦云「後周置遂州，改郡曰石山」。作「石山」是，今據改。

〔一一七〕前蜀武信軍節度　「蜀」原作「屬」，據馮本、慎本改。按通鑑卷二六一唐昭宗光化二年五月甲午條有「置武信軍節度於遂州」句及胡三省注「王建之志也」等語，可證。

〔一一八〕鶴鳴山　「鶴鳴」二字原倒。按水經注卷二七沔水篇載，張陵「學道於蜀鶴鳴山」。寰宇記卷八七遂州小溪縣：「鶴鳴山在縣東北二十里，上有古觀，松上常有皓鶴鳴唳。」新唐書卷四二地理志六劍南道總叙稱，鶴鳴山爲「其名山岷、峨、青城」之一。作「鶴鳴」是，今據以乙正。

〔一一九〕端拱二年　按九域志卷七、輿地廣記卷二九、宋史卷八九地理志五成都府及皇宋十朝綱要卷二作「端拱元年」。

〔一二〇〕宋乾德五年　「五」原作「二」，據元本、馮本、慎本改。按本編下文懷安軍條有「宋乾德五年，以漢州金堂縣來屬」之文。

〔二二〕有紫巖山　「紫巖山」原誤作「紫巖石」，據馮本、慎本改。寰宇記卷七三、九域志卷七、輿地廣記卷二九漢州綿竹縣亦作「紫巖山」，與馮、慎本符合。

〔二三〕或爲濛陽郡　「陽」原誤作「郡」，據元本、馮本、慎本及舊唐書卷四一地理志四、新唐書卷四二地理志六彭州條改。

〔二三〕有昌山　諸本並同。按元和志卷三一彭州唐昌縣、九域志卷七彭州永昌縣、嘉慶一統志卷三八四成都府都謂「有昌化山」。疑此處「昌」下脱「化」字。

〔二四〕後置晉原郡　「晉原」諸本並作「晉康」，據晉書卷一四地理志上益州、宋書卷三八州郡志四晉原太守、元和志卷三一、寰宇記卷七五、輿地廣記卷二九蜀州條改。下同。按「晉康郡」晉時屬廣州，與此遥隔。

〔二五〕或爲唐安郡　「郡」諸本並脱，據舊唐書卷四一地理志四、新唐書卷四二地理志六、通典卷一七六州郡典六及寰宇記卷七五蜀州條補。

〔二六〕前蜀析青城置永康縣　「縣」原作「軍」。按「永康」置軍在宋太宗時，考寰宇記卷七五蜀州永康縣載：「僞蜀廣政十二年，割郭信等八鄉就横渠鎮置征税院。至十六年，升爲永康縣，以便於民。」輿地廣記卷二九、宋史卷八九地理志五蜀州永康縣、嘉慶一統志卷三八五成都府永康廢縣下亦謂「五代蜀置」。今據改。

〔二七〕割永康縣隸石泉軍　「隸」諸本並脱，據下文及紀勝卷一五二、宋史卷八九地理志五石泉軍條補。

〔二八〕有鄀江　「鄀江」諸本並作「鄀江」。按漢書卷二八上地理志八上蜀郡江原云：「鄀水首受江，南至武陽入江。」水經注卷三三江水篇亦謂：「鄀江水出江源縣，首受大江，東南流至武陽縣注於江。」元和志卷三一蜀州唐興、寰宇記卷七五蜀州江源縣下俱作「鄀江」。今據改。

〔一二九〕宋齊並屬晉原郡　「晉原」原誤作「晉康」，今改正，説見本卷校勘記〔一二四〕。

〔一三〇〕有火井　「火井」原作「大井」，據馮本、慎本改。按華陽國志卷三蜀志臨邛縣、隋書卷二九地理志上臨邛郡臨邛縣、寰宇記卷七五邛州臨邛縣俱謂有「火井」。

〔一三一〕西魏置蒙山郡　「蒙山」原作「濛山」，據隋書卷二九地理志上臨邛郡嚴道縣、元和志卷三二、寰宇志卷七七、輿地廣記卷三〇、紀勝卷一四七雅州條改。

〔一三二〕唐爲雅州　「唐」原作「廢」，據舊唐書卷四一地理志四、新唐書卷四二地理志六、通典卷一七六州郡典六雅州條改。

〔一三三〕有榮經山　「榮經山」諸本同。寰宇記卷七七雅州榮經縣作「榮經水」，云：「在縣東一里，出嚴道縣青山下，入縣界。」九域志卷七、紀勝卷一四七雅州榮經縣亦俱作「榮經水」。疑此處「山」爲「水」之誤。

〔一三四〕邛崍山　諸本並作「邛峽山」。按漢書卷二八上地理志八上蜀郡嚴道：「邛來山，邛水所出，東入青衣。」水經注卷三三江水篇：「邛崍山在漢嘉嚴道縣，一曰新道南山，有九折坂。」元和志卷三二雅州榮經縣亦謂：「邛崍山本名邛筰山，故筰人之界也。」是「崍」一作「來」，作「峽」乃誤字，今據改。下同。

〔一三五〕本冉駹國　「冉駹」諸本並作「冉䮾」。按史記卷一一六西南夷傳：「自冉駹以東北，君長以什數，白馬最大，皆氐類也。」漢書卷六武帝紀：「元鼎六年，以冉駹爲汶山郡。」後漢書卷一一六西南夷傳亦謂：冉駹夷者，武帝所開。其山有六夷、七羌、九氐，各有部落。據此，則「䮾」顯爲「駹」之訛，今訂改。下同。

〔一三六〕晉屬汶山郡　「汶山」諸本並作「汶川」，通典卷一七六州郡典六茂州同。按晉、宋、齊益州下皆無「汶川郡」而有「汶山郡」。檢晉書卷一四地理志上益州：「汶山郡，漢置，統縣八。」宋書卷三八州郡志四汶山太守下載：

「晉太康地志漢武帝立，孝宣地節三年合蜀郡，劉氏又立。」南齊書卷一五州郡志下益州亦作「汶山郡」。作「汶川」誤，今據改。

〔一三七〕梁置繩州　「繩州」諸本並作「澠州」，據隋書卷二九地理志上汶山郡汶山縣、寰宇記卷七八、輿地廣記卷三〇、紀勝卷一四九茂州條改。寰宇記云：「繩州，取桃關之路以繩爲橋，因作州稱。」

〔一三八〕或爲通化郡　「或」字原脱，據元本、馮本、慎本補。

〔一三九〕唐武德初　諸本同。通典卷一七六州郡典六維州亦同。按新唐書卷四二地理志六、寰宇記卷七八維州、方輿紀要卷六七威州下俱云：武德七年，開白狗等羌置。通鑑卷一九〇唐紀六繫此事於「武德七年春正月丙甲」。元和志卷三二維州作「武德四年」，其屬縣薛城、定廉二縣下又作「武德七年」。舊唐書卷四一地理志四維州作「武德元年」，又於薛城下作「武德七年」。疑作「七年」是。

〔一四〇〕景祐三年　「三」原作「二」，據長編卷一一八、宋史卷一〇仁宗紀、皇宋十朝綱要卷四廢置州府及九域志卷七、輿地廣記卷三〇威州條改。

〔一四一〕繩橋　諸本並作「澠橋」。考元和志卷三二茂州汶川縣云：「繩橋，在縣西北三里。架大江水，篾笮四條，以葛藤緯絡，布板其上，雖從風摇動，而牢固有餘，夷人驅牛馬去來無懼。」寰宇記卷七八、紀勝卷一四九茂州汶川縣也都作「繩橋」。今據改。

〔一四二〕宋乾德四年改爲永康軍　諸本並同。按寰宇記卷七三、宋史卷八九地理志五永康軍俱謂：乾德四年，改爲永安軍。太平興國三年，改爲永康軍。宋會要方域七之三、紀勝卷一五一永康軍下亦有「太平興國三年，改永安軍爲永康軍」之文。則此處有脱誤。

〔一四三〕熙寧五年　「熙寧」原誤作「太平興國」，據長編卷二三九、續資治通鑑長編紀事本末卷七七、皇宋十朝綱要卷八熙寧五年及宋史卷八九地理志五永康軍條改。

〔一四四〕復即導江縣治置永康軍使　「導江縣」諸本並作「導江郡軍」。按宋無「導江郡」，亦無「導江軍」，只有導江縣，爲永康軍治所。今據上下文及九域志卷七彭州、宋會要方域七之三、紀勝卷一五一永康軍條改。

〔一四五〕降爲軍使縣皆還舊隸　「降爲軍使縣」五字原脱，據元本及宋會要方域七之三、宋史卷八九地理志五、紀勝卷一五一石泉軍條補。

〔一四六〕貢紬　「紬」原作「油」，據元本、馮本、慎本改。按九域志卷七、宋史卷八九地理志五懷安軍土貢亦俱作「紬」。

〔一四七〕中江　原作「中山」，據水經注卷三三江水篇及元和志卷三一漢州金堂縣、九域志卷七、輿地廣記卷三一懷安軍金水縣條改。

〔一四八〕有三江水　「三江」下原有「縣」字。按新定九域志卷七、紀勝卷一六四懷安軍景物上都作「三江」，並引山海經云：「三江者，大江、中江、北江也。」此「縣」係衍文，今據删。

〔一四九〕以合州濃洄鎮　「濃洄鎮」原作「農泗」，脱「鎮」字。按長編卷一〇開寶二年九月庚申載：「以合州濃洄鎮爲廣安軍。」寰宇記卷一三八廣安軍、方輿紀要卷六八廣安州、嘉慶一統志卷三九四順慶府亦俱作「濃洄鎮」。作「濃洄鎮」是，今據以改、補。紀勝卷一六五廣安軍作「洄濃」，係誤倒。

〔一五〇〕貢錦　「錦」諸本同。按九域志卷八、宋史卷八九地理志五梁山軍土貢都作「綿」。疑「錦」爲「綿」之形訛。

〔一五一〕以渝州南川縣銅佛垻地置軍　「渝州」諸本並作「恭州」。按上文重慶府云，崇寧元年改渝州爲恭州。此熙寧時不應有恭州之名。檢長編卷二七〇、皇宋十朝綱要卷八熙寧八年十一月丙戌及宋史卷四九六蠻夷傳、宋朝事實卷一九南平軍都作「渝州」。今據改。

〔一五二〕唐武德三年開南蠻置僰州四年改爲南州　諸本並同。按元和志卷三〇、舊唐書卷四一地理志五、宋史卷八九地理志五南州俱云：「武德二年開南蠻置，三年改爲僰州，四年復爲南州。」則此處顯有脱誤。

〔一五三〕隋置宕昌郡　通典卷一七六州郡典六宕州同。按隋書卷二九地理上宕昌郡良恭下載：「後周置，初曰陽宕，置宕昌郡。」元和志卷三九宕州良恭縣亦有「武帝天和五年置宕昌郡」之文。是後周武帝時已置宕昌郡，至隋大業罷州置郡，乃復置宕昌郡。此處脱書後周武帝置宕昌郡一節，又誤「郡」爲「都」，其誤字，據以上諸志更正。

〔一五四〕大中二年節度使鄭涯收復　「鄭涯」原作「鄭注」。按舊唐書卷一六九、新唐書卷一七九鄭注傳俱載：注於文宗太和九年十一月被誅。「太和九年」下距「大中二年」尚有十餘年，且注不曾爲山南西道節度使。復按新唐書卷四〇地理志四扶州下云：「乾元後没吐蕃，大中二年，節度使鄭涯收復。」通鑑卷二四八唐紀六四亦有「山南西道節度使鄭涯奏取扶州」之語。此「注」乃「涯」之形誤，今訂正。

〔一五五〕真　原作「貝」。按舊唐書卷四一地理志四、元和志卷三二、新唐書卷四二地理志六松州及寰宇記卷八〇俱作「真」。今據改。

〔一五六〕置恒香郡　「恒」原誤作「五」。按隋書卷二九地理志上同昌郡常芬縣下作「恒香郡」，云：「後周置，及立恒香郡。開皇初，郡廢。」元和志卷三九芳州常芬、寰宇記卷一五五叠州下亦俱作「恒香郡」。今據改。

〔一五七〕後周置覃州及覃川榮鄉二郡　「覃川」原作「覃州」，據隋書卷二九地理志上汶山郡通軌縣、通典卷一七六州郡典六、輿地廣記卷三〇成都府路當州條改。

〔一五八〕利和　元和志卷三二、新唐書卷四二地理志六、輿地廣記卷三〇當州同。舊唐書卷四一地理志四、寰宇記卷八一、通典卷一七六州郡典當州條作「和利」。

〔一五九〕後周置廣平左封二郡　「廣平」諸本並同。按隋書卷二九地理志汶山郡左封下作「廣年」，云：「後周置，曰廣年，及置廣年郡、左封郡。開皇初郡並廢。」輿地廣記卷三〇成都路化外州悉州條亦作「後周置廣年、左封二郡」，與此別。

〔一六〇〕徙治天保軍更郡名　「天保」原作「天寶」，「更郡名」原作「名保州」。考舊唐書卷四一地理四保州下云：「天寶元年改爲雲山郡，八載移治所於天保軍，乃更爲天保郡。」新唐書卷四二地理六、寰宇記卷八〇保州天保郡下俱謂：「天寶八年，徙治天保軍，更郡名。」據此，則原刊誤「天保」爲「天寶」，又將「更郡名」與改州名相混。今並據以乙正。

〔一六一〕嗣歸誠王董嘉俊以郡來歸更州名　「州名」二字原倒，據新唐書卷四二地理志六保州條乙正。按舊唐書卷四一地理志四有「董嘉俊以天保郡歸附，乃爲保州」文，可參證。

〔一六二〕謂之越巂獠郡　「越巂」原在「謂之」上。按南齊書卷一五州郡志下益州條載，獠郡有「東宕渠獠郡、越巂獠郡、沈黎獠郡、甘松獠郡、始平獠郡」。則越巂獠郡係獠郡之一，非「越巂謂之獠郡」。通典卷一七六州郡典六注此作「謂之越巂獽亦作獠郡」，與南齊志相合。今爲上下文詞義相貫，據通典移「越巂」於「謂之」下。

〔一六三〕隋改曰西寧州　諸本同，隋書卷二九地理志上越巂郡條亦同。按錢大昕廿二史考異卷三三隋書地理志上曰：「案周書本紀，天和五年，大將軍鄭恪率師平越巂，置西寧州。則西寧州乃後周所置，非始於隋也。」楊守敬隋書地理志考證附補遺亦從錢説，並補證云：「今考周書楊雄傳，遷西寧州總管府。又周書司馬裔傳，保定五年，除西寧州刺史在周末，開越嶲之先，正有西寧州之名。」錢、楊之説是。

〔一六四〕有繩水　「繩水」諸本並作「澠水」，據漢書卷二八上地理志上越嶲郡遂久、水經注卷三六若水篇及元和志卷三二、寰宇記卷八〇嶲州臺登條改。

〔一六五〕後州廢省三縣入昌明　「州」原誤作「周」，「省三縣」原無，並據新唐書卷四二地理志六、輿地廣記卷三〇成都府路化外州嶲州昌明縣及方輿紀要卷七四川衛軍民指揮使司昌明廢縣、嘉慶一統志卷四〇一寧遠府昌明廢縣條改、補。

〔一六六〕唐麟德元年於昆明之椑棟川置姚州　諸本同，通典卷一七六州郡典六姚州條亦同。按舊唐書卷四一地理志四姚州云：「武德四年置，在姚府舊城北百餘步漢益州郡之雲南縣。武德四年，安撫大使李英，以此州内人多姓姚，故置姚州，管州三十二。麟德元年，移姚州治於弄棟川。」輿地廣記卷三〇成都府路化外州姚州、元和志卷三二、新唐書卷四二地理志六姚州亦謂，武德四年，以漢雲南縣地置。則此處有脱誤。

〔一六七〕乃南渡瀘水　「乃」原作「及」，據元本、馮本、慎本及新唐書卷四二地理志六姚州條改。

卷三百二十二　輿地考八

古雍州

禹貢曰：「黑水、西河惟雍州。西據黑水，東距西河。西河即龍門之河也，在冀州西，故曰西河。黑水出今張掖郡鷄山，南流至今燉煌郡，經三危山，過今南溪郡而入南海。弱水既西，弱水，今張掖郡張掖縣界，理使西流，至合黎。合黎，亦張掖郡界中。涇屬渭汭。涇水出今平涼郡平高縣〔一〕。渭水出今隴西郡渭源縣。屬，逮也〔二〕。水北曰汭。言理涇入於渭，經秦川而入河也。在今新平郡宜禄縣。水經云：汭水經宜禄，名爲宜禄川〔三〕。漆、沮既從，灃水攸同。漆、沮之水，今京兆府華原、富平界，亦曰洛水。灃水出今長安縣之南山。言漆、沮既從入渭，灃水亦來同也。荆、岐既旅，荆山在今富平縣。岐山在今扶風郡岐山縣。荆山在岐東。言二山理畢，可旅祭。終南、惇物，至於鳥鼠。終南、惇物二山，皆在今長安及武功二縣。鳥鼠山在隴西郡首陽山西南。言自終南西出，至於鳥鼠。原隰底績，至於瀦野。高平曰原，下濕曰隰。瀦野，地名。言皆致功也。今武威郡姑臧縣即瀦野澤。三危既宅，三苗丕敘。三危，山名，言可居也。三苗，本有苗氏之族，今長沙、衡陽間是，徙居於此，分而爲三，故言三苗。皆大得其次叙也。三危山在今燉煌郡縣界。厥土黃壤。浮于積石，至于龍門西河，積石山在今西平郡龍支縣，龍門山在今絳郡龍門界，皆河水所經。會于渭汭。」逆流曰會。自渭北涯逆水西上。舜置十二牧，雍其一也。以其四山之地，故曰雍州。亦謂西北之位，陽所不及，陰所雍閉。周禮職方：「正西曰雍州。其山曰岳，即吳岳，在今汧陽郡吳山縣。藪曰絃蒲，在汧陽郡汧陽縣。川曰涇、汭，汭在豳地。詩大雅公劉之篇曰「汭鞫之即」。浸曰渭、洛。洛即漆、沮。其利玉、石。人三男二女。畜宜馬、牛，穀宜黍、稷。」兼得禹貢梁州之地矣。周自武王克殷，都於豐、鎬，則雍州爲王畿。豐邑在豐水，鎬京在豐水之東，並在今長安縣界。及平王東遷雒邑，以岐、豐之地賜秦襄公，乃爲秦地矣。至孝公作爲咸陽，築冀闕，徙都之，故謂之秦川，亦曰關中也。關中記云：「東自函關、弘農郡靈寳縣界，西至隴關今汧陽郡汧源縣界。二關之間，謂之關中，東西千餘里。」其在天文，東井、輿鬼則秦之分野，漢之京兆、扶風、馮翊、北地、上郡、安定、天水、隴西、金城、武威、張掖、酒泉、燉煌，皆其分地，今京兆、扶風、馮翊、華陰之西境，汧陽、新平、安定、彭原、安化、靈武、五原、寧朔、洛交、中部、延安、咸寧、上郡、銀川、新秦、朔方、天水、隴西、金城、會寧、安鄉、和政、寧塞、西平、武威、張掖、酒泉、晉昌、燉煌等郡。兼得魏、趙之交。漢之高陵以東，今馮翊之南境，華陰之東境也，宜屬魏。漢之雲中、五原之境，今榆林、九原、安北，屬趙。始皇置四十郡，此爲内史、今京兆、華陰、馮翊、扶風、汧陽、新平等郡是。上郡、今洛交、中部、延安、咸寧、上郡、銀川、新秦、朔方等郡地。北地、今安定、彭原、安化、平涼、靈武、五原、寧朔等郡地。九原、今九原、安北地是。隴西今天水、隴西、金城、會寧、安鄉等郡地是。及雲中之西南境。今榆林郡。其餘郡縣，自漢後歷代開置。其伊吾以西，並雍州之封域外，羌胡地也。臨洮、武威、張掖、西平、寧塞、酒泉、晉昌、燉煌，古雍州域内地，而非秦所置郡之境也。伊吾、交河、北庭、安西，則雍州域外。秦滅，項籍分秦地爲三國，曰雍、以章邯爲王，都廢邱〔四〕，今京兆府金城縣。塞、以司馬欣爲王，都櫟陽縣，今縣。翟，以董翳爲王，都高奴，今延安郡金明縣。謂之三秦。漢武帝置十三州，以其地西偏爲涼州，蓋以地處西方，常寒涼也。又置司隸，領三輔。後漢時，司隸、涼州並如前代〔五〕。州理於隴，今天水郡隴城縣〔六〕。魏分河西爲涼州，分隴右爲秦州，三輔仍舊屬司隸。改京兆尹爲守，馮翊、扶風各除左右。晉置雍州，領郡、國七，理京兆。涼州，領郡、國八，理武威，今郡。秦州。領郡六，理上邽，今天水郡。愍帝之後，劉聰、石勒、苻堅、姚萇相繼據之。及姚泓爲宋武帝所滅，後屬赫連勃勃，其州縣之名，不可得而紀也。後魏以其地置北秦、雍、南秦三州，雍州理京兆，即長安也〔七〕。秦州理天水，今郡上邽縣。南秦州理洛谷城，今天水郡伏羌縣。頗得古雍州之地。迨西魏以後及於周氏，分裂制置，其名甚多，不可悉數。隋氏置司隸刺史，分部巡察，而不詳所統。餘州皆然。唐分置十五部〔八〕，此爲京畿，京兆府、華陰、馮翊、扶風、新平等郡。關内道、安定、彭原、汧陽、中部、洛交、安化、靈武、榆林、延安、上郡、咸寧、銀川、平原、九原、會寧、五原、新秦、朔方、安北等郡。隴右道。武威、天水、安西、北庭、交河、晉昌、西平、隴西、燉煌、酒泉、金城、安鄉、寧塞、臨洮、和政、張掖、伊吾等郡。天寶盜起中國，而河西、隴右不守，陷於吐蕃。至大中、咸通，始復隴右。宋爲陝西路及河東路，麟、府二郡。内夏、銀、綏、宥、静、靈、鹽諸郡爲西夏所據，甘、凉、瓜、沙、肅、西、伊、安北、安西、北庭亦没於西夏及諸蕃。慶曆初，分陝西緣邊爲秦鳳、涇原、環慶、鄜延四路。熙寧間，又以熙、河、洮、岷州，通遠軍爲一路，各置帥。五年，又以五路、三十四州軍分爲兩路：永興軍等路，京兆、河中、陝、延、同、華、耀、邠、鄜、解〔九〕、慶、虢、商、寧、坊、丹、環、保安。秦鳳等路。鳳翔、秦、涇、熙、隴、成、岷、渭、原〔一〇〕、階、河、蘭、鳳、德順、鎮戎、通遠。紹興初，置川陝等路宣撫處置使。富平之敗，陝西五路俱陷於金。吴玠、胡世將等力戰，守鳳翔之和尚原。九年，和議成，歸我陝西地。十年，背盟入寇，再取陝西，僅餘階、成、岷、鳳四州，以屬四川之利州路云。

雍州之地，厥田上上，鄠、杜之饒，號稱「陸海」。言其高陸物産，如海之無所不出。四塞爲固，被山帶河。秦氏資之，遂平海内。漢初，高帝納婁敬説而都焉。又徙齊諸田，楚昭、屈、景，燕、趙、韓、魏之後，及豪族名家於關中，强本弱末，以制天下。自是每因諸帝山陵，則遷户立縣，率以爲常。故五方錯雜，風俗不一。漢朝京輔，稱爲難理。其安定、彭原之北，汧陽、天水之西，接近胡戎，多尚武節。自東漢、魏、晉，羌、氐屢擾，旋則苻、姚迭據，五涼更亂，三百餘祀，戰爭方息。帝都所在，是曰浩穰。其餘郡縣，習俗如舊。

古雍州歷代沿革之圖

春秋時可考者十四國。

秦　梁　召　崇　畢　豐　韓　賈　杜　西戎　義渠　白翟　鄭始封地是。　晉西境是。

秦時爲郡六。

內史　北地　上郡　九原　隴西　雲中西南境是。

漢時爲郡十六，縣二百三十一。

京兆尹〔二〕十二縣長安　新豐　船司空　藍田　華陰　鄭　湖　下邽　南陵　奉明　霸陵　杜陵

左馮翊二十四縣高陵　櫟陽　翟道　池陽　夏陽　衙　粟邑　谷口　蓮勺　徵　鄜　頻陽　臨晉　重泉　郃陽　祋祤　武城　沈陽　懷德　長陵　雲陵　萬年　陽陵　雲陽

右扶風二十一縣渭城　槐里　鄠　盩厔　斄〔三〕　郁　夷　美陽　郿　雍　漆　平陵　栒邑　隃麋　陳倉　杜陽　汧　好畤　虢　安陵　茂陵　武功

弘農郡十一縣弘農　盧氏　陝　宜陽　黽池　丹水　新安　商　析　陸渾　上雒

安定郡二十一縣高平　復累　安俾　撫夷　朝那　涇陽　臨涇　鹵　烏氏　彭陽　陰密　安定　參䜌　三水　陰槃　安武　祖厲　爰得　眴卷　月氏道〔一三〕　鶉陰

北地郡十九縣馬領〔一四〕　直路　靈武　富平　靈州〔一五〕　昫衍〔一六〕　方渠　除道　五街　廉　鶉孤　歸德　回獲　略畔道　泥陽　郁郅　義渠道　弋居　大叓〔一七〕

上郡二十三縣〔一八〕膚施　獨樂　陽周　木禾　平都　淺水　京室　洛都　白土　龜茲　襄洛　原都　漆垣　奢延　雕陰　推邪　楨林　高望　雕陰道　望松　定陽　高奴　宜都

朔方郡十縣三封　朔方　脩都　臨河　呼遒　窳渾　渠搜　沃壄　廣牧　臨戎

五原郡十六縣九原　固陵　五原　臨沃　文國　河陰　蒱澤〔一九〕　南興　武都　宜梁　曼柏　成宜　稒陽　莫䵣　西安陽　河目

天水郡十六縣平襄　街泉　戎邑道　望垣　罕幵〔二〇〕　綿諸道　阿陽　略陽道　勇士　成紀　清水　奉捷　隴　豲道　蘭干　冀

隴西郡十一縣狄道　上邽　安故　氐道　首陽　予道　大夏　羌道　襄武　臨洮　西

金城郡十三縣允吾　浩亹　令居　枝陽　金城　榆中　枹罕　白石　河關　破羌　安夷　允街　臨羌

武威郡十縣姑臧　張掖　武威　休屠　揟次　鸞鳥〔二一〕　樸劚　媼圍　蒼松　宣威

張掖郡十縣觻得　昭武　删丹　氐池　屋蘭　日勒　驪靬　番和　居延　顯美

酒泉郡九縣祿福　表是　樂涫　天陜〔二二〕　玉門　會水　池頭　綏彌　乾齊

燉煌郡六縣燉煌　冥安　效穀　淵泉　廣至　龍勒

西河郡西南境是。縣見冀州。

雲中郡西南境是。縣見冀州。

晉時爲郡國十九，縣九十九。

京兆郡九縣長安　杜陵　霸城　藍田　高陸　萬年　新豐　陰般　鄭

馮翊郡八縣臨晉　下邽　重泉　頻陽　粟邑　蓮勺　郃陽　夏陽

扶風郡六縣池陽　郿　雍　汧　陳倉　美陽

上洛郡三縣上洛　商　盧氏

安定郡七縣臨涇　朝那　烏氏　都盧　鶉觚　陰密　西川

北地郡二縣泥陽　富平

始平郡五縣槐里　始平　武功　鄠　蒯城

新平郡二縣漆　汾邑

金城郡五縣榆中　允街　金城　白土　浩亹

西平郡四縣西都　臨羌　長寧　安夷

武威郡七縣姑臧　宣威　揖次　倉松　顯美　驪靬〔二三〕　番和〔二四〕

張掖郡三縣永平　臨澤　屋蘭〔二五〕

酒泉郡九縣福禄〔二六〕　會水　安彌　騂馬　樂涫　表氏　延壽　玉門　沙頭

西海郡一縣居延

燉煌郡十二縣昌蒲　燉煌　龍勒　陽關　效穀　廣至　宜禾　冥安　深泉〔二七〕　伊吾　新鄉　乾齊

天水郡六縣上邽　冀　始昌　新陽　顯新　成紀

南安郡三縣獂道　新興　中陶

隴西郡四縣襄武　首陽　臨洮　狄道

略陽郡四縣臨渭　平襄　略陽　清水

隋時爲郡二十九，縣一百五十七。

京兆郡二十二縣大興　長安　始平　武功　盩厔　醴泉　上宜　鄠　藍田　涇陽　新豐　華原　宜君　同官　鄭　渭南　萬年　高陵　三原　富平　雲陽　華陰

馮翊郡八縣馮翊　韓城　郃陽　朝邑　澄城　蒲城　下邽　白水

扶風郡九縣雍　岐山　陳倉　虢　郿　普潤　汧源　汧陽　南由

安定郡七縣安定　鶉觚　陰盤　朝那　良原　臨涇　華亭

上郡五縣洛交　内部　三川　鄜城　洛川

北地郡六縣定安〔二八〕　羅川　彭原　襄樂　新平　三水

朔方郡三縣巖緑　寧朔　長澤

雕陰郡十一縣上縣 大斌 延福 儒林 真鄉 開光 銀城 城平 開疆 撫寧 綏德

延安郡十一縣膚施 豐林 金明 臨真 延川 延安 因城 義川 汾川 咸寧〔二九〕 魏平

弘化郡七縣合水 馬嶺 華池 歸德 洛源 弘化 弘德

平涼郡五縣平高 百泉 平涼 會寧 默亭

靈武郡六縣迴樂 弘靜 懷遠 靈武 鳴沙 豐安

鹽川郡一縣五原

五原郡三縣九原 永豐 安化

天水郡六縣上邽 冀城 清水 秦嶺 隴城 成紀

隴西郡五縣襄武 隴西 渭源 障 長川

金城郡二縣金城 狄道

枹罕郡四縣枹罕 龍支 大夏 水池

澆河郡二縣河津 達化

西平郡二縣湟水 化隆

武威郡四縣姑臧 昌松 番和 允吾

張掖郡三縣張掖 删丹 福禄

燉煌郡三縣燉煌 常樂 玉門

鄯善郡二縣顯武　濟遠

且末郡二縣肅寧　伏戎

西海郡二縣宣德　威定

河源郡二縣遠化　赤水

臨洮郡十縣美相　疊川　合川　樂川　歸政　洮陽　臨潭　臨洮　當夷　和政

榆林郡三縣榆林　富昌　金河

唐時爲州四十三，縣一百七十三。

京兆府二十縣　華州四縣　岐州九縣　同州七縣　隴州三縣　邠州四縣　涇州五縣　寧州六縣　慶州六縣　原州五縣　鄜州五縣　坊州三縣　丹州三縣　延州十縣　綏州五縣　銀州四縣　麟州三縣　府州一縣　夏州三縣　豐州三縣　勝州二縣　靈州四縣　鹽州二縣　宥州二縣　秦州四縣　渭州四縣　蘭州三縣　會州二縣　河州三縣　洮州一縣　岷州三縣　廓州三縣　鄯州三縣　凉州五縣　甘州二縣　肅州三縣　瓜州二縣　河州二縣　伊州三縣　西州五縣　庭州三縣　安北都護府二縣　安西都護府一縣

宋時爲州三十八，縣一百二十七。

永興軍十三縣　耀州七縣　乾州五縣　華州五縣　同州七縣　鳳翔府十縣　隴州四縣　邠州五縣　涇州四縣　寧州四縣　慶州三縣　定邊軍一縣　原州二縣　鎮戎軍一縣　懷德軍一縣　鄜州五縣

縣　坊州三縣　延安府十縣　保安軍一縣　丹州三縣　麟州三縣　府州一縣　環州一縣　西安州一縣　秦州六縣　渭州五縣　德順軍一縣　鞏州三縣　蘭州一縣　熙州一縣　會州一縣　河州一縣　積石軍一縣　洮州一縣　岷州三縣　鄯州一縣　湟州一縣　震武軍一縣

永興軍　周之舊都，平王東遷而屬秦，始皇以爲内史地。漢高祖初，屬塞國，後更爲渭南郡，尋罷，復爲内史。武帝分爲右内史，秦於右北分涇水，置鄭渠，灌田四萬餘頃。漢置白渠，灌田四千五百餘頃〔三〇〕。後更分京兆尹。領縣十二。後漢因之。領縣十。魏改尹爲守，後改爲秦國，後復爲京兆國。晉爲京兆郡，兼置雍州。領郡、國七，理於此。後魏亦然。後周復爲京兆尹。隋初，置雍州，煬帝改爲京兆郡。唐初，復爲雍州。開元三年，改爲京兆府。凡周、秦、漢、晉、西魏、後周、隋至於唐，並爲帝都。周謂幽王以上，漢謂西漢。晉愍帝亦暫都於此，凡四年。後魏孝武帝自洛陽來都之，是爲西魏，凡四主，得二十二年，而禪後周。其間王莽、更始、劉曜、苻堅、姚萇亦都於此。前趙劉曜爲石勒所滅。前秦苻堅爲姚萇所滅。後秦姚泓爲晉將劉裕所滅。唐號西京。漢高帝自櫟陽徙都長安，至惠帝方發人徒築城，今西北古城是也。至隋文帝開皇三年，移築新都〔三一〕，號曰大興，今城是也。武德以來，稱京城，天寶元年十二月，稱西京〔三二〕。屬關内道。領縣二十。萬年、長安、咸陽、三原、渭南、昭應、高陵、同官、富平、藍田、興平、雲陽、涇陽、鄠、奉天、好畤、武功、醴泉、華原、美原。梁爲佑國軍節度，大安府，俄改爲永平軍，以同官、奉先二縣屬同州。後唐復爲西京，府名仍舊，以富平、雲陽、三原三縣屬耀州，以奉先還隸。晉改晉昌軍。漢改永興軍，以商州乾祐來屬。周以渭南屬華州。宋建隆中，復以奉先隸同州。乾德二年，以好畤屬乾州。大觀元年，陞大都督府。舊領永興軍路安撫使〔三三〕。屬陜西永興軍路。建炎二年，金婁宿圍長安，外援不至，城陷，隴右大震。三年，虜渡渭河，犯永興，張浚合兵四十萬，敗於富平。三年，浚復取，旋復失。貢韡氈、蠟、席、酸棗仁、地骨皮。領縣十三，治萬年、長安。萬年，漢有萬年縣，屬左馮翊，在今櫟陽東北三十五里〔三四〕。後周始於長安城中置萬年縣。隋改爲大興縣。有軹道，秦子嬰降處。始皇墓在今縣東北。有終南山〔三五〕、子午谷、杜陵、樊川、渭水、灞水、滻水。宣和三年〔三六〕，改爲樊川縣。長安，漢置。周文王作豐，今縣西北靈臺。武王治鎬，今昆明池北鎬陂是也。有阿房宮、終南山、龍首山；細柳原，周亞夫所屯處〔三七〕。漢長樂宮在縣北故城中。又有渭水、灃水、鎬水及定昆池，安樂公主所穿。藍田，秦舊縣。有山出美玉。有白鹿原、藍田關、金谷水。鄠，夏有扈國。商爲崇國。漢縣。有鷄頭山、牛首山、澇谷水。咸陽，周王季都之，後畢公封焉。縣東十五里有故咸陽城，則秦所都。有長陵城，漢高帝陵。有棘門；杜郵亭，白起賜死處。醴泉，漢谷口縣地，隋改。有九嵕山、蘇武墓。涇陽，苻秦縣。有長平坂、涇水、大白渠、中白渠、南白渠。櫟陽，秦舊縣，獻公自雍徙居，亦曰萬年縣。有沮水、畦畤。高陵，隋縣。有涇水、渭水、白渠、秦姚萇墓。興平，唐縣。有渭水、醴泉、古犬邱城〔三八〕、馬嵬城。臨潼，古驪戎國。唐昭應縣，宋改。有驪山、鳳凰原、坑儒谷、鴻門坂、温泉、戲水。武功，古有邰國〔三九〕。漢縣。有武亭川、雍水、斜谷。乾祐。唐乾元縣，後漢改。

中興四朝地理志：潘岳以爲秦在隴、函二關之間，是爲關中。然函關固秦所立，而鳳州之散關，隴西之隴關，商州之武關，原州之蕭關，藍田之嶢關，其名皆已先秦而出。秦又自命其國以關中，則凡地在四關之内者，皆當繫關以爲之名也。文公朱熹曰：「前代所以都關中者，以黄河左右旋繞，所謂臨不測之淵也。近東獨有函谷關一路通山東，故可據以爲險。又關中之山，皆自西而東，若横山之險，乃山之極高處。本朝則自横山以北，盡爲西夏所有，據高以臨我，是以不可都也。神宗鋭意欲取横山，夏人以死爭之。」

按：先儒謂「宋北不得燕薊，則河北不可都；西不得靈夏，則長安不可都。」此專以形勢言也。然愚嘗論之，漢、唐都於長安，西北皆鄰强胡。漢之初興也，河西五郡皆匈奴之地，去長安密邇，故胡騎入寇則烽火通於甘泉。唐之初興也，突厥雄據西北，故入寇即犯渭橋。高祖至欲徙都以避之，可謂逼矣。然孝武用兵，取河西，奪其美地薦草以置郡縣。議者謂「斷匈奴之右臂」，而虜遂衰。至宣、元間，卒稱臣請命。太宗平突厥，俘高昌，置安西、北庭二府。至肅宗時，西北二胡，反能以兵助討安史，復兩京。然則漢、唐之於夷狄也，或取其地以爲我有，或役其兵以爲我用，則密邇寇敵之地，豈果不可都哉？蓋宋之兵力，劣於前代遠甚，故景德時，澶淵小警，而議者遽謀幸蜀、幸江南以避之。靖康後，女真南牧，一鼓傳汴，再駕陷京城，不一、二年間，踰河越淮，跨江躪浙，歷數千里如入無人之地。雖有金湯之險，幅員之廣，而望風奔北，大駕航海，幾不知税駕之所失在兵弱，非關於地之不廣且險也。假令承平時，盡得幽、薊、靈、夏之地，而兵勢不振如此，亦豈能救中天之禍哉！

耀州　唐末，李茂貞以京兆華原縣置耀州，義勝軍節度。領縣一。梁改崇州，靜勝軍。後唐復爲耀州，順義軍，以京兆府之富平、三原、雲陽，同州之同官、美原五縣來屬。宋太平興國初，改爲感德軍節度〔四〇〕。淳化四年，陞雲陽梨園鎮爲淳化縣。屬永興軍路。建炎四年，没於金。金隸陝西京兆府路。貢甆器。領縣七，治華原。

華原，唐縣。有石門山、漆水、沮水、祋祤城。　富平，漢縣。有荆山、鄭白二水。　三原，唐縣。有堯門山、青谷水。　雲陽，唐縣。有涇水、嶻嶭山；甘泉山，黄帝以來圜丘祭天處。金屬京兆府。　同官，後周縣。有白馬山、同官川。　美原，唐縣。梁改裕州。後唐復爲縣。有頻陽山〔四一〕。　淳化，宋縣。有仲山。金屬邠州。

乾州　唐末，李茂貞以京兆府奉天縣置乾州，領縣一。梁爲威勝軍〔四二〕。宋乾德二年，以京兆府之好畤、邠州之永壽二縣來屬。屬永興軍路。熙寧五年廢，政和七年復，更名醴州，再以京兆之武功、醴泉二縣來隸，割屬環慶路。建炎後，没於金，紹興九年收復，旋復失。金隸陝西京兆府路。　領縣五，治奉天。　奉天，唐縣。有莫谷水〔四三〕、甘谷山〔四四〕、梁山。　好畤，古以雍州積高，故立畤以郊上帝。唐縣。　武功，古郃國。有后稷、姜嫄原。有衙領山、斜谷、惇物山。　醴泉，唐縣。　永壽。古豳國，公劉所居。唐縣。有高泉山、涇水。

華州　周爲畿内之國，鄭桓公始封之邑。其地一名咸林。國語：「鄭桓公爲周司徒，采地咸林。」春秋時爲秦、晉地〔四五〕。左傳：「晉侯許賂秦伯河外列城五，南及華山。」戰國爲秦、魏二國之境。今華陰縣界有古長城，則秦之分境。西嶽華山在焉。秦爲内史地。漢屬京兆尹。後漢爲京兆、弘農二郡，魏、晉因之。後魏置華山郡，後又於華山郡北置東雍州。西魏改東雍州爲華州。今馮翊郡〔四六〕。隋初郡廢，而華州如故。煬帝初州廢，以其地屬京兆、馮翊郡。唐復置華州，垂拱元年，改爲太州，尋復舊。或爲華陰郡，鎮國軍節度〔四七〕。屬關内道。　領縣四。鄭、華陰、下邽、櫟陽。　梁改感化軍〔四八〕。後唐復爲鎮國軍。周以洛南屬商州，以京兆府渭南來屬。宋天禧四年，以同州蒲城來屬。屬永興軍路。後改鎮潼軍節度。潼關因潼水而名，又名衝關，以河水自龍門衝擊至華山東也。然潼關皆土而無石，劍關皆石而無土，兩關號天下之險，而潼關不如劍門險矣。建炎元年，没於金，改屬陝西京兆路。三十一年，都統王彦遣邢進收復，分屯商、虢、陝、華四州，虢、華爲賊所取，得而復失。　貢伏苓、細辛、伏神。　領縣五，治鄭。　鄭，鄭桓公所封之邑。有少華山、灌水、沉水。　下邽，隋縣。有古蓮勺城。　華陰，唐縣。有太華山、潼谷水、巨靈祠、潼關、渭津關。　渭南，前秦縣。有漕渠。　蒲城。唐奉先縣，宋改。有金粟山。

同州　春秋時屬秦，戰國時秦、魏二國之境。漢史曰：「自高陵以東，皆魏分。」始皇平天下，爲内史地。項羽分爲塞國。漢高帝初，置河上郡，後復爲内史。景帝時，爲左内史。武帝改爲左馮翊，後漢因之。魏但爲馮翊郡〔四九〕。晉、後魏因之，兼置華州。西魏改華州爲同州，以「漆、沮既從，灃水攸同」，言二水至斯皆統入渭，以城居其地，故曰同州。而馮翊郡如故。隋初廢郡，煬帝初州廢，復置馮翊郡。唐爲同州，或爲馮翊郡，匡國軍節度〔五〇〕。屬關内道。領縣七。馮翊、朝邑、白水、河西、澄城、韓城、郃陽。梁改忠武軍，以京兆府之同官、奉先來屬，以郃陽、澄城、韓城屬河中府。後唐復爲匡國軍，以奉先還隸京兆府，及廢裕州，以美原來屬及以同官、美原屬耀州，郃陽、澄城、韓城還隸。宋爲定國軍節度，以奉先還屬。天禧四年，以蒲城隸華州。屬永興軍路。建炎元年，没於金。金隸陝西京兆路。　貢白蒺藜、生熟地黃。　領縣七，治馮翊。　馮翊，古芮國。有大荔戎城。有沙苑，北齊神武爲周文所敗處。有洛水、商原、龍首渠。隋縣。　郃陽，古有莘國，在郃水之陽，詩大明所謂「在郃之陽」是也。有㓩浴水〔五一〕、羈馬城、太任廟。　澄城，後魏縣。有王官城。　白水，有彭衙，秦、晉戰處。後魏縣。有白水。　夏陽，唐縣。有瀵水。　韓城，古韓國，謂之少梁。秦、晉戰韓原，即此地。有龍門山，禹導河處。有大梁山、小梁山。隋縣。　朝邑。西魏縣。有長春宮。

鳳翔府　春秋以來爲秦都，秦德公元年，初居雍，至獻公始徙櫟陽。始皇平天下，爲内史地。漢高初，屬雍國，後分爲中地郡，復爲内史。武帝分雍爲右内史，後置主爵中尉，後更名都尉。又改爲右扶風。魏但爲扶風郡〔五二〕，亦爲重鎮。曹公使張郃屯陳倉，建興中，諸葛亮攻陳倉及郿，皆不克。晉因之。後魏置平秦郡，兼置岐州。後魏亦有扶風郡好時、始平、美陽、槐里、盩厔五縣，非今郡地。西魏改平秦爲岐陽郡〔五三〕。隋初郡廢，置岐州。煬帝初州廢，置扶風郡。唐爲岐州，或爲扶風郡，後改爲鳳翔府節度。屬關内道。領縣九。雍、郿、岐山、陳倉、普潤、扶風、麟游、岐陽、虢。後唐以清水屬秦州。宋乾德元年，置崇信縣。淳化中，以崇信屬儀州。屬秦鳳路。熙寧五年，廢乾州，以好時縣隸府。大觀元年，以盩厔縣清平鎮置軍及洛南縣，隸京兆府。政和八年，以好時縣隸醴州。汧、渭、漆、岐、雍五水皆經郡界，而和尚原在大散關之東，距寶鷄兩驛，爲形勢必争之地，此地一失，則路徑散漫，戎馬深入，無所限隔。紹興間，吴玠守之，兵力雖足而糧運不繼，蜀人困於轉輸，議亦棄之，而守僊人關。十二年，和議成，卒割和尚原以遺虜，鳳翔遂没。貢蠟燭、榛實、席。

領縣十，治天興。天興，本秦雍邑。唐縣。有天柱山、雍水、漢五帝時。扶風，唐縣。有渭水、漳水、白水。郿，隋縣。有太白山、積石原、五丈原、郿塢。岐山，隋縣。有岐山、姜泉、終南山〔五四〕、渭水。寶鷄，唐縣。有陳倉山、汧水、大散關。麟游，隋縣。有五將山、黝上山、八馬坊。普潤，隋縣。有漆水、杜陽川。虢，周虢叔所封之地。有楚山、渭水、磻溪。盩厔，唐縣。有終南山、渭水、駱谷關〔五五〕。好時。有梁山、武亭河。政和間，撥隸醴州。

隴州　春秋秦國之地，始皇屬内史。漢屬右扶風。後漢、魏、晉屬扶風郡〔五六〕。西魏置隴東郡，兼置東秦州，後改爲隴州。因山爲名。隋初郡廢，而隴州如故。煬帝初州廢，以其地入扶風郡。唐復置隴州，或爲汧陽郡。屬關内道。領縣三。汧源、汧陽、吴山。宋開寶二年，析汧陽縣四鄉置隴安縣。爲汧陽郡，防禦，屬秦鳳路。紹興後，没於金。貢席。領縣四，治汧源。汧源，隋縣。有隴山、汧水、絃蒲藪、大震關、秦城、郁夷城〔五七〕。汧陽，後周縣。有汧水、喻麋澤。吴山，唐縣。有汧山、長蛇水。隴安。宋縣。有秦嶺山、渭水。

儀州　唐末，李茂貞於隴州廢華亭縣以縣爲州治〔五八〕。宋乾德二年，析置安化縣。太平興國初，改儀州。淳化中，又以鳳翔崇信縣來屬。屬秦鳳路。熙寧五年廢州，以縣隸渭州。領縣三，治華亭。華亭，周縣。崇信，安化。並宋縣。

邠州　古豳國，昔公劉居豳，即其地也。豳，故栒邑是。秦始皇屬内史。漢爲右扶風、安定、北地三郡地。後漢末，置新平郡，兼舊安定爲二郡地。魏、晉亦同。西魏置豳州，後周及隋皆因之。煬帝初州廢，以其地爲安定、北地二郡。唐復置豳州，開元十三年，改爲邠。其後或爲新平郡，静難軍節度。屬關内道。領縣四。新平、三水、永壽、宜禄。周廢衍州爲定平縣，來屬。宋乾德二年，以永壽屬乾州。熙寧五年，廢乾州，永壽縣及二寨來隸，以定平縣隸寧州。政和七年，復以故乾州爲醴州，割寧州定平縣來隸〔五九〕。八年，復以永壽隸醴州。宣和初，以耀州淳化來隸。屬永興軍路。紹興後，没於金。金隸陝西慶原路，撥耀之淳化來隸。貢火筯、華豆、剪刀。領縣五，治新平。新平，隋縣。有涇水、漆水。三水，後魏縣。有石門山、羅川水。宜禄，唐縣。有鶉觚源、長武城。定平，周縣。有溪水。淳化。有仲山、車箱阪。

涇州　春秋秦地，始皇時屬北地郡。武帝分置安定郡。後漢徙其人以避羌寇，郡寄在美陽。今京兆府武功縣界美陽故城是也〔六〇〕，順帝移於此。魏、晉亦爲安定郡。後魏太武帝置涇州，蓋以涇水爲名。隋爲安定郡。唐爲涇州，或爲安定郡，彰義軍節度。屬關内道。領縣五。安定、陰盤、靈臺、臨涇、良原。後唐以平涼置渭州〔六一〕，臨涇置原州。周以潘原屬渭州，又廢靈臺軍，以縣來屬。宋太平興國元年，改彰化軍。咸平四年，陞長武鎮爲縣。屬秦鳳路。建炎四年，没於金。貢紫茸、毛褐段。領縣四，治保定。保定，唐縣。有回山、涇水、汭水。靈臺，古密須之地。唐縣，後李茂貞置靈臺軍。有蒲川水、陰密城。良原，隋縣。唐置良原軍。周軍廢，縣復。有白石原、朝那城。長武。宋縣。

寧州　夏之季公劉之邑。春秋時戎地。即義渠戎國。戰國時屬秦，始皇初，爲北地郡。漢爲北地、上郡二郡地。後漢屬北地、安定二郡地。魏、晉未詳。按晉史云：自愍帝時，其地没於劉聰。郡縣之名，不得知也。他皆類此。後魏獻文帝置華州，孝文改爲班州，後改爲邠州，又改爲豳州。西魏改爲寧州，立嘉名也。後周分置趙興郡。隋煬帝初，改寧州爲豳州，尋廢豳州，改趙興郡爲北地郡。唐復置寧州，或爲彭原郡。屬關内道。領縣五。定安、襄樂、彭原、真寧、豐義〔六二〕。宋至道三年，以彭陽屬原州，爲興寧軍節度。屬永興軍路。紹興後，没於金。金隸陝西慶原路。貢庵藺、荆芥、硯、席。領縣四，治定安。定安，後魏縣。有九陵川。彭原，隋縣。熙寧間，撥隸慶州。真寧，唐縣。有橋山、羅川、要册湫。襄樂。後魏縣。有大延川。

慶州　周之先不窋所居。春秋時，義渠戎之地。秦滅之，始皇以屬北地郡。二漢因之。西魏置朔州。後周廢。隋文帝置慶州，煬帝初，置弘化郡。唐復爲慶州，或爲安化郡。屬關内道。領縣六。順化〔六三〕、延慶、華池、樂蟠、合水、同川。李茂貞建爲安定軍節度。梁爲武静軍。周廢延慶、合水二縣。宋乾德二年，廢同川縣。政和七年，陞慶陽軍節度。宣和七年，改爲慶陽府〔六四〕。舊置環慶路經略、安撫使，統慶州、環州、邠州、寧州、乾州〔六五〕。建炎二年，没於金。紹興九年收復，十年再陷。貢紫茸、白花氈、麝香、黄蠟。領縣三，治安化。安化，唐順化縣，宋改。有白馬川。華池，隋縣。有子午山。樂蟠。隋縣。有秦長城。

定邊軍　宋元符二年初，令環慶路相度進築定邊城，其後改爲定邊軍。置倚郭縣一。定邊。

原州　春秋時屬秦，始皇屬北地郡。漢屬安定郡，後漢因之。晉屬新平郡。後魏太武置高平鎮，後爲太平郡，兼置原州，後置總管府。隋初廢郡，而原州如故。煬帝初州廢，置平涼郡。唐武德初，平薛仁杲，置原州。或爲平涼郡。屬關内道。統縣五。平高〔六六〕、平涼、蕭關、百泉、他樓。廣德元年没吐蕃，大中二年收復。廣明後，復没吐蕃，乃以涇州臨涇縣僑置原州。五代因之。宋至道三年，以寧州彭陽來屬。屬秦鳳路。其地羌戎雜居，北捍蕃境。祖宗時，置十一鎮寨守之。建炎後，没於金。紹興三十二年，姚仲收復，尋復陷。金隸陝西慶原路。　貢甘草。領縣二，治臨涇。　臨涇，隋縣。有陽晉水、朝那水。　彭陽。唐豐義縣，宋改。有大胡河、蒲川河。

鎮戎軍　本故原州平高縣之地，山川險阻，旁扼夷落，爲中華襟帶。宋至道三年，建爲軍，領三寨〔六七〕。後置彭陽縣。屬秦鳳路。建炎後，没於金。紹興三十二年收復，隨失。　貢白氈。領縣一。

彭陽。

懷德軍　本平夏城，宋大觀二年，陞爲懷德軍，以蕭關等寨隸之，與西安、鎮戎互爲聲援，應接蕭關，爲邊面之壯。蓋唐之武州蕭關縣地也。屬秦鳳路。領堡寨十八。

鄜州　春秋白翟之地。秦屬上郡。漢屬上郡、左馮翊之地。後漢屬上郡。魏、晉陷於戎狄〔六八〕。後魏置東秦州，後爲北華州。西魏改爲敷州〔六九〕。隋煬帝初，改爲鄜城郡，尋改爲上郡。唐爲鄜州，或爲洛交郡。屬關内道。領縣五。洛交、洛川、三川、直羅、甘泉。李茂貞建爲保大軍節度。後唐以坊州鄜城來屬。周廢咸寧。宋因之，屬永興軍路。建炎三年没於金，四年收復，旋復陷。金隸陝西鄜延路。　貢大黄、席。領縣五，治洛交。洛交，隋縣。有雕山、洛交河。洛川，後秦縣。有蒲川水。三川，漢翟道縣地。苻秦置長城縣，西魏改〔七〇〕。直羅，唐縣。有羅川。鄜川。隋縣，古長城在縣東。

坊州　歷代與鄜州同。劉、石、苻、姚時，於今州治七里置杏城鎮〔七一〕，常以重兵守之。後周時，元皇帝放牧敷州〔七二〕，於今州界置馬坊。唐高祖因舊迹，以鄜州南故城舊馬坊置坊州。因馬坊爲名。或爲中部郡。漢書「朔方爲西部都尉，休屠爲北部都尉，渠搜爲中部都尉」，故此云中部。屬關内道。領縣三。中部、鄜城、宜君。後唐以鄜城屬鄜州。宋屬永興軍路。建炎後，没於金。金隸陜西鄜延路。貢弓絃、麻席。領縣三，治中部。中部，唐縣。有石堂山、蒲谷水〔七三〕。昇平，唐縣。有子午水。宜君。唐縣。有慈烏水、石盤水。

延安府　春秋白翟之地。秦屬上郡。項羽三分秦地，以董翳爲翟王，都高奴，即此也。漢初屬翟國，尋屬上郡，亦朔方郡之南境。後漢亦屬上郡。後魏置東夏州，後又改爲延州〔七四〕。以界内延水爲名。隋文帝廢，煬帝復置延安郡。唐爲延州，或爲延安郡。屬關内道。爲衛國軍節度。領縣十。宋同。梁改忠義軍。後唐改彰武軍，宋因之。元祐四年，陞爲延安府。舊置鄜延路經略、安撫使〔七五〕，統延州鄜州丹州坊州、保安軍，其後增置綏德軍及銀州，皆屬所隸。屬永興軍路。此州保寨最多，以地勢極邊故也。建炎二年，没於金。紹興元年收復，自後戰守不一，終失之。貢黄蠟、麝香。領縣十，治膚施。膚施，隋縣。有五龍山、伏龍山、洛水、清水。延長，唐縣。有獨戰山、濯筋水。延水，唐縣。宋移治黄河西岸。熙寧八年，省爲鎮入延川。門山〔七六〕，唐縣。有馬關、黄河、渭牙川水〔七七〕。臨真，隋縣。有庫利山。敷政，唐縣。豐林，隋縣。熙寧五年，省爲鎮入膚施。甘泉，唐縣。有雕陰山、洛水。金明，唐縣。有金明川水。熙寧五年，省爲寨入膚施。延川。唐縣。有黄河、吐延水〔七八〕。

保安軍　本延州永安鎮〔七九〕。宋太平興國二年，建爲軍。領十六寨。屬永興軍路。其地唐爲神策軍，控扼蕃寇。建炎四年，没於金。金陞爲州，置保安縣。

丹州　春秋白翟之地。戰國屬秦。二漢屬上郡。西魏分置汾州，後改丹州，兼置義川郡。後周因之。隋初郡廢，而丹州如故。煬帝初州廢，以其地入延安郡。唐分置丹州，或爲咸寧郡。屬關内道。領縣三。宋同。宋屬永興軍路。　貢麝香、蠟燭。領縣三，治宜川。宜川，本義川縣，宋改，以鄜州廢咸寧縣入焉。雲巖，唐縣。有雲巖山。熙寧七年，省爲鎮入宜川。汾川。西魏縣。有孟門山。熙寧三年，省爲鎮入宜川。

綏州　春秋白翟之地。戰國時屬秦，爲上郡。漢初屬翟國，後改上郡。後漢因之。西魏置安寧郡，兼置綏州。隋初郡廢，而綏州如故。煬帝初，改爲上州，尋廢州，置雕陰郡。取漢雕陰縣地爲名。雕山在其西南。唐復爲綏州，或爲上郡。郡城貞觀初築，實中，四面甚險。屬關内道。　貢胡女布、蠟燭。領縣五，治龍泉。龍泉，後漢縣。有疏屬山、無定河。城平，後魏置。綏德，後魏置。延福，隋縣。城三面因崖，甚險。大斌。唐末，陷於西戎。宋熙寧二年收復，廢爲城，隸延州，在州東北三十里〔八〇〕。元豐七年，以延州米脂、義合、浮屠、懷寧、順安、綏平六城寨隸綏德城。元符二年十一月，以綏德城爲綏德軍，並將暖泉、米脂、開光、義合、懷寧〔八一〕、克戎、臨夏、綏平寨、青澗城、永寧關、白草、順安寨〔八二〕，並隸軍。建炎後，没於金。

銀州　春秋白翟之地。戰國時屬秦，後屬上郡。兩漢屬西河郡。苻秦有驄馬城，即今郡是也。後周置真鄉、開光二郡，兼置銀州。隋初，二郡並廢，而銀州如故。煬帝初州廢，以其地併入雕陰郡。唐復置銀州，或爲銀川郡。屬關内道。　貢女稽布。領縣四，治儒林〔八三〕。儒林，漢銀陰縣地〔八四〕。撫寧，後魏置。真鄉，開光。後周於此置開光郡。唐平梁師都，置縣。五代以來，爲西夏所有。熙寧三年冬，嘗收復，尋棄不守。元豐四年十月，收復。五年八月，即永樂小川築新城〔八五〕，距故銀州二十五里，前據銀州大川，錫名銀川寨，旋被西人陷没。崇寧四年收復，仍爲銀州。五年四月，廢州爲銀川城。

麟州　隋以來銀、勝二州地。昔漢武徙貧人於關西及充朔方以南新秦中，蓋其地也。唐天寶元年，置新秦郡，或爲麟州。屬關内道。領縣三。宋同。宋乾德初，移治吴兒堡。五年，陞爲建寧軍節度，後改鎮西軍。屬河東道。其地勢依險，三面孤絶。靖康元年，京城受圍，割麟、府、豐三州與夏人。貢柴胡。領縣三，治新秦。新秦，古白狄之地。唐縣。連谷，唐縣。政和四年，廢入新秦。銀城。隋縣。政和四年，廢入新秦。

府州　歷代地界與麟州同。唐末爲河西蕃界之地，於此置府谷鎮，屬麟州。土人折太〔八六〕、折嗣倫代爲鎮將。後唐莊宗以代北諸郡屢爲邊患，乃陞府谷爲縣。八年，麟州刺史折嗣倫男從阮招回紇歸國。詔以府谷縣建府州，仍授從阮刺史，尋爲契丹侵擾。晉高祖賂契丹以雲中、河西之地，契丹欲遷河西之民實遼東，人心大擾，從阮因保險拒之〔八七〕。少帝絶契丹，詔從阮出師。從阮乃深入，拔十餘寨。漢時，從阮歸命，陞府州爲永安軍。周顯德元年，復陞府州爲節度，仍以永安爲額，拜從阮子德扆爲刺史。宋因之。崇寧元年，改爲靖康軍，後又改保成軍，置麟府路軍馬司，以太原府代州路鈐轄領之。屬河東路。其地在河之西，控扼西夏。紹興間，折氏不能守，棄之，没於金。貢甘草。領縣一。府谷。有黄河。

夏州　戰國時屬秦，爲上郡地，後匈奴並有之。漢武取河南地，爲朔方郡。後漢因之。晉亦爲朔方郡，晉亂後，夏赫連勃勃建都於此。勃勃於朔方水北、黑水之南營都〔八八〕，號曰統萬，今郡城是。後爲魏所滅。後魏置夏州。西魏置弘化郡。隋初郡廢，煬帝初，置朔方郡。唐改夏州，或爲朔方郡。屬關内道。　貢氈、角弓、酥、拒霜薺。　領縣三，治朔方。　朔方，即赫連勃勃所築城。後周縣。寧朔，後周置。德靜。隋縣。唐末，拓跋思恭鎮夏州，討黄巢有功，賜姓李氏。世有夏、銀、綏、宥、靜五州之地，八傳至繼捧，當宋太平興國七年來朝，以五州來歸，賜姓趙氏。未幾，其弟繼遷叛，率衆爲寇，復據有靈夏之地。

環州　石晉以靈州方渠鎮置威州，以寧州木波、馬嶺二鎮隸焉。周改爲環州，後降爲通遠軍，置通遠縣。宋淳化五年，復爲環州。其地本西蕃邊界，有葫蘆泉一帶蕃部，與明珠、滅藏相接，環州、鎮戎乃經過路，慶曆四年，种世衡城之。屬永興軍路。紹興初，没於金。金隸陝西慶原路。三十二年，吴璘收復，旋失〔八九〕。　貢甘草。　領縣一。　通遠。

豐州　春秋戎狄之地。戰國時屬趙。秦爲九原郡。漢屬五原郡，漢五原郡城，在今榆林郡界。後漢因之。後漢末及魏，晉爲匈奴所没，遂爲荒棄。隋文帝置豐州，因鎮立名〔九〇〕。煬帝初州廢，置五原郡。唐貞觀四年，以突厥降户置豐州，不領縣。十一年州廢，入靈州；二十三年，復立。天寶元年，曰九原郡。屬關内道。　貢白綾、印鹽、野馬胯革、駝毛褐、氈。　領縣三，治九原。　九原，隋置。永豐，豐安。唐時又置東、西、中三受降城，皆在其地。宋時没於西夏。嘉祐七年，以府州羅泊川掌地復建爲州〔九一〕，止有弓箭手佃官田及永安、保寧二寨〔九二〕。政和二年，賜郡名曰寧豐。靖康初，割與夏人。

勝州　春秋戎狄之地。戰國屬趙。至秦始皇伐趙，取雲中是。秦屬雲中、九原二郡地。漢爲雲中、五原地，所謂榆溪塞。今郡南界，史記云：「秦却匈奴，樹榆爲塞。」隋初，置勝州。煬帝初州廢，置榆林郡。唐爲勝州，或爲榆林郡。屬關内道。貢胡布、青絁、鹿角、芍藥。領縣二，治榆林。榆林，漢沙南縣地〔九三〕。有故雲中城、拂雲堆、金河〔九四〕。紫塞河自馬邑郡善陽縣界流入。有榆林關。今縣西有漢五原城。河濱。漢沙南縣地〔九五〕。唐置，東臨河岸爲名。宋無此州。

靈州　春秋時秦地，始皇屬北地郡，二漢皆因之，晉亦同。後魏太武平赫連昌，置薄骨律鎮，在河渚上，舊是赫連果地。至明帝置靈州，初在河北，後於果園所築城以爲州，今郡是也。後周又置普樂郡。隋初郡廢，煬帝初，置靈武郡。唐爲靈州，或爲靈武郡，大都督府。屬關内道。貢紅藍、甘草、花蓯蓉、代赭、白膠、青蟲、雕、鶻、白羽、麝、野馬、鹿革、野猪黄、吉莫鞾、鞹、氈、庫利、赤檉、馬策、印鹽、黄牛臆。領縣四，治迴樂。迴樂，漢富平縣。靈武，漢縣。懷遠，隋九原郡地。有鹽池三。保靜。舊弘靜縣。有賀蘭山、樓樹山。宋咸平時，李繼遷叛，陷靈州，遂没於西夏。

西安州　秦、漢屬北地郡。唐屬靈州。宋元符二年，以南牟會新城建爲西安州〔九六〕。領堡寨二十二。

鹽州　春秋戎狄之地。秦、漢屬北地郡。漢有五原縣，城在今榆林郡界。後魏置大興郡。西魏改爲五原郡，兼置西安州，後改爲鹽州。以鹽池爲名〔九七〕。隋初廢，煬帝初，置鹽川郡〔九八〕。唐爲鹽州，或爲五原郡。貞元三年，没吐蕃；九年，復城之。土貢：鹽山、木瓜、狩牛。領縣二，治五原。五原，唐縣。有烏池、白池鹽。白池。唐縣。五代及宋時，俱没於夏。

宥州　前代地里與五原郡同。唐調露元年，於靈、夏南境以降突厥置魯州、麗州、含州、塞州、依州、契州，以唐人爲刺史，謂之「六胡州」。長安四年，併爲匡、長二州。神龍三年，置蘭池都督府，分六州爲縣。開元十年，復置魯州、麗州、契州、塞州。十一年〔九〕，平康待賓，遷其人於河南及江、淮。十八年，復置匡、長二州。二十六年，還所遷胡户置宥州及延恩等縣，謂赦康待賓餘黨，以寬宥爲名，其後僑治經略軍。寶應後廢，元和間，復置。十五年，徙治長澤，爲吐蕃所破。長慶四年，復置。屬關内道。貢氈。領縣二，治延恩。　延恩，長澤。五代以後，没於西夏。

安北都護府　戰國時屬趙，後屬秦。唐分豐、勝二州界置瀚海都護府〔一〇〇〕。總章中，改今名。有陰山、呼延渠。開元二年，治中受降城。十二年，徙治天德軍。　貢野馬、胯革。領縣二，治陰山。　陰山，通濟。宋無此州。

杜氏通典按，史記蒙恬傳云：「築長城，起臨洮，至遼東，延袤萬餘里。於是渡河，據陰山，逶迤而北。」則秦氏得今安北之地。而漢史云：「主父偃上書曰：蒙恬攻胡，却地千里，終不踰河而北。」未詳兩史何爲不同，疑史記爲實。

秦州　古西戎之地，秦國始封之邑，周孝王封爲附庸。今郡有秦亭，秦谷是也〔一〇一〕。春秋時屬秦，秦平天下，是爲隴西郡。漢武分隴西置天水郡。王莽末，隗囂據其地。初據平襄，後保冀縣。後漢建武中，平之，更名天水，爲漢陽郡。郡有大坂，名曰隴坻，亦曰隴山。三秦記曰：其坂九回，上者七日乃越。上有清水四注下，俗歌曰：「隴頭流水，鳴聲幽咽。遥見秦川，肝腸斷絶。」坻，都禮反。兼置凉州。領郡十，治於此〔一〇二〕。魏亦爲重鎮。明帝時，蜀將諸葛亮至南安、漢陽，皆應亮。晉分爲天水及略陽二郡〔一〇三〕，兼置秦州。領郡六，治於此。後魏爲略陽郡〔一〇四〕。隋初郡廢，煬帝初，復置天水郡。唐爲秦州，或爲天水郡。屬隴右道。後爲雄武軍節度。領縣四。成紀、天水、隴城、長道。後唐以鳳翔府清水來屬。宋建隆三年，合良恭、大潭兩鎮置大潭縣。屬秦鳳路。慶曆置經略、安撫使，統秦州、隴州、成州、階州、鳳州，通遠軍，其後割通遠屬熙河。建炎二年正月，金人陷城，四月曲端收復。四年十月，張浚自富平退保於此。紹興後，吴玠、吴璘屢復，終爲虜有。嘉定七年，四川制臣遣將何九齡襲城，不克。貢席、芎藭。領縣六，治成紀。成紀，庖犧氏所生之地。後周縣。有朱圉山、邽山、渭水、瓦亭川、三十九泉。隴城，唐縣。有瓦亭山；街泉亭〔一〇五〕，蜀將馬謖敗處。清水，秦仲所封之地。晉縣。有小隴山、嶓冢山、渭水〔一〇六〕。天水，後唐縣。長道，唐縣。有祁山〔一〇七〕、石堡城。熙寧七年，撥隸岷州。大潭。宋縣。有十八盤山。熙寧七年，隸岷州。

渭州　禹貢「導渭自鳥鼠同穴」，即其地也。鳥鼠同穴山，在今渭源縣，渭水所出也。今謂之青雀山。春秋爲羌戎之居。秦置隴西郡，以居隴坻之西爲名。二漢因之，靈帝分立南安郡。魏置鎮守在此。鄧艾曰：「蜀師來而爲一，我分爲四。」謂狄道、隴西、南安、祁山四處。齊王嘉平五年，蜀將姜維圍南安、襄武，皆不克。晉爲南安、隴西二郡地。後魏爲隴西郡，兼置渭州。後周爲南安郡。隋初郡廢，煬帝初，復置隴西郡。唐爲渭州，或爲隴西郡。屬關内道。縣四。襄武、隴西、渭源、障。廣德元年，没吐蕃。元和四年以原州平涼縣置行渭州，廣明初復爲吐蕃所破，中和四年涇原節度張鈞表置。後周廢武州，以潘原來屬。宋因之。熙寧五年，廢儀州，以安化、崇信、華亭三縣來隸。政和七年，陞爲平涼軍節度〔一〇八〕。舊置涇原路經略、安撫使〔一〇九〕，涇州、原州、渭州，儀州，德順軍，鎮戎軍，西安州，會州皆屬焉。建炎後，沒於金。金爲平涼府。　貢絹、蓯蓉。領縣五，治平涼。　平涼，隋縣。有笄頭山、涇水、白宕河〔一一〇〕。潘原，唐縣。有烏鼠山、銅城山、涇水、閣川水。安化，宋縣。有隴山、白宕河。後移治關地。崇信，宋縣。有閣川水。華亭。周縣。有小隴山。

德順軍　本渭州籠竿城〔一一一〕，漢蕃互市之地，井邑富庶。在六盤山外，距賊界甚夷，去内郡則有山川之阻。宋慶曆三年，建爲軍。屬秦鳳路。紹興元年，沒於金。隆興元年，吴璘收復，旋再失。　貢甘草。縣一。　隴干。元祐八年置。有水洛城〔一一二〕、五寨。

鞏州　古雍州地。春秋時屬羌戎。秦屬隴西郡。二漢因之，靈帝分立南安郡。晉屬隴西、南安二郡。元魏爲隴西、南安、安陽三郡，兼置渭州。後周并爲南安郡。隋復置隴西郡。唐武德元年，置渭州。天寶元年，曰隴西郡。寶應元年，沒吐蕃，後廢。宋皇祐四年，以渭州地置古渭寨。熙寧五年，改通遠軍。崇寧三年，改爲鞏州。紹興後，沒於金。三十二年，興元帥姚仲圍之，不克。嘉定十三年，四川制司會夏人傳檄招諭，至城下而退。　貢麝香。領縣三，治隴西。　隴西，隋郡治。宋爲通遠軍，後陞州以爲縣。永寧，寧遠。本二寨，後陞爲二縣。

蘭州　古西羌地。秦屬隴西郡。漢屬金城、隴西二郡地。後漢、魏、晉因之，魏以爲重鎮。蜀姜維攻狄道，不克。前涼張寔置廣武郡，張駿又分置武始郡。西秦乞伏國仁都苑川，南涼禿髮烏孤都廣武，皆是地也。苑川在今五泉縣，廣武即今廣武縣。後魏、後周並屬武始郡。隋初郡廢，置蘭州。蓋取皋蘭山爲名〔一一三〕。煬帝初州廢，置金城郡。唐因之，屬隴右道。領縣三。五泉、狄道、廣武。廣德元年，陷吐蕃。宋元豐四年，收復。屬秦鳳路。建炎後，没於金。紹興三十一年收復，旋失。貢甘草。領縣一。蘭泉。漢允吾縣地。金城郡治所。

熙州　春秋、戰國皆爲西羌地。秦置隴西郡，二漢、晉因之，惠帝分置狄道郡。前涼張駿置武始郡。元魏置臨洮郡。隋開皇初，廢武始，屬蘭州。唐因之。天寶三載，分置臨川〔二四〕。後陷吐蕃，號武勝軍。宋熙寧五年收復，改爲鎮洮軍，尋以軍爲州，而鎮洮爲節度。置熙河路經略、安撫使，領熙、河、洮、岷、蘭、廓、湟、會、鞏九州，西寧、鎮武、積石三軍。建炎四年，没於金。金爲臨洮府，置當川縣。三十二年五月收復，旋失。貢毛毼段〔二五〕、麝香。領縣一。狄道。有白石山、洮水、浩亹河。

會州　古西羌地。秦屬隴西郡。漢屬金城、安定二郡地。後漢屬金城、武威二郡。西魏置會州，後周廢。隋屬平涼郡。唐平李軌後，置會州。或爲會寧郡。屬關内道。領縣二。會寧、烏蘭。廣德後，没於吐蕃。宋元豐五年二月，熙河路加「蘭會」二字，時未得會州。元符二年五月，始進築脩復；八月，割安西城以北六寨，隸會州。崇寧三年，置倚郭縣曰敷文，隸涇原路。建炎後，没於金。紹興三十一年收復，旋失。領縣一。敷文。

河州　古西羌地。秦屬隴西郡。漢屬金城、隴西二郡。後漢屬隴西郡。漢末宋建據焉，稱河首平漢王。曹公遣夏侯淵討平之。晉惠帝時，屬晉興郡。前秦苻堅置河州。煬帝初州廢，復置枹罕郡。唐爲河州，或爲安鄉郡。屬隴右道。領縣三。枹罕、鳳林、大夏。後没吐蕃。宋熙寧六年收復，置枹罕縣，九年省。崇寧四年，陞寧河塞爲縣。屬秦鳳路。紹興初，没於金。金屬陝西熙河路〔二六〕。三十二年收復，旋失。　貢麝香。領縣一。　寧河。

積石軍　本漢之金城郡河關縣地。唐置軍，隸隴右節度府，後没吐蕃。宋復置溪哥城，元符間，爲吐蕃溪巴温所據。大觀二年，臧征撲哥以城降，即其地建積石軍。領堡寨二。

杜氏通典按：水經云「崑崙墟在西北，去嵩高五萬里，地之中也。其高萬一千里，河水出其東北陬，屈從其東南流，入於渤海。又出海外，南至積石山下，有石門。又南入葱嶺山，又從葱嶺出而東北流。其一源出于闐國南山，北流與葱嶺所出河合。又東注蒲昌海，又東入塞，過燉煌、酒泉、張掖郡南，又東過隴西河關縣北」云云。按水經，晉郭璞註三卷，後魏酈道元註四十卷，皆不詳所撰者名氏〔一一七〕，亦不知何代之書。佑謂二子博贍，解釋固應精當，訪求久之方得。又其經云「濟水過壽張」，則前漢壽良縣，光武更名。又「東北過臨濟」，則前漢狄縣，安帝更名。又云「荷水過湖陸〔一一八〕」，則前漢湖陵縣，章帝更名。又云「汾水過河東郡永安」，則前漢彘縣，順帝更名，故知順帝以後纂序也。詳水經所作，殊爲詭誕，全無憑據。按後漢郡國志，濟水，王莽末因旱渠塞，不復截河南過。既順帝時所撰，都不詳悉，其餘可知。景純註解，又甚疏略，亦多迂怪。水經所云「河出崑崙山」者，宜出於禹本紀、山海經，所云「南入葱嶺」及「出于闐南山」者，出於漢書西域傳，而酈道元都不詳正。所注河之發源，亦引禹記、山經、釋法明國諱改焉〔一一九〕。遊天竺記、釋氏西域記。所註南入葱嶺，一源出于闐山，合流入蒲昌海，雖約漢書，亦不尋究。又水經云：「出海外，南至積石山下，有石門，然後南流入葱嶺。」據此，則積石山當在葱嶺之北。又云「入塞，過燉煌、酒泉、張掖郡南」，並今郡地也。夫山水地形，固有定體。自葱嶺、于闐之東〔三〇〕，燉煌、酒泉、張掖之間，華人來往非少。從後漢至大唐，圖籍相承，註記不絶。大磧距數千里，未有桑田碧海之變，陵遷谷移之談，此處豈有河流，纂集者不詳斯甚。又按「禹導河積石」者，堯時洪水，下民昏墊，禹所開決，本救人患。積石之西，沙鹵之地，河流小，地勢復高，不爲人患，不費疏鑿，以此施功發迹，自積石山而東，則今西平郡龍支縣界山是也，固無禹理水之功。自葱嶺之北，其本記灼然荒唐，撰經者取爲準的。班固云：「言九州者，尚書近之矣。」誠爲愜當。其漢書西域傳云：「河水一源出葱嶺，一源出于闐，合流東注蒲昌海，皆以潛流地下，南出積石爲中國河云。」比禹記、山經猶校附近，終是紕繆。按此宜唯憑張騫使大夏，見兩道水從葱嶺、于闐合流入蒲昌海，其于闐出美玉，所以騫傳遂云窮河源也。按古圖書名河所出曰崑崙山，疑所謂古圖書即禹本記，以于闐山出玉，乃謂之崑崙即所出，便云是河也。窮究諸説，悉皆謬誤。孟堅又以禹貢云「導河自積石」，遂疑潛流從此方出。且漢時群羌種衆雖多，不相統一，未爲强國，漢家或未嘗遣使詣西南羌中，或未知自有河也。寧有吐蕃中河從西南數千里向東北流，見與積石山下河相連，聘使涉歷，無不言之。吐蕃自云崑崙山在國中西南，則河之所出也。又按尚書云：「織皮，崑崙、析支、渠搜，西戎即叙。」又范曄後漢書云：「羌在漢金城郡之西，南濱於賜支。」續漢書曰：「河關西可千餘里，有典羌，謂之賜支，蓋析支也。」然則析支在積石之西，是河之上流明矣。崑崙在吐蕃中，當亦非謬。而不謂河之本源，乃引葱嶺、于闐之河，謂從蒲昌海伏流數千里，至積石方出，斯又班生之所未詳也。佑以水經僻書，代人多不知睹，或有好事者於諸書中見有引處，謂其審正，此殊未之精也。

歐陽氏輿地廣記：河水出崑崙，自古言者皆失其實。禹本紀、山海經固已迂怪誕妄〔一二一〕，而班固所載張騫窮河源事，亦爲臆説。騫使大夏，見葱嶺、于闐二河合流，注蒲昌海，其水亭居，皆以爲潛行地中，南出積石，爲中國河，此乃意度之，非實見蒲昌海與積石河通流也。漢武帝以于闐山出玉，按古圖書因名河所出曰崑崙。至唐之時，吐蕃爲大國，居積石西。唐聘使之往來非一〔一二二〕，始見黄河在吐蕃中西南數千里，向東北流，與積石河相連。而吐蕃又言，崑崙在其國内。長慶中，劉元鼎爲盟會使，言河之上流由洪濟渠西南行二千里〔一二三〕，水益狹，冬春可涉，夏秋乃勝舟。其南三百里三山，中高而四下，曰紫山，直大羊同國，古所謂崑崙也。虜曰悶摩黎山，東距長安五千里，河源其間，流澄緩下〔一二四〕，稍合衆流，色赤，行益遠，他水并注則濁。河源東北直莫賀延磧尾隱。測其地，蓋劍南之西。元鼎所經見，大略如此〔一二五〕。

按：古今言禹導河始於積石，而河源出自崑崙，其説皆荒誕。惟通典及輿地廣記所言，辨析詳明，故附二段於積石軍之後。

洮州　秦、漢以來爲諸戎之地〔一二六〕，後爲吐谷渾所據。至後周武帝，逐吐谷渾而得其地，置洮陽郡，尋立爲洮州。隋初郡廢，而洮州如故。煬帝初廢，置臨洮郡。郡城本名洮陽，城臨洮水，甚險。唐爲洮州，或爲臨洮郡。屬隴右道。領縣一。臨潭。有洮水，源出西傾山，在郡西南吐谷渾界，桓水所出。唐末，陷於吐蕃，號臨洮城。宋熙寧五年十月，詔以熙、河、洮、岷，通遠軍爲一路，時未得洮州。元符二年七月，嘗得之，尋棄不守。大觀二年收復，五月，改臨洮城仍舊爲洮州。三年，陞團練。建炎後，没於金。紹興三十一年收復，旋失。

岷州　春秋及七國時並屬秦，蒙恬築長城之所起也。屬隴西郡，長城在今郡西二十里。崆峒山，自山旁洮而東，即秦之臨洮境。秦、二漢及晉並屬隴西郡。西魏置岷州及同和郡。隋初郡廢，煬帝初州廢，併其地入臨洮郡。唐復置岷州，或爲和政郡。屬隴右道。領縣三。溢樂、祐川、和政。後陷吐蕃。宋熙寧六年，收復祐川縣，置岷州。七年，以秦州大潭、長道二縣來隸。屬秦鳳路。紹興間，叛將慕容有等相繼降虜，岷、洮俱失。宣撫吴玠收復，以李永琪守岷，移治白石。金人通和，乃改爲西和州。屬利州路。開禧二年，金人陷城；明年，李好義收復。貢甘草。領縣三，治祐川。祐川，唐縣。紹興間，吴玠、吴璘即鎮之南岡，因高增築，一月畢事，惟官舍、倉庫，其居民、市井，悉在山之北。大潭，長道。俱見秦州。

廓州　古西羌地。後漢延熹中，諸羌與燒何大豪寇張掖〔二七〕，段熲斬燒何大帥於其地，遂定西羌是也。漢末，屬西平郡。前凉以其地爲湟河郡。後魏屬鄯州。後周武帝逐吐谷渾〔二八〕，又得地，置洮河郡，兼置廓州以領之。隋初郡廢，煬帝初州廢，置澆河郡。唐末爲廓州，或爲寧塞郡。屬隴右道。領縣三，治廣威。廣威，唐縣。有拔延山，煬帝征吐谷渾，經此山。達化，有賀蘭山；澆河城，即晉時吐谷渾王所築。後周武帝逐吐谷渾，取其地。米川。唐置。廣德元年没吐蕃，宋元豐收復。唐末陷吐蕃。宋元符二年，以廓州爲寧塞城。崇寧三年棄之，後收復，仍爲廓州。城下置一縣，五年七月罷之。大觀三年，陞防禦。屬秦鳳路。

鄯州　古西羌所居，謂之湟中地。漢時霍去病破匈奴，逐諸羌及渡河、湟，築令居塞，即其地，屬金城郡。後漢建安中，置西平郡。晉因之。永嘉後，秃髮烏孤初稱西平王，其弟利鹿孤復都西平，即此地也。後魏置鄯州。後周置樂都郡。隋初郡廢，置鄯州。煬帝初州廢，置西平郡。唐因之，屬隴右道。領縣三，治湟水。湟水，隋縣。湟中，月支胡所居。有湟水，漢破羌縣故城在焉。有浩亹河，在縣西北，自吐蕃界流來。龍支，後魏縣。積石山在縣南，禹貢導河之所。鄯城。漢西平郡故城。有土樓山〔一二九〕。後没於吐蕃。宋元符二年，收復舊邈川城，建爲湟州。二年隴拶降，建爲鄯州，隴右節度。建中靖國元年，棄之。崇寧二年，再復湟、鄯二州。三年，置倚郭縣，又改鄯州爲西寧州，陞中都督府，加賓德軍節度。五年，罷之。大觀三年，加湟州爲嚮德軍節度。宣和元年，改湟州爲樂州。建炎後，俱没於金。

震武軍　宋政和六年，進築湟州古骨龍城，賜名震武城，後以爲震武軍。屬秦鳳路。領堡四。

凉州　周時爲狄地。秦興，匈奴既失甘泉，甘泉在今雲陽縣。又使休屠、渾邪王居其地。此河西五郡皆是，不止於武威也。漢武開之，置武威郡。漢武初開，置張掖、酒泉、燉煌、武威、金城，謂之河西五郡〔一三〇〕。地勢西北邪出，南隔西羌，通西域，於時號爲斷匈奴右臂。後漢、魏、晉皆因之，魏、晉並置凉州。領郡八，治於此。前凉張軌後凉吕光並據之。北凉沮渠蒙遜亦遷都於此。後魏亦爲武威郡。隋煬帝初，復置。唐初，李軌據之。及剋平，置凉州。或爲武威郡。屬隴右道。自禄山之亂，河右没於吐蕃。大中後，吐蕃微弱，首領張義潮以瓜、沙十一州來歸，而宣、懿德微，不明疆理，各存有司而已。貢白綾、龍鬚席、毯、野馬革、芎藭。領縣五，治姑臧。姑臧，漢縣。西河舊事曰〔一三一〕：「昔匈奴故蓋臧城也，後人音訛名姑臧。」又有猪野澤，古休屠城。神烏，番禾，漢縣。昌松，一名鸇水城〔一三二〕。沮渠蒙遜所築，地勢險阻。嘉麟。宋無此州。

甘州　禹貢曰「導弱水，至於合黎，餘波入於流沙」，即此地也。合黎水、弱水並在張掖縣界。其北又有居延澤，即古流沙也。又黑水之所出焉。黑水出張掖縣雞山。春秋及秦並爲狄地。漢初，爲匈奴所居，武帝開之，置張掖郡。後漢、魏、晉並同。沮渠蒙遜始都於此。號北涼。西魏置西涼州，尋改爲甘州。因州東甘峻山爲名。後周置張掖郡。隋初郡廢，煬帝初復置。唐爲甘州，或爲張掖郡。屬隴右道。天寶後没吐蕃，大中五年收復。詳見涼州。貢麝香、野馬革、冬奈、枸杞實。領縣二，治張掖。張掖，本匈奴中地，亦曰居延塞。有祁連山〔一三三〕、居延海、弱水、合黎水。遮虜障，漢將路博德所築。有甘峻山、臨松山。删丹。後漢縣。有焉支山。匈奴初失祁連、焉支二山，乃歌曰：「奪我祁連山，使我六畜不蕃息。失我焉支山，使我婦女無顔色。」宋無此州。

肅州　舊月支地，後匈奴居焉。漢武開之，置酒泉郡。城下有泉，其味如酒。後漢、晉皆因之。西涼武昭王李暠遷都於此。後魏亦爲酒泉郡。隋初郡廢，置肅州。煬帝初州廢，以其地入張掖郡。唐復置肅州，或爲酒泉郡。屬隴右道。廣德後没吐蕃，大中五年收復。詳見涼州。貢麩金、野馬革、蓯蓉、柏脉根。領縣三，治酒泉。酒泉，古長城〔一三四〕、漢遮虜障。隋縣。有九龍山。崑崙山在縣西南，體如崑崙故名，周穆王見王母於此山。福禄，有崆峒山〔一三五〕。舊樂涫縣，唐更今名。玉門。漢舊縣。宋無此州。景祐間，趙元昊攻唃廝囉，陷瓜、沙、肅三州，遂盡得河西之地。

瓜州　古西戎地。戰國時，爲月支所居。秦末漢初，屬匈奴，武帝以後，爲燉煌郡地。後漢、魏、晉皆因之。後魏屬常樂、會稽二郡。後周屬會稽郡。苻堅徙江、淮之人萬餘户於燉煌〔一三六〕，中州人有田疇不闢者，亦徙數千餘户。涼武昭王遂以南人置會稽郡，以中州人置廣夏郡。後周因舊名置晉昌郡。隋廢，以屬燉煌郡。唐置瓜州，古瓜州，説見燉煌郡。或爲晉昌郡。屬隴右道。廣德後，没吐蕃。詳見前。貢野馬革、緊鞓、草豉、礬、胡桐律。領縣二，治晉昌。晉昌，唐縣。有尹吾故城、白水、崑崙障。後魏明帝置會稽郡於此。常樂。唐縣。宋時爲西夏所據。

沙州　昔舜流三苗於三危，即其地也。其後子孫爲羌戎，代有其地，謂之瓜州。其地多生美瓜，至今猶出大瓜，長者，狐入其中，首尾不出。左傳所說「允姓之戎，居於瓜州」是也。戎子名駒支也。亦古流沙地，其沙風吹流行，在郡西八十里。又黑水之所經焉。黑水自北而南，經三危，過梁州，入南海。秦及漢初，爲月支、匈奴之境。武帝開其地，後分酒泉置燉煌郡。燉，大。煌，盛也。後漢、魏、晉皆因之。凉武昭王始都於此。後魏、後周並爲燉煌郡。隋初郡廢，置瓜州。煬帝初廢州，復置燉煌郡。唐爲沙州，或爲燉煌郡。屬隴右道。廣德後，没吐蕃。詳見前。貢棊子、黄礬、石膏。領縣二，治燉煌。燉煌，漢縣。三危山在東南，山有三峰。有鳴沙山、渥洼水。壽昌。漢龍勒縣地。陽關在玉門關之南。玉門故關，漢置。二關之西三百餘里，有蒲昌海〔一三七〕，一名鹽澤，廣袤三四百里，則葱嶺、于闐兩河之所注。宋時爲西夏所據。

伊州　在燉煌北，大磧之外，爲戎狄之地，非九州之限。後漢明帝始征取伊吾盧地，即此也。爾後多爲屯田兵鎮之所，未爲郡縣。後魏始置伊吾郡，後又爲戎胡所據。唐貞觀初，内附，乃置伊州。或爲伊吾郡。屬隴右道。廣德後，没於吐蕃。貢香棗、陰牙角、胡桐律。領縣三，治伊吾。伊吾，漢置伊吾屯。後魏爲縣。有天山，匈奴過之，皆下馬拜。一名雪山。納職，唐置。後漢破匈奴呼衍王，取其地，置宜禾都尉，以爲屯田。今伊吾故城也。柔遠。五代時曰胡盧磧，爲仲雲之族牙帳。仲雲，小月氏之遺種也。宋無此州。

西州　漢時車師前王之庭，漢元帝所置戊己校尉故地。因興師相討，軍中羸憊者留居之，地形高畝，遂名高昌壘。有八城，本中國人也。前涼張駿置高昌郡，其後後魏有之〔一三八〕，後又屬蠕蠕，其後麴嘉稱王於此數代。至唐貞觀十四年，討平之，以其地爲西州，本高昌國界，東西八百里，南北五百里，墾田九百頃。置都督府。後改爲金山都護府，或爲交河郡。屬隴右道。廣德後，陷吐蕃。貢絲、氎布、氈、刺蜜、蒲萄五物酒漿煎皺乾。領縣五，治高昌。高昌，本漢高昌壘。寶應元年，改前庭縣，取車師前王庭義。交河，唐縣。有交河水分流繞城下〔一三九〕，故名。柳中，漢縣。蒲昌，唐縣。東南有舊蒲類海，今名婆悉海。天山。唐置。宋無此州。

庭州　在流沙之西北，前漢烏孫之舊壤，後漢車師後王之地，歷代爲胡虜所居。唐貞觀中，征高昌。於時西突厥屯兵於可汗浮圖城，與高昌相影響。及高昌既平，懼而來降，以其地爲庭州，後置北庭都護府。屬隴右道。貞元後，陷吐蕃。貢陰牙角、速霍角、阿魏截根。領縣三，治金滿。金滿，蒲類，有蒲類海、天山。輪臺。三縣並唐置。宋無此州。

安西都護府　本龜茲國。唐貞觀中，置都護府於西州。顯慶中，移治龜茲。東接焉耆，西連疏勒，西去葱嶺七百里。南鄰吐蕃，北拒突厥。貞元三年，陷於吐蕃。宋無其地。

按：杜氏通典言：「唐之土宇，南北如漢之盛時，東不及而西則過之。」唐史取其說，以序地理志。此蓋開元、天寶時事也。然愚嘗考之，河西在漢，本匈奴休屠王所居，武帝始取其地，置郡縣。自東漢以來，民物富庶，與中州不殊。竇融、張軌乘時多難，保有其地。融值光武中興，亟歸版圖，而軌遂割據累世。其後，又有呂光、禿髮沮渠之徒，迭據其土，小者稱王，大者僭號。蓋其地勢險僻，可以自保於一隅，貨賄殷富，可以無求於中土，故五涼相繼，雖夷夏不同，而其所以爲國者，經制文物，俱能倣效中華，與五胡角立。中州人士之避難流徙者，多往依之，蓋其風土可樂如此。唐天寶以後，河西、隴右没於吐蕃。大中雖復河、湟，而名存實亡。流傳五代以及於宋，而河、隴爲西夏所據，元昊倔强構逆，兵勢甚鋭，竭天下之力，不能少挫其鋒，然至絶其歲賜互市，則不免衣皮食酪，幾不能以爲國，是以亟亟屈服。蓋河西之地，自唐中葉以後，一淪異域，頓化爲龍荒沙漠之區，無復昔之殷富繁華矣。唐自安、史之亂，西北土地皆不能如舊，然北方如盧龍、滄、景雖世爲强藩所據，自擅其兵賦，而奉正朔、請旌節，猶唐之臣也。風聲氣習、文物禮樂，猶承平之舊也。獨西陲淪於吐蕃，遂有夷夏之分，致使數百年中華衣冠之地，復變爲左衽，不能自拔；雖驍悍如元昊，所有土地，過於五涼，五涼止有河西五郡，無靈夏。然不過與諸蕃部落雜處於旱海不毛之地，兵革之犀利，財貨之殷富，俱不能如曩時。是以北事遼，南事宋，僅足以自存。然則涼州之地，自夷變爲夏，始於漢，而殷富者數百年。自夏復變爲夷，始於唐，而傖荒者復數百年。謂唐之土地，西過於漢者，非要終之論也。

校勘記

〔一〕涇水出今平涼郡平高縣　「平高」二字原倒，據元本、馮本、慎本乙正。按元和志卷三原州平高縣云：「本漢高平縣，屬安定郡。後魏太武帝太延二年，於今縣理置平高縣，屬平高郡。大業三年，以原州爲平涼郡。武德元年，重爲原州，縣仍屬焉。」又兩唐志亦作「平高」，足證。

〔二〕屬逮也　「逮」原作「連」，據尚書僞孔傳改。

〔三〕汭水經宜禄名爲宜禄川　「水」字原脱，據水經注卷一九渭水篇「汭水經宜禄川，俗謂之宜禄川水」句補。

〔四〕以章邯爲王都廢邱　「廢邱」諸本並作「雍邱」，通典卷一七三州郡典三同。按史記卷七項羽本紀載：「項王乃立章邯爲雍王，王咸陽以西，都廢邱。」漢書卷二八上地理志八上右扶風槐里下云：「周曰犬丘，懿王都之。秦更名廢邱。高祖三年更名。」水經注卷一九渭水篇同。此作「雍邱」係涉上文而誤，今據改。

〔五〕司隸凉州並如前代　「凉州」原作「三輔」，據本條注文「州理於隴」句及通典卷一七三州郡典三古雍州上總叙改。

〔六〕今天水郡隴城縣　「縣」原作「郡」，據舊唐書卷四〇地理志三、新唐書卷四〇地理志四、九域志卷三、輿地廣記卷二、宋史卷八七地理志三秦州隴城條改。

〔七〕雍州理京兆即長安也　「也」原作「地」，據魏書卷一〇六地形志下「雍州京兆郡治長安」之文及通典卷一七三州郡典三古雍州總叙改。

〔八〕唐分置十五部　「五」字原脱，據本書卷三一五輿地考總叙及通典卷一七三州郡典三古雍州總叙補。

〔九〕解　原誤作「乾」，據元本、馮本、慎本改。按九域志卷三、宋史卷八七地理志三永興軍路下「乾」均作「解」。

〔一〇〕原　原作「源」，據元本、馮本、慎本及九域志卷三、宋史卷八七地理志三永興軍路條改。

〔一一〕京兆尹　「尹」諸本並脱，據漢書卷二八上地理志八上京兆尹條補。

〔一二〕鰲　原作「漦」，據漢書卷二八上地理志八上右扶風條改。

〔一三〕月氏道　「月氏道」諸本並作「月氏道」。按漢書卷二八下地理志八下安定郡條作「月氏道」，應劭曰：「氏音支。」今據改。下同。

〔一四〕馬領　原作「馬嶺」。按漢書卷二八下地理志八下北地郡作「馬領」，師古曰：「川形似馬領，故以爲名。領，頸也。」今據改。

〔一五〕靈州　原作「靈洲」，據馮本、慎本及漢書卷二八下地理志八下北地郡條改。

〔一六〕昫衍　原作「眴衍」，形近而訛，據漢書卷二八下地理志八下北地郡條改。應劭注曰：「昫音煦。」

〔一七〕大叓　「叓」字原闕，據元本及漢書卷二八下地理志八下北地郡條補。師古曰：「叓即古要字也。音一遥反。」

〔一八〕上郡二十三縣　「三」諸本並作「二」。按下列實領縣數爲「二十三」，與漢書卷二八下地理志八下上郡所領縣相合。今據改。

〔一九〕蒱澤　原作「蒲澤」，據馮本、慎本及漢書卷二八下地理志八下五原郡條改。

〔二〇〕罕幵　諸本並作「罕开」。按漢書卷二八下地理志八下天水郡作「罕幵」，師古注云：本破罕幵之羌處其人於此，因以名云。今據改。

〔二一〕鸞鳥　原作「鸞鳥」，形近而訛，據漢書卷二八下地理志八下武威郡條改。

〔二二〕天⿰阝衣　原作「天依」，據慎本及漢書卷二八下地理志八下酒泉郡條改。師古曰：「音衣，此地有天⿰阝衣阪，故以名。」

〔二三〕驪軒　諸本並作「驪靳」，據本編上文漢郡縣表張掖郡及晉書卷一四地理志上武威郡條改。按晉書卷八六張祚傳有「遣其將和昊率衆伐驪軒戎於南山，大敗而還」之文，可證。

〔二四〕番和　原作「番禾」，據愼本及晉書卷一四地理志上武威郡條改。

〔二五〕屋蘭　原誤作「沃蘭」，據晉書卷一四地理志上張掖郡屋蘭條改。晉志注云：「漢因屋蘭名焉。」

〔二六〕福禄　二字原倒，據馮本、愼本及晉書卷一四地理志上酒泉郡條乙正。按「禄福」，漢縣名，晉始更名爲「福禄」。

〔二七〕深泉　本漢淵泉，唐避高祖諱改。通考沿襲未改，下同。

〔二八〕定安　二字原倒。按「安定」乃本編上文安定郡之首縣，此不應重出。今據隋書卷二九地理志上北地郡條乙正。

〔二九〕咸寧　原作「戎寧」，據元本、馮本、愼本改。按隋書卷二九地理志上延安郡下亦作「咸寧」。

〔三〇〕灌田四千五百餘頃　「田」字諸本並脱。按漢書卷二九溝洫志九云：「太始二年，趙中大夫白公復奏穿渠。引涇水，首起谷口，尾入櫟陽，注渭中，袤二百里，溉田四千五百餘頃，因名曰白渠。」又元和志卷一京兆府雲陽縣涇水下、通鑑卷二二漢紀一四載此「灌」下俱有「田」字。今據補。

〔三一〕移築新都　「都」諸本並作「郡」。按隋書卷一高祖上云：「開皇二年十二月，名新都曰大興城。」又云：「三年春正月，將入新都，大赦天下。」元和志卷一、寰宇記卷二五京兆府萬年下亦謂，隋開皇三年遷都，改爲大興縣。此「郡」明爲「都」之形訛，今據改。

〔三二〕天寶元年十二月稱西京　「天寶」原作「開元」，通典卷一七三州郡典三雍州同。按舊唐書卷三八地理志一、新唐書卷三七地理志一上都、寰宇記卷二五雍州都作「天寶」，並云：開元元年，改雍州爲京兆府；天寶元年，以京師爲西京。唐兩京城坊考卷一西京下亦云：唐西京，初曰京城，天寶元年曰西京。今據改。

〔三三〕舊領永興軍路安撫使 「舊」字原脱，據宋史卷八七地理志三京兆府條補。按宋史卷一五神宗紀、續通鑑卷六九俱云「永興軍路安撫史，置於神宗熙寧五年」，以事在大觀之前，故補。

〔三四〕在今櫟陽東北三十五里 「在今」二字原倒，「三」原作「二」，並據元和志卷一京兆府、寰宇記卷二五雍州萬年條乙改。

〔三五〕有終南山 「終南」諸本並作「南洛」，據元和志卷一、九域志卷三京兆府萬年縣及輿地廣記卷一三、金史卷二六地理志下京兆府長安縣條改。下同改。

〔三六〕宣和三年 「三」諸本並同，宋會要方域五之三八京兆府亦同。宋史卷八七地理志三京兆府樊川、嘉慶一統志卷二二八西安府萬年故城俱作「七」。

〔三七〕細柳原周亞夫所屯處 諸本並同，通典卷一七三州郡典三亦同。按元和志卷一京兆府長安下云：「細柳原，在縣西南三十三里。別是一細柳，非亞夫屯軍之所。」又於萬年縣條云：「細柳營在縣東北三十里。相傳云周亞夫屯軍處。今按亞夫所屯，在咸陽縣西南二十里，言在此非也。」檢史記卷五七絳侯周勃世家「以河內守亞夫爲將軍，軍細柳」下正義引括地志云：「細柳在雍州咸陽縣西南二十里也。」據此，這裏誤指渭河南岸長安西南之細柳原爲渭河北岸咸陽西南二十里亞夫所屯之細柳營。

〔三八〕古犬邱城 「犬邱」原作「大邱」，據史記卷七項羽本紀「廢丘」下注及漢書卷二八上地理志八上右扶風槐里、水經注卷一九渭水篇改。參見本卷校記〔四〕。

〔三九〕古有邰國 「有邰」原作「有部」，形近而訛，據下文及元和志卷二京兆府下武功縣故斄城、寰宇記卷二七雍州武功條改。

〔四〇〕改爲感德軍節度　「感德」諸本原作「咸德」，據皇宋十朝綱要卷二、寰宇記卷三一、九域志卷三、輿地廣記卷一四、宋史卷八七地理志三耀州條改。

〔四一〕有頻陽山　「頻陽」原作「頃陽」，據馮本、慎本及金史卷二六地理志下耀州美原條改。按「頻陽山」亦作「頻山」，見水經注卷一六沮水篇、長安志卷二〇美原。

〔四二〕梁爲威勝軍　諸本同，長安志卷一九亦同。按新唐書卷六四方鎮一：「乾寧元年，以乾州置威勝軍節度。」寰宇記卷三一乾州：「唐末李茂貞建爲乾州，乾寧中以覃王出鎮，建爲威勝軍。」嘉慶一統志卷二四七乾州直隸州亦作「乾寧元年，建爲威勝軍」。疑此作「梁」非是。

〔四三〕有莫谷水　「莫谷水」諸本並作「黄谷水」，據寰宇記卷三一、金史卷二六地理志下乾州奉天、嘉慶一統志卷二四七西安府乾州條改。按「莫谷水」亦作「漠谷水」，見長安志卷一九奉天縣條。

〔四四〕甘谷山　諸本同。按寰宇記卷三一、金史卷二六地理志下乾州奉天、嘉慶一統志卷二四七西安府乾州並有「甘谷水」而無「甘谷山」。疑作「甘谷水」是。

〔四五〕春秋時爲秦晉地　「秦」字原脱，據注文及元和志卷二、寰宇記卷二九華州條補。

〔四六〕今馮翊郡　「今」原作「唐」，據元本、馮本、慎本及本書注文例改。

〔四七〕鎮國軍節度　「度」下原有「使」字。按華州「或爲鎮國軍節度使」句費解，檢新唐書卷六四方鎮一、新五代史卷六〇職方考、五代會要卷二四諸道節度使軍額、寰宇記卷二九華州下皆無「使」字。今據删。

〔四八〕梁改感化軍　「感化」諸本並作「威化」，據新五代史卷六〇職方考、五代會要卷二四諸道節度使軍額及輿地廣記卷一三華州條改。

〔四九〕魏但爲馮翊郡　諸本同。按元和志卷二、通典卷一七三州郡典三、寰宇記卷二九、輿地廣記卷一三同州下並云：「除『左』字，但爲馮翊郡。」則原刊有脱文。

〔五〇〕匡國軍節度　「匡國軍」原作「正國軍」。按新唐書卷六四方鎮一載：乾寧二年，升同州爲匡國軍節度。新五代史卷六〇職方考同州云：「唐故曰匡國，梁改曰忠武，後唐復曰匡國。」又寰宇記卷二八、嘉慶一統志卷二四三同州亦俱作「匡國軍」。此作「正國軍」非是，今據改。下同。

〔五一〕有㓥浴水　「郚浴水」諸本同。按左傳文公七年、水經注卷六涑水篇、通典卷一七三州郡典三同州郃陽下都作「㓥首水」。新唐書卷三七地理志一同州郃陽作「洿谷水」。寰宇記卷二八同州郃陽縣作「㓥谷水」。是「㓥首水」一名「㓥谷水」，此作「㓥浴水」恐誤。

〔五二〕魏但爲扶風郡　諸本同。通典卷一七三州郡典三岐州、元和志卷二、寰宇記卷三〇鳳翔府「魏」下並有「除『右』字」三字。是此處有脱文。

〔五三〕西魏改平秦爲岐陽郡　「岐陽郡」諸本同。通典卷一七三州郡典三岐州、輿地廣紀卷一五鳳翔府亦同。按隋書卷二九地理志上扶風郡雍、嘉慶一統志卷二三五鳳翔府下俱云：「西魏改郡曰岐山。」王仲犖北周地理志卷一從隋志作「岐山」。

〔五四〕終南山　諸本並作「洛南山」，據寰宇記卷三〇、九域志卷三鳳翔府岐山縣條改。下同改。

〔五五〕駱谷關　原作「洛谷關」，據史記卷一〇四田叔列傳注引括地志及新唐書卷三七地理志一、寰宇記卷三〇、輿地廣記卷一五鳳翔府盩厔縣條改。按三國志卷九曹爽傳有「正始五年，爽乃伐蜀，發卒從駱谷關入」之文，可參證。

〔五六〕後漢魏晉屬扶風郡　諸本並同。按「扶風郡」之名，至三國魏始出現，後漢時尚無其名。檢後漢書卷一九郡國志一作右扶風，云：「秦屬内史，武帝分，改名。」其編上文鳳翔府沿革載：「武帝分雍爲右内史，後置主爵中尉，又改爲右扶風。魏但爲扶風郡。」元和志卷二、寰宇記卷三〇、輿地廣記卷一五鳳翔府亦俱謂「魏除『右』字，但爲扶風郡」。此謂後漢「屬扶風郡」，非是。

〔五七〕郁夷城　原作「都夷城」，據水經注卷一七渭水篇及嘉慶一統志卷二三六鳳翔府條改。渭水篇云：「渭水又東徑郁夷縣故城南。」

〔五八〕唐末李茂貞於隴州廢華亭縣以縣爲州治　按此段文字讀不通，檢寰宇記卷一五〇儀州華亭縣載：後唐同光元年，改爲義州。周顯德六年，置華亭縣於周郭。方輿紀要卷五八平凉府華亭縣亦云：「五代唐又改置義州。後周顯德中，復置華亭縣，爲州治。宋改爲儀州。」大清一統志平凉府華亭故城同。據此，則原刊脱載「改置義州」及「復置華亭縣」之文。

〔五九〕割寧州定平縣來隸　「平」字原脱，據馮本、慎本及上下文補。

〔六〇〕今京兆府武功縣界美陽故城是也　「府」字原脱，據舊唐書卷三八地理志一、新唐書卷三七地理志一、九域志卷三、宋史卷八七地理志三補。

〔六一〕後唐以平凉置渭州　「平凉」原作「梁」。按五代無平梁縣。考新五代史卷六〇職方考平凉縣云：「故屬涇州。唐末渭州陷吐蕃，權於平凉置渭州而縣廢。後唐清泰三年，以故平凉之安國、耀武兩鎮置平凉縣，屬涇州。」舊五代史卷一五〇郡縣志涇州、嘉慶一統志卷二五九平凉府也都作「平凉」。今據改。

〔六二〕豐義　原作「彭陽」。按「彭陽」乃宋初始有的縣名，唐時不當有此名。檢九域志卷三寧州、宋會要方域五之四

二、宋朝事實卷一八、宋史卷八七地理志三原州彭陽條，都説太平興國元年，改唐豐義縣爲彭陽縣。據此，則作「彭陽」非是，今訂改。又正文「宋」下脱書「太平興國元年改唐豐義縣爲彭陽縣」一節。

〔六三〕順化　原作「安化」。按元和志卷三、新唐書卷三七地理志一慶州順化下俱謂：本弘化，天寶元年曰安化，至德元年改爲順化縣。又本條下文安化注：「唐順化縣，宋改。」則作「順化」是，今據改。

〔六四〕宣和七年改爲慶陽府　「宣和七年」四字原闕，據宋史卷八七地理志三、方輿紀要卷五七、嘉慶一統志卷二六一慶陽府條補。

〔六五〕舊置環慶路經略安撫使統慶州環州邠州寧州乾州　「舊」字原無，「乾州」下原有「醴州」二字。按宋史卷八七地理志三慶陽府下云：「舊置環慶路經略、安撫使，統慶州、環州、邠州、寧州、乾州，凡五州。」又云：「其後廢乾州，置定邊軍，已而復置醴州，凡統三州一軍。」本編上文乾州下亦有「熙寧五年廢，政和七年復，名醴州」之文。據此，則醴州實爲乾州之更名，不當既書「乾州」，又書「醴州」，今據宋志補、刪。

〔六六〕平高　原倒，據舊唐書卷三八地理志一、新唐書卷三七地理志一、元和志卷三原州平高縣條乙正。下鎮戎軍條同改。參見本卷校記〔一〕。

〔六七〕宋至道三年建爲軍領三寨　「三年」，宋史卷六真宗紀、卷八七地理志三同；宋會要方域五之四三、九域志卷三、輿地廣記卷一六、宋朝事實卷一八鎮戎軍條「三年」作「元年」。「三寨」，上引宋志、九域志都作「七寨」，疑原刊有誤。

〔六八〕魏晉陷於戎狄　元本、馮本、慎本並同。按元和志卷三、通典卷一七三州郡典三、寰宇記卷三五、輿地紀卷一四鄜州下記此均謂「暨晉，陷於戎狄」，而不言「魏」。

〔六九〕西魏改爲敷州　「西魏」諸本並作「後周」，通典卷一七三州郡典三鄜州同。按周書卷二文帝紀下：「魏廢帝三年春正月，改北華爲鄜州。」隋書卷二九地理志上上郡：「後魏置東秦州，後改爲北華州。西魏改爲敷州。」元和志卷三鄜州云：「廢帝改爲鄜州，因秦文公夢黄蛇自天降屬於地，遂於鄜衍立鄜畤爲名。」又寰宇記卷三五、輿地廣記卷一四鄜州亦俱謂西魏改爲鄜州。足證此處「後周」爲「西魏」之誤，今據改。按「敷」、「鄜」通用。

〔七〇〕苻秦置長城縣西魏改　原脱「苻秦置長城縣」。按脱此句則下文「西魏改」無所承。考元和志卷三鄜州三川縣載：「苻堅時於長城原置長城縣，後魏廢帝改爲三川。」寰宇記卷三五同。方輿紀要卷五七鄜州三川城亦云：「苻秦置長城縣，西魏改爲三川縣。」今爲上下詞義相貫，據紀要補「苻秦置長城縣」六字。

〔七一〕於今州治七里置杏城鎮　「杏城鎮」諸本並作「店城鎮」，據元和志卷三、通典卷一七三州郡典三、寰宇記卷三五、輿地廣記卷一四坊州條改。

〔七二〕元皇帝放牧敷州　「元皇帝」諸本並作「元帝」，據舊唐書卷三八地理志一、新唐書卷三七地理志一、元和志卷三、寰宇記卷三五坊州條補。

〔七三〕有石堂山蒲谷水　「石堂山」原誤作「石堂屈」，據馮本、慎本改。按寰宇記卷三五、九域志卷三、金史卷二六地理志下坊州中部縣條都作「石堂山」，足證。又「蒲谷水」原作「蒲左水」，據水經注卷一六沮水篇「蒲谷水源出中部縣蒲谷源」句及上引金史改。按「蒲谷水」亦名「蒲水」，見上引水經注、寰宇記、九域志。

〔七四〕後又改爲延州　「後又」諸本並同。按周書卷二文帝紀下魏廢帝三年春正月，改東夏爲延州。隋書卷二九地理志上延安郡：後魏置東夏州，西魏改爲延州。元和志卷三、寰宇記卷三六延州亦謂，廢帝改爲延州，以界内延水爲名。據此，則改延州當在西魏時。

〔七五〕舊置鄜延路經略安撫使　「舊置」原脱，據宋史卷八七地理志三延安府條補。按上引宋志陝西路總叙及皇宋十朝綱要卷五俱載：慶曆元年，分陝西爲秦鳳、涇原、環慶、鄜延四路，並置經略、安撫使。以分路置使在元祐升府之前，故當云「舊置」。

〔七六〕門山　諸本原倒作「山門」，據舊唐書卷三八地理志一丹州、新唐書卷三七地理志一、元和志卷三、九域志卷三延州、輿地廣記卷一三延安府條乙正。按門山縣之北有山，形似門，因以爲名。

〔七七〕渭牙川水　「牙」字原無，據寰宇記卷三六、九域志卷三延州及金史卷二六地理志下延安府門山條補。

〔七八〕吐延水　「吐」字原脱，據元和志卷三、寰宇記卷三六、九域志卷三延州延川縣條補。元和志云：延川縣，取吐延川爲名。

〔七九〕本延州永安鎮　「永安鎮」諸本並同，長編卷一八太平興國二年夏四月己亥、九域志卷三、輿地廣記卷一四保安軍下亦同。寰宇記卷三七保安軍、方輿紀要卷五七、嘉慶一統志卷二三三延安府作「永康鎮」，與此別。

〔八〇〕在州東北三十里　諸本同。按寰宇記卷三八綏州：「西南至延州三百四十里。」九域志卷三延州：「東北至本州綏德城三百三十里。」疑此處「三十」上脱「三百」二字。

〔八一〕懷寧　原作「懷軍」，據馮本、慎本改。按宋會要方域五之四一、宋史卷八七地理志三綏德軍亦俱作「懷寧」。

〔八二〕順安寨　「安」諸本原脱，據九域志卷三延州延川縣及宋史卷八七地理志三、宋會要方域五之四一綏德軍條補。

〔八三〕治儒林　「儒林」諸本並作「榆林」，通典卷一七三州郡典三銀州同。按「榆林」爲勝州治所，已具下文勝州條，此不應重出；且榆林爲漢沙南縣地，儒林爲漢圁陰縣地，地望亦不合。考舊唐書卷三八地理志一、新唐書卷三七地理志一、元和志卷四銀州下都以儒林爲首縣。此「榆林」明爲「儒林」之誤，今訂改。下同改。

〔八四〕漢銀陰縣地　「銀陰」諸本同。漢書卷二八下地理志八下西河郡作「圁陰」。通典卷一七三州郡典三、元和志卷四、寰宇記卷三八、輿地廣記卷一四銀州儒林下都作「圁陰」。按王念孫讀書雜志四之七漢書第七云：「念孫按『圁』與『圜』聲相近也，古無圁字，故借圜爲之，韋、顧並以『圜』爲『圁』之誤，非也。」輿地廣記又謂「圁」與「銀」音同。是作「圜」、「銀」亦不誤。

〔八五〕即永樂小川築新城　「小」字原脱，據元本、馮本、慎本及宋史卷八七地理志三銀州條補。

〔八六〕土人折太　諸本同。寰宇記卷三八府州、嘉慶一統志卷二三九榆林府府州故城條俱作「折大山」。

〔八七〕從阮因保險拒之　「拒」原作「阸」，諸本同。寰宇記卷三八府州、嘉慶一統志卷二三九榆林府府州故城作「拒」，當是。今據改。

〔八八〕勃勃於朔方水北黑水之南營都　「水北」二字原脱，「黑水」下原衍「城」字，據晉書卷一三〇赫連勃勃傳及水經注卷三河水篇、元和志卷四夏州條補、删。河水篇云：「赫連龍升七年，於朔方水之北、黑水之南，遣將築大城，名曰統萬城。」

〔八九〕吴璘收復旋失　「復」原作「後」，據宋史卷三六六吴璘傳及皇宋十朝綱要卷二五紹興三十二年吴璘戰績改。

〔九〇〕因鎮立名　「名」字原脱，據元本、馮本、慎本及寰宇記卷三九豐州條補。

〔九一〕以府州羅泊川掌地復建爲州　「羅泊川」諸本並作「羅泊川」，形近而訛，據九域志卷四、皇宋十朝綱要卷四、宋史卷八六地理志二豐州、嘉慶一統志卷二三九榆林府舊豐州條改。按元一統志卷四故府州下有「五代折從阮取遼人城堡十餘，羅泊川在其中」之文，可參證。

〔九二〕止有弓箭手佃官田及永安保寧二寨　「安」字原脱，據九域志卷四、宋史卷八六地理志二豐州條補。

〔九三〕漢沙南縣地　「沙」諸本並脱，據元和志卷四、通典卷一七三州郡典三、寰宇記卷三八、輿地廣記卷一七勝州榆林縣條補。

〔九四〕金河　諸本同。元和志卷四勝州榆林縣作「金河泊」，云：「金河泊在縣東北二十里，周迴十里。」寰宇記卷三八勝州榆林縣亦作「金河泊」。疑是。

〔九五〕漢沙南縣地　「沙南」諸本並作「河南」。按漢河南縣屬河南郡，沙南縣屬雲中郡，兩地相去絶遠，作「河南」非是。今據元和志卷四、寰宇記卷三八、輿地廣記卷一七勝州河濱縣條改。

〔九六〕以南牟會新城建爲西安州　「牟」字原脱，據元本、馮本、慎本補。按宋會要方域五之四二、宋史卷八七地理志三西安州下俱作「南牟會」。

〔九七〕以鹽池爲名　「鹽池」二字原倒，據元和志卷四、通典卷一七三州郡典三、寰宇記卷三七鹽州條乙正。

〔九八〕置鹽川郡　「川」原作「州」，據元本、馮本、慎本改。按隋書卷二九地理志上鹽川郡五原及元和志卷四、寰宇記卷三七鹽州下都説「大業初置鹽川郡」，皆可證。

〔九九〕十一年　「一」字原無。按上文已有「開元十年」云云，此不當重。考舊唐書卷三八地理志一、元和志卷四宥州下俱作「十一年」。今據補。

〔一〇〇〕唐分豐勝二州界置瀚海都護府　「瀚海」下原衍「郡」字，「護」原作「督」，並據舊唐書卷三八地理志一安北大都護府、元和志卷四、寰宇記卷三九天德軍、方輿紀要卷六一安北城條删、改。

〔一〇一〕今郡有秦亭秦谷是也　後一「秦」字諸本並闕。按史記卷五秦本紀「邑之秦」下正義引括地志云：「秦州清水縣本名秦，嬴姓邑。十三州志云秦亭，秦谷是也。」元和志卷三九秦州條引闞駰文同。今據補。

〔一〇二〕領郡十治於此　此六字諸本並誤入正文，今據本書注文例及通典卷一七四州郡典四改作小字注。

〔一〇三〕晉分爲天水及略陽二郡　「略陽」諸本並作「武陽」。按晉秦州無武陽郡，考魏書卷一〇六下地形志下略陽郡云：「晉武帝分天水置。」隋書卷二九地理志上天水郡隴城：「舊曰略陽，置略陽郡。開皇二年郡廢。」寰宇記卷一五〇、輿地廣記卷一五秦州下俱謂：晉屬天水、略陽二郡。今據改。

〔一〇四〕後魏爲略陽郡　「略陽」諸本並作「河陽」。按河陽郡西魏始置，後魏時不應有此郡。考魏書卷一〇六下地形志下秦州條載，領郡三，有天水郡、略陽郡、漢陽郡，並無河陽郡。又按通典卷一七四州郡典四、寰宇記卷一五〇秦州也説「後魏爲略陽郡」。今據改。

〔一〇五〕街泉亭　諸本並作「街亭泉」。按街泉本漢縣名，屬天水郡。後漢書卷三三郡國志五漢陽郡略陽：「有街泉亭。」注云：「街泉故縣，省。」又按街泉亭即街亭。三國志卷三五諸葛亮傳、卷三九馬謖傳俱載：建興六年，亮使馬謖督諸軍在前，與魏將張郃戰於街亭，爲郃所破。三國志卷一七張郃傳亦有「遣督諸軍拒亮將馬謖於街亭」之文。則此處「亭泉」係「泉亭」之倒。今據以乙正。

〔一〇六〕渭水　原作「眉水」，據馮本、慎本改。

〔一〇七〕有祁山　「祁山」諸本並作「初山」，據元和志卷二二成州、九域志卷三、輿地廣記卷一五岷州長道縣條改。元和志云：蜀建興六年，諸葛亮率軍攻祁山，即此。

〔一〇八〕陞爲平凉軍節度　「軍」字原脱，據宋會要方域五之四二、皇宋十朝綱要卷一五、宋史卷八七地理志三渭州，方輿紀要卷五八、嘉慶一統志卷二五八平凉府條補。

〔一〇九〕舊置涇原路經略安撫使　「舊」、「使」原脱，據宋史卷八七地理志三渭州補。參本卷校記〔二二〕。

〔一一〇〕白宕河　諸本並同。按九域志卷三渭州安化、寰宇記卷一五一渭州平涼縣俱有「白巖河」，無「白宕河」。疑作「白巖河」是。下同。

〔一一一〕本渭州籠竿城　「籠竿」原作「籠竽」，馮本、慎本作「籠竿」，元本作「籠于」。按九域志卷三德順軍作「隴竿」。宋史卷八七地理志德順軍、嘉慶一統志卷二五八平涼府俱作「隴干」。宋史卷二五八曹瑋傳作「籠竿」，而王安石作曹瑋行狀又作「籠干」。是「籠」又作「隴」；「竿」、「干」同，此作「竽」、下文作「于」皆形近致訛，今據元本、慎本改。下同。

〔一一二〕有水洛城　「水洛」原作「水落」，據元本、馮本、慎本改。按宋史卷二九二鄭戩傳、卷三二四劉滬傳載其築城事都作「水洛」。

〔一一三〕蓋取臯蘭山爲名　「臯蘭」二字原倒，據元和志卷三九、新唐書卷四〇地理志四、寰宇記卷一五一、輿地廣記卷一六蘭州條乙正。

〔一一四〕天寶三載分置臨川　諸本同。按舊唐書卷四〇地理志三、新唐書卷四〇地理志四臨州、方輿紀要卷六〇臨洮府、嘉慶一統志卷二五二並云：天寶三載，分金城郡置狄道郡。乾元初，改爲臨州。此處脱分置狄道郡一節，又誤「臨州」爲「臨川」。

〔一一五〕貢毛毼段　「毼」諸本並脱，據九域志卷三、宋史卷八七地理志三熙州土貢補。

〔一一六〕金屬陝西熙河路　「金」字原無，據本書注文例補。

〔一一七〕皆不詳所撰者名氏　「皆」字諸本並脱，據通典卷一七四州郡典四及上文所指「晉郭璞註」、「魏酈道元註」句補。又「者」字原亦脱，據元本、馮本、愼本及上引通典補。

〔一一八〕又云荷水過湖陸　「荷水」原誤作「河水」，據元本、馮本、愼本改。按水經注卷八濟水篇有「荷水又東過湖陸縣南，東入於泗水」之語，可證。

〔一一九〕釋法明國諱改焉　「國諱改焉」四字原羼入正文，依本書注例及通典卷一七四州郡典四改爲小字注。按法明即法顯，唐避中宗諱改。通考沿襲舊文。

〔一二〇〕自葱嶺于闐之東　「東」字原脱，據通典卷一七四州郡典四補。

〔一二一〕禹本紀山海經固已迂怪誕妄　諸本同。輿地廣記卷一六積石軍條「山海經」下有「水經」二字。

〔一二二〕唐聘使之往來非一　「使」字原脱，據輿地廣記卷一六積石軍條補。

〔一二三〕言河之上流由洪濟渠西南行二千里　「渠」，輿地廣記卷一六積石軍作「果」，舊唐書卷一九六下吐蕃傳下作「橋」，新唐書卷二一六吐蕃傳下作「梁」。按廣記作「果」，恐是刊誤。

〔一二四〕流澄緩下　「緩」原作「浚」，據新唐書卷二一六下吐蕃傳下及輿地廣記卷一六積石軍條改。

〔一二五〕元鼎所經見大略如此　「見」字原脱，據新唐書卷二一六下吐蕃傳下、輿地廣記卷一六積石軍條補。

〔一二六〕秦漢以來爲諸戎之地　「諸戎」，元和志卷三九、輿地廣記卷一六洮州作「諸羌」。

〔一二七〕諸羌與燒何大豪寇張掖　「燒何」諸本並作「澆河」，據後漢書卷六五段熲傳、卷二七西羌傳改。按寰宇記卷一五五、輿地廣記卷一六廓州條記此事亦作「燒何」。下同改。

〔一二八〕後周武帝逐吐谷渾　「逐」諸本並作「屬」，文義不通。今據下文達化注及隋書卷二九地理志上澆河郡、通典一七四州郡典四、輿地廣記卷一六廓州條改。按寰宇記卷一五五廓州下有「後周建德五年，西逐吐谷渾，又得河南地，置廓州，取廓清之義爲名」之文，可證。

〔一二九〕有土樓山　「土樓山」，元本、馮本、慎本作「士樓山」。按隋書卷二九地理志上、元和志卷三九湟水縣及大清一統志西寧府都作「土樓山」。又水經注卷二河水篇載：「湟水東逕土樓南。」據此，則底本作「土樓山」是，元、馮、慎諸本作「士樓山」係版刻誤。

〔一三〇〕漢武初開置張掖酒泉燉煌武威金城謂之河西五郡　諸本同。按「河西五郡」並非都是漢武所開，據漢書卷七昭帝紀、卷二八下地理志下、卷九六上西域傳上云：「漢武所置爲張掖、酒泉、燉煌、武威四郡，其金城郡，係昭帝「始元六年置」。元和志卷四〇涼州下亦云：「漢得其地，遂置張掖、酒泉、燉煌、武威四郡，昭帝又置金城一郡，謂之河西五郡。」則此處「金城」上脱「昭帝置金城郡」一節。

〔一三一〕西河舊事曰　「西河」原作「河西」，通典卷一七四州郡典四涼州姑臧條同。按漢書卷九六上西域傳上「西則限以葱嶺」下師古曰、後漢書卷五三竇融傳「融至姑臧」下注俱引作「西河舊事」。又寰宇記一五二甘州張掖、删丹條三處引此書，都作「西河舊事」。此「河西」明「西河」之倒，今據以乙正。按西河舊事一書已佚，清人張澍有此書輯佚，可參證。

〔一三二〕昌松一名鄣水城　各本並同。按正文「昌松」下側注劈頭一句就是「一名鄣水城」，嫌無所承。考後漢書卷二明帝紀第二中元二年秋九月「敗郡兵於允街」下云：允街，縣名也。在今涼州昌松縣東南。城臨鄣水，一名鄣水城。寰宇記卷一五二涼州昌松縣、大清一統志涼州府允街故城俱同。據此，則此處「一」上有脱文。

〔一三三〕有祁連山　「有」字原脱，據本書文例補。

〔一三四〕古長城　「古」原作「在」，據元本、馮本、慎本改。

〔一三五〕有崆峒山　「有」字原無，據本書注文例補。

〔一三六〕苻堅徙江淮之人萬餘户於燉煌　「江淮」，通典卷一七四州郡典四、寰宇記卷一五三瓜州作「江漢」。

〔一三七〕有蒲昌海　「蒲昌」諸本並倒作「菖蒲」，據漢書卷二八下燉煌郡、卷九六上西域傳上及寰宇記卷一五三、輿地廣記卷一七沙州壽昌縣條改。

〔一三八〕其後後魏有之　原脱一「後」字，據元和志卷四〇、寰宇記卷一五六西州條補。

〔一三九〕有交河水分流繞城下　「交」字原脱，按元和志卷四〇、寰宇記卷一五六、通典卷一七四州郡典四西州交河縣下俱謂：有交河，水分流於城下，因以爲名。

卷三百二十三　輿地考九

古南越

自嶺而南，當唐、虞、三代爲蠻夷之國，是百越之地，亦謂之南越，或云南越之君，亦夏禹之後。按甌越、閩越，禹後少康之庶子所封之地。即南越，非其種也，故輿地志云東南有二越，其義詳矣。或曰自交趾至於會稽七八千里，百越雜處，各有種姓，故不得盡云少康之後。古謂之雕題，謂雕題刻其額也。禮記王制曰：「南方曰雕題。」非禹九州之域，又非周禮職方之限。晉書、隋書並謂交、廣之地，爲禹貢揚州之域。今稽其封略，考其鎮藪，則禹貢、職方皆不及此，故列於九州之外。在天文，牽牛、婺女則越之分野，得漢之蒼梧〔一〕、鬱林、合浦、交趾、九真、南海、日南，皆其分也。今南海、義寧、海豐、恩平、南陵〔二〕、招義、臨賀、高要、潯江、感義、臨江、扶南、晉康、臨封、開陽、高涼、始安之南境，平樂、蒙山、正平、開江、連城、鬱林、平琴、安城、賀水、常林、象郡、龍城、融水、朗寧、南潘、懷澤、寧仁、新興、普寧〔三〕、陵水、南昌、寧越、定川、寧浦、橫山、修德、龍池、安南、武峨、龍水、忻城、九真、福祿、文陽、日南、承化、銅陵、永定、玉山、合浦、安樂、海康、蒼梧、懷德、臨潭、樂古、溫水、湯泉等郡是也。兼得楚之交。漢零陵、桂陽，今始安之北境及始興，皆宜屬楚。秦始皇略定揚越，謫戍五方，南守五嶺。自北徂南，入越之道，必由嶺嶠，時有五處。塞上嶺一也，今南安郡大庾嶺是。騎田嶺二也，今桂陽郡臘嶺是。都龐嶺三也，今江華郡永明嶺是。甿渚嶺四也，亦江華界白芒嶺是。越城嶺五也，今始安郡北，零陵郡南，臨源嶺是。西自衡山之南，東窮於海，一山之限也。後遣任囂攻取陸梁之地，遂平南越，置郡，此爲南海、今南海、始興、義寧、海豐、恩平、南陵、臨賀、高要、感義、晉康、臨封、開陽、高凉、連城、新興、銅陵、懷德等郡是。桂林、今始安、平樂、蒙山、開江、潯江、蒼梧、臨江、鬱林、平琴、安城、賀水〔四〕、常林、象郡、龍城、融水、朗寧、懷澤、寧浦、横山、脩德、龍池、永定等郡是。象，今招義、南潘、普寧、陵水、南昌、定川、寧越、安南、武峨、龍水、忻城、九真、福禄、文陽、日南、承化、玉山、合浦、安樂、海康、温水、湯泉等郡是。置南海尉以典之，所謂東南一尉者也。任囂病且死，召趙佗謂曰：「番禺負山險阻，南北東西數千里，可以爲國。」遂以趙佗爲南海尉。秦末，趙佗遂王其地，漢因封之。佗後數代，其相呂嘉反叛，武帝使伏波將軍路博德討平之。分秦南海、桂林、象郡，置蒼梧、鬱林、合浦、日南、九真、交趾并舊九郡是。元封初，又遣軍自合浦徐聞入南海，至大洲，方千里，略得之。置儋耳、珠崖二郡。至元帝時，以其數反，罷棄之。後兼置交趾刺史。領七郡。其餘土宇，自漢以後，歷代開拓。今臨潭、扶南、正平、樂古、珠崖、昌化、延德、瓊山、萬安等郡是。後漢建武中，交趾女子徵側、妹徵貳反，於是九真、日南、合浦蠻俚皆應之，自立爲交趾帝。使馬援平定交部，始調立城郭，置井邑。至獻帝，乃立爲交州。領郡七。時張津爲交趾刺史，士燮爲交趾太守，共上表請立爲州，置牧。初理龍編縣，即今安南府縣也〔五〕。乃置交州牧，徙理蒼梧廣信縣，即今郡蒼梧縣也。建安十六年〔六〕，又徙理南海番禺縣，即今郡縣也。尋又移理龍編。其邊州，詔使持節，給鼓吹，以重威鎮，加九錫、六佾之舞。漢末，其地並屬吳，仍分爲廣州。領郡三，理番禺。後蜀以建寧太守遥領交州。晉平蜀，亦然。及平吳，仍舊交、廣二州。並因前代，交領郡七，廣領郡十〔七〕。宋分爲廣州，領郡十七，理番禺。交州，領郡五，理龍編。越州。領郡三，理臨漳，今合浦郡。齊並因之。廣州領郡二十三〔八〕，交州領郡九，越州領郡二十〔九〕。梁、陳以來，廢置混雜，不能悉舉。唐分十五部，此爲嶺南道。五代時，爲劉氏所據。宋乾德四年，平南漢，始盡得嶺南之地，分爲廣南東路、西路。

五嶺之南，人雜夷獠，不知教義，以富爲雄。父子别業，父貧乃有質身於子者。其富豪並鑄銅爲大鼓，初成，懸於庭中，置酒以招同類。又多構讐怨，欲相攻擊，則叩此鼓，到者如雲。有鼓者號爲「都老」，群情推服。尉佗於漢〔一〇〕，自稱「蠻夷大長老夫臣佗」，故里人呼其所尊爲「長老」也。言訛，故又稱「都老」云。珠厓環海，尤難賓服，是以漢室嘗罷棄之。漢元帝時〔一一〕，珠厓數反叛，賈捐之上書，言不可煩中國師徒，請罷棄命。從之。大抵南方遐阻，人强吏懦，豪富兼并，役屬貧弱，俘掠不忌，古今是同。其性輕悍，易興逆節〔一二〕。自尉佗、徵側之後，無代不有擾亂〔一三〕，故蕭齊志云：「憑恃遠險，隱伏巖障〔一四〕，恣行寇盜，略無編户。」爰自前代，至於唐朝，多委舊德重臣，撫寧其地也。

古南越歷代沿革之圖

秦時爲郡三。

南海郡　桂林郡　象郡

漢時爲郡七，縣五十五。

南海郡六縣番禺　博羅　中宿　龍川　四會　揭陽

鬱林郡十二縣布山　安廣　阿林　廣鬱　潭中　臨塵　定周　增食　中留　桂林　領方　雍鷄

蒼梧郡十縣廣信　謝沐〔一五〕　高要　封陽　端谿　馮乘　富川　荔浦　臨賀　猛陵

交趾郡十縣羸𨻻　安定　苟漏　麊泠　北帶　稽徐　西于　龍編　曲易　朱䳒〔一六〕

合浦郡五縣徐聞　高涼　合浦　臨允　朱盧

日南郡五縣朱吾　比景〔一七〕　盧容　西捲　象林

九真郡七縣胥浦　居風〔一八〕　都龐　餘發　咸驩　無切　無編

晉時爲郡十七，縣一百二十一。

南海郡六縣番禺　四會　增城　博羅　龍川　平夷

臨賀郡六縣臨賀　謝沐　馮乘　封陽　興安　富川

始安郡七縣始安　始陽　平樂　荔浦　常安　熙平　永豐

高凉郡三縣安寧　高凉　恩平

始興郡七縣曲江　桂陽　始興　含洭　湞陽　中宿　陽山

高興郡五縣廣化　海安　化平　黄陽　西平

蒼梧郡十二縣廣信　端溪　高要　建陵　鄣平　農城　元谿　臨允　新寧　猛陵　都羅　武城

鬱林郡九縣布山　阿林　新邑　晉平　鬱平　領方　武熙　安廣　始建

桂林郡八縣潭中　武豐　粟平　羊平　龍剛　夾陽　武城　軍驩

合浦郡六縣合浦　南平　蕩昌　徐聞　毒質　珠官

日南郡五縣象林　盧容　朱吾　西卷　比景

交趾郡十四縣龍編　苟漏　望海　嬴陿　曲昜　交興　北帶　稽徐　西于　武寧　朱鳶　安定　南定　海平

九德郡八縣九德　咸驩　南陵　陽遂　扶苓　曲胥　浦陽　都洨

九真郡七縣胥浦　移風　津梧　建初〔一九〕　常樂　扶樂　松原

武平郡七縣武平〔二〇〕　武興　進山　根寧　安武　扶安　封溪

新昌郡六縣麊泠　嘉寧　吴定　封山　臨西　西道

寧浦郡五縣寧浦　連道　吴安〔二一〕　昌平〔二二〕　平山

隋時爲郡十八，縣一百四十七。

南海郡十五縣南海　曲江　始興〔二三〕　翁源　化蒙　清遠　含洭　政賓　增城　寶安　樂昌　四會　懷集　新會　義寧

龍川郡五縣歸善　河源　博羅　興寧　海豐

蒼梧郡四縣封川　都城　蒼梧　封陽〔二四〕

高凉郡九縣高凉　電白　杜原　海安　陽春　石龍　吴川　茂名　連江

永平郡十一縣永平　武林　隋建　安基　戎成　寧人　淳人　大賓　隋安　普寧　賀川

鬱林郡十二縣鬱林　鬱平　領方　阿林　馬度　安成　寧浦　樂山　石南　桂平　嶺山　宣化

合浦郡十一縣〔二五〕合浦　南昌　北流　封山　海康　抱成　隋康　扇沙　定川　龍蘇　鐵杷

始安郡十五縣始安　平樂　荔浦　建陵　隋化　義熙　龍城　馬平　陽朔　象　富川　龍平　桂林　陽壽　豪静

信安郡七縣高要　端溪　平興　樂城　新興　博林　銅陵

寧越郡六縣欽江　安京　内亭　南賓　遵化　海安

永熙郡六縣瀧水　懷德　良德　安遂　永業　永熙

珠崖郡十縣義倫　感恩　顏盧　毗善　吉安　延德　寧遠　澄邁　昌化　武德

交趾郡九縣宋平　龍編　朱鳶　隆平　交趾　嘉寧　新昌　安人　平道

九真郡七縣九真　移風　胥浦　隆安　軍安　安順　日南

日南郡八縣九德　咸驩　浦陽　越裳〔二六〕　金寧　交谷　安遠　光安

林邑郡四縣象浦　金山　交江　南極

比景郡四縣比景　朱吾　壽冷　西捲

海陰郡四縣新容　真龍　多農　安樂

唐時爲州七十，縣二百八十九。

廣州十三縣　岡州二縣　韶州六縣　循州六縣　恩州三縣　春州三縣　賀州六縣　端州二縣　藤州四縣　康州四縣　封州二縣　高州三縣　南義州三縣　新州二縣　竇州四縣　桂州十一縣　昭州三縣　蒙州三縣　富州三縣　梧州三縣　潯州三縣　龔州三縣　鬱林州五縣　賓州三縣　繡州三縣　象州三縣　柳州五縣　融州三縣　邕州七縣　貴州四縣　黨州四縣　横州三縣　嚴州三縣　巒州三縣　羅州五縣　潘州三縣　容州六縣　化州三縣　白州五縣　牢州三縣　欽州五縣　武峨州五縣　廉州四縣　雷州三縣　禺州四縣　宜州四縣　芝州一縣　崖州四縣　儋州五縣　振州五縣　瓊州五縣　萬安州四縣　安南都護府八縣　愛州六縣　福禄州三縣　長州四縣　驩州四縣　峰州五縣

陸州三縣　巖州四縣　湯州三縣　瀼州四縣　籠州七縣　環州八縣　古州三縣　田州五縣　山州

二縣　演州二縣　林州三縣　景州三縣

宋時爲州三十七，縣一百一十二。

廣州八縣　韶州五縣　南雄州二縣　英州二縣　循州三縣　惠州四縣　南恩州二縣　賀州三縣　肇慶府二縣　藤州二縣　德慶府二縣　封州二縣　高州三縣　新州一縣　靜江府十二縣　昭州四縣　梧州一縣　潯州一縣　鬱林州二縣　賓州三縣　象州四縣　柳州三縣　融州三縣　邕州二縣　貴州一縣　橫州二縣　容州三縣　化州二縣　白州一縣　欽州二縣　廉州二縣　雷州一縣　宜州五縣　儋州三縣　吉陽軍二縣〔二七〕　瓊州四縣　萬安軍三縣〔二八〕

廣州　秦置南海郡。二漢因之，兼置交州。領郡七。後漢州治於此〔二九〕。吳因之，孫休以交州土壤太遠，乃徙交州治龍編；分交州置廣州，領郡十，治番禺〔三〇〕。晉、宋、齊因之。梁、陳並置都督府。隋平陳，置總管府，後又置番州。煬帝置南海郡。唐改爲廣州，或爲南海郡。屬嶺南道。武德四年〔三一〕，分新會、義寧二縣，置岡州。貞觀廢岡州，復以二縣來隸。後以廣、桂、容、邕、安南五府皆隸廣州，以廣州爲嶺南五府節度、五管經略使治所。後爲清海軍節度。領縣十三。南海、番禺、增城、四會、化蒙、懷集、洊水、東莞、清遠、洽洭、湞陽、新會、義寧。南漢置咸寧，以湞陽屬英州。宋開寶四年，以洽光隸連州〔三二〕。五年，廢咸寧、番禺、化蒙、洊水四縣。大觀元年，陞爲帥府，領廣南東路兵馬鈐轄，兼本路經略、安撫使。貢胡椒、石髮、糖霜、肉豆蔻、丁香母子、零陵香、補骨脂、茴香、没藥、没石子、沉香、甲香、詹糖香、石斛、龜殼、水馬、鼉皮、籐簟。領縣八〔三三〕，治南海。南海，隋縣。有番禺山、羅浮山、練洲、沉香浦。增城，漢縣。有猊山、增水。懷集，宋縣。

有驃山、建溪〔三四〕。清遠，隋縣。有中宿峽、金鏁潭〔三五〕。東莞，唐縣。有珊瑚洲。四會，漢縣。新會，晉縣。信安。本義寧縣，宋改。

韶州　春秋、戰國皆屬楚地。秦屬南海郡。二漢屬桂陽郡〔三六〕。吳分置始興郡，晉因之。宋改爲廣興郡。齊又爲始興郡。隋平陳，廢始興郡，併其地屬南海郡。唐置韶州，或爲始興郡。屬嶺南道。領縣六。始興、曲江、湞昌、仁化、翁源、樂昌。後改湞昌爲保國。南漢以保國隸南雄州。宋開寶四年，以始興屬南雄州。屬廣東南路。宣和三年，以岑水場析曲江、翁源地置建福縣。貢絹、鍾乳。領縣五，治曲江。

曲江，漢縣。有桂山、曲江、靈芝山〔三七〕、韶石。樂昌，隋縣。有昌山、武溪。翁源，梁縣。有靈池山。仁化，唐縣。有白星山、潼溪、五渡水。建福。

南雄州　南漢以韶州保昌縣置雄州。宋開寶四年〔三八〕，加「南」字，以韶州始興來屬。宣和時賜郡名曰保昌。屬廣東路。　貢絹。領縣二，治保昌。

保昌，唐縣。有大庾嶺、樓船水、保水。始興。梁縣。有東嶠山、修仁水。

英州　南漢以廣州湞陽縣置英州。宋開寶六年，以連州浛光來屬。宣和二年，賜郡名曰湞陽〔三九〕。屬廣東路。　貢紵布。領縣二，治湞陽。

湞陽，唐縣。有始興江、沱水。浛光。漢縣。有堯山、湟水〔四〇〕。

循州　秦、二漢南海郡地，晉亦然。宋屬南海、東官、永平三郡地〔四一〕，齊因之。隋平陳，置循州。煬帝初州廢，置龍川郡。唐復爲循州，或爲海豐郡。屬嶺南道。領縣六。歸善、河源、興寧、海豐、博羅、雷鄉。南漢以歸善、博羅、海豐、河源屬惠州。宋因之，屬廣南東路。熙寧四年，置長樂縣。　貢絹、籐盤。領縣三，治龍川。　龍川，唐雷鄉縣，南漢改。有龍川江〔四二〕、鰐湖〔四三〕、博羅山。　興寧，晉縣。有揭陽山、興寧江、左師山、別別溪。　長樂。熙寧四年，析興寧縣置。

惠州　南漢以循州歸善縣置禎州，以歸善、海豐、博羅、河源四縣來屬。宋天禧五年〔四四〕，以州名犯仁宗御名，改爲惠州，屬廣東路。宣和二年，賜郡名博羅。　貢甲香、籐箱。領縣四，治歸善。　歸善，隋縣。有鰐池。　海豐，宋縣。有龍山、南海。　博羅，秦縣。有羅浮山、羅浮水。　河源。南齊縣。有龍穴山、新豐江。

南恩州　秦屬南海郡。二漢爲合浦郡地。唐貞觀中，置恩州。或爲恩平郡，屬嶺南道。領縣三，陽江〔四五〕、恩平、杜陵。宋開寶五年〔四六〕，廢恩平、杜陵二縣。慶曆八年，改河北路貝州爲恩州，乃加「南」字。熙寧六年廢春州，以陽春縣來隸。屬廣南東路。　貢銀。領縣二，治陽江。　陽江，唐縣。有龍鼉山〔四七〕、恩平江。　陽春。梁縣。有雲浮山〔四八〕。

春州　秦屬南海郡。二漢屬合浦郡地。隋屬高涼郡。唐武德四年，平蕭銑，置春州。或爲南陵郡。屬嶺南道。領縣三。陽春、羅水、流南。宋開寶五年州廢，其地入恩州。六年，復置州，廢羅水、流南二縣；又以勤州之銅陵來屬，并勤州之富林入銅陵爲一縣。景德元年，移治於陽春界石津古城。大中祥符九年，又併入新州爲新春州。天禧四年，復置。領縣二，治陽春。熙寧六年復廢，以銅陵併入陽春爲縣，屬南恩州。詳見南恩州下。

賀州　秦屬南海郡。二漢屬蒼梧郡。吴分置臨賀郡，晉因之。宋文帝改爲臨慶國。齊復爲臨賀郡，陳因之。隋平陳，置賀州，因賀水爲名。煬帝初，廢爲縣，屬始安、熙平二郡。唐復置賀州，或爲臨賀郡。屬嶺南道。領縣六。臨賀、桂嶺、蕩山、富川、馮乘、封陽。宋開寶四年，廢蕩山、封陽、馮乘。屬廣東路。大觀間，改屬廣西路〔四九〕。貢銀。領縣三，治臨賀。臨賀，漢縣。有蕩山、祥山、臨水、賀水、錫溪。富川，漢縣。有富水。桂嶺。隋縣。有桂嶺山。

肇慶府　秦屬南海郡。兩漢並屬蒼梧郡，晉亦然。宋、齊並屬南海郡。陳置高要郡〔五〇〕。屬嶺南道〔五一〕。領縣二。高要、平興。宋開寶五年，廢平興。元符三年，陞興慶軍節度。徽宗即位，以潛藩，升爲肇慶府。屬廣東路。又以廣州四會縣來隸。貢銀、石硯。領縣二，治高要。高要，漢縣。有爛柯山、端溪、高要峽、新江。四會。見廣州。

藤州〔五二〕　秦屬南海郡。二漢並屬蒼梧郡。晉屬永平郡。隋平陳，置藤州。煬帝初州廢，後置永平郡。唐復爲藤州，或爲感義郡。屬嶺南道。領縣四。寧風、感義、義昌、鐔津。宋開寶五年〔五三〕，廢寧風、感義、義昌三縣。熙寧四年，廢南儀州爲岑溪縣，隸藤州。屬廣西路。貢銀。領縣二，治鐔津。鐔津，隋縣。有鉛穴山、鐔江、瘴江。岑溪。有蘇羅山、龍驤水。

德慶府　秦屬南海郡。二漢屬蒼梧郡。晉分置晉康郡，宋、齊以下因之。隋平陳，廢晉康，併入信安郡。今高要郡也。唐復爲康州，或爲晉康郡。屬嶺南道。領縣四。端溪、悦城、晉康、都城。宋開寶五年廢州，以悦城、晉康、都城並入端溪，以隸端州。尋復置州，以廢瀧州之瀧水來屬。六年，以瀧州之開陽、建水、鎮南三縣並入瀧水爲一縣〔五四〕。紹興元年，以高宗潛藩，陞爲德慶府。十四年，置永慶軍節度〔五五〕。屬廣東路。貢銀。領縣二，治端溪。端溪，漢縣。有端山、西江、鬱水。瀧水。隋縣。有靈陽山、羅田水。

封州　晉以前土地與康州同。梁置梁信郡，兼置成州。隋平陳，廢梁信郡，改成州爲封州。煬帝初，州廢爲封川縣，屬蒼梧郡。唐復置封州，或爲臨封郡。屬嶺南道。領縣二。封川、開建。宋屬廣南東路。　貢銀。領縣二，治封川。　封川，隋縣。有西江。開建。唐縣。有忠讜山〔五六〕、封溪水。

高州　秦以前土地與晉康郡同。二漢屬合浦郡。吴置高涼郡，晉因之。初，吴又立高興郡，晉亦有之，其後悉併於高涼郡。齊亦爲高涼郡，梁兼置高州。隋平陳，郡廢，而高州如故。煬帝初州廢，屬高涼、永熙二郡地。唐復爲高州，或爲高涼郡。屬嶺南道。領縣三。良德、保定、電白。宋開寶五年，廢良德、保定，又廢潘州，以其南巴、潘水二縣併入茂名來屬。景德元年，並入竇州，移治茂名。三年復置，以二縣還隸。熙寧四年，廢竇州，以其懷德、潭峨、特亮併入信義縣來屬。屬廣西路。　貢銀。領縣三，治電白。　電白，隋縣。有高涼山。信宜〔五七〕，唐竇州四縣。有羅竇洞、潭峨水。茂名。唐潘州三縣。有潘山、潘水、毛山。

南儀州　秦屬南海郡。二漢屬蒼梧郡。唐武德四年，置南義州〔五八〕。貞觀初廢，以其地屬南建州。二年，復置義州，其後或爲連城郡。屬嶺南道。領縣三。岑溪、永業、連城。宋開寶四年，改爲南儀州〔五九〕。屬廣西路。五年，廢州，以其地入竇州。六年復，廢連城、永業二縣，並入岑溪。熙寧四年州廢，以岑溪入藤州。詳見藤州下。

新州　秦屬南海郡。二漢屬合浦郡。晉分置新寧郡，宋、齊因之。梁置新州。隋屬信安郡。唐爲新州，或爲新興郡。屬嶺南道。領縣二。新興、永順。宋開寶五年，廢永順。屬廣東路。　貢銀。領縣一。新興。唐縣。有露山〔六〇〕、利山、新江、封水。

竇州　秦屬南海郡。二漢屬蒼梧郡。隋屬永熙郡。唐武德四年〔六一〕，置南扶州。貞觀八年，改爲竇州。或爲懷德郡。屬嶺南道。領縣四。信義、懷德、潭峨、特亮。宋開寶五年，廢潭峨、懷德、特亮。熙寧四年州廢，以縣隸高州。詳見高州下。

静江府　戰國時，楚國及越之交。秦爲桂林郡地。二漢屬零陵、蒼梧二郡。吴分置始安郡，晉因之。宋改始安爲始建國。齊復爲始安郡〔六二〕。梁置桂州。隋平陳，置總管府。煬帝初府廢，復置始安郡。唐爲桂州，或爲始安郡。有越城嶺，今謂之臨源嶺，即五嶺之一〔六三〕。自荔浦以北爲楚，以南爲越。今静江有中州清淑之氣，荔浦相距纔百餘里，遂入瘴鄉，是天所以限楚、越也。屬嶺南道。領縣十一。臨桂、理定、靈川、陽朔、永福、荔浦、義寧、修仁、恭化〔六四〕、古、全義。後爲下都督，静江軍節度，桂管都防禦、觀察使。湖南馬氏置義寧縣。宋大觀時，陞爲帥府。領廣南西路兵馬鈐轄，兼本路經略、安撫使。紹興三年，以高宗初潛，陞爲静江府。　貢銀、桂心。領縣十二，治臨桂。臨桂，唐縣。有獨秀山、維山、桂江。靈川，唐縣。有靈巖川、銀江、甘水。興安，唐全義縣，宋改。有陽海山〔六五〕、灕江、湘水。陽朔，梁縣。有陽朔山、烏滸夷人〔六六〕、竹王祠。永福，唐縣。有永福山、白石水。修仁，唐縣。有崇仁山、駱駝水。理定，唐縣。有橄欖山、蘭麻山、古凍水〔六七〕。慕化，唐恭化縣，後唐改〔六八〕。後併入臨桂縣。荔浦，漢縣。有荔江、方山。義寧，本義寧場〔六九〕，馬氏置。有思江。永寧。唐豐水縣，梁改。有豐水。後廢爲鎮入荔浦。古。唐縣。有常安水。

昭州　秦桂林郡地。二漢屬蒼梧郡。晉末屬始建國〔七〇〕。齊屬始安郡，隋亦然。唐武德四年，置樂州。貞觀八年，改爲昭州。取昭潭爲名。長沙郡本潭州，亦取昭潭爲名，則彼此皆有昭潭。郡地有昭岡潭，只在江中，蓋因岡爲名。或曰平樂郡。屬嶺南道。領縣三。平樂、永平、恭城。宋開寶五年，廢永平，以廢富州之思勤、馬江二縣〔七一〕，併入龍平來屬。熙寧五年，廢蒙州，以東區、蒙山二縣併入立山來屬。屬廣西路。貢銀。領縣四，治平樂。平樂，吳縣。有縈山、平樂江、荔浦、昭岡潭。恭城，唐縣。有銀殿水、樂水。龍平，本富州二縣。有富豪山、恩負水〔七二〕。立山。本象州三縣。有東區山、象山。

蒙州〔七三〕

富州〔七四〕 秦桂林郡地。二漢屬蒼梧郡地。梁爲開江、武成二郡地。陳置靜州，改開江、武成二郡爲逍遥郡。隋平陳，並廢爲縣，屬始安郡。唐又置靜州，貞觀間改爲富州。因富水名。

梧州 秦屬桂林郡。二漢爲蒼梧郡〔七五〕，兼置交州，領郡七〔七六〕，治於此。晉以後並因之。梁屬成州。隋平陳，改爲封州。煬帝初州廢，屬蒼梧、永平二郡地。唐爲梧州，或爲蒼梧郡〔七七〕。屬嶺南道。領縣三。蒼梧、戎城、孟陵。宋開寶五年，廢孟陵；熙寧四年，省戎城爲鎮，並入蒼梧。屬廣西路。貢銀、白石英。領縣一。蒼梧。隋縣。有火山、火泉、桂江、雷水〔七八〕、鰐魚池、士燮冢。

潯州 秦屬桂林郡。二漢以後，並屬鬱林郡。隋屬永平、鬱林二郡地。唐置潯州，或爲潯江郡。屬嶺南道。領縣三。桂平、皇化〔七九〕、大賓。後廢大賓〔八〇〕。宋開寶五年，廢皇化。紹興六年，廢龔州，以地來隸。屬廣西路。貢銀。領縣二，治桂平。桂平，梁縣。有潯江、鬱江。平南。本龔州，領六縣，開寶五年，併爲一縣；又以思明州之武郎縣來屬。俄復廢武郎，只作平南一縣。紹興時，廢龔州來隸。有石勞山、龔江。

龔州　秦屬桂林郡。二漢屬蒼梧、鬱林二郡地，晉因之。唐置龔州，或爲臨江郡。屬嶺南道。領縣六〔八一〕。平南、大同、武林、隋建、陽川、寧風。宋開寶五年，廢陽川、武林、隋建、大同、寧風，以思明州之武郎來屬〔八二〕。嘉祐二年，廢武郎入平南。紹興六年，廢龔州，以其地入潯州。

鬱林州　秦爲桂林郡，漢改爲鬱林郡，後漢亦同。梁置定州，後改爲南定州。隋平陳，改爲尹州，尋改爲鬱林郡〔八三〕。唐爲鬱林州，或爲鬱林郡〔八四〕。屬嶺南道。領縣五。石南、興業、鬱平、潭栗、興德。後廢石南、潭栗。宋開寶五年，廢鬱平、興德并入興業爲一縣；又廢牢州，以定川、宕川并入南流；又廢平琴州之容山、懷義，黨州之撫安、善勞，并入南流爲一縣〔八五〕。屬廣西路　貢銀、縮砂。領縣二，治南流。南流，本牢州、平琴州、黨州之地。有牢江、馬援營。興業。唐縣。有北斗山、小江。

賓州　秦屬桂林郡。二漢爲鬱林郡，晉、宋、齊因之。隋屬鬱林郡。唐置賓州，或爲安城郡。屬嶺南道。領縣三。領方、琅邪、保城。宋開寶五年〔八六〕，廢琅邪、保城二縣；廢澄州，以止戈、無虞、賀水三縣并入上林縣來屬。天禧四年，置遷江縣。屬廣西路。　貢銀、藤器。領縣三，治領方。領方，漢縣。有賓水、浮江、古漏關。上林，本唐澄州三縣。有賀水、莫耶關。遷江。本邕州羈縻州。有都泥江〔八七〕、賀水。

繡州　秦屬桂林郡。二漢屬鬱林郡，晉以後因之。唐平蕭銑，置繡州。或爲常林郡。屬嶺南道。領縣三。常林、羅繡、阿林。宋開寶五年，廢繡州，以其地入容州普寧縣。詳見容州下。

象州　秦屬桂林郡。二漢屬鬱林郡地。吴又分置桂林郡，晉、宋、齊皆因之。隋平陳，置象州，因象山爲名。煬帝廢入始安郡。唐復置象州，或爲象郡。秦之象郡，今合浦郡是也，非今象郡。屬嶺南道。領縣三。

武化、陽壽、武仙。宋開寶七年，廢嚴州，以其來賓縣來屬。屬廣西路。貢金、藤器。領縣四，治陽壽。陽壽，唐縣。有象山〔八八〕、陽水。武仙，唐縣。有仙人山、鬱水。武化，唐縣。來賓。本嚴州縣，開寶中廢州，以歸化并入〔八九〕。有牂牁江。

柳州　秦土地與象郡同。晉以後，屬桂林郡。隋屬始安郡。唐平蕭銑，置昆州。貞觀八年，改爲柳州。或爲龍城郡〔九〇〕。領縣五。馬平、龍城、洛曹〔九一〕、洛容、象。宋淳化元年，以洛曹屬宜州。嘉祐四年，廢象縣入洛容。屬廣西路。貢銀。領縣三，治馬平。馬平，隋縣。有鵝山、潯江、羅池神祠。柳城，梁龍城縣，宋改。有烏蠻山、龍江。洛容。唐縣。有洛青山、蹄江、黄洞江。

融州　土地與龍城郡同。唐置融州，或爲融水郡。屬嶺南道。領縣三。融水、黄水、武陽。後併黄水入武陽。宋開寶五年，置羅城縣。大觀間，陞爲清遠軍節度。屬廣西路。貢金、桂心。領縣三，治融水。融水，唐縣。有融山、靈巖山、潯江。武陽，唐縣。有靈山、永平水。熙寧初〔九二〕，廢爲鎮入融水。羅城。宋縣，本珠州洞地。熙寧初，廢爲鎮入融水。

邕州　秦屬桂林郡。二漢以後，屬鬱林郡。唐武德四年，置南晉州。貞觀五年〔九三〕，改爲邕州。或爲朗寧郡，建武軍節度，邕管經略使。屬嶺南道。領縣七。宣化、朗寧、如和、武緣、思龍〔九四〕、晉興、封陵。宋開寶五年，廢朗寧、封陵、思龍。景祐三年，廢如和縣入宣化、樂昌縣入武緣。又管羈縻州四十四、縣五、洞十一。貢銀。領縣二，治宣化。宣化，隋縣。有如和山、鬱水、邕水、駱越水、武離水、羅陸水。武緣。唐縣。有武緣水、崑崙寨。

貴州　古西甌、駱越之地。秦屬桂林郡，徙謫人居之。自漢以下，與鬱林郡同。唐置貴州，或爲懷澤郡。屬嶺南道。領縣四。鬱平、懷澤、義山、潮水。宋開寶五年，廢懷澤、潮水、義山。屬廣西路。貢銀。領縣一。鬱林。唐鬱平縣，宋改。有龍馬山、石平〔九五〕。

黨州　秦桂林郡地。唐永淳元年，開古黨洞置黨州。或爲寧仁郡。屬嶺南道。領縣四〔九六〕。善勞、撫安、善文、寧仁。宋開寶七年，廢黨州，以其地入鬱林州之南流縣。詳見鬱林州下。

横州　秦桂林郡。二漢鬱林、合浦二郡地。吴置寧浦郡，晉因之，宋、齊不改。梁又分置簡陽郡。隋平陳，二郡並廢，置簡州，後又爲緣州。煬帝廢州，屬鬱林郡〔九七〕。唐爲横州，或爲寧浦郡。屬嶺南道。領縣三。寧浦、從化〔九八〕、樂山。宋開寶二年〔九九〕，廢樂山、從化，又廢巒州，以武羅、靈竹并入永定來屬。貢銀。領縣二，治寧浦。寧浦，晉縣。有巒山、鳴石山、鬱江、鰐江。永定。本巒州三縣，開寶中廢州，并爲一縣來屬。

嚴州　秦桂林郡地。唐乾封三年，置嚴州〔一〇〇〕。或爲修德郡〔一〇一〕。屬嶺南道。領縣三。來賓、歸化、修德。宋開寶七年，廢嚴州，以修德、歸化併入來賓〔一〇二〕，隸象州。詳見象州下。

巒州　秦屬桂林郡〔一〇三〕。唐置淳州，天寶元年〔一〇四〕，改爲永定郡。乾元元年，復爲淳州。永貞元年，改爲巒州。屬嶺南道。領縣三。永定、武羅、靈竹。宋開寶二年，廢巒州，以其地屬横州。詳見横州下。

羅州　秦屬象郡。二漢屬合浦郡地。宋屬高凉郡，齊因之。梁、陳置羅州因宋置羅縣爲名。及高興郡。隋平陳，郡廢，羅州如故。煬帝初州廢，併其地入高凉郡。唐復爲羅州，或爲招義郡。屬嶺南道。

領縣五。石城、吴川、南河、招義、零緑。宋開寶四年，廢羅州，以其地并爲吴川一縣，入化州〔一〇五〕。詳見化州下。

潘州　秦屬象郡。二漢屬合浦郡〔一〇六〕。唐武德四年，置南宕州〔一〇七〕。貞觀八年〔一〇八〕，改爲潘州。或爲南潘郡。屬嶺南道。領縣三。茂名、南巴、潘水。宋開寶五年，廢潘州，以其地并入茂名一縣，入高州。詳見高州下。

容州　秦屬象郡。二漢屬合浦郡。隋爲合浦、永平二郡地。唐平蕭銑後，置銅州。貞觀八年，改爲容州。州有容山。或爲普寧郡。州南去三十餘里，有兩石相對，狀若關門，闊三十步，俗號鬼門關。漢伏波將軍馬援討林邑蠻，由此路，立碑，石龜尚在。昔時往交阯，皆由此關。其南尤多瘴癘，去者罕得生還，諺云：「鬼門關，十人去，九不還。」屬嶺南道。爲下都督、經略。領縣六。北流、渭龍、普寧、羅竇〔一〇九〕、欣道、陵城。宋屬廣西路，爲寧遠軍節度。開寶五年，廢欣道、渭龍、陵城，又廢繡州、順州、禺州，以其地入焉。貢銀、朱砂。領縣三，治普寧。普寧，隋縣。宋廢繡州，以常林、阿林、羅繡三縣併入。有容山、繡江。陸川，唐縣。宋廢順州，以龍豪〔一一〇〕、温水、龍化、南河四縣並入。有鷄籠山、龍化水。北流。隋縣。宋廢禺州，以峨石、扶來〔一一一〕、羅辨三縣並入〔一一二〕。有句漏山、鬼門關。

化州　秦屬象郡。二漢屬合浦郡。唐置辯州，或爲陵水郡。屬嶺南道。領縣三。石龍、陵羅、龍化。後廢龍化〔一一三〕。宋開寶五年，廢陵羅，又以廢羅州之吴川來屬。太平興國五年，改名化州。屬廣西路。貢銀、高良薑。領縣二，治石龍。石龍，隋縣。有石龍、江陵水、羅水。吴川。本羅州，宋廢其州，并入吴川一縣來屬。有黎山、吴川水。

白州　秦屬象郡。二漢屬合浦郡。唐平蕭銑，於此置南州，尋改爲白州。或爲南昌郡。屬嶺南道。

領縣五。博白、龍豪、南昌、建寧、周羅。後廢龍豪。宋開寶五年，廢南昌、建寧、周羅并作博白一縣。政和元年廢〔一四〕。以其地隸鬱林州；三年復。紹興間復廢爲縣，隸鬱林州。貢銀、縮砂。領縣一。博白。唐縣。有博白山、博白水、周羅山、周羅水、緑珠江、緑珠井。

牢州　秦爲象郡地。二漢屬日南郡。吴省。晉平吴，復置。宋分置南流郡。齊、梁曰定川郡。隋屬合浦郡。唐置義州，後改爲智州，又改爲牢州，或爲定川郡〔一五〕。屬嶺南道。領縣三。南流、定川、宕川。宋開寶五年〔一六〕，廢牢州，以定川、宕川併入南流爲一縣，屬鬱林州。詳見鬱林州下。

欽州　晉以前與白州同。宋、齊以來置宋壽郡。梁又置安州。隋平陳郡廢，而安州如故，後改安州爲欽州。煬帝初州廢，置寧越郡。唐爲欽州，或爲寧越郡。屬嶺南道。領縣五。欽江、靈山、遵化〔一七〕、内亭、保京。宋屬廣西路。開寶五年，廢遵化、欽江、内亭三縣。貢高良薑、翡翠毛。領縣二，治靈山。靈山，唐縣。有桂山、欽水、羅彌水。安遠。唐保京縣，宋改。有安京山、如洪江，羅浮山、水。

武峨州　土地與安南府同。唐置武峨州，或爲武峨郡。屬嶺南道。領縣五。武勞、如馬、武緣、武峨、梁山。宋爲邕州所管右江道羈縻州。

廉州　秦象郡地。漢置合浦郡，後漢同。吴改爲珠官。晉又爲合浦郡。宋因之，兼置臨瘴郡及越州。領郡三，治於此。時西江督護陳伯紹請置，遂以爲刺史，始立州鎮，穿山爲城門，威服狸獠。齊又因之。煬帝改爲禄州，尋改爲合州，又廢州置合浦郡。唐置廉州，州界有瘴江。或爲合浦郡。屬嶺南道。領縣四。合浦、封山、蔡龍、大廉。宋開寶五年，廢封山、蔡龍、大廉，移州治於長沙場，置石康縣。太平興國八年，改太平軍，移治海門鎮。咸平元年，復舊。屬廣西路。　貢銀。領縣二，治合浦。　合浦，漢縣。有合浦、銅船湖、珠池。石康〔一一八〕。本常樂州，宋并爲縣。

雷州　秦象郡地。二漢以後，並屬合浦郡地。梁分置合州，大同末，以合肥爲合州〔一一九〕，此爲南合州。隋平陳不改〔一二〇〕，煬帝初州廢，屬合浦郡。唐置雷州，或爲海康郡。屬嶺南道。領縣三。海康、遂溪、徐聞。宋開寶五年，廢徐聞、遂溪。屬廣西路。　貢班竹。領縣一。　海康。有擎雷山、擎雷水、冠頭一寨。

禺州　秦屬象郡。唐置南宕州〔一二一〕，後改爲東峨州，又改爲禺州。或爲温水郡。屬嶺南道。領縣四。峨石、温水、陸川、扶桑〔一二二〕。宋開寶五年，廢禺州，以其四縣併作北流一縣，屬容州。詳見容州下。

宜州　土地與安南府同。秦屬象郡，後没於蠻夷。唐開置粵州，乾封中，更名宜州。天寶元年，曰龍水郡。屬嶺南道。領縣四。龍水、崖山、東璽、天河。五代時，爲楚馬氏所有。後入南漢，省崖山、東璽。宋淳化元年，以柳州洛曹縣來屬。慶曆三年，廢芝州，以其地來屬。屬廣西路。　貢生豆蔻、草豆蔻、銀。領縣五，治龍水。　龍水，唐縣。有武鵜山、龍口江。　洛曹，唐縣。有洛棱山。　天河，唐縣。有溪江。　忻城，唐芝州治。　思恩。唐環州地，後没蠻夷。慶曆八年〔一二三〕，來屬。

芝州　土地與安南府同。唐爲芝州，或爲忻城郡。屬嶺南道。領縣一。　忻城。宋慶曆三年，隸宜州。詳見宜州下。

崖州　海中之洲也。其洲方千里。漢武置珠崖、儋耳二郡；昭帝省儋耳，并珠崖；元帝又罷珠崖郡，以其阻絶數反，故罷棄之。與今海康郡之徐聞縣對，自徐聞徑渡，便風揚帆，一日一夕即至。梁置崖州。

隋置珠崖郡。唐爲崖州，或爲珠崖郡〔一二四〕。屬嶺南道。領縣四。舍城、澄邁〔一二五〕、文昌、臨高。宋廢，屬瓊州，而以唐之振州爲崖州。詳見瓊州下。

儋州　土地與珠崖郡同。漢置儋耳郡。唐置儋州，或爲昌化郡。屬嶺南道。領縣五。義倫、昌化、感恩、洛場〔一二六〕、富羅。南漢廢富羅。宋廢洛場。熙寧六年，降爲昌化軍。屬廣西路。貢高良薑、銀。領縣三，治宜倫。宜倫，隋義倫縣，宋改。有毗耶山、昭山〔一二七〕、倫江。昌化，隋縣。有昌化石、南崖江。感恩。隋縣。有感勞山、滴龍江〔一二八〕。

吉陽軍　土地與崖州同。隋置臨振郡。唐置振州，或爲延德郡。領縣五。寧遠、延德、吉陽、臨川、落屯。南漢省延德、臨川、落屯。宋開寶五年，改振州爲崖州。熙寧六年，降爲珠崖軍。政和七年，改吉陽軍〔一二九〕。今軍城非崖與振之舊，乃舊吉陽縣基也。貢高良薑。領縣二，治寧遠。寧遠，隋縣。吉陽。唐縣。熙寧六年，二縣並省爲鎮，紹興復爲縣。

瓊州　土地與珠崖郡同。唐割崖州置瓊州，或爲瓊山郡。屬嶺南道。領縣五。瓊山、曾口、容瓊、樂會、顔羅。自乾封後，没山洞蠻。貞元五年復；七年，省容瓊。五代時，省曾口、顔羅。宋開寶五年，廢崖州，以舍城、文昌、澄邁三縣來屬。熙寧四年，省舍城。大觀三年〔一三〇〕，割樂會隸萬安軍；是年，以黎母山夷峒建鎮州，賜軍額爲靖海軍節度。政和元年，鎮州廢〔一三一〕，以其地及軍額來歸。屬廣西路。貢銀、檳榔。領縣四，治瓊山。瓊山，唐縣。有瓊山。澄邁，隋縣。有澄邁山。文昌，唐縣。有紫貝山、那射水。臨高。唐縣。有南歸水〔一三二〕。

萬安軍〔一三三〕 土地與珠崖同。唐置萬安州，或爲萬安郡。屬嶺南道。領縣四。萬安、陵水、富雲、博遼。南漢省富雲、博遼。宋屬廣西路。至大觀三年，以瓊州樂會縣來隸。貢銀。領縣三，治萬寧。萬寧，唐縣。有赤隴山、金仙水。陵水，唐縣。有靈山、陵栅水。樂會。唐縣。有滴泰水〔一三四〕。

安南都護府 古駱越之地。秦屬象郡。漢交趾、日南二郡界，今南方夷人，其足大指開廣，若並足而立，其趾則交，故名交趾。後漢因之，兼置交州。領郡七，治於此。晉、宋、齊並因之。晉領郡七，宋領郡八〔一三五〕，齊領郡九，皆治於此。宋又置宋平郡，齊因之，亦爲交趾郡地。梁、陳因之〔一三六〕。隋平陳，廢郡，置交州。煬帝初州廢，置交趾郡。唐爲交州〔一三七〕，後改曰安南都護府。屬嶺南道。 貢蕉、檳榔、鮫革、蚺蛇膽、翠羽。領縣八〔一三八〕。 宋平，宋置宋平郡在此。朱鳶，吳軍平縣地〔一三九〕。舊置武平郡。鳶以專反。龍編，漢舊縣。太平，交趾，漢龍編縣地。武平，吳舊縣。平道，齊置昌國縣。南定。唐縣。宋初，爲丁璉所據，其後黎氏、李氏、陳氏世據安南之地。

石湖范氏桂海虞衡志曰：余按交趾之名，其來最久。王制曰：「南方曰蠻，雕題、交趾有不火食者矣。」蓋涅其面額，至今猶然。太史公書「北至於幽陵，南至於交趾，西至於龍沙，東至於蟠木，日月所照，莫不砥屬」。言極南也。漢武帝始置交趾郡，在洛陽南萬一千里〔一四〇〕，歷代置守，今獨爲蠻方。記曰南方曰蠻，雕題、交趾有不火食者矣。記與雕題同言，則其人形必小異。交州記云：交趾之人出南定縣，足骨無節，身有毛，卧者更扶，始得起。山海經亦言，交脛國〔一四一〕，人交脛。郭璞云：脚脛曲戾相交，故謂之交趾。今安南地乃漢、唐郡縣，其人百骸，與華無異。愛州，唐姜公輔實生之，何嘗有交脛等說。或傳安南有播流山，環數百里，皆如鐵圍，不可攀躋，中有土田，惟一竅可入，而嘗自窒之，人物詭怪，不與外人通。疑此是古交趾地，必有能辯之者。

愛州　秦象郡地。漢武帝置九真郡，後漢同。晉亦屬九真郡，宋、齊因之。梁置愛州。隋爲九真郡。唐爲愛州，或爲九真郡。屬嶺南道。　貢紗、絁、孔雀尾。　領縣六。　九真，安順，崇平，日南，並漢居風縣地〔一四二〕。無編，漢舊縣。又有漢西于縣故城，在今縣東〔一四三〕。軍寧。宋無此州。

福禄州　土地與九真郡同。唐總章初〔一四四〕，智州刺史謝法成招慰生獠昆明、北樓等七千餘落〔一四五〕，以故唐林州地置福禄州。或爲福禄郡。屬嶺南道。　貢白蠟、紫鉚。　領縣三。　柔遠，唐林，福禄。宋無此州。

長州　歷代地理與福禄州同。唐立長州，天寶元年曰文陽郡。　貢金。　領縣四。　文陽，銅蔡，長山，其常。宋無此州。

驩州　古越裳氏國，重九譯者也。秦屬象郡。二漢屬九真郡。吴分置九德郡，晉、宋、齊因之。隋置驩州，後爲日南郡。唐爲驩州，或爲日南郡。屬嶺南道。　貢金、金泊、黄屑、象牙、犀角、沉香、斑竹。領縣四。　九德，晉縣。越裳，吴縣。懷驩，浦陽。晉縣。宋無此州。

峰州　古文朗國，有文朗水〔一四六〕。亦陸梁地。秦屬象郡。二漢屬交趾郡。吴分置新興郡。晉改爲新昌郡，宋、齊因之。陳置興州〔一四七〕。隋平陳，郡廢，改爲峰州。煬帝初州廢，并入交趾郡。唐武德四年，以交趾郡之嘉寧置峰州。屬嶺南道。　貢銀、籐器、白蠟、蚺蛇膽、豆蔻。　領縣五。　嘉寧，承化，新昌，並漢麊泠縣地。麊音糜。嵩山〔一四八〕，珠緑〔一四九〕。宋無此州。

陸州　秦象郡地。漢以來屬交趾郡。梁分置黄州及寧海郡。隋平陳，郡廢，改黄州爲玉州。煬帝初州廢，併其地入寧越郡〔一五〇〕。唐復置玉州，上元二年，改爲陸州〔一五一〕。州界有陸水〔一五二〕。或爲玉山郡。屬嶺南道。　貢銀、玳瑁、鼊皮、翠羽、甲香。領縣三。　烏雷〔一五三〕，寧海，華清。宋無此州。

巖州　土地與合浦郡同。唐調露中，析横、貴二州立，以巖岡之地因以爲名。天寶時，曰安樂郡〔一五四〕。屬嶺南道。　貢金。領縣四。　常樂，恩封〔一五五〕，高城，石巖。宋無此州。

湯州　秦屬象郡。唐置湯州，或爲湯泉郡。屬嶺南道。　貢金。領縣三。　湯泉，緑水〔一五六〕，羅韶。宋無此州。

瀼州　隋大將軍劉方始開此路，置鎮守，尋廢不通。唐貞觀中，清平公李弘節尋劉方故道，開置瀼州，以達交趾。今州在鬱林之西南，交趾之東北。州界有瀼水。其後或爲臨潭郡。屬嶺南道。貞元後，没於蠻夷，名存而已。領縣四。　瀼江〔一五七〕，波零，鵠山〔一五八〕，弘遠。宋無此州。

籠州　唐貞觀十二年，清平公李弘節招降生蠻，置籠州。或爲扶南郡。屬嶺南道。領縣七。　武勒〔一五九〕，武禮，羅籠〔一六〇〕，扶南，龍賴〔一六一〕，武觀，武江。宋無此州。

環州　唐李弘節開拓生蠻置〔一六二〕。或爲正平郡。屬嶺南道。領縣八。　福零，正平，龍源，饒勉，思恩，武石〔一六三〕，歌良，蒙都〔一六四〕。宋無此州。

古州　土地與瀼州同。唐李弘節開夷獠置。屬嶺南道。　貢蠟。領縣三。　樂山〔一六五〕，古書，樂興。宋無此州。

田州〔一六六〕　唐開元中開蠻洞，立田州。或爲横山郡。屬嶺南道。領縣五。　都救，惠佳〔一六七〕，武龍〔一六八〕，横山，如賴。宋無此州。

山州　歷代地理與驩州同。唐立山州，或爲龍池郡。屬嶺南道。領縣二，貞元末廢〔一六九〕。　龍池，盆山。宋無此州。

演州　歷代地理與驩州同。唐武德五年，立驩州。貞觀元年〔一七〇〕，改爲演州，而别立驩州。十六年州廢，入驩州。廣德二年，析驩州復立。本忠義郡，亦曰龍池郡，又曰演水郡。元立六縣，後廢思農、武郎、武容、武金四縣〔一七一〕。屬嶺南道。領縣二。　忠義，龍池。宋無此州。

林州　秦象郡。漢日南地，東漢因之。晉、宋以後，爲林邑所據。隋大業元年〔一七二〕，平林邑，立沖州，尋改爲林邑郡。唐初，立林州〔一七三〕。貞觀九年，綏懷林邑，乃寄治於驩州之南境。後漢末〔一七四〕，日南郡象林縣功曹區連殺縣令，自立爲林邑王。後有范熊、范文、范諸農相繼自立，累世不賓。至隋平之，立沖州，後改爲林邑郡。唐貞觀中，其君長修職貢，乃於驩州南境僑立林州及林邑縣，以羈縻之，非正林邑國也〔一七五〕。屬嶺南道。貞元末廢。領縣三。　林邑，漢象林縣。　金龍，海界。宋無此州。

景州　歷代地理與林州同。隋大業元年，平林邑，立蕩州，尋改爲比景郡。唐初，并爲七州，又更名曰南景州。貞觀二年，綏懷林邑，乃寄治於驩州之南境。八年，曰景州。比景，漢、晉屬日南郡，後爲林邑所據。比讀如芘蔭之芘。晉九真太守灌邃討林邑〔一七六〕，其王范佛降，乃於其國五月五日立八尺表，日景在表南，九寸一分，故自比景以南皆開北户，以向日。唐於驩州南境，僑立景州及比景縣，非正比景也。屬嶺南道。貞元末廢。領縣三。　比景，由文，朱吾。

宋無此州。

按：演、林、景三州，秦、漢爲郡縣。漢末，没於林邑。隋復取之。唐初，置此三郡，至貞元間方廢，而唐史地理志及杜氏通典俱不載，故取歐陽忞輿地廣記中所載以補之。

校勘記

〔一〕得漢之蒼梧　「得」諸本並同。通典卷一八四州郡典一四古南越總叙「得」作「謂」。按作「謂」較爲貼切。

〔二〕南陵　原作「南陽」。按「南陽」爲鄧州之郡名，屬京西南路，與此遥隔。今據馮本、慎本改。

〔三〕普寧　原作「新寧」，據舊唐書卷四一地理志四、新唐書卷四三上地理志七上、九域志卷九、宋史卷九〇地理志六容州條改。

〔四〕賀水　諸本並作「賀永」。按舊唐書卷四一地理志四澄州：武德四年置南方州，貞觀八年改南方州爲澄州。天寶元年，改爲賀水郡。新唐書卷四三上地理志七上、通典卷一八四州郡典一四、九域志卷一〇澄州亦俱作「賀水郡」。此「永」爲「水」之形訛，今據改。

〔五〕即今安南府縣也　「縣」原作「是」。按後漢龍編縣係唐、宋安南府之屬縣，此云「即今安南府」，非也。今據本編下文及舊唐書卷四一地理志四、新唐書卷四三上地理志七上、輿地廣記卷三八安南府條改。

〔六〕建安十六年　「十六」，後漢書卷三三郡國志五交州刺史部引王範交廣春秋及晉書卷一五地理志下交州俱作

「十五」。疑作「十五」是。

〔七〕廣領郡十　「十」原作「六」，據晉書卷一五地理志下廣州「合統郡十」句及實領郡數改。

〔八〕廣州領郡二十三　「二」原作「三」，據元本、馮本、慎本改。按作「二十三」，與南齊書卷一四州郡志上廣州所領之郡數相符。

〔九〕越州領郡二十　「二十」原倒作「十二」，據南齊書卷一四州郡志上越州實領郡數乙正。

〔一〇〕尉佗於漢　諸本同。隋書卷三一地理志下、通典卷一八四州郡典一四古南越風俗條「尉」上並有「本之舊事」四字。疑是。

〔一一〕漢元帝時　「時」字原無，據漢書卷二八下地理志下及通典卷一八四州郡典一四古南越風俗補。

〔一二〕易興逆節　「逆」諸本並作「迷」，通典卷一八四亦作「迷」。按作「迷節」文義不通，今據隋書卷三一地理志下嶺南及寰宇記卷一五七廣州風俗條改。

〔一三〕無代不有擾亂　「擾」原誤作「携」，據通典卷一八四州郡典一四古南越風俗及寰宇記卷一五七廣州風俗條改。

〔一四〕隱伏巖障　「隱」字原脱，據馮本、慎本及南齊書卷一四州郡志上越州條補。

〔一五〕謝沐　原作「謝沭」，形近而訛，據漢書卷二八下地理志八下蒼梧郡條改。

〔一六〕朱䳒　原作「朱鳶」。按元本、馮本、慎本及漢書卷二八下地理志八下交趾郡屬縣俱作「朱䳒」。又宋書州郡四交州刺史朱䳒令下亦謂「漢舊縣」。則作「朱䳒」是，今據改。

〔一七〕比景　原作「北景」。按「比景」、「北景」，志書有分歧。宋書卷三八州郡志四日南太守、舊唐書卷四一地理志四景州同原刊。考漢書卷二八下地理志八下、後漢書卷三三郡國志五、晉書卷一五地理志下、南齊書卷一四州郡志上日南郡、水經注卷三六温水篇、隋書卷三一地理志下日南郡條都作「比景」。又本卷下文景州即作比景郡比景縣。今據漢志及馮本、慎本改。

〔一八〕居風　原作「移風」，據元本、馮本、慎本及漢書卷二八下地理志八下九真郡條改。按三國吴始改「居風」爲「移風」，宋書卷三八州郡志四九真太守移風令下云：「漢舊縣，故名居風，吴更名。」

〔一九〕建初　「初」字原缺，據元本、馮本、慎本及晉書卷一五地理志下九真郡條補。

〔二〇〕武平　諸本並同。晉書卷一五地理志下武平郡屬縣作「武寧」，南齊書卷一四州郡志上武平郡屬縣作「武定」。按「武寧」已見上文交阯郡，此不應重出。疑晉志有誤。

〔二一〕吴安　原作「吴定」，據元本、馮本、慎本改。按晉書卷一五地理志下寧浦郡、宋書卷三八寧浦太守、南齊書卷一四州郡志上寧浦郡屬縣並作「吴安」。又「吴定」已具上文「新昌郡」條，此係重出。

〔二二〕昌平　晉書卷一五地理下寧浦郡領縣同。按晉志標點本对此有校正，云：「宋志四引太康地記寧浦本名昌平，武帝太康元年更名。上文既出寧浦，昌平疑重出。南齊書州郡志上、隋志下有寧浦，無昌平，亦可證。」此説可從，見彼校記〔三一〕。

〔二三〕始興　原誤作「始安」，據隋書卷三一地理志下南海郡條改。按始安爲始安郡屬縣，已具下文，此係重出。

〔二四〕封陽　原誤作「豐陽」，據隋書卷三一地理志下蒼梧郡條改。按封陽縣乃漢舊縣，以「在封水之陽」而得名，見漢書二八下地理志八下蒼梧郡封陽注。

〔二五〕合浦郡十一縣　「十一」諸本並作「十二」，據下列實領縣數及隋書卷三一地理志下合浦郡條改。

〔二六〕越裳　元本、馮本、慎本及隋書卷三一地理下曰南郡領縣作「越常」。

〔二七〕吉陽軍二縣　「吉陽軍」原作「吉陽州」，據元本、馮本、慎本改。按本卷下文亦作「吉陽軍」。

〔二八〕萬安軍三縣　「萬安軍」原作「萬安州」，據元本、馮本、慎本改。按九域志卷九、輿地廣記卷三七、宋朝事實卷一九、宋史卷九〇地理志六萬安軍下俱謂：熙寧七年，廢州爲軍。

〔二九〕後漢州治於此　按後漢書卷三三郡國志五交州刺史部引王範交廣春秋曰：「交州治羸𨻻縣，元封五年移治蒼梧廣信縣，建安十五年治番禺縣。」寰宇記卷一五七廣州下云：建安十五年，交州刺史步騭徙州居番禺。方輿紀要卷一〇一廣州府亦謂，漢建安中，嘗徙交州治此。此云「後漢州治於此」，不確切，當作「後漢末」方是。

〔三〇〕領郡十治番禺　此六字原羼入正文，今據本書注文例，改作小字夾注。

〔三一〕武德四年　「四」原作「二」。按舊唐書卷四一地理志四岡州下云：「隋南海郡之新會縣。武德四年平蕭先，置岡州。」新唐書卷四三上地理志七上、寰宇記卷一五七、輿地廣記卷三五、紀勝卷八九廣州新會並謂：武德四年置岡州。作「四」是，今據改。

〔三二〕以浛光隸連州　「浛光」原作「含光」。按此縣本唐「浛洭」，宋避太祖諱改名。檢宋會要方域七之一六、寰宇記卷一六〇、輿地廣記卷三五英州、紀勝卷九五、宋史卷九〇地理志六英德府俱作「浛光」，本卷英州條亦作「浛光」，九域志諸本載此不統一，或作「浛光」，或作「含光」。今求本書一致，一律改作「浛光」。

〔三三〕領縣八　按下列縣名與他志異。考紀勝卷八九、宋史卷九〇地理志六廣州所領縣，比原刊多番禺、香山，少四會、信安。二書俱載：番禺縣開寶五年廢，皇祐三年（一作五年）復置，與南海同爲廣州治所；香山縣紹興二十二年以香山鎮置；四會縣熙寧五年改屬紹慶府；信安縣建炎初廢。據此，則此處誤列已廢及改隸之縣名，而脱載復置與新置之縣。

〔三四〕建溪　元和志卷三四廣州懷集下有「綏建江」，云「經縣西南三里」。疑這裏「建」上脱「綏」字。

〔三五〕金鏁潭　「潭」字原無，據元本及寰宇記卷一五七廣州清遠縣、紀勝卷八九廣州景物下補。

〔三六〕二漢屬桂陽郡　「郡」諸本並脱，據元和志卷三四、通典卷一八四州郡典一四、寰宇記卷一五九、輿地廣記卷三五韶州條補。

〔三七〕靈芝山　元和志卷三四、寰宇記卷一五九韶州曲江縣、新定九域志卷九韶州古蹟、紀勝卷九〇韶州景物下皆無「靈芝山」，有「靈鷲山」。九域志云：「靈鷲山，山似天竺靈鷲山，因名。」疑是。

〔三八〕宋開寶四年　「開寶」原作「開元」。按宋無「開元」之年號，此「元」乃訛字。今據長編卷一二開寶四年三月丁巳及寰宇記卷一六〇、九域志卷九、紀勝卷九三、宋史卷九〇地理志六南雄州條改。

〔三九〕賜郡名曰湞陽　「湞」，紀勝卷九五、宋史卷九〇地理志六英德府條俱作「真」，蓋避宋仁宗諱改。

〔四〇〕洭水　諸本並作「淮水」。按漢書卷二八上地理志八上桂陽郡含洭下應劭注云：「洭水所出，東北入沅。」水經注卷三九洭水篇載，洭水「東南過含洭縣」。元和志卷三四廣州浛洭縣、輿地廣記卷三五英州浛光縣亦皆有「洭水」，無「淮水」。此「淮」乃「洭」之形訛，今據改。

〔四一〕宋屬南海東官永平三郡地　「東官」原作「東莞」。按宋書卷三八州郡志四廣州刺史下無「東莞郡」有「東官郡」，下引廣州記云：「晉成帝咸和六年，分南海立。」其「東莞郡」，宋書州郡志一置於徐州刺史下，謂「晉武帝泰始元年，分琅琊立」。以地望準之，前者與南海、永平二郡毗鄰，後者則與之遥隔。此「東莞」顯爲「東官」之誤。今據元本、馮本、慎本改。

〔四二〕有龍川江　「江」字原脱，據寰宇記卷一五九、九域志卷九、輿地廣記卷三五循州龍川縣、紀勝卷九九惠州景物下補。

〔四三〕鰐湖　原作「觸湖」，據慎本、馮本及九域志卷九、輿地廣記卷三五循州龍川縣、紀勝卷九九惠州景物上改。

〔四四〕宋天禧五年　「五」原作「四」，據宋會要方域七之一六、九域志卷九、輿地廣記卷三五、紀勝卷九九惠州條改。

〔四五〕陽江　原作「楊江」，據舊唐書卷四一地理志四、新唐書卷四三上地理志七上、通典卷一八四州郡典一四恩州條改。

〔四六〕宋開寶五年　「五」原作「九」。按九域志卷九、宋朝事實卷一九、輿地廣記卷三五南恩州下俱作「五」。宋史卷九〇地理志六作「三」，標點本據以上兩志改作「五」，見彼校記〔九〕。今從改。

〔四七〕有龍鼉山　「龍鼉山」原作「龍龜山」，形近而誤，據九域志卷九南恩州陽江、紀勝卷九八南恩州景物下及方輿紀要卷一〇一、嘉慶一統志卷四四七肇慶府條改。

〔四八〕有雲浮山　「雲浮」二字原倒。按紀勝卷九八南恩州景物下作「雲浮山」，云：「雲浮山在陽春。舊經云，陳霸先嘗居此山。上有偃松石床，野花野果。舊基猶存。」嘉慶一統志卷四四七肇慶府亦作「雲浮山」。今據以乙正。

〔四九〕改屬廣西路　「路」字原脱，據宋史卷九〇地理志六賀州條補。

〔五〇〕陳置高要郡　諸本同，通典卷一八四州郡典一四、寰宇記卷一五九端州亦同。按元和志卷三四端州、紀勝卷九六、方輿紀要卷一〇一、嘉慶一統志卷四七七肇慶府下「陳」並作「梁」。元和志云：「梁大同中，於此立高要郡。」疑作「梁」是。

〔五一〕屬嶺南道　諸本同。按此句與上文「陳置高要郡」不相連貫。檢諸地志，「高要郡」下並載有隋、唐兩代端州之沿革。通典卷一八四州郡典一四端州下云：「隋平陳，郡廢，置端州。煬帝初州廢，置信安郡。大唐爲端州，或爲高要郡。」則此處「屬」上顯有脱文。

〔五二〕藤州　原作「籐州」，據新、舊唐書地理志及宋史地理志藤州條改。下同改。

〔五三〕宋開寶五年　「五年」，九域志卷九、輿地廣記卷三六、紀勝卷一〇九藤州同。宋會要方域七之一九、宋史卷九〇地理志六藤州作「三年」。未詳孰是。

〔五四〕六年以瀧州之開陽建水鎮南三縣並入瀧水爲一縣　「六年」二字原脱，「鎮南」原作「嶺南」，並據寰宇記卷一六四、宋朝事實卷一九康州、九域志卷一〇瀧州、宋會要方域七之一四德慶府條補、改。

〔五五〕十四年置永慶軍節度　「十四年置」四字諸本並脱，據宋會要方域七之一四、紀勝卷一〇一、宋史卷九〇地理志六德慶府及皇宋十朝綱要卷二〇紹興十四年條補。

〔五六〕有忠讜山　「忠讜山」原作「忠議山」，據馮本、慎本及九域志卷九、輿地廣記卷三五封州開建縣條改。按紀勝卷九四封州景物下亦作「忠讜山」，引舊經云：「古人居此，多讜直之言，因名之。」

〔五七〕信宜　原作「信義」，諸本同。宋會要方域七之二四竇州下作「信宜」云：「開寶五年，省潭峨、懷德、特亮三縣入信義縣。太平興國元年，改信義爲信宜。」九域志卷一〇竇州、輿地廣記卷三七高州信宜同。宋史卷九〇地理志六高州下亦謂太平興國初，改信宜。今據改。按改「信義」爲「信宜」，係避宋太宗光義之諱。

〔五八〕置南義州　「義州」原作「儀州」，據元本、馮本、慎本改。按舊唐書卷四一地理志四、新唐書卷四三上地理志七上亦均作「義州」。

〔五九〕宋開寶四年改爲南儀州　按寰宇記卷一六三、九域志卷一〇、宋會要方域七之二三並云：開寶四年，改義州爲南義州。太平興國初，改爲南儀州。其改「南義」爲「南儀」之由，係避宋太宗之諱，長編卷一七開寶九年冬十月壬戌條云：「有司言官階、州縣名與御名下字同者。皆改之。……南義州爲南儀州。」據此，則原刊「南儀州」乃是「南義州」之誤，又脱載太平興國初改「南義州」爲「南儀州」之文。

〔六〇〕有露山　「露山」馮本、慎本同，元本作「夫露山」。按九域志卷九、輿地廣記卷三五新州新興縣、紀勝卷九七新州景物下俱作「天露山」。疑原刊脱「天」字，元本作「夫」，或係刊誤。

〔六一〕唐武德四年　「四」原作「五」，據舊唐書卷四一地理志四、新唐書卷四三上地理志七上、唐會要卷七一竇州條改。

〔六二〕宋改始安爲始建國齊復爲始安郡　通典卷一八四州郡典一四、寰宇記卷一六二、輿地廣記卷三六桂州俱同。按紀勝卷一〇三静江府下辯之甚詳，云：考之宋、齊二志，並無始安、始建廢置一節。象之謹按舊經云，宋光禄卿顔延年爲始安太守，嘗於獨秀巖下石室中讀書，則尚若爲始安郡。又按通鑑，宋武帝大明五年，立皇子子與爲始安王。則宋雖建始安爲王國，而未嘗改爲始建國也。通鑑齊明帝建武元年，有始安王遥光，亦不言齊復改始建郡爲始安國也。今按：紀勝所云，頗有説服力，疑是。

〔六三〕有越城嶺今謂之臨源嶺即五嶺之一　此十五字小字注文，原誤入正文，據本書文例及通典卷一八四州郡典一四桂州條改。又「今」原作「盡」，亦據通典及文義改。

〔六四〕恭化　舊唐書卷四一地理志四桂州領縣同。按寰宇記卷一六二桂州慕化云：永貞元年十二月改純化爲慕化，以避憲宗廟諱。元和志卷三七、唐會要卷七一桂州屬縣均作「慕化」。新唐書卷四三上地理志七上及輿地廣記卷三六桂州古縣亦俱有「乾寧二年析慕化置」句。疑作「慕化」是。

〔六五〕有陽海山　「陽海」二字諸本並倒，據漢書卷二八上地理志八上、後漢書卷三二郡國志四零陵郡零陵縣、水經注卷三八湘水篇、輿地廣記卷三六桂州興安縣條乙正。漢志云：「陽海山，湘水所出。」

〔六六〕烏滸夷人　「烏滸」原作「烏詐」。元本、馮本、慎本並作「烏許」。按後漢書卷八靈帝紀光和四年夏四月庚子條云：「交阯刺史朱儁討交阯合浦烏滸蠻，破之。」卷一一六南蠻傳亦作「烏滸」，注引萬震南州異物志曰：「烏滸，地名也。在廣州之南，交州之北。」又舊唐書卷四一地理志四貴州鬱平、寰宇記卷一六二桂州陽朔、紀勝卷一〇三靜江府景物上也都作「烏滸」。據此，則作「烏詐」、「烏許」俱誤，今據改。

〔六七〕古湅水　原作「古東水」，據馮本、慎本及九域志卷九桂州理定縣條改。

〔六八〕唐恭化縣後唐改　諸本同。按寰宇記卷一六二桂州慕化下云：「永貞元年十二月改純化爲慕化，以避憲宗廟諱。梁開平元年，改爲歸化縣。後唐同光初，復爲慕化縣。」又元和志卷三七、唐會要卷七一唐桂州領縣都作「慕化」，疑此處有誤。參見本卷校勘記〔六四〕。

〔六九〕本義寧場　「義寧場」原作「義寧陽」，形近而訛，據馮本、慎本改。按寰宇記卷一六二桂州義寧縣及宋史卷九〇地理志六潯江府義寧縣亦俱作「義寧場」，可證。

〔七〇〕晉末屬始建國　諸本同。按晉書卷一五地理志下廣州有始安郡。並無「屬始建國」之文。宋書卷三七州郡志三云：「吳孫皓甘露元年，分零陵南部都尉立始安郡，屬廣州。」紀勝卷一〇七昭州載：「吳置始安郡，仍置平樂縣以隸焉。晉、宋、齊因之，至隋不改。」疑「始建國」當作「始安郡」。參見本卷校勘記〔六二〕。

〔七一〕以廢富州之思勤馬江二縣　「馬江」原作「開江」。按舊唐書卷四一地理志四富州馬江云：「隋開江縣，長慶元年，改爲馬江。」此不應復用舊名。今據寰宇記卷一六三昭州、九域志卷一〇富州及紀勝卷一〇七、宋史卷九〇地理志六昭州條改。

〔七二〕恩負水　馮本、慎本作「恩賀水」。九域志卷九昭州龍平下作「思賀水」。按宋會要食貨一七之七有思賀務，九域志卷九昭州恩平下列有思賀鎮。皆與思賀水同名。疑此處「恩負」爲「思賀」之形訛。

〔七三〕蒙州　此州州名及沿革、領縣，今一概不見，必是脱落。按本卷總序稱，唐蒙州領縣三。考之舊唐書卷四一地理志四、新唐書卷四三上地理志七上、元和志卷三七、通典卷一八四蒙州亦謂領縣三。今據補「蒙州」二字。

〔七四〕富州　原作「蒙州」，諸本同。按「蒙州」下所載，純係富州之沿革。如謂「貞觀間，改爲富州」；注文「因富水名」云云。以舊唐書卷四一地理志四、新唐書卷四三上地理志七上、通典卷一八四州郡典一四、元和志卷三七富州條比勘，其沿革正與此相合。則此處「蒙州」實屬張冠李戴，今改正。又此州領縣亦全脱漏。

〔七五〕二漢爲蒼梧郡　「郡」字原脱，據元和志卷三七、通典卷一八四州郡典一四、輿地廣記卷三六、紀勝卷一〇八梧州條補。

〔七六〕領郡七　「七」原作「十」，據漢書卷二八下地理志八下及後漢書卷三三郡國五「交州刺史部，郡七」句改。

〔七七〕或爲蒼梧郡　「郡」下原有「地」字，據舊唐書卷四一、新唐書卷四三上梧州條删。

〔七八〕雷水　原作「永水」，據元本、馮本、慎本改。

〔七九〕皇化　原作「宣化」，據元本、馮本、慎本改。按新唐書卷四三上地理志七上、元和志卷三八潯州亦並作「皇化」，足證。下同改。

〔八〇〕後廢大賓　諸本同。按宋會要方域七之二〇、寰宇記卷一六三、輿地廣記卷三六、紀勝卷一〇七潯州下俱云：皇朝開寶五年，廢皇化、大賓二縣入桂林。又新唐書卷四三上地理志七上潯州下亦未載廢大賓一節。據此，則宋開寶五年之前，大賓縣仍爲潯州屬縣。

〔八一〕領縣六　諸本同。按元和志卷三七、舊唐書卷四一、新唐書卷四三上襲州條都作領縣五，無「寧風」。復考宋代諸地志，太平寰宇記卷一五八、宋史卷九〇、宋朝事實卷一九襲州下亦無寧風縣，疑領縣「六」當作「五」。又本條下文有「宋開寶五年，廢陽川、武林、隋建、大同、寧風」之語。檢宋志，但云開寶五年，廢陽川、武林、隋建、大同四縣，而不及寧風，則此處「寧風」亦有誤。

〔八二〕以思明州之武郎來屬　「思明」諸本並作「武明」，涉下而誤，據長編卷一三開寶五年五月乙丑及寰宇記卷一五八、九域志卷七、宋朝事實卷一九襲州條改。按本編上文潯州平南下有「又以思明州之武郎縣來屬」語可證。

〔八三〕隋平陳改爲尹州尋改爲鬱林郡　按隋書卷三一地理志下鬱林郡、元和志卷三八貴州及通典卷一八四州郡典一四、紀勝卷一一一鬱林州條「改爲尹州」下俱云：煬帝初，改爲鬱州，尋改爲鬱林郡。則此處脱書「煬帝初改爲鬱州」。

〔八四〕唐爲鬱林州或爲鬱林郡　「郡」上原脱「鬱林」二字，據舊唐書卷四一地理志四、新唐書卷四三上地理志七上、通典卷一八四州郡典一四鬱林州條補。

〔八五〕「宋開寶五年」至「又廢平琴州之容山懷義黨州之撫安善勞并入南流爲一縣」　諸本同。按「平琴州」已於唐建中時廢入黨州，其領縣亦并入黨州，見舊唐書卷四一地理志四平琴州、新唐書卷四三上地理志七上黨州條。又此謂開寶五年，廢「黨州之撫安善勞并入南流一縣」，亦與宋諸志異。檢寰宇記卷一六五、九域志卷一〇、輿地廣記卷三七、紀勝卷一一一、宋史卷九〇地理志六鬱林州南流縣下並云：開寶七年廢黨州，以黨州之容山、懷義、撫康、善勞（或作牢）入南流。則此處有誤。

〔八六〕宋開寶五年　「五」原作「二」，據宋會要方域七之二三澄州及九域志卷九、輿地廣記卷三七、紀勝卷一一五、宋史卷九〇地理志六賓州條改。

〔八七〕有都泥江　「都泥江」原作「都泥山」，輿地廣記卷三七賓州遷江縣亦作「都泥山」。按紀勝卷一一五賓州景物下、方輿紀要卷一〇九賓州、嘉慶一統志卷四六五思恩府下俱有「都泥江」無「都泥山」。紀勝引元和志云：「都泥江在遷江縣。北出宜，至本縣東，經象入藤。」一統志亦謂：烏泥江又東入遷江縣界。一名都泥江，又名隘洞江，今俗名紅水江。則此處「都泥山」當是「都泥江」之訛，今據改。

〔八八〕有象山　「象」下原有「水」字。按元和志卷三七、九域志卷九、輿地廣記卷三六象州陽壽縣、紀勝卷一〇五象州景物上及方輿紀要卷一〇九象州「象」下均無「水」字。紀要云：「象山在州治西。下有崖，深三里許，中有白石如象，州名本此。」今據刪。

〔八九〕開寶中廢州以歸化并入　「州」字原脱，據寰宇記卷一六五、九域志卷一〇嚴州、輿地廣記卷三六、紀勝卷一〇五象州來賓縣條補。按本卷下文嚴州亦有「宋開寶七年廢嚴州，以歸化入來賓」文，可證。

〔九〇〕或爲龍城郡　按本書文例，「郡」下似脱「屬嶺南道」四字。

〔九一〕洛曹　諸本並作「洛封」。按「洛封」已於元和時改名「洛曹」，此不當仍舊名。今據舊唐書卷四一地理志四、新唐書卷四三上地理志七上、唐會要卷七一柳州及本卷宜州條改。下文「以洛封屬宜州」句同改。

〔九二〕熙寧初　馮本、慎本同。按宋會要方域七之一八、九域志卷九、宋朝事實卷一九、輿地廣記卷三六、宋史卷九〇地理志六融州融水縣俱作「七年」。

〔九三〕貞觀五年　「五年」，通典卷一八四州郡典一四邕州下同。舊唐書卷四一地理志四、元和志卷三八、寰宇記卷一六六邕州並作「六年」。新唐書卷四三上地理志七上邕州作「八年」。未知孰是。

〔九四〕思龍　諸本同，舊唐書卷四一地理志四、通典卷一八四州郡典一四邕州亦同。元和志卷三八、新唐書卷四三上地理志七上、寰宇記卷一六六邕州作「思籠」。下同。

〔九五〕石平　諸本並同。按元和志卷三八貴州鬱林縣有「石井」，新定九域志卷九貴州古蹟有「石牛」，紀勝卷一一一貴州景物上有「石井石牛」，皆不云有「石平」。疑此處作「石平」誤。

〔九六〕領縣四　諸本同。按新唐書卷四三上地理志七上黨州作「縣八」，較之本刊多容山、懷義、福陽、古符四縣。緣此四縣乃建中二年時廢平琴州入黨州之縣。又容山下云：本安仁，永淳二年析黨州置平琴州平琴郡，領安仁、懷義、福陽、古符四縣。至德中更安仁曰容山。建中二年州廢，縣皆來屬。據此，則此處脱書廢平琴州所領四縣之名。

〔九七〕屬鬱林郡　「郡」字原脱，據隋書卷三一地理志下及通典卷一八四州郡典一四、輿地廣記卷三七横州條補。

〔九八〕從化　原作「淳風」，據舊唐書卷四一地理四、新唐書卷四三上地理志七上、唐會要卷七一横州條改。會要云：「横州從化，舊名淳風，與憲宗廟諱同，永貞元年十二月改爲從化縣。」下同改。

〔九九〕宋開寶二年　「二年」諸本同。寰宇記卷一六六、九域志卷九、輿地廣記卷三七、紀勝卷一一三横州條並作「五年」。宋史卷九〇地理志六横州下作「五年」，又於永定下作「六年」，自相矛盾。疑作「五年」是。

〔一〇〇〕唐乾封三年置嚴州　「三年」，通典卷一八四州郡典一四、寰宇記卷一六五嚴州同。元和志卷三七、新唐書卷四三上地理志七上嚴州作「二年」。舊唐書卷四一地理志四嚴州作「元年」。未詳孰是。

〔一〇一〕或爲修德郡　「修德郡」，通典卷一八四州郡典一四、寰宇記卷一六五及九域志卷一〇嚴州同。元和志卷三七、新唐書卷四三上地理志七上嚴州作「循德郡」。舊唐書卷四一地理志四郡作「修德」，而其屬縣又作「循德」。下「修德縣」同。

〔一〇二〕廢嚴州以修德歸化併入來賓　「併」原作「屬」，「入」字原無，據本卷上文象州來賓下注及寰宇記卷一六五、輿地廣記卷三六、紀勝卷一〇五象州來賓條訂改。按修德、歸化與來賓均爲縣級地名，並無隸屬關係。

〔一〇三〕秦屬桂林郡　「桂林」諸本並作「鬱林」。按「鬱林郡」之名，漢時始出現。檢漢書卷二八下地理志八下鬱林郡載：「故秦桂林郡，屬尉佗。武帝元鼎六年開，更名。」後漢書卷三三郡國志五鬱林郡、宋書卷三八郡國志四鬱林太守、舊唐書卷四一地理志四巒州皆云秦桂林郡，新唐書卷四三上亦謂：巒州本淳州，武德四年，以故秦桂林郡地置，永貞元年更名。是巒州「秦屬桂林郡」至確。今據改。

〔一〇四〕天寶元年　「元年」，諸本並作「九年」。按唐制：自武德至開元，有州無郡。天寶元年，改州爲郡。乾元元年，復改郡爲州。此云「天寶九年改爲永定郡」，顯與唐制不合。檢舊唐書卷四一地理志四、通典卷一八四州郡典一四巒州、寰宇記卷一六六横州永定下都謂「天寶元年，改爲永定郡」。作「元年」是，今據改。

〔一〇五〕宋開寶四年廢羅州以其地并爲吴川一縣入化州　諸本同。按本卷下文化州下云：唐置辯州。宋開寶五年，廢陵羅，又以廢羅州之吴川來屬。太平興國五年，改名化州。長編卷一三開寶五年五月乙丑、卷二一太平興國五年二月戊申條及九域志卷九、輿地廣記卷三七、紀勝卷一一六化州下亦俱謂：開寶五年，廢羅州。太平興國五年，改辯州爲化州。則此處有脱誤。

〔一〇六〕二漢屬合浦郡　「郡」諸本並脱，據本卷上文高州沿革及舊唐書卷四一地理志四、通典卷一八四州郡典一四潘州、寰宇記卷一六一高州茂名縣條補。

〔一〇七〕置南宕州　「宕」原作「巖」，據舊唐書卷四一地理志四、新唐書卷四三上地理志七上、唐會要卷七一潘州條改。

〔一〇八〕貞觀八年　「貞觀」各本原脱，據舊唐書卷四一地理志四、新唐書卷四三上地理志七上、唐會要卷七一潘州條補。舊志云：武德四年，置南宕州。治南昌縣。貞觀六年，移治定川。八年，改爲潘州。

〔一〇九〕羅竇　各本同，通典卷一八四州郡典一四亦同。按地志無羅竇縣有羅竇洞，唐屬竇州。疑原刊有誤。

〔一一〇〕以龍豪　「龍豪」原作「龍淳」，據馮本及下文白州條改。按宋會要方域七之一三、九域志一〇順州、宋史卷九〇地理志六容州陸川下亦皆作「龍豪」。

〔一一一〕扶來　九域志卷一〇廢禺州下同。新唐書卷四三上地理志七上、宋會要方域七之一三禺州、寰宇記卷一六七、輿地廣記卷三六、宋史卷九〇地理志六容州都作「扶萊」。又舊唐書卷四一地理志四、通典卷一八四州郡典一四禺州作「扶桑」。疑作「扶萊」是。

〔一一二〕羅辨三縣並入　「羅辨」原作「羅辦」，據宋會要方域七之一三禺州、寰宇記卷一六七、宋史卷九〇地理志六容州及九域志卷一〇廢禺州條改。

〔一一三〕後廢龍化　諸本同。按宋會要方域七之一三、九域志卷一〇順州、輿地廣記卷三六、宋史卷九〇地理志六容州陸川下俱云：開寶五年，廢順州，省龍化、龍豪、温水、南河四縣入容州陸川縣。又本卷容州陸川條亦稱，宋廢順州，省龍豪。則此處「後廢龍化」四字，不應置於「開寶五年」之前。下文白州條「後廢龍豪」與此同，不再出校記。

〔一一四〕政和元年廢　據本書文例，「廢」下應有「白州」二字。

〔一一五〕或爲定川郡　「定川」原作「定州」，形近而誤，據元本、馮本、慎本改。按舊唐書卷四一地理志四、新唐書卷四三上地理志七上牢州下亦俱作「定川郡」。

〔一六〕宋開寶五年　「五年」，長編卷一三及宋會要方域七之二三牢州下同。寰宇記卷一六五、九域志卷九、輿地廣記卷三七、紀勝卷一二一、宋朝事實卷一九鬱林州條作「七年」。未知孰是，待考。

〔一七〕遵化　原作「尊化」，據馮本、慎本改。按本條下文亦作「遵化」。

〔一八〕石康　原作「石唐」，據馮本、慎本及上文改。

〔一九〕以合肥爲合州　上「合」字，各本原脱，「肥」原作「淝」。按隋書卷三一地理志下合浦郡海康縣、通典卷一八四州郡典一四、寰宇記卷一六九、輿地廣記卷三七、紀勝卷一一八雷州條俱云：梁大同末以合肥爲合州。今據以補、改。

〔二〇〕隋平陳不改　諸本同。按本句與上句梁大同末，以合肥爲合州，「此爲南合州」句相抵牾。檢隋書卷三一地理志下合浦郡海康縣云：「平陳，以此爲合州，置海康縣。」通典卷一八四、寰宇記卷一六九、紀勝卷一一八雷州亦俱謂：隋平陳，又爲合州。此云「不改」，顯誤。

〔二一〕唐置南宕州　「南」諸本並脱。按宕州屬隴右道，與此遥隔。檢舊唐書卷四一地理志四禺州下云：武德四年，置南宕州。貞觀八年，改爲潘州。總章元年，改爲東峨州。二年，改爲禺州。新唐書卷四三上地理志七上、唐會要卷七一禺州、寰宇記卷一六七廢禺州條亦並作「南宕州」。今據補。

〔二二〕扶桑　疑當作「扶萊」，説見本卷校勘記〔一一一〕。

〔二三〕慶曆八年　「慶曆」，按九域志卷九、輿地廣記卷三七、紀勝卷一二二、宋朝事實卷一九宜州、宋史卷九〇地理志六慶遠府思恩縣條俱作「熙寧」，疑是。

〔二四〕或爲珠崖郡　諸本原無，據舊唐書卷四一、新唐書卷四三上地理志崖州及通典卷一八四州郡典一四崖州條補。

〔一二五〕澄邁　諸本並作「隆邁」，據同上書改。按宋代地志俱有「開寶五年廢崖州，以舍城、文昌、澄邁三縣隸州」之文，可證。

〔一二六〕洛場　原作「洛陽」，據舊唐書卷四一地理志四、新唐書卷四三上、寰宇記卷一六九、方輿紀要卷一〇五儋州條改。下同改。

〔一二七〕昭山　原作「耶山」，據元本及九域志卷九、輿地廣記卷三七昌化軍宜倫縣、紀勝卷一二五昌化軍景物上改。

〔一二八〕湳龍江　輿地廣記卷三七昌化軍感恩縣下同。紀勝卷一二五昌化軍景物下及九域志卷九昌化軍感恩縣、嘉慶一統志卷四五二瓊州府都作「南龍江」。疑是。

〔一二九〕改吉陽軍　「軍」原作「郡」。按宋無「吉陽郡」，有吉陽軍，作「郡」誤。今據紀勝卷一二七吉陽軍引象州志、續文獻通考卷三三二輿地四吉陽軍注、嘉慶一統志瓊州府條改。

〔一三〇〕大觀三年　「三年」原作「元年」。按宋會要方域七之二二唐安州樂會縣云：「元隸瓊州，大觀三年，割隸軍。」紀勝卷一二四、宋史卷九〇地理志六瓊州樂會、方輿紀要卷一〇五、嘉慶一統志卷四五二瓊州府樂會廢縣亦作「三年」。今據改。下萬安軍條同改。

〔一三一〕鎮州廢　「鎮」下原脱「州」字，「廢」原作「慶」，據宋史卷二〇徽宗紀二、皇宋十朝綱要卷一五、續通鑑卷九一宋紀九一徽宗政和元年十二月辛亥及紀勝卷一二四、宋史卷九〇地理志六瓊州條補、改。

〔一三二〕有南歸水　「南歸水」諸本同。九域志卷九瓊州臨高縣下作「南掃水」。

〔一三三〕萬安軍　原作「萬安州」。按「萬安州」爲熙寧前之舊名，此處當作「萬安軍」。今改正，説見本卷校勘記〔一二八〕。

〔一三四〕有湳泰水　「湳泰水」諸本同。九域志卷九瓊州樂會下作「南秦水」。

〔一三五〕宋領郡八　「八」原作「五」。按宋書卷三八州郡志四交州刺史下原亦誤作「七」，標點本宋志據十七史商榷改作「八」。見彼校勘記〔四七〕。今從改。

〔一三六〕梁陳因之　「陳」字原脱，據馮本、慎本補。按通典卷一八四州郡典一四安南都護府、寰宇記卷一七〇交州下俱有「梁、陳因之」句，並可證。

〔一三七〕唐爲交州　「交州」原作「交趾」，據舊唐書卷四一地理志四、新唐書卷四三上地理志七上、元和志卷三八、通典卷一八四安南都護府條改。新志云：「安南都護府，本交趾郡，武德五年曰交州，調露元年曰安南都護府。」

〔一三八〕領縣八　按本書文例，「八」下當有「治宋平」句。

〔一三九〕吴軍平縣地　「軍平」原作「軍晉」，據宋書卷三八州郡志四交趾太守海平令及舊唐書卷四一地理志四安南都督府、寰宇記卷一七〇峰州朱鳶縣條改。宋志云：「吴立曰軍平，晉武改名。」按吴增僅、楊守敬三國郡縣表附考證及謝鐘英三國疆域表交趾郡下也都作「軍平」，可參證。

〔一四〇〕在洛陽南萬一千里　「南」字原脱，據後漢書卷三三郡國志五交趾郡條補。

〔一四一〕交脛國　「交脛」原作「交陘」，據下文及山海經卷六海外南經改。

〔一四二〕並漢居風縣地　「風」字原無。按漢書卷二八下地理志八下、後漢書卷三三郡國志五九真郡屬縣均有「居風」。後漢志引交州記曰：「有山出金牛，往往夜見，光曜十里。山有風門，常有風。」又舊唐書卷四一地理志四、元和志卷三八、寰宇記卷一七一愛州九真、安順、崇平、日南下並云「本漢居風縣地」。今據補。

〔一四三〕在今縣東　「在今」二字原倒，據舊唐書卷四一地理志四、通典卷一八四州郡典一四、寰宇記卷一七一愛州無編縣條乙正。

〔一四四〕唐總章初　「初」，馮本同。元本、慎本及舊唐書卷四一地理志四、新唐書卷四三上地理志七上福禄州條俱作「二年」。按總章共二年。

〔一四五〕智州刺史謝法成招慰生獠昆明北樓等七千餘落　「謝」上原衍「唐」字。按此句上承「唐總章初」，已表明謝法成爲唐代人，不應再重一「唐」字。今據元本、馮本、慎本删。又「招慰」原作「招懇」，據舊唐書卷四一地理志四、新唐書卷四三上地理志七上、寰宇記卷一七一福禄州條改。

〔一四六〕有文朗水　「文朗水」原作「文明水」。通典卷一八四州郡典一四峰州作「文朗水」，寰宇記卷一七〇峰州作「文狼水」，太平御覽卷一七二州郡志一八峰州引方輿志作「文郎水」。按水經注卷三六温水篇引林邑記曰：「朱吾以南有文狼人，野居無室宅。」舊唐書卷四一地理志四峰州嘉寧下亦謂「古文朗夷之地」。則「朗」亦作「狼」、「郎」，作「明」誤。今據改。

〔一四七〕陳置興州　諸本同。通典一八四州郡典一四、寰宇記卷一七〇、輿地廣記卷三八峰州條「陳」下並有「兼」字。

〔一四八〕嵩山　諸本同。舊唐書卷四一地理志四、通典卷一八四州郡典一四、寰宇記一七〇峰州同。新唐書卷四三上地理志七上峰州下作「高山」。按輿地廣記卷三八峰州領縣亦作「嵩山」。疑作「嵩山」是。

〔一四九〕珠緑　原作「珠禄」，據舊唐書卷四一地理志四、新唐書卷四三上地理志七上、通典卷一八四州郡典一四、寰宇記卷一七〇峰州條改。

〔一五〇〕併其地入寧越郡　「其」字原脱，據元本、馮本、慎本補。

〔一五一〕唐復置玉州上元二年改爲陸州　諸本同。按舊唐書卷四一地理志四、新唐書卷四三上地理志七上、寰宇記卷

一七一、輿地廣記卷三八陸州下並云：唐武德五年，置玉山州。貞觀二年，廢玉山州，上元二年復置，改爲陸州。則此處有脱誤。

〔一五二〕州界有陸水　元本、馮本、慎本同。按舊唐書卷四一地理四、寰宇記卷一七一陸州下並云「以州界山爲名」。

〔一五三〕烏雷　原作「鳥雷」，形近而訛，據馮本、慎本改。按舊唐書卷四一地理志四、新唐書卷四三上地理志七上、元和志卷三八陸州下亦俱作「烏雷」。元和志謂烏雷縣「因烏雷州爲名」。

〔一五四〕天寶時曰安樂郡　「安樂郡」諸本原作「常樂郡」。按舊唐書卷四一地理志四巖州下云：「天寶元年，改爲安樂郡。至德二年，改爲常樂郡。」新唐書卷四三上地理志七上巖州下同。則此處「常樂郡」當作「安樂郡」。今據改。

〔一五五〕恩封　諸本同，新唐書卷四三上地理志七上、九域志卷一〇、輿地廣記卷三八巖州下亦同。舊唐書卷四一地理志四、通典卷一八四州郡典一四巖州下作「思封」。

〔一五六〕緑水　原作「禄水」，據元本、馮本、慎本改。按新唐書卷四三上地理志七上、寰宇記卷一七一、輿地廣記卷三八湯州條亦均作「緑水」。

〔一五七〕瀼江　新唐書卷四三上地理志七上、九域志卷一〇瀼州及輿地廣記卷三八廣南路化外州瀼州下同。舊唐書卷四一地理志四、通典卷一八四州郡典一四、寰宇記卷一六七瀼州下作「臨江」。

〔一五八〕鵠山　舊唐書卷四一地理志四、新唐書卷四三上地理志七上、通典卷一八四州郡典一四、寰宇記卷一六七、輿地廣記卷三八瀼州同。九域志卷一〇瀼州作「鵠山」。

〔一五九〕武勒　舊唐書卷四一地理志四、通典卷一八四州郡典一四、寰宇記卷一七一籠州同。新唐書卷四三上地理志七上、九域志卷一〇籠州下作「武勤」。

〔一六〇〕羅籠　舊唐書卷四一地理志四、新唐書卷四三上地理志七上、通典卷一八四州郡典一四、寰宇記卷一七一籠州條俱作「羅龍」，疑是。

〔一六一〕龍賴　舊唐書卷四一地理志四、通典卷一八四州郡典一四、九域志卷一〇籠州同。新唐書卷四三地理志七上、寰宇記卷一七一籠州下作「龍額」。

〔一六二〕唐李弘節開拓生蠻置　「拓」原作「招」，據馮本、慎本改。按舊唐書卷四一地理志四、新唐書卷四三上地理志七上環州下並有「貞觀十二年，李弘節開拓生蠻置」之文，足證。

〔一六三〕武石　原作「武名」，形近而訛，據舊唐書卷四一地理志四、新唐書卷四三地理志七上、寰宇記卷一七一、九域志卷一〇環州條改。

〔一六四〕蒙都　舊唐書卷四一地理志四、通典卷一八四州郡典一四、寰宇記卷一七一環州同。新唐書卷四三地理志七上、九域志卷一〇環州下作「都蒙」。

〔一六五〕欒山　新唐書卷四三地理志七上、九域志卷一〇廣南路化外州古州下同。通典卷一八四州郡典一四、寰宇記卷一六七古州下作「欒古」。舊唐書卷四一地理志四古州不載領縣，郡作「欒古」。

〔一六六〕田州　原作「甲州」。按唐無「甲州」，舊唐書卷四一、太平御覽卷一七二州郡部一八引十道志都作「田州」。又九域志卷一〇、輿地廣記卷三八廣南路化外州下亦作「田州」。此「甲」明爲「田」之形訛。今據改。下同改。

〔一六七〕惠佳　諸本並作「惠往」，形近而訛，據舊唐書卷四一地理志四、新唐書卷四三上地理志七上、通典卷一八四州郡典一四田州條改。

〔一六八〕武龍　新唐書卷四三上地理志七上、九域志卷一〇、輿地廣記卷三八田州同。舊唐書卷四一地理志四、寰宇記卷一六六田州作「武籠」。

〔一六九〕領縣二貞元末廢　諸本同。按「貞元末廢」四字置於「領縣二」下，與上下文都不連貫。檢本卷下文林州、景州條，亦有「貞元末廢」句，惟俱在「領縣」之上，蓋指貞元末廢州也。疑原刊文字有顛倒。

〔一七〇〕貞觀元年　「元年」原作「九年」，諸本同，輿地廣記卷三八演州下亦同。元和志卷三八演州、新唐書卷四三上地理志七上驩州俱作「元年」。舊唐書卷四一地理志四、寰宇記卷一七一驩州條作「貞觀初」。按馬氏自謂演、林、景三州，係取輿地廣記以補唐史之缺。然此爲一家之言，考廣記之前唐代諸地志，如元和志、新舊唐書地理志及早期宋代地志，俱未見「九年」之説；查一九七九年版的辭海與一九八六年版的中國歷史地名辭典，所書演、驩二州，皆作「元年」，恐非偶然。據此，則原刊此處當以「元年」爲切。今從衆説改「九年」爲「元年」。

〔一七一〕後廢思農武郎武容武金四縣　「武郎」原作「武郡」，「金」上「武」字原脱，據元本、馮本、慎本改、補。按新唐書卷四三上地理志七上演州屬縣亦作「武郎」、「武金」，可證。

〔一七二〕隋大業元年　原作「隋大業中」，據隋書卷三一地理志下林邑郡、卷五三劉方傳及通鑑卷一八〇隋紀四煬帝大業元年夏四月條改。

〔一七三〕唐初立林州　「唐初」諸本並同。按舊唐書卷四一地理志四、寰宇記卷一七一林州下俱云：貞觀九年，綏懷林邑置林州，寄治於驩州南界。新唐書卷四三上驩州越裳、方輿紀要卷一一二演州象浦城下亦謂，唐貞觀九年，置林州。疑作「貞觀九年」是。

〔一七四〕後漢末　「後」字原脱，據本書卷三三一四裔考八、晉書卷九七林邑傳、寰宇記卷一七一林州林邑縣、方輿紀要卷一一二演州占城條補。

〔一七五〕非正林邑國也　「國」字原脱，據舊唐書卷四一地理志四、寰宇記卷一七一林州林邑縣條補。

〔一七六〕晉九真太守灌邃討林邑　「邃」原作「遂」，據本書卷三三一四裔八、通典卷一八八邊防四林邑及舊唐書卷四一地理志四、寰宇記卷一七一景州條改。